# A REPÚBLICA DO CRUZEIRO DO SUL

WANDER LOURENÇO

# A REPÚBLICA DO CRUZEIRO DO SUL

MINOTAURO

**A REPÚBLICA DO CRUZEIRO DO SUL**

© Almedina, 2023

AUTOR: Wander Lourenço

DIRETOR DA ALMEDINA BRASIL: Rodrigo Mentz
EDITOR: Deonísio da Silva
ASSISTENTES EDITORIAIS: Alessandra Costa e Mary Ellen Camarinho Terroni
ASSISTENTES DE PRODUÇÃO: Larissa Nogueira e Letícia Gabriella Batista
ESTAGIÁRIA DE PRODUÇÃO: Laura Roberti

REVISÃO: Daboit Textos
CONCEPÇÃO GRÁFICA: Eduardo Faria/Officio
FOTO DO AUTOR: Agência Brasil Fotografias/Wikimedia
IMAGEM DE CAPA: *Porto do Estrella* de Johann Moritz Rugendas

SUPERVISÃO GERAL: Deonísio da Silva e Marco Pace

ISBN: 9788563920522

Agosto, 2023

Dados Internacionais de Catalogação na Publicação (CIP)
(Câmara Brasileira do Livro, SP, Brasil)

Lourenço, Wander
A República do Cruzeiro do Sul / Wander Lourenço. -- São Paulo, SP : Minotauro, 2023.

ISBN 978-85-63920-52-2

1. Ficção brasileira I. Título.

23-162500 CDD-B869.3

Índices para catálogo sistemático:

1. Ficção : Literatura brasileira B869.3
Tábata Alves da Silva - Bibliotecária - CRB-8/9253

Este livro segue as regras do novo Acordo Ortográfico da Língua Portuguesa (1990).



EDITORA: Almedina Brasil
Rua José Maria Lisboa, 860, Conj.131 e 132, Jardim Paulista
01423-001 São Paulo | Brasil
www.almedina.com.br

## SUMÁRIO

# I
# Creio em Deus Padre

NA BASÍLICA MATRIZ de Nossa Senhora dos Remédios, o circunspecto e aquinhoado senhor de engenho, minas e fazenda, d. Lourival Brant Caldeira de Andrade, adentrou a sacristia da ermida em companhia de sua única e legítima legatária, à procura da presença do sacerdote de origem itálica, pe. Braz Ramiro Buzzatti, a fim de que logo se revelasse má-nova do trágico e estúpido passamento do cristão-novo João Ernesto Filgueiras dos Santos, que se suicidara em cadafalso improvisado, na engenhoca de propriedade de seu hebreu progenitor, Nicolau das Pretas, a Quinta do Poente, próxima ao Forte Defensor Perpétuo da Vila de São Roque do Paraty. Não obstante, o sucedido deu-se em razão da azáfama do fidalgo d. Lourival Brant, nascido e criado no Arraial de Santo Antônio do Tejuco das Diamantinas, na Capitania das Minas Gerais; e que, por a cá, se erradicou há tempos co'a sua honorífica esposa, dona Isabel Soares Brant Caldeira de Andrade. P'ra início de diálogo, quiçá caiba o registro histórico de que o falecido ourives de artes e ofício que, em desbatismos de pedra, água benta e sal, por sarcasmos do vigário Buzzatti, fora cognominado Gioielliere Ebreo, que era mui compromissado em aliança de núpcias, co'a moçoila Laura Brant Caldeira de Andrade, a Sianinha Boneca.

O desarraigamento de parte da família Brant Caldeira de Andrade até a Vila de São Roque do Paraty se dera, pura e exclusivamente, quando o contratador da Intendência de Diamantes das Minas Gerais, o patriarca d. Felisberto Caldeira Brant, condecorado Visconde de Jequitinhonha, o incumbira de assumir as transações de transporte das pedras preciosas da Capitania de São Sebastião do Rio de Janeiro, de modo a fiscalizar 'a olho nu' a emissão ultramarina das remessas de diamante, que hão de desaguar ao Tejo, mais precisamente em Porto do Restelo de Santa Maria de Belém; e, posteriormente, hão de ser enviadas aos auspícios da capital do Império Lusíada, em Lisboa-Portugal. Na Vila de Paraty, por conseguinte, deu-se o nascituro da frágil Laura Brant, mais precisamente na residência familiar localizada na região central do arrabalde, o Solar dos Bonecos. À primeira vista, a Sianinha Boneca aparentava certa fragilidade física em seu aspecto pueril e delicado, sempre mui coberta co'as vestes refinadas de lãs e sedas, que emolduravam a sua fisionomia bela e alva, como que afeiçoada em louçaria de porcelana chinesa.

Na ocasião da visita ao reverendo Braz Ramiro Buzzatti, mui abalada co'a revelação do falecimento de seu prometido em matrimônio, a agoniada Laura Brant resolvera-se por acompanhar o cavalheiresco d. Lourival Brant, sobretudo porque intentava mirar, face a face, desfaçatez do Cura-Cão, consoante se referiam ao pároco da Matriz de Nossa Senhora dos Remédios, quando recebesse em face a notícia do falecimento de João Ernesto, quiçá assassinado, a sangue-frio, pela chantagem moral exercida por um emissário titular da Madre Igreja Católica e Apostólica Romana. No entanto, no exato instante em que a Sianinha Boneca penetrara o espaço contíguo ao altar-mor da capela, sem sobreaviso em razão da emergência, mal flagrara o clérigo Buzzatti, em delito de intimidades eróticas co'o azougue do negrim Adílio Pindó, que, sobressaltado e inaudito, irrompera-se claraboia adentro, submergindo-se, celeremente, diante da mirada coagida dos incautos excursionistas de sacristia. Obstupefatos, pai e filha se entreolharam em reprovação, mui estarrecidos co'a lubricidade do escândalo, em conluio de lubricidade co'o escravizado que também respondia pelo vulgo de Adílio Dagoré, em virtude da nomeada de sua madre progenitora, a negra-cabinda Goré, mercadoria do mui apatacado Nicolau das Pretas, que fizera doação de empréstimo ao vigário Buzzatti, por exigência de adjutório em afazeres de ermida.

Constrangida pela cena insólita de concupiscência, a incrédula Laura Brant se prostrara, atônita e atarantada, perante a obesa e sacrílega imagem do padre-mestre Braz Ramiro, que, recompondo-se da perfídia, perscrutara-os co'o desígnio de se aperceber do que se passava no íntimo dos desavisados interlocutores de ocasião, decerto assaz preocupadíssimo co'o ajuizamento de sua honra e reputação.

— Dio Padre Onnipotente Nostro Signore Gesù Cristo di Nazaret!... — exclamou o religioso Buzzatti.

Ao ajeitar-se em batina, clérgima e crucifixo, no entretanto, o ladino e manhoso pe. Braz Ramiro Buzzatti forjara naturalidade ao recepcioná-los, empós evidência de iniquidade que o comprometia moralmente, conduzindo-os às proximidades do confessionário em madeiro de lei da edificação do século XVIII, construída a partir da concessão da área estabelecida entre os rios Paratiguaçú e Patitiba pela sesmeira Maria Jácome de Mello, em homenagem à santa padroeira do bucólico arrabalde à beira-mar, outrora pertencente à Comarca de Itanhaém; e, posteriormente, a São Vicente de Bertioga. Se bem que não intentasse pô-los em confissão, o vigário Buzzatti detectara que a fantasmagórica palidez facial do gentil-homem d. Lourival Brant não houvera de ser originada pelo flagrante delito de voluptuosidade, ao passo que as olheiras lacrimosas da Sianinha Boneca demonstravam que o sobressalto da devassidão de sodomia fora precedido por contrariedade de origem conspícua e bocória, que, decerto, não lhe dizia respeito ou motivação protagonizada.

Destarte, o habilidoso pe. Braz Ramiro, à parte, indagou ao lhano e obsequioso patriarca da família Brant Caldeira, sobre o ensejo da visitação imprevista e desproporcional à ermida de Nossa Senhora dos Remédios da Vila de São Roque do Paraty.

— Em nome e graça, eu peço, encarecidamente, a vossa compreensão em fé e misericórdia, por importuná-lo em indiscreta circunstância de contubérnio, pe. Braz Ramiro. No entretanto, eu asseguro que fora por necessidade cristã de trazer-vos a má-nova fúnebre do óbito do prometido de mi'a herdeira Laura Brant, a Sianinha Boneca. Logo, peço-vos indulto de clemência por nos achegarmos em má hora de intimidades; mas fora que o ourives de ofício João Ernesto suicidou-se por enforcamento em cadafalso improvisado da figueira do pátio de sua morada de família... — evocou o airoso cavalheiro d. Lourival Brant.

Consternado, o inconsolável d. Lourival Brant amparava-se em sua bengala de marfim e prata, olvidando-se, momentaneamente, da assistência do escândalo causado pela pantomima burlesca de escárnio e devassidão, a fim de que desabafasse sobre o desvairo do cristão-novo, que, ao suicidar-se, atravancara aspirações de vida da sua Sianinha Boneca, que ficara mui assolada co'a imprudência do prometido em patíbulo da humilhação. Haja vista que, ao dar cabo de sua existência, o desleixado João Ernesto abortara a perspectiva de felicidade de sua legatária Laura Brant, que sequer admitiria a perspectiva de dar continuidade ao projeto de constituição familiar, sem a insubstituível presença do noivo suicidado. Nada obstante, o ato do autocídio, per si, não a abalara tanto quanto a hipótese formulada, que cogitava incriminar o pároco da Matriz de Nossa Senhora dos Remédios, por homicídio premeditado mediante fraude moral, exercida pelo reverendo Braz Ramiro Buzzatti, que, em sua concepção, acossara-o até o assassínio por enforcamento.

— Possa il benevolo e magnanimo Taumaturgo Salvatore Dio Nostro Signore Gesù Cristo receber-vos e e guardai-vos em Sua amplitude no Reino dos Céus, assim como O fizera em sua ímproba terrestris experientia, pois que, quiçá, o Gioielliere

Ebreo aveva sperperato la propria vita, inspiegabilmente, per la vile e fuorviante irragionevolezza dell'esistenza umana, d. Lourival Brant. — obsecrou o Cura-Cão, por intermédio de sua Babel idiomática, baseada em dialeto de Cícero e Sêneca, Dante Alighieri e Luís de Camões.

À proporção que o capcioso reverendo Braz Ramiro cortejava, argutamente, o compungido d. Lourival Brant, diante da incoerência de tirocínio do cristão-novo João Ernesto em patíbulo da ignomínia, em sua hermenêutica particular, a Sianinha Boneca julgava que o seu prometido ceifara a sua biografia de sujeito descumpridor das obrigações religiosas, por motivação do assédio moral exercido pelo vigário Buzzatti, que, a princípio, co'a veemência condenatória já até expusera em sermão de púlpito, que não se conformava co'a desdita união matrimonial, entre o reles detentor do infecto defeito étnico originário da procedência judaica e a remediada senhorinha de fina estirpe, oriunda da alta sociedade paratyense e mui prestes a abocanhar inestimável espólio de cunho pecuniário e patrimonial de seu progenitor abastado e generoso, que a habilitara como herdeira unânime em lavratura de testamento cartorial. No ínterim, o nobilíssimo d. Lourival Brant, que, por sinal, auferira apatacada fortuna de escravaria, terras e dinheiros, por intermédio do legado financeiro provindo de seu avô paterno, contratador de diamantes de nomeada José Felisberto Correia Caldeira Brant.

Este, por décadas e décadas, explorara a mineração das pedras preciosas das Minas Gerais, fora convocado pelo reverendo Braz Ramiro Buzzatti a desfolhar os alfarrábios da Cúria da Vila de São Roque do Paraty, a partir de documentação comprobatória de que o cristão-novo João Ernesto Filgueiras dos Santos era contumaz adepto da Lei de Moisés e adorador do profeta Eliseu, em meio à idolatria a Yaveh das Mercês de Baixo. Indiferente ao estado de consternação do patriarca da família Caldeira Brant, providencialmente o capelão da Matriz de Nossa Senhora dos

Remédios fora buscar no armário da sacristia as transcrições dos manuscritos co'as demonstrações testemunhais registradas pelo capitalista José Nicolau Pontes Filgueiras dos Santos, o Nicolau das Pretas, uma vez que os originais foram expedidos aos auspícios de Vossa Excelência Reverendíssima Luiz Manuel Arquimedes de Souza e Castro, o Dom Bispo, titular em função clériga de padre-visitador do Supremo Tribunal Esclesiástico de Justiça do Santo Ofício da Inquisição, na Capitania de São Sebastião do Rio de Janeiro. Não obstante, o pragmático sacerdote Braz Ramiro sequer desconfiara de que as suspeitas aventadas pela Sianinha Laura Brant sobre o suicídio do Gioielliere Ebreo adviriam da coação mui bem exercida co'a maestria característica d'um dignitário de sua instituição religiosa, que incidiu em homicídio do seu prometido João Ernesto Filgueiras dos Santos, o Enforcado.

No átimo, o acintoso vigário Buzzatti assinalou que fora mui obrigado a providenciar co'a máxima urgência envio dos documentos sigilosos ao Dom Bispo em São Sebastião do Rio de Janeiro, pois que as graves declarações manuscritas por Nicolau das Pretas diziam respeito aos métodos proibidos de alquimia, desempenhados por praticantes das artes ocultas de transposição mineral. No instante ulterior, portanto, co'o semblante forçosamente contristado, o emblemático Cura-Cão forjara consolação por pêsames e condolências à viúva de antes da hora de núpcias, porquanto se empenhara em desígnio de persuasão ao d. Lourival Brant e à Sianinha Boneca, no tocante ao fato de que o suicídio do hebreu errático se dera pura e simplesmente por pusilanimidade, diante da iminência da sanção inquisitorial. De outra feita, a Sianinha Laura Brant não se controlava em ocultar a mirada odienta e recriminatória contra a horrenda figura herética do reverendo Braz Ramiro, que, muito possivelmente, obtivera o tal epíteto de Cura-Cão por sua habilidade em homílias de exorcismo; ou então hipocorístico o fora designado co'o epíteto macabro em alusão demoníaca, em razão do binômio remissivo à natureza malévola acoplada ao ofício do sacerdócio.

No comenos, o conspícuo latifundiário e minerador d. Lourival Brant aprouvera-se da conveniência, p'ra assuntá-lo sobre o sepultamento cristão do malogrado artífice João Ernesto, que, às vésperas da cerimônia matrimonial, decidira-se, inopinadamente, por se abster da existência. Não obstante, o improfícuo e palrador pe. Braz Ramiro, que tampouco se abalara co'a notícia do traspasse descabido do talhador de berloques e penduricalhos, até que se fizera de rogado e contrito, perante a estúpida insensatez do ourives de origem hebreia, que, n'um gesto agônico de desesperação, resolvera-se por atentar contra a sua própria essência constitucional, tresloucadamente, haja vista que a provável condenação pelo exercício coibido da alquimia o impulsionara a se antecipar ao fogo-fátuo do Santo Ofício da Inquisição.

— Che fatalità, d. Lourival Brant!... — acentuara em idioma italiano.

Destarte, pelo viés da cínica e obtusa representação de dramaticidade, à medida que arregalava retinas azulejadas em direção aos portadores da narrativa do calamitoso fenecimento do lapidário Gioielliere Ebreo, objurgava-se de que tal costume de ação em detrimento da própria biografia não era admitido pelas prédicas e códigos hebraicos, assim como também era enjeitado pelos dogmas e alocuções do Cristianismo vigente, no porvindouro Reino Unido de Portugal, Brasil e Algarves.

— Quando eu fui visitá-lo hoje pela manhã, vigário Buzzatti, o desinfeliz do João Ernesto já se encontrava dependurado pelo pescoço na guampa da árvore, co'a face arroxeada em cordel de patíbulo, de modo que sequer houve tempo hábil de adjutório de reabilitação. — deplorou-se d. Lourival Brant, pesarosamente.

Ao tentar redimir-se diante de tênue precariedade da condição humana, perante depauperamento do honesto e trabalhador prometido de sua filha Sianinha Boneca, o gentil-homem d.

Lourival Brant deprecara pela comiseração sacrossanta da Madre Igreja, alegando que o ourives de estirpe judaica, quiçá, tenha sido vítima da difamação de seu aparentado Nicolau das Pretas, que não tolerava a sua ascensão econômica por intermédio da lida aurífera. Incauto, quiçá por não despojar suspeição de que o ato suicida se dera através da intimidação moral, impingida por parte do carunchoso reverendo Braz Ramiro Buzzatti, que aliciara o capitalista Nicolau Pontes a delatar que as substâncias satânicas de alquimia eram utilizadas clandestinamente pelo ourives de ascendência semítica, co'o intuito de enriquecimento ilícito acoplado ao delito de lesa-majestade, o credo e benévolo d. Lourival Brant argumentava que o suicídio do ourivezeiro houvera de ser analisado por sua relevância metafísica, visto que Sócrates mui bem salientou que a extenuação pode vir a ser o maior de todos os bens p'ra humanidade. Não obstante, filosofias à parte, a virulenta Sianinha Boneca exigira co'a veemência dos oradores ao pe. Braz Ramiro, que as exéquias de seu falecido noivo João Ernesto fossem cumpridas rigorosamente sob a égide da Santa Madre Igreja Católica e Apostólica Romana, uma vez que, de fato, houvera homicídio através de coação moral, a ser averiguado pelo epíscopo Luiz Manuel Arquimedes de Castro e Silva, o Dom Bispo.

Isto porque, em troca da tácita parcimônia do vigário Buzzatti, o esponsal cristão-novo João Ernesto fora induzido, cobardemente, a que abdicasse do compromisso conjugal co'a Sianinha Laura Brant. Caso contrário, as delações caluniosas manuscritas e assinadas pelo hebreu avarento Nicolau das Pretas seriam arroladas em processo judicial, a partir da denúncia de iniciação aos métodos judaizantes exercidos pelo Gioielliere Ebreo, em cumplicidade co'a fidedigna legatária do mui estimado d. Lourival Brant. Neste ínterim, as denúncias foram conduzidas aos auspícios do Supremo Tribunal Eclesiástico de Justiça do Santo Ofício da Inquisição, em São Sebastião do Rio de Janeiro; e, posteriormente, em Lisboa, Portugal.

— Diz-me, então, que não fora acobardamento de vosso nubente convertido, davanti al presagio della condanna inquisitoria, que o fizera ter enfiado corda de embira goela abaixo, desprezando pleito ao côvado de tomba a sette campate nel cimitero ebraico, Sianinha Boneca? Perciò, quanto ao funeral do Gioielliere Ebreo, mediante admoestação do vil ato de suicídio obrado, informo che, in questo caso specifico, poiché i sacri riti del Libro di Yará, le uscite postume sono considerate proibitive in un rito corporeo di sepoltura, io posso até autorizar que o cristão-novo João Ernesto seja enterrado em campo santo católico, a condizione che la ricompensa pecuniaria sia ampia nell'intento di dimenticare il gesto infausto, d. Lourival Brant. — fustigou Cura-Cão.

Deste modo, ao menoscabar submissão pusilânime do acobardado Jujdeu Joalheiro, cuja abreviatura da existência não lhe causara pejo ou repúdio, apenas desprezo pela fragilidade intelectual do hebreu alquebrado pela incúria da mácula infringida, o pe. Braz Ramiro refutou a alegação 'viuvinha' Laura Brant, que ponderou que o seu falecido noivo João Ernesto era cristianizado, desde o nascituro em batismo e comunhão. Contudo, o pícaro e caviloso vigário Buzzatti obtemperou que a imersão de pé do cristão-novo seria levada em consideração em prol da memória do defunto, conquanto a obstupefata Sianinha Boneca reagisse ao desaprecio do pe. Braz Ramiro perante a vida humana, que se prevalecia da vulnerabilidade funérea da família Brant Caldeira, p'ra arrecadar recursos financeiros em benefício próprio, vexatoriamente.

— Un converso judengo, ragazza. — sentenciou vigário Buzzatti.

Contradizendo-a em sua raiz histórica de cristianização, o sacerdote Braz Ramiro Buzzatti rememorou que os hebreus foram submetidos pela Coroa lusitana ao convertimento ao Catolicismo forçosamente, mediante expatriação ou fogo-fátuo; e, diante do preconceito arraigado ao alinhamento antissemita, a impávida Laura Brant se retraíra olvidando-se de acusá-lo de homicídio, conforme planeara ao acompanhar o seu progenitor d. Lourival Brant até a Matriz de Nossa Senhora dos Remédios, mesmo porque não haveria qualquer comprobação da chantagem moral, que o incriminasse, já que o acautelado Cura-Cão se precavera de ameaçá-lo em contrição de confessionário.

— Eu fui procurá-lo por volta das onze horas da manhã, p'ra nós tratarmos da cerimônia das núpcias cristãs co'a Sianinha Boneca, quando me deparei co'o cadáver enroscado em cordel trepidante sob a árvore do quintal, pe. Braz Ramiro. — avocara-se d. Lourival Brant.

Atarantado co'o cenário tétrico do suicídio que o aterrorizara, d. Lourival Brant se dera conta de que seria o emissário da mensagem funesta aos cuidados da quebradiça Laura Brant, que, decerto, não haveria de suportar o coice cego do destino.

— E il corpo del suicida ebreo cristianizzato era già stato lavato per la sepoltura, secondo i rituali mosaici da Tahara prescritos no Livro Talmud, Sianinha Laura Brant? — estigmatizou o líder católico.

Sinalizando que as conversões contemplativas da religião judaica ao Cristianismo não se concretizavam efetivamente, o vigário Buzzatti enfatizou que a tradição hebreia não se destituíra dos seus ritos e fundamentos, desde o nascituro ao traspasse do espírito ao plano incorpóreo do Reino de Judá.

— Confesso ao senhor que eu mesmo rompi a corda do seu pescoço, co'a foice recostada ao muro; e, logo em seguida, ao constatar falecimento do mancebo João Ernesto, eu o cobri co'a mortalha de algodão encarnado p'ros préstimos dos sepultamentos cristãos. — controvertera-se d. Lourival Brant, ao supor que obteria concessão de cunho clérigo, p'ra se realizar velório e funeral em Campo Santo da Vila de São Roque do Paraty.

— Sepolture cristiane di un ebreo errante e suicida, d. Lourival Brant? — assombrou-se o conservador Cura-Cão, refratário ao desígnio de enterramento, até que se resolvesse a questão do estipêndio pecuniário.

— Assassínio. — desabafou Laura Brant.

A desenganada Sianinha Boneca, encorajando-se diante da desfaçatez do ambicioso pe. Braz Ramiro Buzzatti, que, ao não se sentir atingido pela grave inculpação proferida pela enlutada rapariga, que odiava imensamente o descaramento moral em disfarces de conservadorismo religioso, prosseguiu em sua ladainha decorada em latim vulgar.

— Mediante danno peccaminosso por parte da Sianinha Laura Brant, credo che sarà necessario provvedere alla sepoltura dell'orefice di origine ebraica, senza sentinella né cerimoniale della cristianità... — obliterou vigário Buzzatti.

Não obstante, mui bem amparado em sua crença inoportuna e cáustica, empós receber o consentimento traduzido pela quantia valorosa acordada co'o d. Lourival Brant, que não regateara sobre o valor da gratificação pleiteada pelo clérigo dúctil e situacionista, sequer redarguira aos infundados argumentos da enviuvada Sianinha Boneca, que alardearia aos quatro cantos do arrabal que o seu prometido João Ernesto houvera de ser sepultado co'os sacramentos mortuários cristãos, porque fora assassinado pelas mãos sanguinárias da Santa Madre Igreja.

— Porventura, a Sianinha Laura Brant potrebbe spiegarci il vero motivo per cui l'orafo João Ernesto si suicidò, às vésperas das bodas de matrimônio, co'a rica herdeira do senhor de engenho, minas e fazenda, l'opulento e l'apatate d. Lourival Brant? — questionara-a pe. Braz Ramiro, desconversando mediante acusação de homicídio.

— Ora, quem há de descobrir as razões d'um suicida, meu bom pe. Braz Ramiro? — tergiversou d. Lourival Brant.

— Decerto, la sposa del gioielliere ebreo si suicidò sul patibolo dell'ignominia, a Sianinha Boneca. — encarou-a o pároco da Matriz de Nossa Senhora dos Remédios, de modo a decifrá-la mediante ilação da denúncia.

— A razão do cobarde homicídio fora o perjúrio da extorsão moral feita pelo pe. Braz Ramiro, sobre forjada acusação contra o meu falecido noivo João Ernesto, que ainda ontem, à noite, estivera conosco na Fazenda Nossa Senhora do Bom Retiro. — expusera a causa de sua indignação desferida contra o abade Buzzatti, sem, no entanto, aludir ao real achaque da exprobração de cunho étnico e monetário.

Na ceia, o ourives João Ernesto estava taciturno e enigmático, quiçá por ter recebido intimação postada em São Sebastião do Rio de Janeiro, em nomenclatura do Tribunal do Santo Ofício da Madre Igreja, a fim de que prestasse depoimento sobre exercício da alquimia.

— A Madre Igreja de Vossa Mercê o supliciara até o suicídio, vigário Buzzatti, em razão da cerimônia de matrimônio entre um cristão-novo enriquecido ao labutar honestamente em ofício de sua arte aurífera, co'a endinheirada herdeira de fazenda, minas e engenho... — discorria Laura Brant, quando fora interrompida bruscamente pelo dilacerante interlocutor, que incidira em extravagante e indiscritível informação de catre de alcova.

O enforcamento de seu prometido novo cristão não pode ser realizado por usurpação por este servo da parte di questo servo della Madre Chiesa, sob alegação de ricatto morale pelas práticas mefistofélicas das experiências alquímicas, em protesto contra cerimonia di matrimonio del legatario di latifondi, fattorie e miniere, Sianinha Laura Brant, porque o Gioielliere Ebreo suicidou-se em razão do remorso dall'affinità del sentimento, que vivenciara comigo nell'intimità della sodomia. — desvendou-se vigário Buzzatti, desconsertando-a fulminantemente, ao constrangê-la co'a revelação difamante e aleivosa.

— Sodomita!... Sodomita!... Sodomita!... — desesperou-se a Iaiá do Solar dos Bonecos, ao despencar-se pórtico de ermida aos berros pela freguesia afora, desapercebendo-se do impassível esmoleiro Cego Miguel Andorinhas, que entoava, em sua viola de arame, a cantiga apócrifa em domínio público.

O sepultamento do cristão-novo João Ernesto Filgueiras dos Santos, o Gioielliere Ebreo, transcorrera em clima mui conflituoso entre a legatária do proprietário da Fazenda Nossa Senhora do Bom Retiro, d. Lourival Brant Caldeira de Andrade, e o pároco responsável pela Basílica Matriz de Nossa Senhora dos Remédios, que solicitara a visitação da autoridade máxima do Tribunal do Santo Ofício, Vossa Excelência Reverendíssima Luiz Manuel Arquimedes de Souza e Castro, devotado e rigoroso inquisidor-mor de origem lusíada, que embarcara na Província de São Sebastião do Rio de Janeiro até a Vila de São Roque do Paraty, p'ra sopesar as circunspectas incriminações sobre as práticas mefistofélicas da alquimia, exercidas pelo ourives de ofício João Ernesto Filgueiras dos Santos, em conluio satânico co'a tresloucada Laura Brant Caldeira de Andrade, a Sianinha Boneca. Neste comenos, cabe o registro de que o Dom Bispo não imaginava que se defrontaria co'a denúncia de homicídio mediante extorsão moral e práticas de inversão por sodomia, contra representante da Madre Igreja Católica e Apostólica Romana, o assisado pe. Braz Ramiro Buzzatti, o Cura-Cão. Ao arranchar-se em domicílio episcopal, o expedito d. Arquimedes de Castro Silva, de imediato, requereu os autos processuais do inquérito judicial, p'ra sumária e minuciosa inspeção de conduta do denunciado vigário Buzzatti, que, prontamente, se dispusera a cooperar co'o do Supremo Tribunal Eclesiástico de Justiça do Santo Ofício da Inquisição.

— O inquisidor-mor Vossa Excelência Reverendíssima d. Luiz Manuel Arquimedes de Souza e Castro, o Dom Bispo, por acá aportara con l'obiettivo de averiguação, a respeito da gravíssima acusação sobre as esperimenti satanici dell'alchimia, praticadas pelo ourives cristão-novo João Ernesto, co'a tétrica cumplicidade co'a Sianinha Laura Brant, a Iaiá do Solar dos

Bonecos. Destarte, o implacável Dom Bispo, auxiliado por este vosso umile servitore di Dio, que não se furtará ao debate público ao que se refere às diffamazioni fatte contro di me, em razão do Gioielliere Ebreo ter se suicidado, às vésperas do matrimônio da Sianinha Boneca, que há de se arrepender amargamente pela da un complotto non biblico, contro un intatto membro da paróquia de Nossa Senhora dos Remédios desta Vila de São Roque do Paraty. — enfatizou o inebriado clérigo Braz Ramiro Buzzatti, empós trago de fôlego em vinho vulgar de cana-de-açúcar, no Armazém dos Ciganos.

— El abominable Arquímedes de Souza e Castro, el Dom Bispo!?!... — inquiriu o galego Bernardo Lourenzo Diaz, bisbilhoteiro e metediço, que distinguia de cor e salteado a intransigência prelatícia do pontífice inquisidor, pois que, logo assim que desembarcara em São Sebastião do Rio de Janeiro, provindo das tierras castellanas, residiu co'a sua digníssima esposa dona Pillar, por efêmero período antes de se estabelecer comercialmente na Vila de São Roque do Paraty.

— O Dom Bispo aportara neste arrabalde caiçara de São Roque do Paraty, que se expressa sem F, sem L e sem R, o que os há de impedir de ter Fé, Lei ou Rei, p'ra se instalar lacônico inquérito pontifical, sobre ponderosa e inquietante denúncia do hebreu capitalista Nicolau das Prestas, a respeito das práticas alquímicas coibidas, executadas pelo cristão-novo João Ernesto, o Gioielliere Ebreo, em macabra connivenza co'a Sianinha Boneca, já mui bem encarcerada em calabouço de Cadeia Velha do Largo de Santa Rita. Assim sendo, a vedova prima dell'ora delle nozze do alquimista judaizante será arguida em interrogatório instaurado pelo justo e austero Dom Bispo, p'ra comprobação das sacrílegas experiências de transposição de reles matérias-primas em metais preciosos, quiçá sob jugo e mecenato do nobre fidalgo d. Lourival Brant Caldeira de Andrade... — notabilizou-se o ébrio palestrante abatinado.

Neste exato instante, o pe. Braz Ramiro, que se avultava ao balcão do empório de secos e molhados, por empolgação da água ardente produzida em alambique de engenho, ladeado pelo judaico Nicolau das Pretas e pelo fabricante de calçados Emiliano Ferraz, o Emílio Tamancas, fora interceptado oralmente pela eloquência do comerciante cigano.

— Que o vigário Buzzatti não se olvide de que o inquisidor-mor d. Arquimedes de Souza e Castro aún tendrá que lidiar con la agravación de la incriminación por el nada insospechado suicidio del orfebre João Ernesto, diz até que cometido por intimidación moral mal obrada pelo pe. Braz Ramiro; e que, verdade seja dita, há de haver registro em inquirição extraoficial expedida aos cuidados do Dom Bispo, padre-visitador do Tribunal de Santo Ofício da Madre Igreja. — advertira Lourenzo Diaz.

O pároco Braz Ramiro Buzzatti, que se achegara mui indócil e facundo, sobretudo pela ordem de prisão decretada contra Sianinha Boneca, por intermédio do requerimento episcopal redigido à pena de ganso em Mesa Inquisitorial de São Sebastião do Rio de Janeiro, ignorou a reprimenda do vendeiro Bernardo Lourenzo Diaz, aguçando-o, à proporção que buscava atenuar a injusta inculpação de homicídio em detrimento do Gioielliere Ebreo, por suprema perspectiva da delinquência de maior gravidade jurídico-religiosa, uma vez que, em seu íntimo, estava convicto de que o prometido da 'viuvinha' Laura Brant houvera de ter se suicidado, em razão do anseio proibido sem a mínima reciprocidade de sentimento, sustentado por um emissário oficial da Madre Igreja.

— Decerto, a reciprocidade de sentimento de Amor cristão ao próximo não há de ser considerada causa primordial de expropriação da vida humana, meu bom vigário Buzzatti. — rechaçou-o d. Lourival Brant, que adentrava o estabelecimento comercial, escoltado pelo bacharel criminalista, dr. Verediano de Souza.

Na data de detenção da denunciada Laura Brant Caldeira de Andrade, a prestimosa dona Isabel Maria Soares Brant Caldeira de Andrade, que, posteriormente, enviaria missiva de protesto, narrando o episódio ao Vice-Rey Vasco de Mascarenhas, o Conde de Óbidos, recepcionou o Cura-Cão, que encabeçava a tropa de dragões do reino, armados até os dentes d'ouro, no pórtico do suntuoso palácio, o Solar dos Bonecos, localizado à Rua do Comércio, próximo à Capela de Nossa Senhora do Rosário e São Benedito. Na empreitada, o meticuloso pe. Braz Ramiro se deparou co'a Sianinha Boneca encerrada em alcova de sobrado, à beira de um ataque de nervos, empós acusação em falso testemunho orquestrado pelo responsável pela Matriz de Nossa Senhora dos Remédios.

— Rompi, drago, que a Sianinha Laura Brant há de ser trancafiada em cárcere da Cadeia Velha do Largo de Santa Rita, a pão e água, até a chegada di Sua Eccellenza Reverendissima d. Luiz Manuel Arquimedes de Souza e Castro, o temível e intransigente Dom Bispo. — ordenou o capelão católico, enérgico e autoritário.

Ao se aprestar da imagem estarrecida do fidalgo d. Lourival Brant, que o mirava co'o desdém da desafetação, de vez que as censuráveis ilações do hebreu usurário Nicolau das Pretas, incontestavelmente, haveriam de ser impugnadas pelo superior hierárquico da instituição religiosa, que, decerto, não se emprenharia co'a falácia e verborragia do suspeitoso fanfarrão mal-afamado em toda região, por patético hábito e tara de desvirginar negrinhas impúberes em condição de senzala.

— Perdoai a Sianinha Boneca pelos estouvamentos da idade, vigário Buzzatti. — suplicou dona Isabel Brant, que era mui apegada à Sianinha Boneca; e se desesperava ao constatar que a sua filha única se agitava; ora a agatanhar a alva pele do corpo; ora a agarrar as melenas aloiradas do couro cabeludo, de modo a arrancá-las incessante e tresloucadamente.

— Pois se fora eu quem instara pela urgência de visitação do epíscopo d. Arquimedes de Souza e Castro, empós circunspecção de denúncia do marrano Nicolau das Pretas, que relatou de libero arbitrio ter adquirido artefato d'ouro produzido pelo Gioielliere Ebreo, dona Isabel Brant. — justificou-se o delator abatinado.

O arteiroso pe. Braz Ramiro Buzzatti confessara que fora o responsável pelo chamado do Dom Bispo, a fim de que o visitador-mor do Santo Ofício se desembestasse da Capitania de São Sebastião do Rio do Janeiro até onde Judas perdeu as botas neste vilarejo de São Roque do Paraty.

— Além de tudo, io non ho autorità pontificia, p'ra sumário cancelamento de interstício inquisitório, instituído pelo Corte di Giustizia del Sant'Uffizio della Madre Chiesa. — desvencilhou-se de indulto e clemência, ainda que tivesse assumido o dolo da delação contra o neocristiano homicidiado, quiçá.

— Neste caso específico, o Bispo d. Arquimedes de Castro e Silva decidirá sobre a veracidade da acusação sobre as práticas alquímicas, a partir do testemunho das partes envolvidas no inquérito contra o ourives morto e enterrado, vigário Buzzatti? E que não se olvide de que houvera a denúncia de outro delito de cunho vicioso da sodomia cometido pelo pe. Braz Ramiro, que também há de ser investigado pelo Dom Bispo. — intrigara-o d. Lourival Brant.

Em presença do contraditório, o incensurável Cura-Cão calou-se diante da probabilidade de defesa, diante da nítida conjectura de retaliação aventada pela Sianinha Boneca, que, decerto, também seria penitenciada pela falsa acusação de sodomia. Desta feita, n'um lampejo de lucidez e celeridade, pouco antes de autorizar a condução da prisioneira ao calabouço da Cadeia Velha do Largo de Santa Rita, resguardada pelos canhões do Forte da Patitiba, o reverendo Braz Ramiro Buzzatti livrou-se do interrogatório familiar.

— Per favore, a signora dona Isabel Brant nos conceda licenza di hostess, come si dice in Italia, porque não havemos de ter tempo a perder co'o diálogo inoportuno de salão nobre do Solar dos Bonecos; e, portanto, co'a presteza necessária à missão jurídico-religiosa, nós precisamos cumprir ordem de captura, per complicità nel delitto di alchimia in falsa testimonianza contro la Madre Chiesa de Dom Bispo Arquimedes de Castro e Silva, dona Isabel Brant. — dessoubera-se, conscienciosamente.

— Sodomita. — reiterou Sianinha Boneca.

Em retorno à ermida, o reverendo Braz Ramiro fora abordado pelo santeiro Chico Cristão, que o aguardava ansiosamente p'ra demonstração da imagem de santo, que obrara por excepcional inspiração ao embaralhar o sacrifício de Jesus de Nazaré, co'a efígie de Nossa Senhora Virgem Mãe Santíssima, em Via Crucis. Na ocasião, o clérigo Buzzatti, que peregrinava trôpego e pesaroso do Armazém dos Ciganos até a Basílica Matriz de Nossa Senhora dos Remédios, mui preocupado co'as consequências do entrevero co'a proeminente família Brant Caldeira, não dera devida atenção aos apelos do talhador de madeiro e do esmoleiro Cego Miguel Andorinhas, que o alertava sobre a importância da aparição milagreira na Vila de São Roque do Paraty. Ocorre que, à época, o irresoluto Cura-Cão andava por demais encalacrado até o cabeção do colarinho clerical co'o hebreu usurário Nicolau das Pretas, em razão da dívida de empréstimo a juros exorbitantes, além de ter empenhado a imagem de santo da Maria Madalena Perdoada aos Pés do Cristo, a peso d'ouro em pó.

Neste diapasão, de modo a piorar a situação financeira do pe. Braz Ramiro, o judengo capitalista Nicolau das Pretas aquiescera em prestar depoimento forjado a dinheiros, por intermédio de manuscrito confidencial contra o seu descendente João Ernesto Filgueiras dos Santos, de tal sorte que pode ser que o Gioielliere Ebreo tenha se suicidado, por asco e aversão ao prenúncio da tortura d'água, roda e pêndulo, impostos aos hereges refratários aos dogmas do Cristianismo. Nada obstante, o fazedor de santo Chico Cristão, que não obtivera ciência de missa e terço, prostrara-se encostado ao mal improvisado andor de carroça, que fora arrastada até o Largo da Matriz, a fim de que se houvesse veredicto abalizado do vigário Buzzatti, sem interferência imprópria do esmoleiro de ofício Cego Miguel Andorinhas, que todo santo dia comum ou ecumênico labutava em pórtico da Basílica de Nossa Senhora dos Remédios da Vila de São Roque do Paraty.

— Ai, ai, ora, ora, que canseira de se carregar imagem de santo nas costas até o Santuário de Nossa Senhora dos Remédios, Cego Miguel Andorinhas. — lastimou-se Chico Cristão.

— Virgem Nossa Senhora Mãe Santíssima do Nosso Senhor Jesus Cristo de Nazaré, Chico Cristão!... Que encomenda paga de imagem de santo feita pelo vigário, que o vossamencê vem carregando co'a afoiteza de milagre, em cima de mal ajambrado andor de penitente, homessa!?!... — assustara-se o pedidor de esmola, ao apalpar, como era de praxe, obra santificada de encomenda ao escultor de sacralidade.

— Não há de ser encomenda paga de obra de imagem de santo feita por pe. Braz Ramiro, não, esmoleiro. — redimiu-o, ao retificar-se da menção ao pároco da matriz.

— Então que Deus me perdoe e mal eu lhe pergunte: é São Quem ou Nossa Senhora de quê, Chico Cristão? — incitara-o o esmolento Cego Miguel Andorinhas, encafifado co'a aparição sacralizada do Cristo-Mulher, que o santeiro obrara co'o afinco de engenho ímpio de formão em madeiro de maçaranduba.

— Não é São Quem ou São Nunca e nem muito menos Nossa Senhora de nada e muito obrigado. — exacerbou-se Chico Cristão.

— Virg'cruz-credo, homessa, que se não é São Ninguém ou São Nunca e ainda nem muito menos Nossa Senhora de Nada

Não Obrigado do santeiro Chico Cristão, como é que há de se dar nomeada à Virgem Santíssima Mãe Carregando às Costas a Cruz Sacrossanta do Nazareno Jesus Cristo, que, decerto, não será oficialmente canonizada por Dom Bispo ou mesmo pelo vigário Buzzatti, em altar-mor de capela de Basílica da Nossa Senhora dos Remédios? — vaticinara, mediante tal disparate de sacrilégio.

— Pois não estou eu lhe dizendo que é por esse motivo mesmo, que eu estou à procura do pároco Braz Ramiro, embora não tenha tempo de sobra e paciência de Jó, co'o descatólico à-toa querendo dar de vigário em confissão, diante dessa tal Nossa Senhora de Chico Cristão. — disse Chico Cristão, aborrecendo-se co'a intrujice do pedinte inveterado, que o atormentava co'as indagações, que, sequer, se habilitara a responder a si próprio a respeito de tal questionamento.

— É!?!... Mas esse ser vivente mui prejudicado da visão desde a simplória nascença quer mesmo saber, de uma vez e hora, que proeza fora essa de se mal obrar Jesus de Nazaré, co'os seios de fora e co'a face lisa sem barba cumprida da Virgem Mãe Santíssima, Chico Cristão?

— Já que o cego dos peditórios quer mesmo saber, mal não lhe faz que fique logo a par do assunto da tal Nossa Senhora de Chico Cristão. De verdade, a imagem de santo que obrei for'é inspirada na Virgem Maria Santíssima, misturada co'o sacrifício do Cristo Nazareno Jesus, carregando madeiro de lei em Via-Crúcis; mas o mendicante era quem, de fato e direito, melhor poderia esclarecer os nomes e sobrenomes da imagem de santo obrada, devido ao ofício antigo de pedidor da esmola em pórtico de capela.

— Só que pedidor de esmola em porta de capela não é ofício, não, vai me desculpando o santeiro Chico Cristão; porém, quiçá, quem houvera de dizer a vossamencê seria o vigário Buzzatti, módi a desembaraçar juízo sobre a tal imagem de Nossa Senhora de Chico Cristão, co'os outros olhos bem mais gordos e habilitados por aptidão de crença e fé. É!?!... Salve Nossa

Senhora de Chico Cristão!... Contudo, eu vou logo lhe dando aviso de que se o santeiro veio a ter missa e prosa co'o pároco Braz Ramiro, que se previna porque o Cura-Cão anda da batina esfarrapada se embriagando mais a torto que a direito, co'o cálice de vinho vulgar de cana-de-açúcar, desde que a Sianinha Boneca o denunciou ao Dom Bispo, por saliência de libertinagem co'o pretozim Adílio Pindó, o Dagobé. — precavera-o o sacomano, que, previamente, antevira perspectiva de lucratividade na sacra invenção de heresia.

— Coitado do bom e probo vigário Buzzatti, que deve de estar se embriagando por razão de não poder cumprir co'as obrigações de dívida pelo penhor da imagem da Madalena Perdoada aos Pés do Cristo Senhor, hipotecada co'o judeu avarento Nicolau das Pretas. Ao que parece o pe. Braz Ramiro Buzzatti se desiludiu co'o sacerdócio e batina; e, todo santo dia, improvisa sermão trôpego de bêbado, desmoralizando pessoa e ofício de pároco oficial de capela, no Armazém dos Ciganos. — compadeceu-se Chico Cristão, ao se persignar perante penúria alheia.

— Não é por excomungar, não, que não é de estirpe e feitio desse cego de nascença; mas, enfim, quem é esse humilde esmoleiro p'ra desaconselhar sobre criatura alguma de Deus; seja o roto-esmolambado Cura-Cão ou do mal-pago Chico Cristão? Mesmo porque também se conselho prestasse e bom fosse, o santeiro já conhece de cor e salteado o dito e sabe mui bem que eu lhe vendia, mesmo que se fiasse ou mais barato se arranjasse. — adagiou-se o pedintão de ermida.

— Confesso que agora quem está tropeçando na compreensão de sermão em latim de malandro é esse ignorante fazedor de santo; mas, de qualquer jeito, acontece que eu não tenho nada que me ajoelhar aos pés de Madalena Empenhada ao Nicolau das Pretas, por milagre de se arranjar fiéis e tostão, p'ro vigário Buzzatti não dar cabo em vício de derrubar cálice de vinho vulgar de cana-de-açúcar. — arrebentou Chico Cristão, agoniado co'o descaso do reverendo, que, decerto, se atrasara por preferência de balcão de empório de secos e molhados, ao invés de altar-mor, púlpito e confessionário.

— É!?!... Mas cá entre nós, que, se o vigário Buzzatti já até chegou ao cúmulo de empenhar imagem de santo p'ro usurpador apatacado do Nicolau das Pretas, a Madalena Perdoada aos Pés do Cristo Senhor, que o fazedor de santo obrou co'a tanta fé e talento, justamente p'ra não dar fim ao vício de derrubar cálice de vinho vulgar de cana-de-açúcar, tão-somente a Nossa Senhora de Chico Cristão há de poder arremedar pindaíba que faz gosto do sacerdote... É!?!... Preste atenção, que o fazedor de santo se achegou em boa ocasião de adjutório ao excomungado clérigo de capela, co'a batina e o moral carcomidos, haja vista que só ainda não negociou a sua alma penada, por falta de interesse do Cujo-Satanás. — vociferou o lazarone, chistoso e trocista.

— A bem da verdade, esse fazedor de santo viera em proveito de dois dedos de prosa co'o reverendo Braz Ramiro, sobre a imagem de santo da Nossa Senhora de Chico Cristão; e depois ir-se embora co'os credos e ave-marias, rezados debaixo do braço... No entanto, já que o vigário Buzzatti está mais precisado de caridade, é tão-somente o Cego Miguel Andorinhas me dizer que eu me presto no que for preciso, p'ra lhe acudir, já que o Cura-Cão sempre fora o mais assíduo freguês de imagem de santo em toda região da Pedra da Cabeça do Índio. — acedera perante desgraçada sina de indigência e ebriedade.

— É!?!... Se o santeiro me diz que empresta a obra de imagem de santo obrada em batismos de Nossa Senhora dos Remédios de Chico Cristão... — hesitou-se o buliçoso esmoleiro, objetivando pé de meia de seda, em abundância de sobrado, escravo e banquete.

— Eu disse a vosmencê que, de bom grado, me prestaria a adjudicar o vigário Buzzatti, que se esbarra em petição de miséria, haja vista que o empréstimo de imagem de santo da Nossa

Senhora de Chico Cristão ficara por conta do cérebro imaginoso do esmolento Miguel Andorinhas... — corrigira-o o santeiro, desconfiado co'a artimanha de sobrevivência do pedinte inveterado.

— É!?!... Mas eu juro que não há de ser p'ra tal propósito de penhor a imagem de santo de Chico Cristão; no entanto, recomendo a vossamencê que o fazedor de santo tenha de pedir consentimento ao vigário Buzzatti, p'ra que a obra novidadeira seja mui bem emprestada a canto de altar-mor de ermida.

— Se o Padre Zé Pedro já possui uma Madalena Empenhada, vai agora querer se comprometer co'a Nossa Senhora de Chico Cristão Emprestada, esmoleiro? De mais a mais, salvo engano, o pedidor de esmola me deu incumbência de ir pedindo o consentimento do vigário Braz Ramiro p'ra o empréstimo em altar-mor de ermida... — hesitara Chico Cristão.

— Por isso não seja que, quem caridade faz, o céu almeja!... É!?!... Se o fazedor de santo quiser, esse cego de nascença se prontifica a conseguir autorização de empréstimo ao altar-mor da Matriz de Nossa Senhora dos Remédios, ora, ora!... É!?!... Além do mais, ao fazedor de santo, o vigário Buzzatti não há de ficar devendo mais do que gratidão de católico, que p'ra mais logo se paga co'a encomenda nova de imagem de santo, porque, dessa data de agora em diante, há de se ter fiéis e tostão p'ras melhorias de capela e de vida. Afinal, mais vale a salvação do vigário do que sermão em latim torto e mal benzido d'um bêbado salafrário!... Salve a Nossa Senhora de Chico Cristão!... Salve a Nossa Senhora de Chico Cristão!... Salve a Nossa Senhora de Chico Cristão!... — avultou-a reiterando-se, à proporção que engodava curiosidade dos habitantes do arrabalde, que se abeiravam da imagem enigmática recém-canonizada.

No Armazém dos Ciganos, o eufórico pe. Braz Ramiro Buzzatti gabava-se do aprisionamento da sucessora do nobre fidalgo d. Lourival Brant, a Sianinha Boneca, em razão das ultrajantes injúrias morais proferidas em vão, contra o incorruptível e ilibado membro da Madre Igreja, que sempre honrara o sacerdócio por vocação de hombridade, co'a legítima aptidão d'um asceta tal qual São João dos Batistérios.

— Mercante Lourenzo Diaz, per favore, a chávena de água ardente, que, nesta data, il tuo umile servitore calunniato há de celebrar, porque i draghi del regno apresaram a difamadora Laura Brant; e, neste momento, estão a arrastá-la alla prigione da Vecchia Prigione in Largo de Santa Rita. — exaltara-se o clérigo obeso e fanfarrão, que se assentara diante do vendeiro.

— Eis a vossa água ardente, vigário Buzzatti. Então fora mesmo a Sianinha Boneca quem o denunciou por acto de sodomía co'el esclavo de ganho Adílio Dagobé, vigário Braz Ramiro? — intermeteu-se Lourenzo Diaz, em coro co'o diz-que-me-diz das más línguas que o incriminavam por delito de concupiscência, empós acenar co'a cabeça ao constatar a chegada do fabricante de calçados de origem lusitana Emílio Tamancas, comboiado pelo judeu usurário Nicolau das Pretas, que se aproximara, co'o intento de intimação de ordem pecuniária.

— Muito em breve, o d. Arquimedes de Castro e Silva há de aportar nesta Vila de São Roque do Paraty; e o vigário Buzzatti irá prestar depoimento, sem delongas e titubeios, de sorte que desvendasse o mistério do homicídio do meu Sardinha João Ernesto, vigário Buzzatti. Entretanto, quiçá, a tal notícia de chegança do Dom Bispo não há de ser a pior das informações provindas da Corte de São Sebastião do Rio de Janeiro, pois que lamento recordar ao pároco da matriz que a promissória do penhor da imagem de santo da Madalena Arrependida aos Pés do Cristo, obrada pelo talhador Chico Cristão, irá vencer nesta presente data de hoje, sem perspectiva de se aprazar liquidação da duplicata, pe. Braz Ramiro Buzzatti. — delimitara o onzeneiro Nicolau das Pretas, assediando-o pecuniariamente.

— Bons dias, vigário. — cumprimentou-o tamanqueiro português Emílio Tamancas, co'a intenção de atenuar a investida do capitalista hebreu, incomodado co'o suicídio forçado de seu descendente.

— Per favore, ó taberneiro Lourenzo Diaz, que Vossa Mercê há de nos servir cálice del vino del regno por mi'a graça e conta, visto que eu precisarei adiar temporariamente o estipêndio da dívida de penhor, co'o ganancioso prestamista Nicolau das Pretas, que, sem dúvida, non sfuggirà indenne all'attenzione ecclesiastica do d. Arquimedes de Castro e Silva, caso haja vestígios de denúncia por agiotagem subterrânea, nesta Vila de São Roque do Paraty. — acobardara-o Cura-Cão.

No andamento, o agiota Nicolau das Pretas, indignado co'a velada ameaça de logro ventilada pelo sacerdote Braz Ramiro Buzzatti, revidou co'a firmeza condizente co'a ocasião do calote.

— Até mui bem compreendo que a gravíssima situação de penúria do Cura-Cão, aliada à acusação da Sianinha Laura Brant, há de ter prejudicado vossa memória de compromisso; não obstante, ao que se refere ao cumprimento do prazo da promissória, não há de haver advertência moral que me induza ao suicídio, qual o fizera o ourives João Ernesto, acuado diante da chantagem de comprometimento amoroso co'o impudico reverendo Braz Ramiro, em aliança de catre e alcova. Portanto, saibais que, quanto ao pagamento da duplicata, caso não seja efetuado até as 17:00 de hoje, o Dom Bispo irá ser mimoseado co'a imagem de santo obrada por Chico Cristão, co'a seguinte dedicatória: A Vossa Excelência Reverendíssima d. Luiz Manuel Arquimedes de Souza e Castro Luiz, eis a Madalena Arrependida aos Pés do Cristo, adquirida empós execução da promissória do penhor rubricada pelo digníssimo pe. Braz Ramiro Buzzatti, a título das dívidas obtidas a expensas do mau hábito de se derrubar cálice do licor extraído da cana-de-açúcar, fabricado mui generosamente em todo território da Vila de São Roque do Paraty. — demandou Nicolau das Pretas.

— Afirmo ao nobre agiotista que não vejo delinquência nesta atitude de livre-arbítrio de essere assente dalla vita per un desiderio libero e spontaneo di partire, conforme se dera co'o tuo parente João Ernesto, que se resolvera por ceifar a própria existência, segundo falatório em tom baixo de vizinhança, quando si sospetta la precarietà della donzelice da Sianinha Boneca, diz que por se entregar carnalmente ao Gioielliere Ebreo. — atribuiu o falacioso pe. Braz Ramiro Buzzatti, inculpando-a em sua benemerência irrestrita de rapariga direita e honesta, de modo a aplacar a denunciação de sodomia feita por Laura Brant, em Tribunal do Santo Ofício da Inquisição.

— Pela declaração da denunciante em família, consta que o vigário Buzzatti fora flagrado pelo d. Lourival Brant e a sua herdeira Sianinha Boneca, em infamatório e licencioso delito da carne, co'o negro de ganho Adílio Pindó, quando ambos se dirigiram até a sacristia da Matriz de Nossa Senhora dos Remédios, co'a finalidade de divulgação de relatório oral sobre o suicídio do finado ourives João Ernesto, o Gioielliere Ebreo, conforme Vossa Eminência o alcunhara, sarcasticamente. — explanou o hebreu capitalista Nicolau das Pretas, empós tragar o cálice do licor açucarado.

— Tanto quanto o pretozim Adílio Dagodé que pernoitara co'o libertino vigário Buzzatti, há quem diga que o próprio João Ernesto também desfrutava da companhia obscena do vigário Buzzatti, em devassidão de pederastia. — explicitara o português Emílio Tamancas, ao se inteirar da discussão sobre a sexualidade do Cura-Cão.

— ¿Por qué pensaste que el Dom Bispo viera a ter conosco en el pueblo de São Roque do Paraty, se já possuis o dolo, o réu e a vítima, ó tamanqueiro tagarela? — contra-atacou o vendeiro Lourenzo Diaz, em defesa de causa de seu mais assíduo freguês de balcão do armazém.

No instante seguinte, o esmoleiro Cego Miguel Andorinhas, abengalando-se, aos trancos e barrancos, penetrou o recinto, por afoiteza de reafirmação da boa-nova sobre aparição bendita da imagem de santo da Nossa Senhora de Chico Cristão, em portal de matriz católica.

— Pe. Braz Ramiro!... Oh, vigário Buzzatti!... Pe. Braz Ramiro!... Oh, vigário Buzzatti!... Ou vossamencê fica à-toa a perder tempo e dinheiros em diálogo fortuito co'o Nicolau das Pretas e co'o Emílio Tamancas; ou se empenha em dar atenção devida ao santeiro Chico Cristão, que se arranchou em ermida de Nossa Senhora dos Remédios, co'a obra de imagem novidadeira sedenta por graça e milagre. — interpelara-o Cego Miguel Andorinhas.

— Qual è il tuo slancio e la tua impotenza, esmoleiro Cego Miguel Andorinhas!?!... Se for p'ra tirar ourives da forca, Inês é morta, porque l'anima perduta Gioielliere Ebreo já está posta e enterrada em cemitério. — glosara o religioso satírico, ao trocadilhar-se por dialética dialógica.

— É!?!... A razão do espalhafato era que o santeiro muito necessitava confessar ao vigário Buzzatti, sobre talhadura de imagem da Nossa Senhora de Chico Cristão.

— Per caso, a visita inesperada do santeiro Chico Cristão vem a ser por motivo de cobrança de imagem de santo em arretrato di pagamento, esmoleiro? — atalhara pe. Braz Ramiro Buzzatti, desnorteado por grau etílico de vinho vulgar de cana-de-açúcar.

— É!?!... Eu posso até empenhar palavra de honra, que Deus me livre e guarde!, que não seja cobrança atrasada de pagamento, não, vigário. É!?!... Era só que o fazedor de santo, à custa de mui engenho e talento, trouxera a tal imagem novidadeira em improvisado andor de procissão, de maneira que o pe. Braz Ramiro abençoasse a Nossa Senhora de Chico Cristão... — assoalhou o indigente dos peditórios.

Receoso de desmistificar em público o aparecimento da imagem de santo ao endividado pároco Braz Ramiro, o hábil Cego Miguel Andorinhas o arrastara até o pórtico do Armazém dos Ciganos, a fim de que se explicitasse a respeito da escultura sacra obrada pelo santeiro Chico Cristão.

— Que imagem de santo obrada de Nostra Signora di Chico Cristão, se eu não me recordo de ter lhe feito encomenda alguma p'ra altare maggiore della Chiesa Madre di Nostra Signora dei Rimedi, Dio uomo? — enigmou-se o vigário Buzzatti, atemorizado co'a aparição momentânea da estatuária misteriosa.

— É!?!... Que eu também não sei dizer o porquê de José se escrever co' "s"; e Zé co' "z"; porém, eu lhe asseguro que o santeiro Chico Cristão não viera até portal de Matriz de Nossa Senhora dos Remédios, por mero interesse de cobrança de obra de santo atrasada, não, vigário Buzzatti.

— E onde é que já se viu santeiro oferecer de graça imagem de santo obrada, feita ou talhada, esmoleiro Cego Miguel Andorinhas? — intrigara-se Nicolau das Pretas, mesmo não sendo chamado à conversa entre o cego pedinte e o clérigo endividado.

— É!?!... De fato e direito, o abençoado santeiro só fez obra de imagem, porque quem faz graça é o santo!... Quiçá, o talhador do madeiro da Nossa Senhora de Chico Cristão almeje que a obra de imagem novidadeira fique, por esse ou aquele terço de graça!, por um enquantozinho de nada, em lugar de Madalena Perdoada aos Pés do Cristo Senhor, em altar-mor de Matriz de Nossa Senhora dos Remédios. — saíra pela tangente Cego Miguel Andorinhas, sobre mirada de suspeição da assistência.

— Comincio a non capirti e pode até ser por culpa do calice di vino di canna da zucchero, desderrubado em balcão di magazzino a secco e umido; sebenne, que imagem de santo é essa tal Nostra Signora di Chico Cristão, que se propõe em troca-troca de canto de altar-mor di Santa Maria Maddalena Impegnata ai Piedi di Cristo Signore, Cego Miguel Andorinhas? — impacientou-se Cura-Cão.

— É!?!... Se não for cobrança atrasada de imagem de santo nem o tal entalhe novidadeiro ofertado de graça pelo santeiro obrador, só pode ser mesmo que a tal Nossa Senhora de Chico Cristão seja doada por empréstimo ao vigário Buzzatti, até que se haja fiéis e patacas p'ra restituição da Madalena Penhorada aos Pés do Cristo Senhor...

A bem da verdade, ao se aproximar do pátio da Basílica Matriz de Nossa Senhora dos Remédios, o curioso pe. Braz Ramiro, assazmente, se assustou ao se deparar co'a tosca imagem da Nossa Senhora de Chico Cristão, obrada co'os seios fartos e roliços de fora e a cruz sacrossanta sobre as costas em carne viva. Neste exato instanto, a estatuária do Cristo-Mulher encontrava-se arrodeada de devotos que também mui se sobressaltaram co'o impacto da avantesma descanonizada afora dos padrões bíblicos, impostos em processo de beatificação pela Madre Igreja Católica e Apostólica Romana.

— Ei'a Nossa Senhora de Chico Cristão, p'ra módi se arrecadar fiéis e patacas, que o santeiro obrou co'os bons préstimos de 'bséquio em altar-mor de ermida desocupado, desde quando o vigário Buzzatti empenhara a imagem da Maria Madalena Perdoada aos Pés do Cristo Senhor... — prestou honras o tocador de realejo.

— Imagem de santo obrada desse jeito herege e sacrílego, que católico não é nem jamais será, confesso que não vi nem reza fiz aos pés sacrossantos, não, Chico Cristão. Não obstante, se o santeiro arrastou andor mal-ajambrado co'a tal novidadeira até porta de capela, algum propósito há de se prestar ao pároco da Basílica de Nossa Senhora dos Remédios. — supôs Nicanor das Pretas, agnóstico.

— Pe. Braz Ramiro, o que eu mais ensejo é não ser excomungado por ter feito essa tal Nossa Senhora de Chico Cristão, porque esse santeiro confessa que não traz pretensão de que se obtenha bênção oficial de Santa Madre Igreja, concedida pelo vigário Buzzatti ou Dom Bispo. Na verdade, eu me sinto até um tanto constrangido co'o Nazareno Jesus e a Virgem Mãe Santíssima, por ter obrado tal imagem de santo novidadeira, pe. Braz Ramiro. — ajoelhou-se Chico Cristão, aos pés do vigário, agarrando-se à batina desbotada e corroída do clérigo, que, providencialmente, fora afastado pelo Cego Miguel Andorinhas, habilitado a aclarar juízo e consciência.

— É!?!... Que o santeiro não tem que ficar elucidando constrangimento de católico, pois que, se viera co'a novidade de imagem de santo em andor de procissão, então que logo se arranje canto de altar-mor de ermida p'ra justa exploração milagreira da Nossa Senhora de Chico Cristão. — eximiu-o o cego mendicante, planejoso de ascensão social e econômica.

— Ma non posso, assolutamente, compactuar co'a irresponsabilidade di canonizzazione falsa dell'immagine, p'ra que se santificasse a tal Nostra Signora de Chico Cristão, dessarte, se exigiria todo processo di beatificazione e simili imposti dalla Madre Chiesa, esmoleiro. Quiçá mais logo, o Dom Bispo concedesse assentimento de avaliação canônica da tal novidadeira, co'as tettonas aparecendo todo de fora, a barba desfeita e la croce storta sobre costado em carne viva. — absolveu-se o pároco Buzzatti, já quase curado da carraspana do entreposto dos ciganos.

— Ocorre que era justamente o Dom Bispo quem não poderia vir a tempo de tal canonização da Nossa Senhora de Chico Cristão... Haja paciência de Jó em bíblia velha!... Assim sendo, eu lhe indago: se o clérigo Cura-Cão, que é pároco honrado e bem quisto pela paróquia de Nossa Senhora dos Remédios e fez o que fez co'a imagem da Madalena Empenhada aos Pés do Nicolau das Pretas, por que é que o reles santeiro Chico Cristão, que é só alcunha de Francisco e pobre-coitado como ele só, não podia fazer mera desfeita de obra de escultura co'a Virgem Mãe Santíssima e o Cristo Nazareno Jesus, vigário Buzzatti? Quiçá mesmo esse cego esmoleiro de portal de capela não esteja sendo claro e objetivo em sermão súbito e repentino, mas aonde eu quero chegar é que a benfazeja imagem de santo fique logo mui bem muito emprestada em altar-mor de ermida, a fim de que o pe. Braz Ramiro se capitalize até alforje fazer bico, p'ra liquidação de promissória assinada em penhor co'o judeu usurário... — questionou Cego Miguel Andorinhas, cientificado das agruras parcimoniosas do reverendo oficial da Matriz de Paraty.

— Che Dio mi aiuti Nostro Signore Gesù Cristo di Nazaret, Nostra Signora Vergine Santissima Madre e Spirito Santo!... Porventura, o pedidor de esmola Cego Miguel Andorinhas já se conscientizara que tal empréstimo pode arruinar ainda mais o percurso eclesiástico deste digníssimo representante da Chiesa Cattolica e Apostolica di Roma e São Sebastião do Rio de Janeiro!?!... — exclamou em indagação pe. Braz Ramiro, apercebendo-se da perspectiva de lucratividade.

— É!?!... Pois confesso que me ajuizei de que, conforme for oficializado empréstimo da imagem novidadeira da Nossa Senhora de Chico Cristão, bem-aventurados estarão os pecados do santeiro mal feito e talhado e do sacerdote ébrio e encrencado, por causa de dívidas por vício etílico e penhor, pe. Braz Ramiro. — pontuou, finalmente.

— Bene, consentido por Santa Madre Chiesa e Dom Bispo não há de ser, não, esmoleiro. Ciò nonostante, visto que o esmoleiro está propenso a demonstrar as bem-aventuranças propositadas por immagine creata dal santeiro Chico Cristão... — aprouvera-se o encalacrado Cura-Cão, por cogente acedência ao comodato da efígie de santo sobreposta.

— É!?!... Em nome do Pai, do Filho, do Espírito Santo e da Nossa Senhora Emprestada de Chico Cristão, amém, vigário Buzzatti!... Não seja ingrato e diga amém, pe. Braz Ramiro!... — incitou-o o cego dos peditórios, ao dedilhar intrincado violejo em cantoria de moda caiçara.

A família de origem cigana era composta por Bernardo e dona Pillar Lourenzo Diaz, além da filha Nhá Anunciação; e se instalara no andar de cima do sobrado do Armazém dos Ciganos, localizado defronte da Basílica Matriz de Nossa Senhora dos Remédios, na Vila de São Roque do Paraty. A proximidade geográfica entre a ermida católica em homenagem à padroeira do arrabalde e o empório de secos e molhados impelira o povaréu do lugar a maldizer que o pe. Braz Ramiro Buzzatti iria solicitar ao Dom Bispo permissão de transferência dos paramentos de missa, casório e batistério, do altar da ermida p'ro balcão-mor do entreposto de grãos, linguiça e água ardente, de maneira que não prejudicasse o hábito de derrubar cálice de vinho vulgar de cana-de-açúcar, em horário do expediente diário de sacerdócio. Em tal despropósito de invencionice das más línguas beatificadas do lugarejo, quiçá, até houvesse sentido, caso não fosse mui palpável a circulação da multidão de fiéis e patacas, que, por embarcação, carroça ou lombo de burrico, aportavam às margens dos rios Paratiguaçú e Patitiba, em nome e graça da tal Nossa Senhora de Chico Cristão.

— É!?!... É!?!... Salve Nossa Senhora de Chico Cristão!... É!?!... É!?!... Salve Nossa Senhora de Chico Cristão!... É!?!... É!?!... Salve Nossa Senhora de Chico Cristão!... — cortejava-a o esmoleiro Cego Miguel Andorinhas.

Ao açodar o coro dos religiosos, mui intrigados co'a aparição milagrosa do Cristo-Mulher, como a populaça apodou a escultura arrojada do Cristo-Mulher, enfileirando-se por querência de adquirir imagem de santo em menor tamaninho de fabricação, o pedinte de portal de capela ainda mais reforçava a propagação da milagrosidade. Desta feita, às preces, velas e promessas se assomavam uma exorbitância de penitentes debilitados, que se aglomeravam ao redor da Matriz de Nossa Senhora dos Remédios, ávidos por milagre e graça da efígie novidadeira.

— Anunciai o reconhecimento di canonizzazione dell'immagine della Madonna de Chico Cristão por Dom Bispo e pela Santa Madre Igreja Católica e Apostólica Romana, Cego Miguel Andorinhas!... — excitara-o o reverendo Braz Ramiro.

Sob a admiração incrédula do hebreu Nicolau das Pretas, mui perceptivo ao processo de arrecadação pecuniária, alavancado pelo aparecimento da ímpia representação santificada, que, pelo andar da carruagem, logo desbancaria o prestígio da padroeira do vilarejo, a Nossa Senhora dos Remédios de São Roque do Paraty.

— É!?!... Salve a imagem milagrosa de Nossa Senhora Virgem Mãe Santíssima de Nosso Senhor Jesus de Nazaré, o Cristo-Mulher obrado pelo santeiro Chico Cristão!... É!?!... Salve a milagrosa imagem de Nossa Senhora de Chico Cristão, em circunstância de empréstimo em canto de altar-mor de Maria Madalena Empenhada!... É!?!... Salve o Cristo-Mulher obrado pelo santeiro Chico Cristão, reconhecido, celebrado e recomendado pelo ilustríssimo Luiz Manuel Arquimedes de Souza e Castro, o Dom Bispo; e pela Santa Madre Igreja Católica e Apostólica de Roma e São Sebastião do Rio de Janeiro!...

— Seja mais persuasório e político; sebbene, sem delação di pegno dell'immagine del santo, per favore. Prossiga co'a eloquência e ênfase dos oradores bíblicos de largo público, que devoto di Nostra Signora dei Rimedi logo há de migrar em devoção da tal Beata Vergine Madre de Chico Cristão!... — entusiasmou-se Cura-Cão.

— É a imagem sacrossanta de Nossa Senhora Virgem Mãe Santíssima de Chico Cristão, reconhecida pela Santa Madre Igreja Católica de Apostólica Romana de São Sebastião do Rio de Janeiro e consentida por Dom Bispo Luiz Manuel Arquimedes de Souza e Castro!... — aperfeiçoara-se o pedinte propagandista.

Neste momento, o Cego Miguel Andorinhas fora secundado pelo coro uníssono dos devotos de outrora da Nossa Senhora dos Remédios, que, de boca em boca, receberam a boa-nova da aparição milagreira.

— Salve Nossa Senhora Virgem Mãe Santíssima de Chico Cristão!... Salve o Cristo-Mulher de Chico Cristão!... Salve Nossa Senhora Virgem Mãe Santíssima de Chico Cristão!... Salve o Cristo-Mulher de Chico Cristão!...

Excitado co'a receptividade dos adeptos da imagem de Nossa Senhora de Chico Cristão, o presumível pe. Braz Ramiro não se intimidara em estimular anúncio de exposição, que, de acordo co'a alvissareira previsão financista do esmoleiro, os enricaria em opulência e prosperidade, de sorte a promovê-los ao bispado e ao cargo de oficial de sacristia, respectivamente. No ínterim, o santeiro Chico Cristão, co'a ruga de preocupação atestada entre as sobrancelhas negras, se aproximara do vigário Buzzatti, co'o intento de tirocínio de imprecisão sobre a 'milagrosidade' da imagem sacra, quiçá talhada e esculpida em madeiro de sacrilégio.

— E se a imagem de santo do Cristo-Mulher da Nossa Senhora de Chico Cristão, conforme está me ajuizando a fé e obediência nas Escrituras Sagradas do Antigo Testamento, não for assim tão milagreira desse jeito que diz em pregação o pedidor de esmola Cego Miguel Andorinhas, p'ra atender a tanto pedido de cura e salvação em promessa, pe. Braz Ramiro? — hesitou Chico Cristão.

— Se acaso a imagem novidadeira do Cristo-Donna di Nostra Signora de Chico Cristão não for assim tão provida de graça e bênçãos de milagre, infine amen di urgenza, inventa-se a falsificação de prodígio co'a visão prejudicada desse bendito esmoleiro eleito ufficiale di sagrestia, Il Cieco Miguel Andorinhas. — infundira-se o reverendo católico, energicamente.

— É!?!... Só que não fica nem bem p'ra imagem de santo batizada de Nossa Senhora de Chico Cristão, torta e mal obrada, fazer desonestidade de adulteração milagrosa co'o aleijamento da visão prejudicada d'um pobre miserável, que fora nomeado ajudante oficial de missa e sacristia, mesmo que seja só por força de expressão, vigário Buzzatti. Além do mais, pároco de capela não pode nem deve comprometer a imagem do Cristo-Mulher, co'a insignificância de falsidade ideológica do prodígio forjado deste vosso servo de Deus...

— In effetti, devo anche dire al Cego Miguel Andorinhas que, se faltar cumplicidade il vicario e l'ufficiale di sagrestia, o santeiro Chico Cristão vai-se embora co'a imagem de santo co'a cruz torta e mal talhada em mal-ajambrado andor; e então la carrozza si trasforma in una zucca e o ajudante de missa se transforma em esmoleiro pedinte de portal de capela... — ameaçou-o o religioso Buzzatti.

Co'a intenção de incentivá-lo a persistir em propaganda enganosa, de modo que os devotos emergentes da imagem de santo novidadeira logo começassem a lhe render milagre e paga de promessa, p'ra cumprimento de quitação da dívida de penhor da Maria Madalena aos Pés do Cristo Senhor, co'o usurário capitalista Nicolau das Pretas, que, a esta altura, enroscava-se, a dinheiros, co'a moçoila desajuizada Anunciação Lourenzo Diaz, em chão de palha do terreiro contíguo ao Forte Defensor Perpétuo, nas imediações do Pontal do Jabaquara. No comenos, a negra escrava Alcina do Boqueirão encostara-se ao balcão do armazém de secos e molhados, co'a intenção de comprar fumo de rolo e água ardente, quando se dera conta de que dona Pillar se referia à honra de sua pessoa honesta e trabalhadora, no fundo da mercearia.

— Aquela negra descarada da Alcina do Boqueirão anda se fiando em macumba d'Áfricas, p'ra aferrarte a un hombre que não seja de sua pertencença em roça-coxa, mancomunada co'as descrenças p'ra se amarrar tu em cabresto de ceroula, Lourenzo. — acusava dona Pillar Diaz, referindo-se à impetuosa Alcina do Boqueirão pelo assédio ao até então comedido Bernardo Lourenzo Dias, que, de fato, se rendera aos feitiços da negra africana.

— Por falar em tal assunto de roça-coxa, se eu fosse dona Pillar me preocupava era co'a falação do vilarejo, em boca de beata fuxiqueira que anda comentando a respeito da Nhá Anunciação, pois diz que inté se arrebaixou a se prestar de montaria paga p'ro arranaca-cabaço do Nicolau das Pretas, que, por sinal, ao que parece se cansou de crioula da terra; e se arresolveu por abocanhar carne fresca de cigana. — aberrou-se Alcina do Boqueirão, fustigada pela má-falação da consorte do mercador.

— Mira tu o que a negra de ganho de alcova, la Alcina do Boqueirão, acaba de decirnos que el que o hebreu Nicolau das Pretas corrompeu a Nhá Anunciação em prostituição, Lourenzo. Será possível que uma rapariga tão ajuizada descairia en desvío de mal paso, p'ra vir a se deixar apossar por aquele abocanhador de negra a precio de alquiler, Alcina do Boqueirão? — inteirou-se dona Pillar Diaz.

Acabrunhado co'a revelação de que a Nhá Anunciação se entregara ao judeu avarento Nicolau das Pretas em função de meretrício, o vendeiro Lourenzo Diaz açodou a crioula Alcina do Boqueirão a delatar a circunstância vexatória de prostituição. No que fora, de bate-pronto, correspondido em sua solicitação de denúncia completa: local, horário e razão:

— Ao que parece a ciganinha do sobrado, a Nhá Anunciação, se confiou em safardança negociada ao bode velho e sarnento do Nicolau das Pretas, por parca motivação de préstimo de dinheiros... — arruaçara Alcina do Boqueirão.

Ao vingar-se da invejada mulher do galego, a mui idônea d. Pillar Diaz, que não se conformava co'o assédio da escrava ao esposo enrabichado pela fêmea enegrecida, a preta Alcina do Boqueirão ia retirando-se da mercearia, quando se detivera na excomunhão da cigana comerciante.

— Le pido a Dios la fuerza para no malsinar em vão o pecado d'uma filha prostituída, que se comercializou em en cuerpo y alma p'ra vergonha de família ao hebreu avaro do Nicolau das Pretas; pero, o que devia era de se retalhar, a açoite e impropério, em pelourinho de largo público, a couraça da caluniadora arredia, que houvera de pagar per la infamia pela infâmia da injuriação. — mirou dona Pillar Lourenzo, recriminando-a ostensivamente.

Visto que não houvera a menor hipótese de sua Nhá Anunciação se oferecer, a troco de moeda d'ouro ao asqueroso Nicolau das Pretas, que ganhara alcunha pela predileção em ter relações sexuais a título de comercialização corpórea co'as negras púberes do povoado, o taberneiro Lourenzo Diaz se avultara da negra Alcina do Boqueirão, a fim de que se desvendasse o real motivo de sua Nhá Anunciação se prostituir co'o capitalista mercenário, a troco de dinheiros e humilhação.

— Tu juras de pés juntos sem mãos co'a figa de dedos, quien no blasfema de mal augurio, quando diz que a nossa Nhá Anunciação se entregou precio por combinación ao judeu usurário do Nicolau das Pretas, sua preta alcoviteira? — indagou Lourenzo Diaz.

— Posso inté ser negra alcoviteira de mau agouro e até marafona de judeu odiento, mas era que a Nhá Anunciação passou a ser chacoteada, depois de ser avistada co'o Nicolau das Pretas, em arranjo de procriação por coito alugado, nos arredores do Forte Defensor Perpétuo. — sancionou Alcina do Boqueirão.

Neste tempo, achegava-se Nhá Anunciação ao balcão do comércio, cabisbaixa e macambúzia, sorrateiramente, à proporção que se esgueirava a ponto de não ser notada pela assistência do armazém; e, sobretudo, por Lourenzo e Pillar Diaz, que não se calaram diante da presença da freguesia, como se almejassem o testemunho da negra futriqueira, na arguição familiar.

— Nhá Anunciação, me puedes decir si es verdad o no, que te arreganhaste em ato de meretrício, diante do judeu indecoroso Nicolau das Pretas, conforme alardeara a negra escrava Alcina do Boqueirão? Le diste el honor em troca de paga de dinero sucio do usurero hebreo Nicolau das Pretas? — abordara-a Pillar Diaz, de supetão sem aguardar pedido de bênção.

— Mais mió vossuncê contar a mais pura verdade, Nhá Anunciação. Mais mió 'suncê não esconder o mal acontecido co'o Nicolau das Pretas, em chão de páia de terreiro do Forte Defensor Perpétuo... — aconselhou Alcina do Boqueirão.

— Callate, negra. — interrompeu-a Lourenzo Diaz.

— Pois saiba o sô Lourenzo e a siá-dona Pillar, que não sou negra cativa de se silenciar humilhada co'os desmandos de desafora de branco senhor ou cigano; e, além do mais, não fui eu quem andou falando baixo que a Nhá Anunciação de 'suncês for'é lobrigada co'a veste desvairada p'ra cima de imbigo, em saliênça por 'bséquio pago co'o judeu errante do Nicolau das Pretas, não, porque se eu me assujeitei ao judeu avarento em cater de alcova de meretrício fora por motivo de sobrevivênça. — defendera-se a negra prostituta.

Mediante silenciamento cúmplice, que a incriminava inapelavelmente mediante episódio da prostituição, o transtornado bodegueiro a expulsara do sobrado do Largo da Matriz.

— Empaca tus pertenencias en maleta e põe-te p'ra lejos de esta dirección inmediatamente, Nhá Anunciação, porque tu envergonhaste o nome da família Lourenzo Diaz; i, por ultima ocasião, hás de ouvir la voz de este padre tuyo, avergonzado y ofendido, também de tua madra Pillar Diaz, porque nunca te ensuciarás los pies sucios onde tu desonraste co'a prostitución infamia, marafona de judeu. — expurgou-a Lourenzo Diaz.

Indigna de encarar os familiares e os fregueses do armazém de secos e molhados; e, sobretudo, assombrada co'o ignominioso espetáculo, a avexada Nhá Anunciação se extraíra do recinto acompanhada pela negra Alcina do Boqueirão, de modo a não presenciar a indescritível desgraça, que se abateria sobre a Vila de São Roque do Paraty, logo empós a sua partida do Armazém dos Ciganos.

— ¡Infamia y maldición!... — esganiçara-se dona Pillar Diaz, ao derramar querosene e atear fogo por sobre todo o corpo em tocha-humana.

Na ermida, o reverendo Braz Ramiro desmaiara sobre a cadeira de balanço da sacristia, angustiado, porque, às voltas co'a freguesia da fé que crescera assustadoramente, não conseguira tempo hábil p'ra se resfolegar co'o licor de cana-de-açúcar, servido pelo taverneiro Lourenço Diaz. P'ra prejudicar ainda mais o hábito do vigário Buzzatti, o oficial de sacristia arranjara ideia de que o santeiro Chico Cristão deveria obrar imagem do Cristo-Mulher em miniatura, p'ra se comercializar junto à clientela numerosa que se multiplicava a olhos vistos, por intermédio dos séquitos de procissões de fiéis, que se abeiravam do fanatismo religioso.

— Desperta, pe. Braz Ramiro!... Acorda, vigário Buzzatti!... Desperta, vigário Buzzatti!... Acorda, pe. Braz Ramiro!... — sacudia-o Cego Miguel Andorinhas.

— Barrabás!... Barrabás!... Barrabás!... — apavorou-se, empós estrondoso ronco de pesadelo.

— Não adianta balançar o corpanzil do reverendo Cura-Cão, que o coitado do padreco se ferrou em madorna, empós exaustão de labuta co'os fiéis da Nossa Senhora de Chico Cristão... — intercedeu o obrador de imagem de santo, que fora quem se empenhou na feitura de menor tamanho p'ra comercialização do Cristo-Mulher.

— E o pior é que o desgraçado do vigário Buzzatti ainda se acaba em mau sonho, co'o Barrabás descrucificado em Gólgota... Pelo amor de Belzebu de suíças e cavanhaque, pe. Braz Ramiro!... Pelo amor de belzebu de suíças e cavanhaque, vigário Buzzatti!... — persistiu o sacristão de capela.

— Ai, ai, ui, ui, que mal me ajeito na cadeira de balanço, já me vem o folgazão do Cego Miguel Andorinhas, co'as futricas e queixumes da paróquia de Nostra Signora dei Rimedi e il Villaggio di São Roque do Paraty!... Queres apostar como há de reclamar de canseira co'a labutação de auxílio em fabricação de santaria?

— A dona Pillar Diaz do Armazém dos Ciganos tocou querosene e fogo em corpo, empós confissão de meretrício da Nhá Anunciação co'o judeu usurário do Nicolau das Pretas, pe. Braz Ramiro. — alertou-o Chico Cristão, terrificado co'o drama da família Lourenzo Diaz.

— O que vos trazeis a interromper-me la siesta e la digestione, santeiro?

— Pois fora mesmo a respeito do suicídio de dona Pillar Diaz, que eu estou a lhe importunar, pois que o judengo Nicolau das Pretas desonrou a Nhá Anunciação, a troco de moeda d'ouro em catre de alcova de prostituição, vigário Buzzatti. — pontuou Cego Miguel Andorinhas.

— Sputalo fuori subito a tal futrica do judeu Nicolau das Pretas, que fora flagrado em orgia co'a Nhá Anunciação dal Magazzino dos Ciganos, porque se maledicência já é feio p'ra rapariga barregã de pardieiro, imagina só p'ra mancebo di buon portamento e figura, santeiro Chico Cristão. — preocupou-se Cura-Cão.

— Deu-se que a cigana Nhá Anunciação fora pega em patuscada co'o hebreu Nicolau das Pretas, em flagrante delito de vida fácil, pe. Braz Ramiro.

— Ai, ai, ui, ui, que tu ainda me arrebentas o coração em frangalhos, co'a palestra de fornicação de prostíbulo da Nhá Anunciação e o suicídio de dona Pillar Diaz!... Perciò, não me achegues co'a estúpida difamação da herdeira dal venditore castigliano Lourenzo Diaz, às vésperas da canonizzazione dell'immagine della santa di Cristo-Donna, que outro escândalo de morte em Villaggio di São Roque do Paraty há de nos atirar em sarjeta de bancarrota, Cego Miguel Andorinhas. Ai, ai, ai, paupérrimo coração malquisto e desventurado!... E onde é que se homiziara aquele grosseiro e indigesto do ebreo usuraio do Nicolau das Pretas, Cego Miguel Andorinhas? — desabafou o vigário Buzzatti, recompondo-se antes de se direcionar até o Armazém dos Ciganos.

Lá chegando, o pároco Braz Ramiro se deparou co'a dona Pillar Diaz embrulhada em manta de algodão em seu último suspiro, despedindo-se da vida co'a contrariedade despropositada pela insanidade da Nhá Anunciação, que se instalara em alcova em companhia da escrava Alcina do Boqueirão, que a acolhera co'a intenção de abrigá-la em ofício da marafona de aluguel.

— Diz-me el paradero del judio Nicolau das Pretas, que hei de lhe descarregar enferrujada garrucha em los hocicos e cuernos, vigário Buzzatti!... — encorajou-se Lourenzo Diaz, inconsolável co'o desenlace calamitoso da prostituição.

— Credo che, co'o todo escarcéu e alvoroço, o sacripanta do Nicolau das Pretas há de ter se homiziado p'ras bandas da Villaggio di Angra dos Reis, em razão do néscio arrancador de virgindades não voler onorare un impegno nuziale ai piedi dell'altare, co'a vossa herdeira Nhá Anunciação, mio bene Lourenzo Diaz. — conscientizara-o Cura-Cão, consolando o comerciante cigano, que, aos prantos, copiosamente, jurava vingança pelo infortúnio consanguineo.

Ao contrário do que se imaginava na Vida de São Roque do Paraty, quando se dera conta do suicídio de dona Pillar Diaz, o vigilante Nicolau das Prestas se embrenhou pela estrada até a Freguesia de Campo do Cunha do Facão do Alto da Mantiqueira; e, na azáfama de se homiziar da cólera insana do cigano Lourenzo Diaz, olvidara-se de que a penosa excursão lhe obrigava a disponibilizar de confiável montaria e matula de alimento. Não obstante, como não houvera tempo hábil de preparação da escapula, o judengo foragido desbravou o percurso sobre jumento manco e desfornido de fartel, até esbarrar em morada do capitão do mato Benjamin Corruptela, que residia às margens d'um córrego na Barreira do Taboão.

Na ocasião, o prestativo capataz lhe dera guarida em permuta por promessa de estipêndio; e, dessarte, o fugitivo Nicolau das Pretas passou a habitar a tapera desabitada em ruínas, ao passo que o oficial Benjamin Corruptela se comprometera a seguir até o arrabalde, de maneira que descobrisse os desdobramentos da desgraça da cigana Nhá Anunciação, que culminara no suicídio de sua progenitora, dona Pillar Lourenzo Diaz, la Quemadura. Ao se assuntar da situação, o capitão do mato obtivera ciência de que o reverendo Braz Ramiro Buzzatti convencera o vendeiro Lourenzo a não tomar outra resolução que não fosse o matrimônio do responsável pelo infortúnio da cigana Nhá Anunciação, co'o hebreu foragido Nicolau das Pretas, que, através de mandado judicial, houvera de unir-se em primeiras núpcias, sem véu, grinalda e bouquet de flores do campo, co'a donzela humilhada a dinheiros, que se refugiara em alcova de bordel.

— No creo que me pongas frente a tal sarcasmo, empós desonra de Nhá Anunciação; e ainda me insultas co'a ideia de unión matrimonial co'o judeu usurário Nicolau das Pretas, a fim de que possa se ajuntar aquella barbara y grotesca criatura ao seio da família Diaz, vigário Buzzatti. Mucho mejor que la companhia do Lúcifer chifrudo e garfado de terno-gravata em altar-mor de ermida católica, pois que, em tal desleal y pérfida asociaçión conyugal, uma virgem mal assistida estaria mais a contento diante de aceite de noivo e bênção de vigário? — reagiu o taberneiro Lourenzo, mui refratário ao desfecho nupcial.

— Cosa fare di fronte allo scandalo della castità perduta, por força cega e bruta d'um hebreu funesto, que comprou virgindades da ciganinha, a peso de ouro em pó; e, dessarte, irá desembolsar bom dote pela mão aliançada da Nhá Anunciação, Don Lourenzo Diaz? Rasgam-se bofes do bandulho do judengo Nicolau das Pretas, co'o punhal afiado em pedra de fogo; ou se suicida facendo esplodere il cervello co'os dois tiros de garrucha, mio buon uomo? Tal providência, decerto não irá apagar a mácula do defloramento por um ignóbil desbravador de inocência, tampouco restituiria à vida a virtuosa dona Pillar Diaz... — persuadira-o o hábil reverendo Braz Ramiro, antevendo luvas e comissão pela empreitada conubial.

— O pe. Braz Ramiro no entiende que hasta la desvirginidad ofendida de la Nhá Anunciação não há de ser reparada pelo arranjo matrimonial, ya que el suicidio no debe ser impugnado por la gracia divina di Dios Nuestro Señor Jesucristo de Nazaret, haja vista que empós fogo ateado sobre querosene não se restituirá a existência de minha esposa Pillar Diaz...

Ao retornar do povoado, o capitão do mato Benjamin Corruptela descrevera a boa-nova do casório co'a cigana Nhá Anunciação, como se decidisse a questão da desonra da herdeira do vendeiro Lourenzo Diaz, co'o 'Que sejam felizes p'ra sempre' do vigário Buzzatti, co'a boa paga de dote em amém de altar-mor de capela. Não obstante, quando desvendou real intento do pe. Braz Ramiro, o artificioso Nicolau das Pretas resolveu-se por, na calada da noite, resgatar as riquezas soterradas em porão de sua residência, de modo que transferisse domicílio p'ra Capitania de São Sebastião do Rio de Janeiro. Ocorre que, como não se desse por satisfeito, o violador de cabaços Nicolau das Pretas subscreveu pasquim apócrifo, que revelasse o mistério da aparição do Cristo-Mulher da Nossa Senhora de Chico Cristão, solicitando que o capataz Benjamin Corruptela o pregasse em porta da Basílica Matriz de Nossa Senhora dos Remédios, assim que se afastasse do vilarejo amaldiçoado.

> Prezados concidadãos paratyenses, por meio desta missiva-denúncia venho desvendar o enigma do surgimento da sacrílega imagem obrada pelo santeiro Chico Cristão, mal alcunhada de Cristo-Mulher, que tamanha desavença trouxe ao seio desta bucólica Vila de São Roque do Paraty.
>
> Por conseguinte, informo-vos que a tal Nossa Senhora de Chico Cristão fora quem ocasionou os suicídios do cristão-novo João Ernesto Filgueira dos Santos, ourives de ofício; e de dona Pillar Lourenzo Diaz, matrimoniada ao comerciante Bernardo Lourenzo Diaz, além do infortúnio de sua primogênita herdeira Nhá Anunciação, que abandonara o sobrado do Armazém dos Ciganos, pr'a ir residir em companhia da negra Alcina do Boqueirão, em alcova de prostíbulo.

Se tal revelação de heresia ainda diz pouco aos ouvidos da população do arralbalde, saibais que o Cristo-Mulher fora laborado pelo santeiro Chico Cristão, por encomenda do pe. Braz Ramiro Buzzatti, a fim de que se arrecadassem fiéis e patacas aos cofres arruinados da paróquia de Nossa Senhora dos Remédios, em razão das carraspanas homéricas do responsável pelo Santíssimo Sacramento, que, endividado, empenhara a imagem de santo da Maria Madalena Ajoelhada aos Pés do Cristo Senhor, ao capitalista de origem hebréia, reconhecido pela alcunha de Nicolau das Pretas, que a restituíra.
Enfim, que o malfeitor de batina e crucifixo, reverendo Braz Ramiro Buzzatti, acusado de sodomia co'o pretuzim Adílio Pindó Dagobé, por Laura Brant Caldeira de Andrade, a Sianinha Boneca, amortize os pecados mortais, queimando-se carne e espírito nas labaredas dos infernos. אָמֵן.

A reação dos devotos ludibriados viera a ser de revolta e fúria, empós leitura em voz alta do manuscrito no Largo da Matriz, o que chamada alvoroçou o arrabalde de São Roque do Paraty, impulsionando-os ao descalabro de desmistificação da obra ímpia e herética.

— Cruz ao Cristo Traidor!... Cruz ao Cristo-Mulher!... Cruz ao Cristo Traidor!... Cruz ao Cristo-Mulher!... Cruz ao Cristo Traidor!...

— É!?!... Apedreje e crucifique a falsa imagem do Cristo-Mulher, obrado pelo fazedor de santo Chico Cristão!... É!?!... Apedreje e crucifique a sacrílega imagem da Nossa Senhora Virgem Santíssima de Chico Cristão, encomendada pelo pe. Braz Ramiro Buzzatti!... — safou-se o oficial de sacristia, sob o coro hermético do desmascaramento.

— Cruz ao Cristo Traidor!... Cruz ao Cristo-Mulher!... Cruz ao Cristo Traidor!... Cruz ao Cristo-Mulher!... Cruz ao Cristo Traidor!... Cruz ao Cristo-Mulher!... Cruz ao Cristo Traidor!...

— É!?!... Atire a primeira pedra aquele que não fez nem pagou promessa ao Cristo-Mulher!... É!?!... Quem procura o que não perdeu, acha o que não deve, santeiro Chico Cristão!... Pode até ter sido esse ignorante santeiro quem obrara a falsa imagem do Cristo-Mulher, mas fora ou não o vigário Buzzatti quem dera consentimento, p'ra que a tal Nossa Senhora de Chico Cristão fosse posta em canto de altar-mor de Madalena Empenhada aos Pés do Cristo Senhor? — redimira-se Cego Miguel Andorinhas, desviando couro das pedradas infidas dos antigos devotos da imagem de santo novidadeira.

— Fora dado o tale consenso por mim de abrigar obra de santo de Chico Cristão, em canto de altar-mor; não obstante, por dádiva de empréstimo ao Santuario di Nostra Signora dei Rimedi di San Roque do Paraty. Mas, por enfim, co'a tanta promessa feita e paga, preciso fora que o santeiro obrasse e talhasse mais imagem do Cristo-Donna de tamanhinho menor... Mas também quando a Maria Maddalena inginocchiata ai piedi di Cristo Signore chegasse da restauração de carpintaria, a promessa era que o santeiro carregasse de volta mal-ajambrado andor di maledetta Madonna di Chico Cristiano.

— Cruz ao Cristo Traidor!... Cruz ao Cristo-Mulher!... Cruz ao Cristo Traidor!... Cruz ao Cristo-Mulher!... Cruz ao Cristo Traidor!... Cruz ao Cristo Traidor!... Cruz ao Cristo-Mulher!...

— Giuro su tutto ciò che è più sacro, que se io não estivesse tão ébrio naquela bendita data da vinda dessa imagem de santo do pau-oco, eu não permitiria esse sacrílego empréstimo Cristo-Donna all'altare maggiore della Chiesa Madre di Nostra Senhora dos Remédios.

— Só não compreendo por que é que o vigário Buzzatti então permitiu que a falsa imagem de santo fosse emprestada a canto de capela, por tanto tempo de reza e promessa, só obrando milagre e graça... E uma milagreira que nem sendo São Tomé ou Cego Miguel Andorinhas, p'ra não querer avistar, crer ou descrer!... Enquanto isso, esse santeiro Chico Cristão em labuta sem recompensa de paga, obrando, a torto e a direito, imagem de santinho menor da tal maledetta Madonna di Chico Cristiano. — posicionara-se Chico Cristão.

— É!?!... Nem milagre nem graça!... Que o vigário Buzzatti era quem bem comercializava, e barato era que não era, não, imagenzinha menor de Nossa Senhora de Chico Cristão. E barato, redigo, era que não seria não!... É?!...

— Se costasse poco non lo sarebbe, tão melhor quanto o vigário quem disso bem sabia de antemão era Cego Andorinhas eleito sacristão... — rebateu pe. Braz Ramiro.

— O vigário Buzzatti sempre me dizia que imagem de santo de tamanhinho menor era p'ra devoto sem pão nem perdão levar debaixo do braço lembrança do Cristo-Mulher de Chico Cristão.

— Dico che non sono responsabile dell'ordine por tal milagreira e graça de imagem de santo do pau-oco... Essa falsa pregação de milagre é toda por colpevolezza de quem obrara il Cristo-Donna, que fora o santeiro Chico Cristão...

— Cruz ao Cristo-Mulher!... Cruz ao Cristo Traidor!... Cruz ao Cristo-Mulher!... Cruz ao Cristo Traidor!... Cruz ao Cristo-Mulher!... Cruz ao Cristo Traidor!... Cruz ao Cristo-Mulher!...

— Se ao menos Chico Cristão obrasse imagem de santo de costume e tradição, por certo não arrebanharia tantos fiéis e patacas, p'ra livrar a Madalena Ajoelhada do penhor... É!?!... E também nem haveria razão para melhorias de vida do vigário Buzzatti... Caso quisesse de fato arrebanhar devoto, que misturasse a saga de Via Crucis co'os sacrifícios e martírios de outras imagens sacras, que não fossem o Santo Deus e a Virgem Santíssima Mãe, meu bom santeiro. É!?!... Ou então que obrasse a Nossa Senhora Virgem Mãe Santíssima, c'um rebento no colo e vestida de marrom, que nem a imagem do padroeiro dos casórios, o Santo Antoninho de Pádua. Que fizesse restauração de imagem de São Judas Tadeu sem braço ou de São Benedito capenga, caso houvesse necessidade de sobrevivência ou então o São João dos Batismos, misturado co'as poucas vestes da Madalena Perdoada, p'ra disfarçar canto de capela de ausência de imagem de santo empenhada, Chico Cristão.

— Se por um acaso esse desdito santeiro obrasse um São João dos Batismos ou mesmo um São José Operário, misturado co'outra imagem que não fosse esse tal Cristo-Mulher, o pe. Braz Ramiro não explorava os falsos milagres da imagem novidadeira de santo, vigário? — perguntou-o o santeiro arrependido.

— Vigário não obra imagem falsa de santo nem batiza co'o nome e sobrenome, conforme o Cego Andorinhas o fizera co'a Nossa Senhora de Chico Cristão. É!?!... Foi só o santo ir pro brejo, que o vigário já retoma logo as costumeiras ofensas: é esmoleiro p'ra cá, pedidor de esmola p'ra acolá... É?!... Imaginando melhor, por que é que o santeiro não obrou e desfez do Judas maltrapilho; e, só por castigo de traição co'o Nazareno Jesus, não pôs a imagem do Iscariotes co'o madeiro sobre as costas em carne viva, Chico Cristão?

— Nas Escritura Sagrada de Bíblia e Evangelhos, que outro mártir carregou em cima das costas a pesada cruz de madeira em Jerusalém? Só mesmo o Jesus Cristo de Nazaré e...

— E la Madonna di Chico Cristiano. — zombou o sacristão de capela.

— Cruz ao Cristo-Mulher!... Cruz ao Cristo Traidor!... Cruz ao Cristo-Mulher!... Cruz ao Cristo Traidor!... Cruz ao Cristo-Mulher!... Cruz ao Cristo Traidor!...

Os devotos de Nossa Senhora dos Remédios subjugam santeiro Chico Cristão, pregam-no na cruz tosca e mal talhada do Cristo-Mulher; e, posteriormente, crucificam-no, carregando-o em procissão ao redor da Basílica Matriz de Nossa Senhora dos Remédios da Vila de São Roque do Paraty.

Na semana seguinte à barbárie perpetrada pelo fanatismo religioso da população da Vila de São Roque do Paraty, contra o santeiro Chico Cristão e a imagem do Cristo-Mulher, o padre-visitador do Supremo Tribunal Eclesiástico de Justiça do Santo Ofício da Inquisição, Vossa Excelência Reverendíssima Luiz Manuel Arquimedes de Souza e Castro, o Dom Bispo, desembarcou no porto do arrabalde onde fora recepcionado pelo voluntarioso pe. Braz Ramiro, que o hospedara nos aposentos rudimentares da Basílica Matriz de Nossa Senhora dos Remédios. De imediato, o Dom Bispo requereu ao vigário Buzzatti que lhe prestasse conta dos autos inquisitoriais, a fim de que se providenciasse abertura do inquérito sobre as acusações das experiências alquímicas praticadas pelo ourives João Ernesto Filgueiras dos Santos e por Laura Brant Caldeira de Andrade, a Sianinha Boneca. Na sacristia da matriz, o calculista pároco da ermida de Nossa Senhora dos Remédios, que já preparava há tempos a documentação processual, de sorte que se agilizasse ajuizamento da herdeira do senhor de engenho, minas e fazenda, d. Lourival Brant Caldeira de Andrade.

Durante o período em que o aguardava co'a bibliografia jurídica, o desesperado epíscopo d. Arquimedes invadiu o cômodo da capela, em agônica aflição e martírio.

— Liberami Nostro Signore del Nazareno Gesù Cristo, que a hemorroida já começa a arrebentar-me as entranhas do orifício cunhal, pe. Braz Ramiro!... — explodira o presbítero Dom Bispo.

Acabrunhado co'a ardência anal que o apoquentava há tempos imemoriais e equidistantes, o d. Arquimedes Castro e Silva fora acudido pelo vigário Buzzatti, que, prontamente, preparou o banho de assento co'a casca de carvalho, de modo que se atenuasse a desesperação do hóspede recém-chegado.

— Ó mia miracolosa Madonna dei Rimedi, que escarcéu de praguejo e má doença de hemorroida!... Ó negruzim Adílio Pindó, que tu busques o emplasto de casta da índia e alho, p'ra consolação do ardor ânuo do Dom Bispo; e que venhas logo até cá co'a solução de simpatia caseira, porque o ganso à cabidela cozido p'ro banquete di benvenuto está a esfriar na tigela de barro!... — apressara-o Cura-Cão.

Angustiado co'a mortificação anal do superior hierárquico, o pe. Braz Ramiro ofertou ao Dom Bispo o santo cálice do licor da terra, que logo, decerto, o mitigava da ardentia. No entretanto, apesar da sôfrega golada do vinho vulgar fabricado co'a cana-de-açúcar, o d. Arquimedes Castro e Silva não se alforriara de todo do acabrunhamento da hemorroida.

— Bendita égua barregã, que o pariu de cócoras n'um curral de chácara, vigário Buzzatti!... De logo, eu hei de estar à mesa p'ra cear em vossa companhia herética, que, se acaso o ensopado esfria e o caldo engrossa... Bem, por mim à ceia e ao vinho já me encontrava a postos, não fosse dormência ardida da patologia crônica, ó Cura-Cão!... — amealhou-o Dom Bispo, inteirado do hipocorístico demoníaco do sacerdote italiano.

— É!?!... Pelo visto e ouvido, à boca miúda, em todo arrabalde de São Roque do Paraty, desde a boa-nova da chegança do Dom Bispo, o padre-visitador do Santo Ofício continua co'a maldita ardência do orifício nadegueiro, além de não perder costume de glutão inveterado, ocupado co'as atribuições de ceia e vinho de banquete. — ponderou Cego Miguel Andorinhas.

— Como se ainda não bastasse p'ra acabar de entornar canja de galinha ao assoalho varrido, eu já soube também, só que por língua cumprida e afiada, que o esmoleiro de pórtico da ermida de Nossa Senhora dos Remédios fora eleito oficial de sacristia sem autorização prévia da Cúria de Madre Igreja. — replicara Dom Bispo.

— E por que te agonizas co'a eleição de auxiliar de missa do ex-esmoleiro Cego Miguel Andorinhas, que sempre stato un fedele cattolico em ofício e residência de pórtico de capela, d. Arquimedes? — indagou pe. Braz Ramiro.

— Precisamente em se falando de sujeito de maus hábitos e bofes, vejas que amanhã cedo pretendo interrogar a herdeira do fidalgo d. Lourival Brant Caldeira de Andrade, a tal Sianinha Boneca, que fora denunciada por mefistofélicos exercícios de alquimia, juntamente co'o falecido ourives João Ernesto, que, quiçá, suicidara por receio de comprobação de culpabilidade em relação às práticas coibidas pela Santa Inquisição. — sentenciara o epíscopo d. Arquimedes Castro e Silva, contrariado co'a ascensão social do pedidor de esmola.

— Que Dio non voglia, sollevi e mantenga di tamanho desperdício de assombração, porque já me basta a apoquentação de que a denunciada Laura Brant se recusa a receber alimentação de cárcere; e o pior é que le cattive lingue já estão a maldizer a despeito da prenhidão da Sianinha Boneca, mas, decerto, há de ser perversidade de falatório do povaréu do arrabalde de São Roque do Paraty.

— Oxalá, que a preta Alcina do Boqueirão há de ter conhecimento de bocado de simpatia co'a erva-de-São-Cristóvão, p'ra Sianinha Boneca expurgar do ventre contravindo o rebento espúrio e malquisto do cristão-novo alquimista João Ernesto, que, co'a toda sinceridade, a negra prostituta sabe de cor e salteado fórmula de infecundidade da freguesia de catre de alcova, por ser macumbeira desde nascituro, quiçá, Dom Bispo. — aventou Cego Miguel Andorinhas.

— Estás satisfeito agora co'a vil invenção de gestação da ré, visto como o vigário Buzzatti já até houvera encaminhado missiva sobre desconfiança da inocência angelical da Sianinha Laura Brant, à Cúria de São Sebastião do Rio de Janeiro. Em verdade, se a abdicação de alimento for por enjoo de gravidez, o reverendo Braz Ramiro providenciará co'a negra de alcova Alcina do Boqueirão, o santo antídoto da erva abortiva, porque o Tribunal do Santo Ofício não haverá de condenar fêmea emprenhada ao fogo-fátuo da Inquisição.

No interregno, o pretozim Adílio Dagodé Costa regressou co'o medicamento requerido pelo pe. Braz Ramiro Buzzatti, que aliviaria prostração do Dom Bispo, mui desconfortável pelas agruras da doença incurável, que atazanava corpo e espírito, contumazmente. Ao lado do negrim, o oficial de sacristia Cego Miguel Andorinhas anunciava proposição de hospedagem ofertada ao Dom Bispo pelo comerciante Bernardo Lourenzo Diaz, em Armazém dos Ciganos. Não obstante, visto que o ambiente enlutado ainda cheirava à carne esturricada da dona Pillar Diaz, o cauteloso d. Arquimedes Castro e Silva refutara-se a alocar as acomodações do sobrado do Largo da Matriz, sobretudo em razão da inexorabilidade de convivência do membro oficial do préstito do Supremo Tribunal Eclesiástico de Justiça do Santo Ofício da Inquisição. No entanto, ao se aperceber da esdrúxula imagem do antigo pedidor de esmola em pórtico de ermida, o Dom Bispo vislumbrara missão de comando ao subalterno ajudante de missa, diga-se de passagem, mui bem alinhado em indumentária de gentil-homem distinto e bem apessoado.

— Cego Miguel Andorinhas, tu hás de ser elevado à condição de auxiliar de interrogatório da Sinhazinha Boneca, p'ra que se ateste veracidade do processo inquisitorial sem prejuízo de honra e reputação da família Brant Caldeira, quiçá de fato mui ofendida pelo hebreu converso suicidado, às vésperas do casório religioso em altar-mor de Matriz de Nossa Senhora dos Remédios da Vila de São Roque do Paraty. — escalou-o o pontífice d. Arquimedes Castro e Silva.

Lisonjeado pela confiabilidade depositada pelo Dom Bispo, o serviçal Cego Miguel Andorinhas não apenas se predispusera a secretariar o pontífice d. Arquimedes de Castro e Silva, como também se prontificou à execução do plano de 'desprenhação' da Sianinha Laura Brant, mediante busca e apreensão da negra Alcina do Boqueirão, que labutava em alcova de prostíbulo. Ato subsequente, o sagaz oficial de sacristia expusera ao Dom Bispo a ideia que aventara de propagação da fé católica, arranhada co'o episódio do martírio e crucificação do santeiro Chico

Cristão, debaixo do nariz do vigário Buzzatti, impossibilitado de reação diante da fúria de devoção. Destarte, o enigmático Cego Miguel Andorinhas dispôs-se a pôr em prática o intento imaginoso de se ressuscitar a episcopal figura do alto escalão do Santo Ofício da Madre Igreja, o famigerado Dom Bispo, salvo engano, já co'a efígie por demais conspurcada pelas ações oriundas da função sacrossanta de inquisidor-mor do Tribunal da Inquisição, em plena Vila de São Roque do Paraty. Por este viés, co'a clareza necessária à persuasão, o sacristão da ermida de Nossa Senhora dos Remédios explicitou ao venerável d. Arquimedes de Castro e Silva que o calvário do obreiro Chico Cristão deixara a imagem da Santa Madre Igreja mui agatanhada, de sorte que a ressurreição do Dom Bispo iria entronar a instituição religiosa em sua fidedigna condição de liderança.

— É!?!... Mas antes Vosso Reverendo Dom Bispo não há de querer descansar o fastio do sonâmbulo corpo insone, intentando ir repousar em leito confortável, p'ra empós se providenciar o vosso sepultamento e ressurreição, enquanto nós o velamos sentinela de corpo e alma, p'ra se olvidar do homicídio contra o santeiro herege do Chico Cristão, obrador da imagem de santo novidadeira, Dom Bispo? — incitou-o o sacristão de capela.

— Per favore, queira atender aos apelos humildes e sinceros, de vez que tens que descansar o espírito p'ra mais logo Sua Eccellenza Reverendissima d. Arquimedes Castro e Silva cuidares do compromisso di cimitero e resurrezione, cumprindo co'as particularidades das obrigações funéreas... Então, o Dom Bispo permita-me, ao menos, explicar benfazejo intento desta illustre sentinella de velório, porque, ademais, tu tens apenas que resguardar o ânimo sem te preocupares, perché io stesso risolverò i problemi della sepoltura cristiana. — completou pe. Braz Ramiro Buzzatti, ao semeara terra co'as mãos de soberba e ganância.

— Que história é essa de sentinela de velório, sepultamento e ressurreição, se não posso compactuar co'as falcatruas do pároco Braz Ramiro e do oficial de missa Cego Miguel Andorinhas, nem muito menos agregar imagem de inquisidor-mor do Tribunal do Santo Ofício da Inquisição, às vilezas da Vila de São Roque do Paraty, já que hei de carecer de isenção p'ra analisar as gravíssimas acusações contra o ourives João Ernesto e a Sianinha Laura Brant, no inquérito das malversações de práticas alquímicas. — esquivou-se Dom Bispo.

Já precavido co'a afamada artimanha do subalterno prejudicado da visão em conluio co'o vigário Buzzatti, exímio orador de lábia mole e aguda, quiçá pelo vício incurável de derrubar cálice de licor de cana-de-açúcar, o incorruptível d. Arquimedes de Castro e Silva, a princípio, contrapôs-se ao desígnio de ressurreição proposto pelo Cego Miguel Andorinhas. Porém, diante da argumentação paramentada do oficial de sacristia, o presbítero responsável pelos inquéritos averiguados pela Santa Inquisição em todo território da Capitania de São Sebastião do Rio de Janeiro, acedera aos ajuizamentos da assombração, diz até que pactária do Cura-Cão, instantaneamente.

— Poveretta do Dom Bispo, que até parece descrente co'a conversa p'ra boi dormir do ex-esmoleiro Cego Miguel Andorinhas, que, decerto, não há de convencê-lo de que tale risurrezione sia la salvezza dell'agricoltura della Madre Chiesa, empós bárbaro assassínio do santeiro Chico Cristão, nesta Vila de São Roque do Paraty. Além de tudo, é capaz até do d. Arquimedes de Castro e Silva ser canonizzato dalla Santa Madre Chiesa, a partir da conjugação dos elementos santificados do reaparecimento carnal do inquisidor cruel e implacável... — atiçara-o vigário Buzzatti, ao acenar co'a perspectiva de santificação.

— Basta desse discurso de renascimento descristão dc São Dom Bispo, em período tão impróprio e inadequado, mesmo porque tu irás ainda co' mais ênfase macular a imagem de interpelador deste vosso servo de Deus sobre a Terra, pe. Braz Ramiro. — defendeu-se o epíscopo Dom Bispo.

— É!?!... E de fato pode também transparecer que a causa-mortis se dera em razão da hemorroida crônica do tal São Dom Bispo, que o aniquilou, mas que Deus Pai Todo-Poderoso Nosso Senhor Jesus Cristo de Nazaré em comiseração há de devolver o d. Arquimedes de Castro e Silva a este Vale de Lágrimas, a fim de que julgasse a Sianinha Boneca sub-judice de ação divina... Diz até que, em verdade, o passamento de Vosso Reverendo d. Luiz Manuel Arquimedes de Castro e Silva fora por decretação de falência múltipla dos órgãos do orifício anal. — desmoralizou-o o articulista da ressurreição.

— Por sinal, creio eu que, de muito bom grado, a Cúria Roma ou São Sebastião do Rio de Janeiro houvera de louvar e glorificar a ressuscitação deste São Dom Bispo, empós missa de corpo presente co'os convidados da vigia da alta sociedade do arrabalde em Matriz de Nossa Senhora dos Remédios de São Roque do Paraty. — reconsiderou o pontífice d. Arquimedes de Castro e Silva.

Na missa de corpo presente do prelatício Luiz Manuel Arquimedes de Castro e Silva, co'a exceção da Sianinha Laura Brant, aprisionada empós o suicídio do cristão-novo prometido; e que, portanto, aguardava o julgamento em masmorra da Cadeia Velha do Largo de Santa Rita, o forjado cadáver estava prestes a ressuscitar por orquestração do Cego Miguel Andorinhas e do reverendo Braz Ramiro Buzzatti, que, co'o ar compadecido, recepcionava os convivas do rega-bofe co' a frase-refrão exclamativa ao cubo.

— Che fatalità!... Che fatalità!... Che fatalità!...

Ao empertigar-se o reverendo Braz Ramiro Buzzatti, tergiversado pelo sacristão de capela, que, co'a bandeja de prata em mãos, ora servia vinho; ora quitutes aos comensais da sentinela, que se esbaldavam co'a opulência do banquete oferecido a expensas da paróquia de Nossa Senhora dos Remédios, espicaçava os devotos católicos compadecidos.

— Proponho um brinde co'o vinho do Alentejo, em memória di Sua Eccellenza Reverendissima Luiz Manuel Arquimedes de Souza e Castro, o São Dom Bispo!...

Em orquestração, enquanto o reverendo Braz Ramiro celebrava a santidade do defunto, o espectro do Dom Bispo se erguera do caixão, assombrosa e impetuosamente.

— Ai, ai, ui, ui, os testículos da bendita sogra de Judite, aquela generosa barregã de pardieiro e alcoice!... Por belzebu de paletó e suspensório, saiam já de perto de mim, que eu preciso respirar o ar honorificado desta Vila de São Roque de Paraty, ó corvos carniceiros!... De logo, retirem-me deste paupérrimo e desconfortável caixão de defunto indigente!... Uma vida inteira de labor clérigo co'os paramentos da Fé e da religiosidade, p'ra me fazeres merecer o reles abrigo mortuário de terceira classe, estirpe e linhagem, ó biltres dilapidadores das reminiscências!... — esbravejava o epíscopo Dom Bispo, empalidecido pela pintura alva à moda sepultamento. — Eu, Vossa Excelência Reverendíssima d. Luiz Manuel Arquimedes de Castro e Silva, o Dom Bispo, quanto mais rezo, mais assombração me aparece, Santo Cristo Nosso Senhor Jesus Nazareno!...

— Cruz credo mangalô três vez, que não é que o Dom Bispo fora tocado do inferno pelo coisa-ruim, a açoite, pontapés e impropérios!... — vociferou Alcina do Boqueirão. — Quem diria que o finado d. Arquimedes Castro e Silva não ia poder se lambuzar co'os quitutes e guloseimas dessa nega prendada e doméstica, no enquanto que se encontrava em indigência de estado de defunto?

— É!?!... Não se diz que vaso ruim não se esfacela, ainda quando atirado ao chão? — desestimara-o Cego Miguel Andorinhas, em pensamento alto.

— Deixais de apoquentação e sirva-nos o bacalhau e o vinho alentejano, sua negra ordinária e imprestável. — repreendeu-a Dom Bispo.

— De outra feita, hei de propor outra espécie de brinde à vida do sublime e ilustríssimo, Sua Eccellenza Reverendissima d. Luiz Manuel Arquimedes de Souza e Castro, o Dom São Bispo!... Um brinde do licor da terra ao São Dom Bispo, que, qual Nostro Signore Gesù Cristo di Nazaret, ressuscitou p'ra vida eterna... Amen. Un brindisi per stirare la salute do d. Arquimedes Castro e Silva, che deve anche aver cercato di convincere il Diavolo a confessare em ajuizamento do Sant'Uffizio della Madre Chiesa; e fora mandado embora de volta à Chiesa di Nostra Signora dei Rimedi a São Roque do Paraty!... — alçou taça Cura-Cão, eufórico-brindoso.

À proporção que tocava espiritualmente os católicos do velório forjado do São Dom Bispo e não houvera mais necessidade de testemunho perante o sobrenatural ressurgimento do pontífice, o d. Arquimedes de Castro e Silva, empós afastamento da assistência extasiada co'o milagre da ressurreição, solicitara que o reverendo Braz Ramiro Buzzatti e o sacristão Cego Miguel Andorinhas fossem ao Armazém dos Ciganos, p'ra averiguação do burburinho do povaréu a respeito da sua reaparição fantástica, a fim de que, propositalmente, se deparasse, a sós, co'a escrava Alcina do Boqueirão.

— Ó Alcina do Boqueirão, agora que todos se foram ter co'os ciganos do empório de secos e molhados, peço-te que tu me afagues a carne desamealhada e apodrecida pelos desafetos da lida sacrossanta, pois que este vosso mísero servo de Deus mais deseja é repousar em tua companhia de catre de alcova, a dinheiros de aluguel!... — agarrou-a o epíscopo d. Arquimedes de Castro e Silva.

— Vossuncê carece de repouso e sossego, Nhonhô Dom Bispo, porque, empós ressuscitação, há de se preparar p'ra julgamento da donzela roça-coxa da Siá Boneca, quiçá mui ocupada a abrir as pernas p'ro moço João Ernesto, o Gioielliere Ebreo. Diz inté que o ourives cristão-novo cometeu suicídio, em razão de ter emprenhado a Sianinha Laura Brant, antes da hora de 'sim' de noivo em altar-mor de capela em casório. — revelou a negra de ganho Alcina do Boqueirão, incriminando-a.

— Homessa!... Eu sou testemunha de que não houve sequer um "Ai, Senhor" de gravidez da ré Laura Brant Caldeira de Andrade, nos autos do processo inquisitorial sobre acusação de delito da alquimia contra o ourives de genealogia hebreia... No entretanto, ó Alcina do Boqueirão, por obséquio, esqueçamos a labutação do Santo Ofício da Madre Igreja; e me venha logo 'vossuncê' me abocanhar a insidio da carne ao amparar vetustez deste andarilho cristão, que já soube de vossa afamada lida de catre de alcova. Vinde vós a cá, ó Alcina do Boqueirão, fazer-me companhia de libertinagem e concupiscência!...

— Vai-te de retro, ó satanás de assombração de Dom Bispo pervertido e malfadado!... — esquivou-se a escrava prostituída.

Ao passo que d. Arquimedes de Castro e Silva lhe rasgava as vestes de chita em sofreguidão, a negra prostituta Alcina do Boqueirão se rendera aos anseios libidinosos do Dom Bispo, que de santo não possuía nem o prefixo de canonização. empós ápice do coito, não obstante, o Dom Bispo dispôs-se a degolá-la, a fim de que se mantivesse o sigilo da violação prostituída, inculpando o escravo Adílio Pindó, o negruzim Dagodé, que, em punição ao crime de homicídio, teve a sua língua decepada por sinal de exemplificação. Logo, por ser analfabeto, o tratamudo Adílio Pindó não se habilitaria a acoimar o responsável pelo trucidamento da negra de ganho Alcina do Boqueirão, empós transgressão do pecado da carne co'a tão proeminente corporatura santificada do posterior São Dom Bispo, ilustríssimo padre-visitador do Supremo Tribunal Eclesiástico de Justiça do Santo Ofício da Inquisição da Madre Igreja Católica e Apostólica Romana.

No Armazém dos Ciganos, a temática da ressurreição do d. Arquimedes de Castro e Silva era o prato principal do diálogo, entre a clientela ávida por especulação de santidade do digno representante do Santo Ofício da Inquisição, que, decerto, seria canonizado elevando a bucólica e pacata Vila de São Roque do Paraty à categoria de Terra da Promissão, por ser palco do ressurgimento d'um homem santo, o Dom Bispo, p'ra além da forjicada imagem de santo mal batizada de Nossa Senhora de Chico Cristão, o Cristo-Mulher, por obra e desgraça do santeiro, que por este motivo fora morto em apedrejamento; e, posteriormente, crucificado, por pura ignorância predatória de cunho religioso, em átrio da Matriz de Nossa Senhora dos Remédios.

— L'impresa di São Dom Bispo será enviada aos membros representantes della Curia della Santa Madre Chiesa di Roma o São Sebastião do Rio de Janeiro, p'ra avaliação de santidade do mais alto grau milagreiro!... — apregoava pe. Braz Ramiro, euforicamente.

Empós trago de água ardente em companhia do fabricante de calçados Emílio Tamancas, o Cura-Cão observava a reação pública mediante invencionice de canonização ao consultar, sutilmente, os fregueses de cálice de licor da terra e petiscos do Armazém dos Ciganos, que celebravam o episódio da ressurreição do São Dom Bispo, já por demais olvidados da tragédia protagonizada pelo santeiro Chico Cristão, quando o acendedor de lampiões Joaquim Libório adentrara o recinto co'a má-nova da degolação da negra Alcina do Boqueirão, na cela do prostíbulo.

— Trucidaram a negra de alcova Alcina do Boqueirão!... Trucidaram a negra de alcova Alcina do Boqueirão!...

Diz que escrava assassinada se encontrava em função de meretrício, quando fora degolada pelo enciumado negro Adílio Pindó, que, em penalidade a si próprio, decepou a língua de trapo, p'ra não se confessar a paixão proibida pela prostituta Alcina do Boqueirão.

— Quiçá, a legítima santa padroeira em altar-mor de ermida de Nossa Senhora dos Remédios desta Vila de São Roque de Paraty... — blasfemou Cego Miguel Andorinhas.

Nisto, o mestiço-caiçara Joaquim Libório, incendiário de ânimos e lamparinas do Largo da Matriz, acresceu que a população local, muito possivelmente, não resistiria a mais um drama representado em território paratyense.

— Na hora do crime de sangue, enquanto o desbocado do São Dom Bispo ressuscitava rumo ao patamar de canonização, a escrava prostituída Alcina do Boqueirão se encontrava em ofício de alcoice, em vil acorporação de aluguel co'o almocreve forasteiro, quando o pretuzim Adílio Dagobé degolou, co'o punhal de prata que furtara da cômoda da sacristia, a meretriz Alcina do Boqueirão; no entanto, o assassino da negra prostituta já há de se encontrar mui bem encarcerado, na Cadeia Velha do Largo de Santa Rita. — acirrou Joaquim Libório.

— Si realmente esta probado que o negrim Adílio Pindó fora quem degolara la esclava que servía de pasto y coito, alquilado a los peregrinos en ocasiones, decerto lo pretuzim Dagobé houvera de ser condenado a ser ahorcado por asesinato. — asseverou o vendeiro cigano Lourenzo Diaz, abismado co'a estúpida actitud do negro beócio e cordial.

— Condenação ao cadafalso por crime de homicídio contra o negruzim Adílio Dagobé já não há de depender da circunstância de denúncia, vez que se o pretim Pindó fora flagrado co'o cadáver da crioula de ganho degolada, sangrando, às pamparras, devido ao desatino de amputação, Lourenzo. — finalizou o caboclo-caiçara.

— Não obstante, este abjeto e desprezível escravo Adílio Dagobé não há de obscurecer, co'a mácula do delito de sangue, o fenômeno da ressuscitação do d. Luiz Manuel Arquimedes de Castro e Silva, o porvindouro São Dom Bispo, que, quiçá, ainda elevará a gloriosa condição de mártir co'o direito à imagem de santo em altar-mor de Basílica Matriz de Nossa Senhora dos Remédios da Vila de São Roque do Paraty, ladeada da santa prostituta Alcina do Boqueirão, pe. Braz Ramiro. — acoroçoara Cego

Miguel Andorinhas, co'a proposição de desestabilizar alvoroço perante homicídio da negra meretriz.

— A questo proposito, não vos preocupeis, já que o feito milagroso vivenciado por Sua Eccellenza Reverendissima d. Arquimedes de Castro e Silva há de ser mui referendado pela Santa Madre Chiesa, sobretudo a partir dos depoimentos autênticos dos devotos da padroeira Nostra Signora dei Rimedi, na ocasião de velório di San Domenico Vescovo di Paraty. — reverenciou vigário Buzzati, animado co'a probabilidade de canonização, que impulsionaria a sua vocação de sacerdócio já tão vilipendiada pela proeza da crucificação e apedrejamento do santeiro Chico Cristão e do vício etílico de derrubar cálice de vinho vulgar de cana-de-açúcar.

Na Fazenda Nossa Senhora do Bom Retiro, o nobre fidalgo d. Lourival Brant esperava a chegada do bacharel criminalista, dr. Serafim Domingos Verediano de Souza, que assumiria as rédeas da defesa da Sianinha Boneca, frente ao Tribunal da Santa Inquisição, quando, por intermédio do portador de missiva, recebera a notícia da controvertida ressurreição do d. Arquimedes de Castro e Silva e do assassínio da negra de ganho Alcina do Boqueirão. Conquanto não imaginasse que a farsa do renascimento do Dom Bispo fosse arquitetada pelo pe. Braz Ramiro Buzzatti, em conjuração co'o seu auxiliar de sacristia Cego Miguel Andorinhas, p'ra ampliação do poder divino da Santa Madre Igreja na Vila de São Roque do Paraty, o patriarca da família Brant Caldeira mui estranhara que ressurreição do epíscopo Dom Bispo se desse logo empós martírio por crucificação e apedrejamento do santeiro Chico Cristão, como antídoto contra a heresia do gesto da população religiosa da paróquia de Nossa Senhora dos Remédios.

De feita, o aristocrático d. Lourival Brant ordenara aos escravos da estância que preparassem a imodesta refeição a ser ofertada ao dr. Verediano de Souza, de modo que dialogassem no decorrer da ceia sobre a mais enérgica e eficaz estratégia jurídica, a ser utilizada em prol da absolvição da Sianinha Laura Brant, que, ultrajada em sua inabalável conduta social, sofrera síncope nervosa e necessitara ser acorrentada no cárcere da Cadeia Velha do Largo de Santa Rita. Era mês de abril e as aves marítimas migravam de uma ponta a outro do horizonte, de sorte a apregoar a chegança do inverno por aquelas paragens sulistas da Capitania de São Sebastião do Rio de Janeiro. Não obstante, sem se aperceber da razão das reminiscências, d. Lourival Brant se recordara d'uma visitação do pe. Braz Ramiro à sua propriedade rural, logo quando a Sianinha Boneca se transportava da infância à puberdade, que se evidenciava conforme prenúncio da metamorfose de ordem feminina.

— Está ficando mui graciosa a vossa Sianinha Boneca, dona Isabel Brant. Por obséquio, quando a moçoila sangrar dos primeiros mênstruos, tua grazia manda aviso de término da infância, que arranjo matrimonialle buono e proficuo pela inocência de vossa herdeira legítima, que, decerto, há de desfrutar da opulência e abastança d'um nobre esposo de fina estirpe e fortuna. — salientou vigário Buzzatti.

Ao aguilhoar mirada gorda e atenta sobre as virtudes físicas da Sianinha Boneca, que se abrolhava em fêmea co'a detentora e ímpar sensualidade em angelical candura, o reverendo Braz Ramiro já conjecturava qual houvera de ser o consorte ideal que fizesse jus a abocanhar a arquimilionária herança da legatária do patriarcado do apatacado d. Lourival Brant Caldeira de Andrade. Decerto, o afortunado cônjuge da Sianinha Laura Brant deveria ser confiável e fidedigno descendente de renomada família católica da região.

— E o vigário Buzzatti deu agora p'ra dar de alcoviteiro de donzela casadoira, homessa? Pois saiba que filha minha não negocio por nomenclatura ou dinheiros, conquanto possa vir a ser que o reverendo pe. Braz Ramiro já tenha recebido incumbência de arranjo matrimonial co'a Sianinha Boneca. No entretanto, não perca vosso tempo, porque a mão da senhorinha Laura Brant já fora mui bem consentida ao mancebo João Ernesto, legatário dos cristãos-novos Filgueiras dos Santos, que hão de lhe dar bons tratos e abrigo familiar. — chistou d. Isabel Brant.

— Não se arrelie co'o consenso fuori stagione, não, senhora, que já vos disse que inda há tempo p'ro desabrochar da Sianinha Boneca, mesmo porque, al momento giusto, o d. Lourival Brant há de dar sinal de união a famílias mais bem conceituadas dos que i capitalisti ebrei epurati dal Vecchio Mondo, mui aptos ao passa-fora de vergalho e excomunhão. — desfizera-se pe. Braz Ramiro.

— Hei de me entregar em laço conjugal a quem a mim convier, por sentimento de amor, reverendo Buzzatti. — replicou a prometida do Gioielliere Ebreo, que se afeiçoara ao mancebo à primeira vista, quando fora cortejada na procissão da padroeira.

— Respeito, que o pe. Braz Ramiro lhe batizara em pia de pedra e sal; e não há de lhe ensejar mal ou praguejo. — repreendeu-a d. Lourival Brant.

— La ragazza è intrepida e senza paura; todavia, porventura, o ourives de origem hebraica, o tal João Ernesto, seria mesmo bom partido de casório p'ra se coltivare un sentimento d'amore, Sianinha Boneca?

— O senhor fica p'ra cear conosco, vigário Buzzatti? — interrompeu dona Isabel.

— De bom grado, padre. — obtemperara Sianinha Boneca, decidida em petulância.

— Io chiedo al d. Lourival Brant que, por hora, não se aborde mais este assunto de matrimônio, mesmo porque, ao que mui bem me parece, il cuore della ragazza sposata Sianinha Laura Brant já se estremece por mancebo sangue infetto malevolo.

— Alcoviteiro.

— Laura Brant, já p'ra alcova de castigo. — ordenou dona Isabel.

— Amen. — ironizara-o, antes de bater a porta do aposento.

— Arroubos da puberdade, d. Lourival Brant. — contemporizou Cura-Cão.

— Será que a galinha ao molho pardo há de estar ao gosto do senhor, reverendo Braz Ramiro? — desconversou a anfitriã.

— Magnifico e superbo!... Mas a sobremesa ficará p'ra próxima ocasião, porque io preciso logo retornar ao arrabalde di San Roque do Paraty, co'a máxima urgência, de vez que ainda hei de rezar hoje, à noite, a novena em homenagem ao Sacro Mantello di Nostra Signora dei Rimedi, que abrigará o altar-mor da ermida até a data di San Giovanni dei Battisteri, que há de advir di São Vicentedo Bertioga sul dorso d'asino biblico. — despedira-se o pároco da matriz.

No balcão do Armazém dos Ciganos, um engravatado adventício se aproximara em busca de informação sobre como alcançar a propriedade do gentil-homem d. Lourival Brant Caldeira de Andrade, sendo prontamente atendido pelo negociante Bernardo Lourenzo Diaz, que oferecera dose de água ardente da região, a fim de que o desconhecido se resfolegasse da excursão longínqua de São Sebastião do Rio de Janeiro até a Vila de São Roque do Paraty.

— È un fatto che lo schiavo Adílio Pindó sempre se aproveitou dos favores indecorosos da cortesã Alcina do Boqueirão, a dinheiros, sem jamais se deixar levar pela praga malfazeja do ciúme, que o mutilara o espírito, lentamente, fino a commettere la follia dell'omicidio. — defendera-o vigário Buzzatti, que era auxiliado pelo negro cativo em serviços de ermida.

— Quiçá, quando usufruía de obséquio de meretrício, o negruzim Adílio Dagobé houvera até de ser mui gentil e perdulário co'a negra de coito alugado da Alcina do Boqueirão, que, assazmente, há de deixar saudade de catre e alcova... — nostalgiou-se o Joaquim Libório, assíduo frequentador dos chamegos remunerados da marafona falecida.

— Um Porto em homenagem à Alcina do Boqueirão, ó taberneiro Lourenzo Diaz!... Salve Alcina do Boqueirão, a Vênus Negra da Vila de São Roque do Paraty!... — saudou-a o oficial de sacristia Cego Miguel Andorinhas.

— Se degolara a Alcina do Boqueirão em catre da alcova de meretrício, que enforquem o negro Adílio Pindó em cadafalso público, porque a perda inestimável da marafona há de ser sentida por todo o arrabalde, que a frequentava co'a mais assiduidade do que às missas mui bem rezadas pelo pe. Braz Ramiro Buzzatti, em todo santo dia de hóstia e sermão. — exaltou-a Joaquim Libório, forjando contrariedade por erotização, em detrimento da religiosidade.

Neste momento, o judeu usurário Nicolau das Pretas se aconchegava ao canto de balcão da venda do cigano Lourenzo Diaz em disfarces de tropeiro de burros, haja vista que se resolvera por retornar ao vilarejo de São Roque do Paraty, co'a barba, cavanhaque e cabeleira postiços sob chapéu-sombreiro. De prontidão, o ajudante de missa Cego Miguel Andorinhas suspeitara que o irreconhecível hebreu capitalista fosse o acompanhante da prostituta Alcina do Boqueirão, na ocasião do homicídio cometido pelo escravo Adílio Dogabé; porém, esta hipótese fora logo descartada. No andamento, o foragido Nicolau das Pretas se hospedara justamente em quarto de aluguel do sobrado dos ciganos rejeitado pelo Dom Bispo, de maneira que não perdesse de vista o cotidiano do arrabalde, sobretudo no tocante ao julgamento da Sianinha Laura Brant, que, muito em breve, seria interrogada em Tribunal da Santa Inquisição. Não obstante, o hebreu fugitivo não contava co'o faro aguçado do Cego Miguel Andorinhas, que se assentara em sua mesa de taberna, a título de proseio descompromissado.

— Quase tropeço em Vossa Senhoria, quando, às ocultas, o almocreve descambava pela porta dos fundos da taberna do Lourenzo Diaz, à procura de não se sabe o quê nem sei onde. É bem verdade que, co'a visão embaraçada pela cegueira, esse vosso criado vossamencê, Cego Miguel Andorinhas, não houvera de se aperceber do vulto excomungado de judeu errante... — assuntou-se, ladinamente.

— E quanto que Vossa Mercê, mui conhecido de minha pessoa andarilha, que Nosso Senhor Jesus Cristo de Nazaré alumie o espírito em desencarnação, almeja angariar co'a cumplicidade de silêncio sobre o reconhecimento deste mesmo judeu errante? — perquirira o peregrino pagão.

— É!?!... Quem mui ajudeia sem prece, tampouco de outrem se compadece!... Por licença, eu vos peço que vossamencê se adecida em generosidade, porque, se quem cala consente, quem explana a toda gente há de se engasgar co'o malefício de desaventurança vigente!... No entretanto, o que o hebreu Nicolau das Pretas oferece pelo silenciamento deste servo de Deus, que não enxerga, mas tem por demais língua nervosa p'ra mote de avistamento...

— O que vos oferto por vossa silenciação, decerto é mais do que cabe em vosso alforje; menos do que em seu caixão, seu cego versado em safadeza...

— Se for p'ra me ameaçar dou berro que alardeará todo povoado: Ei'o judeu bastardo, Nicolau das Pretas de graça e nomeada, que desgraçou a Nhá Anunciação, cuja madre de desgosto morreu queimada, no mesmo fogaréu que o aguarda!...

— S'embora que o dever nos chama até cárcere della Vecchia Prigione in Largo de Santa Rita, p'ros acompanhamentos degli interrogatori inquisitorial da Sianinha Laura Brant, chi deve testimoniare ao Dom Bispo, em remissão de pecado acometido davanti ai precetti del Tribunale del Sant'Uffizio. — aguçara-o o pe. Braz Ramiro, sem se dar conta da presença do denunciante do sacrilégio da alquimia, que assinara a acusação por acordo pecuniário co'o hebreu Nicolau das Pretas.

Na masmorra da Cadeia Velha do Largo de Santa Rita, a ré Laura Brant, despida dos pés à cabeça, encontrava-se acorrentada por mãos e pés, ao passo que era subjugada pela prepotência atávica do inquisidor d. Arquimedes de Castro e Silva, que iniciara inquirição co'a remontagem dos acontecimentos, que precederam o suicídio do ourives cristão-novo João Ernesto, às vésperas da data da união matrimonial.

— Informo à ré Laura Brant Caldeira de Andrade constar nos autos do processo homologado pelo Supremo Tribunal Esclesiástico de Justiça do Santo Ofício da Inquisição, que o pároco da Matriz de Nossa Senhora dos Remédios da Vila de São Roque do Paraty, reverendo Braz Ramiro Buzzatti, acatara a denúncia manuscrita co'a assinatura do hebreu capitalista, José Nicolau Pontes Filgueiras, o Nicolau das Pretas, contra o ourives cristão-novo de nomeda João Ernesto Filgueiras dos Santos, vulgo Gioielliere Ebreo, sobre exercício das práticas alquímicas, em 28 de setembro do ano da graça de 1867. De adjacente, o prelado oficial da paróquia de Nossa Senhora dos Remédios enviara correspondência co'o conteúdo da gravíssima acusação de sacrilégio contra a Madre Igreja Católica e Apostólica Romana, vindo a clamar pela urgência de presença deste visitador régio ademais em inquirição de vosso interrogatório, eu, Vossa Excelência Reverendíssima d. Luiz Manuel Arquimedes de Castro e Silva. — iniciou Dom Bispo a leitura dos autos inquisitoriais.

Empós mirada de indulgência forjicada em direção à ré Laura Brant, que não se subtraíra moralmente, diante da coação religiosa imposta pelo terrível representante do Santo Ofício da Inquisição, o Dom Bispo concedeu à acusada o direito de réplica, o que, não obstante, resumira-se em três vocábulos condizentes co'a sua indignação e revolta.

— Estapafúrdia denúncia satânica. — sussurrou Laura Brant.

— Em primeiro lugar, peço-vos que, empós as prédicas introdutórias do inquérito deste Tribunal do Santo Ofício, clarifique-nos a respeito da vossa relação co'o ourives converso João Ernesto Filgueiras dos Santos, a fim de que se elucide a origem da acusação de alquimia, contra o cristão-novo suicidado, às proximidades da união matrimonial co'a Vossa Mercê, ré Laura Brant Caldeira de Andrade, a Sianinha Boneca.

— Por invídia ou cobiça, quiçá, o pe. Braz Ramiro incriminou o meu noivo João Ernesto, por intermédio de falso testemunho mal assinado pelo judengo Nicolau das Pretas, visto que não há comprovação documental, absolutamente, que nos ponha em inculpação perante a Madre Igreja de sermos praticantes da alquimia, ainda que o simples fato de ser de ascendência hebreia já o atira, implacavelmente, no cárcere do opróbrio e da humilhação, soberano inquisidor.

— Consta nos autos do processo que, às vésperas do fatídico ato de suicídio, o vosso prometido João Ernesto visitara a família Brant Caldeira, em sua propriedade denominada Fazenda Nossa Senhora do Bom Retiro, a fim de que, enquanto ceassem, o patriarcal d. Lourival Brant decidisse sobre os últimos preparativos dra cerimônia nupcial, a ser realizada na Basílica Matriz de Nossa Senhora dos Remédios.

— Verdade, soberano inquisidor.

— A ré Laura Brant Caldeira de Andrade possui recordação do que fora servido à mesa do salão nobre da casa-grande, na ocasião da presença do cristão-novo João Ernesto, na Fazenda Nossa Senhora do Bom Retiro?

— Recordo-me de que era uma reunião familiar, prosaica e corriqueira, em confraternização pela iminência da data do casório...

— Porventura, a ré Laura Brant teria como explicitar o conteúdo específico dos acepipes e manjares, expostos nas malgas, terrinas e pratos do banquete dos Brant Caldeira, ofertado ao visitante João Ernesto, nesta 'reunião familiar, prosaica e corriqueira, em confraternização pela iminência da data do casório'?

— Peixe, carne de porco e carneiro. — discriminou Sianinha Boneca.

— E o vosso então prometido João Ernesto desfrutara de todas as carnes oferecidas em ceia?

— Se bem recordo, o meu noivo João Ernesto ceou peixe e carneiro.

— E qual fora o assunto da palestra no período em que ceavam em família, prosaica e corriqueiramente? — aguilhoara-a Dom Bispo.

— Deliberávamos sobre cerimonial das bodas de núpcias e festividade co'o baile, quadrilha e banquete.

— E como se portara o vosso prometido João Ernesto, no decorrer da conversação 'sobre cerimonial das bodas de núpcias e festividade co'o baile, quadrilha e banquete', ré Laura Brant?

— O meu noivo João Ernesto demonstrava excessiva preocupação, que nós interpretamos como ansiedade natural em vésperas de se subir em altar-mor de ermida, diante de nubente de vestido branco, véu, grinalda e buquê de flores do campo, soberano inquisidor.

— Vossa Mercê há de convir que tal comportamento demonstrado por intermédio de 'excessiva preocupação', mediante iminência do cerimonial de núpcias, às proximidades de 'se subir em altar-mor de ermida, diante de nubente de vestido branco, véu, grinalda e buquê de flores do campo', por força maior da circunstância que implicou em questões de outra natureza, que culminaram no suicídio de vosso prometido João Ernesto, Sianinha Boneca.

Ao intuir a hesitação da interrogada, o Dom Bispo abreviou arguição, co'o intuito de cotejar os fatos sobre o episódio que lhe fora narrado pelo pe. Braz Ramiro, a respeito da perda da virgindade da interrogada, ainda que tal menção não constasse nos autos do processo inquisitorial.

— Vossa Mercê se sentia habilitada, moralmente a adentrar a Matriz de Nossa Senhora dos Remédios, acompanhada por vosso progenitor d. Lourival Brant, trajada de 'vestido branco, véu, grinalda e buquê de flores do campo', ré Laura Brant?

Ao compreender a insinuação do padre-visitador d. Arquimedes de Castro e Silva, a ré Laura Brant silenciara.

— Se me alcançares, eu juro que te dou um abraço assim que tocares a mão em mim, no açude do engenho. — recordava de que se desprendera; e, em disparada, atirou-se às águas co'as vestes do corpo de fêmea, que se desenhava co' voluptuosidade sob a seda transparente do corte de costura.

— Mesmo sendo pecado jurar em vão, tu me dizes que me abraçarás caso eu te alcance a nado, Sianinha? — estresira-se João Ernesto, ao mergulhar no reservatório da Fazenda Nossa Senhora do Bom Amparo.

— A mim, tampouco me interessa abraço de irmão; e, sim, d'um homem; porém, tu bem sabes que jamais irás me alcançar a nado, Sr. João Ernesto. — provocou-o, submergindo. — E olha que eu dou-te uma distância de cinco braçadas, se tu quiseres de fato competir comigo, porque hei de ultrapassá-lo antes do meado do açude...

— Tu já podes então começar a contar até cinco, Sianinha Laura Brant.

— Um, dois, três, quatro, cinco... Acuda-me, João Ernesto, que eu estou a me afogar de verdade... Acuda-me, meu amor, que estou me afogando... — forjara afogamento, debatendo-se. — Acuda-me, João Ernesto... Acuda-me, meu amor...

Ao alcançá-la, o moçoilo João Ernesto conduzira-a até a margem da represa, possuindo-a co'a feracidade animalesca do instinto.

— Não, soberano inquisidor.

— Confessas tu, prostituta? — achacara-a Dom Bispo.

Ao ouvir as duras palavras do inquisidor-mor do Santo Ofício da Inquisição, a Sianinha Boneca se apercebera d'uma lágrima furtiva, que lhe recortava a face empalidecida, qual rio Paratiguaçú o fazia aldeia afora, constatando-se de que a incriminação se iniciaria por desonrá-la até que se obtivesse a condenação, inculpando-a pelo suicídio de seu prometido João Ernesto, que a Laura Brant tinha convicção de que fora a coação do pe. Braz Ramiro, que o desesperara a ponto de seu prometido tirar a própria vida. Neste compasso, o auspicioso Dom Bispo, que intentava atingir o ápice do interrogatório a partir da revelação do pecado carnal, açodara-a a se recordar da ocorrência de entrega corpórea, em aceno de paixão e liberdade.

— Fora o convertido João Ernesto quem a seduzira a entregar-se, corporeamente, antes da cerimônia de matrimônio ou a ré Sianinha Boneca se dera ao cristão-novo por livre e espontânea vontade, fraquejando-se diante da tentação do iniquidade da carne, ré Laura Brant?

— Por livre e espontâneo sentimento amoroso, soberano inquisidor.

— Então, tu confessas que te ofereceste ao ourives João Ernesto, isentando-o de toda e qualquer responsabilidade corpórea, a respeito do prejuízo da castidade antes da união conjugal? — açulou-a, ao obrigá-la a se render diante da responsabilidade do rompimento da castidade.

— A mim fora dito que era apenas Amor ao próximo, sentimento mais nobre e terno apregoado por Jesus de Nazaré, soberano inquisidor.

— Então fora a ré Laura Brant quem orquestrou a ação libidinosa, que tu mui bem dissimulaste, a fim de que não se descobrisse a razão do suicídio do convertido de ascendência hebreia, rameira abjeta? Quanto tu recebeste em moeda d'ouro p'ra se entregar ao cristão-novo João Ernesto, vil meretriz?

— Eu sou inocente, soberano inquisidor.

— Inocente tu, Laura Brant?

— Eu juro que me adjudiquei ao meu noivo João Ernesto por Amor; e não a dinheiros, soberano inquisidor.

— Quando tu seduziste o convertido de origem hebraica, o Gioielliere Ebreo , disfarçadamente o assassinaste, em razão do pecado da carne que antecedera as prédicas matrimoniais, por decisão do desejo imoral que nutria pelo ourives João Ernesto, ré Laura Brant.

— Em comiseração e clemência, afrouxe a corrente de ferro em minhas mãos, por obséquio, soberano inquisidor.

— Responda-me, cortesã satânica.

— Estão a doer-me, a sangrar-me, soberano inquisidor.

— Confessas que tu envenenaste o espírito pagão do cristão-novo João Ernesto, que, mesmo não sendo a dinheiros, a rapariga Sianinha Laura Brant seduzira o hebreu talhador de joias, que se suicidara em patíbulo de figueira, por motivo de desesperação e alquebramento, empós ausência de virgindades da Sianinha Boneca?

— A confissão se trata de que o meu noivo João Ernesto se suicidara, por única e exclusiva chantagem imoral, imposta pelo libidinoso pe. Braz Ramiro Buzzatti, de maneira que, caso não renunciasse ao matrimônio co'a herdeira do opulento e argentário d. Lourival Brant, a falsa acusação por manuscrito do hebreu Nicolau das Pretas houvera de ser encaminhada ao Supremo Tribunal Eclesiástico de Justiça da Santa Inquisição. — delatou Laura Brant.

— Tu acusas o reverendo Braz Ramiro Buzzatti de forjar testemunho subscrito deste tal Nicolau das Pretas, a fim de que se incriminasse o Gioielliere Ebreo , caso não descumprisse promessa de matrimônio co'a Sianinha Laura Brant Caldeira de Andrade?

— O vigário Buzzatti é responsável pelo homicídio impetrado moralmente contra o meu noivo João Ernesto, condenando-o ao suicídio por intermédio da coerção do espírito, soberano inquisidor.

Neste instante, o presbítero d. Arquimedes Castro e Silva interrompeu o interrogatório, sob alegação de que surgira fato novo acoplado aos autos do processo de exercício das práticas alquímicas. Co'o meneio de crânio, o senhoril Dom Bispo sinalizara que os dragões do reino regressassem co'a ré Laura Brant ao cárcere da Cadeia Velha do Largo de Santa Rita. Ato adjacente, convocou o pe. Braz Ramiro Buzzatti a discorrer sobre a acusação auferida ao inquérito, reivindicando explicação sobre o seu interesse pelo rompimento do compromisso conjugal, entre a Sianinha Boneca e o Gioielliere Ebreo.

Não obstante, o irresoluto Dom Bispo determinara que a palestra informal se desse sob sigilo de confessionário, de modo que o diálogo não o comprometesse juridicamente, amparando-se no segredo inviolável da confissão e na condescendência do Espírito Santo, quiçá.

— É mister que se previna sobre a precisão do confessionário, de sorte que a declaração do reverendo Braz Ramiro Buzzatti seja posta em confidencialidade, haja vista que insurgiu-se grave acusação, a respeito da conduta de vossa venerável pessoa, no inquérito do Santo Ofício da Madre Igreja. Por logo, solicito ao reverendo Braz Ramiro, que o senhor me confirme se descuidou da função de sacerdócio, ao chantagear o ourives João Ernesto, afim de que se rendesse aos apelos da renúncia matrimonial, caso não desejasse que a denúncia de alquimia fosse enviada aos auspícios da Cúria Católica de São Sebastião do Rio de Janeiro.

O vigário Buzzatti, que já aguardava ansiosamente pela acusação provinda da Sianinha Laura Brant, não se dissimulara comportamento por estupefação ou estranheza, ao asseverar que a motivação do suicídio do converso João Ernesto não fora por desesperação ante a perda de virgindades da ré Laura Brant, a Sianinha Boneca.

— Mas, sim, porque o Gioielliere Ebreo, em passado não tão distante assim, vivenciara uma paixão proibida sustentada por este vosso réu confesso, que não há de se abster a abjurar da Fé em purgação do crime de pederastia, conquanto, quiçá, não seja aconselhável escândalo co'o membro oficial da Madre Igreja

Católica e Apostólica, responsável por esta paróquia de Nossa Senhora dos Remédios da Vila de São Roque do Paraty. Portanto, o misericordioso e clemente Deus Nosso Senhor Jesus Cristo de Nazaré, que não se descuida do próximo, quando pega da mão de um ser vivente a conduzi-lo ao Reino dos Céus. No tanger do rebanho há de ter Suas razões benignas e promissoras, há de pôr comiseração por sobre a minha pecaminosa pessoa, ainda que mediante tão sórdido gesto de aniquilação, consoante o suicídio do prometido em casório da legatária do nobre d. Lourival Brant, que, incautamente, abençoara a união matrimonial de Laura Brant e João Ernesto, o Gioielliere Ebreo. — claudicou-se o depoente, sem homiziar a pederastia, perante o inquisidor-mor d. Arquimedes de Castro e Silva, emissário dos rígidos preceitos da Santa Madre Igreja.

— Então o senhor afirma que a real causa mortis do suicídio estapafúrdio do convertido João Ernesto fora a paixão coibida por vossa pessoa, admitindo-se ser adepto do hábito de pederastia, reverendo Braz Ramiro Buzzatti?

Ao exigir-lhe ratificação de escolha sexual, decerto não imaginando o trunfo retirado do vestuário sem manga da batina impecável, adquirida co'os dividendos da imagem de santo do obreiro Chico Cristão, o Dom Bispo, de fato, se surpreendera co'a audácia do subalterno sodomita.

— Quiçá, o Dom Bispo esteja procurando justificativa divina p'ra um acidente de percurso deste humilde servo de Deus, quando, em verdade, pode-se afirmar também que o milagre da ressurreição do epíscopo-inquisidor d. Arquimedes de Castro e Silva se dera em razão de artimanha de se encobrir o cruel assassínio da negra prostituída, a Alcina do Boqueirão, degolada empós ato sexual por mãos sacrossantas d'um membro oficial da Santa Inquisição, em alcova da Matriz de Nossa Senhora dos Remédios de Paraty, pondo-se em condenação de morte o negrim Adílio Pindó, por crime passional de sangue em degolação.

— Por acaso, o vigário Buzzatti está me propondo desnecessariamente que se silencie a respeito do delito de pederastia, uma vez que o que se diz em confessionário há de se guardar em sete chaves de segredo, sem serventia de comprovação criminosa de valor jurídico, contra depoente voluntário em remissão de pecado? — acordara Dom Bispo.

No rompante, pressuroso e frenético, o d. Arquimedes de Castro e Silva, por intermédio de implícita cumplicidade co'o pároco Braz Ramiro, se protegia da má-fé co'a ferramenta da reciprocidade. Empós confissão, o pe. Braz Ramiro Buzzatti, como de praxe, se direcionou ao balcão do Armazém dos Ciganos, co'a intenção de se aliviar do enfadonho diálogo sobre mútua ameaça do tirocínio delituoso. Lá chegando, resfolegou-se co'o trago da água ardente fabricada pelo senhor de engenho d. Lourival Brant, que, a esta altura, recebia por parte do advogado criminal, dr. Verediano de Souza, informações sobre o primeiro interrogatório da Sianinha Boneca, ministrado pelo inquisidor-mor Dom Bispo, na Cadeia Velha do Largo de Santa Rita.

No entrtetanto, as notícias nada alvissareiras do bacharel criminal importunavam de tal forma o proprietário da Fazenda Nossa Senhora do Bom Retiro, que o impeliram a propor reunião sigilosa co'o d. Arquimedes de Castro e Silva, na sacristia da Matriz de Nossa Senhora dos Remédios.

— Agradeço imensamente a Vossa Excelência Reverendíssima d. Arquimedes de Castro e Silva por me receber em momento tão desalentador, em circunstância da Sianinha Laura Brant Caldeira de Andrade, que se encontra aprisionada por aleivosa denúncia das práticas proibidas da experiência de alquimia. — rendeu-se d. Lourival Brant, atormentado co'a perspectiva de tortura a que pudera ser submetida Sianinha Boneca, em cárcere inquisitório.

— O reverendo Braz Ramiro trouxera até mim como assunto da audiência a questão de que o d. Lourival Brant afiança que as denúncias sobre exercício das prédicas alquímicas contra vossa herdeira Sianinha Boneca são vácuas e infundadas, por puro ensejo de incriminá-la, perante o Supremo Tribunal Eclesiástico de Justiça do Santo Ofício. Não obstante, a que razão o senhor atribui tal injustiça acometida contra a ré Laura Brant Caldeira de Andrade? — induzira-o Dom Bispo.

Co'o nítido intento de provocá-lo à acusação contra o pároco Braz Ramiro Buzzatti, quiçá de modo a angariar munição de defesa porvindouramente, o cauto e precavido d. Lourival Brant embaraça-se diante da perspectiva aventada pelo Dom Bispo, sobre o fato de que o joalheiro João Ernesto se suicidara por remorso pela relação homossexual vivenciada, o que reforçaria a tese de que as acusações proviessem do ódio, do ciúme, da inveja e da vingança por parte do vigário Buzzatti, diante da proximidade da união matrimonial. No entretanto, as especulações que insurgiam-se em sua proba consciência, ao mesmo tempo em que o incitavam à exposição, calavam-no, por receio e temor de que a denúncia contra o reverendo Braz Ramiro pudesse incriminar ainda mais a condição de ré da sua legatária Laura Brant, à mercê do jugo da Santa Inquisição. Por esta razão, acautelava-se diante da figura imponente e afamada do bispo d. Arquimedes de Castro e Silva, que o intimidava co'a posição de soberania e poder que ocupava, decidindo-se pela sentença absolutista, de acordo co'as evidências esdrúxulas reportadas aleatoriamente, por intermédio de testemunhos forjados em prol de favores políticos ou perdão de dívida de ordem pecuniária.

— Quiçá, seja mesmo força de expressão expelida pelo esfalfamento, causada pela grave e inusitada ocorrência de denúncia contra cristãos-velhos da colônia, mui habituados ao rigor da religiosidade, que, por ironia ou acidente do destino, hão de responder por desaprovação de terceiros, mortalmente incomodados co'a felicidade do próximo, d. Arquimedes de Castro e Silva.

— Deus ad aeternum há de recebê-los em Seus braços supremos e misericordiosos, d. Lourival Brant; porém, as denúncias precisam ser investigadas de maneira que haja legitimidade nas atribuições do Santo Ofício da Inquisição, sobretudo no que tange às contradições da alma humana. — redarguiu o inquisidor Dom Bispo, à medida que ia inserindo o dedo na ferida aberta da incoerência matrimonial entre a sinhazinha cristã e o ourives de estirpe judaica. — Compreenda Vossa Mercê que, por si só, o vosso consentimento no tocante à união conjugal da Sianinha Laura Brant co'o alcunhado Gioielliere Ebreo já causara estranhamento aos conservadores da moral e dos bons costumes desta Vila de São Roque do Paraty, d. Lourival Brant.

Diante das protestações do d. Arquimedes de Castro e Silva, o acossado e lasso d. Lourival Brant fora obrigado a recorrer ao expediente financeiro, que, ao invés de libertá-la, muito provavelmente, incidiria em sua condenação perante o supremo Tribunal da Santa Inquisição.

— Mesmo que tal proposição financeira não fosse devolver a vida do meu genro João Ernesto, caso me ofereça condição palpável de absolvição da Sianinha Laura Brant, eu estou disposto a acatar a prerrogativa que o Dom Bispo me indicar, qualquer que se seja a dissolução apontada ao livre-arbítrio de inocência. — encetou conversação o nobre cavalheiro d. Lourival Brant. — Portanto, eu vos peço perdão por ter outorgado as bodas de núpcias de minha filha Laura Brant ao cristão-novo João Ernesto, por pura e simplesmente ter cedido diante dos apelos enganosos do coração da única herdeira do patrimônio de família. Porém, conforme dito a Vossa Excelência Reverendíssima d. Arquimedes Castro e Silva, eu estou disposto a acatar o norte reparador da remissão e anistia da Sianinha Boneca.

O calculista Dom Bispo sequer o repreendera pela conjectura de corrupção, pois que, co'a fisionomia de morto-vivo, o contemplara placidamente ao valorizar a perspectiva de indulto da prisioneira.

— Visivelmente, Vossa Mercê criara a Sianinha Laura Brant, co'as rédeas frouxas da complacência; não obstante, há uma possibilidade que, única e exclusivamente, já justificaria o esforço deste serviçal de Deus Nosso Senhor Jesus Cristo e da Santa Madre Igreja. Quiçá, o nobre fidalgo d. Lourival Brant não esteja ciente, mas a vossa herdeira confessou que se entregara corporeamente, ao prometido João Ernesto antes da cerimônia matrimonial, no açude da Fazenda Nossa Senhora do Bom Retiro. Diante desta prerrogativa demasiadamente incriminadora registrada em interrogatório por livre e espontânea vontade, Vossa Mercê há de concordar que se tornara evidente probabilidade de nascituro do rebento bastardo, d. Lourival Brant.

Abatido diante da extravagante revelação que agravara a situação da ré Laura Brant, o cavalariano retirou-se da presença do Dom Bispo, não sei antes pôr as cartas marcadas sobre balcão da negociata cristã.

— Aguardo a vossa visitação em minha propriedade, co'a pressa dos aflitos e a urgência dos desesperados, d. Arquimedes de Castro e Silva.

— Amém. — respondera o pontifical.

No segundo interrogatório que precedera a visitação do d. Luiz Manuel Arquimedes de Castro e Silva à Fazenda Nossa Senhora do Bom Retiro, o reverendo Braz Ramiro Buzzatti introduzira na cela da arguição os habituais utensílios de remissão utilizados em inquéritos jurídico-religiosos, tais como a coleira de tortura, o garfo dos hereges e a estaca de ferro do empalamento. Nesta ocasião, a ré Laura Brant Caldeira de Andrade fora posicionada sobre uma espécie de esteira de metal de bruços, a fim de que não mirasse o inquisidor Dom Bispo, enquanto fosse inquirida sobre a acusação de feitiçaria por práticas alquímicas. No aposento sem mobília, o vigário Buzzatti fora autorizado a presenciar a assembleia de cunho religioso-jurídico, como forma de intimidação imposta pelo régio interpelador do Santo Ofício da Inquisição, que se postara de pé diante da acusada despida em pele e osso, ainda que tibiamente se avultasse a saliência do bandulho emprenhado.

— Neste depoimento, peço que a ré Laura Brant se prontifique a cooperar co'o Supremo Tribunal Eclesiástico de Justiça do Santo Ofício da Inquisição, haja vista que o mais alarmante desta situação vem a ser que Vossa Mercê não sabe pronunciar o vocábulo 'perdão', embora o vosso progenitor d. Lourival Brant tenha se empenhado em vir até mim, co'as nítidas preocupações de paternidade, Sianinha Boneca.

— O perdão é o indulto da alma e não do corpo, soberano inquisidor.

— Por obséquio, confessa-me que, empós sepultamento do vosso prometido João Ernesto, a Sianinha Boneca se arrependera de ter se doado carnalmente antes da cerimônia matrimonial, uma vez que se tornara fêmea possuída por homem em clandestinidade lasciva e voluptuosa.

— Não posso ser considerada criminosa perante a mirada divina, conquanto o padre-visitador do Santo Ofício da Madre Igreja se predisponha a julgar-me por dádiva delituosa de Amor, tergiversando da acusação registrada nos autos do processo inquisitorial, de maneira que eu seja condenada não pelo crime que consta em denúncia difamatória; mas, sim, baseado no mais alto grau de humanidade, soberano inquisidor.

— Deus Pai Todo-Poderoso há de ser testemunha da ignomínia do espírito insolente da ré Laura Brant; no entanto, engranze coleira da remissão na interrogada, por obséquio, pe. Braz Ramiro. — preceituou Dom Bispo, sendo obedecido co'a imediatismo habitual. — A acusada Laura Brant, nos últimos tempos de encarceramento, está sentindo alguma espécie de transformação corpórea em razão do desenvolvimento do feto?

— A verdade é que o soberano inquisidor está interessado se eu engravidei do meu noivo João Ernesto, co'a obsessão de incriminar-me por crime de paixão, d. Arquimedes.

— Houve cópula do vosso prometido João Ernesto, em ocasião do ato sexual no açude da propriedade de família, Sianinha

Boneca? — cortou-a co'a agressividade peculiar de interrogador do Santo Ofício da Inquisição. — Conquanto a grave acusação sobre exercício das práticas alquímicas posta em assinatura pelo hebreu Nicolau das Pretas não seja condizente co'a relação amorosa vivenciada co'o João Ernesto, este Tribunal de Justiça da Madre Igreja precisa estar atento aos episódios particulares, que se arrolam ao inquérito, ré Laura Brant. Portanto, diga-me se o vosso filho originado em ventre prostituído pode agravar o grau de cumplicidade em associação clandestina; dessarte, tu saibas que a acusação contra Vossa Mercê pode vir a ser atenuada por autorização de arquivamento da devassa contra vossa pessoa, que, enfeitiçada pelo cristão-novo João Ernesto, cedera aos delitos delinquentes de devassidão e concupiscência em conjuração co'o Gioielliere Ebreo, o Alquimista.

— Se alguém fora enfeitiçado, decerto, não fora eu, Laura Brant, soberano inquisidor.

— Então confessas ser adepta dos sortilégios de feitiçaria, de modo que Vossa Mercê tenha crucial responsabilidade nesta morte estúpida do vosso prometido João Ernesto, Sianinha Boneca?

— O homicídio cometido fora cometido por um membro oficial da Madre Igreja, que assassinou o meu noivo João Ernesto por intermédio da chantagem moral exercida pelo pe. Braz Ramiro Buzzatti, que o assediou até a morte em cadafalso público.

— Blasfêmia. — defendeu-se vigário Buzzatti.

— Assassínio. — restituíra Laura Brant.

— Eu até posso compreender que a ré Laura Brant Caldeira de Andrade se encontre em estado de perturbação intelectual, co'a a situação de gravidez e o suicídio do ourives João Ernesto; porém, não posso admitir que a acusada se prevaleça das caluniosas acusações de homicídio contra a Santa Madre Igreja, p'ra se explicar o suicídio do alquimista joalheiro, nesta Vila de São

Roque do Paraty. Portanto, aviso-vos que se Vossa Mercê confessar que seduziu o vosso prometido João Ernesto há de pagar justo preço pelo suicídio do cristão-novo enforcado em patíbulo de figueira, ré Laura Brant. Ademais oremos p'ra que o espírito do cristão-novo João Ernesto Filgueiras dos Santos se aporte nos degraus da eternidade e atinja o Reino dos Céus, de modo que a sua ausência já tão sentida entre nós se aconchegue no mistério da vida eterna. Em nome do Pai, do Filho e do Espírito Santo... Amém. Enfim, cabe a seguinte indagação: o vosso noivo convertido tivera notícia de sua gravidez antes de atentar contra a própria existência, Sianinha Boneca?

— Difamação.

— Sem delongas, diga sim ou não, por obséquio.

Neste instante, a Sianinha Laura Brant desmaiara em razão da coleira de tortura, que oprimia a sua garganta co'os metais pontiagudos, de modo a perfurar-lhe a traqueia ofendida. Ao ter juízo do delíquio, o inquisidor-mor d. Arquimedes de Castro e Silva recomendou que o pe. Braz Ramiro retirasse o colar da remissão, reconduzindo-a ao cárcere da Cadeia Velha do Largo de Santa Rita. Neste átimo, o birrento vigário Buzzatti correspondeu à ordem de comando, ainda que orasse a Deus que o desmaio fosse fatal, de maneira que a expiração da Sianinha Boneca o livrasse da difamação reiterada da herdeira do altivo d. Lourival Brant, que, em poucas horas, recepcionaria o insubornável d. Arquimedes Castro e Silva, no salão nobre da casa-grande da Fazenda Nossa Senhora do Bom Retiro.

— De fato, a Cúria da Santa Igreja Madre necessitava da audiência co'o honorífico d. Lourival Brant, p'ra que se ouvisse a proposição do progenitor da Sianinha Boneca, de modo a se compreender melhor o que o senhor quis dizer quando se prontificou o fazer o possível pela absolvição de vossa herdeira Laura Brant, ré no processo movido pelo Tribunal de Justiça da Santa Inquisição. — iniciara-se Dom Bispo, empós degustação do café recém-coado.

— Disseram-me que o Santo Ofício da Madre Igreja inculpara a Sianinha Laura Brant por ter seduzido o seu prometido João Ernesto, a fim de que engravidasse, propositalmente, p'ra atormentá-lo co'a ameaça de denúncia por abuso da boa-fé, caso o ourives cristão-novo não se matrimoniasse em altar-mor de Matriz de Nossa Senhora dos Remédios. — interceptou-o d. Lourival Brant.

— Embora o inquérito seja mui bem guardado a sete chaves, não é mais segredo que a Sianinha Boneca confessara que houvesse seduzido o converso João Ernesto, meu sublime d. Lourival Brant. Não obstante, a cá estou de mui boa vontade, diante de vossa ilustríssima presença, de modo que sou de todo ouvido a vos escutar co'a atenção e cautela. Portanto, desembucha logo de uma hora e vez, porque, de antemão, já posso inclusive adiantar ao gentil-homem que a vossa legatária Laura Brant se comprometera por demasiado, ao isentar de culpabilidade o Gioielliere Ebreo de tê-la corrompido moralmente, no episódio do açude em que desaguara por água abaixo as castidades da Sianinha Boneca.

— Que o d. Arquimedes de Castro e Silva saiba que eu estou disposto a pôr em vossa nomeada a Fazenda Nossa Senhora do Bom Amparo, além de adequado quinhão em doze moedas d'ouro, contanto que o inquisidor-mor do Tribunal do Santo Ofício se compromenta, co'o juramento co'as mãos honestas sobre Antigo Testamento, a pô-la em absolvição perante denúncia difamatória, mal assinada pelo judeu usurário José Nicolau Pontes Filgueiras, o Nicolau das Pretas.

— Prezado d. Lourival Brant, salvo engano, Vossa Mercê está me propondo a posse da Fazenda Nossa Senhora do Bom Retiro, mais doze dinheiros em alusão ao Judas Iscariotes; no entretanto, em suma, saibais que, por vossa proposta dc contrafação ao Supremo Tribunal de Justiça Eclesiástica, mui possivelmente Vossa Mercê pode ser convidado a fazer companhia de cárcere a vossa herdeira Laura Brant, na Cadeia Velha do Largo de Santa Rita. — avisou-o o visitador-mor da Santa Inquisição.

Supostamente injuriado pela baixa oferta de gratificação, por tão valioso sinal de indulgência e liberalidade, o Dom Bispo ressalvou que, assazmente, prezava a propriedade rural detentora de engenho de cana-de-açúcar e lavoura; contudo, a dádiva do inexequível d. Lourival Brant era aquém do possível e do imaginável, de vez que jamais houvera de se lavrar escritura cartorial da Fazenda Nossa Senhora do Bom Retiro em nome da Santa Madre Igreja Católica e Apostólica Romana. Forjando indignação, o presbítero d. Arquimedes de Castro e Silva ensaiou retirar-se do salão nobre do solar, quando batera as vistas na negrinha Benedita que, mui discretamente, equilibrava a bandeja de prata co'as guloseimas preparadas p'ra visitação egrégio do epíscopo e insigne d. Luiz Manuel Arquimedes de Castro e Silva, o celebrizado Dom Bispo, que ancorara na Vila de São Roque do Paraty, co'a notoriedade outorgada de padre-visitador do Supremo Tribunal Eclesiástico de Justiça do Santo Ofício da Inquisição.

Não obstante, a úbere e frutuária escrava Benedita penetrou o ambiente solene, co'o intuito de depositar comes e bebes sobre mesa-tábula e ir se retirando discretamente, quando fora notada pelo apetitoso Dom Bispo, que pousara mirada nas carnes frescas da preta doméstica, encantando-se co'o que, à primeira vista, lobrigara em meio à negociação de absolvição de alforria da ré Laura Brant Caldeira de Andrade, a Sianinha Boneca.

— A Fazenda Nossa Senhora do Bom Retiro, mais doze dinheiros do Judas Iscariotes e a negrinha...

— Benedita. — antecipou-se dona Isabel Brant.

— E a negrinha Benedita. — decidiu d. Arquimedes Castro e Silva, satisfeito co'a resolução do acordo. — Não obstante, o distinto gentil-homem d. Lourival Brant precisará se livrar da propriedade rural e entregar o valor obtido em espécie, aos cuidados do meu braço direito em Matriz Nossa Senhora dos Remédios de Paraty, o reverendo Braz Ramiro Buzzatti, o Cura-Cão.

De adjacente, o nobre fidalgo d. Lourival Brant estendeu mão em aceno de concordância; e, no instante posterior, depositou ordem p'ra que a brejeira Benedita se arrumasse corpanzil, mala e cuia, de sorte que seguisse em direção ao arrabalde de São Roque do Paraty, em companhia do beatificado Dom Bispo, como entrada da transação judicial. No entanto, a negrinha Benedita só não supunha que fora negociada p'ra servir de montaria ao ancião licencioso e dissoluto do d. Arquimedes Castro e Silva, que a obrigaria a se sujeitar às taras reprimidas pelo fardo ajejuado do sacerdócio.

— De princípio, que Vossa Mercê deponha à disposição a negrinha Benedita e as doze moedas d'ouro; e, ademais, aguardemos até que a Fazenda Nossa Senhora do Bom Retiro seja comerciada por bom preço de mercado, p'ra envio de renda à capelinha de Nossa Senhora dos Remédios, d. Lourival Brant. — preceituou o religioso.

No emeio, o vigário Buzzatti, comboiado pelo oficial de sacristia Cego Miguel Andorinhas, refestelava-se da pele do torresmo e água ardente no Armazém dos Ciganos, quando o Dom Bispo desembarcou da carruagem em frente à ermida do Largo da Matriz, co'os alforjes recheados pelo vil metal e co'a negrita abnegada Benedita, que o ombreava co'a candura da inocência. O epíscopo d. Arquimedes de Castro e Silva, que não se dera pela presença dos asseclas, que palestravam co'o anojado taberneiro Lourenzo, inda mui lastimoso pela ausência de dona Pillar Diaz, que partira deixando-o ao deus-dará co'a contrariedade legada da Nhá Anunciação, estabelecida como mulher de má existência, na alcova desocupada pela marafona Alcina do Boqueirão, a Degolada.

— Ajudai-me, ó Benedita, co'o balaio de doces mimoseados por dona Isabel Brant, dadivosa senhora que me ofertara de mui grado as iguarias e acepipes produzidos pelo engenho de família. — solicitara ao encobrir alforje de moeda d'ouro.

— Mira que aquela fulô em brejeirice em companhia do Dom Bispo não há de ser a Benedita, irmã caçula da Alcina do Boqueirão, pe. Braz Ramiro? — observou Joaquim Libório.

— Non credo sia il impúbere negra escrava do d. Lourival Brant, a não ser que o estancieiro tenha doado em préstimo de adjutório de catre de alcova del libertino do Dom Bispo, que mui vincerà l'ebreo usuraio Nicolau das Pretas, em matéria de predileção por fêmea negra de coito, co'o defeito de cor e sangue infecto. — apasquinhara-se vigário Buzzatti.

Sem se dar pela presença do suposto adventício em disfarces de tropeiro, que o mirava de soslaio, mas que, de fato, era o próprio agiota foragido Nicolau das Pretas, que, depusera escritura da missiva-denúncia que inculpara o reverendo Braz Ramiro, em advento da aparição da Nossa Senhora de Chico Cristão, deflagrando-se em apedrejamento e martírio.

— É!?!... Quem co'o hay ferido, co'o ferro há de ser compungido... — misteriou-se Cego Miguel Andorinhas.

No interior da ermida, o arcebispo d. Arquimedes de Castro e Silva governara que a escrava Benedita lhe preparasse tina de banho e sabão, de modo que lhe retirasse, co'a água fervente da panela de ferro, a grossa poeira da estrada de três léguas entre a Fazenda Nossa Senhora do Bom Retiro e a Vila de São Roque do Paraty. Assim que cumpriu a ordem do senhor, o lúbrico Dom Bispo arrancou vestimenta de chita da crioulinha Benedita, submergindo-a na cuba de lavabo, de modo a ensaboá-la de corpo inteiro, co'a feracidade do predador.

— Tu hás de te mortificares ao se banhar de corpo inteiro c'um homem santo de minha estirpe e linhagem, negrinha Benedita? Larga mão de delongar esfregatório; e, dessarte, hás de prorrogar tempo de banho, de maneira a não se permitir desfrute de familiaridades higiênicas. — incentivara-a o indecoroso epíscopo Dom Bispo.

Momento subsequente, o d. Arquimedes de Castro e Silva alisava as partes íntimas da escrava co'o fulgor jovial e ininterrupto, que nem se apercebera da chegado do vigário Buzzatti e do sacristão Cego Miguel Andorinhas, que levara dedo de mão direita aos lábios em aceno de silêncio.

— O impudico do Dom Bispo não perdera tempo co'a irmã da Alcina do Boqueirão, que mal se achegou já fora passada nos garfos do demônio inquisidor-mor do Santo Ofício da Inquisição. — persignou-se, em sinal de admiração. — É!?!... Porém, a negrinha Benedita há de ter ciência do malfeito do d. Arquimedes co'a Alcina do Boqueirão, empós catre de alcova...

— Não posso imaginar que o Cego Miguel Andorinhas está tramando desagravo contra o Dom Bispo, de maneira que a negrinha Benedita se vingue em retaliação ao cruel homicídio da prostituta Alcina do Boqueirão. — ajuizou-o vigário Buzzatti.

— É!?!... Se a negrinha Benedita esgarça co'o Dom Bispo, era bem capaz de o vigário Buzzatti vir a ser até chamado a tomar as rédeas do inquérito eclesiástico contra a Sianinha Laura Brant, em substituição ao epíscopo trucidado por vingança de assassínio da negra prostituída.

Na manhã seguinte, quando a escrava esfregava em varredura o chão da sacristia, o Cego Miguel Andorinhas se aproximara da negrinha Benedita, co'o intuito de condolências pelo passamento de sua consanguínea etc. Neste instante, o ajudante de missa insistia em pêsames descabidos, até confiar à irmã da meretriz assassinada Alcina do Boqueirão, que o responsável pelo homicídio não fora o negrim Adílio Pindó, condenado ao patíbulo público, a fim de que se acobertasse judicialmente o instinto assassino do d. Arquimedes de Castro e Silva, que era possível que rescindisse em homicídio.

— Que a negra Benedita guardasse o punhal de prata do vigário Buzzatti mui bem homiziado, a fim de que, quando o Dom Bispo vier se apossar de vossamencê, se pagar co'a mesma moeda malfeito obrado contra vossa irmã Alcina do Boqueirão, em degolamento de alcova. — instruía o ladino sacristão; ao passo que lhe entregava o objeto cortante, quando o visitador do Santo Ofício despertara co'o apetite sexual afeito ao pecado da carne.

— Benedita!... Benedita!... Benedita!... — imputara-se o insaturável Dom Bispo, ao mesmo tempo em que o oficial de sacristia se retirava da cena do crime.

— Ai, Jesus!, que esse velho degenerado já acordou esfomeado de carne de negra!... — exclamou a escrava negra, ao ocultar o punhal entre as tetas em decote de vestido de chita.

— Benedita!... Benedita!... Benedita!... Onde estás que não me respondes aos apelos do coração, ó negra apetitosa e desaforada!?!...

— Eu limpava sacristia de capela em silênço, módi não despertar do sono pesado do Dom Bispo, que mal tivera tempo de descansar o espr'ito co'a tamanha labuta de libertinagem, como jamais avistei em macho branco sem batina ou crucifixo.

Ao ajeitá-la em posição de coito, a escrava Benedita questionava-se se teria coragem de desforra contra o sinistro Dom Bosco, responsável pela cobarde degolação da Alcina do Boqueirão, extirpada da existência por puro capricho do inquisidor malévolo e psicopata. Contudo, ao rasgar indumento da negrinha Benedita, o punhal de prata despencou das tetas enormes da escrava, surpreendendo-o co'o objeto de corte, que mui bem poderia indicar intenção de assassiná-lo à traição, supondo ter sido artimanha do d. Lourival Brant, mui interessado em aniquilar o inquisidor-mor do Santo Ofício da Madre Igreja, condutor do ajuizamento eclesiástico contra a Sianinha Boneca, que, decerto, seria condenada ao fogo-fátuo da Inquisição.

— Por ordem de quem tu carregaste entre os seios negros o punhal de prata assassino, Benedita? Tu foste norteada pelo vosso antigo proprietário, d. Lourival Brant, a me apunhalar, enquanto eu vos possuía em catre de sacristia da Matriz de Nossa Senhora dos Remédios? — arguiu Dom Bispo.

— Eu juro que não era vontade do d. Louvival Brant, porque for'é o bendito do Cego Miguel Andorinhas quem me entregou punhal de prata do vigário Buzzatti, empós má-nova da degolação pelo Dão Bispo da Alcina do Boqueirão... — hesitou Benedita.

— Então, tu me confessas que fora o auxiliar de sacristia Cego Miguel Andorinhas quem orquestrou assassínio que houvera de ser por desagravo pela degolação da negra Alcina do Boqueirão, cometido pelo pretozim Adílio Dagobé, já até condenado ao enforcamento em cadafalso público, Benedita? Decerto, aquele safado do ex-esmoleiro de pórtico de capela só pode de ter tramado assassínio em conspiração co'o pérfido e desleal pe. Braz Ramiro Buzzatti, co'o intento de me destituir do comando do inquérito jurídico-religioso, contra a Sianinha Laura Brant, no Tribunal do Santo Ofício da Vila de São Roque do Paraty. — confabulou d. Arquimedes Castro e Silva.

Ao deliberar ser de bom alvitre encarceramento do reverendo Braz Ramiro na Cadeia Velha do Largo de Santa Rita, acatando-se denúncia da ré Laura Brant Caldeira de Andrade, que depusera em juízo acusação sobre o fato de que pároco da Basílica Matriz de Nossa Senhora dos Remédios forjara incriminação das práticas alquímicas, por intermédio dos manuscritos assinados pelo hebreu capitalista Nicolau das Pretas, o que culminou no do cristão-novo João Ernesto Filgueiras dos Santos, diante da iminência de condenação pelo Supremo Tribunal Eclesiástico de Justiça do Santo Ofício da Inquisição.

Ao mesmo tempo em que instara que os dragões do reino arrastassem o prisioneiro, o Bispo d. Arquimedes de Castro e Silva projetou cumprir promessa de absolvição e soltura da Sianinha Boneca, conforme acordado co'o senhor de engenho, minas e fazenda, d. Lourival Brant Caldeira de Andrade, que ansiava pelo retorno ao Arraial de Santo Antônio do Tejuco das Diamantinas, na Capitania das Minas Gerais.

— Dragões, eu peço-vos que arremessem o criminoso pe. Braz Ramiro Buzzatti, na mais fétida e infecta masmorra da Cadeia Velha do Largo de Santa Rita, p'ra providencial acareação co'a acusada Laura Brant Caldeira de Andrade, a Sianinha Boneca!...

De prontidão, os dragões do reino acorrentaram o vigário Buzzatti, em algema de ferro por pés e mãos, transportando-o ao cárcere. Ato ulterior, o Dom Bispo convocou o ajudante de missa Cego Miguel Andorinhas, de sorte que fosse impetrado sobreaviso de restituição do antigo ofício de esmoleiro de pórtico de capela.

— Não compreendo como o ex-sacristão oficial de sacristia fora compactuar co'o tentamento de crime bárbaro, por perfídia e felonia contra mim, este homem santo d. Arquimedes de Castro e Silva, o Dom Bispo, confabulando co'o maquiavelista do reverendo Braz Ramiro, Cego Miguel Andorinhas.

— É!?!... Em verdade, for'é o vigário Buzzatti quem me obrigara a tramar homicídio do Dom Bispo, forçando-me a entregar punhal de prata de sua propriedade, empós revelação à negrinha Benedita sobre o responsável pelo degolamento da negra Alcina do Boqueirão, Dom Bispo.

— Por que acobertar delinquência brutal e hedionda em cumplicidade co'o reverendo Braz Ramiro, esmoleiro? Que Vossa Mercê ajunte vossos trapos e bagatelas, co'a máxima urgência; e se retire d'uma vez e hora da sacristia de Matriz de Nossa Senhora dos Remédios, de vez que, doravante, a função de auxiliar de missa se encontra vaga em aberto, temporariamente. — escorraçou-o d. Arquimedes, sem dar ouvidos aos apelos do sacripanta exilado.

— É!?!... Misericórdia!... Clemência!... É!?!... Clemência!... Misericórdia!... É!?!... — clamou o pedidor de esmola, que se alocara em sua morada de origem, dedilhando a viola tosca de arame do reino, a entoar a triste cantiga de moda, de nomeada luarejo.

No Supremo Tribunal Eclesiástico de Justiça do Santo Ofício da Inquisição, o d. Luiz Manuel Arquimedes de Castro e Silva ordenou que depusessem, respectivamente, um defronte ao outro, os réus Braz Ramiro Buzzatti e a Sianinha Laura Brant Caldeira de Andrade, co'as melenas rapadas e sem as vestes corpóreas, de modo que se despissem da aleivosia. A estratégia do epíscopo Dom Bispo era fragilizar o vigário Buzzatti, de maneira a condená-lo ao ardor da fogueira sacrossanta, a fim de que se purgassem delitos de calúnia e difamação, contra a legítima herdeira do aristocrático d. Lourival Brant, que acompanhava o interrogatório mútuo ao fundo do cômodo da Cadeia Velha do Largo de Santa Rita.

Do descobrimento da suspeita do homicídio do ourives João Ernesto até a data da acareação entre o pe. Braz Ramiro e a Sianinha Boneca decorreram-se trinta dias; não obstante, em arrebol de sétimo dia, o ex-sacristão Cego Miguel Andorinhas fora chamado a pedido do vigário Buzzatti, sigilosamente. Ao encostar orelha em janela de cárcere, o esmoleiro de pórtico de capela recebera incumbência de arranjar leal portador, que levasse missiva-denúncia em desfavor do d. Arquimedes de Castro e Silva, sob paga de gorda diária até São Sebastião do Rio de Janeiro. Por esta razão, quando se preparava p'ra iniciar o interrogatório, os dragões do reino o interceptaram co'a voz de prisão, fato este que não surpreendera o reverendo Braz Ramiro, que, co'o riso em canto de lábio, comemorava silenciosamente a justiça feita pela Cúria da Santa Madre Igreja, que decretara a detenção do epíscopo Dom Bispo, por crime de homicídio contra a vida da escrava Alcina do Boqueirão, degolada, a sangue-frio, pelo inquisidor-mor do Santo Ofício da Madre Igreja.

Acoplada à ordem de aprisionamento, fora inserida a deliberação de se substituir o arcebispo d. Luiz Manuel Arquimedes de Castro e Silva, o Dom Bispo, nomeando-se o reverendo Braz Ramiro como padre-visitador oficial da Santa Inquisição, ao mesmo tempo em que se dera a sua promoção ao arcebispado da Capitania de São Sebastião do Rio de Janeiro. Em sua primeira decisão, o cargo de auxiliar de sacristia fora restituído ao ex-esmoleiro Cego Miguel Andorinhas, que reassumira a função imediatamente. Quanto ao prelado Arquimedes de Castro e Silvia, a comitiva que chegara co'o ordenamento de ergástulo e nomeação retornara co'o ex-inquisidor-mor mui bem acorrentado, a sete chaves de ferro.

No tocante ao julgamento do Supremo Tribunal de Justiça da Madre Igreja, a Sianinha Laura Brant fora devolvida à condição de ré sem acareação, uma vez que, em detrimento da denúncia de homicídio contra o pe. Braz Ramiro Buzatti, acrescera-se a acusação de que o corrompido e desmoralizado Dom Bispo havia sido aliciado pelo apatacado d. Lourival Brant, por intermédio do acordo de desapropriação da Fazenda Nossa Senhora do Bom Retiro, além da oferenda da escrava Benedita e mais doze moedas d'ouro.

No documento acusatório, ressaltava-se que os bens móveis (negra escravizada/valor pecuniário); e imóveis (engenho) foram utilizados como comprovação das práticas viciosas cometidas pelo ex-arcebispo d. Arquimedes de Castro e Silva.

— Enforquem-me, por indulgência!... Enforquem-me, por absolvição!... — evocava Sianinha Boneca, ao ser arrastada ao calabouço, mediante impugnação do processo conduzido pelo Dom Bispo, condenado ao abjuramento p'ra averiguação jurídica de responsabilidade criminosa.

— Draghi, per favore, recolham a prisioneira Laura Brant in prigione, que, intanto, hei de examinar autos do processo sob acusação de práticas alquímicas desempenhadas pelo nuovo cristiano João Ernesto, em cumplicidade co'a ré alcunhada Sianinha Boneca, a fim de que se prossiga co'o interrogatório religioso-judicial ministrado pela Suprema Corte Ecclesiastica di Giustizia del Sant'Uffizio dell'Inquisizione. — proferira em seu primeiro ordenamento inquisitório o recém-empossado Braz Ramiro Buzzatti, o Presbítero-Cão.

Duas semanas empós assumir a função de Arcebispo da Capitania de São Sebastião do Rio de Janeiro e Inquisidor-mor do Santo Ofício, o glamoroso Braz Ramiro Buzzatti convocara interrogatório da ré Laura Brant Caldeira de Andrade, na Cadeia Velha do Largo de Santa Rita. No inquérito, o Presbítero-Cão corroborara a informação de que o d. Luiz Manuel Arquimedes de Castro e Silva atentara contra a própria vida, na cela do Mosteiro de Santo Antônio.

— Pois se houvera probo testemunho do d. Arquimedes de Castro e Silva, não há de haver equívoco quanto ao responsável do homicídio da prostituta Alcina do Boqueirão; porém, Vossa Reverendíssima d. Buzzatti não há de precisar mais rogar por minha legatária Sianinha Laura Brant, que eu hei de recorrer à Coroa Portuguesa e ao Vaticano, em razão das artimanhas, lábias e ardis auferidos, na Vila de São Roque do Paraty. — espavorizou-se d. Lourival Brant.

— Prima della scrittura ufficiale della lettera indirizzata alle autorità di Lisbona o di Roma, Vossa Mercê terá de responder pelo crime de corrupção, que impelira o Dom Bispo ao suicídio, proprio come i macabri incantesimi de vossa herdeira Sianinha Laura Brant induziram il nuovo cristiano João Ernesto per attentare alla propria vita, d. Lourival Brant. — explodira o epíscopo Braz Ramiro Buzzzatti.

— Dragões, por obséquio, prendam-no em masmorra, a pão e água!... — externou d. Buzzatti.

Os dragões do reino conduziram o exaurido d. Lourival Brant até o cárcere da Cadeia Velha do Largo de Santa Rita, ao passo que o Bispo Braz Ramiro Buzzatti dera início ao interrogatório da Sianinha Boneca, que, por ordem expressa do Presbítero-Cão, em ajuizamento portara-se mui bem vestida por grosso algodão, de modo que, veladamente, se condenasse a postura de lubricidade do Dom Bispo, perante Supremo Tribunal Eclesiástico da Santa Madre Igreja.

— E vós, Laura Brant, que testemunho podeis prestar em juízo, sul suicidio de vosso promctido João Ernesto Filgueiras dos Santos, poiché compare negli atti del processo giuridico-religioso, que o nuovo cristiano cognominado Joalheiro Judeu atentara contra própria existência em razão da Sianinha Boneca ter engravidado, empós relação sexual consumada antes das bodas de núpcias, no açude da Fattoria Nossa Senhora do Bom Retiro, que fora doada ao falecido Arquimedes de Castro e Silva, o Dom Bispo, insieme alla Benedita nera e altre dodici monete d'oro, em troca da absolvição da ré em depoimento? — controverteu-se d. Buzzatti.

— Afirmo que Vossa Excelência Reverendíssima Braz Ramiro Buzzatti deve de ter ciência de que eu jamais hei de proferir blasfêmia contra o meu falecido noivo João Ernesto, que fora ceifado da existência terrena através do homicídio praticado pelo Presbítero-Cão. — incriminou-o em reiteração de denúncia.

— Aviso-vos que ou a ré Laura Brant Caldeira de Andrade depõe confessione di colpa per il suicidio del convertito João Ernesto; ou a meretriz Sianinha Boneca deve de encomendar lo spirito agli inferi di Dante Alighiere, in compagnia del diavolo cornuto che si impossessa della tua anima bestemmiatrice e maledetta. Acompanhe-me em raciocínio, por obséquio, que a conduzirei ao passado pecaminoso da acusada que, acordo co'os autos do processo criminal, isentara il convertire l'impiccato dalla malizia alla responsabilità da perda de vossa castidade, Sianinha Laura Brant. Dessarte, eu peço que, em rememoração, Vossa Mercê se reporte ao episódio de sua entrega de inocência ao Gioielliere Ebreo, que antecedera a cerimonia nuziale impossibilitada pelo tragico esito della strage.

— Estás a acusar-me do crime de homicídio cometido por Vossa Excelência Reverendíssima Braz Ramiro Buzzatti, o Presbítero-Cão, quando, em verdade, como homem santo temente ao Deus Nosso Senhor Todo-Poderoso, o soberano inquisidor ainda há de remoer a vossa consciência dilacerada pela contrição do arrependimento, diante do assassínio do meu noivo João Ernesto, que fora forçado ao suicídio, mediante licenciosa chantagem moral, perpetrada por um ilegítimo representante da Santa Madre Igreja.

— Flagellare. — autorizou d. Buzzatti.

Ao azorragar a acusada Laura Brant impiedosamente, o oficial de sacristia Cego Miguel Andorinhas cumprira ordenação do bárbaro Braz Ramiro Buzzatti, que depós de quinze chibatas interrompera a sessão de intogatório e tortura.

— Mi scusi, que eu preciso jogar milho aos porcos. — despediu-se Presbítero-Cão.

Ao atravessar o pátio da matriz, o arcebispo Braz Ramiro Buzzatti quase tropeçou no judeu usurário Nicolau das Pretas, que lhe aguardava por reaver o investimento da encenação do suicídio forjado do ex-epíscopo Arquimedes de Castro e Silva, enforcado em sua cela do Convento de Santo Antônio, na Região Central de São Sebastião do Rio de Janeiro. O acordo pecuniário entre o Presbítero-Cão e o onzenário Nicolau das Pretas consistia em parte das moedas d'ouro do Dom Bispo, que foram negociadas co'o nobre fidalgo d. Lourival Brant, além de negrinha Benedita, que lhe pertenceria de fato e direito, desde que o d. Arquimedes de Castro e Silva fosse assassinado co'a perspicácia e maestria. Viso que o Dom Bispo homiziara quinhão de vil metal em aposento de ermida, co'a sua detenção não houve tempo hábil de recuperar a mercadoria embutida em canto de parede da Matriz de Nossa Senhora dos Remédios. Assim como o d. Arquimedes de Castro e Silva também não pudera declarar posse do cum-quibus ilícito das doze moedas d'ouro, as partes foram divididas em igualdade de condição entre o Presbítero-Cão e o avarento Nicolau das Pretas, sendo que o Cego Miguel Andorinhas abocanhara, de mui bom grado, duas frações do espólio concedido pelo abastado d. Lourival Brant, que, por sinal, fora aprisionado por solicitação do responsável pelo Santo Ofício da Inquisição.

— A presto, que logo irei convocá-lo p'ra riunione di liquidazione de dízimo maledetto. — desvirtuara-se d. Buzzatti.

— Quanto ao plano de execução do ex-arcebispo d. Arquimedes de Castro e Silva, o d. Buzzatti não se preocupe que a encomenda fora bem cumprida e mal paga, no entretanto. — infringira cobrança o avaro judengo Nicolau das Pretas.

— Cego Miguel Andorinhas, per favore, toma conta da ermida, que eu irei até a megazzino dos ciganos, de maneira a enxaguar goela e espírito co'o Nicolau das Pretas, p'ra nós combinarmos termine di pagamento del pegno dell'immagine del santo della Maddalena Perdonata ai Piedi di Cristo Signore.

— Não sejamos levianos, meu nobre d. Buzzatti, que o suicídio do Dom Bispo não há de ser desvendado nem pelo Papa, desde que a promissória seja ultimada sem pechincha de sermão de missa, em nome da graça de Deus Nosso Senhor Jesus de Nazaré. — garantiu Nicolau das Pretas.

Ao aportarem em balcão do Armazém dos Ciganos, o vendeiro Lourenzo Diaz, que não reconhecera o hebreu trânsfuga em disfarces de recoveiro, serviu-lhes torresmo de porco, pão e água ardente, sendo o primeiro prontamente rejeitado pelo sujeito de origem judaica.

— Se esse judeu avaroso Nicolau das Pretas sequer cogitasse que o tal 'suicídio' fora obrado por resolução do d. Braz Ramiro Buzzatti, quiçá até o Dom Bispo fosse canonizado em altar-mor de capela, por ter dado a vida em troca do martírio da desmoralização, orquestrada por quem lhe cobiçava posto e colocação eclesiástica. — insinuou-se o capitalista hebraico Nicolau das Pretas, ao enfatizar a inocência ultrajada do mártir católico.

— Porventura, vós acusais la Chiesa Igreja pelo suicídio do Dom Bispo, Nicolau das Pretas? — horrorizou-se Presbítero-Cão, pantomimicamente.

— Em juízo, se há de ser mero questionamento não deve de ser considerado como denúncia ou veredicto, pois que o ex-reverendo Braz Ramiro, decerto, se oporia à sumária execução do mui zeloso Arquimedes de Castro e Silva, o Dom Bispo. No entretanto, mesmo em se levantando hipótese de suposta autoria de homicídio, co'a comprovação do fato jurídico pode não se incorrer em perjúrio contra vossa ilustre e amedalhada persona, d. Buzzatti. — tranquilizou-o Nicolau das Pretas, em falsete.

Neste interregno, o sacristão Cego Miguel Andorinhas, perceptivo ao perigo iminente da presença do judengo Nicolau das Pretas, resolvera-se por procurar a cigana Nhá Anunciação em alcova de prostíbulo, co'o desígnio de delatar a chegada do seu abominável malfeitor à Vila de São Roque do Paraty. Denunciara-o; e, sutilmente, deixara escorregar o punhal de prata sobre a cômoda do cubículo de orgia e libertinagem.

— Porém, caso o 'suicídio' do Dom Bispo seja considerado obra do epíscopo d. Buzzatti, quiçá seja de bom alvitre o cumprimento da promessa de remuneração, por intermédio das quatro moedas d'ouro, além da negrinha Benedita, porque quem brinca co'a chama da fogueira da Santa Inquisição amanhece urinado em noite de São João, Presbítero-Cão. — locupletara-se o judengo intimidador, que sequer imaginaria que, no instante posterior, a camuflagem da indumentária de tropeiro seria perfurada pelo aço da desafronta e ira da fêmea desonrada que o apunhalara, por três ocasiões, atingindo-o em artéria aorta.

— Nhá Anunciação!... — admirou-se Lourenzo Diaz.

A prostituta ofendida paralisara-se em estado de choque, empós mirar o horrendo e o agonizante Nicolau das Pretas, que só então reconhecido pelo taberneiro cigano Lourenzo Diaz, que se mortificara diante da placidez da Nhá Anunciação, que, empós ação de homicídio, se esvaíra do local do crime vagarosamente, co'o punhal de prata ensanguentado, co'a honra abluída e conspurcada pelo desforço contra o algoz semítico.

— Aiutami Mio Dio Nostro Signore Gesù Cristo!... — estarreceu-se o cismado d. Buzzatti, desforçosamente.

As alvíssaras sobre o assassínio do hebreu capitalista Nicolau das Pretas pôs em polvorosa a Vila de São Roque do Paraty, que não sabia da missa o terço e sequer suspeitava de que o foragido hebraico tivesse retornado ao arrabalde em disfarces de tropeiro andarilho, logo empós o episódio do suicídio de dona Pillar Diaz, que se incendiara de corpo presente empós contrariedade familiar, no Armazém dos Ciganos. Neste exato momento, achegara-se o oficial de sacristia e porvindouro tesoureiro da paróquia de Nossa Senhora dos Remédios, Cego Miguel Andorinhas, que forjara admiração mediante cadáver fresco do cúmplice de outrora, que já não estertorava perante plateia assarapantada co'o disparate da Nhá Anunciação, logo capturada e conduzida pelos dragões do reino ao calabouço da Cadeia Velha do Largo de Santa Rita.

— Decerto, o l'omicidio doveva de ser cometido por me, vendeiro Lourenzo Diaz, caso eu reconhecesse o aleijão d'alma do Nicolau das Pretas, que, a esta altura, deve già bruciare nel fuoco fatuo del purgatorio. Quem pariu mantém Mateus e o embale!... Não obstante, há de ser preciso acoitar l'ebreo Nicolau das Pretas, por resguardo de abrigo, antes que os vermes se abanqueteiem della carcassa del defunto hebraico, em jazigo de cemitério. — reivindicara d. Buzzatti.

Empós derrubar cálice de vinho vulgar de cana-de-açúcar, o Presbítero-Cão pusera-se em direção à carceragem, de maneira que sorte que se desse prosseguimento ao interrogatório da ré Laura Brant Caldeira de Andrade, a Sianinha Boneca. Ao adentrar o pórtico da casa de correção, o arcebispo d. Buzzatti se deparou co'a presença do gentil-homem d. Lourival Brant, que, naquele momento, mui aferrado, estava sendo transferido p'ra Capitania de São Sebastião do Rio de Janeiro, a fim de que prestasse depoimento sobre a denúncia de crime de corrupção passiva, auferida ao falecido epíscopo d. Arquimedes de Castro e Silva, o Dom Bispo.

No pátio, encontrava-se a implicada Sianinha Boneca, co'as mãos alevantadas pelo cordel de roldanas que a sustentara atrozmente, no decorrer do interrogatório do Supremo Tribunal de Justiça do Santo Ofício da Inquisição.

— A ré Laura Brant Caldeira de Andrade, dezanove anos de idade, por nacionalidade a denominação de portuguesa do Brasil, tendo por filiação il nobile gentiluomo d. Lourival Brant Caldeira de Andrade; e Dona Isabel Soares Brant Caldeira de Andrade. Cabe ressalvar que a depoente, que também responde pela alcunha de Sinhá Boneca, prometida do cristão-novo João Ernesto Filgueiras dos Santos, ourives de ofício, che cosa si era suicidato alla vigilia della cerimonia di matrimonio, mediante acusação de práticas proibidas da alquimia, se compromete a dizer somente a verdade perante Corte Suprema di Giustizia Ecclesiastica del Sant'Uffizio dell'Inquisizione, sob os auspícios deste visitador-mor Bispo d. Braz Ramiro Buzzatti, aos 20 de agosto do ano corrente de 1675, nel villaggio di São Roque do Paraty, estremo sud del Capitanato di São Sebastião do Rio de Janeiro. — enunciou d. Buzzatti, co'o crucifixo em mãos sobre Antigo Testamento.

— Eu, ré Laura Brant Caldeira de Andrade, comprometo-me a dizer a mais pura verdade diante deste Supremo Tribunal de Justiça do Santo Ofício da Inquisição, diante do padre-visitador d. Braz Ramiro Buzzatti, o Presbítero-Cão.

— Por obséquio, peço respeito, ré Joana Brant. — corrigiu-a d. Buzzatti.

— Faço minhas as vossas palavras, quando Vossa Excelência Reverendíssima utilizou-se do epíteto Sianinha Boneca, ao se referir à minha pessoa, d. Buzzatti. — contrapôs-se.

No andamento do inquérito, o interrogante Bispo Braz Ramiro apoquentou-se co'a petulância da inquirida, que o afrontava co'a audácia dos mártires perante a alcoviteira da foice, que não a assombrava, quiçá, por convicção da derrocada. Como arguidor, o Presbítero-Cão, não obstante, se acautelava em sua explanação inquisitória, de modo que não perdesse a razão e descaísse no contratempo da mera reciprocidade de acusação. Por conseguinte, d. Buzzatti propôs que a declarante Laura Brant se restringisse a não contestar em sua prerrogativa de oposição à sindicância clerical, caso não pleiteasse o amordaçamento da navalha.

— Por que Vossa Mercê, nella sua precedente testimonianza aveva esonerato il neocristiano dalla colpevolezza della seduzione João Ernesto Filgueiras dos Santos, consoante se pode constar negli atti del processo inquisitorio, ré Laura Brant? E, de outra feita, o que vos permite afiançar co'a mais nítida convicção de que o vosso prometido non aveva alcuna responsabilità nell'avvento della perdita della tua innocenza infantile, Sianinha Boneca? Enfim, qual a vossa real intento testimoniale, ao assumir impegno di responsabilità, de sorte que não se comprometesse o convertido João Ernesto, que se suicidara às vésperas della cerimonia matrimoniale co'a Laura Brant Caldeira de Andrade, soprannominata Sposa di Satana?

— O meu noivo João Ernesto era trabalhador e de boa índole, fiel praticante das prédicas católicas da Santa Madre Igreja, portando-se como fiel praticante dos dogmas cristãos vigentes em Evangelho, sermão, homília e comunhão. Quanto à convicção referente à culpabilidade, eu confesso que fora eu quem incorrera em sedução ao forjar afogamento, ao passo que o meu prometido João Ernesto me carregasse nos seus braços de homem até a margem do açude, excitando-se diante do incondenável delito de Amor. — E empós o gesto de paixão, eu disse-lhe: Eu te amo, soberano inquisidor. — subjugou-o Sianinha Boneca.

— Cala-te, herege. Então, confessas que tu foste il principale responsabile dell'atto di dissolutezza senza parsimonia, em cumplicidade co'o Gioielliere Ebreo, às vésperas du cerimoniale religioso, ré Laura Brant Caldeira de Andrade? E mantenetela a digiuno fino alla prossima interpellanza ecclesiastica, draghi. — arrebatou a vergalho, retalhando-a.

Co'a declaração comovente, o padre-visitador d. Braz Ramiro se sobrepujara a não arrebentar o couro pecaminoso da ré Laura Brant, uma vez que o sangue lhe subira à face alva e sardenta, ruborizando-o. Ato contínuo, o d. Buzzatti requereu ao assistente de sessão que devolvesse a interrogada ao calabouço. Na cela da masmorra, a afadigada Sianinha Boneca se assustara co'a fisionomia fantasmagórica da cigana Nhá Anunciação em estado de silêncio profundo, mesmo que a tocasse em solidariedade. Ao constatar que ambas se encontravam pejadas pelo destino irônico, a prisioneira Laura Brant se afeiçoara ao calvário da filha de dona Pillar Diaz, que se prostituíra ao judeu Nicolau das Pretas não por necessidade de sobrevivência.

Posteriormente, desembestara em condição de meretrício, ao contrário de sua sina de paixão, que a impulsionara a ser considerada como marafona afora de bordel, em razão do seu instinto de fêmea que a libertara dos códigos vigentes de conduta moral. Não obstante, não era difícil advertir que ambas eram condenadas pelo jugo austero da mesma sociedade patriarcal e conservadora, visto que, por histórias e biografias distintas, eram tidas mulheres que se contrapuseram aos padrões de comportamento, que as debilitavam perante a opinião pública; e, sobretudo, diante do Tribunal de Justiça da Santa Madre Igreja.

Na concepção prelatícia, se uma mulher entregou-se a dinheiros ao judeu usurário Nicolau das Pretas; e, quiçá, arrependida pelo lapso de prostituição, o aniquilara a punhal de prata, a outra se dispôs ao desfrute pernicioso da carne por Amor co'o homem a quem deveria dar-se empós a cerimônia matrimonial. Por esta lógica da desinteligência, por conseguinte, a populaça originária da Vila de São Roque do Paraty tomou partido da cortesã Nhá Anunciação, em detrimento da Noiva de Satã que não tivera a hombridade do gesto cortante do aço, ao homicidiar o homem amado por intermédio de sortilégios de feitiçaria. O cortejo cego da discórdia se implantara em cada consciência ultrajada pelo desplante da Sianinha Boneca, que, ao afrontar a coletividade a partir d'um aceno de Amor, incidira no pecado capital mais ojerizado: a luxúria carnal, pois que "assim, façam morrer tudo o que pertence à natureza terrena: imoralidade sexual, impureza, paixão, desejos maus e a ganância, que é idolatria. É por causa dessas coisas que vem a ira de Deus sobre os que vivem na desobediência" (Colossenses, 3:5-6). Biblicamente, os habitantes do vilarejo partiram do pressuposto de que mais valia há de ter a Maria Madelena arrependida, do que a Afrodite templária e dadivosa, no Olímpio da Vila de São Roque do Paraty. Empós três sóis, o arcebispo d. Braz Ramiro Buzzatti reiniciara os procedimentos jurídico-religiosos em relação ao inquérito inquisitorial contra a a ré Laura Brant, que fora ejetada do cárcere co'o chamado do tesoureiro Cego Miguel Andorinhas, mui adaptado às funções de interrogatório e tortura do Tribunal da Santa Inquisição.

— Quando vós conhecestes l'ebreo convertito João Ernesto Filgueiras dos Santos, a ré Laura Brant Caldeira de Andrade antevira que o vosso prometido já o era homem feito, co'as feições agradáveis a una ragazza casalinga, bianca ed educata, de modo a excitá-la como fêmea em cio, Sianinha Boneca? De quando vem a ser la data del consenso della famiglia Brant Caldeira, p'ra que o ouvires de ofício, il Gioielliere Ebreo, tenha obtido permissão p'ra fazer a corte da Sianinha Boneca? — engranzou o visitador-mor d. Braz Ramiro Buzzatti.

— Vossa Excelência Reverendíssima d. Braz Ramiro Buzzatti se julga habilitado a enchafurdar o passado de outrem, associando os instintos de fêmea ao consentimento ao convívio familiar, co'a nítida intenção de se rebaixar os procedimentos morais do meu noivo João Ernesto, assassinando-o em segunda instância pelas mãos sanguinárias do Presbítero-Cão, que, versado em pederastia, atirou-me em face luxúria dos atos obscenos, em companhia do meu defunto prometido, empós seu passamento por cadafalso da humilhação, soberano inquisidor.

— Decerto, anche come il semitico suicida João Ernesto visitasse a ré Laura Brant, co'a frequência de quem se dimostrato in grado di contrarre matrimonio sotto l'egida cattolica, as prerrogativas do interrogatório se direcionam a vossa conduta dissimulada ante a invenção de afogamento, de modo per sedurre la vittima alla dissolutezza. Tuttavia, responda-me, per favore, o neocristiano João Ernesto era afeito aos Libri Sacri della Santa Madre Chiesa, Sianinha Boneca? — insuflara-a d. Buzzatti, dialético e efusivo.

— Na maior parte do tempo, o meu noivo João Ernesto era um homem dedicado à labuta da oficina de ourivessaria, resguardando o seu tempo escasso p'ra que fosse à missa aos domingos conosco, soberano inquisidor. — elucidou Sianinha Boneca.

— Credo che l'ebraico suicidado era un uomo avvezzo agli affari della ricchezza materiale através das práticas de alquimia, sotto la copertura del sostegno familiare, que houvera de ser formada co'a ré Laura Brant, a Noiva de Satã. Aliás, qual era o quinhão do dote conjugal da herdeira do apatacado d. Lourival Brant Caldeira de Andrade? Quiçá, a próspera propriedade de nomeada Fattoria Nossa Senhora do Bom Retiro, que fora doada ao finado Dom Bispo, nella corruzione pelo indulto de clemência della Suprema Corte Ecclesiastica di Giustizia del Sant'Uffizio dell'Inquisizione. Infine, Vossa Mercê faz ideia do que seja a prática luciférica da alquimia, Laura Brant?

— Eu desconheço o que seja tido como dote conjugal acordado co'o meu progenitor d. Lourival Brant, assim como não tenho ideia do que se trata quando Vossa Revenrendíssima d. Braz Ramiro Buzzatti me indaga sobre o exercício da alquimia ou dos sortilégios de feitiçaria.

— Perché sappi che l'alchimia è l'elisir del diavolo, que consiste n'um metodo medievale di trasmutazione di sostanze dai metalli inferiori in pietre preziose, mais especificamente em ouro... Porventura, a ré Laura Brant poderia afirmar se o Gioielliere Ebreo teria conhecimento de leitura do livro proibido Mallevs Maleficarvm, traduzido do Latim como O Martelo das Bruxas.

— Até onde eu sei, o meu noivo João Ernesto não possuía grau de compreensão em leitura co'a precisão necessária p'ro domínio do idioma português, exceto na abrangência dos excertos bíblicos soletrados comigo em sarau de religiosidade.

— Bene, julgo io que, por hoje, o interrogatório se finda; no entretanto, a ré Joana Brant Caldeira de Andrade está terminantemente impossibilitada de se relacionar co'a gipsy Anunciação Diaz, em intimidade dall'Antico Carcere di Largo de Santa Rita

Na sacristia da matriz, o auxiliar de tesouraria Cego Miguel Andorinhas solicitava assinatura de documentação do prelatício Braz Ramiro Buzzatti, referente à herança da negrinha Benedita que, empós a morte do judeu usurário Nicolau das Pretas, descaíra em orfandade. Oportunista, o antigo esmoleiro de pórtico de capela reivindicara a posse da escrava, como uma espécie de recompensa pelo trabalho sujo de levar até Nhá Anunciação a má-nova do aparecimento do hebreu sacripanta, ocasionando a vingança da honra da primogênita do taberneiro Lourenzo Diaz.

O complacente Presbítero-Cão reconheceu a importância da denúncia, sobretudo pelo livramento de sua dívida co'o Nicolau das Pretas, o que inclusive lhe fizera conceder mais uma moeda d'ouro ao oficial de sacristia, o que somaria ¼ do espólio herdado do morto e enterrado ex-arcebispo de São Sebastião do Rio de Janeiro, d. Luiz Manuel Arquimedes Castro e Silva, o Dom Bispo. Em verdade, o que o epíscopo Braz Ramiro Buzzatti aspirava era ao encerramento do inquérito movido contra a Sianinha Laura Brant, de sorte que não mais convivesse co'a figura melévola do Cego Miguel Andorinhas, que prejudicava a sua história de religiosidade e eucaristia. Assim sendo, o Presbítero-Cão objetivava eliminar de seu caminho o antigo ajudante de missa antes do ajuizamento da herdeira do fidalgo d. Lourival Brant, que fora deportado p'ra Lisboa co'a coibição de retorno ao Brasil, em condenação por corromper um alto funcionário da ordem religiosa, a dinheiros (12 moedas d'ouro), mercadoria (escrava Benedita) e propriedade (Fazenda Nossa Senhora do Bom Retiro), co'a ordenamento expresso de "jamais pôr as vossas patas de curupira em território brasílico". Conquanto não houvesse se resolvido como executar a proscrição do fiel escudeiro Cego Miguel Andorinhas, que guardava segredo de alto valor propício à chantagem, o d. Buzzatti intuíra que a mais promissora possibilidade de extermínio adviria da negrinha Benedita, que, por muito pouco, não fora jugulada à condenação por homicídio contra Dom Bispo, por obra de praticidade do maniqueísmo exercido pelo ex-esmoleiro de pórtico de ermida de Nossa Senhora dos Remédios, que, neste instante, recebia das mãos sacrossantas do epíscopo Braz Ramiro o registro documental de posse da negra escravizada, que, enfim, vingaria a morte de sua consanguínea Alcina do Boqueirão, a Degolada.

— Ebbene, suggerisco al tesoriere del Sant'Uffizio dell'Inquisizione, Vossa Eminência Cego Miguel Andorinhas, o mui resguardo do manuscrito de possessão, pois que, quiçá, a três moedas d'ouro herdadas do Dom Bispo non hanno più valore degli attributi fisici della schiava Benedita. — aconselhara-o d. Buzzatti.

Empós entrega da documentação de escravatura, o Presbítero-Cão solicitou que o ex-ajudante de missa fosse até Armazém dos Ciganos, p'ra se encomendar o desjejum habitual: pão, carne de porco, torresmo e água ardente. Ao se aperceber da ausência do cúmplice, o Bispo Braz Ramiro se aproximou da negrinha Benedita, co'o desígnio de certificação sobre o fato de se estar habilitada a acabar co'a raça do vil e abjeto comparte, que se tornara adversário; quiçá, inimigo de crime de sangue.

— La ragazza Benedita já se dera conta que há de cuidar do Cego Miguel Andorinhas, co'a dedicação redobrada a causa della scarsa vista cronica del poveretto, que melhor houvera de estar em paraíso celeste, se non fosse per la tua natura criminale, que quase põe a perder 'vossuncê' co'a falsa accusa di omicidio contro il venerante Dom Bispo, que jamais encostar um dedo mindinho em sua consanguínea Alcina do Boqueirão, que, de fato, fora degolada pelo preto Adílio Pindó que, empós atto criminale, in fuga, ha rubato risparmi pecuniari dalla branda dell'alcova.

— Por que razão o Cego Miguel Andorinhas iria querer inculpar o Dom Bispo pelo trucidamento de mi'a finada irmã Alcina do Boqueirão, Dão Buzzatti? — intrigara-se Benedita.

— Ragazza, de nada adiantaria se 'vossuncê' fosse denunciá-lo a esta altura de terço e rosário, pois il gesto criminale a danno della vita do Dom Bispo não fora cometido, porque Dio scrive bene in righe storte, Benedita. — açodara-a d. Braz Ramiro Buzzatti. — Porém, se o d. Arquimedes não descobrisse punhal de prata entre tetas de 'vossuncê', era bem capaz da apunhalação embasada em calúnia lhe condenasse ao patíbulo pubblico di questo villaggio di São Roque do Paraty. Nota che c'è una ragione di sobra p'ro caolho blasfemador ter aventado invencionice contra Dom Bispo, por ser mui engenhoso em cobiça e ganância, negra. Mira que eu não devia nem de estar explanando a 'vossuncê', mas o famigerado pedidor de esmola confidenciou em confessionário, que incitara 'suncê' ao homicídio do d. Arquimedes, porque aspirava a que eu, vigário Buzzatti, substituísse Dom Bispo nell'arcivescovado di São Sebastião do Rio Janeiro; e ele, Cego Miguel Andorinhas, fosse eleito tesoureiro do Santo Ofício da Inquisição, na Vila de Nossa Senhora de Paraty.

— Maldito seja o esmoleiro diabólico!... — praguejou Benedita.

Ao semear cizânia e discrepância, o prenotado d. Braz Ramiro Buzzatti mordera e assoprara, ao ressaltar que, doravante, a escrava Benedita houvera de dever obediência ao Cego Miguel Andorinhas, que, empós conseguir a promoção da categoria de ofício, ainda herdou em testamento despojo de três moedas d'ouro.

— Em caso di insospettata per morte naturale, eu mesmo me comprometo a agilizar carta de alforria e quinhão d'ouro p'ra 'vossuncê', que há de se tornar a única legatária dello sfortunato tesoriere, negra Benedita.

— Será que o Dão Buzzatti não seria mui conhecedor d'algum antídoto de passamento natural, módi que eu possa se me apossar de moeda d'ouro e epístola d'alforria, co'o passamento do oficial de missa Cego Miguel Andorinhas... — cobiçou a preta cativa, ávida por libertação e abastança, ao forçar intimidade de aconselhamento.

— Quem co'o punhal de prata fere, co'a prata do punhal será ferido, negra. Posso até ter me olvidado da fórmula de natural passamento; sebenne, o que, de fato e direito, alforriaria a negrinha Benedita, quiçá, co'a scusa il gioco di parole, fosse mais ajuizado se dar nó cego de marinheiro em chave de cadeira atado co'as pernas grossas de 'vossuncê' até quebra de pescoço do Cego Miguel Andorinhas, por intermédio de libertinagem mui regada a cupidigia, vendetta e cachaça.

Ao retornar do empório de secos e molhados, o d. Braz Ramiro Buzzatti enclausurou-se em cela de refeição, apto ao banquete matinal de carne de porco, pão e água ardente, deixando-os, a sós, em contubérnios e camaradagens de catre e alcova. Conforme planejado, a negrinha Benedita excitara-o ao ato de lascívia e concupiscência, conduzindo-o até ao aposento da sacristia, de modo que o espicaçado o ex-esmoleiro Cego Miguel Andorinhas ao êxtase pré-coito, visto que a escrava sediciosa o enlaçara, qual serpente do mal, sufocando-a até a morte por asfixia instantânea.

— D. Buzzatti!... D. Buzzatti!... D. Buzzatti!... — despingolou, aos berros, Benedita, ao notar que a vítima havia expirado, empós ápice de gozo e luxúria.

De sobressalto, o arcebispo d. Braz Ramiro se assombrara co'a pujança e eficiência da fórmula do veneno que a negra escravizada Benedita pusera em cálice de licor da terra. Destarte, o Presbítero-Cão, jubiloso e exultante co'o desenlace da ação criminosa, que o livrara do traste do antigo pedidor de esmola de pórtico de capela, silenciado ad aeternum, ao se deparar co'o defunfo fresco do Cego Miguel Andorinhas, providenciou velório e funeral, que acompanhara co'o afinco designado ao oficial representante da Santa Madre Igreja.

No instante imediato, o temperante d. Buzzatti se direcionou ao balcão-mor do Armazém dos Ciganos, co'o propósito de que se refrescasse co'o abençoado vinho vulgar de cana-de-açúcar, angustiado pela ausência do fiel escudeiro, traído pelo coração enamorado de manteiga.

— Diz que a causa mortis for'é ataque cardíaco fulminoso, empós coito de alucinação mediante carne negra da escrava Benedita, em cela de sacristia de ermida de Nossa Senhora dos Remédios!... — abjurava Joaquim Libório.

A negrinha Benedita, que depós incidente de catre e alcova, de logo fora encaminhada até a Cadeia Velha do Largo de Santa Rita, utilizou-se da fidedignidade de álibi do d. Braz Ramiro, que, espontaneamente, se prontificara a ratificar versão deposta em juízo, livrando-a da acusação de homicídio. Empós prestação de depoimento, a interrogada Benedita esbarrou co'a encarcerada Laura Brant, não se eximindo de reparar no abatimento da sua antiga Sianinha Boneca, mui debilitada em estado de gravidez.

Nesta ocasião, a solícita Benedita tentou alentá-la co'a vã promessa de que intercederia a seu favor co'o ríspido d. Buzzatti, haja vista que 'inté', quiçá, já havia conseguido um trunfo significativo p'ra se arrogar ao jogo da vida. Na sacristia da ermida, a ingênua crioula se atrevera a propor negociação ao acirrado d. Buzzatti, no tocante à recompensa das três moedas d'ouro da herança, além da abnegação de sua própria alforria e da cumplicidade de silenciamento sobre homicídio do esmoleiro Cego Miguel Andorinhas, em troca da absolvição da ré Laura Brant Caldeira de Andrade.

— Quindi questo significa che la tua proposição de escambo vem a ser a remissão da Sianinha Boneca, sostituendo le tre monete d'oro ereditate del Caolho Infartado e de vossa carta de alforria, além da incriminação di omicidio commesso pela própria negrinha Benedita? — alegou o epíscopo d. Buzzatti, co'o intuito de ganhar tempo de reflexão. — Tenendo conto che que a 'vossuncê' se tornara sagaz chantagista, eu posso assegurar que, caso aceite a usurpação exercida, nella prossima occasione a negra escrava há de vir me esbulhar co'outra reivindicação de ordem pecuniária, in un pozzo senza fondo di estorsioni e saccheggi.

— Se o Presbísto-Cão não depor assinatura de absolvição da Sianinha Laura Brant, prometo que eu confesso assassinato do Cego Miguel Andorinha; aporém, por encomendação do d. Buzzatti... — cafangou Benedita.

— D'ora in poi, a negrinha Benedita há de ficar sem pataca d'ouro e alforria; e, em troca, ao invés da absolvição da Sianinha Boneca, a escrava desaforada sarà punito per la perdita della visão, assim como Cego Miguel Andorinhas, co'a diferença que 'vossuncê' há de ser trancafiada in una cella di clausura, sem direito de ir e vir p'ra além della Chiesa di Nostra Signora dei Rimedi. — castigou-a, ao arrancar-lhe as córneas negras, co'o punhal de prata que repousara em tetas estupendas, na circunstância do ato falho do assassínio do epíscopo Luiz Manuel Arquimedes de Castro e Silva, o Dom Bispo.

No interrogatório da ré Laura Brant Caldeira de Andrade, o inquisidor-mor do Supremo Tribunal Eclesiástico de Justiça do Santo Ofício da Inquisição, d. Braz Ramiro Buzzatti, se utilizou dos instrumentos de tortura, co'o nítido objetivo de intimidação contra a Sianinha Boneca, que ainda há pouco tempo se despedira da cigana Anunciação Lourenzo Diaz, que fora condenada ao enforcamento pelo homicídio do judeu usurário Nicanor das Pretas, empós ter dado à luz a uma criança esbelta e chorosa.

— Crucifiquem-me, fariseus luciféricos!... — bradou Nhá Anunciação, ao ser arrastada ao cadafalso defronte da Igreja de Nossa Senhora do Rosário dos Homens Pretos e de São Benedito.

Na sindicância clerical, o padre-visitador do Santo Ofício refizera a indagação sobre a experiência alquímica vivenciada pelo cristão-novo João Ernesto Filgueiras dos Santos, em cumplicidade co'a periculosa Noiva de Satã, que irrompera em prantos ocasionados por exaustão física e psicológica.

— Eu não posso ceder diante d'uma acusação aviltante e caluniosa, forjada pelo ciúme despeitoso d'um pederasta inveterado como Vossa Excelência Reverendíssima Presbítero-Cão, que fora flagrado em libertinagem de orgia, por mim e pelo meu desterrado progenitor, d. Lourival Brant Caldeira de Andrade, co'o o negrim Adílio Pindó, na data do homicídio de meu noivo João Ernesto, que se enforcara mediante chantagem moral, que se baseava em passado de obscuridade indecorosa, segundo admissão do próprio d. Buzzatti.

— L'accusato Sianinha Boneca então há de admitir firma que o vosso prometido João Ernesto, o Gioielliere Ebreo, confessara passato di sconveniente oscurità, o que o levara ao suicídio em cadafalso, às vésperas da unione matrimoniale, sull'altare maggiore della Chiesa Madre di Nostra Signora dei Rimedi du Paraty? — acuara-a d. Buzzatti, ao incriminá-lo em controvérsia de admissão da pederastia.

— Vossa Excelência Reverendíssima há de negar que confessou a nós que o meu prometido João Ernesto se suicidou em razão do passado de pederastia co'o reverendo Braz Ramiro Buzzatti, na ocasião em que nós o flagramos de bruços co'as vestes clericais alevantadas, sob o pretuzim Adílio Dagobé, que, posteriormente, fora condenado ao patíbulo público, por circunstâncias abstrusas da degolação da meretriz Alcina do Boqueirão, em alcova de prostíbulo.

O nefando d. Buzzati se apossara do instrumento de martírio denominado Berlinda, que consistia n'um castigo por intermédio d'uma placa de madeira, na qual a vítima era presa pelos braços e pescoço, limitando a sua mobilidade integralmente.

Contudo, não satisfeito co'a mera estagnação da acusada Laura Brant, o inquisidor-mor do Santo Ofício da Madre Igreja pisoteara a sua cabeça, esmagando-a até obrigá-la a pôr a língua p'ra fora da boca, ao mesmo tempo em que a decepava cruelmente, co'o mesmo punhal de prata que amputou as córneas da escrava Benedita, execrada à reclusão do claustro em Basílica Matriz de Nossa Senhora dos Remédios de Paraty.

— Ora Vostra Grazia riposerà in pace, até que se estanque a hemorragia, porque amanhã a Sianinha Boneca irá firma sulla dichiarazione di colpevolezza pelo exercício da alquimia, em respeito aos sacramentos cristãos impostos dalla Suprema Corte Ecclesiastica di Giustizia del Sant'Uffizio dell'Inquisizione, que será enviada a São Sebastião di Rio de Janeiro; e poi a Lisbona, in Portogallo, aos auspícios dos superiores hierárquicos della Chiesa Madre Cattolica e Apostolica Romana. — oficiara o Presbítero-Cão, ao enfiar-lhe estopa em ferimento, empapando-a de sangue e ignomínia.

No entreposto de secos e molhados, o fleumático d. Buzzatti degustava o seu último trago do aperitivo, quando fora indagado pelo vendeiro Lourenzo Diaz, a respeito da tragédia que se abatera sobre a Sianinha Laura Brant, que decepera a própria língua em ato de automutilação, de modo a, intencionalmente, não reconhecer culpabilidade perante Tribunal da Santa Inquisição. Em seguida ao questionamento, o taberneiro explicitou que o acendedor de lampiões Joaquim Libório penetrara a mercearia co'a notícia da amputação da Sianinha Boneca, logo empós o enforcamento da Nhá Anunciação em praça pública, que ele, Bernardo Lourenzo Diaz, optara por não acompanhar por sentir-se receoso de não suportar outro óbito em sua realidade doméstica. Desde o suicídio de dona Pillar Diaz, mediante ação de meretrício da Nhá Anunciação co'o judeu usurário Nicolau das Pretas, o comerciante ibérico não era mais o mesmo homem forte e decidido de outrora, que encarava desdita e infortúnio sem pusilanimidade, desafiando-os co'os punhos cerrados e de cabeça erguida, diante dos obstáculos da existência. Desta feita, desde o incêndio corpóreo de sua cordata esposa e companheira e do assassínio do hebreu Nicolau das Pretas perpetrado por Nhá Anunciação, o bodegueiro concentrava-se em sua labuta cotidiana, quase sem se dar conta do que se passava ao redor da mercearia. Contudo, a boataria sobre a dissipação da língua de Laura Brant o removera do torpor particular, que o consumia, vagarosamente, até os sete palmos de sepultura.

Por este motivo, o vendeiro cigano intentou perguntar ao Presbítero-Cão sobre a tragédia que se abatera sobre a Sianinha Boneca, que, já um tanto embriagado por cálice de licor de cana-de-açúcar, se encontrava neste estado de imperceptibilidade e eloquência, verborragicamente.

— Confesso che non immaginavo nessuna possibilità da decepação linguística por parte da acusada Laura Brant, que, mesmo emprenhada pelo Gioielliere Ebreo, se arvorou a all'automutilazione, decerto p'ra se forjar evidência de martirio o santità, quiçá. — disse d. Braz Ramiro Buzzatti. — Sebenne, io continuo a afirmar que, nada obstante, quem carrega consigo alcunha da Noiva de Satã jamais há de se redimir davanti all'intransigenza della devozione dei parrocchiani, já de pé atrás co'o surgimento de imagem de santo dall'apparizione della Madonna di Chico Cristiano.

— O d. Buzzatti está querendo dizer então que, se a Sianinha Laura Brant pretende pleitear postulado de canonização, pode ir tirando burrico baio da chuva que o povaréu não há de cair mais em esparrela de invenção de santidade, porque, se gato escaldado tem medo de água fria, fiel ludibriado não faz promessa à revelia!... — insuflara-se Joaquim Libório.

O caiçara Joaquim Libório se aproveitou da ebriedade do Presbítero-Cão, p'ra enganjar solicitação de labuta como oficial de sacristia da Matriz de Nossa Senhora dos Remédios, em lugar do já saudoso Cego Miguel Andorinhas, que Deus o tenha em paz de espírito.

— Pois se o mestiço-caiçara Joaquim Libório der conta de accendere una lampada e spegnere una candela di cera, nós estamos combinados em contratação de ofício; sebenne, mais p'ra adiante havemos de acertar ordenado dell'assistente alla messa e della sacrestia.

No inquérito, o categórico d. Braz Ramiro Buzzatti entregou o manuscrito co'a confissão de culpabilidade, a fim de que a ré Laura Brant assinasse responsabilidade em sortilégios de feitiçaria; nada obstante, a acusada Sianinha Boneca se recusara a subscrever rubrica em documentação homologada pelo Santo Ofício da Inquisição. Tal negativa obrigou o padre-visitador d. Braz Ramiro a amputar a punhal de prata os dez dedos das mãos da interrogada, impossibilitando-a da oralidade e da escritura. Empós sessão de admoestação objurgatória, quando o oficial de missa Joaquim Libório se preparava p'ra começar a sua labuta de sacristia quase tropeçou n'uma figura mal-encarada e maltrapilha, que por necessidade encostara desamparo de fadiga em pórtico de capela outrora pertencido ao tocador de viola e realejo, o Cego Miguel Andorinhas. Ao não desaperceber de que se tratava de nada mais nada menos do que um andarilho mendicante sem eira nem beira, que aportara em Nossa Senhora dos Remédios de Paraty, o caiçara comedor de hóstia recém-empossado, piedosamente, se aproximou do pobre coitado co'o aspecto de ermitão peregrino e perguntou-lhe graça e sina.

Quando respondera que se nomeava Aristides, por célere adjacência o ajudante de sacristia Joaquim Libório o alcunhou de Profeta, quiçá em razão da imensa barba embranquecida, que o impelia a tal patamar no imaginário coletivo vigorante em território humano. Dessarte, o vagamundo Aristides Profeta fora acolhido em processo natural de substituição social, visto como cada lugarejo exige que haja em sua pirâmide imaginária, simultaneamente: um mártir e um trovador.

— Seja mui bem-vindo Aristides Profeta, que o canto de capela andava mui ressentido da presença do Cego Miguel Andorinhas, que partira sem dizer adeus, por conta d'uma insensatez de intimidades co'a negrinha Benedita, herdada pelo d. Buzzatti em testamento espontâneo de propriedade, que, por inconformismo pelo óbito, em própria castigação, se acegara enclausurar-se em cela de ermida. — inventariou Joaquim Libório.

O viandante Aristides Profeta confessara ao assistente de missa e sermão que estava faminto e sedento, de maneira que qualquer naco de pão e gota d'água o aliviaria da penúria. Como o caboclo Joaquim Libório tinha bom coração e retornava co'o fartel do d. Braz Ramiro do Armazém dos Ciganos, que o aguardava co'a sede de água ardente habitual, resolvera-se, sem hesitação por represália, ofereceu-lhe refeição de carne de porco, pão e cachaça, ainda que imaginasse a reação do d. Buzzatti quando descobrisse que o samaritano caiçara prestara boa ação co'a ceia física e espiritual de outrem.

— Decerto, o errático viajeiro Aristides Profeta seja até incriminado pelo delito cometido de derrubar cálice de vinho vulgar de cana-de-açúcar; porém, a Bíblia manda dar de comer a quem tem fome e de beber a quem tem sede, sem avareza ou mesquinharia. — evangelhizou-se Joaquim Libório, quando o Presbítero-Cão o surpreendera co'a boca em botija de altruísmo, empós pregação de longanimidade.

— Per caso, o obsequiador Joaquim Libório esteja insinuando che pane e acqua ardente siano offerti a coloro che hanno fame e sete, por gracejo de generosidade co'o que não seja de vossa propriedade e domínio?

O andarilho Aristides Profeta se empalidecera co'a vinda abrupta e inesperada do d. Braz Ramiro Buzzatti, que testemunhara a sua avidez de apetite diante da alimentação ofertada por Joaquim Libório. Conquanto não tivesse tocado no pote de água ardente, o que, de fato, o absolveu perante juízo do Presbítero-Cão, que o autorizou a residir em portal de capela, desde que não se aventasse a alvitre de arranjo religioso de imagem de santo ou ressurreição, em altar-mor de Matriz de Nossa Senhora dos Remédios.

— Que Deus Nosso Senhor Jesus de Nazaré me perdoe pela ansiedade faminta; e que muito lhe agrace pela acolhida generosa e magnânima, d. Buzzatti. — designou-se o forasteiro, afeito ao passa-fora usual da situação, haja vista a ação cada vez mais rara de solidariedade, co'o próximo em estado de carestia e miséria.

— Consiglio solo cautela all'inquilino co'a stratagemma di sopravvivenza, que o infortúnio que desgraçara o ladino Cego Miguel Andorinhas fora pôr cobiça onde não estava ao alcance di mani ambiziose...

— Imaginava que o antigo esmoleiro se infortunara em razão da má companhia da negrinha Benedita, d. Buzzatti. — interferiu Joaquim Libório, acintosamente.

— In questo caso specifico, a desgraça do pedidor de esmola nomeado tesoureiro fora per mettere le mani infuocate sulle magnifiche ed enormi tette della negra Benedita per dissolutezza, Joaquim Libório. E não se demora a ir buscar outra refeição co'o vendeiro cigano do armazém, já que tu ofertaste a hóstia sagrada a quem de direito, pleiteando credibilidade celeste co'o cibo di sopravvivenza di altre persone.

Os tempos se comboiaram arrastadamente, co'a boiada do arraial distraído co'a oração e maledicências, até que se dera a data do julgamento da ré Laura Brant Caldeira de Andrade, sob os auspícios do epíscopo d. Braz Ramiro Buzzatti, padre-visitador do Supremo Tribunal Eclesiástico de Justiça do Santo Ofício da Inquisição da Madre Igreja Católica e Apostólica Romana.

— In questo giudizio espresso dal Visitazioni Diocesane dei Devassa della Corte Ecclesiastica di Giustizia del Sant'Uffizio dell'Inchiesta, nel Capitanato di São Sebastião do Rio de Janeiro, os autos do processo prelatício arrolados sobre o caso da ré Laura Brant Caldeira de Andrade, 17 anos, solteira, tendo por filiação d. Lourival Brant Caldeira de Andrade; e dona

Isabel Soares Brant Caldeira de Andrade, acusada por homcídio contra João Ernesto Filgueiras dos Santos, 28 anos, ourives de ofício, oltre ai crimini di pratiche alchemiche e incantesimi di stregoneria, contemporaneamente. No ajuizamento, registra-se que este membro-visitador representante del Tribunale del Sant'Uffizio della Chiesa Madre, d. Braz Ramiro Buzzatti, vem a ser cristão-velho de sangue limpo, sem raça de mouro, judeu ou gente convertida aos Principi pontifici della Santa Fe, que não tenha incorrido em infâmia pública de feito, ou direito, né essere pentito dall'Inquisizione della Madre Chiesa, nem seja descendente de indivíduos, que, alhures, tivessem malfeitos sobreditos, sendo de idônea existência in buone abitudini e costumi, dignos de confiança p'ra se lhes encarregar quaisquer negócios oriundos da importância de segredo. Neste diapasão, o meritíssimo julgador procederá de tal sorte que dê de si buon esempio, haja vista que se tratará de graves inculpações contra a acusada cognominada Sianinha Boneca, co'a modéstia e decência, adeguato al tuo stato di diritto. Per di qua, ratifica-se, perante a assistência presente e posterior escritura de documentação, que não se farão agravo e/ou vexação de espécie alguma co'o poder de seus misteres, ou co'o pretesto di privilegi de que gozam, nem se consentirá que o façam seus familiares ou criados. Perciò, atesta-se que não terão trato ou comunicação particular co'as pessoas de suspeita, que tenham ou possam ter negócios in questo Tribunale del Sant'Uffizio, nem delas se servirão nem aceitarão dádivas ou donativos, ainda que sejam de pouca valia; nem a título de compra tomarão mercadorias ou mantimentos às pessoas algumas por menos do preço ordinário, nem pedirão emprestado às gentes habitadas in questo villaggio di São Roque do Paraty, pelos inconvenientes que podem resultar do contrário; e, dessarte, procurarão quanto for possível não contrair dívidas de quaisquer estirpes, que possam causar queixas ou diminuir l'autorità, que a suas pessoas e ofícios é devida.

Questa volta, o inquérito há de ser orientado p'ra dimostrare la veridicità dei sospetti iniziali, à margem de qualquer declaração de princípios. Infine, eu assevero-vos que o funcionamento do processo inquisitorial, em hipótese alguma, haverá de dirigir-se prova della presunzione implicita di colpa daquele contra quem existam indícios de conduta delituosa. In tale contesto, de vez que la confessione se tornará essencial pr'o giudizio, os métodos utilizados p'ra a obter tinham que ser considerados como fazendo parte mediante atos torpes, de maneira que se proporcione à delatada misericordia e giustizia, condoendo-se de má sina e sorte nel cercare la tua stessa salvezza, por intermédio da clemência sublime e majestosa provinda do Dio misericordioso e onnipotente Nostro Signore Gesù Cristo di Nazaret. Empós preâmbulos jurídico-religiosos, indagar-se-á se a ré Laura Brant Caldeira de Andrade está ciente dell'accusa di omicidio, em detrimento da existência do supracitado João Ernesto Filgueiras dos Santos, oltre alle denunce di pratiche alchemiche e incantesimi di stregoneria, por imputação da provas e dos testemunhos analisados pelo Corte Suprema di Giustizia del Sant'Uffizio dell'Inquisizione, na date de 22 de novembro do ano corrente de 1765. Não obstante, cabe-nos o aporte de informação, referente ao fato de que, come l'imputato si fosse automutilato durante o período cronológico que demarcara l'interrogatorio dell'inchiesta giuridico-religiosa, as respostas serão dadas a partir do aceno dos membros superiores da ré em ajuizamento. In caso positivo, que a Sianinha Boneca levante o braço direito; e o membro esquerdo, caso queira esprimiti negativamente. Cabe explicitar que, neste inchiesta ecclesiastico-giudiziaria, não se ouvirão a testemunha dc dcfesa, d. Lourival Brant Caldeira de Andrade, 40 anos, senhor de engenho, minas e fazenda; e o depoente de acusação, José Nicolau Filgueiras dos Santos, em razão de degredo e falecimento, respectivamente. Feitas as alocuções introdutórias, cabe o registro de que, em sindicância inicial instaurada pelo visitador-mor del Tribunale del Sant'Uffizio dell'Inquisizione, d. Luiz Manuel Arquimedes de Castro e Silva, quando Vossa Mercê, Laura Brant Caldeira de Andrade, fora indagada a respeito da culpabilidade do ourives cristão-novo João Ernesto Filgueira dos Santos, em ardil de sedução que a induzira ao ato obsceno da concupiscência, que precedera a cerimônia matrimonial. Quiçá fato este, a colpa di Gioielliere Ebreo, o que, decerto, poderia livrá-la da alcunha de Noiva de Satã, se si impegnasse a incriminare l'orefice che in seguito si sarebbe suicidato a posteriori. — ensartara-se Presbítero-Cão, incógnito ao aceno negativo da ré Sianinha Boneca.

Subsequentemente, a acusada Laura Brant Caldeira de Andrade ergueu o membro direito, em sinal de consentimento, isentando-o de responsabilidade criminal; porquanto, atestara que fora de sua autoria a iniciativa de aliciamento moral. Empós assentimento, o inquisidor-mor d. Braz Ramiro Buzzatti, ao constatar certa reação rumorosa da assistência, prosseguira co'o interrogatório ao conceder permissão ao airoso bacharel criminalista, dr. Serafim Domingos Verediano de Souza, a fim de que se pronunciasse em defesa da acusada no Supremo Tribunal da Inquisição.

— Peço a Vossa Excelência Reverendíssima d. Braz Ramiro Buzzatti, padre-visitador do Santo Ofício de São Sebastião do Rio de Janeiro, que me permita alusão ao finado ourives João Ernesto Filgueiras dos Santos, suposto alquimista de acordo co'a denúncia de seu consanguíneo José Nicolau Pontes Filgueiras, que responde também pelo epíteto de Nicolau das Pretas, também já falecido em razão do homicídio cometido por Encarnação Lourenzo Diaz, no Armazém dos Ciganos. Em retorno ao cristão-novo João Ernesto, enfatiza-se que, em sua biografia egrégia e idônea, se faça menção ao fato de que era honesto trabalhador e de boa índole, fiel praticante das prédicas católicas da Santa Madre Igreja, inclusive co'a data da cerimônia matrimonial constada em calendário da Matriz de Nossa Senhora dos Remédios, co'a Sianinha Laura Brant Caldeira de Andrade, tendo por filiação dona Isabel Soares Caldeira de Andrade; e d. Lourival Caldeira de Andrade. Em decorrência desta asseveração, compete-me acrescentar o que consta nos autos do processo em referência ao testemunho do fidalgo d. Lourival Brant Caldeira de Andrade, registrado em inquérito ao inquisidor-mor do Santo Ofício da Madre Igreja, d. Luiz Manuel Arquimedes de Castro e Silva, o Dom Bispo. Por conseguinte, alvitro consentimento do meritíssimo arcebispo d. Braz Ramiro Buzzatti, pr'a autorização da leitura imprescindível do depoimento da testemunha de defesa. "Eu, o cristão-velho e português do Brasil, d. Lourival Brant Caldeira de Andrade, 40 anos, casado, senhor de engenho, minas e fazenda, declaro que o ourives de ofício João Ernesto Filgueira dos Santos, que era compromissado em bodas de núpcias co'a minha única sucessora e legatária, Laura Brant Caldeira de Andrade, e fora batizado e crismado co'a tradição regida pela Igreja Católica Apostólica Romana, ainda que, quando nós o conhecemos, já fosse homem feito, detentor de indústria e ofício de aurivessaria. Nada obstante, eu afirmo que não posso excluir-me de obtemperar contra as ações caluniosas direcionadas ao réu João Ernesto, que, decerto, se suicidara em razão das denúncias difamatórias, que tanto denegreceram a sua honra e cordura de homem probo e incensurável." Fecho aspas. Logo, pode-se deduzir que a protestação jurídica rubricada por d. Lourival Brant Caldeira de Andrade não compactua co'a acusação das práticas da experiência alquímica, obtida através do forjado testemunho por escrito do hebreu José Nicolau Ponte Filgueiras, o Nicolau das Pretas, perante o Tribunal da Santa Inquisição. — assermou-se.

O racionalista d. Buzzatti o interrompera abruptamente, co'a alegação que o preâmbulo retórico utilizado pelo dr. Vērediano de Souza tornar-se-ia obsoleto e demodê, de vez que o processo religioso-criminal fora extinto e arquivado, por motivo de expiração do réu João Ernesto Filgueira dos Santos, que ceifara a existência por livre e espontâneo alvitre de suicídio. Modo subsequente, o inquisidor-mor d. Buzzatti dera sequência ao julgamento, ressalvando que o advogado de defesa houvera de direcionar a argumentatividade judiciosa, aos atos delitosos praticados pela ré Laura Brant Caldeira de Andrade, de fato incriminada por homicídio e sortilégios de feitiçaria.

— Peço clemência por eu ser obrigado a replicar a vossa admoestação jurídica, Vossa Excelência Reverendíssima d. Braz Ramiro Buzzatti, haja vista que, ao pronunciar em voz alta perante júri e assistência o imprescindível depoimento do nobre e gentil-homem d. Lourival Brant Caldeira de Andrade, que afiança que o cristão-novo João Ernesto Filgueiras dos Santos “se suicidara em razão das denúncias difamatórias, que tanto denegreceram a sua honra e cordura de homem probo e incensurável”, a defesa da ré Laura Brant Brant Caldeira de Andrade registra exigência de homologação de conteúdo acusatório de crime de homicídio, em detrimento da vida de seu prometido João Ernesto Filgueiras dos Santos, por invalidação perante significância da acusação infundada, por razões conflituosas que delimitam per si a dintinção entre assassínio e suicídio. Portanto, solicito a anulação da denúncia de homicídio contra a ré Laura Brant Caldeira de Andrade, pois que se comprovou, paulatinamente, que o ourives de ofício João Ernesto teria atentado contra a própria vida, por decisão que, absolutamente, não compete a terceiros. — completou explanação dr. Verediano de Souza, contextualizando-a.

— Prezado dr. Veridiano de Souza, Vostra Signoria há de compreender a distinção entre o ato voluntário do suicídio e a motivação espúria que impele o indíviduo a atentar contra a própria existência; e, in particolare nel caso specifico dell’imputato in giudizio, o bacharel criminalista se equivoca ao comparar uma ação de autoquíria , por parte del orafo nuovo cristiano

João Ernesto, co'a obra d'um assassínio arrogado em razão di incantesimi di stregoneria, confessados pela acusada, Laura Brant Caldeira de Andrade, a Sianinha Boneca. Presto, em relação ao segundo delito do inquérito, cientifique-se que i morti João Ernesto fora acusado de práticas alquímicas, por evidência de leitura dos livros proibidos, intitulados Da geração e da corrupção, de autoria do filósofo grego Aristóteles; e Mallevs Maleficarvm (Tradução do Latim: O Martelo das Bruxas), de Heinrich Kraemer e James Sprenger, encontrado em biblioteca do Solar das Amoreiras da Quinta do Poente, onde residia o homicidiado. Destarte, não quello questa Corte Ecclesiastica di Giustizia del Sant'Uffizio dell'Inquisizione esteja por desconfiar do depoimento di testimonianza d. Lourival Brant de Andrade; porém, notoriamente, a fim de que se encubram as graves denúncias de homicídio contra a ré Laura Brant, cognominada Noiva de Satã, o progenitor da acusada prestara declaração de reconhecimento do autocídio cometido por João Ernesto Filgueiras dos Santos, o Gioielliere Ebreo. — contrapôs-se o prelado d. Buzzatti.

— Que o inquisidor-mor Vossa Excelência Reverendíssima d. Braz Ramiro Buzzatti, por obséquio, conceda-me o direito de discordância da concepção de vossa expressão "bela parelha Noiva de Satã / Gioielliere Ebreo", que objetiva meramente causar efeito retórico pejorativo à assistência julgadora, pois que, contanto que a Sianinha Laura Brant seja atirada em fogueira do Santo Ofício da Madre Igreja, os fins justificarão os meios de condenação. Deste alvitre, a aleivosia e o embuste serão os mecanismos estratégicos, utilizados como comprovação das práticas delituosas aventadas por inverdades jurídicas, arroladas em contraposição ao percurso pautado pela probidade, inteireza e retidão dos acusados João Ernesto Filgueiras dos Santos e Laura Brant Caldeira de Andrade? — desnorteou itinerário de prosódia advocatícia, ao verificar a embasamento de preparação intelectual do adversário.

— Bugiardo e calunniatore há de ser o dr. Verediano de Souza, que se designa a bestemmiare con leggerezza contro la Santa Madre Chiesa, visto que a prove documentali di innocenza do acusado Gioielliere Ebreo não passa d'um depoimento do progenitor aflito co'o desmascaramento de sua única e exclusiva legatária. Porém, que Vossa Senhoria não se olvide de que diffamazioni contro un membro ufficiale della Corte Suprema Ecclesiastica di Giustizia hão de ser comprovadas judicialmente, porque, caso contrário, lo scapolo di criminologia brucerà crudo nelle fiamme dell'inferno, simbolicamente representadas dal fuoco fatuo della Santa Inquisizione, em companhia da ré Laura Brant Caldeira de Andrade, a Sianinha Boneca ou Noiva de Satã.

— Porventura, o soberano inquisidor d. Braz Ramiro Buzzatti, a título de arder em cremação, me recomendara que enviasse vultosa e grossa documentação comprobatória sobre aviltamento da ré Laura Brant Caldeira de Andrade, ao passo que eu vos indago se Vossa Excelência Reverendíssima não se contentaria co'a imagem da forjada automutilação da Sianinha Boneca, desprovida de sua língua e dos dez dedos das mãos, por obra e graça do visitador-mor do Santo Ofício da Inquisição nest Vila de São Roque de Paraty, que a aleijara, atrozmente, p'ra que se safasse da delação de oralidade e assinatura de confissão. Assim sendo, insto em declarar que vossa missão de tortura fora cumprida à risca; não obstante, não intente que, ao corregedor do Supremo Tribunal Eclesiástico de Justiça da Santa Madre Igreja, d. João Francisco Bosco Hipólito da Veiga, não seja enviada missiva-denúncia sobre abusão de autoridade exercida por Vossa Excelência Rerendíssima d. Braz Ramiro Buzzatti. Consequentemente, muito em breve se faça representar nesta Vila de São Roque do Paraty. Nada obstante, enquanto o corregedor do Santo Ofício da Inquisição não esteja presente entre nós, eu solicito que a ré Laura Brant se manisfeste a respeito da ablação sofrida; e, portanto, peço-vos que eleveis o membro direito em caso de concordância por ter sido o interpelador o responsável pela cobarde remoção da língua da boca e dos dez dedos das mãos da denunciada, desacreditada em obscenidades como Noiva de Satã.

Em reação imediata, o impassível d. Braz Ramiro Buzzatti a fuzilara co'as retinas corroídas, quando notou que a Sianinha Boneca erguera o braço direito em aceno de aprovação, ao que fora cogitado pelo advogado criminalista, dr. Verediano de Souza, no tocante ao indecifrável e cobarde método de coação aplicado em interrogatório.

— Ao término deste ajuizamento, Vossa Senhoria dr. Verediano de Souza será obrigado per motivare le accuse contro la mia persona sacrosanta senza macchia e incorruttibile, de vez que, caso contrário, o jugo da Justiça pesará sobre a imprudência declarada neste Corte della Santa Inquisizione, porquanto Vossa Mercê se arroja a dar a entender que fora este representante oficial del Sant'Uffizio di Madre Chiesa quem mutilara a herdeiro dos Brant Caldeira de Andrade. Confessai-vos, sacrílega!... Confessai-vos que fora Vossa Mercê quem fora a responsabile della seduzione del convertito suicida, pela culpa e remorso por ter emprenhado a Noiva de Satã, empós saliência de coito, no açude da Fattoria Nossa Senhora do Bom Retiro. Confessai-vos, Laura Brant, que la tua iniquità sarà imputata come diminuzione del castigo e della sventura, haja vista que a hermenêutica do abrandamento justaposta pela Corte Suprema Ecclesiastica di Giustizia até pode analisar caso specifico come omicidio colposo, quando a vítima induzida pela adversidade ocasionada opta por ceifar a própria existência.

Ao se aperceber de que a ré Laura Brant erguera o membro esquerdo em protesto contra a aleivosia que possibilitaria a perspectiva de amortecimento da sanção em voga, o rancoroso d. Buzzatti elegeu distinto artifício de acusação.

— Será que Vossa Mercê, Sianinha Boneca, forse aveva costretto l'orefice neocristiano João Ernesto ao atto di lussuria, co'o escopo de antecipação da cerimônia de matrimônio, que fora assassinato dalle tue mani sanguinarie e ávidas por vil metal traduzido pela alquimia, o que o conduziu ao suicídio quando descobrira a respeito da gravidez da ré Laura Brant, batizada como a Noiva de Satã? — incidiu-se o oficial eclesiástico, co'a arrogância da oratória; e, mediante a subsequente negativa da denunciada, prosseguira co'a retórica jurídica. — Pertanto, impreco annullamento di leggerezza accusatoria, proferidas pela defesa da acusada Sianinha Boneca, sob auspícios do bacharel criminalista, dr. Verediano de Souza, que há de ser incriminado por infringir as regras inimpugnáveis del Tribunale del Sant'Uffizio dell'Inquisizione.

— Por este viés judicioso, eu requeiro a presença da testemunha auferida pela defesa da ré Laura Brant Caldeira de Andrade, a negra escravizada Benedita, por obséquio. — demandara o advogado penal.

Neste momento, a Cega Benedita adentrou o pátio da Cadeia Velha do Largo de Santa Rita, amparada pela figura enigmática do andarilho Aristides Profeta, que acompanhava atentamente, passo a passo, os trâmites jurídicos do ajuizamento da acoimada Sianinha Boneca, mui destroçada pelos maus-tratos arrogados por metodologia da desumana coerção, pautada em truculência e barbaridade.

— Prezados senhores e senhoras, assim como a ré Laura Brant Caldeira de Andrade, corroboro que a escrava Benedita Sodré também sofrera oblação de sua visão por incisão de punhal de prata manuseado pelo padre-visitador d. Braz Ramiro Buzzatti, ainda que a versão oficial seja a de automutilação, que legitima as acusações da Sianinha Boneca, contra as arbitrariedades cometidas pelo inquisidor-mor do Supremo Tribunal da Madre Igreja Católica e Apostólica Romana. Por conseguinte, assevero-vos que a ré Laura Brant fora acossada pela iniquidade e perversão, assim como a testemunha Benedita Sodré, em comprovação à metodologia da crueldade utilizada co'a recorrência impugnável.

— E Vostra Signoria dr.Verediano de Souza si basa su prove delle accuse infondate di ciò Noiva de Satã, que se impetram contra la Santa Madre Chiesa di Roma, utilizando-se da exemplificação de mercadoria representada por uma negra escravizada, em Tribunale del Sant'Uffizio dell'Inquisizione, dr. Verediano de Souza? — indignou-se o pontifício d. Braz Ramiro Buzzatti, ruborizando-se a ponto da explosão de cólera. — Di fronte all'atrocità legale, decreto l'annullamento dell'accusa di maltrattamento e tortura contra a ré Laura Brant Caldeira de Andrade, haja vista que o bacharel penal fundamentou-se em invano analogia di prove testimoniali. Desta feita, a estratégia da defesa de desautorizar la versione ufficiale del fascicolo que se tornara ineficaz e sem efeito judicial, fatto illecito che, ovviamente, há de prejudicar apreciação penale co'a total nitidez hermenêutica a responsabilização da acusada Sianinha Boneca ou a Noiva de Satã, nell'assassinio del nuovo cristiano João Ernesto, que, segundo consta, suicidara-se em razão do desespero de causa, ao ser cientificado de que a sua prometida engravidara, empós sevícia carnale, por intermédio da sedução impulsionada dalla setta demoniaca degli incantesimi di stregoneria.

— Peço que Vossa Excelência Reverendíssima d. Braz Ramiro Buzzatti não se utilize da antonomásia Noiva de Satã, atribuída à ré Sianinha Laura Brant Caldeira de Andrade, porque tal alcunhação pejorativa decorrerá de outro equívoco jurídico empregado pela denúncia do hebreu Nicolau das Pretas, que acusara o ourives falecido João Ernesto da prática da alquimia, quando dever-se-ia arrogar o suicídio do 'Gioiellicre Ebreo', ao remorso por ter tido relações carnais antes do sacramento religioso do matrimônio, co'o padre-visitador Presbítero-Cão. Nada obstante, compete-me ressalvar que menção ao episódio de autocídio, que se origina da vontade própria do indivíduo de ceifar a sua existência, não procederá em hipótese alguma, já que o válido arrazoamento no tocante ao suicídio do prometido da ré Laura Brant Caldeira de Andrade foram a compunção e o arrependimento de ter sido vítima de práticas sodomitas inversas em pederastia, co'o então pe. Braz Ramiro Buzzatti, pároco da Matriz de Nossa Senhora dos Remédios, de acordo co'a documentação posta em depoimento subscrito pelo gentil-homem d. Lourival Brant Caldeira de Andrade, em Lisboa-Portugal. — acoimara-o ao ostentar o registro d'além-mar. — Logo, quando Vossa Excelência Reverendíssima d. Braz Ramiro Buzzatti reitera que a denunciada Laura Brant Caldeira de Andrade vem a ser partícipe no suicídio do ourives João Ernesto, em verdade, o que está se encobrindo vem a ser o crime de pederastia, sobretudo as ações delituosas praticadas co'o Gioielliere Ebreo e o negro Adílio Pindó, conforme lhe flagrara em gesto obseceno o próprio gentil-homem d. Lourival Brant e a Sianinha Boneca, na sacristia da ermida de Nossa Senhora dos Remédios, nesta Vila de São Roque do Paraty.

— Blasfemia!... Blasfemia!... Blasfemia!... — descontrolara-se d. Buzzatti, ordenando aos dragões do reino que o depusessem a ferros, até que findassem as tratativas do julgamento. — De modo que a indiciada Laura Brant Caldeira de Andrade não seja impedida do direito de defesa, Vossa Senhoria a representará em correntes nesta Corte del Sant'Uffizio, como deve de ser resguardada a besta-fera da encruzilhada. Draghi, tenetelo nelle catene della Giustizia, que le prove dell'omicidio dimostrano que a ré Sianinha Boneca aniquilou diretamente a vítima indefensa João Ernesto, co'os incantesimi di stregoneria da Noiva de Satã!...

— Noiva de Satã!... Noiva de Satã!... Noiva de Satã!... — murmurava a plateia extasiada co'o espetáculo da putrefação.

Ao reiniciar o ajuizamento da 'Noiva de Satã', co'o bacharel penal dr. Verediano de Souza acorrentado a sete chaves, o inquisidor-mor d. Braz Ramiro Buzzatti indiciou a ré Laura Brant

Caldeira de Andrade, por crime de homicídio em detrimento da vítima João Ernesto Filgueiras dos Santos, isentando-os do exercício das práticas alquímicas, uma vez que, apesar da suposta leitura das obras proibidas Da geração e da corrupção, de Aristóteles; e Mallevs Maleficarvm, de Heinrich Kraemer e James Sprenger, o Supremo Tribunal Eclesiástico de Justiça do Santo Ofício da Inquisição não conseguiu comprobação jurídica, que indicasse a expreriência de transmutação de matéria-prima em metais preciosos.

— Invito la presenza dello scapolo criminalista, dr. Farediano de Souza, advogado de defesa da denunciada Laura Brant Caldeira de Andrade, por obséquio, a fim de que se proceda continuidade do ajuizamento sobre a acusação de homicídio, contra o ourives de ofício João Ernesto Filgueiras dos Santos, pois que a denúncia controvertida das práticas alquímicas levantadas pelo hebreu José Nicolau Pontes Filgueiras não fora corroborada, da questo Tribunale Ecclesiastico della Santa Madre Chiesa Cattolica e Apostolica Romana. — autorizou-o o Presbítero-Cão.

— Por licença, exoro que as minhas mãos sejam alforriadas, de sorte que assim eu possa, dessarte, não me sentir constrangido por este Tribunal da Santa Inquisição. — obsecrou o advogado penal.

— Rogativa negada.

— Vossa Excelência Reverendíssima d. Braz Ramiro Buzzatti mencionara que o suicídio de João Ernesto Filgueiras dos Santos estaria ligado aos procedimentos coibidos dos sortilégios de feitiçaria, supostamente praticados pela ré Laura Brant Caldeira de Andrade. No argumento acusatório, cabe explicitar que, em contraposição às suposições aventadas pelo Tribunal da Santa Inquisição, o testemunho do nobre fidalgo d. Lourival Brant Caldeira de Andrade contestará que a causa verídica do autocídio vem a ser o sentimento de culpa que o aniquilou, emocionalmente, o Gioielliere Ebreo, perante pureza e inocência da Sianinha Laura Brant, mui ultrajada pela fúria, ira e cobiça do Presbítero-Cão, que não se dera por convencido ao presenciar a felicidade conjugal d'uma vítima vilipendiada carnalmente pelo então vigário Buzzatti, que professa pederastia em percurso dissoluto e libidinoso.

— Protesta!... Vossa Senhoria irá pagar caro pelos acometimentos licenciosos direcionados ao padre-visitador del Sant'Uffizio dell'Inquisizione di São Sebastião do Rio de Janeiro, sob pena de enforcamento em largo público, caso não haja comprovação por intermédio de testemunho lauto e presencial, que me incrime perante Dio Nostro Signore Gesù Cristo di Nazaret e la società paratiense.

Neste inexato baque, avultara-se a corporatura emblemática do forasteiro Aristides Profeta, que, co'o membro esquerdo alevantado, se contrapunha aos dizeres intimidatórios do epíscopo d. Braz Ramiro Buzzatti, assustado co'a insólita intervenção do até então discreto peregrino de indumentária carcomida e alpercatas dilapidadas pelo tempo, co'a barba alva cumprida e cabeleira desalinhada, que solicitava participação em audiência.

— Se Vossa Excelência Reverendíssima d. Braz Ramiro Buzzatti faz exigência de testemunho lauto e presencial, eis-me aqui perante este Supremo Tribunal do Santo Ofício da Inquisição.

— Que queres tu, ó viaggiatore sfortunato e cencioso? — admoestara Presbítero-Cão.

— Confesso que a razão do meu infortúnio fora a cupidez d'um representante oficial da Santa Madre Igreja, que subjugara uma criatura imaculada ao patamar do opróbrio e da humilhação pública, indiscriminadamente, demonstrando co'o gesto bestial tamanha indiferença e sordidez execrável diante da vida humana. Ó Deus Misericordioso e Onipotente, como Vós pusestes entre nós indivíduo tão abjeto e desprezível, de modo a nos importunar co'a sua ignara e estúpida companhia?

— Quem tu és, ó misterioso vagabondo, que, sem eira nem beira, co'o surrão desprevinido di acqua e pane, te vieste a adentrar arrabalde sedento e faminto, à procura di rifugio? — indagou d. Buzzatti.

— Eu, em disfarces do andarilho Aristides Profeta, em verdade, sou, em fé e batistério, o aristocrático d. Lourival Brant, senhor de engenho, minas e fazenda, progenitor da ré Laura Brant Caldeira de Andrade, a Sianinha Boneca, que, nesta pantomima encenada pelo d. Braz Ramiro Buzzatti, o Presbítero-Cão, protagoniza a farsa da exasperação d'uma família de cristãos-velhos, defenestrados pela ganância abissal, empós substituição abstrusa do epíscopo Luiz Manuel Arquimedes de Castro e Silva, o Dom Bispo. Por esta razão, peço a palavra ao soberano inquisidor, de maneira a especificar a inveracidade deste pleito jurídico-religioso forjado por putrificação de aleivosia, em detrimento da inocência sacramentada da Sianinha Laura Brant Caldeira de Andrade, em razão de pura vingança e cobardia diante de sua união matrimonial do mancebo João Ernesto Filgueiras dos Santos, o Gioielliere Ebreo.

— Que a Justiça seja feita e obrada!... — altercou-se Joaquim Libório.

— Quanto ao processo judicial sobre as práticas dos sortilégios de feitiçaria, impetrado contra a ré Laura Brant Caldeira de Andrade, há de sopesar o fato de que o Presbítero-Cão mutilara, a punhal de prata, língua e dez dedos das mãos da denunciada, a fim de que a Sianinha Boneca fosse alijada do direito de resposta e confissão de inocência, por dito ou escrito, a respeito de sua absolvição inocência jurídica, sobretudo. Senhoras e senhores, por conseguinte, eu peço a clemência judicial e divina da acusada Laura Brant, indulto imposto pelo clamor dos jurados em assistência, que hão de exculpar quem de direito, neste Supremo Tribunal Eclesiástico de Justiça do Santo Ofício da Inquisição.

Empós depoimento do gentil-homem d. Lourival Brant, boa parte da plateia reagiu co'a indignação e inconformismo, diante das improbidades acometidas por um homem santo da estirpe do d. Braz Ramiro Buzzatti, mui considerado pelos devotos paroquianos da Basílica Matriz de Nossa Senhora dos Remédios da Vila de São Roque de Paraty, que o idolatravam imensamente. Portanto, a decepção causada pelo depoimento do progenitor da Sianinha Boneca, contra a figura inatingível do visitador-mor da Santa Inquisição, aguilhoou o bacharel criminalista Vérediano de Souza à incitação da continuidade do testemunho lauto e presencial, deprecado pelo Presbítero-Cão.

— Diante deste preâmbulo jurídico, cabe a seguinte indagação ao distinto e gentil-homem, d. Lourival Brant Caldeira de Andrade: Por que Vossa Senhoria acusa, peremptoriamente, o pontifício d. Braz Ramiro Buzzatti da prática viciosa da pederastia, ante o Tribunal do Santo Ofício da Madre Igreja?

— Na data do passamento do prometido da Sianinha Laura Brant, o ourives João Ernesto, nós penetramos a sacristia da Matriz de Nossa Senhora dos Remédios, obviamente sem sobreaviso mediante urgência da ocasião, à procura do vigário Buzzatti, co'o intuito de avisá-lo sobre a estúpida decisão de suicídio... No entretanto, qual não fora a surpresa, quando nos deparamos co'a cena de depravação em sodomia, representada pelo pe. Braz Ramiro e o pretim Adílio Pindó, o Dagoré, que descambou sobressaltado diante da evidência delituosa de carnalidade.

— E qual fora a reação do prelatício d. Buzzatti mediante flagrante delito de concupiscência, d. Lourival Brant. — perguntou dr. Verediano de Souza.

— Naturalmente, o reverendo Braz Ramiro recompôs-se, vindo a ter conosco no átrio da ermida. Empós ser avisada sobre a ação insana cometido por João Ernesto, a Sianinha Laura Brant o questionou sobre a causa do suicídio, arrazoando que o ato fora perpetrado em razão da chantagem moral, exercida pelo então vigário Buzzatti. Na discussão, a Sianinha Boneca o acusou de interferir em sua união conjugal, por preconceito contra o cristão-novo João Ernesto, pois que não admitia o matrimônio d'uma sinhazinha branca e abastada, co'o convertido de sangue infecto etc.

— Então, o pontifical d. Braz Ramiro Buzzatti interferiu no arranjo matrimonial entre a Sianinha Laura Brant e o converso João Ernesto por não aceitar que a moçoila casadoira do Solar dos Bonecos se unisse ao marrano converso da Quinta do Poente? — instigou-o o bacharel criminalista.

— Assim o imaginávamos que sim, até que o pe. Braz Ramiro revelou-nos que a real razão do desatino do ourives João Ernesto se dera "em razão do sentimento de remorso pela afinidade de sodomia, que vivenciara comigo, pe. Braz Ramiro Buzzatti, o Cura-Cão." Salvo engano, estas foram as palavras do d. Braz Ramiro Buzzatti, fato este que arrebatou a Sianinha Laura Brant a sair berrando aos quatro cantos do vilarejo:

— Sodomita!... Sodomita!... Sodomita!...

— Por obséquio, que a testemunha d. Lourival Brant também descreva como fora a incursão dos dragões do reino em sua residência familiar, situada no Centro desta Vila de São Roque Paraty, que intentava o aprisionamento da inocente Laura Brant Caldeira de Andrade, na Cadeia Velha do Largo de Santa Rita. — instara-o o advogado de defesa.

— Na circunstância do aprisionamento, a família se encontrava em aposento do Solar dos Bonecos, quando os dragões do reino, capitaneados pelo pe. Braz Ramiro, de sobressalto e alvoroço, invadiram o salão nobre do sobrado, em busca da Sianinha Laura Brant; e, encontrando-a, arrastaram-na acorrentada até masmora da Cadeia Velha do Largo de Santa Rita.

— E a testemunha d. Lourival Brant pode esclarecer aos jurados da assistência o que ocorreu co'a ré Laura Brant, no calabouço da Cadeia Velha do Largo de Santa Rita?

— No cárcere, o visitador-mor da Santa Inquisição decepou a língua e os dez dedos das mãos da Sianinha Boneca, senhor bacharel.

— Spergiuro!... Spergiuro!... Spergiuro!... — protestou d. Buzzatti.

Dando como encerrada a sessão do inquérito, o visitador-mor d. Braz Ramiro Buzzatti dispersou a plateia, mas não sem antes anunciar que, por precaução jurídica, o bacharel criminalista permaneceria detido até o término do julgamento da denunciada, ao passo que o depoente Aristides Profeta estaria proibido de pernoitar em pórtico da Matriz de Nossa Senhora dos Remédios. De outra feita, o malroupido d. Lourival Brant não reberia mais guarida do sacristão Joaquim Libório, sendo constrangido a procurar outro abrigo que não o fosse o Solar dos Bonecos nem a Fazenda Nossa Senhora do Bom Amparo, confiscados pela Santa Madre Igreja de Roma e de São Sebastião do Rio de Janeiro.

Em ocasião subsequente, o epíscopo d. Buzzatti recomendou ao ajudante de missa Joaquim Libório, que procurasse o andarilho Aristides Profeta, de maneira a avisar-lhe que, como já era mui tarde, por esta noite o d. Lourival Brant estava autorizado a pernoitar em pórtico de capela; e que, inclusive, ceasse o que sobrara da refeição encomendada aos ciganos do armazém.

— Una pagnotta non si può negare nemmeno a Satana, mio bene Joaquim Libório. — sofismou-se d. Buzzatti.

Na manhã seguinte, o fidalgo d. Lourival Brant alvoreceu morto e duro como pedra, diz que em razão dos desapontamentos propositados em ajuizamento da Sianinha Boneca, ainda que, à boca miúda, se suspeitasse de envenamento, visto que o defunto se esverdeara da cabeça aos pés, qual arbusto argiloso que se encorpa em escombros e ruínas. Findo funeral, o Presbítero-Cão se arranchara no Armazém dos Ciganos, co'o intento de espairecer em ociosidade, até que se constasse data do juízo final do processo. Na tasca, o tarberneiro Lourenzo Diaz consultou o freguês habitual sobre a contraditória causa mortis do peregrino Aristides Profeta, que partira assim como chegara cercado de mistério.

Versado em eloquência, o magníloquo d. Buzzatti lamentara o passamento do adventício cristão, ao msmo tempo em que assegurava que ainda não estaria persuadido de que o farroupilha fosse realmente o engenhoso e endinheirado d. Lourival Brant Caldeira de Andrade, suspeitoso de que a forjada aparição do Aristides Profeta em plenário não passara de pura artimanha do artificioso dr. Verediano de Souza, de modo que impressionasse os jurados da assistência, quanto à inculpabilidade da Noiva de Satã. Empós três luares, o magnânino Braz Ramiro Buzzatti convocou a assembleia juridicial, a fim de que se rematasse o emblóglio jurídico-religioso, no que concerne ao Julgamento da Sianinha Boneca, assim anunciado co'a letra maiúscula, quiçá p'ra se chamar atenção da população caiçara, mediante advento de proclamação da ordem, da moral e dos bons costumes, na Vila de São Roque do Paraty.

No pleito jurídico, o inquisidor-mor do Santo Ofício da Inquisição autorizou que desacorrentassem as mãos do bacharel criminalista, por condescendência de cristandade; e, sobretudo, por intenção de impactar a plateia religiosa, co'a pirotecnia da parcimônia jesuítica. Não obstante, o já escaldado dr. Verediano de Souza não se emprenhara pela cantilena de boas graças do Presbítero-Cão, que, decerto, empeçonhara o aristocrático d. Lourival Brant Caldeira de Andrade, de maneira que se invalidasse testemunho comprometedor sobre idoneidade do pontifical visitador-mor da Santa Inquisição da Madre Igreja.

No Tribunal Eclesiástico de Justiça, o magnífico prelado Braz Ramiro Buzzatti interrogava a ré Laura Brant, quando se apercebera da chegada do corregedor do Santo Ofício da Inquisição, d. João Francisco Bosco Hipólito da Veiga, que fora enviado a Nossa Senhora dos Remédios de Paraty, empós missiva-denúncia enviada por d. Lourival Brant Caldeira de Andrade. Impassível ao ingresso do d. Bosco da Veiga, o interpelador dera início ao prelado jurídico, diante da ré Laura Brant Caldeira de Andrade, em adiantado estado de gravidez.

— Quanto ao vosso estágio de prenhice, o rebento que a ré Laura Brant carrega no ventre há de ser de autoria do cristanizado João Ernesto Filgueiras dos Santos, il Gioielliere Ebreo? — indagou d. Buzzatti, sendo atendido ao levantamento do membro direito, o que intrigara o corregedor d. Bosco da Veiga, que não fora cientificado sobre a deficiência da acusada. — Que a ré Laura Brant Caldeira de Andrade se prontifique a solicitar o perdão sacrossanto concedido dalla Suprema Corte Ecclesiastica di Giustizia del Sant'Uffizio della Madre Chiesa, assim confessando responsabilità di omicidio per mezzo di incantesimi di stregoneria, de maneira que o veredicto deste inquérito jurídico-religioso seja divulgado oficialmente, nel villaggio di São Roque do Paraty, appartenente al Capitanato di São Sebastião do Rio de Janeiro.

— Maldição!... Maldição!... Madição!... — arrostou-se o advogado criminal, ao atentar ao sinal de discordância, pois que a acusada erguera o braço esquerdo empós segunda inquirição.

— Vossa Mercê então abjura sacrosanto perdono della Corte di Giustizia del Sant'Uffizio di Madre Chiesa, Laura Brant?

— Perdão de Satã. — balbuciou Sianinha Boneca, horrendamente.

— La bestemmia della sposa di Satana!... La bestemmia della sposa di Satana!... La bestemmia della sposa di Satana!... Nel nome di Nostro Signore Gesù Cristo Dio Padre Onnipotente, caso a ré Laura Brant Caldeira de Andrade não confesse culpabilidade delituosa, há de cumprir a sentença de redenção de morte em fogo sagrado del Sant'Uffizio di Fe, co'o confisco total e irrestrito di beni materiali del signore del mulino e delle miniere, d. Lourival Brant Caldeira de Andrade. — iterara-se o padre-visitador.

— Noiva de Satã!... Noiva de Satã!... Noiva de Satã!... Noiva de Satã!... Noiva de Satã!... — secundou o coral da audiência.

— Vossa Excelência Reverendíssima d. Braz Ramiro Buzzatti, por obséquio, que não deponha permissão que se conduza a ré Laura Brant ao fogo sagrado, de vez que a Madre Igreja incorrerá em ato de arbitrariedade atroz, ao incriminar por retaliação ao que fora relatado, a despeito da experiência de pederastia do visitador-mor do Santo Ofício da Inquisição, pela própria acusada, Sianinha Boneca, e pelo nobre fidalgo progenitor, d. Lourival Brant, o Envenenado.

Empós exposição do bacharel criminalista, dr. Verediano de Souza, o abespinhado d. Bosco da Veiga interrompera as graves incongruências, postas em argumentatividade contra o inquisidor d. Braz Ramiro Buzzatti, intercedendo em favor da Santa Madre Igreja, uma vez que não poderia se admitir tamanha desmoralização e aviltamento.

— Quiçá, as marcas dos ferros das correntes em vossos punhos sejam fruto das aleivosias inverídicas, que Vossa Senhoria profere contra o representante oficial do Santo Ofício da Madre Igreja, naste Vila de Nossa Senhora dos Remédios de Paraty. Contudo, vos digo que, embora vossa acusações de concupiscência aventadas, a respeito do comportamento do pontifício d. Buzzatti sejam acentuadamente refratárias ao desempenho d'um membro da Santa Inquisição, eu vos asseguro que, em hipótese alguma, irei refutá-las, desde que o dr. Verediano de Souza seja competente e hábil no gesto de comprovação jurídica e moral. — afiançou o justiçoso prelado d. Bosco da Veiga.

— Em mãos, trago-vos a cópia do depoimento do nobre e gentil-homem d. Lourival Brant Caldeira de Andrade, que fora degredado por este Tribunal Eclesiástico de Justiça; e que, clandestinamente, retornara ao povoado de São Roque do Paraty, empós envio de missiva-denúncia a São Sebastião do Rio de Janeiro, co'a intenção de demonstrar a inocência da Sianinha Boneca, ultrajada pela ira e zelo do Presbítero-Cão, em relação ao cristão-novo João Ernesto Filgueiras dos Santos, o Gioielliere Ebreo .

— Se o desterrado d. Lourival Brant regressara ao vilarejo de São Roque do de Paraty, co'o mero intuito de comprobação de inocência da Noiva de Satã, inculpada por sortilégios de mandinga e bruxedos, já incorrera em delito criminal, ao se contrapôr, peremptoriamente, ao veredicto outorgado pelo Supremo Tribunal da Santa Inquisição da Madre Igreja. Logo, em primeiro lugar, o testemunho d'um criminoso não deve ser levado em consideração jurídico-religiosa, em ajuizamento da ré Laura Brant Caldeira de Andrade, a Noiva de Satã. — ilegitimou d. Bosco da Veiga, corporativamente.

— Perdoe-me o senhor corregedor do Santo Ofício da Madre Igreja, d. João Francisco Bosco Hipólito da Veiga, caso eu ouse contestar por intermédio da anulação do depoimento por escrito em missiva-denúncia assinada pelo fidalgo d. Lourival Brant, tendo em vista que o documento fora registrado em Lisboa, Portugal; e, não, em São Sebastião do Rio de Janeiro.

— Saibais que se o registro fora assinado por um criminoso em qualquer que seja a localidade geográfica será invalidado perante a corregedoria da Santa Inquisição. — reiteirou o epíscopo d. Bosco de Veiga.

— Pois saibas tu também Vossa Excelência Reverendíssima d. João Francisco Bosco Hipólito da Veiga, que eu jamais me silenciarei diante do descomedimento e opressão deste Tribunal do Santo Ofício, a não ser que o padre-visitador d. Braz Ramiro ordene que me decepem a língua nervosa, conforme o fizera co'a Sianinha Laura Brant e co'a a negra escravizada Benedita, cobardemente. — arvorara-se o bacharel penal.

No momento, sádica e obtusamente, o d. Braz Ramiro Buzzatti sussurrou em ouvido atento de tuberculoso do sacristão Joaquim Libório, que consentira co'o meneio de crânio, que até que não seria má ideia a tal decepação de nervura nevrálgica da língua maledicente e ferina do rábula.

— Co'a permissão do inquisidor-mor d. Buzzatti, solicito-vos que a ré Sianinha Boneca me elucide o porquê d'uma rapariga mui bem amparada em educação religiosa pela tradicional família cristã-velha da Capitania das Minas Gerais, os Brant Caldeira, fora se conceder em intimidades co'o mancebo de origem hebraica, João Ernesto Filgueiras dos Santos, em ocasião precedente ao sacramento do matrimônio. Consoante explanação anterior, a acusada Laura Brant não pode se expressar oralmente, de vez que a sua voz fora silenciada brutalmente, pela sordidez estúpida e absurda do excelentíssimo padre-visitador d. Buzzatti, que a mutilara em tortura, a fim de que confessasse culpabilidade sobre prática delituosa de sedução por sortilégios de feitiçaria, d. Bosco da Veiga. — delatou o advogado criminal.

— Demônio... — grunhiu Laura Brant.

— A Noiva de Satã o evoca, dr. Verediano de Souza. — interferiu o insidioso d. Braz Ramiro. — A ré Laura Brant Caldeira de Andrade há de usar ininterruptamente la maschera del disprezzo, até que seja assinalada a sentença final em Suprema Corte Ecclesiastica di Giustizia del Sant'Uffizio dell'Inquisizione. — disponibilizou-a d. Bosco da Veiga, ao oficial de sacristia Joaquim Libório, que a alocara em face da denunciada.

Diante de outra negativa, o presbítero-corregedor d. Bosco da Veiga decidira-se por encerrar o interrogatório, de sorte que se reunisse co'o visitador-mor d. Braz Ramiro Buzzatti, p'ra avisá-lo de que, embora houvesse rebatido em público as graves acusações do dr. Verediano de Souza, o mais prudente, neste momento conturbado, seria afastá-lo das funções eclesiásticas, a fim de que se aplacasse o escândalo de sodomia e tortura. Dessarte, ele, d. João Francisco Bosco Hipólito da Veiga, assumiria o posto de inquisidor-mor do Santo Inquérito da Inquisição, relegando-o aos afazeres clérigos da Matriz de Nossa Senhora dos Remédios da Vila de São Roque do Paraty.

Escarmentado, o ladino vigário Buzzatti não protestara diante da resolução imposta pelo superior hierárquico, que, de fato, a princípio, demonstrara até certa condescendência co'a incontornável situação de abuso de poder exercida em inquérito do Santo Inquérito da Madre Igreja. Se bem que o tirocínio do suplício pela flagelação fosse uma prática habitual em investigação, o despótico d. Braz Ramiro Buzzatti houvera de convir que exagerara ao mutilar a acoimada Laura Brant, em interrogatório. De posse da missiva-denúncia, o objetivo e racional d. João Francisco Bosco Hipólito da Veiga se dirigira até a sacristia da ermida, co'a mera intenção de obrigá-lo a depôr jamegão de assinatura em registro de documentação, dando ciência do desligamento do inquérito, a partir da queixa-crime do d. Lourival Brant, réu condenado ao exílio por associação ao capcioso d. Luiz Manuel Arquimedes de Castro e Silva, o Dom Bispo.

Não obstante, qual não fora a assombro do epíscopo d. Bosco da Veiga, quando se deparou co'o Presbítero-Cão, sendo açodado sexualmente pelo sacristão Joaquim Libório, que o acoitava em posição de fêmea de meretrício.

— Pe. Braz Ramiro Buzzatti!... — abismou-se.

Desconsertado, o impulsivo d. Buzzatti apossara-se do madeiro do pilão, arrebentando-lhe co'a pancada única e certeira em sua fronte enxerida, desautorizada a bisbilhotar aposento sem sobreaviso de chegança. Ao se dar conta de que o d. Bosco da Veiga não sobrevivera ao golpe da bordoada, o experimentado Bispo Braz Ramiro arquitetou método logístico de absolvição, inculpando o seu oficial de missa, que seria responsabilizado pelo homicídio do arcebispo d. Bosco da Veiga, em troca de recebimento de vinte moedas d'ouro e mais plano de fuga até a Capitania do Grão-Pará e Maranhão, ao Norte deste Terrae Brasilis.

O episcopal d. Braz Ramiro Buzzatti apregoara aos quantro cantos do vilarejo o bárbaro assassínio do corregedor do Santo Ofício da Inquisição, d. João Francisco Bosco Hipólito da Veiga, cometido pelo acendedor de lampião e oficial de sacristia Joaquim Libório, que, ao ser surpreendido co'a boca na botija das moedas d'ouro do pontífice, trucidara-o e escafedera-se sertão afora, co'os pertences e dinheiros da vítima. Ao despachar o cadáver do d. Bosco da Veiga p'ra São Sebastião do Rio de Janeiro, o Presbítero-Cão deliberou que o ajuizamento final da Sianinha Laura Brant haveria de ser na manhã seguinte, pois que, diante de tanto embaraço de drama e tragédia, era bem provável que tudo isto estivesse acontecendo em razão dos sortilégios de feitiçaria da Noiva de Satã.

— Neste ajuizamento, eu peço-vos que rezeis pela alma do Bispo d. João Francisco Bosco Hipólito da Veiga, brutalmente assassinado pelo lampionaio e ufficiale di sagrestia, sr. Joaquim Libório dos Reis, que se esvaíra di questo villaggio di São Roque do Paraty, sem deixar-nos vestígios de sua criminosa pessoa, que há de ser caçada, aprisionada e julgada, muito em breve, da questa Suprema Corte Ecclesiastica di Giustizia del Sant'Uffizio dell'Inquisizione. Tuttavia, hemos de ingressar nos trâmites derradeiros do inquérito dell'indagine sull'accusa di omicidio motivato da incantesimi di stregoneria, em detrimento da existência dell'artigianato orafo e neocristiano João Ernesto Filgueiras dos Santos, contra a ré Laura Brant Caldeira de Andrade, aqui presente em situação de cárcere; e tendo como advogado de defesa o bacharel criminalista, dr. Verediano de Souza. Secondo il procedimento giudiziario, a incriminada Laura Brant, reconhecida por Sianinha Boneca ou Noiva de Satã, há di confessare di aver commesso le pratiche criminali dell'omicidio attraverso gli incantesimi della stregoneria, de modo a atenuar o veredicto ao término do interrogatório. Pertanto, eis a indagação que irá nortear a decisão deste procedimento jurídico: A ré Laura Brant Caldeira de Andrade se sente culpada pelo forçoso suicídio de João Ernesto Filgueiras dos Santos, a tal ponto que aceitasse, de bom grado, a sentença judicial a ser aplicada da questo Tribunale del Sant'Uffizio, não havendo objeção por parte da defesa representada pelo advogado penal, dr. Verediano de Souza? — preambulou o azado prelado d. Buzzatti, p'ra logo empós a indiciada erguer o membro superior esquerdo, em sinal de discordância.

— No Supremo Tribunal Eclesiástico de Justiça do Santo Ofício da Inquisição, hei de reiterar, sem equivocar-me, que, mesmo diante das circunstâncias que permearam o suicídio de João Ernesto, a ré, em hipótese alguma, intentou ceifar a vida d'um ser humano, que desfrutara do convívio da família Brant Caldeira de Andrade. Deste modo, asseguro que não fora co'a intenção de ludibriar a boa-fé de seu prometido, que a ré Laura Brant se entregou ao Amor, que nutria por seu falecido noivo, às vésperas da cerimônia de matrimônio. Portanto, por Amor; e não por sortilégios de feitiçaria, que a Sianinha Boneca se dera de corpo e a alma ao homem, pelo qual se apaixonara, expondo-se até o limite de sua sexualidade, que culminou em vida, haja vista o estado de gravidez da acusada; e não em homicídio por prática dos sortilégios de feitiçaria. Por esta razão, em nome de Deus Pai Todo-Poderoso Nosso Senhor Jesus Cristo de Nazaré, eu obsecro que não se incrimine a perda da inocência da ré Laura Brant, sem se levar em consideração que, ao consagrar Amor ao seu prometido próximo, à família, aos filhos, ao esposo lealmente respeitado, co'a hombridade de que apenas um sentimento pode fazer aflorar – o Amor. Desta feita, eu posso afiançar que este ser humano, cuja força da natureza lhe outorgou a função genética da maternidade; ou seja, detentora da dádiva de dar à luz conduzida pelos tentáculos do Amor, da paixão, não há de ser acossada pelo repúdio da Madre Igreja e da sociedade. Por esta razão, peço encarecidamente que não se julgue esta indefensa criatura que, sem piedade do destino, fora alijada do Amor, pela ótica dos indóceis opressores pautados pelos equívocos da punição d'um ser já conspurcado pela incurável dor da ausência de seu prometido João Ernesto... Por obséquio, que Vossa Excelência Reverendíssima, d. Braz Ramiro Buzzatti, conceda a comiseração e a indulgência, p'ra co'a legítima herdeira do gentil-homem d. Lourival Brant Caldeira de Andrade, ao autorgar oficial consentimento de que a ré Laura Brant Caldeira de Andrade, em última instância, ao menos seja posta em transferência até o Reino em Lisboa, Portugal; e, de outra feita, não se subjugue ao ímpeto da índole satânica deste visitador-mor do Santo Ofício em São Sebastião do Rio de Janeiro. — depôs proposição desesperada o bacharel penal, quiçá pondo por terra a última perspectiva do perdão sacrossanto.

— Em última veemência, a ré Laura Brant Caldeira de Andrade ammette di essersi donato all'orefice neocristiano João Ernesto Filgueiras dos Santos, que enforcara-se em razão de vítima dos sortilégios de feitiçaria.

— Sodomita. — praguejou soletrante Laura Brant.

— Maledetta strega!... Sposa di Satana!... Maledetta strega!... Sposa di Satana!... — amaldiçou, açoitando-a.

— Pederasta. — reicindira-se.

— Decerto, Vossa Mercê não há de conhecer questo strumento di confessione chamado arranca-seios, Noiva de Satã. — impungira o instrumento de tortura, deformando-a em interrogatório.

— Em nome da Justiça divina, peço-vos que interrompeis a sindicância clerical, pois que exijo que a Lei seja cumprida co'o rigor dos códigos jurídicos das Ordenações do Reino de Portugal, Brasil, Algarves e Áfricas. — intercedeu o causídico de defesa.

— Por sumária recomendação desta Suprema Corte Ecclesiastica di Giustizia del Sant'Uffizio dell'Inquisizione, o magistrado solicita-vos cabal e cuidadosa atenção al momento della lettura degli atti giudiziari, que incidem na conclusão do julgamento da ré Laura Brant Caldeira de Andrade, asseverando-se que seja condannato per omicidio contra João Ernesto Filgueiras dos Santos, in questo villaggio di São Roque do Paraty.

À proporção que caminha em direção ao fogo-fatuo, a sentenciada Laura Brant dará à luz ao rebento que escorre de suas entranhas amaldiçoadas, a testemunhar aos prantos o martírio de sua progenitora, que, indiferente ao nascituro, prosseguira em direção ao martírio da sentença sacramentada pelo Supremo Tribunal Eclesiástico de Justiça do Santo Ofício da Inquisição da Madre Igreja Católica e Apostólica Romana, ao mesmo tempo em que a negrinha Benedita se atirara sobre o padre-visitador d. Braz Ramiro Buzzatti, co'o punhal de aço a postos que atinje em cheio o coração de pedra e cinzas do Presbítero-Cão.

— Creio em Deus padre. — soletrou Laura Brant.

## II
## A insurreição cabocla de Juvêncio Sabiá

Certa feita, o suboficial de milícias da Ordem do Terço da Gente Preta e Mestiça da Ilha de Vera Cruz, capitão-mor Juvêncio Eusébio Sabiá, ao excursionar por indômitas paragens ao Sul do Equador, co'o intento de captura dos selvagens ameríndios da tribo Tupinambá, se apercebera d'uma criatura em face de desigual formosura e perfeição, co'as madeixas mui negras e corredias, co'os seios fartos da cor de mel de abelha-uruçu e co'a cauda longa de ariranha d'água doce, às margens do igarapé Pixuna do Guamá, na Província do Grão-Pará e Maranhão. A estúrdia aparição sobrenatural originária dos territórios limítrofes do hemisfério ao Norte da mais próspera e argentária colônia d'aquém-mar, sob domínio político do Reino Unido de Portugal, Brasil e Algarves, entoava cântico orfeônico das nereidas da floresta tropical, de modo a aliciar, sedutoramente, os caboclos andarilhos do terço, quando, de súbito, o caburéu Jorge Torto, que encabeçava o bando armado de saltimbancos conduzido pelo alferes Belmiro Lamparina; pelo sargento d'ordens Abílio Querubim; e pelo cabo de guerrilha João Curupira, alardeara que tal vulto de assombração se afigurava como uma espécie de divindade mitológica da região amazônica.

— Ei'a bugra-Uiara, capitão-mor chefe Juvenço Sabiá!... Ei'a Uiara-bugra, mor chefe capitão Juvenço Sabiá!... — esgoelou-se, incrédulo-aparvalhado, o almocreve aleijão, que carregava consigo oblíqua antonomásia por motejo de sarcasmo alheio, em razão da incoerência de corcova estorvada por má-sina de nascituro, quiçá.

— Bugra-Uiara, muladeiro?!... — abismou-se o atrincheirado azemel-mucaro Pierrô Cuíca, mediante escarcéu de apavoramento do tropeiro acorcundado, arreiro-alquilador.

— Ei'a Uiara-bugra, mor chefe capitão Juvenço Sabiá!... Ei'a bugra-Uiara, capitão-mor chefe Juvenço Sabiá!... — abjurou-se, enfático-reiterativo, o corcovento de espinhela-caída, exímio perito-conhecedor dos sortilégios destes Trópicos de Capricórnio a oeste do meridiano de Greenwich.

— Esbarra de s'esgoelar, caboco, poisque, assenão, de sobressalto, vossamencê há d'esgarçar animália co'a rabada de lontra, módi a s'arribar por escapula de cór'go e matagal!... — repeliu-o pelo arrezingue de ruidosa algazarra o cacundeiro Manuel Brejo, abismado co'a reação do recoveiro Jorge Torto, em analogia agoureira porvindoura de Maty-Taperê.

No que de logo fora secundado pelo capa-bode Sebastião Pio, ávido por arengação de aprisionamento dos negros da terra, à miúde, a tronco e ferraduras, em senzala d'engenho.

— Silênço que, de alvitre, eu hei d'arrancar língua nervosa de vossamencê, Jorge Torto, co'a quicé cega de picar fumo-crioulo, se acaso gentia-rabuda s'arvorar por subterfúgio d'apavoração, escafedendo-se p'ras lonjuras em busca d'abrigo de sobrevivênça. — amealhou advertência de provento ajuizado o malfazejo auxiliar d'ordenanças Abílio Querubim, o Cara de Anjo Mau.

Neste ínterim, o cangalheiro carafuzo Chico Beato, poisquanto desabituado que era de se maldizer em caçoada por escárnio ou galhofa, alendara-se ao tergiversar, sobremaneira, no que tange ao mito do Peixe-Mulher.

— Diz que a Uiara s'assurge módi presságio d'agouração, por sobre encruzilhadas das águas afluentes, p'ra engodar em emboscada de morticínio quem mira assemblante em afã por afeições, asseduzindo co'o vozeio maligno d'encantamento, sem distinção de credo, raça ou patente de milícia, mor chefe capitão Juvênço Sabiá. — persignara-se o carafuzo-taioca cristanizado, acabrunhando-se diante do gorjeio de prosódia da Mãe D'Água.

— Que vossamencê s'arranja de findar co'a atoarda d'alma carpida, Beato, p'ra fim de que s'aprume prélio de peleja contra feroz-arredio inimigo tupinambá, que não se há d'arrefecer por ludíbrio de folclore de crendices, mediante urgência de capturação d'escravaria, p'ra módi se dar cumprimento d'acordação co'o Coronel Bento Mazargão de Medeiros, do Engenho São Gerômo do Acará-Mojú. — preceituara o cavapitã-mandaréu Juvêncio Sabiá, por sobriedade de vínculo de mercadejo.

— Que Deus Nosso Senhor Jesus Cristo de Nazaré lhe guarde e aproteja almaria de vossamencê em misericórdia, capitão mor chefe Juvênço Sabiá. — apalavrou-se Chico Beato, submisso-cumpridor, mediante contingência de admoestação.

— Tome tento d'ânimo e bravura, alferes Belmiro Lamparina, que vossamencê, ademais o cabo de guerrilha João Curupira, o mutilado de lazareto Anísio Lepra, o adestrador d'acavalgadura Pedro Cabresto, o rasga-embaixo Manuel Brejo e o acreano-curimbadeiro Joaquim Lírio, há de s'ir por arrastreio d'azinhaga co'o punhá d'aço afiado entre dentadura e trabuco de cão p'ra trás em riste, módi a se acercar por riba da capoeira, s'atocaiando por defronte da grota-funda do precipício. — ajuizara o camboatá mandatário, apalpando mapa memorioso das geografias.

— De feita d'ordem, capitão-mor chefe Juvênço Sabiá. — replicara, solícito-prestimoso, por acedência de norteio de direção, o hábil e destro subcomandante Belmiro Lamparina, alferesmente.

— Juízo de prudênça e cautela, sargento d'ordens Abílio Querubim, que vossamencê co'o resvaloso Jorge Torto, o papa-hóstia Chico Beat, o tambozeiro Pierrô Cuíca, o curió-albatroz Arnaldo Preá, o camburá Juca Baltazar, o hebreu-velho Nélio Calvo, o negro-guiné Sebastião Pio e o arigó-carimbozeiro Josélio Rima, há de s'ir por retaguarda, escamoteando-se p'ra s'embrenhar pelo ribeirão do bambual de taboca-açú, no intento de se dar combate por detrás da várzea de capão do mangue-buritizal. — rabecou-lhes o estrategista Juvêncio Sabiá.

— D'obediênça e jerarquia, mor chefe capitão Juvênço Sabiá. — redarguira-o invocatório de subordinação o sargento d'ordens Abílio Querubim, acólito militante.

— E'ia, jaguaretê-arreeiro, que sarvágе há de ser p'ra préstimo de cativêro!... Arre-égua, jacaré-canguçu, que costela de gentio há de ser p'ra moquejo de pau-cabuçú!... — reforçou por oralidades de aclamação o corta-jaca João Curupira, em arrojo de antropofagia.

No Pasquim do Grão-Pará e Maranhão, o clandestino periódico provinciano redigido pelo tupininólogo d. Francisco Lourenço de Castro e Silva, reconhecido por hilária alcunha de Pe. Canário, registrara-se o bárbaro morticínio dos selvagens indígenas da tribo Tupinambá, fuzilados pelos mercenários milicianos da Ordem do Terço da Gente Preta e Mestiça da Ilha de Vera Cruz. Em toscas escrevinhaturas anotadas por sobre pergaminho do couro de ovelha, o documento de pública valoração histórica, rubricada pelo erudito loyolista era de abstrusa procedência de berço e nascituro, quiçá o fosse natural da Ilha da Madeira ou Açores, fora fincada em portal da Matriz de São José do Desterro, na Ilha de São Luís do Maranhão, nos idos do século XVIII em decorrente ano de 1777:

> No fatídico episódio da incursão exploratória de cunho escravagista, conduzida pelo suboficial de milícias capitão-mor Juvêncio Sabiá, o Arranca-Peles, contra os antropófagos silvícolas ameríndios de origem tupinambá da Capitania do Grão--Pará e Maranhão, houvera forte resistência dos autóctones aborígenes, que, nada obstante, sucumbiram indefensos mediante gorjeio de pólvora e chumbo dos mortíferos bacamartes, mosquetes, pistolas e carabinas dos artilheiros da Ordem do Terço da Gente Preta e Mestiça da Ilha de Vera Cruz. Do bate-barba, contabilizou-se que, espingardeados, se vitimaram setecentos e noventa e três gentios da terra; e, flechados,

sem risco de óbito, no entanto, o benzedeiro Chico Beato e o almoqueire Jorge Torto, o Corcunda. Entre brasis, co'a exceção dos fugidios arrebatados pelas rédeas das correntes de ferro da tortuosa escravização gentílica e os que se embocaram capoeira afora, sobrevivera ao morticínio tão-somente a bugra-Uiara, depós renomeada em batistério de pia de pedra, sal e água benta, por Almerinda Tupinambá, sob os auspícios sacerdotais do religioso Salustiano Mendes Vieira de Sá, o pe. Salustiano Bagre.

Pasquim do Grão-Pará e Maranhão, 1777.

Ato adjacente, a 'bugra-Uaira do capitão', consoante apelidação do terço, fora convocada pelo suboficial de milícias Juvêncio Sabiá, p'ra arguição de praxe e hábito, empós rendição de prélio e pugna.

— Traz-me negra-rabuda, por 'bséquio, sargento d'ordens Abílio Querubim. — intimou-o, peremptoriamente.

— Ei'a Uiara-bugra, capitão. — arrostou-se, sinistro-macambúzio, já descrido de indulgência.

— Qual a graça de nascituro de vossamencê, negra-gentia? — perquiriu-a o algoz, por mavioso inquérito de inquisição.

— Vossamencê, por acaso de acanibação, arrancara, à dentadura, língua da bugra-Uiara, cabo de guerrilha João Curupira? — afez-se, pernóstico-trocista, o caapora Josélio Rima, candongueirista.

— Que não m'apresto pr'a canibarejo co'a negra da terra, não, caboco. — retrucara o carijó-de-briga, antropófago recém-regenerado por sagração de ameaça de hóstia dos cristianismos colonizatórios vigentes, em todo território da Ilha de Vera Cruz, Terra de Santa Cruz; enfim, Brasil.

— Não adianta que não s'obtém parlatório de confissão da bugra-Uiara, sem prédica d'abenzedura por latim vulgar do vigário Salustiano Bagre, aprovido do crucifixo d'ôro e d'aferramenta de martírio e tortura, mor chefe capitão Juvênço Sabiá.

— pressuriou-se o misseiro Chico Beato, coadjuvante em ritual da adestração, metodizado pelo presbítero das feições de anfíbio-jundiá, de quem fora sacristão de eucaristia.

Em arrogância de prelado, o braço-de-ferro Nélio Calvo, verdugo-agnóstico, advertira-a por aforçuramento de simulacro, perante abnegação de prosejo.

— Vossamencê não arresponde ao capitão-mor chefe Juvênço Sabiá, por arreceio d'acastigação ou bizarria, bugra rabugenta? — indagou o carnífice afeito ao flagelo de carcaça e alma.

— Posdigo reiterado a vossamencê que Uiara-bugra não s'aquebranta por inquirição d'apalavrejo, capitão. — prosseguiu o lambe-botas de cura Chico Beato, ex-assistente de sacristia do presbítero Salustiano Bagre, pároco da ermida de Nossa Senhora Imaculada da Sé de Belém do Grão-Pará.

— Silênço de bugra-Uiara s'amealha e desquebranta de cóc'ras, em chão de páia de terreiro, mor chefe capitão Juvênço Sabiá. — achincalhou-a o sabido-ladino Arnaldo Preá, adepto de assanhamento co'a costela de fêmea, obtida por violação da concupiscência.

— Já que a Uiara-bugra não se desquebranta em parlatório d'inquirição, quiçá há de ser mais ajuizado s'intentar mandigaria-forte d'Áfricas, praticada pela cabinda Maria Surupiá, a Rezadeira. — contemporizou o marrano Nélio Calvo, por propositório de desdém.

— Por findeza de arranca-rabo, afinal das contas desaquietação de silenço da Uiara-bugra desquebranta co'a safadeza de coitejo im páia de chão, co'o aprecejo d'abenzedura do pe. Salustiano Bagre ou co'o ameneio de curimba d'Áfricas da cabinda Maria Surupiá, capitão-mor chefe Juvênço Sabiá? — depôs-se, ríspido-inquisitivo, o mameluco-jambo Manuel Brejo, diz-se que pactário-capiroto.

— Adispois vossamencês hão de tratar de mandinguejaria d'Áfricas de Maria Surupiá ou d'arrezação do vigário Salustiano Bagre p'ra desquebrantação d'Uiara-bugra, que da gentia tupinambá co'a arrabada de peixe-boipeba cuido eu, capitão-mor

Juvênço Sabiá, detentor do grau da mais alta comenda d'Ordem do Terço da Gente Preta e Mestiça da Ilha de Vera Cruz. — vangloriou-se, por fatuidade de presunção de glória militar.

— Qual a graça de batistério de vossamencê, rabugosa-pagã? Qual a graça de batistério de vossamencê? Qual vossa graça...? — abespinhou-se, violentando-a, depós golpeio de arribação.

— Arre-égua, caboco, por módi saliênça de gozo em safadeza!... — arregimentou, suspiroso-saciado, Juvêncio Sabiá, carrasco-executor de castidade da nativa vitimada à força bruta da cópula humana.

— Que costela de fêmea d'Adão mais arredia da linhagem de jaguatirica acuada, capitão. — prestara condolência o moço impúbere Pedro Cabresto, célere adestrador d'animália de montaria brava e desordeira.

De aresto, o colérico e esbravejante d. Juvêncio Sabiá I esguichou-se em cantilena de maledicência contra frigidez de sangue da autóctone mediante violação, amofinando-se empós ato de defloramento, a coice-cego, desapiedadamente.

— Mira vossamencê, alferes Belmiro Lamparina, que da cria bastarda d'uma sárvage-tupinanmbá co'o peixe-ararinha não há de s'obter aprestejo d'assaliênça, por vocação de macheza de vosso mor chefe capitão Juvênço Sabiá. — gabou-se, por jactância de virilidade.

— Tanto esforço de carnificina de bugraiada, p'ra não s'obter sequer assaz agemedura de gratidão, em desarranjo d'acoitação de vossamencê, capitão-mor chefe Juvênço Sabiá. — prescreveu-se, rugoso-embirrento, o subchefe retaguardista Belmiro Lamparina, por hipocorístico d'alumiação.

— Arre-égua, que mais avalia de arranca-cabaço houvera de s'apreciar em fingimento de rapariga de meretrício, acomerciada, a bom preço de banana, pelo barba-ruiva Onofre Grosso Garcez, o Andaluz. — procrastinou o sargento d'ordenanças Abílio Querubim, esculápio em assunto de gozação.

Por paródia de cacoete e sestro, sobrepôs-se o rabo-de-arraia João Curupira, mui afeito ao rito do cauim e da poligamia.

— Adesprezo carne moqueada de Uiara-bugra, mormente, em temperança co'o azeite de dendê e pimenta-da-índia, capitão. — proclamou por forjada exprobração, em desmenosprezo da íncola acoitada.

— Vossamencê mais apreceias torpezas d'assaliênça co'o branco reinol, sem porfia d'arrebatação, bugra-rabojuda? — fustigou o brocoió Juca Baltazar, aresteiro-futricador.

A malograda indígena tupinambá, que, decerto, não se restituíra da bestialidade da agressão acometida pelo suboficial de milícias capitão-mor Juvêncio Sabiá, tampouco olvidaria da cruenta fonética, fora forçada à audição do veredicto por átimo de inclemência humana.

— Por arengação d'arrogança, vossamencê há d'apreciar despachorrice sedenta dos membros da Ordem do Terço da Gente Preta e Mestiça da Ilha de Vera Cruz, por sobre cangalha de carne e couro, p'ra jamais s'adesfazer de rogada e malsã perante vosso capitão-mor Juvênço Sabiá, o Garanhão. — decretou, ao acenar meneio mímico de cabeceira. Empós aurorização de orgia, os impávidos capobirangas do terço enfileiraram-se co'o voraz intuito de infração pecaminosa, por sobre restolho de inocência da bugra-Uiara ultrajada.

— Por categorização de patênça militar, hei d'ir eu, alferes Belmiro Lamparina, desfrutar de intimidades mais primeiro co'a bugra-Uiara, de ponta a ponta, que, adisconforme desdiz adágio, quem ri por último não há de gozar em fins de conta!... — exaltou-se o lugar-tenente, que, ao desabusá-la, se regozijava co'o estribilho safírico de cópula.

— Arre-égua, desquebranto bárb'ro de Uiara-bugra!... Arre-égua, bárb'ro desquebranto de bugra-Uiara!... — improperiava-o, rotundo-extasiado, o artrópode Juvêncio Sabiá.

Por afoiteza, o auxiliar d'ordenanças Abílio Querubim interrompera ato de ludíbrio do superior hierárquico, futucando-lhe co'o sabre da baioneta rim-pulmão, reivindicando hora e vez de acoitação em costela de fêmea.

— Vossamencê adebruça sárvage tupinambá por sobre cór'go d'aldeia, alferes Belmiro Lamparina, que vosso auxiliar de arrumação, eu, sargento d'ordens Abílio Querubim, hei de fincar-lhe vara de jumento em út'ro por aviltação de atrevimento ao capitão-mor chefe Juvênço Sabiá... — receituou, excitadamente.

Atravancado, o subcomandante de pelotão Belmiro Lamparina advogou aforismo, por intermédio de interpelação do subalterno, obstruindo-lhe regozijo de júbilo.

— Vossamencê não se apercecebe de que se'stá desarrespeitando condição d'autoridade, quando s'apropõe interrupção do desafogo co'a bugra-Uiara malquista, sargento d'ordens Abílio Querubim? — manifestou-se, seriamente incomodado co'a interrupção de cópula do subordinado.

Ao se dar conta da intervenção por equívoco de arrojo e afoiteza, o cara de anjo mau Abílio Querubim, adjacentemente, acorrera-se co'o afinco de desesperação a tempo de se impedir objurgatória de ménaje à trois.

— Vossamencê não s'aquebranta de sortilégios d'Uiara-bugra, adiscunforme rezadeiro Chico Beato, cabo de guerrilha João Curupira? — desafiou, em forjamento de curiosidade, o incauto Juca Baltazar, perscrutando-lhe sobre individual ensejo de posse da indígena subjugada.

— Que m'acredo abenzendo, Juca Baltazar. — acedeu-se, replicando provocação de regozijo.

— Mas si piá abrolhar de pézim torto-oblíquo, cum'é que vossamencê s'arranja em pia de pedra, água benta e sal de batistério, cabo de guerrilha João Curupira? — reiterou-se, pilhérico-jocoso, por malícia de indagação.

— Que hei d'abatizar curumim co'o pezim atortanhado, de igual consoante Jorge Torto houvera de dar batismo a rebento co'a estorvação de corcunda de zebu, caboco. — analogara-se, incógnito.

Diante da réplica chistosa, o voraz João Curupira atirou-se por sobre tupinambá-rabeiruda, co'o arrojância de agilidade e sofreguidão.

— Miolo, moela e tripa!... Moela, tripa e miolo!... Tripa, miolo e moela!... — anagramou-se, substantivamente.

Depós arrebatamento de cópula e coito, quiçá, como punição de disciplina ao auxiliar d'ordenanças Abílio Querubim, o alferes Belmiro Lamparina propôs dissoluta perquisição de alvitre ao sorumbático Chico Beato, que revirava enojado em face do asqueroso ato de abuso e transgressão.

— Vez e hora de vossamencê, Chico Beato!... — averiguou, gaiato-malquerente, por gargarejo de estroinice sobre cobiça do artrópode rezador supracitado, sem rodeio de averbação.

— Que o alferes Belmiro Lamparina m'aperdoe rejeito d'engozação co'a bugra-Uiara, porque não hei de m'assujeitar a ultraje d'ajudiação... — interpelou-o, por reincidência de suscitação, o sargento d'ordens Abílio Querubim, gracejosamente.

— Superstição, Beato? — invocou-o, diante da assembleia.

— Por pândega de fanfarronice, vossamencê m'arrenega ímpeto de macheza, sargento? — contestou-o, rixento-acintoso, coçando o cabo do punhal de aço.

— Se vossamencê não m'arresponde por engodo d'assaliênça co'a Uiara-bugra... — subentendeu-se por reticências, o auxiliar de ordenanças, ao passo que o desafiante forjava fraseação de afrontamento, o crendeiro Chico Beato sacou da arma branca pontiaguda, por demonstração de hombridade.

— Macheza de caboco hei d'adepor por ponta d'aço de punhá, em pretume de triparia grossa de safado-tinhoso de vossamencê, sargento d'ordens Abílio Querubim. — confiou-se, audaz-contendedor, pelo ultraje da honradez de macheza.

— Êh, Chico Beato, que vossamencê há d'esbarrar co'a presunção d'injúria contra o sargento d'ordens Abílio Querubim, poisque arenguejo de desavença por rabo de rapariga não hei de atolerar co'a mi'a boa gente cumpridora do terço, não, rezadeiro. — arrotou estatuto de regimento o suboficial de milícias capitão-mor Juvêncio Sabiá, apartando-os por prenúncio de iminência do duelo, a frio do punhal de prata.

— Alferes Belmiro Lamparina, vossamencê adepõe ordenança de tropa, p'ra fim de que s'acarregue bugra-Uiara por engenhosidade de casório co'o mata-mouros Chico Beato, por azelação do altar-mor de ermida diante do Padre Salustiano Bagre, co'o providencial adjutório de sacristia d'Antônio Rezinha, auxiliar de sacristia. — intercedeu-lhe o alcoviteiro Juvêncio Sabiá, enquanto os eufóricos mandriões se bateram em célere retirada, co'a desventurosa tupinambá em lombo d'animália, até a Vila de Santa Maria de Belém do Grão-Pará.

Em Belém, o cerimonial de matrimônio entre o cristanizado Chico Beato e a aborígene Almerinda Tupinambá não precisou ser aprazado por cronologia honorária, haja vista que o evangelista Salustiano Bagre fazia bem pouco tempo retornara da Ilha de Marajó, por incumbência da conversão dos bárbaros sem alma e evangelho do povoado grão-paraense.

— Vossa bênção, pe. Salustiano Bagre. — saudara-o, animosamente, o rufião-pícaro Juvêncio Sabiá, por falseio de sujeição da cordialidade atávica.

— Benedicat animi gaudio sponte tibi virtus nobilitas magistri, captain. Et dabit eum satanas tectumque... — descortejou-o, cáustico-irrecíproco, o pontifício intolerante e ranzinza, por erudição latinista de sacerdócio.

— Co'a vossa acedência, eu, capitão-mor Juvenço Sabiá, m'advenho inté a presença de vossamencê, meu bom vigário Salustiano Bagre, p'ra ademandar 'bséquio de casório do cristão-velho Chico Beato, co'a sarvage tupinambá do rabo de peixe-boi, a Uiara-bugra. — atrapalhara-se o alcouceiro aparvalhado, quando se indignou o negro eclesiástico, mui possesso co'a indecorosa sugestão de aliança de núpcias.

— Casório do caboclo cristanizado co'a negra gentia do rabo d'ariranha, capitão?!... — altercou o abespinhadiço reverendo católico, mediante certificação de sacrilégio de sacramento.

— Peço a vossamencê que, tampouco, não adeponha desaprovação diante d'ajuntamento religioso do benzedeiro Chico Beato, co'a sárvage rabugosa, empós batistério de capela por nomeada de Almerinda Tupinambá, padre. — ponderara-lhe o miliciano onze-letras Juvêncio Sabiá, alcaiote.

— Nisi quod absit, captain. Et frenos in animam testimonium patrem familias Beelzebub vocaverunt, damn!... — abjurou-o, sectário-ressabiado, o atarracado clérigo Salustiano Bagre, que desembestara a imprecar contra "nuptialem capelle predicte et baptisterium bugra autem, captain."

— Que vossamencê se cerimoniasse batistério da Uiara-bugra co'a graça de Almerinda, cujo prenome era o de mi'a finada madre progenitora, que Deus a tenha em bom retiro celestial, pe. Salustiano Bagre. — amiudara-se o vanguardista Juvêncio Sabiá, por proseio persuasivo de alegação.

Apesar do timbre acetinado do suboficial de milícias capitão-mor Juvêncio Sabiá, o presbítero do distrito, por moralismo de sermão, sobreavisara-o que a morada de Deus não se dignava por tais prédicas de se prestar a valhacouto de acolhida de assombração de espírito malfazejo, que, por advento de astúcia, ora se faz parte criatura lendária; ora metade gente de carne e osso.

— Vigário Salustiano... — preconizou-o, conciso-lacônico, por retórica persuasória reticenciosa de certificação.

— Qual custeio de s'aministrar casório da bugra-Uiara Almerinda Tupinambá co'o rezador Chico Beato, meu bom vigário? — exorara-se Juvêncio Sabiá, importunando-se co'a bizarrice crônica do presbítero.

No que de logo fora contra-atacado pela verborragia revoltosa do epíscopo Salustiano Bagre, derramando espraguejação latinesca e infernosa de reprovação.

— Et crucis mysterium fide acceptum, ducem. Quod de Lucifero in conspectu tuo miseram animam? Dominus noster Iesus Christus de spiritu tuo apiede... — apostrofou-se, fleumático-pertinaz, o prelatício reverendo de feições de peixe-nhandiá, em razão de aleivosia.

Nada obstante, o miliciano Juvêncio Sabiá, em súbita improvisação sobranceira de advertência, encostou-lhe pau de pólvora por debaixo da avantajada orelha esquerda do religioso, de maneira a desobrigar até santo de oratório a se benzer mediante presságio da tragédia.

— Ou o rançoso malquerente do pe. Salustiano Bagre s'arrepende d'ultrajação à negra-rabuda tupinambá, a Uiara-bugra, s'arresolvendo pelo consentimento de casório do cristão-velho Chico Beato; ou eu lhe arrebento d'estouro cé'bro de vossamencê, vigário, co'o pau de fogo e pólv'ra. — coagiu-o, por destempero de coerção, induzindo o clérigo a tremelicar de ponta à cabeça, balbuciando-lhe aquiescência do rito conjugal.

— Nam propter Dei, Veni!... Non sustinuerunt sufferentiam Iob!... Oro te, anima mea tenhai huiusmodi pietatis!... Abstinere autem mea non sit Omnipraesens et propitiatio... In nomine Patris et Filii et Spiritus Sancti, batizo-vos de Almerinda Tupinambá, p'ra que, enfim, Vossa Mercê honore desponsari, baptisterium obtinendam gratiam et adfinitate sua violentia. Et ego dico vobis in matrimonium tradita in consecratione sacerdotum ritual, Chico Beato e Almerinda Tupinambá, Magnificus foedus aeternum. — averberou, por gesto de pacificação, o acuado reverendo Salustiano Bagre, orando aos céus para livrar-se de uma vez de tal constrangedora circunstância.

Em oração de culto, o ex-suboficial de milícias capitão-mor Juvêncio Sabiá e seus súditos farroupilhas replicaram-lhe contrição de Amém; no entretanto, por desconfiança de se adiar dízimo pelo préstimo clerical, pe. Salustiano Bagre perquiriu-o, somítico-metafórico, por parábola de requisição de cobrança pela prédica religiosa em batistério e casório.

— E moeda d'ouro de missa s'ajeita p'ra mais quando s'amoldar espinha de peixe-mulher em goela de celibatário Chico Beato, capitão? — insinuou, afeito a dinheiros.

— Se eu bem compr'endo astúcia do linguajar de vossamencê... Que o cabo de guerrilha João Curupira p'ra logo se adisponha de adinheiração obsequiosa pelas exéquias ao pe. Salustiano Bagre, que, quiçá, seja menos difícil abarganhar dívida co'a imagem de santo do que co'o foucinho de peixe-nhandiá. — aparabolizou, referindo-se à sovinice do sacerdote.

— Sit autem omnipotens re damnum datum optimum et adjutorio, capitaneus. — auferira-lhe pelo estipêndio da sagração de bodas, curvando-se em sinal de congraçamento pela compensação da labuta pontifical.

Ao alvejá-lo co'a munição de garrucha, o faustoso justiceiro Juvêncio Sabiá, judicioso-fatídico, blasfemara diante da carcaça do defunto abatinado, amparado pelo fiel-escudeiro Tonho Rezinha, prestativamente.

— P'rus infernus co'o vosso latim vulgar d'alcoviteiro, pe. Salustiano Bagre!... — deprecou-o, empós estrondo seco e opaco do disparo do pau de pólvora.

— Virgem Maria Mãe Santíssima de Deus Nosso Senhor, capitão-mor chefe Juvênço Sabiá!... — terrificou-se, por abismação de homicídio, o nubente Chico Beato, persignando-se.

— Arre-égua, que, doravante, a Ordem do Terço da Gente Preta e Mestiça da Ilha de Vera Cruz há de s'aprumar por adominação deste Terrae Brasilis, em prol da Insurreição Cabocla do Norte de Sua Majestade Imperial do Brasil El-Rey d. Juvênço Sabiá I, o Libertador!... — enunciou brado de independência do visionário Juvêncio Sabiá, o Arranca-Peles.

A parábola do nascituro do caboclo do rio de mil faces extirpado dos sete ventres da 'Uiara-bugra do capitão', a silvícola ameríndia cristianizada, a título de pau de fogo e pólvora, em altar-mor da Catedral da Sé por nomeada de Almerinda Tupinambá, consoante narração se dera a partir da estúpida transgressão carnal cometida (e consentida, sobretudo) pelo ex-suboficial de milícias capitão-mor Juvêncio Eusébio Sabiá, em conluio co'os membros pagãos da Ordem do Terço da Gente Preta e Mestiça da Ilha de Vera Cruz. De outra feita, entre quatro tapumes de pau-a-pique e barro da tapera de sapê de propriedade da então proclamada Vossa Majestade El-Rey Imperial do Brasil d. Juvêncio Sabiá I, o Libertador, presenciara, por debaixo d'uma castanheira-da-índia centenária, nos arrabaldes da Baía do Guajará de Santa Maria de Belém, capital da Província do Grão-Pará e Maranhão, o nascituro da híbrida criatura anfíbia, meado homem meado peixe.

O Príncipe Herdeiro Sua Alteza Caetano Sabiá II, o Bastardo, viera ao mundo pelas mãos calejadas da negra-cabinda Maria Surupiá, a Parteira, que rompera o cordel umbilical do curumim co'a tesoura de prata espanhola, provinda dos alforjes dos caixeiros-viajantes refugiados da penísula hispânica, em razão das prédicas inquisitórias do Tribunal do Santo Ofício da Madre Igreja, que afugentara os marranos apátridas de origem hebraico-ibérica, de modo que aportassem sãos e salvos como cristãos-novos nestes trópicos Terrae Brasilis. Conquanto o rebento espúrio recém-nascido fosse dado e prescrito oficialmente, como herdeiro natural do papa-hóstias de sacristia Chico Cristão, em decorrência da forçosa união matrimonial co'a silvícola ameríndia, celebrizada pelo pároco titular-emérito da Catedral do Forte do Presépio, sob alcunha análoga de pe. Salustiano Bagre, a título de coibição de livre-arbítrio por torpe motivação de pau de fogo e pólvora, o ilegítimo infante recebera o rito de batistério em pedra de pia, água benta e sal. Nada obstante, a cerimônia batismal do piá mestiço d. Caetano Sabiá II se dera sem a presença do patriarca do clã Sabiá, visto que o insurrecto guerrilheiro danara-se em deserção de clandestinidade, empós ter sido notificado aos quatro cantos ilhéus pelos prelados da antiga Lusitânia, que o ex-suboficial de milícias capitão-mor Juvêncio Sabiá era procurado, por intermédio da régia acusação de crime de lesa-majestade e traição-pátria, contra os domínios de possessão da Coroa Portuguesa em territórios ultramarinos, em razão do ato de levante de subversão político cognominado Insurreição Cabocla do Norte.

A histórica rebelião nortista orquestrada pelo heróico estadista Juvêncio Sabiá, contra a despótica governabilidade do Reino Unido de Portugal, Algarves e Brasil, sob rígida restauração ideológica perpetrada pelo catedrático Sebastião José de Carvalho e Melo, Conde de Oeiras (1759); e, doravante, Marquês de Pombal (1769), espécie de iminência parda do monarca reformista d. José I, fidedigno legatário d'El-Rey d. João V e de sua cerimoniosa esposa dona Maria Ana Josefa d'Áustria, a Devotada.

> Declara-se que o ex-suboficial de milícias capitão-mor Juvêncio Sabiá, mercenário da Ordem do Terço da Gente Preta e Mestiça da Ilha de Vera Cruz, há de ser considerado foragido pela Real Corte Lusitana; e, por conseguinte, ajuizado em decreto processual à revelia por subversão injuriosa contra o reinante José Francisco Antônio Inácio Norberto Agostinho, Sua Majestade Real d. José I de Portugal, em judicioso indiciamento pelos circunspectos delitos gravíssimos de lesa-majestade e traição pátria, no episódio da Insurreição Cabocla do Norte, em descabido tentamento de cunho emancipatório, mais especificamente no tocante aos territórios de jurisdição e comarca da Província do Grão-Pará e Maranhão. Por unânime resolução condenatória, portanto, considera-se que o réu prófugo há de ser de imediato deposto com destino aos calabouços lisboetas, p'ra sumária execução em patíbulo ou

fuzilamento por morte natural, co'os membros humanos alastrados pelos logradouros públicos dos brasis, sendo que a cabeça do súdito insurrecionado deverá ser sepultada em indigência de cova rasa de logradouro longínquo e ignoto.

A notória documentação do ato institucional de aprisionamento e da subsequente execução sumária do periculoso Juvêncio Sabiá, expedida por ordens discricionárias do Ministro de Estado Sebastião José de Carvalho e Melo, se bem que datada do Palácio de Oeiras, fora escrevinhada numa mesa tosca d'um simplório mal-cozinhado, estabelecimento comercial do século XVII, que tinha como especialidade o fornecimento aos fregueses lusitanos do vinho ordinário e da sardinha assada, diz que outrora mui frequentado por ninguém menos do que o magnífico bardo Luís Vaz de Camões, d'Os Lusíadas. No entretanto, o fato é que a petição jurídica atravessara o Atlântico a bordo da nau-embarcação Vasco da Gama, sob os auspícios patrióticos do assoberbante Secretário-Geral Sebastião de Melo, que se resolvera por vir pessoalmente pela primeira vez aos brasis selváticos, para consolidação da estratégia mercantilista de recuperação fiscal e monetária da Corte Portuguesa, em bancarrota desde o declínio da extração aurífera.

— De modo a não delegar-se a outrem a gerência do mandato de reclusão e óbito do rebelde homiziado Juvêncio Sabiá, incriminado por inobediência moral e cívica, em tirocínio de afrontação aos negócios reinóis, procedentes da colonização dos sítios e paragens d'além-mar, mais precisamente o próspero e ingovernável Brasil das Minas Gerais. — exortara o centralista lusósofano, partidário do aforismo popularesco, que diz que o bem feito deve de ser obrado por mãos próprias de si mesmo.

Logo que fora avisado do processo criminal despachado ao Palácio da Província do Grão-Pará e Maranhão, sob regência do general-governador Francisco Xavier de Mendonça Furtado, correligionário consanguíneo do futuroso Marquês de Pombal, que incidira pelo aprisionamento adjacente do insubmisso miliciano nortista, o brigante-rixoso d. Juvêncio Sabiá I se escafedera da Vila de Santa Maria de Belém, co'o objetivo de desapropriação dos engenhos canavieiros dos invasores reinóis, a fim de que se robustecesse de riquezas e bens satisfatórios, para se instaurar a Insurreição Cabocla do Norte em torrão pátrio. Consoante post-scriptum do diário de bordo do Marquês de Pombal, soterrado em porão da Real Biblioteca do Hospital da Ordem Terceira do Carmo, lê-se que "o caboclo histrião e bufônico d. Juvêncio Sabiá I escapara por se tratar de prófugo e trânsfuga de alto calibre de periculosidade, que há de ser encarcerado e abatido em caráter de exemplificação, de modo a se afigurar como réu apto a cadafalso ou fuzilamento" (POMBAL, 1769).

O manuscrito de ordenamento sobre a sumária detenção expedido contra o revoltoso ex-suboficial de milícias capitão-mor Juvêncio Sabiá fora remetido aos longínquos territórios nortistas da América Portuguesa, sendo que, anteriormente, aportara em São Sebastião do Rio de Janeiro. Desta feita, a ordem de prisão fora reproduzida em inúmeras réplicas idênticas pelas copistas do reino, de sorte que as missivas fossem enviadas a todas as províncias coloniais deste Terrae Brasilis, de São Vicente do Bertiga ao Grão-Pará e Maranhão. No andamento fatídico, o alferes Belmiro Lamparina reportou-se ao insurgente mandatário Juvêncio Sabiá, co'o manuscrito enxovalhado e sebento por alforje viajeiro em mãos, alertando-o sobre a premissa de capturação co'a régia assinatura do Marquês de Pombal, que se dispusera a atravessar o Atlântico, por afã de justiça.

— Por 'bséquio, mira sobreaviso de aprisionamento de vossamencê, capitão-mor chefe Juvênço Sabiá, que o sentinela Manuel Brejo arrebatou d'um tropeiro negro abaianado d'alcunha de Cornélio Valentim, que afanara sobrescrito do portal d'ermida de Nossa Senhora das Graças do Largo da Sé, em Belém.

— explicitou o alferes Belmiro Lamparina advento de conteúdo da epístola pública, bazofiado-se por vultuoso galardão de recompensa por intermédio de moeda d'ouro pela fidedigna denúncia patriótica sobre o alvorotado bandoleiro foragido, que assaz apoquentara El-Rey d. José I, Co'a tal Insurreição Cabocla do Norte.

— Adepõe assoletração vossamencê, alferes Belmiro Lamparina, por vez que vossamencê mui bem arreconhece caligrafia d'escritura de gramática, por assinalação d'aprendizado do português reinol em cartilha de padre. — incidira o paramilitar sedicioso Juvêncio Sabiá, metediço co'o escopo de escrevinhação do dialeto do branco colonizador lusitano.

> Por decreto imperial deposto em Carta Régia rubricada pelo secretário-geral de Estado do Reino de Portugal, Brasil, Algarves e Áfricas, d. Sebastião José de Carvalho e Melo, o Marquês de Pombal, subverte-se que os circunspectos atos de delinquência por Lesa-majestade e Traição-pátria, que foram perpetrados pelo incréu suboficial de milícias da Ordem do Terço da Gente Preta e Mestiça da Ilha de Vera Cruz, ex-capitão-mor Juvêncio Eusébio Sabiá, se advenha por agravamento de insubordinação e rebeldia contra desígnios da Coroa Portuguesa e seus domínios lusitanos em América, Ásia e Áfricas, sob os auspícios de Vossa Majestade El-Rey d. José I de Portugal, o Reformador.
>
> Lisboa, 07 de setembro de 1769.

Ao desnortear-se pelo Vade-Mécum de Guerrilha Colonial da Terra de Santa Cruz, escrevinhado em tupi-guarani pelo signatário jesuíta José de Anchieta, sob supervisão caligráfica do epíscopo Manuel da Nóbrega, o intimado miliciano Juvêncio Sabiá, ao invés de arrazoar armistício de redenção ao alcaide-mor Mendonça Furtado, entregando-se p'ra julgamento pétreo do Conselho de Justiça das Ordenações Ultramarinas, decidira-se por degredar-se em chão pátrio sem cordialidades brasílicas.

— De módi a s'aquilombar por detrás de trincheiras e barricadas do Forte da Amazônia, que hei de edificar co'o adjutério da caboclada do Terço da Gente Preta e Mestiça da Ilha de Vera Cruz, por razão de fartura até os bagos dos culhões mediante desvario absolutista da galegada dos Portugais d'além-mar e afins, p'ra fim de que logo s'arranjasse o levante patriótico da Insurreição Cabocla do Norte da Província Grão-Pará e Maranhão deste Terrae Brasilis, contra os desmandos do biltre acanalhado do Marquês de Pombal, o Déspota Ilustrado!... — desabafou o líder revolucionário Juvêncio Sabiá, assaz indignado co'a intervenção mercantilista de ordem predatória ideada pelo herdeiro da baixa nobreza de Manuel de Carvalho e Ataíde e de Teresa Luísa de Mendonça e Melo, viúvo de dona Teresa de Noronha e Bourbon Mendonça e Almada e esposado co'a dona Leonor Ernestina de Daun.

Os insurgentes sublevados originários da caboclada do Terço da Gente Preta e Mestiça da Ilha de Vera Cruz cumpriram à risca a estratégia de guerrilha tracejada pelo ex-suboficial de milícias capitão-mor Juvêncio Sabiá, a fim de que se concretizasse a proposição libertária da Insurreição Cabocla do Norte. De tal modo, mesmo sem víveres e/ou pólvora, os revoltosos ilhéus mobilizaram-se contra as arbitrariedades políticas orquestradas por El-Rey d. José I, o Reformador, insuflado pelas reformas pombalinas de cunho iluminista, oriundas do seu despotismo ilustrado e esclarecido. No entretanto, o monarca português, nos fins das contas, não passava de um fragilizado refém de sangue azul-amourado do Tratado de Methuen (1703), sobre lãs e vinhos das Companhias de Comércio junto à imperiosa Inglaterra, que propendiam à iminente bancarrota da metrópole lusitana.

Acaudilhados, os insulanos caboclos do terço intentavam homiziar-se por sítios intransitáveis até que se consolidasse o domínio territorial e marítimo da foz do Amazonas ao Rio da Prata.

— Arriba, cambada de macumbeiro, que, doravante, reinol português há de s'agradar co'o Beija-Mão de Vossa Majestade Imperial do Brasil El-Rey d. Juvêncio Sabiá I, o Libertador!... De todo Norte a Sul deste Terrae Brasilis, até que s'aportasse nas Capitanias de Pernambuco de Itamaracá, Paraíba, Ceará, Bahia de Todos-os-Santos aos Gerais das Minas, São Vicente do Bertioga e São Sebastião do Rio de Janeiro!... — antecipara-se ao brado heroico retumbante de Independência ou Morte, análogo ao manifesto cívico de 1822, sob fúlgido sol da liberdade às margens plácidas do Ipiranga.

Cena contígua, o vanguardista d. Juvêncio Sabiá I espaçou de imediato, por rabiscos toscos e mal tracejados, o mapa-múndi deste Terrae Brasilis sobre chão de terra; e, em alto e bom timbre patriótico, bradejara aos quatro cantos o primordial desígnio de alforria dos taiocas, caburés, carafuzos, guaju-guajus, capiaus, matutos, mamelucos, caipiras, cabras, crioulos, mulatos e sararás, procedentes nativos dos férteis solos apregoados em petição de epístola rubricada pelo escrivão-cartomante Pero Vaz de Caminha desta pátria amada mãe gentil, a que batizaram Brasil em razão d'um cobiçado pau de tinta, que, a miúde, rebentava por toda planície costeira da mais opulenta e abastada colônia lusitana. Dessarte, a Insurreição Cabocla do Norte lhos resguardaria o mérito da instauração dum regime de governança equânime e soberano, sob os auspícios democráticos de Sua Majestade El-Rey d. Juvêncio Sabiá I, o Libertador. Aos trancos e barrancos, os artilheiros capitaneados pelo estadista d. Juvêncio Sabiá I resistiram às intempéries da inóspita geografia tupiniquim, até que, entrementes, se depuseram em cerco de ação estratégica por clamor de desapropriação patrimonial do Engenho Itapecuru do Grão-Pará, propriedade do sesmeiro escravagista Luís Fernão de Magalhães Caldeira e Góes, o Barão do Acará.

Sob assentamento bélico, por conseguinte, os sediciosos amotinados se subdividiram em três facções de prélio.

— Vossamencê, alferes Belmiro Lamparina, co'o ademais canibalista João Curupira, o crédulo-evangélico Chico Beato, o mutilento Anísio Lepra, o cupinzeiro Juca Baltazar, o bota-rédeas Pedro Cabresto e o come-terra Manuel Brejo, há de se apropriar da casa-grande d'engenho, enquanto o sargento d'ordens Abílio Querubim, co'ademais o corcundoso Jorge Torto, o tropicália-percussista Pierrô Cuíca, o bom-crioulo Sebastião Pio e o resvaloso Nélio Calvo, houvera de cuidar d'alforriação da negraiada em cativêro d'assunzala da Fazenda Itapecuru do Grão-Pará. Por retaguardação, comigo há d'advir o tocador de rabeca Josélio Rima, co'o ademais o focinhoso Arnaldo Preá e o rasga-tripas Joaquim Lírio, em silênço de rastreio p'ra impedimento de escapula d'assombração aceroulada do d. Fernão de Góes, o Depelado. — perfindou-se o subvertedor Juvêncio Sabiá, atento ao realejo de reação do adversário, por reivindicação de tributo.

— Gargarejo de pólv'ra, chumbo e cangalha, mor chefe capitão Juvênço!... Gargarejo de cangalha, pólv'ra e chumbo, capitão-mor chefe Juvênço Sabiá!... Gargarejo de chumbo, cangalha e pólv'ra, capitão Juvênço Sabiá, El-Rey do Brasil!... — avigorou-se, por secundação de autoridade e jerarquia, o alferes Belmiro Lamparina, adjuntamente.

— Ei'a, caboclada, que punhá n'é pau de pólvr'a e costela de fêmea não há de ser pr'a umbigada de donzela, capitão-mor chefe Juvênço Sabiá!... Ei'a, caboclada, que pau de pólvr'a n'é punhá e umbigada de donzela não há de ser pr'a costela de fêmea, mor chefe capitão Juvênço!... — por excitação de prélio, invitara-os o auxiliar de ordenanças Abílio Querubim, o Anjo Malfazejo.

Em rito de possessão apátrida ao Engenho Itapecuru do Grão-Pará, os invasores ufanistas degolaram co'o pajeú de zinco, a sangue frio propício a sarapatel, o todo-poderoso latifundiário, diante de sua nobilíssima consorte dona Violante de Góes, a Sinhá Coxa. Não obstante, ao invés da contumaz lamentação carpideira pela ultrajante ausência do cúmplice de toda uma vida conjugal, a viúva-fresca se demonstrara um tanto quanto mais ressentida pela castração do Feitor Florêncio, do que, propriamente, pela perda do esposo fidalgo d. Fernão de Góes, senhor de engenho e fazenda, ex-proprietário da estância agrária.

— Co'o pau que feres, tu hás de ser ferido, maldito capitão-mor Juvêncio Sabiá. — rogara, por praguejo de raiva e ódio, diante da amputação peniana do amásio arrancolhado.

— Que s'aderrubasse sanzala d'anegraiada a machado, foice e facão; e que atumbém s'ateasse chamaréu ao pelourinho do largo d'engenho, p'ra módi que jamais s'acoimasse por castigação de preto cativo d'assunzala por estes trópicos-brasis!... — prescrevera d. Juvêncio Sabiá I, ao avocar interlocução do alferes Belmiro Lamparina, no tocante à 'assoletração' do documento histórico designado Carta de Lei Áurea da Ilha de Vera Cruz.

Em nome e graça de Sua Majestade Imperial do Brasil El-Rey d. Juvêncio Sabiá I, o Libertador, faz-se saber a todos os leais súditos da Insurreição Cabocla do Norte, que fora sancionada a Lei Áurea seguinte:

### ARTIGO ÚNICO

É declarada extinta a escravidão dos originários e descendentes d'Áfricas, em todo território da Província do Brasil.

Capitania do Grão-Pará e Maranhão, Brasil, 13 de maio de 1770.

A intentona abolicionista do chefe de Estado Juvêncio Sabiá, principiada pelo Engenho Itapecuru do Grão-Pará, provocara certa suspeição aos negros cativos da senzala, ávida por interpelação sobre como se manejar mediante tal livre-arbítrio, obtido co'a 'Carta de alforriação da negraiada ilhéu proscrita pelo reinante d. Juvêncio Sabiá I, o Libertador. Decerto, a Insurreição Cabocla do Norte vaticinara a até então inatingível probabilidade do primordial direito de ir e vir tolhido e condenado pela colonização lusófana, a se avultar contra o desvario da escravatura indígena e negra, por precisão e excentricidade do senhor de fazenda e latifúndios, cujos matizes da humilhação do cárcere se prostravam como vorazes cicatrizes em carne-viva, a acoimar-se pela mutilação da alma humana. Co'o intuito de elucidação dos inéditos tempos de alvedrio, por sobre atávico aprisionamento dos corpos e espíritos dos compatriotas étnicos, quiçá, a proposição de liberdade se dignificava a instaurar a justiça social por todo território do Brasil-Colônia, tendo por exemplificação a propriedade agrícola do fidalgo Luís Fernão de Magalhães Caldeira e Góes, o Decapitado.

No comenos, a senhorinha Gertrudes de Góes, legatária por legitimidades de dona Violante e do nobre fidalgo d. Fernão de Góes, adentrara salão-nobre da casa-grande em companhia do arisco-camboatá Anísio Lepra, que, por arroubos dos maus-tratos de truculência, arrastava a sinhazinha branca pelas aloiradas melenas, a título de safanões, injúrias e impropérios.

— Em razão de baforejo d'arrogânça, que vossamencê m'aperdoe, mor chefe capitão Juvênço Sabiá, eu for'é obrigado a enrabar de mau jeito a siázim Gertrudes de Góes, em safardança do desabrigo de sótão. — depôs-se o aleijão Anísio Lepra, arremessando-a ao chão do sobrado, por ímpeto de desaprovação.

— Não s'ajudeia mais não d'alva-azeda siázim Gertrudes de Góes, que a fiel herdeira do nobre d. Fernão de Góes há de ser desposada em altar-mor d'ermida caiada e mui florida, por esse vosso capitão mor chefe Juvênço Sabiá, o Reparador. — dera-lhe advertência conjugal, absolvendo-o da petulância mediante rapariga enrabada pelo leprozento acurado de moléstia Anísio Lepra, que, entanto, não molestara cabaço da rapariga.

De súbito, porém, o reinador d. Juvêncio Sabiá I se vira esbofeteado em presunção de altivez hereditária pela sinhaninha Gertrudes de Góes, assaz vilipendiada, ao desvencilhar-se da escolta caboclo pestilento, co'a face feiosa de bode velho.

— Vossamencê, siázim Gertrudes de Góes, não me arreconhece por patênça de monarquias, co'a nomeada de Sua Majestade Imperial do Brasil El-Rey d. Juvênço Sabiá I, o Libertador? — inquiriu o Anti-Caraíba, fitando-a desencarado pela desfeita do sopapo.

— Ora, vós avisastes ao Excelentíssimo El-Rey de Portugal e Algarves, d. José I, que, por estes cafundós dos Brasis, há tal burlesco bate-orelha do d. Juvêncio Sabiá I, o Decaptador? — deprecou-o Violante de Góes, por frívola ironização de ribalta e picadeiro.

— E vossamencê s'arroga a abjurar-se da Insurreição Cabocla do Norte, Siá Dona Coxa? — fustigou-a, pérfido-interativo, o alferes Belmiro Lamparina, consultando-a em seu surto de empáfia e soberba.

— Pois vós haveis de ter consciência de que a Coroa Portuguesa não indultará perjúrio de tal magnitude à fidalguia colonial do Grão-Pará e Maranhão, El-Rey Juvêncio Sabiá. — reiterou-se a incordial viúva do aristocrático d. Fernão de Góes, por concisão de retórica.

— Sargento d'ordens Abílio Querubim, vossamencê arrebata guarda-roupa do falecido d. Fernão de Góes, p'ra se aprontar sagração de cerimônia de casório oficial de capela da Vossa Realeza Imperial do Brasil d. Juvêncio Sabiá I, co'a siázim Gertrudes de Góes do Engenho Itapecuru do Grão-Pará. — envaidou-se o mamulengo Juvêncio Sabiá, excitado por arrancar castidade de hímen da sinhá-branca da família Góes.

— Por desfastio de celibatário, capitão. — desvelara o auxiliar de ordenanças Abílio Querubum, irônica e solicitamente, ao piscar retina de cumplicidade.

Empós cerimonial de bodas de matrimônio co'a desdenhosa Gertrudes de Góes Sabiá, o imperioso Marechal de Mar e Guerra d. Juvêncio Sabiá I, o Libertador, deliberara que o alferes Belmiro Lamparina se arranjasse co'a viúva-alegre Violante de Góes, ainda mui lamentosa pela incapacitação ereto-peniana do castrado Feitor Florêncio, que estancara hemorragia co'a cachaça da terra, a pimenta do reino e o fumo de rolo d'Áfricas.

— De soleira e rebarba, vossamencê há d'encoxar por desposamento co'a Sinhá Coxa, alferes Belmiro Lamparina. — regalou-o por alcovitaria conjugal, o cavapitã Juvêncio Sabiá, providencialmente.

— E quem há de se considerar Vossa Mercê, p'ra se sentir no direito de decidir sobre aliança de matrimônio de outrem, d. Juvêncio Sabiá I, o Onze-letras? — defrontou-se, por rompante de altivez desafiosa e desaforenta, a capenga-enviuvada Violante de Góes, desautorizando-o.

— Ou vossamencê aceita rogativa de amasiação co'alferes Belmiro Lamparina; ou s'ajeita em arranjação de catre co'o caburéu-capado Feitor Florênço, siá-dona Violante de Góes... — por hipotética proposição de matrimônio, avigorou-se o dez-e-um Juvêncio Sabiá, chantageando-a.

— Co'a siá-dona Violante de Góes, hei d'obsecrar a vossamencê, mor chefe capitão, eu, Cabo de Guerrilha João Curupira, autorizazão d'alicenciatura de consentimento p'ra desposação sumária de viúva afrescada... — interrompeu-o, abrupto-ilícito, o guardião andrófago João Curupira, por alegação de arrebatamento por aleijadura da prometida Violante de Góes, em inopinado leilão de bodas casadoiras.

— Assossega espr'ito, que adecisão de casório co'a Dona Coxa s'esbarra em alta hierarquia de comando do terço, que há de se anteceder ao vosso direito d'alcova por aleijão da Violante de Góes, por permutação de alcova pelo desfalecido d. Fernão de Góes, cabo de guerrilha João Curupira. — bateu-se martelo Juvêncio Sabiá, em conciliação de imbróglio, por ajuizamento de palavra empenhada em antecedência.

— Aporém, alferes Belmiro Lamparina, vossamencê há d'enterrar em sete-palmos de cova rosa p'ra serventia de túmulo, módi que não se há d'adesposar viúva coxa e afrescalhada sem sepultamento do cadáver do fidalgo d. Fernão de Góes, o Decepado. — incitou-o o supersticioso Juvêncio Sabiá, por prédicas de tradição da cristandade vigente.

Contrariado por negativa de consignação de união co'a Siá Coxa, o auxiliar de ordenanças João Curupira objetou oralidades, em desacordo de acatamento de ordenação do superior hierárquico Juvêncio Sabiá, por injustiça de alcovitagem.

— Co'a toda aconsideração pelo vosso apalavreado de comando de vossamencê, mor chefe capitão Juvênço Sabiá, no que tange ao caráter de patênça d'alferes Belmiro Lamparina; no entanto, apressinto que a siá-dona Violante de Góes não m'adespreza em bem-querênça de casório. — profetizara o reiterativo, inconformado co'a regra de categoria militar.

— D'outra feita, por desígnio de s'enchafurdar co'os cornos untuosos do fidalgo d. Fernão de Góes, vossamencê s'infere adisrespeitando regramento d'assuboficialidade, sargento d'ordens Abílio Querubim? — asseverou o lugar-tenente Belmiro Lamparina, desconciliador perante audácia de rivalidade.

No escopo de controvérsia, o caudilho-governante d. Juvêncio Sabiá I decodificara que a persistência da contestação do cabo de guerrilha João Curupira não houvera de ser por mote de apreço por dona Violante de Góes, a Baronesa. Todavia, possivelmente, por rixa antiga co'o alferes Belmiro Lamparina, que, decerto, acaroara-o por incorreção de arbitrariedade.

— Afinal, a Siá-Coxa s'adispõe por intento de desposamento d'altar-mor ornado co'a fulô-do-campo, co'o alferes Belmiro Lamparina ou co'o sargento d'ordens Abílio Querubim? — ultimou-lha, por apalavração extrema, o juiz de paz Juvêncio Sabiá, por acepção decisória de aforismo, examinando-a por azo de apreciação.

— Não afraqueja por pejo de caboco, não, siá-dona, porque, assenão, eu inté sou descapaz de m'adisfarçar de sinhô d'engenho Fernão de Góes, p'ra módi me apoder se acasalar co'a viúva-negra Violante de Góes, a Renga. — sofismou-se o acorcundado Jorge Torto, arrojante por interposição de peculato.

— S'aquieta, Jorge Torto candongueiro, que atoarda de casório não s'achegou inté assoalho d'assunzala, não, curiboca. — apostolou Sebastião Pio, em escarnecimento da intromissão de palestra.

— Por 'bséquio, desembucha de vez e hora a quem vossamencê adepõe acedênça de companhia d'alcova: alferes Belmiro Lamparina ou cabo de guerrilha João Curupira, Siá-Dona Coxa. — perquiriu, reincidente-incisivo, o jaburé Juvêncio Sabiá, convicto de que a ex-senhora do fidalgo d. Fernão de Góes optaria pelo alferes Belmiro Lamparina, em razão da jerarquia de autoridade.

— Confesso que hei de dar ouvidos tanto aos rogos do alferes Belmiro Lamparina, quanto aos arrebatamentos do sargento d'ordens Abílio Querubim, capitão. — indecidiu-se a recém-viúva Violante de Góes, embaralhando pleito de desígnio matrimonioso.

— Vossamencê há de se almejar arrebanhação de casório tanto co'o alferes Belmiro Lamparina, quanto co'o cabo de guerrilha João Curupira, siá-dona Violante de Góes? — questionou-a, por incredulidade de veredicto mediante opção de poligamia, o caburéu Abílio Querubim, estupefato diante da insaciável decisão de amasiamento.

— De bom grado e guarida, hei de matrimoniar-me tanto co'o alferes Belmiro Lamparina, quanto co'o cabo de guerrilha João Curupira, caso não haja objeção por parte de Vossa Majestade El-Rey d. Juvêncio Sabiá I, o Libertador. — definiu Violante de Góes, por abreviação de discursividade.

Empós significação de aliança, o ex-suboficial de milícias capitão-mor Juvêncio Sabiá depusera ordenamento, no tocante ao local e data da bígama conciliação conjugal.

— Ajeita cangalha em lombo d'animália de montaria, Pedro Cabresto, p'ra se apelejar por toda Província do Grão-Pará e

Maranhão, p'ra módi se alastrar Insurreição Cabocla do Norte, por Pernambuco de Itamaracá, Piauí, Paraibá, Ceará e Bahia de Todos-os-Santos, até se esbarrar em São Sebastião de Rio de Janeiro!... — declamara Sua Majestade Imperial do Brasil El-Rey d. Juvêncio Sabiá I, o Desbravador.

Na Fazenda Nossa Senhora dos Prazeres de Milho Verde do Serro Frio, localizada nas proximidades do Arraial de Santo Antônio do Tejuco, Província da Vila do Príncipe da Capitania das Minas Gerais, o malévolo Feitor Bem, em conluio co'o caçador de escravos Negro do Mato, acercados dos pretos cativos Jorge-Ogum, Maria Mina, Tomásio, Xica Parda e Ros'Helena, arrodevam o carpina Mestr'Ozé que fora acorrentado, a ferro e azorrague, às vesperas dos festejos da padroeira Nossa Senhora Imaculada da Conceição do Serro. O senhor de engenho, minas e fazenda, médico e sargento-mor Manuel Pires Sardinha recomendara, a dinheiros, conquanto o negro estivesse agrilhoado à condição de escravatura, que o marceneiro providenciasse a construção d'uma senzala mais ampla e espaçosa, de modo que melhor se abrigasse a mão de obra que adviria das outras paragens brasílicas, pelas mãos alvissareiras do progresso diamantífero que assolava o Arraial do Tejuco, também povoado por emboabas insaciáveis em obstinação pelas pedras preciosas deste paradisíaco Éden Terreal, conforme o batizara Rocha Pita.

No pelourinho da estância, o escravo 'Ozé Mestre, que recusara a ordem do Nhô-Doutô Mané Sardinha, agonizava empós os implacáveis castigos carnais aplicados pelo Bem Feitor e o Negro do Mato, que lhe retalharam o couro cru em carne-viva, de maneira a retassalhar a pele grossa calejada, fustigando-a até se desprender do corpo envelhecido. Em ritual pré-sambístico, os pretos escravizados batucavam ciranda de roda angolana, em torno do nego-véio Mestr'Ozé, humilhado co'a sentença por abjuração de ofício de carpintaria.

Eu vô labutá
Cantiga di candonga
Tem boi nu matu, fia,
Eu vô trabaiá...

Sol raiou
Eu vô ganhá vida
Tem pãu assadu, mi'a fia,
Im fornu di ingá.

Não sô nego-moçambique, baiana,
Larga do meu pé,
Larga do meu pé, ô Cigana,
Larga do meu pé.
Eh, siá,
Não sô nego-guiné, ô siá,
Vem me umbigá,
M'ia nega, vem me umbigá

Cadê Chico Preto, maninha?
'Tá no lazareto, meu véio,
Aferradu im currenti
No pelourim a penar

Eu vô labutá
Ciranda alta
Só entra na roda, mi'a fia,
Quem soubé arrimá...

O mandingueiro Jorge-Ogum, co'o rosário de pedra, se achegara até Tomásio, p'ra ajuizara-o sobre a percisão de não se obstruir réquiem de batacuda de terreiro, para se encomendar aos deuses d'Áfricas os espíritos anciões habitadores dos cavalos de 'Ozé Mestre, o Carapina.

— Mió nãu s'istancá cu'a canturia d'alamentaçãu, p'rá num si ajudiá ãinda ãmais du coitadu du negru caranpina, 'currentadu im acartigaçãu, u Mestr'Ozé. — sussurrou um tanto acegado pelo tempo de subexistência em escravidão, o macumbeiro Ogum-Jorge, atormentado pela mortificação do destino do negro marceneiro.

— Vossuncê 'tá nus cartigus du troncu d'ajudiançãu, 'Ozé Mestri, qui for'é 'suncê mermu ãquem ubrô cu'us ofícius di canrpina di vossuncê, Mestr'Ozé. — esfregou em face negra acusação sobre a própria felonia imposta pelas mãos sangrentas dos capatazes da propriedade mineradora, o reprodutor de negros Tomásio, tampouco ressentido co'a contraditória penalização ao carpinteiro mutilado a vitupérios e contumélia, em razão da bizarria da vítima açoitada.

— Nãu uera vossuncê mermu, 'Ozé Mestri, anquem ubrava us troncu di cartigu i trurtura dus negru iscravizadu, p'rá ãinda mió s'ajudiá dis nóis 'currentadu im cativêru d'assunzala? — averigou a mestiça Xica da Silva, acólita ao garanhão Tomásio, que, de outra feita, lhe roubara a castidade por arroubo de violação, antecedendo-se ao Nhô-Doutô Mané Sardinha, que a acoitara como mula de montaria da senzala.

— Adirstinamentus, Pai Tumásiu... Adirstinamentus, Xica Parda... — defendeu-se Mestr'Ozé, acuado perante retalhante estupidez da chibata cega, que o destroçara de cabo a rabo, sem comiseração pela labuta prestada por décadas e décadas, em regime de semialforria por conta de sua habilidade de talhador, sobretudo.

— Acartigaçãu, 'Ozé Mestri... Acartigaçãu, Mestr'Ozé... — maldissera Feitor Bem, mestiço de má-índole e sina, sedento por retaliação ao pelo aviltamento do preto libertário e atrevido, que renunciara ao ofício por não mais admitir o sofrimento dos negros escravizados em senzala.

A escrava africana Maria Mina, que dera à luz à mestiça Xica Parda, quando se entregara de corpo e alma ao Nhônhão Florípides Sardinha, irmão de sangue do gentil homem Manoel

Sardinha da Fazenda Nossa Senhora dos Prazeres de Milho Verde do Serro do Frio, intercedera em favor do escravo cabisbaixo à beira da morte, que mal reagira aos ódios sádicos proferidos pelo Bem Feitor.

— Deixi u miserárvi du negru-véio adiscurti u remorsu di cunscênça nu troncu di acartigaçãu assussegadu, Bem Feitô; i, qui quantu a 'suncê, Tumásiu, nãu s'intrumeti nus desassussegu di carni i 'spritu du cativêru, apôis si u 'Ozé Mestri obrô us paurs di trutura for'é pur unbrigação dus ufícius di subrevivênça di negru iscravizadu... — eximiu-o da culpabilidade a negra Maria da Costa de batistério, afeita ao desígnio de alegação advocatícia.

— Aquem cu'u ferru aferi, cu'u ferru ãserá aferidu... — escarneceu Ros'Helena, protegida do Feitor Bem, por acedência de safardância.

— Essi negru-véio du Mestr'Ozé acurtidu i calejadu apódi inté jurá a 'suncês qui nãu for'é pur ódiu aus pretus du cativêru, qui ubrei assunzala i us paurs d'acartigação; i tumbém nãu uera u 'Ozé Mestri qui unbrigava s'incarcerá us iscravus im sufrê d'humilhançãu dus troncu di pelourim, S'Helena. — desculpara-se o marceneiro Mestr'Ozé, resignado ao adestramento da servidão.

— I atumbém nãu uera u Mestr'Ozé aquem acurrentava us iscravus arredius cunformi u disni'um du Tonhu Fujãu, 'currentadu p'rá ajudiançãu di troncu i vergaiu, pelu rebentu di vossuncê Maria Mina, u Negru du Matu. — achacou Bem Feitor, abroquelando-se da cólera maledicente e injuriosa dos negros, acabrunhados pela opressão da escravatura.

— I tumbém nãu m'avem dizê vossuncê angora, Ros'Helena, qui si nãu fossi essi ni'um du Feitô Bem di 'suncê, otru mertirçu disquarqué s'arvurava a mandu du brancu-sinhô Nhô Sardinha, a s'ajudiá mió di nóis negru cativu du mermu raiventu jeitu d'ódiu. — retrucara Maria Mina, amofinada co'o capitão do mato que parira em barrigada que antecedera o nascituro da mestiça Xica da Silva, a Parda.

— U negru-carpina 'Ozé Mestri há-di sê adiscunformi vossuncê, Pai Tumásiu, qui, pur unbrigação di ufíciu di cativêru, s'assujeita ã acoitá ventri d'iscrava acomu arreprodutô di assunzala. — revidou o curimbeiro Jorge-Ogum, aplainando-os ao nível da indústria de escravidão.

— Us ufícius dessi troncu di genti nãu 'carcera iscravu arrediu im acartigaçãu pur subrivivênça, pruqui essi Pai Tumásiu di 'suncês nãu for'é bichu nascidu p'rá ajudiançāo quár u Feitô-Bem di 'suncê, Ros'Helena. — redimiu-se o chavequeiro Tomásio, oficioso garanhador.

— U Pai Tumásiu nãu 'carcera im cartigu us negru cativu, pruqui rebentu dessi troncu di negru disunmana j'ãoé nascidu nus sufrê d'assunzala i cativêru... — arrotou Bem Feitor, braço-de-ferro do mineirador Manoel Pires Sardinha, que lhe solicitara se arrancar cabaço da cabrocha Xica Parda, de maneira que lhe facilitasse o serviço de catre da alcova.

A mestiça Xica da Silva fora aliciada pelo negro-garanhão Tomásio a se deitar co'o Doutor Manoel Sardinha, mediante promessa de se ajeitar nos afazeres de cômodos e cozinha da casa-grande da Fazenda Nossa Senhora dos Prazeres de Milho Verde do Serro do Frio, a fim de que se amainassem as árduas ocupações exercidas nas lavras diamantíferas dos arredores do Arraial do Tejuco, que deprecavam esforço corpóreo brutal e sobre-humano. Logo que perdera a inocência pr'o reprodutor de negro Pai Tomásio, a escrava conhecida como Xica Parda fora conduzida p'ro aposento dos fundos do sobrado, alcunhado de pocilga 'dos bastardos', por servir de abrigo e valhacouto ao senhor de engenho, que era médico de formação e profundo conhecedor da anatomia da escravaria de sua propriedade mineiradora.

— Adiscunformi ispraguejô u feiticeru Ugum-Jorgi, nãu ademora aqueli pretu arridiu du Tonhu Fujãu s'achega humilhadu pelu açoiti i amiaça du marditu du fio bastardu di vossuncê, u Negru du Matu, Maria Mina. — abalizou fadário o escravo

Tomásio, retirando-se da senzala em companhia da mestiça Xica da Silva, que imaginava servir-lhe de montaria de cativeiro.

— Nãu si ademora u Tonhu Fujãu mermu unté si achega iscurraçadu di sua liberdadi di vésp'ra, hunmilhadu pur ufensa du açoiti di vergaiu du Feitô-Bem di 'suncê, S'Helena, p'rá s'avingar de vossuncê, Pai Tumásio, rufiãu da Xica Parda pr'á si adeitá assafardeza cu'u Nhô Doutô Mané Sardinha, p'rá agozá di regalia dus favô du Sinhozim im casa-grandi... — acoimara-o o juremeiro Jorge-Ogum, denunciando-lhe serviçal proeza de alcoviteiro.

— Us 'spritus dus negru alfurriadu cu'us sangui di jurtiça nãu si incarera ãnem cu'as correnti di ferru ãnem cu'us feitiçu mandinguentu, Ugum-Jorgi. — vociferou o escravo fugidio Tonho Fujão, que adentrava a senzala arrastado pelo capitão Negro do Mato, açoitando-o impiedosamente.

— Porcu sujo di negru i imundiça di Tonhu Fujãu!... — espraguejava-o o capataz raivosamente.

— Assunzala ãé aliberdadi, Jorgi-Ugum. Assunzala ãé aliberdadi, Jorgi-Ugum. — bradava-lhe o negro Tomásio, à proporção que o escravo rebelde era azorragado pelo perverso capitão do mato.

— Ãsó si fô aliberdadi di vosssuncê qui, di muintu, nãu adeitia u cansaçu du corpu im lavôraçãu di mineraçãu, Pai Tumásiu. — asseverou-se a negra Maria Mina, em represália ao ato de aliciamento contra a escrava Xica Parda.

— Assunzala ãé liberdadi dus brancu-sinhô da casa-grandi d'Afanzenda Mio Verde de Serro do Frio, porqui incarcerum us iscravu hunmilhadus p'rá si arreproduzi quár animália i adispois si adumesticá cu'u Deus imbranquicidu di Bíbria, qui pretu beóciu nãu sabi lê pur ignurança du dirstirnu di cativêru. — desfechou imprecação de praguejo o feiticeiro Jorge-Ogum, abismado co'a desfaçatez do escravo reprodutor Tomásio, prosélito e assecla sequaz assecla do nobre d. Manoel Sardinha, o Deflorador.

A preta cativa Maria Mina sofrera desarbítrio de malignidade do escravagista Manoel Pires Sardinha, logo assim que, adquirida em leilão de negros em São Sebastião do Rio de Janeiro, aportara-se em Santo Antônio do Tejuco p'ra prestação de labuta de mineração. Na flor da mocidade, a negra Maria da Costa atraiu atenção do agregado Florípides Sardinha, que lhe desemcabaçara virtude de honra a pulso de cópula forçada, por coadura de violação. Do defloramento, abrolhara o azougue Tonho Fujão; e, logo depois, a mestiça Xica Parda, que, de ocasião, se arranjava p'ra seguir a ordem natural do cativeiro, quando dera entrada em senzala o escravo foragido de Milho Verdo do Serro do Frio.

— Credu im cruz Jisus Cristu, Virg'Maria i us orixás dus caboclus da mata, qui nãu possu incriditá qui, ni'um piscá di óio, qui u amardiçuadu du capitãu Negru du Matu ôtra veiz alcançô rastru di iscravu fugidu du Tonhu Fujãu. — admirou-se o moleque de recado de nomeada Negrinhó, que acompanhava o cortejo de escravos e capatazes até a senzala do engenho.

— U fio pródigu à assunzala há-di arretornar... — chasqueara o capitão do mato, indiferente ao fato da irmandade co'o escravo Tonho Fujão, humilhado pelo próprio irmão de sangue.

— 'Currenta mió u danadu dessi pretu que, di angora im dianti, capitãu Negru du Matu, si acasu d'otra feitia u marditu iscapulir pr'u quilombu ieu mermu cortu us membru du disgraçadu anfora i atiru aus porcu famintu di pucilga. — estabeleceu Feitor Bem ao Negro do Mato, arrojado por prestar castigamento ríspido e exemplar ao escravo fujão.

— Oxalá apódi mermu butá fé, qui credu di Tonhu Fujãu di angora im dianti ãé currenti dus ferru nus pérs discarçu, nus pescorçu i 'spritus di bichu ruim di pesti arrevórtada. — rosnou-lhe o capitão do mato, heroico.

— Anjudi anqui im préstimu di sirvintia, canpataz. Ajudi u Negru du Matu apertá mió currenti di ferru nu percorçu dessi marditu di Tonhu Fujãu... — solicitou auxílio, covardemente.

— A ceguêra di vossuncê, disirmãu di capitãu-du-matu, nãu li aprimitiu qui 'suncê inxergassi u qui istá pur distrás dus páurs di acartigaçãu, nu côru cru du iscravu Tonho Fujão di Maria Mina. — aconselhou-o o muambeiro Jorge-Ogum, inconformado co'a traição do Negro do Mato, ao se aliar ao Feitor Bem, que se propunha a acoimar a duras penas o escravo capturado.

— Si disubedecê vuntadi du brancu-sinhô Nhô-Doutô Mané Sardinha si acurrenta inté mal'assumbraçãu dus 'spritus di vossuncê, Ugum-Jorgi. — ironizara-o o capitão do mato, cumpridor do dever e obrigação de caçador de almas negras.

Co'a captura do escravo Tonho Fujão e o martírio do negro carpina Mestre José, a senzala da Fazenda Nossa Senhora dos Prazeres de Milho Verde do Serro Frio pulsava contra a odiosidade da opressão que se repugnava, nevralgicamente, a cada estalido da chibata sobre os corpos hirtos e desnudos, que se contorciam entre clamores e gemidos de agonia.

— Inté anpareci qui negru nãu ãé genti di carni, ossu i 'spritu... — lamentava-se o catimbeiro Jorge-Ogum, horrorizado co'a brutalidade dos castigos corporais, a estremecer os alicerces do organismo natimorto do cativeiro.

— Negru humilhadu im cativêru assangra mió pelus óius di ódiu curtidu im unguentu, Ugum-Jorgi. — esturrou o fugidiço Tonho Fujão, sob a égide da chibata.

— Issu é ufíciu di genti hunmana qui si adisfarça subrivivênça, pur inturmédiu di hunmilhanção dus negru im cativêru d'assunzala, Negru du Matu? — indagara a mulata Xica da Silva, constrangida co'a perversidade do capitão do mato, a se indispor contra um ente consanguíneo, que estertorava mediante o vergalho de couro.

— 'Suncê qui aprepari carcaça i isp'rito p'rá si adeitiá u ruim du corpu apudrecidu di dispréstimu cu'u Nhô Doutô Mané Sardinha, Xica Parda. — imputara fado e fortuna o Feitor Bem que, segundo aventara pelos quatro cantos da senzala, já amaciara a carne mestiça p'ra usufruto do dr. Manoel Pires Sardinha, que, depós de década e meia, reiteraria o que obrara co'a genitora da escrava mestiça Xica da Silva, na alcova dos bastardos do engenho.

— Apresta atunçãu nu dizê di Feitô Bem, mi'a disirmã, qui podi sê qui u Sinhozim inda angora mermu 'teje mandandu urdenança pur aqueli catiçu du mulequi di recadu Nigrinhó, p'rá s'avisá qui u próximu rebentu nascidu im sunzala seji brotadu du ventri di 'suncê, Xica Mulata. — farpeou o capitão Negro do Mato, por indolência de nascituro.

— Untão há-di abrotá nu ventri di 'suncê rebentu amirtiçadu du nhô-doutô Mané Sardinha, disdenhosa di Xica Parda. — compendiara destinação o recadista Negrinhó, coscuvilheiro.

— U Sinhozim qué bastardozim p'rá sê dadu comu mulequi di instimanção, adumesticadu cu'as inducanção p'rá préstimu di recadeiru nu lugá di 'suncê, qui nãu ademora há-di si'stá pur adimais criscidu prus préstimus di si alevá i trazê recadu di casa-grandi, Nigrinhó. — esnobara-o a irrequieta Ros'Helena, tripudiando sobre o reles ofício de mensageiro.

— Qui di fatu essu negrinhu si 'stá pur adimais criscidu i apreparadu prus préstimus di reprodutô di sunzala, pur sobri acarcaça di vossuncê, S'Helena aformusa. — rebatera-lhe o preto catiço, apoderando-se da pilhéria de saliência.

— Pai Nigrinhó... Pai Nigrinhó... — previra o preto-velho Jorge Ogum, azombadamente.

— Vossuncê há-di s'istá prupíciu amas ãé asservir di préstimu di alcuva, istrupiço di curiscu ariscu!... — agarrara-o por detrás o garanhão Tomásio, contumaz abusador.

— Arre, Pai Tumásiu, que vossuncê há-di discambar pr'us ladus di S'Helena i di Xica Mulata, negru-safadu. — desvencilhara-se o negrim esquivo, por instinto másculo de sobrevivência.

— Nigrinhó, iiê iiê eiá... Nigrinhó, iiê iiê eiá... Nigrinhó, ieeia iieeia ieieia... Nigrinhó, iiê iiê... Nigrinhá, ieeia iieeia ieiea. — cantarejava a senzala do engenho, de modo a amainar expiação dos negros acorrentados sob o jugo do opróbrio humano.

— Iscravu cu'us ódiu agourentu nus óiu sangrandu, qui, mermu cu'us culhãu arrancadu, nãu há-di s'acunformar cu'u cativêru d'assunzala, Bem Feitô. — diagnosticara-o o capitão do mato, açoitando-lhe co'a estupidez da afrontação.

— U iscravu Tonhu Fujãu nãu há-di s'acustumá cu'u ôtra adirtinaçãu qui nãu seji di liberdadi dus pretu caitivu da Fanzenda Mio Verdi du Serru du Friu, Negru du Matu. — resumira Mestr'Ozé, entediado co'o rugido seco do calabrote, a rasgar-lhe o couro negro qual navalha de corte.

— Ajudeia, capitãu, qui quandu ieu acunsegui liberdadi di nóis iscravu, ãinda 'sassinhu essi marditu dis'rmãu du Negru du Matu, Mãi Maria Mina. — prometera-lhe o negro Tonho Fujão, acossado pela sanha do coirmão de sangue.

— Ãsó s'i afô im alamentaçãu di canturia d'assunzala, disgracêra di negru arridiu. — motejara-o co' três azorragadas de chicote.

— Ãsó si afô im alamentu di canturia 'currentada di cativêru, Tonhu Fujãu. — reincidira-se o carnífice negro.

— Essi marvardu du capitãu iscurraça us pretus fugidus pelus quilombus, p'rá adispois s'ajugá nus cartigu di açoiti i humilhançãu dus paurs di turtura, módi s'arrenegá d'anegrura d'alma di vossuncê, Negru du Matu. — subjugara-o o marceneiro co'o intuito de atrair a atenção do verdugo, decidido a obstruir saga do escravo rebelado.

— Açoiti di vergáio, 'Ozé Mestri!... Vergáio d'açoiti, Mestr'Ozé!... — castigara-o co'a avidez mortífera.

— Ah, Maria Mina, qui ieu nãu m'aguentu cu'a arengaçãu di currenti i du açoiti... — exclamara o carpinteiro Mestre José, em seu último suspiro de morte.

— 'Sassinhu, marditu. — praguejara, em solilóquio.

— O iscravu carnpina 'Ozé Mestri ãera u progenitor di vossuncê, Negru di Matu. U Mestr'Ozé ãera u progenitor di vossuncê, negru amardiçuadu de capitão do mato. — desfechara golpe da trágica revelação de paternidade.

O moleque de recado Negrinhó, quiçá, co'o intento de desviar a atenção do cadáver do carpinteiro José Mestre, encenara pantomina da ordenação do patrão Manoel Pires Sardinha.

— Pai Tumásiu, u Sinhôzim 'tá inraivicidu cu'u carapina 'Ozé Mestri, pur cársa di qui u pobri coitadu du negru di ganhu s'arrenegô pur ubrá ôtra assunzala p'rá abrigá ãmais-mió us negru cativu d'Afanzenda N'hora dus Aprazeres di Mio Verdi du Serru Friu. — expusera o recadista Negrinhó, que, a posteriori, passara a imitar o senhor de minas e engenho.

— U 'Ozé Mestri mi disarranja derradêru 'bséquiu di lavôru, que pur adispois apódi unté fazê u qui ãquisé di vossa inixistênça qui, acabadu us trabáio, qui ã vossuncê apertenci liberdadi di vossuncê, vistu qui lhi façu pretu alfurriadu i cubru algibêra di 'suncê pr'á u qui dé i vié pruns restus da ixustênça du Mestr'Ozé. — certificara-se o fazendeiro mineirador.

— Nhô doutô urdena, nóis ubideci, nhonhô. U sinhô auturizi us trabaiu, nhô sim, qui di disagradu essi negru véio podi obrá u qui fô, nhô sinhô, desdi qui... — condicionara o escravo ancião.

— U Mestr'Ozé, adispois di tantu obrá utensiu di páur d'acartigaçãu i trurtura, andeu angora p'rá sê tiradu im 'buliciunista cu'us anér di doutô!... Nãu qué obrá sunzala i pelourim, nãu, 'Ozé Mestri? Untão, há-d'ir pru troncu di amansá disubidiênça di pretu véiu, diabu di teimusia. Nu qui u Mestr'Ozé arrespondia. Apódi crê, nhô doutô, qui ieu morru 'currentadu, mãs qui mãus di 'Ozé Mestri nãu há-di atalhá madêru di páur di cartigu p'rá si ajudiá di negru du cativêru, nãu, patrãu. — adesculpou-se o marceneiro aprisionado. — Vossuncê há-di obrá assunzala maió i adispois adirrubá véia cunstruçãu; i, feitu istu, u Mestr'Ozé ãé pretu alfurriadu di valia, cu'a ducumentuçãu d'ansinatura du sinhô di vossuncê, p'rá módi di qui atumbém si quisé ir-s'imbora prus longi qui pudé avistá e arcançar prus adistrais du morru. — apalavrou-se o senhor de engenho.

— Mi adiscurpi u sinhô, qui ieu ubrei prumessa p'rá 'Nhora Mãi di Jisus di Nanzaré, qui essi negu-véio di imprestárvi nãu pudiria obrá trabaiu di carpintaria, qui fossi prá si iscravizá pretu cativu, cum u mermu rudi pár qui ubrarum a Cruz du Cristu Jisus Nossu Sinhô. Essi 'Ozé Mestri nãu ubrava di jeitu ni'um, nãu, sinhô, quarqué qui fossi instrumentu di abrigu i trurtura, p'rá si ajudiá dus irmãu di sangui im cativêru, nhô nhô nãu, nãu sinhô. U sinhô unté mi adiscurpi a disubidiênça di ribeldia... — rebelara-se o mestre carapina.

— Issu qui dá si lê Bíbria p'rá negu-véio di imprestárvi, pruque iscravu nãu acareci di quarqué riligião di Sinhôzim, nãu, Mestr'Ozé. Nhá 'Nhora, pár di cruz di Nossu Sinhô Jisus Cristu; nãu ãé, 'Ozé Mestri? Apuis, negu véiu atrividu, prumessa p'rá assanta di nãu si obrá páur di cartigu nãu si ajudiiandu du côru sangrentu dus negru da'assunzala? Apuis, virô 'bulicionista, negru safadu di traidô? Dinga logu, bichu ruim di mestri canrpina urdináriu, qui u Mestr'Ozé di angora é 'bulicionista di discursu libertáriu i arné nu dedu, 'Ozé Mestri? — acuara-o Manoel Pires Sardinha, adicto auscultador.

— Nhô doutô nãu sinhô, nhô nãu sinhô-doutô Mané Sardinha, 'bulicionista essi negu véiu urdináriu, cunformi u tempu carcumina a carni i u ispritu, nãu há-di sê, nãu. — juramentou o capinteiro Mestre José, co'as mãos erguidas sem figa de dedo.

— I lugá di negru urdináriu p'rá si acurá senvergonhiça di safardânça ãé nus cartigu du páur di troncu, marditu miserárvi. Feitô-Bem!... Oh, Bem Feitô, arrasta essi negru canrpina du 'Ozé Mestri prus párs di cartigu di troncu d'assunzala. I logu 'currenta us péis dessi pretu véio, Negru du Matu, qui u troncu há-di sê lugá ajustadu p'rá si amansá disubidiênça di 'bulicionista di disquarqué ispécie i istirpi, qui inté qui anparece doutôzinho de arné de oru nu dedu di mau isquerda, cum idear di alfurria dus iscravu di propriedadi dus outru debaixu du braçu. — descerrara narração o recadeiro Negrinhó, teatralmente.

— Arrasta u difuntu du negru carpina du chãu d'assunzala, canpataz. — prescreveu Feitor Bem, ordeiro e serviçal prestador de resolução.

— Injurtiça i cuvardia cu'u coitadu d'Ozé Mestri, pruqui u canrpina uera quasi negru libertu d'assunzala, qui, di muintu, nãu si anbrigava u disruim du corpu, pruqui unté pussuía u atapera p'rá si ajeitá ixistênça, pur ufíciu di anssaz consideraçãu di brancu-sinhô nhô-doutô Mané Sardinha d'Afazenda Mio Verdi du Serru Friu. — testemunhara Maria Mina, angustiada co'a bestialidade do ato brutal e letífero.

— Nãu anfora tumbém u Mestr'Ozé ãquem ubrô pucilga dus bastardus, pr'á vossuncê adeitiá u disruim du corpu cu'u im sarfadeza, negra urdinária? — interpelou-a o negro Tomásio, rixento co'a escrava Maria da Costa, a negra mina.

— Negru nãu há-di sabê u quié iguardadi, inquantu disnium quarqué cativu ãfô acurrentadu pur liberdadi i jurtiça, Pai Tumásiu. — arregalou-se o escravo acorrentado Tonho Fujão, arrebatando cólera e ira do Negro do Mato, cego cumpridor de ofício.

— Si vossuncê nãu si calá dianti du cardáver du carapina 'Ozé Mestri, arrebentu cu'a nervura di língua sórta di vossuncê, negru arrediu. — avisara-o o capitão do mato , co'o chicote em punho assentado em odiosidade.

— I nãu há-di si acunsigui cunsideraçãu dus otru negru cativu, inquantu quarqué di nóis ajudiá dus irmãus im sufrê di humilhançãu dus páurs di trurtura i cartigu di vergaiu nu troncu d'assunzala. — importunou Tonho Fujão, retalhado a açoite pela fúria do caçador de negros.

A negra Maria Mina, antecipando-se ao ato de violência, interrompera a sanha do algoz Negro do Mato, que avançara por sobre o co-irmão Tonho Fujão, co'o vergalho em riste.

— Basta, capitão, qui nãu há-di si tê nicissidadi dus pretus ãficá s'arrenegando, maldizendu dus ôtrus negrus cativus d'assunzala, pruqui u qui u 'Ozé Mestri dicidiu for'é inté cumeçu di liberdadi i jurtiça. — impediu o gesto vingativo a escrava Maria da Costa, abreviando o furor de zanga do verdugo bárbaro e atroz.

— Unbrigançäo dus negrus näu äé obrá u qui dirstina urdenança du Sinhôzim p'rá subrevivênça alfurriada, pruque qui quandu vossuncê deitia açoiti nu côru dus negrus cativus, s'arretaiandu im ajudiançäo i mardardi, s'encarcera äinda ämais vossuncê im iscravidäu d'alma, dis'irmäu di Negru du Matu. — aquebrantou ímpeto mordaz e sanguinário o idealista libertário.

— Nissu adiscuncordu cu'u Tonhu Fujäu, pruqui si essi Nigrinhó näu levá i trouxé, curretu i dereitu us recadus di casa-grandi, otru dirstinu näu há-di si cumprir qui näu seji di humilhançäu dus cartigus d'açoiti marvárdu du Feitô-Bem di S'Helena. — desestabilizou-o, irreverentemente.

— Essi mermu du Pai Tumásiu di 'suncês qui, di tantu gozá i gozá i gozá cu'as iscrava d'assunzala, tumbém si abroxá... — complementou o meleque de recados Negrinhó, quebrando a tensão da tragédia da senzala da Fazenda Nossa Senhora dos Prazeres de Milho Verde do Serro Frio.

No ritual do velório do carpinteiro Mestr'Ozé, os negros escravos iniciaram a rezaria pelos resquícios dos dialetos africanos, que se misturavam ao idioma português como se houvesse um linguajar uníssono, que fora se moldando ao dia a dia da senzala. No que a preta Maria Mina se reponsabilizara pela feitura dos comes e bebes de porco e cachaça; não obstante, sobretudo, era a genitora de Xica da Silva quem cozia fejoal de costela, orelha, garganta, rabo e toucinho de fumeiro, co'a farofa, o arroz branco, a laranja e a couve mineira.

— Basta di manzela i sufrênça, qui essa Maria da Costa de vossuncês há-di cuzê u feijäu dus negru, p'rá nóis afastá us máurs-olhadus i us ispr'itu ruim, Jorgi-Ugum. — apaziguara ânimo abatido pelo óbito do marceneiro.

— I us restu dus porcu, qui näu si aproveitá p'rá s'acuzinhá im casa-grandi, essi Nigrinhó lhi há-di atrazê p'rá si pusé i acuzinhá nu feijãu di 'suncê, Maria Mina. — prontificara-se o recadeiro Negrinhó, afoito pela feijoada da negra africana.

— Vossuncê intrega ureias i us rabus, cabeçoti i us pés dus porcus p'ra Xica Parda e Ros'Helena, mulequi catiçu di Nigrinhó, qui mãe preta há-di atemperá u feijãu dus iscravus prus sepultamentus du negru caranpina Mestr'Ozé, im assunzala da fanzenda Mio Verdi du Serru Friu. — pautou a cozinheira de forno e fogão à lenha.

— P'rá Ros'Helena, 'suncê s'ajeita us rabus, us chifris i us 'spritus di porcu du Feitô Bem, Nigrinhó. — importunara-a o benfeitor do terreiro Tomásio, aprontando mortalha do defunto.

— Qui pr'essi fentincêru Ugum-Jorgi qui evai longi im ceguêra i caduquici nãu ãé segredu, entantu, qui vossuncê, S'Helena, aconfundi pés, rabu i uréias cu'us 'spritu di porcu du Bem Feitô di 'suncê, negra ingrata. — açoitara-o o negro Tonho Fujão, ressentido co'a escrava Ros'Helena por se amasiar co'o capataz malévolo.

— Apódi unté procurá qui nãu há-di s'incontrá chifri im cabeça di porcu, pruque u Feitô Bem nãu ãé atraiçuadu adiscunformi vossuncê, Pai Tomásiu, qui Xica Parda s'aprepara p'rá s'antregá au nhô-doutô Mané Sardinha di Fanzenda Mio Verdi du Serru Friu... — incitara-o a escrava Ros'Helena, por provocação ao negro reprodutor de cativeiro.

— Si vossuncê falá ôtra veiz assuntu di chifri em di 'spritu di porcu, ieu cortu cabeceju di vossuncê i atiru im feijãu di Maria Mina, negra disabusada di S'Helena. — advertiu o fazedor de rebento de senzala.

— Us chifris di Feitô Bem mió s'incaxaria nu Sinhôzim, dispur cársa di qui a Siá Doninha nãu disapreceia negru ãnsim adiscunformi Pai Tumásiu... — atiçara-o o moleque de recado Negrinhó, co'o intento de agrado ao garanhão da estância.

— I qui tumbém u nhô-doutô Mané Sardinha apreceia negrim disinxabidu, adiscunformi vossuncê Nigrinhó. — retrucara Feitor Bem, em defesa do patrão de engenho.

— Ih, ih, hum, Bem Feitô. S'istô unté indu s'imbora, Virg'cruz credu. Sistô indu unté s'imbora, credu Virg'im cruz. — retirara-se o recadeiro de estimação.

— Du feijãu di Maria Mina im si sobrandu us restu dus porcu, unté qui si anrruma um tantu pru Feitô Bem... — solicitou Ros'Helena, chameguenta co'o macho que lhe cobria o corpo pubescente de moça-mulher.

— P'rá essi disni'um du 'spritu ruim di Bem Feitô s'anrranja mermu us chifri dus porcus di carni apudricida di ruindadi, pr'á s'ajugá im feijãu cu'us feintiçus, Maria Mina. — deprecara o muambeiro Jorge-Ogum, persignando-se co'o solilóquio místico d'Áfricas.

— T'iscunjuro, 'sumbração di fentiçaria. — replicou a escrava agourenta.

O feijoal de pés, orelhas e miúdos da mucama Maria Mina fora servido aos negros escravos, acompanhado de lamentação negra, batucada do tambor de couro e aguardente de cana-de-açúcar, empós o rito mortuário de exorcização e o sacramento das exéquias funerais do marceneiro Mestre José, sepultado em cova de sete palmos de terra negra. No ritual funéreo, os negros escravizados se vangloriavam da ausência do Feitor Bem, que fora despachado a mando do senhor de engenho Manuel Sardinha, diz que por encomenda de assassínio.

— U Feitô-Bem indu s'imbora p'rá lunjura di Sãu Sebartiãu du Riu di Janêru... Xica Parda hunminlhada si indu p'rá casa-grandi du ingenhu i u Mestr'Ozé 'sassinhadu nu pár di cartigu, untão angora assobra mermu nóis, S'Helena, p'rá si cumprí pruficia di fentiçaria dus urixás di Ugum-Jorgi. — chantageara-a o negro Pai Tomásio, reprodutor humano.

— S'Helena, cuidadu qui Xica Mulata inté jurô 'sassinhá vossuncê cu'u ventri retaiadu pur punhá im vingança. — alertara-a a escrava Maria Mina.

— Ajura di mirtiça nãu há-di si tê vanlia, nãu, Mãi Maria, pruque Xica Parda angora istá s'aprestandu p'rás sarliença di gozu du brancu sinhô di engenhu i casa-grandi. — maliciou-se Negrinhó.

— I vossuncê nãu há d'istá ansim assussegada, S'Helena, cu'a Xica Mulata nãu sendu cativa di assunzala? — consultou-a Tomásio.

— Nãu sô di trainção, nãu, negru. — respondeu, amarguradamente.

— Trainção di si acunsiderá im sunzala ãé du marditu Negru du Matu. — pontilhou o negro fujão.

—Trainção i cuvardia. — remedou-o Jorge-Ogum.

— Mió vossamencês cerrá matraca, qui sinãu u pau di cartigu há-di cantá im lombu d'iscravu atrividu. — acoçou o capitão do mato.

— Vossuncê nãu pussui auturidadi p'rá s'ajudiá dus pretu aprisionadu im cativêru, nãu, Negru du Matu. — preveniu o recadeiro.

— Si vossuncê nãu há-di sê siquer brancu o mermu amirtirçadu di nascituru... — reticenciou-se a negra Mina.

— Aliá, u Sinhozim mandô qui u Negru du Matu fossi inté casa-grandi d'afanzenda, p'rus arrecumendamentus di rutina, capitãu. — arrecadou-se Negrinhó.

— Negru ixcumungadu... 'Sassinhu amiserárvi... — desconjurou Tonho Fujão.

— Ixcumunga, urdináriu. Ispragueja, imundiça di inconfurmadu cu'u cativêru dus pretu. — resignou-se o algoz negro.

— Ispragueja, nãu, capitãu, qui ã veiz di vossuncê apódi 'stá renti di s'isbarrá, cu'u iscravu discunfurmadu cu'u cativêru dus negrus, afeitu u Tonhu Fujão. — precreveu Ogum-Jorge, persignando-se.

— Inté, catiçu. — despediu-se.

— Vá di retru, capitãu, p'rá qui ansim si acunsiderassi pruficia dus urixás di Ugum-Jorgi. — exonerou Pai Tomásio.

— Pru qui si aprocriá rebentuzinhu nu ventri di S'Helena, p'rá qui si abroti disgraça nu cativêru dus negru 'currentadu? — instou-se Maria Mina.

— P'rá qui ansim si disacurrentassi agouru di iscravidãu, módi qui s'incendiassi im disgraça dus negru cativu... — anunciou o escravo fugidio.

— Aquem mi pussui p'rá s'abrotá rebentu nu ventri ãé u Feitô-Bem di 'suncês, módi qui seji discumprida pruficia dus urixás di Ugum-Jorgi. — defendeu-se Ros'Helena.

— Quié qué issu angora, iscrava atrivida? Iscrava urdinária qui nim 'suncê nãu há-di si tê vontardi di gozu prum Feitô-Bem disquarqué ni'um, S'Helena. — surpreendera-se o reprodutor de negros.

— Cum vossuncê nãu mi adeitio im sacrifíciu di sarliênça di gozu nim qui us urixás di Ugum-Jorgi mi unbrigassi pur açoiti di vergaiu, Tumásio. — exortou-lhe Ros'Helena.

— Vossuncê há-di si adeitiá cum essi Pai Tumásiu, riprodutô di negru cativu, injuada. I, di angora im dianti, 'suncê há-di tê qui aprendê arrespeitá urdenança du sinhô di sunzala dus negru, quié aquem há-di iscarrá gozu dentru du ventri di vossuncê, S'Helena, p'rá qui logu si acurrenti orguiu i atrevimentu d'iscrava, p'rá qui si isbarri im nascituru u tár rebentu dis pruficia dus urixás di Jorgi--Ugum. — arrostou-a, derrubando-a ao chão da senzala.

— Nãu, marditu... Nãu, miserárvi. Nãu, Tumásiu... — gemeu a negra indefensa.

— P'rá 'suncê nãu adisrespeitá u Pai Tumásiu, S'Helena frumosa. 'Suncê nãu há-di ixcumungá essi reprodutô di negru cativu, nãu, Ros'Helena. — saciou-se Pai Tomásio.

O mandingueiro Jorge-Ogum que observara a violação da escrava em silencia irrompera em declaração do livre-arbítrio de profecia.

— Vossuncê podi unté tê feitu u rebentu im ventri de S'Helena, apurém nãu há-di tê comu u abrotá, nãu, Pai Tumásiu. — antecipara o ancião.

— Cuvardi tár di Tumásiu... Cuvardi tár di Pai Tumásiu... — erguera-se Ros'Helena, lamentando a má-sina da violação.

— Arri, disabusada di atinhosa, qui vossuncê apódi disacurrentá u peitiu traçuêru d'orguio, pruqui quiçá rebentu a-já inté acarrega nu ventri imbuchadu rebentu dessi Pai Tumásiu. — excomungou-a o reprodutor de negro.

— Si adiscunformi, S'Helena, qui 'suncê nãu possuía u direitu di si diarrespeitá prufecia dus orixás di fentiçaria di Ugum-Jorgi i urdenança di Pai Tumásiu. — consolou-a Maria Mina.

— Vossuncê untão aprifiria qui fossi u Feitô-Bem qui, pur urdenança du Sinhozim atrazida pur esse nigrizim di recadu, acurrentassi ingratidãu di 'suncê im chãu di páia, módi qui u aleijãu disumanu apussuíssi u corpu di vossuncê? — esquadrinhou Negrinhó.

— Apussuída pur Tumásio, for'é mermu cumu si fossi 'currentada im troncu di pár di cartigu. — atrevera-se Ros'Helena.

Três luares e três sóis empós, enquanto a escrava Ros'Helena ainda sacudia do espírito a violência sofrida, a mestiça Xica Parda era arrastada senzala adentro pelas mãos do capitão do mato.

— Mi assórta, pesti-ruim di Negru du Matu!... — defenestrava-o a catiça Xica da Silva.

— Ancarrega logu crifuda i oreiuda di Xica Mulata amirtiçada, canpataz!... Prus infernus 'suncê, diacha di pesti-ruim amirtiçada!... — atirou-a à terra sangrenta.

— Dêxa Xica Mirtiça assussegá u ispritu, capitãu. — suplicou Jorge-Ogum, receptivo à reação da escrava.

— Qui Xica Parda nãu assussega us 'spritu im cativêru, nãu, Ugum-Jorgi. — provocara-o Tomásio.

— Qui us urixás assussegui i li abençoi, mia fia. — acalmou-a Maria Mina.

— Mãi Maria, qui si amardiçuada di traiçuêra di Ros'Helena atraz nu ventri disavergonhadu rebentu di Tumásiu... — advertira a bastarda Xica da Silva.

— Si Ros'Helena acarrega nu ventri rebentu di Pai Tumásio for'é pur curpa mermu dus dirstinus di pruficia di Jorgi-Ugum. — serenou a negra mina.

— Pur carsa di qui S'Helena for'é unbrigada pelus urixás ã si adeitiá u corpu nu chãu di páia di sunzala, cum essi troncu di negru, u Pai Tumásiu? — impacientou-se a mestiça impetuosa.

— Pur carsa di qui S'Helena quasi qui foi 'currentada pur prufecia dus urixás, p'rá qui Pai Tumásiu si apossassi di disgraçada d'iscrava... — resignou-se o muambeiro.

— Ãfoi pur unbrigaçãu di ãmandiga di vossuncê, nãu, mandiguêru, apurém pur curpa di trainçãu di S'Helena... — afiançou-lhe Xica Mulata.

— Essi negru Fujãu, qui ãinda qui acurrentadu qui sistava, ãviu i ãnada nãu pudi afazê di pruveitu, quandu Tumásiu si apossô di S'Helena, dirrubandu iscrava nu chãu di sunzala. — testemunhou Tonho Fujão, desacólito.

— Trainção, S'Helena!... Disgraça di trainção, Ros'Helena!... — acusou Xica da Silva.

— Nãu sô di trainção cum 'suncê, nãu, Xica. — eximiu-se a negra violentada.

— Vórta logu p'rás má-cumpanhia di sarfadeza di catri di casa-grandi, Xica Parda. Vórta logu, mardita, p'rá 'suncê sê iscurraçada pelu sinhozim-nhô Mané Sardinha... — instou Pai Tomásio.

A buliçosa Xica Parda não se conformara co'a traição da escrava Ros'Helena, que se deixara possuir pelo negro Tomásio em sua ausência forçada pelas circunstâncias de cativeiro.

— Amardiçuada di mirtirça di Xica Parda indoideceu cum us juízu du brancu sinhô, Tumásiu. Amardiçuô us negru di sunzala i us urixás di Ugum-Jorgi i s'isperniô feitu bichu brabu nu ciu, quandu ficô sabendu du acuntecidu du rebentu di vossuncê im ventri di Ros'Helena. — entregou Negrinhó, recadeiro.

— I for'é 'suncê qui levô má-nutiça d'assunzala p'rá casa-grandi, Nigrinhó? — averiguou Maria Mina.

— Nãu, Mãi Maria, qui essi negrinhu é túmbulo di nãu dizê sigredu assobri ventri imprenhadu di S'Helena, nãu. — perjurou o negrim catiço.

— Nigrinhó... Nigrinhó... — avisara-o o feiticeiro Ogum-Jorge.

— Juru qui nãu for'é essi Nigrinhó lingudu qui espaiô má-nutíça di ventri imbuchadu di S'Helena pur Pai Tumásiu... Juru pur tudu quié sagradu dibaixu du cér i sobri ãterra, qui há-di cumê essis óio incruadu... I tumbém sobri segredu di ventri imprenhadu di Ros'Helena p'rás ureia di Xica Mulata, ieu façu juramentu di pés agarradu sem tremê as frôxa perna du corpu... Dêxi di tremê dessi jeitu di medu... Dêxi di tremê dessi jeito di medu, disgracêra di perna sem-virgunha. Prontu, deixô mardita? — explicou-se o recadeiro.

— Disarranca culhãu dessi negrinhu lingudu, nãu, Tumásiu. — provocou o capataz Negro do Mato.

— Quandu mirtiça Xica Parda adiscubriu arrespeitu du ventri imbuchadu di S'Helena, pur untermédiu dus cumentáriu di cuzinha di casa-grandi du engenhu... Quandu disdanada di Xica Mulata adiscubriu sarfadeza du acuntecidu im chãu di páia di sunzala, a trainçãu di S'Helena cu'us urixás di Ugum-Jorgi, tár abastarda distinhosa botô ãsal ondi uera p'rá açucá, apimentô ondi nãu uera p'rá si ardê, jugô tumbém pueira nus pratu du almoçu i ãinda pur ãcima nãu disamargô carni du Sinhozim im saliênça... — enumerou Negrinhó.

— Apurém, ãinda havéra d'acuntecê pió quié u 'sassinhu di S'Helena cu'u rebentu nu ventri emprenhadu pur Pai Tumásiu. — lembrara-o Jorge-Ogum.

O capataz Negro do Mato, ao prever que a desgraça se avultara na senzala, ordenara que se acorrentasse a mestiça Xica da Silva, de maneira que se impedisse o homicídio da escrava Ros'Helena, na Fazenda Nossa Senhora dos Prazeres de Milho Verde do Serro Frio.

— Qui s'acurrenti logu abastarda di Xica Parda, canpataz!... Qui s'acurrenti mardita amirtirçada di Xica Mulata, canpataz!... — definiu o capitão do mato.

— 'Currenta abastarda atrivida di Xica Mertiça, nãu, negru ixcumungadu!... 'Currenta essa mirtirça tinhosa di Xica Parda, nãu, capitãu!... — enfrentou-o Tonho Fujão.

— Mardiçãu di carni podri di vossuncê, S'Helena. — sacara do punhal a escrava Xica da Silva.

— Acurrenta mirstiça urdinária di Xica Mulata, canpataz!... — deliberou Negro do Mato.

— Antira afora essi punhá, mi'a fia. — exorara Maria Mina, a negra.

— Nãu, Mãi Maria. — insistiu Xica da Silva.

— Nãu si atrevi incostá mãus im Xica Parda, miserárvi, qui li arrancu us óiu, 'sumbração di trainçãu. Nãu si 'currenta ãmais iscravu disquarqué im cativêru, nãu, pruqui us ferru di ãngora ãtêm otru distirnu d'iscravidãu, disgracêra di caçadô di negru. — precatou Tonho Fujão.

— I si cumprí cu'u prumetidu di pruficia dus urixás, pruqui Xica Mulata si vortandu p'rá sunzala há-di afazê u qui aprumeteu, qui er'apunhalá S'Helena nu ventri imprenhadu pur Pai Tumásio... — incendiara Jorge-Ogum, o feiticeiro.

— Puis antão digu u qui si divia di ãera afazê cu'u ventri arregaçadu di S'Helena, cu'u rebentu di Pai Tumásiu nu ventri imbuchadu... Essi rebentu arrenegadu nãu apódi mermu vingá, pur sê herderu du ódiu di S'Helena pur Tumásiu... — advertiu-o a negra Maria Mina.

— Nãu, mardita. — implorou Tomásio.

— Fiu du ódiu di Ros'Helena pur Tumásiu... — arremedou a escrava assassina.

— Essi rebentu nu ventri arregaçadu di Ros'Helena im ãé mermu herderu di prufecia dus urixás di Ugum-Jorgi... — prosseguiu a negra mina, apoderando-se da circunstância.

— Mió vossuncê abaixá logu di u'a veiz essi marditu punhá afiadu di morti, Xica. — evocou-a o recadeiro Negrinhó.

— Marvarda, nãu arrasga ventri imbuchadu di S'Helena, nãu, distinhosa di Xica Parda. — impetrou Maria Mina.

— 'Currenta angora u imprestárvi dessi tár di Pai Tumásiu, qui iscrava Xica Mulata há-di assossegá isp'ritu, presenciandu u reprodutô di negru im ferru di cartigu, canpataz. — governou Negro do Mato.

— Si nãu houvé urdenança du Sinhozim, feitô ni'um nãu apódi acurrentá essi Pai Tumásiu disquarqué nus ferru di cartigá disubidiença di negru arrediu, nãu, capitãu. — previnira-o Negrinhó.

— Mermu ãinda cu'a tár di urdenança du Sinhô Jisus Cristu di Nanzaré, Nigrinhó, canpataz disquarqué 'currenta ãmais negru im sunzala. — precaviu-o Tonho Fujão.

— 'Currentá lugu di veiz essi negru fazedô di rebentu im ventri proibidu di iscrava ãmancebada cu'u Feitô Bem, canpataz!... 'Currenta logu u disabusadu du negru insolenti, canpataz, qui essi tár di Tumásiu nãu divia ãera di bulí cum S'Helena. — impetrou o capitão do mato, à medida que era apoderado por Tonho Fujão.

— Cumprumissu di negru cativu ãé c'um 'ssassinhu di pudridãu di marvárdeza di Negru du Matu. Nãu si 'currenta ãmais negru alfurriadu du cativêru d'assunzala, capitãu. — jugulara-o.

— 'Currenta logu u disgraçadu du tár di Pai Tumásiu, canpataz!... — impetrara o capataz aprisionado, rendido e acuado.

— Vossuncê nãu s'avergonha di s'acurrentá iscravu, ãssó pruqui essi negru Tumásiu abrotô rebentuzim nu ventri imprenhadu di S'Helena, capitãu? — interrogou Jorge-Ogum, intrigado co'a a natureza perversa do capitão do mato.

— M'adisacurrenta, pretu véiu, qu'ieu hei-di li perdoá pur nãu tê si aliadu au porcu suju du Tonhu Fujãu... M'adisacurrenta, Ugum-Jorgi, qu'ieu nãu ãsô negru cativu, Jorgi-Ugum. — acenou o preto encarcerado.

— 'Suncê ãdivia uera di muitiu agradecê pur essi rebentu, qui S'Helena acanrrega nu bandulhu imbuchadu, pruqui nãu há-di sê ãmais negru cativu p'rá s'adispois vossuncê mió humilhá im pudridãu du cativêru, Negru du Matu. — recomendou a mestiça Xica da Silva, roçando o punhal por sobre o ventre da escrava Ros'Helena, atônita.

— Xica, mi'a fia, alarga dessi punhá, qui vossuncê nãu há--di assangrar pur ãvingança S'Helena i u rebuntu di Pai Tumásio... — asossegara-a a negra Maria Mina, antevendo a tragédia se avultar do cativeiro do engenho.

— Si essi tár di Pai Tumásiu ãé u negru reprodutô di sunzala, untãu u Bem-Feitô qui ãdivia d'angradecê u sinhozim-doutô Mané Sardinha di vossuncê, Xica mardita. — agravou Tomásio.

— Trainçãu di Ros'Helena cum 'suncê, Tumásiu, nãu si aperdoa, nãu. — asseverou-se a escrava mestiça Xica da Silva.

— Vossuncê di angora im dianti há-di sê iscrava dessi tár di Pai Tumásiu di 'suncê, Ros'Helena. — condenou-a Tomásio.

— Vossuncê nãu apussui otoridadi p'rá s'aprisioná iscrava im cativêru, nãu, 'sumbraçãu d'incruzilhada. — desfeiteou a escrava Xica Parda, afrontando-o.

— Deix'star, Xica, qui prus adispois essi iscravu marditu, essi reprodutô di negru urdináriu, nóis disarregaça c'um côru du tár di Pai Tumásiu, quandu u Feitô Bem s'chegá p'rá juntu di nóis... — acautelou-se o capitão do mato.

— Essi disgraçadu di Pai Tumásiu imprenhô ventri di vossuncê, adiscunformi s'ativessi li 'currentadu im cartigu di troncu d'asunzala, S'Helena? — inquiriu Xica Mulata.

O escravo reprodutor Tomásio não se fizera de rogado ao intimidar a preta tinhosa Ros'Helena, que não admitia ter sido possuída pelo reprodutor de negros, sem consentimento de cópula.

— Essi negru nãu apricisa acurrentá 'suncê, qui rebentu há-di brotá nu ventri d'iscrava frumosa di Ros'Helena. — achincalhara-a o algoz do cativeiro.

— Si nãu aprestu p'rá ancarregá rebentu di vossuncê im ventri, S'Helena tumbém nãu há-di s'aprestá p'rá fazê abrotá herdêru di Pai Tumásiu disn'ium... — prenunciou-lhe a escrava mestiça.

— Inverja di vossuncê, Xica Parda... Inverja di vossuncê... — atirou o negro Tomásio.

— Tumásiu... — previniu-o a bastarda Xica da Silva, co'o punhal de prata magoando o ventre emprenhado da escrava Ros'Helena, por onde escorria um fio de sangue.

— Assussega us 'spritus i disabaixa essi punhá, Xica, mia fia. Dêxa essi punhá discansá cu'us 'spritus das pruficia dus urixás di Ugum-Jorgi, Xica, fia mia. Dêxa essi marditu punhá adiscansá cum us spritus dis pruficia dus urixás di Jorgi-Ugum, Xica, mia fia. — exorara Maria Mina.

— S'Helena nãu há-di mermu pudê deixá nascê essi rebentu nu ventri imbuchadu pur Tumásiu, Mãi Maria. — recusou-se Xica Mulata, por convicção de inveja.

— Nigrinhó, ô Nigrinhó, 'nuncia p'ru brancu sinhô di casa-grandi qui essi negru repredutô mandô avisá qui há-di nascê rebentuzinhu herdêru dessi Pai Tumásiu di 'suncê, S'Helena. — premeditou-se o escravo Tomásio, antiprofético.

— Nãu 'nuncia má-nórva di rebentu disni'um di Tumásiu p'rá Sinhozim, nãu, qui vossuncê podi sê inté abutadu nu troncu du pár di cartigu, pur carsa di si caluniá u qui nãu há-di abrolhá im chãu d'assunzala. — sentenciou-se.

— Apódi indu logu avisá di veiz sinhozim-doutô Mané Sardinha di nutirça sobri rebentu di Pai Tumásiu nu ventri di S'Helena, mulequi catiçu di Nigrinhó!... S'imbora logu di'nhora i veiz, qui istô li urdenandu, negrim recadêru!... — aborreceu-se Pai Tomásio.

— Mió, nãu, Nigrinhó. Mió nãu avisá u douto-sinhozim Mané Sardinha, nãu, 'sumbraçãu. Mió u negruzinhu levadô di recadu dizê qui im antis ansim 'sassinhu essi rebentu du ventri incardidu di trainçãu di Ros'Helena. — blasfemou Xica Que Manda.

— P'rá qui nãu si hanja disgraça im sunzala, mió mermu qui u sinhô acarregassi vossancê p'rás lonjura dus cumérciu di negru im Vila Rica de Ôru Pretu... Apurém, disgraça já s'istá feita pur mãus assassinha di Xica Parda, atraiçuada pur S'Helena i Tumásiu im pruficia dus urixás... — antevira o feiticeiro Jorge-Ogum.

A mestiça Xica da Silva estava co'o punhal de prata embocado em ventre da escrava Ros'Helena.

— Nãu s'achega p'rá pertu, nãu, trainção di tár di Tumásiu. S'Helena, amardiçuada... S'Helena, ispraguejada... — atingindo-a co'a arma branca por inúmeras ocasiões no bandulho emprenhado.

— Virgi 'Nhora 'Mãi Santíssima, qui nãu disampari i disapruteja us negru d'assunzala!... — exortou-se a escrava Maria Mina, em estado letárgico.

Os negros cativos não se olvidaram da pusilânimidade do assassínio do carpinteiro Mestre José, retalhado pelo sanguinário vergalho do capataz Feitor Bem; não obstante, o óbito do velho carpina não os desvirtuara dos afezeres de lavoura e garimpo da propriedade do médico Manuel Simão Sardinha, que, empós sepultamento do preto marceneiro que se recusara a obrar a senzala p'ra abrigar os novos escravos chegantes, recolhera-se em companhia íntima da mestiça Xica da Silva, na pocilga dos bastardos p'ra lhe emprenharem bandulho de herdeiro ilegítimo.

Na senzala, o feiticeiro Jorge-Ogum, ao jogar as pedras ao redor do destino da negrinha Ros'Helena, lhe previnira que conceberia um rebento do reprodutor de negro Tomásio, que haveria de aproveitar-se da ausência do Feitor Bem, viajeiro a mando do senhor de engenho e minas Mané Sardinha, p'ra aquisição da remessa de escravaria adquirida em Largo do Valongo de São Sebastião do Rio de Janeiro.

— Untão vossancê iscunjura u Ugum-Jorgi pur prufecias dus urixás, amardiçuandu Pai Tumásiu u Pai Tumásiu qui há-di emprenhá u ventri di S'Helena...? — estarrecera-se a negra Maria Mina, que não acolhia insurreição contra as predições dos santos orixás d'África.

— Si acuntecê di rebentu abrotá im ventri d'assunzala, cruz im credu, credu im cruz, qui anté m'arrupeia, qui Xica Parda há-di atrucidá Ros'Helena, acortandu di anfora cu'u punhá u fio dessi reprodutô di negru du Pai Tumásio. — antevira-lhe o recadeiro Negrinhó, perito sabedor de artimanha da mestiça Xica Mulata, capaz até de tirar a vida da escrava emprenhada pelo negro garanhão do seu bem-querer, o Pai Tomásio.

— Rebentu nu ventri imbuchadu qui essi Pai Tumásiu butô di imprenhá há-di degoladu recém-paridu p'rá não s'acunsiderar brotu di gentia nascida dus quebrantus di vossancê, Jorgi-Ugum. — prevenira-o a negrinha Ros'Helena, afirmando que melhor que o rebento abrolhasse sem vida do ventre pejado por violação de escravo por ordenamento do branco senhor Manuel Simão Sardinha, o escravagista.

— Si 'suncê qué cortá us buchu di S'Helena, Nigrinhó, qui s'acorti untão us restu dus porcu, qui Maria Mina arranjô p'rá si ajogá nu feijãu quié mais mió. — desdenhou o preto Tonho Fujão, já refeito do calabrote do tronco de castigação.

— Ói qui tragu inté u rabu i as ureia tumbém; apurem, nãu truxe us chifris i us 'spritu di porcu du Bem-Feitô di Ros'Helena. — azombetara o trazedor de notícia.

— Issu du 'spritu di porcu i dus chifris du safadu du Feitô-Bem, u Pai Tumásiu di 'suncês há-di atrazê p'rá s'acuzê u feijão dus negru di Maria Mina, mermu p'rá quandu u marditu du Bem Feitô afôr s'avingá d'imprenhaçãu di S'Helena, incumendada pelu sinhozim-doutô Mané Sardinha... — assegurou o fabricador de escravos, insinuando retalhar em pedaços o corpo bastardo do capataz atraiçoado.

— Marditu mandigueru di Jorgi-Ugum!... Marditu fenticêru di Ugum-Jorgi." — insultara-o, raivosamente.

D'arrojo, o negro Tomásio dera ordenamento ao moleque Negrinhó, p'ra que o leva e traz avisasse ao branco senhor Mané Sardinha que a era noite de luar propício, p'ra se embarrigar a escrava Ros'Helena, apta a dar à luz a um rebento que não fosse obra do mestiço Feitor Bem da Fazenda Milho Verde do Serro Frio.

— Nigrinhó, vossuncê há-d'ir logu dizê pr'u Sinhozim qui u Pai Tumásiu 'tá ávidu p'rá s'afazer achegança di criolim im cativêru d'assunzala, abrotadu du ventri de S'Helena. — aviara-o negro reprodutor, em rompante de excitação.

— A já, mulequi Nigrinhó, qu'eu sistô ordunandu a 'suncê, porquêra di recadêru!... — impusera ordenamento de senzala.

— Cumé qui i'eu mi vô mi indu levá e trazê recadu p'ru doutô--nhozim Mané Sardinha, si u Bem Feitô di Ros'Helena siquer for'é mandadu p'ras lunjura d'Afazenda Mio Verdi du Serru Friu, p'rá s'afolgá mió querença di chãu di páia di vossuncê, cu'a negrinha frumosa du canpataz, Pai Tumásiu. — contrapusera-se, questionativo.

— Bem-Feitô, ô Feitô-Bem!... Ô, Negru Du Matu!... Feitô-Bem, ô Bem-Feitô!... Ô, diachu di Negru du Matu!... — debandou-se o bom recadista Negrinhó, afoito por boa-nova viajeira.

— Urdenança du sinhô d'assunzala pr'u molequi safadu du Negrinhó arrebanhá urdenamento di douto-siozim Mané Sardinha, pr'á s'auturizá essi iscravu, qui nãu dispussui ôtra sirventia qui nãu seji inbuxá ventri di negra di sunzala im istêra di páia, u tar di Pai Tumásiu. — desfez-se o macumbeiro Jorge-Ogum.

— Si vossuncê fô incumudá u Feitô-Bem cu'a urdenança du siozim-doutô Mané Sardinha, pr'u m'apossuir, Pai Tumásio, 'suncê há-di fazê cumpanhia au Tonhu Fujãu, nus páurs di acartigaçãu di troncu i nus açoiti di vergaiu, danadu di pesti. — ameaçou-o a negra Ros'Helena.

— Essi Pai Tumásiu nãu ãé iscravu pr'us cartigu di açoiti du vergaiu ni'um, nãu, S'Helena, nãu ãé pretu ariscu disquarqué qui si distrambeia pelus ataiu feitus pelus rastru dus bichu, discunformi u Tonhu Fujãu, p'rá si alibertá dis mardárdis dus dis'irmãu di trainçãu. — certificou a preta Maria Mina.

Ao moleque recadeiro Negrinhó, que retornara da casa--grande co'a boa-nova em memória, indagou-se se era escravo apto a castigação de tronco e açoite feito o rebelde Tonho Fujão; ou, de outra feita, houvera de ser da estirpe do negro Tomásio.

— Inté quasi mi aensinarum dissoletrá iscritu di abecedáriu di cartia i us beábá dus purtuguês i tár. — vangloriara-se o preto de estimação.

— Us sangui d'Áfricas nãu acareci d'assoletrá us alfabetu di anquem iscraviza cunsciênça dus negru, nãu, Nigrinhó. — enraivou-se o preto Tonho Fujão, insurrecto em escravidão.

— Dêxa essi mulequi disabusadu du Nigrinhó aprosperá im manuscritu p'rá s'ajudá im 'bulição di iscravatura, qui u Pai Tomásiu afaz aumentá quandu imbarriga preta im cativêru, Tonhu Fujãu. — desconversara a negra Ros'Helena, maculando-o.

— Mió préstimu di labuta nãu há-di tê u Feitô Bem di 'suncê, S'Helena, qui s'atrancafia negru cativu im iscravidãu. — restituira insulto de acometimento.

— Mió tumbém nãu s'arrenegá us iscravu feitu porquêra dum capitãu du matu di 'suncê, Maria Mina, qui anganha u pãu humilhandu cu'a chinbata inté cortá um côru dus irmãu di sofrê di iscravidãu, acunformi ãfizera cu'u pretu arridiu du Tonho Fujãu, u rebeldi. Us ufícius unbrigadu dus negru iscravizadus im cativêru... Us ufícius unbrigadu dus negru iscravizadu im cativêru... Oxalá, 'Nhora Mãi di Deus i dus negru cativu!... — assenhorou-se o mandingueiro Jorge-Ogum, reiterando-se mediante fado e sina de cada qual por si, em jogo de vida.

— Pai Eternu Oxalá qui disincaminhô essi 'spritu imprestárvi... Pai Eternu Oxalá, qui acumpanhi essi 'spritu... Pai Eternu Oxalá qui nãu adisampari essi 'spritu imprestárvi dus negrus im traiçãu... — sacralizou-se a negra Maria Mia, profeticamente.

O capitão Negro do Mato abrira abruptamente a porteira da senzala à procura do negro de estimação Negrinhó, trazendo consigo em alforje requerência do patrão Manuel Sardinha.

— Ô Nigrinhó. Eh, Nigrinhó. — encolerizara-se o caçador de escravo.

— Quié, quié, quié, negru safadu di marditu? — enxotou-o o pretim azougueado.

— Disalevanta di chãu d'assunzala, negrim, qui u Sinhozim mandou avisar p'rá vossuncê s'ir unté casa-grande, qui u nhô-doutô Mané Sardinha aprecisa s'abanhar empós intimidade de alcova co'a mulata Xica Parda. — falou o capataz.

— S'imbora logu dizendu au brancu-sinhô Mané Sardinha, Nigrinhó, qui u Negru du Matu 'sassinhô 'Ozé Mestri di tantu açoitá u coitadu nus cartigus di vergaiu. — intimara-o o pai-de-santo.

— Miserárvi porcu suju di negru di intranha, pr'u vossuncê ajudiô tantu ansim du coitadu du mestri canrpina Mestr'Ozé, qui nãu assuportô us sufrimentus acurrentadu im páur d'acartigu, Belzebu-inistru? — defenestrara-o a injuriada Maria Mina, avançando-se sobre o rebento co'as sete pedras da indignação.

— Inda isfolu u côru marditu di vossuncê, disgraça di dis'irmãu amardiçuadu du Negru du Matu. Dis'irmãu, marditu. Marvardu, virgonha di negru acovardadu... — amedrontara-o co'o ódio guardado e renhido.

— Atoma vergáio nus cornus di negru urdináriu di Tonhu Fujãu... Miserárvi di marditu negru disajuizadu d'aconformaçãu, Antonhu. — açoites.

— Aiscrevi cu'u sangui u qui essi negru fujãu 'tá lhi dizendu, capitãu: i'eu ãinda hei-di acabá cu'a raça ruim di vossuncê, pur sê nascidu cum 'spritu aprisionadu im cárciri di iscravidãu d'alma, disgraçadu di Negru du Matu. — prometera-lhe o escravo acuado por azorrague da mortificação.

— Vossuncê foré nascidu pr'ás humilhançãu i cuvardia cu'us negru di cativêru, porcu suju di caçadô d'iscravu. — acareou Maria Mina, co'o desfeite de praguejo.

— Mirtiçu di nascituru i alfurria tumbém nãu for'é nascidu vossuncê, bichu ruim di capitão du matu. — rechaçara-o a negra Ros'Helena, aludinado-se ao amásio Feitor Bem, que de fato se ausentara da Fazenda Nossa Senhora dos Prazeres de Milho Verde do Serro Frio da Vila do Príncipe.

O muambeiro Jorge-Ogum beirava os oitenta e nove anos de idade; e, ainda que prejudicado da visão, dizia-se que o preto rezadeiro enxergava p'ra dentro, era quem mais nitidamente compreendia a leitura do destino dos escravos assenzalados.

— I sê nascidu mirtirçu, adiscunformi u marvardu du Bem-Feitô di 'suncê, s'auturiza u disgraçadu a cumprí cu'a unbrigançâo di malvadez di humilhá us negru cativu, amardiçuada di Ros'Helena? — empertigou o ancião acegado pelo tempo.

— U Feitô-Bem eru nascidu mistirçu p'rá si cumprí cu'as unbrigaçãu di sê martratadu, humilhadu i ajudiadu pur 'suncê, Ros'Helena, adiscunformi tumbém essi Pai Tumásiu di 'suncê. — agaiatou-se o reprodutor de negros.

— É cu'ns mirtiçus safadu ansim qui vossuncê disonra us negru cativu, S'Helena, p'rá s'inbranquecê sunzala, imbuchandu u ventri cum gozu marditu dessi ixcumungadu di Bem-Feitô. — insultara-o Tonho Fujão.

— É mermu mió du qui disonrá us negru c'um esssi tár di Pai Tumásiu. — enraivou-se a negrinha do feitor.

— U Sinhozim nãu qué vê fio d'iscrava c'um sangui amirtirçadu du Feitô Bem, purqui nãu si apresta prus cumérciu dus negru di cativêru du Valongu. — elucidou o pretim Negrinhó.

— Prestá mermu p'rá di servintia pr'um cornu carcumidu du disni'um du Bem Feitô di 'suncê, Ros"Helena. — ofendeu-a Maria Mina.

— U Sinhozim nãu qué fio d'iscrava c'um Feitô-Bem amistirçadu ni'um; i, pur issu, possu avistá us distirnu dessi probi rebentu im ventri di S'Helena. — profetizou o preto-velho.

— Qui distirnu di rebentu im ventri imporcalhadu di Ros'Helena, pesti di caduquici di fenticêru? Fio di Bem-Feitô c'um S'Helena vossuncê nãu apódi adivinhá im ventri amardiçuadu, nau, Jorgi-Ugum. — ameaçara Xica Mulata.

— Essi mal-vindu rebentu há-di sê fio di Pai Tumásiu... Fio di Pai Tumásiu feitu im chãu di páia di sunzala im ventri di Ros'Helena... — corroborou predição de mau agouro.

— Vossuncê, 'tá caducandu di velhici i nãu apódi adivinhá pruficia di rebentu nu ventri amardiçuadu di S'Helena, disgracêra di mandigueru. — reiterara-se Xica da Silva.

— Rispeitus cum Ugum-Jorgi, mi'a fia. Si u mandigueru Jorgi-Ugum apressageia u fiu indesejadu dessi Pai Tumásiu nu ventri di S'Helena, vossuncê nãu apódi remexê us dirtinu i ispraguejá essi negru véiu versadu im fentiçaria, não, Xica, fia mia. — ponderou Maria Mia.

— Ispragueju u quantu pudé u disgraçado dessi fenticêru Ugum-Jorgi, Mãi Maria. — desafiara-a a mestiça desbocada Xica da Silva.

O enraivecido Negro do Mato adentrara a senzala em companhia do Feitor Bem, no instante em que a cabrocha Xica da Silva desancava o feiticeiro Jorge-Ogum, insultando-o.

— Assussega, mirtirça palavruda, qui assinãu acurrentu vossuncê cu'u Tonhu Fujãu, Xica Mulata. — acuou-a o capitão do mato.

— Nãu assussegu inquantu essi negu véio apudrecidu di fentiçaria nãu disdizê pruficia di nascituru di rebentu di Pai Tumásiu im ventri di S'Helena. — condicionou-lhe a mulata Xica da Silva.

— Nãu si adisfaz ansim di fentiçanria di Ugum-Jorgi, nãu, fia. — previnira-a Maria Mina.

— Rebentu di Pai Tumásiu c'um S'Helena, negu-véio macumbêru? Só si for pur urdenança du Sinhô; apurem, du Sinhô Jisus Cristu di Nanzaré. Só si fô urdença du Sinhô Jisus Cristu di Nanzaré. — desdenhou Bem Feitor, zombeteiramente.

— I urdenança dus urixás di Ugum-Jorgi, Feitô Bem? I urdenança dus urixás di Jorgi-Ugum, Bem Feitô? — desafiou-o Tonho Fujão.

— U sinhô di vossuncê há-di unbrigá u Bem-Feitô im viagi di crimi di assassinhu incumendadu, p'rá módi si alivrá di graúdu 'bulicionista di corti du imperadô di Sãu Sebartiãu du Riu di Janêru. Pur issu, ausença furçada di vossuncê im sunzala di Fanzenda Mio Verdi du Serru Friu. — esclarecera o macumbeiro Jorge-Ogum.

— I adispois vossuncê há di prufetizá u quié qui há-di acuntecê im ausênça dessi Bem Feitô, negru-véiu mandigueru? — arguira-o o capataz, ameaçando-o co'o vergalho de açoite.

— Nãu incosta u açoiti sangrentu im pesti di cartigu di fenticêru, nãu, Bem Feitô, qui há-di dá azá di surtilégiu d'incruzilhada, trazendu mal agouru di marndinga p'rá vossuncê, Feito Bem. — arrazoara Ros'Helena.

— I adispois ausênça du Bem Feitô, p'rá vossuncê nãu apresenciá essi troncu di negru di Pai Tumásiu si apossá di S'Helena, ixcumungaçãu di mardardi. — revelara Jorge Ogum, o feiticeiro.

— Disgracêra di véio arengueru malacafentu, Ugum-Jorgi. — açoites.

— Disgracêra di negru adivinhu marditu di pruficia dus urixás, Jorgi-Ugum. Inda acabu c'um abruxaria di vossuncê, si isfolandu u côru curtidu im fentiçaria, disgraça di arrenegadu. — desmaiou-o co'a chibata.

— Si adisachega di ajudiançâo cu'u pobri du pretu di carapinha isbranquiçada, Bem Feitô. Basta, homi, qui assinãu u cãu oreiudu dus chifri nãu há-di aceitá essi restu di mandingueru arretaiadu pur açoiti di vergaiu. — ajustara o Negro do Mato, providencialmente.

— Basta, nãu, capitãu, qui nãu creiu im fentiçaria dessi disni'um miserárvi di Jorgi-Ugum. — arrefecera-se diante do negro desfalecido.

O reprodutor de negros Tomásio acudira-o a tempo do capataz Bem Feitor desferir-lhe o golpe de misericórdia.

— Quem há-di fazê vossuncê acrê im pruficias dus urixás ã-é essizinhu Nigrinhó, raça ruim di feitô catiçu. — disse-lhe o curandeiro ao reavivar-se do açoite.

— Puis qui unté vô mi indo simbora logu di veiz, Mãi Maria, qui assinãu há-di assubrá côru arretaiadu di vergáio pr'essi negruzinhu levadô di recadu. Vô unté mi indu logu di veiz simbora, qui atumbém marndiga di Ugum-Jorgi unté mi arrupêia us 'spritu du corpu. — praguejara o negrizim recadeiro ao retirar-se da senzala.

— Disgraça di mandirnga di fentiçaria apudrecida di macumbêru amardiçuadu di Jorgi-Ugum, qui ieu inté prifiria amurrê pur vergáiu du Negru du Matu adiscunformi Mestr'Ozé, qui sê apussada pur miserárvi reprodutô di negru cativu, nu chãu di páia d'assunzala, Xica Mulata. — imprecou Ros'Helena, enojada por ter de servir de montaria ao reprodutor do cativeiro.

— Iscravu nãu há-di tê previlégiu di preferênça pur sobri us us distirnus, S'Helena. — abdicara-se Maria Mina.

— Us surtilégius dus urixás dessi Ugum-Jorgi di vossuncês há-di sê cumpridu, pur intermédiu di pruficia qui nãu si arrenega o si adiscuti, nãu, negrinha. — apostemou-se o curandeiro avelhantado, recurvando-se em parlatório.

— Nessi ventri nãu abrota rebentu disgraçadu di Pai Tumásiu miserárvi disni'um, Jorgi-Ugum, ãnem qui us urixás si adisfarci di 'Spritu Santu p'rá si abrolhá u Mininu Jisus Negru, criscidu im bandulhu dessa S'Helena du Bem Feitô. — renegou paternidade a escrava acuada pelo agouro de nascituro.

— Dêxa qui essi Negru du Matu mermu façu di bom-gradu u sirviço di s'agozá nu bandulho atraiçuadu di 'suncê, frumusura d'assumbraçãu di pesti ruim di Ros'Helena. I qui mi aperdoe u Bem-Feitô; apurém, si acasu u Sinhozim quisé dizê quié frutu du 'Spritu Santu... — satirizou o capitão do mato.

— Mió u Negru du Matu si adisviá u rumu di disconversaçãu p'rá otra iscrava disquarqué, qui nãu seji S'Helena, purqui assinãu u capitãu nãu há-di s'ater tempu di prsenciá u rebentu di vossuncê o du 'Spritu Santu abrolhá im nascituru. — advertira-o o capataz, enciumado.

O escravo de reprodução Tomásio, atento ao entrevero, resolvera-se por intervir perente o Feitor Bem e o Negro do Mato, que encaravam co'o sangue em retinas.

— Nu cativêru d'assunzala Bem Feitô disni'um nãu si ãtem iscrava p'rá privilégiu di prazenteiu di gozu, nãu, canpataz, pruqui Ros'Helena imporcalha us irmãu im trainçãu, quandu si adisfaz ajuntandu cum mirtirçu di istirpi di vossuncê. — enfrentara-o o reprodutor de negros.

— Ãnpossu inté nãu tê direitu d'iscolha; apurém, u tár di Pai Tumásiu ajamais si adeitiô cumigu prus préstimus d'assafardeza, purqui nãu ãquis parí iscravu aprisionadu, vindu du gozu apudricidu di vossuncê, negru reprodutô di iscravidãu. — humilhou-o Ros'Helena.

— Ói qui essi Bem Feitô lhi assangra us pescorçu i bandulhu, Tumásiu; i, ãinda pur ãcima, ubringa vossuncê a si acabá im himurragia, ãssumbraçãu. — apartara-o o Negro do Mato, oportunamente.

— Ãtenta untão logu di veiz, diachu di podridãu di Feitô Bem amardiçuadu, incostandu açu di punhá im disni'um du reprodutô d'iscravidãu. — afrontou-o, audaciosamente.

— Negru disabusadu di istrupiçu di mardição, ãsó nãu incostu u punha di açu nu disruim du côru aprudecidu di vossuncê, pruqui amais vãlia si ãtem c'um páur di fogu miradu nus cornu discaradu dessi disni'um tár di Tumásiu. — apontou-lhe a garrucha engatilhada.

— Untão, vossuncê adesaperta logu u gatilhu du páur di fogu, Bem Feitô. — decidiu-se, estoicamente.

— Pai Tumásiu... — previniu-o o capitão do mato.

No limítrofe da tensão, o recadeiro Negrinhó penetrou a senzala, exclamativo.

— Bem Feitô!... Feitô Bem!... — afobara-se.

— U quié quié di angora, Nigrinhó? — arrotara o capataz arengueiro.

— S'ajeiti nu cavalu baiu, qué p'rá vossuncê nãu caí di quatru, homi dus demonius. S'ajeiti nus istribu du animá, feitô, qui nãu ié qui Sinhozim mermu arrecumendô qui vossuncê apronti us trapu im algibêra i si aprepari p'rá istadia cumprida im lonjura di Sãu Sebartiãu du Riu di Janêru. I qui tumbém p'rá qui vossuncê passassi urdenança d'assunzala p'rá essi bichu ruim du capitãu di escravu, u Negru du Matu. — ao arremedar o senhor de minas e engenho.

— Qui essi um Negru du Matu di angora im dianti há-di ficá nu lugá du Feitô Bem, pur essi tempu qui durá istadia nu Riu di Janêru, Nigrinhó. — completou-se Negrinhó.

— Podi s'ir assussegadu, Bem Feitô, qui essi capitão dus negru sabi di cór incubênça d'assunzala. — tranquilizou-o o capitão do mato.

— Untão si u Negru du Matu já sabi di cór di incunbênça i urdenança di vergáiu prás labuta dus ãfazer d'assunzala di Fanzenda Mio Verdi du Serru Friu... S'Helena... — titubeou o mandigueiro.

— C'um u cãu chifrudu iscurraçadu dus infernus, diachu di feitô amardiçuadu. — excomungou-o a mestiça Xica da Silva.

— Us dirtirnus das pruficia dus urixás di Jorgi-Ugum... Us dirtirnus di pruficia dus urixás di Ugum-Jorgi... — reticenciara-se Maria Mina.

— U Sinhozim mandô avisá tumbém p'rá vossuncê, Feitô Bem, qui pr'us adispois dus arranju di viagi p'ru Riu di Janêru, u Bem Feitô ãir inté casa-grandi pr'á derradêra urdenança di 'sassíniu incumendadu di doutô abuliciunista. — acrescentara o negrim recadeiro.

— Sunzala ãé liberdadi dus negrus!... A sunzala ãé liberdadi dus negros!... — epigrafou-se o escravo Tomásio, desafiador contumaz da autoridade do capataz.

— A sunzala ãe liberdadi dus negrus!... Sunzala ãe liberdadi dus negrus!... — reproduziu escravaria, unissonamente.

— Órdi i juízu, Tumásiu. — recomendou o caçador de negro.

— Órdi, juízu i cunsciênça, capitãu. — reverberou-se Maria Mina.

— Essi porcu suju rastrejadô d'iscravu fujãu, nãu ãtem cumpetênça p'rá assumí urdenança dus afazer d'assunzala im lugá di Feitô Bem, nãu, Mãi Maria. — acusou Ros'Helena.

— Ãsó arricumendu au Bem-Feitô qui nãu si isbarrassi c'um Tonhu Fujãu disquarqué qui fugirum pr'us quilombus, nus caminhus 'sassinus inté Sãu Sebartiãu du Rio di Janêru. — rogou Tonho Fujão.

— U quié quié pió di u Feitô Bem si esbarrá pur caminhu traiçuêru inté Sãu Sebartiãu du Riu di Janêru há-di sê c'um u disquarqué atocaiadu du troncu di negru feitu essi Pai Tumásiu, S'Helena. — zombara-o Negrinhó, recadeiro.

O mandingueiro Jorge-Ogum, que até então se mantivera calado, proferiu adendo de presságio.

— U pió inda 'stá pur vié i anparecê im sunzala, astravés di pruficias dus urixás... — veredictou-se o quiromante Ogum-Jorge.

— Sintu muintu lhi avisá ansim tumbém, Xica Parda; apurém u douto-sinhô Mané Sardinha quié pruqui quié 'suncê na casa-grandi p'rá acuidandu di Sianinha, adiscunformi ãera ufíciu di falicida Bartira, c'um Dona Angelina, nus tempu di Sôr

Nho'Nhãu da Fanzenda Mio Verdi du Serru Friu. — anunciara o pretim recadeiro.

— Mió ãnsim, mia fia, qui 'suncê há-di 'tá intregui c'um us mermu cuidadu i unbrigançãu di casa-grandi, du qui im disgracêra d'assunzala. — conformou-se Maria Mia, presumindo predição das profecias dos orixás de Jorge-Ogum.

— I qui u anju di ãguarda di 'suncê nãu si adistraia nem s'adiscuidi di Xica Mulata. — receituara o velho candongueiro.

— Xica Parda ãé frumusura d'iscrava amistirçada, acarregandu cunsigu u quê du sangui Du brancu, qui nãu s'acurrenta c'um feitiçu dis prufecia dus urixás. — antevira Pai Tomásio.

— I tumbém nãu ãcareci di si istragá, adiscunformi ni'uma disquarqué, pur carsa dessi rebentu amardiçuadu di Pai Tumásiu im ventri di S'Helena, qui logu há-di nascê im cativêru. — sancionou o macumbeiro Jorge Ogum.

— I vossuncê, Pai Tumásiu, nãu andiz upiniãu di Xica Mulata s'ir s'adeitiá frumusura du corpu mirtiçu c'um u Sinhozim Mané Sardinha, adiscunformi Bartira c'um u Nhô'Nhão? — abusara Ros'Helena.

— 'Currenta u Pai Tumásiu, capitãu, qui im antis essa bastarda amardiçuada há-di s'adeitiá u ruim du corpu ãé c'um essi Feitô Bem di vossuncê, Xica Mulata. — deliberara-se Feitor Bem, que, empós açoitá-la, violenta-a brutalmente no chão da senzala.

O escravo Tomásio ameaçara reação contra ordem de prisão do Feitor Bem; entretanto, os capangas o intimidaram co'as armas de fogo, apontadas em sua direção a fim de que o Negro do Mato lhe acorrentasse sem dificuldade.

— I angora vossuncê apódi s'entregá aus préstimu du Sinhozim, invés di si ficá im cumpanhia di negru nojentu di Pai Tumásiu, Xica. — escarrou a face o capataz saciado.

— Marditu, feitô. — praguejou o negro acorrentado.

— Disarrasta tár ixcumungada p'rá catri di alcova di casa-grandi, capitãu. Anrrasta iscrava mardita pr'us gozá di safardeza dus dibaixu dus lençór ariadu di Sinhozim Mané Sardinha, Negru du Matu. — imprecara Bem Feitor, ao sair da senzala.

— Marditu, disgraçadu di Feitô Bem di 'suncê, S'Helena. — aventou-se Tonho Fujão, o rebelde.

— Si Xica Parda for'é s'imbora p'rá cumpanhia du Sinhozim, vossuncê tumbém há-di si acunformá c'um ausênça du Feitô Bem di 'suncê, Ros'Helena." — articulara o negro Tomásio, derrubando-a em chão de terreiro, de modo a possuir a escrava frígida e entorpecida.

Os tempos se apenhoravam por inúmeras desapropriações latifundiárias acometidas pelos andarilhos saltimbancos da Ordem do Terço da Gente Preta e Mestiça da Ilha de Vera Cruz, de modo que os colonizadores reinóis ou mesmo portugueses do Brasil fossem despejados das fazendas e engenhos por decreto-lei expedido pelo grão-paraense El-Rey d. Juvêncio Sabiá I, que outorgara a posse da terra em favor dos brasis miscigenados, como base da sociedade patriarcal destes trópicos tupiniquins. No bojo das inserções jurídicas, fora também proclamada a Lei da Poligamia, por assentamento constitucional impetrado pelo antigo ex-suboficial de milícias capitão-mor Juvêncio Sabiá, como exemplificação ética, moral e jurídica deste Terrae Brasilis. Na ocasião, oficilizaram-se os vínculos adventícios das núpcias do alferes Belmiro Lamparina e do sargento d'ordens Abílio Querubim, co'a ex-consorte do Barão do Acará, d. Luís Fernão de Magalhães Caldeira e Góes, dona Violante de Góes, a Viúva Alegre.

Logo empós o ritual de sacramento de matrimônio polígamo, o impecável El-Rey d. Juvêncio Sabiá I, que também se aproveitou da situação p'ra celebrizar união conjugal co'a sinhá Gertrudes de Góes, dera advertência de que os mercenários caboclos iriam seguir mais de mil léguas sertão afora, em direção aos sítios circunvizinhantes da Capitania de Pernambuco de Itamaracá, a fim de que, em primeiro momento, se tomasse de assalto o Engenho Jaguaribe d'Olinda, propriedade canavieira do nobre fidalgo d. Afonso Robério de Albuquerque Lins e Silva, o Conde de Igarassu. Findo cerimonial, os homens do terço despencaram p'ra pôr em prática a primeira desapropriação pernambucana, até que, não obstante, ao se aperceber da invasão antagonista, o feitor Ambrósio Capeta disparou, por intimidação defensiva, arcabuz polvoroso, em concordância co'a carcaça do sargento d'ordens Abílio Querubim, que, àquela altura, já era tido como herói morto e insepulto.

— Ai, que Belzebu fez má-pontaria em mim, mor chefe capitão Juvênço Sabiá!... — expirou sagento d'ordens Abílio Querubim, simplório-abatido, em breve cronologia.

— Toma-lhe pau de fogo e chumbo, nhambu-jabaquara, que sede d'avingança não há de s'esbarrar co'a cacimba-marajoara!... — prognosticou, por revidação de alvitre, alferes Belmiro Lamparina, inconformado co'o súbito-imprevisto óbito do cúmplice de andanças.

— Co'o ferrolho de desafrontação e represália, fogo na rabeca, que pau de pólv'ra não é trancejo de boneca!... — incitava-os, por ação de diligência, o cabo de guerrilha João Curupira, que se contrapusera por dedo em gatilho, ávido pela desforra de morte do sargento d'ordens Abílio Querubim, o Anjo Benfazejo.

— Co'a urgênça d'arrevidação, vossamencê há de apalmear meia-dúzia d'homens co'azo d'intrepidez, alferes Belmiro Lamparina, que assenão nóis s'arrebenta pelo coice-cego d'espingardeio de sentinela do Engenho Jaguaribe d'Olinda. — retorquira o murubixaba d. Juvêncio Sabiá I, arquitetando cerco de armadilha.

— A-já, capitão!... — sintetizou-se o lugar-tenente do terço, por subordinação de comando.

— Por arrodopeio de arretaliação, vossamencê, cabo de guerrilha João Curupira, co'o mais Jorge Torto, Chico Beato e Manuel Brejo, por arenguejo de arrastrejança d'azinhaga, há d'arrebentar arresistença de inimigo por desagravo de morticínio, em desmatreio de assurpresação por detrás desprevinido, arre-égua!... — repenhorou estratégia de ocupação do território ilhéu, guerrilheiramente.

Apesar do prejuízo de existência do sargento d'ordens Abílio Querubim, a empreitada de apossamento do Engenho Jaguaribe d'Olinda, no cômputo geral, obtivera insofismável êxito em avanço territorial sobre a pródiga Capitania de Pernambuco de Itamaracá, sob leme do Governador-mor e Capitão-General Luís Diogo Lobo da Silva, o Visconde de Nova Lusitânia. De fato, quiçá seja de bom alvitre explicitar que o acometimento protagonizado pelos rebeldes milicianos do terço se dera em plena cerimônia de eucaristia dos negros escravizados da senzala do Engenho Jaguaribe d'Olinda, ocasião em que o devotado religioso Belchior Brandão de Carvalho e Seixas, o pe. Seixinhas, pároco-auxiliar da Catedral da Sé de Recife, solicitamente, se esmerava na conversão dos pagãos incréus originários d'Áfricas, aptos à conversão pela hóstia sagrada do Corpus Christi da Santa Madre Igreja.

Macambúzios, os pretos cativos eram escoltados por capatazes de bacamarte e mosquete em punho, a fustigá-los co'o aço pontiagudo do catecismo da Santa Fé, quando o feitor-mor Ambrósio Capeta, em legítima defesa, atentou contra biografia do auxiliar de ordenanças, que não resistira aos ferimentos de combate. Comboiado pelo parvo-mazombo Zeca Taioba, o endiabrado atirador de certeiro gatilho desfechara por duas ocasiões de disparo contra o sargento d'ordens Abílio Querubim, que não se esquivou do balaço a tempo de precaver-se da vigilância do capataz Ambrósio Capeta, dando-se, por conseguinte, o instantâneo passamento do insigne membro-fundador da Ordem do Terço da Gente Preta e Mestiça da Ilha de Vera Cruz.

Acobardado, o senhor de engenho d. Afonso Lins e Silva aboletara-se por debaixo dos espartilhos e anáguas de sua dileta senhora dona Catarina Albuquerque de Lins e Silva, de maneira a se abrigar do assédio belicoso, até que a honorífica família se salvaguardasse da ofensiva dos insurgentes alvorotados, sôfregos por justiçamento. Em ato de indulgência, o sedicioso d. Juvêncio Sabiá I se aproximara do senhor de engenho d. Afonso Lins e Silva, co'o intento de que o fidalgote borralho se ajoelhasse em rendimento, caso ainda cobiçasse rogativa de sobrevivência. Nada obstante, em prévia circunstância de degolação ou fuzilamento, a instintiva reação do esposo de dona Catarina Albuquerque Lins e Silva fora retumbante escarração, a aninhar-se em face cabocla do curiango-ibijaú d. Juvêncio Sabiá I, que, por infortúnio de lapso e reflexo, não conseguira desviar-se da injuriosa recepção de hostilidade.

— Mestiço nojento e odioso... — arremessou diligência catarrenta e salivante, por alegação de asco perante desonrabilidade de fidalguia.

— Pierrô Cuíca, por rigor de acastigação exemplar ao mequetrefe-lagalhé malcriado e desafioso, que s'arrancasse co'a quicé cega de picar fumo-de-rolo a nervura de linguarejo do senhor de engenho d. Afonso Lins e Silva, p'ra s'atirar aos porcos da pocilga do Engenho Jaguaribe d'Olinda, módi que jamais se acometa tal obra de insultação, contra reinante soberano da estirpe de Vossa Majestade Imperial do Brasil El-Rey d. Juvêncio Sabiá I, o Clemente. — arbitrou, ao esfregar lenço encardido em salivação de soberba congênita.

— Por tento d'ultraje, mor chefe capitão Juvênço Sabiá!... — subjugou-se o grapirá-alcatraz Pierrô Cuíca, ao retalhar, a corte seco e preciso, o nervo-febro de dialeto, de sorte que sangrasse até a morte o cavalheiroso d. Afonso Lins e Silva, o Come-Língua.

Não obstante, no calor da hora de alcatifa e desafogo, o avioso marimbondo-jaguará d. Juvêncio Sabiá I ditou ordenamento de substituição de posto de chefia, por motivação de falecimento do auxiliar de ordenanças Abílio Querubim, o Anjo Mau.

— Vossamencê, doravante há de ser nomeado cabo de guerrilha Jorge Torto, por provento de elevação de patênça do canibalesco João Curupira, que há de acentar ascensão de militança em lugar do finado sargento d'ordens Abílio Querubim, portanto que, de feita, vossamencê houvera de se apropriar da alcova de dona Violante de Góes, a Manca, por justeza da permuta de cessa-viuvez. — postergou d. Juvêncio Sabiá I.

Quando se finalizou amputação linguística do fidalgote-borralhão amedrontado, que fora descoberto homiziado por debaixo da combinação do vestuário de dona Catarina Lins e Silva, o receoso pe. Seixinhas fez o sinal da cruz, ao balbuciar profecia de que a arrancação de linguarejo do gentil-homem da estirpe d'um d. Afonso Lins e Silva do Engenho do Jaguaribe d'Olinda, decerto, recairia como uma espécie de mau presságio por sobre arredores da Capitania de Pernambuco de Itamaracá.

— Que o vigário Seixinhas há de aprovidenciar alastramento de boa-nova por púlpito de sermão e pasquim, por toda Província de Pernambuco de Itamaracá e da Bahia de Todos-os--Santos, que a Insurreição Cabocla do Norte, capitaneada por Vossa Majestade Imperial do Brasil El-Rey d. Juvênço Sabiá I, o Libertador, não há de se render jamais aos desmandos do galego incréu do Marquês de Pombal, nem mui menos há de se atravancar diante dos desvarios ultramarinos d. José I de Portugal, Algarves e Áfricas.

Ao término da homília politizada, o matuto-vigioso Joaquim Lírio se-lhe achegava co'o capturado Ambrósio Capeta, acorrentado co'a justa aferração por mãos, pés e pescoço.

— Ei'o mardito trucidador do sargento d'ordens Abílio Querubim, o feitor Ambrósio Capeta, capitão-mor chefe Juvênço Sabiá. — atirou-o, pisando-lhe goela de garganta.

— De feit'outra, for'é vossamencê quem abreviara existênça do abatido auxiliar d'ordenanças Abílio Querubim, capataz? — indagou d. Juvêncio Sabiá I, arguidamente.

— Nhô não, mor capitão. — contestara o mefistofélico por alcunhação diabólica, temeroso por desforra de homícidio.

— Cum'é então que s'agraceja nomeança de vossamencê, coisa-ruim de feitor? — inquisitou, por tirocínio de inquérito, o caburé-mandioca Arnaldo Preá, mediante sapiência da bizonha designação demoníaca do prisioneiro.

— Achamo-me, por pilhéria d'arremadação, por anomeada Ambrósio Capeta, em ofício de feitor-mor do Engenho Jaguaribe d'Olinda. — respingou réu-acuado, diante da intervenção do braço-de-ferro, enojado co'a pulsilanimidade do acusado.

— Que m'adesconjuro cred'em-cruz, mor capitão chefe Juvênço Sabiá. — persignou-se, por abismação antonomásia do dito-cujo, o rezamenteiro Chico Beato, ecumênico glosador.

— E o que vossamencê há d'apretender que se obre em penalidade de revidação, pelo malfeito d'assassínio cometido co'a vida do sargento d'ordens Abílio Querubim, feitor-mor Ambrósio Capeta? — acicatou o mameluco-baio Juca Baltazar, legando-o procedimento de tribunal de justiça.

— Forca ao Feitor Ambrósio Capeta, o Endiabrado. — vaticinou d. Juvêncio Sabiá I, por prematuridade de réplica.

De proeza, o feitor-mor Ambrósio Capeta fora enforcado no pelourinho do Engenho Jaguaribe d'Olinda, ao passo que o cabo de guerrilha Jorge Torto, mui afeiçoado aos atributos morais e físicos da buliçosa viúva do d. Afonso Lins e Silva, achegara-se, solidário-consoante, p'ra dois dedos de prosa co'a dona Catarina Lins e Silva, a Proba.

Conseguintemente, depós da dominação da açucarosa Província de Pernambuco de Itamaracá, quando o ex-suboficial de milícias capitão-mor Juvêncio Sabiá se acercara do Engenho São Francisco do Conde, latifúndio açucareiro pertencente ao Colégio de Santo Antão dos Jesuítas, situado no Recôncavo da Bahia de Todos-os-Santos, o recém-nupciado auxiliar de ordenanças João Curupira tomara ciência da chegança do flibusteiro castelhano Onofre Grosso Garcez, provindo da Andaluzia d'Espanhas, que se aprostava por requerência de conversação mercantil, co'a ilustríssima pessoa de Vossa Excelência Imperial do Brasil El-Rey d. Juvêncio Sabiá I, o Libertador, p'ra se comerciar mercância das cortesãs de meretrício e bordel, trazidas nos porões da embarcação ibérica Cristovão Colombo, que aportara em cais de pedra do Arrecife dos Navieiros, que inspirara o trovador pernambucano Agripino Mendes Freixo a imortalizá-lo, por intermédio da triste história de amor entre a dona Maria Ana de Sá Albuquerque e o negro Damião da Costa.

> Eis os manuscritos apócrifos d'assenzala para o além-mar do Foral de Olinda
> Do que se houvera pelos chãos de pedra ancoradouro Arrecifes dos Navieiros
> Dos embarcadiços em cais de saudade onde ancoravam naus-caravelas infindas
> De pau-brasil, fumo-d'angola, dos lotes d'ouro, das mercancias, dos marinheiros
>
> Às margens canavieiras dos antigos engenhos que roçam as navegadoras aguarias
> Do Capibaribe n'onde aportara o fadário negro do escravo de nomeada Damião
> Que púrpura encantação pela sinhá-branca Mari'Ana de Sá Albuquerque da Capitania
> De Pernambuco, consorte do fidalgo d. Fernão Albuquerque de Itamaracá, o Barão,
>
> Atraiçoado pelas rudes mãos do destino quando a esposa Mari'Ana e o reles amante
> O escravo Damião da Costa de ofício-estivador que aportara em vil desembarcação
> Que às cegas amarras s'embrenharam por porões labirínticos do coração navegante
> Ah, quem diria que torpe aleivosia do escravo maledicente de fato adviria da paixão

Em pelourinho d'engenho aferrou-se o negro Damião por cruéis correntes e açoites
Pel'acastigação d'assangrar couraça do cativo ladino em madeiro d'humilhação atroz
Por desagravo d'injúria de famí'a gorjeio do vergáio que rugia sobre silêncio da noite
A invadir casa-grande de Mari'Ana de Sá Albuquerque trancafiada feito bicho feroz

Não obstante, a dama s'apertencesse ao d. Fernão Albuquerque, o Barão de Itamaracá
Que co' todo fervor não aperdoou ultraje do desabusado que fez abrolhar rebento
Bastardo em ventre proibido da sinhá-branca d'Engenho Bom-Amparo do Jequitibá
Salvo engano, querubim enegrecido fora ajogado à moenda por mando-contento

Do senhor de terra em desonra insultado por obsceno gesto do nego-chinfrim Que ordenou que s'arretalhasse carne-viva co'as vis sangrentas chicotadas Qual naváia de fio d'aço afiado a destroçar os mil pecados sobre terra-carmim A pagar co'a vida pela safardânça d'raça contra siá-dona Mari'Ana violentada

Defronte d'assenzala d'Engenho Bom-Amparo Jequitibá corpo inerte-mutilado Por chicoteio do Feitô Florenço como s'estalasse preito qual coice-cego vingança Por ter desfeito co'a dona-diá Mari'Ana Albuquerque negro Damião for'é massacrado Como afaz co'o fruto da cana-doce a s'azafamar lida em bem-vinda chegança

Aporém, diz que d'aviltamento d'escravo Damião a denegrir co'o defeito de cor A que dona Mari'Ana Albuquerque dera luz ao coibido fruto por má-sina e sorte Depós d'avinhorada ceia advém preto-manquejo co'o punhal em manejo a sobrepor Ao vulto assombrado do Damião da Costa, d. Fernão Albuquerque alvejado de morte.

O curioso-excitado d. Juvêncio Sabiá I recomendou que se aviasse presença do mercante ibérico Onofre Grosso Garcez, a fim de que se firmasse contrato diplomático de exportação.

— Atraz-me o caixeiro-viajante das almas d'alcoice e bordel, sargento d'ordens João Curupira, p'ra se anegocear bom preço de custeio de costeleta bíblica d'Adão, co'o tal afamado corsário castelhano Onofre Grosso Garcez, o Andaluz. — depusera audiência co'o cigano mercador o taoca-guaju d. Juvêncio Sabiá I, excitado pela presença das polacas e cocottes decorridas do continente europeu, co'o intuito pirotécnio da sedução de alcova.

— O corsário espanhol Onofre Grosso Garcez reivindica aproseação co'o mor chefe capitão Juvênço Sabiá, em anonimato de gabinete de palácio, p'ra se ter garantia da justeza de contrato d'arrendação do lote de carne de fêmea, diz que provinda das Zoropa-França-e-Bahia. — emendou o acorcundado Jorge Torto, distinguido por gibosidade de má-formação de nascença.

Exacerbado pela desengenhosidade do subalterno, o comodoro d. Juvêncio Sabiá I arrebentara diante do retardamento da presteza de agilidade do subordinado.

— Que vossamencê s'apresse de m'atrazer-me castelhano Onofre Grosso Garcez, cabo de guerrilha Jorge Torto, que assenão o cigano mercador há de se ir embora co'o carregamento de marafona de nada fácil sobrvivênça e afins. — exasperou-se, em razão de ilógica argumentatividade.

— Ei'o mercante castelhano Onofre Grosso Garcez, capitão-mor chefe Juvênço Sabiá. — apregoou-se, por solicitude de aforçuramento, o tropeiro Jorge Torto, zebu-do-norte.

— Clemencia y misericordia, mi noble señor, que soy el hombre embajador y leales sujetos d'El Rey Fernando VI de España; y, por amabilidad, solicito a Vuestra Excelencia d. Juvéncio Sabia I, una audiencia a finales de que a mi tripulación co'alfombra roja, banquete y vino de maíz, para el negocio de remate de todo el lote de importación de las veintisiete coccotes francesas, ibéricas y polacas judías. Por fin, Onofre Grosso Garcez, un criado de vuestra merced. — explanara o navegante estrangeiro das Arábias, apto ao objeto de mercância em proposição de discriminação da mercadoria.

— Vossamencê há de ser, em pele, carne e osso, o celebrado pirata Onofre Grosso Garcez, cigano andaluz? — inquiriu o patenteado ex-miliciano do terço Juvêncio Sabiá, por reiteração de curiosidade mediante afamação do interlocutor.

— En orden, mi capitán. — ratificara identificação o negociante ibérico Grosso Garcez, mui auspicioso por benéfico desenlace de negociação do lote de fêmeas.

— De fato, há de tratar-se do contrabandista de peças d'escravaria branca, o livre-comerciante Onofre Grosso Garcez, mor chefe capitão Juvênço Sabiá.— afiançou, didático-aclarado, o alferes Belmiro Lamparina, obsequiador em informação.

— Que vossamencê obtenha cienciação de que Vossa Majestade Imperial do Brasil El-Rey d. Juvênço Sabiá I, o Libertador, não desarreconhece as vossas marítimas façanhas, por mero olvidamento das fuças ciganas e d'arrenomeação do negociante d'almas, d. Onofre Grosso Garcez, o Flibusteiro dos Sete Mares. — tranquilizara-o o diplomata Juvêncio Sabiá, co'a disposição de se desfazer contrangimento da ilustre figura castelhana, por não ter sido aclamado pela autoridade máxima destes trópicos tupiniquins.

— Yo apuerto en la Sesmaria de Vera Cruz, en misión diplomática por la recomendación de El Rey de España, d. Fernando VI de Villaviciosa de Odón, heredero del trono de Felipe V y de Doña María Luisa de Saboya... — arregimentava-se o comerciário Onofre Grosso Garcez, em seu escólio de colóquio.

— Prediga ao andaluz Onofre Grosso Garcez, alferes Belmiro Lamparina, em bom castelhano mais aletrado de vossamencê, que Sua Excelênça Imperial do Brasil El-Rey d. Juvênço Sabiá I, o Libertador, tão-somente 'hay d'hablar' em língua de nortista destes brasis; aporém, vossamencê apódi inté adiantar ao negociante de origem espanhola, que não só arrecebo traficânça de saliênça, como também hei d'arrematar todo lote inteiriço de cabrocha, sem arregateação de custança por bom preço de negócio. — assegurou confiabilidade Juvêncio Sabiá, por traquejo de circunspeção.

Por tradução simultânea, o alferes Belmiro Lamparina se reportara ao escravagista d'almas Onofre Grosso Garcez, explicitando ensejo de comercialização do carregamento de cocotes, polacas e ilhoas prostituídas.

— El gitano ibérico Grosso Garcez, Su Majestad Emperador de Brasil El-Rey d. Juvênço Sabiá I, el Libertador, me ordenó asegurarle que no solo hay de desechar todo vuestro carregamiento de mujer perdida, como también no hay de le enfadar co'a aperreação de pechicha por se baratear precio de mercáncia de las hembras importadas. — aprumou-se o lugar-tenente Belmiro Lamparina, poliglotamente.

— Vuestro siervo hay regocijarse ante la mercancia con el capitán mayor Juvéncio Sabiá... Perdón, Su Majestad Emperador de Brasil d. Juvéncio Sabiá I, el Emperador de las Américas. — vaticinara o navegante castelhano Onofre Grosso Garcez, retificando-se, adjacentemente.

O despectivo autócrata d. Juvêncio Sabiá I, que, em hipótese, não tolerava bajulação gratuita forjada por estrangeiro ou quem quer fosse, já estando de saco cheio dos modos e trejeitos falseados del hombre del mar Onofre Grosso Garcez, p'ra se findar co'o conversejo fiado, fora direto ao ponto de equilíbrio da negociação do produto feminino.

— Por arresumação de pantomima, por quanto vossamencê há de cobiçar em moeda d'ouro pela carregação de fêmea da má-sina de ofício, cigano Grosso Garcez? — desferiu golpe de arremate de leilão, o imperante Juvêncio Sabiá, já em beiral de perder paciência co'a discrição engodada do espanhol, portador de tique nervoso que lhe obrigava a tremilicar cabeça, tronco e membros.

— Debo decir al capitán que, por la mercancía de hembra de mala vida, hago justo y buen precio para cubrir el desembolso de la travesía del Atlántico y otras cositas más... — reticenciou-se, por preambulação de negociata, o exportador de escravaria alva Onofre Grosso Garcez, cerimonioso de pisar em ovos, por receio de melindrar a figura aristocrática do ditador caboclo Juvêncio Sabiá, o Femeador.

— Qual enfim real valor de moeda d'ouro sobre mercânça de marafona, encalhada em porão da vossa nau-embarcação Cristovão Colombo, corsário Grosso Garcez? — reverberara inquirição de xeque-mate Belmiro Lamparina, apoquentado pela boa lábia castelhana do palestrante.

— Decir a Vuestra Majestad El Rey Juvéncio Sabiá I, que sería más ventajoso conferir a tal mercáncia de hembra por la perdición, capitáin. — pôs-se carteado em mesa o precavido mercante de peça humana Onofre Grosso Garcez, presurosamente, antes de dar preço ao produto de exportação.

— E o que vossamencê adecide por se escambiar, em permuta de igualdade mercantil, todo o magote de mujer de má-sina por liberdade do negociante Onofre Grosso Garcez? — xeque-mateara-o El-Rey d'Ouros Juvêncio Sabiá, pondo em perigo livre-arbítrio do forasteiro.

— Pero, yo soy hombre libre, capitán. — acerbou-se o andarilho andaluz Grosso Garcez, mediante ameaça de livre-arbítrio.

— Vossamencê há de ser 'libre' lá p'ra cima das vossas negras, cigano Onofre Grosso Garcez. — insultara-o, por módica intimidação, o sargento d'ordens João Curupira, ao mirar mosquetão em riste.

— Pero yo no negocio con prostitución de mujeres niegras, no, hombre de Dios. — atestou certificação de qualidade ocidental o mercantilista espanhol Onofre Grosso Garcez, sem compreensão lógica do adágio pátrio.

— Acurrenta, a pão duro e água, em tronco d'maçarandu-ba ao sopé de saúvo-formigueiro, o nômade Grosso Garcez, Nélio Calvo, que, co'o gatuno de baixa arreputação ibérica, se anegocia mercadejo co'a grossura de cão p'ra detrás de gatilho d'abacamarte, além d'aço do punhá em goela do sacripanta provindo da Andaluzia d'Espanhas. — abjurou-se o capibaréu Juvêncio Sabiá, impacientando-se co'a artimanha do pagão-peregrino Onofre Grosso Garcez de se fingir de rogado perante apalavração de ultraje pr'as vossas negras...

Ao avinhado Nélio Calvo, restara a acedência de cumprimento de resolução, diante do aviltamento do cigano rendido e mal pago, literalmente.

— D'acordo, mor capitão chefe Juvênço Sabiá. — balbuciou o cão de guarda, imobilizando-o co'o cipó-imbé.

— Por obsequio, no se haga de rogado al conferir los valiosos regalos que le ofrezco a vil precio de banana, capitán Juvéncio Sabiá. — apelara, por suplicância de negoceio de carne humana, o desesperado Onofre Grosso Garcez, ao farejar imediação de violência.

— Cala matraca, el hombre del Diablo. — amealhou o alferes Belmiro Lamparina, fustigando-o por rins e costela. Por instinto, em afã de salvação do vaticínio, o negociante castelhano recorrera até ao juramento de atestação da mercadoria advinda d'além-mar.

— De antemano, puedo jurar que ningún otro contrabadista ha de tener reliquia más obsequiosa, en materia de compañía de alcoba, capitán. — rogara por sobrevida o incriminado Onofre Grosso Garcez, mediante a irascibilidade do executor do terço.

— Que s'adescarregue mercânça d'alcoice em Paço do Imperador dos Arrecifes, alferes Belmiro Lamparina, que eu, Vossa Majestade Imperial do Brasil El-Rey d. Juvênço Sabiá I, o Libertador, há de se estar frenético até os bagos dos colhões, por contubérnio de assaliênça co'a polaca Clara Klein, a Dadivosa. — dispôs-se o Juvêncio Sabiá, sôfrego por carne branca de rapariga de alcoice.

Nada obstante, o recém-nomeado auxiliar d'ordenanças João Curupira fora quem contestara pilhérico de bate-pronto, por se gabar de mais valia da mercadoria europeizada.

— Por fornicação de bate-coxa e gozejo co'a polaca-hebreia, capitão-mor chefe Juvênço Sabiá... — respondera-o o subalterno dos chispes atravancados por má-nascença, antropofagicamente.

O carijó-curiboca d. Juvêncio Sabiá I deproscatinou que, de logo em urgência, se fornisse desembarque do objeto de bel-prazer da caboclada.

— Cabo de guerrilha Jorge Torto, co'o mais o Chico Beato, Arnaldo Preá, Anísio Lepra, Pierrô Cuíca, Manuel Brejo e Juca Baltazar, vossamencê de logo há d'arrebanhar acarregação da raparigada de pérfido ofício, p'ra regozijo de safardânça e saliênça dos membros da Ordem do Terço da Gente Preta e Mestiça da Ilha de Vera Cruz. — encarrilhou o major-mandarista d. Juvêncio Sabiá I, por ordenação de libertinagem e orgia.

— P'ra adequança d'interrogatório, vossamencê há de depor autorização p'ra se arregaçar cigano raficante d'almas Grosso Garcez por de cima de fogaréu em pau-de-arara, mor chefe capitão Juvênço Sabiá? — prescreveu sargento d'ordens João Curupira, por sindicância da metodologia de tortura, a fim de que se ajustasse estratégia de atrocidades do martírio.

— La piedad e la clemencia, el capitán Juvéncio Sabiá!.. — implorara Onofre Grosso Garcez, assaz fragilizado pela circunstância de calvário da tortur'ação.

— Afia navalha, Joaquim Lírio, p'ra acastração de cigano andaluz Onofre Grosso Garcez, o Escravagista d'Almas. — achacalhou-o d. Juvêncio Sabiá I, hexápode-capador.

— Por alicençação de comandânça, capitão. — prontificara-se o carrasco co'o aço afiado de punhal, em detrimento da explicitude de esterelidade.

— Castración, capitán!?!... — apavorou-se, histérico-aterrorizado, por precedência de amputação peniana.

— Nélio Calvo e Joaquim Lírio, vossamencês adepõem adjutório ao Nélio Calvo, p'ra módi não s'incorrer em engodo de castração do malquerente ibérico-charlatão Grosso Gracez, que é capaz inté de engabelar coveiro p'ra se abocanhar defunto, caboco. — robusteceu-se alferes Belmiro Lamparina, por retórica de precaução infálica.

— Arriba, pau de gozança d'Onofre Grosso Garcez, o Eunuco Cigano!... — arrotou o carnífice Anísio Lepra, homérico decapitador.

— Ah, ah, capitán del carajo!... Ah, ah, capitán del carajo!... Ah, ah, capitáin del carajo!... — uivou o marujo castelhano Onofre Grosso Garcez, módico-flébil, abjurando-se por desagravo pela honra deserétil decapitada.

— Que vossamencê, flibusteiro Grosso Garcez, não adescumpra condenação pelo degredo d'exílio ad eternum, legislado pelo veredicto sentencial deste Monarca dos Trópicos, El-Rey d. Juvênço Sabiá I, o Libertador, que vos há de deportar em embarcação por mares nunca dantes navegados, inté cais de pedra das longínquas paragens castelhanas d'Espanhas ibéricas!... — condenara-o d. Juvêncio Sabiá I, sem comiseração pela nervura decepada de 27 centímentros do eunuco cigano, doravante.

Nos primórdios da Dinastia Sabiana, que se alastrara desde a Capitania do Grão-Pará e Maranhão até Pernambuco de Itamaracá e Bahia de Todos-os-Santos, o monarca dos trópicos deslindou-se de que, co'o advento da abolição da escravatura advinda d'Áfricas, tornar-se-ia imprescindível, ao retumbante lema de ordem e progresso, dar-se titulação de posse da propriedade de engenho aos pretos escravos alforriados do cativeiro, de modo que, no tocante à mão de obra em cultivo agrícola, moenda de roda-d'água e refinação da cana-de-açúcar, se substituíssem o fidalgo branco-sinhô da casa-grande e toda descendênça consanguínea, pelo antigo habitante dos fétidos porões da senzala.

— Meus súditos santacruzenses, eu, Vossa Majestade Imperial do Brasil El-Rey d. Juvênço Sabiá I, o Libertador, ex-subofícial de milícias da Ordem do Terço da Gente Preta e Mestiça da Ilha de Vera Cruz, vos predigo que, caso não se fortaleça Insurreição Cabocla do Norte por todo território pátrio, em luta armada contra a Lusitana Coroa dos Portugais, estas paragens paradisíacas hão de retornar à ancestral e submissa condição de Brasil-colônia de propriedade da galegada d'além-mar, disconforme inglório tempo não tão longínquo d'outrora, quando o colonizador subjugava à escravização os negros, pardos e indígenas, acorrentando-vos aos grilhões das senzalas dos engenhos de cana-de-açúcar e da mineiração. Por tal razão, advirto-vos que, enquanto branco-quilombola s'adebandar p'ros sertões, vossamencês não podem abdicar da captura de poltrão português acobardado que, de imediato, há de ser aferroado em pelourinho, in memoriam de Diogo Álvares Correia, o Caramuru, Herói do Novo Mundo!... — discorreu o autofágico muribixaba Juvêncio Sabiá, enfático-persuasivo, ao discursar ao público adventício, sob aplausos, urras e vivas da multidão eufórica, configurando-se em líder absolutista de toda a plebe miserável e desvalida desta Terra de Santa Cruz.

— Salve Vossa Majestade Imperial do Brasil El-Rey d. Juvenço Sabiá I, o Libertador!... Salve a Magnífica Excelentíssima Sua Majestade Imperial do Brasil El-Rey d. Juvenço Sabiá I, o Libertador!... — saudara-o, neste lapso de tempo, o ex-alferes e atual Ministro de Justiça e Fazenda Belmiro Lamparina, sob jugo do propalado poder de veto da pena azul, passando a limpo toda a documentação jurídica do retrógrado Código Civil e Penal das Ordenações Afonsinas, Manuelinas e Filipinas do Reino de Portugal, Brasil, Algarves e Áfricas, reescrevendo-as, constitucionalmente, p'ra, enfim, rebatizá-las de Carta Magna dos Trópicos.

— Nós, representantes do povo brasileiro, reunidos em Assembleia Nacional Constituinte para instituir um Estado Democrático, destinado a assegurar o pleno exercício dos Direitos Humanos, sobretudo, no tocante à liberdade de expressão e à igualdade de gênero sob os véus da dignidade da pessoa humana, como valor supremo de uma sociedade cordial e pluralista, promulgamos, sob a proteção dos deuses e orixás, a Constituição da República Federativa do Brasil. — arrebatara-os o profícuo Juvêncio Sabiá, recordando-se de que todo poder emanará do povo, que há de exercê-lo por meio de seu representante caboclo nos termos deste registro jurídico de ordem patriótica.

Em data histórica, a documentação da primeira Constituição Cabocla do Brasil fora difundida por toda jurisdição provinciana da Terra de Santa Cruz, por intermédio de missiva oficial firmada co'a tintura encarnada do sumo do pau-brasil, extraído da Mata Atlântica pelas mãos indolentes dos autócnes dos brasis. Ato posterior à promulgação das prédicas constituintes, o ex-suboficial de milícias capitão-mor Juvêncio Sabiá e seu séquito dedicaram-se ao ato obsceno da deleitação de catre, co'as marafonas de bordel trazidas pelo corsário espanhol Onofre Grosso Garcez, que, às escâncaras, se escarneciam da penalização sobre a qual padecera o contrabandista d'almas de origem castelhana: mutilação e degredo. Não obstante, de toda mercadoria humana sequestrada, a mulher de má-sina que o Vossa Majestade Imperial do Brasil El-Rey d. Juvêncio Sabiá I, o Libertador, de longe mais apreciara fora uma polaca sardenta d'umas dezessete primaveras incompletas, co'os olhos azuis e bons dentes brancos sem cáries, parcos seios miúdos e pele mui clara, que assistia clientela de alcova pela antonomásia de Heleine Klair, la Pelirroja.

— Doravante, vossamencê há de s'arrenomear Clara Sabiá e hás de ocupar função de dama de companhia da Imperatriz dona Gertrudes de Góes Sabiá, mui afeita aos trejeitos de etiquetas do continente europeu. — designou nomeação e cátedra.

— Clarrrra Sarbiaaaaá, mon capitaine? — admirou-se, a açodada meretriz de ofício, perante audição do solfejo fonético.

Três dias empós, nada obstante, o caudilhista d. Juvêncio Sabiá I resolutou-se pela intervenção de hímen da prostituta judia.

— Ministro alferes Belmiro Lamparina, vossamencê ajeita montaria de campeio, módi que moçoila Clara Sabiá s'abanhasse em águas milagrentas do Mangal das Garças do Grão-Pará, poisque, adisconforme reza lenda indígena, há de s'aprouver restauração da castidade aviltada em sete luares de banho-maria, co'o barbatimão e cuaxinguba. — supersticiara-se o administrante d. Juvêncio Sabiá I, mui crendeiro das ervas da floresta.

— Au revoir, mon capitaine. Au revoir... — despediu-se Clara Sabiá, de coração apertado, lânguida e lamentosamente, que lhe piscara retina por aceno de disimulação.

— Sargento d'ordens João Curupira, sobremaneira, vossamencê há d'aprovidenciar ajuntação da caboclada do terço, p'ra arranjo d'assalto ao Engenho Sergipe do Conde de Santo Antão, módi a s'acomeçar intento da Insurreição Cabocla do Norte pelos territórios da Bahia de Todos-os-Santos!... — comandou d. Juvêncio Sabiá I, quando fora interrompido pelo errante Nélio Calvo, hebreu-velho.

— Capitão, m'adesculpe atravancar afalação de vossamencê; aporém, um preto d'anomeada Anélio Queluz diz que há d'atrazer em surrão ossada da vossa prometida, la cocotte Clara Sabiá, co'arrecomendação d'escritura co'o sangue da cortesã, co'a assinatura do cigano ibérico Onofre Grosso Garcez, o Andaluz. — inusitou-se, atônito-pasmado, o propagador judaico.

— Por 'bséquio, vossamencê adepõe assoletração de manuscrito d'epístola, co'a subscritura do flibusteiro espanhol Grosso Garcez, Ministro alferes Belmiro Lamparina. — sugestionou o guia Juvêncio Sabiá, intrigado co'o enigmático conteúdo do bornal de couro.

Al déspota Vossa Majestad Emperador de Milícias El-Rey d. Juvéncio Sabiá I, el Libertador de la America Portuguesa, los despojos fúnebres de la muy preciosa dama de compañía Heleine Klair, la Cortesana.

Firmado: Onofre Grosso Garcez.

Ao se deparar co'os restos funéreos da ruiventa cortesã de alcoice, o choraminguento Juvêncio Sabiá, desconsoladamente, não suportando lapidação de tão significativa ausência, ao defenestrar o voluptuoso Onofre Grosso Garcez, o Iscariotes Cigano, praguejara que se organizasse tropejação de captura de inimigo castelhano, p'ra que, por urgênça, se aprisionasse cobarde malfeitor em cárcere de justiça.

— Cabo de guerrilha Jorge Torto, vossamencê, co'ademais Joaquim Lírio, Arnaldo Preá, Juca Baltazar e Sebastião Pio, s'arranja encilhamento d'animália assistido de grosso calibre e farta munição, p'ra logo s'ir ao encalço do forasteiro Onofre Grosso Garcez, o Esquartejador!... — rosnara o gravatá-dirigente d. Juvêncio Sabiá I, pressuroso por detenção do bandido vingativo e traidor.

— A troco da desforra por extermínio e mutilação da moça de má-sina, a Clara Sabiá, moe chefe capitão Juvênço Sabiá. — rebateu o auxiliar d'ordenanças Jorge Torto, assinalado por gibosidade de acorcundamento.

— Chico Beato, vossamencê, co'o Joaquim Lírio e Josélio Rima, há de s'ajustar sepultamento de restolho da rapariga Clara Sabiá, vil-ultrajada pelo mandrião Onofre Grosso Garcez, o Insepulto!... — acabrunhou-se d. Juvêncio Sabiá I, diante do trucidamento inconteste da marafona de procedência judaica.

— Acomo é que o cigano Grosso Garcez aconseguiu subterfúgio de aportejo em cais de Belém do Grão-Pará, capitão mor chefe Juvênço Sabiá? — esquadrinhou-se por intrigação especulativa, o moicano-tabaréu Pierrô Cuíca, interrogativo.

— Vossamencê há de s'adesenhar feições das fuças de cão uivento do eunuco cigano Onofre Grosso Garcez, p'ra se adependurar qual pasquim em tudo quanto for portal d'ermida de província, co'os dizeres d'apremiação por arrecompensa de doze moedas d'ouro mineiro, a quem descobrir a localização do esquartejador castelhano.

Neste meio-tempo, os artífices bastardos da Insurreição Cabocla do Norte distribuíram aos tropeiros viajantes ilhéus panfletos co'o retrato falado do criminoso Onofre Grosso Garcez, o Procurado.

— Mãos à obrança, que o mor chefe capitão Juvênço Sabiá adepôs ordenança de que há de s'aprestar aprisionamento do traficante d'almas brancas Onofre Grosso Garcez, co'a mera réstia de sobrevivênça; ou morto arrebatado co'a pólv'ra de arcabuz por justiçamento. — conclamou-os o alferes Belmiro Lamparina, por admoestação contra periculosidade do refugiado de origem ibérica.

Procura-se Vivo ou Morto o corsário cigano de origem castelhana Onofre Grosso Garcez, o Estripador.

No discurso de expropriação do Engenho Sergipe do Conde de Santo Antão da Província da Bahia de Todos-os-Santos, o carafuz-samambaia d. Juvêncio Sabiá I se gabava de que rasgara em mil pedaços o Registro de Conciliação de Portugal, Algarves e Brasil, uma espécie de intimação escriturada pelo estadista lusitano Sebastião José de Carvalho e Melo, o Marquês de Pombal, co'a incumbência política de redenção dos responsáveis pelo levante alcunhado de Insurreição Cabocla do Norte, co'as sanções de penalização de cunho jurídico, de maneira a se reestabelecer predomínio lusíada da antiga colônia ultramarina denomeada Santa Cruz, outrora sob auspícios absolutistas d'El-Rey d. José I, o Reformista. Em contraposição ao aniquilamento da rebelião liderada por Vossa Majestade Imperial do Brasil El-Rey d. Juvêncio Sabiá I, o Libertador, que se pautara pelo desígnio de revogar as possessões geográficas dos colonizadores europeus desde o Tratado de Tordesilhas, o soberano dos trópicos abolira a sujeição ao Império português. De certa feita, o mandatário caboclo outorgara artigo de lei extraordinária referente ao fato de que toda mercadoria humana de origem branca, adquirida em território pátrio porvindoura de terras estrangeiras, houvera de servir p'ra mão de obra escrava em cultivo, colheita, moagem e manufatorias de engenho de cana-de-açúcar, administrado pelos filhos bastardos da terra em alforria, por outorgação da Insurreição Cabocla do Norte. Tal decreto-lei tornou-se, historicamente, conhecido como marco-fundador do período da Escravidão Branca neste Terrae Brasilis.

Co'a habitual inaptidão diplomática, o comendador d. Juvêncio Sabiá I vocireou que todo colono reinol de origem de nascituro ou português do Brasil fosse marcado a fogo e ferrolho em pele alva, consoante registro de propriedade humana dos brasis emergentes, co'a inicial maiúscula da caligrafia do senhor de engenho, minas e fazenda, na área limítrofe de expansão de Norte a Sul da Ilha de Vera Cruz, p'ra controle de arquivo da escravatura. As deliberações doutrinárias ditadas pelo ex-suboficial de milícias capitão-mor Juvêncio Sabiá resultaram em forte resistência dos donatários lusitanos, amealhados pelo desvario decrépito do bandoleiro foragido de justiça, conforme se cunhou em ata de assembleia lisboeta. Cabe explicitar que a resistência branca se acirrara de tal modo que os antigos mandatários se aquartelaram em fortificações quilombolas, sendo a mais afamada sob desígnio de Palmares da Serra da Barriga das Alagoas, administrada pelo bossanovista d. Marcus Vinícius da Cruz e Mello Moraes, o Visconde de Ipanema. No contexto, o conflito de ordem separatista capitaneado por d. Juvêncio Sabiá I co'os membros bastardos da Ordem do Terço da Gente Preta e Mestiça da Ilha de Vera Cruz se alastrou por todo território colonial desde a Capitania do Grão-Pará e Maranhão até a outrora Capitania de São Paulo e Minas do Ouro, perdurando por aproximadamente duas décadas de calendário gregoriano instituído no século XVI. Em sete de setembro do ano da graça de 1789, empós Queda da Bastilha da Bahia de Todos-os-Santos, o triunfo bastardo fora celebrado na cidade de São Salvador, primeira capital do Brasil-Colônia, na cadência da batucada dos tambores ritmados por um mulato-velho de nomeada Dorival Caymmi, co'os desfiles cívicos dos foliões caburés, mamelucos, caribocas, carafuzos, sararás, cafuringas e rivelinos, fantasiados de fidalgos aristocratas do reino, pertencentes aos mais altos escalões e cabedais da nobreza lusíada, enquanto os brancos colonizadores de outrora eram acorrentados em carros alegóricos, travestidos de negros d'Áfrivas ou de silvícolas ameríndios oriundos das tribos ameríndias amazônicas.

Os festejos dionisíacos dos mascarados pierrôs, arlequins e colombinas caboclos co'o defeito de cor eram acompanhados de cauim de milho, cana-de-açúcar ou mandioca, líquido afrodisíaco mastigado por virgens aymorés e tupinambás, co'o estardalhaço tamanho que um antropófago tupy or not tupy da Paulicéia Desvairada alcunhou de Carnaval, ó Carnaval!... Enfim, quando se findou a balbúrdia do entrudo, conquanto exaurido pelas abusões do ritual profano, ainda sob efeito cáustico da ressaca homérica propositada pelo água ardente Made in Brasil destilado, o burlesco-histriônico Rey-Momo d. Juvêncio Sabiá I sentiu-se na obrigação de proferir um discurso patriótico, p'ra enaltecer a heroica apoteose d'uma raça de gente bronzeada, cordial e hospitaleira por natureza, que quer mostrar o seu valor sobre a empáfia congênita que profanou a soberania pátria. Empós discursividade de exaltação da Terra-mãe, o Cavaleiro da Brigada da Cruz de Cristo Juvêncio Sabiá, que já havia juramentado que o ex-alferes Belmiro Lamparina assumisse o Ministério da Fazenda, Educação e Justiça, delineara que o sargento d'ordens João Curupira se responsabilizasse pelo Ministério das Capitanias Hereditárias, sendo que, ao cabo de guerrilha Jorge Torto, reservou-se o cargo de Ministro-Chefe da Casa Civil-Militar do Conselho de Estado do Império do Brasil. No Diário Oficial Brasílico, o parvo-izoneiro d. Juvêncio Sabiá I inventariara publicação de cancelamento do decreto-lei inconstitucional, que lhe forjara acusação por crime de responsabilidade de Lesa-majestade e Traição-pátria, sendo imputada como grave insurgência política contra a Coroa Lusíada.

No período em que se justapuseram às margens do São Francisco, nas frontreiras limítrofes entre as Capitanias da Bahia de Todos-os-Santos e das Minas Gerais, o sentinela de ocasião Sebastião Pio dera sobreaviso da chegança d'um andarilho anomeado Cego Alviano, diz que hermeneuta de fado alheio.

— Por vossa alincenciação, arrecomendo audiênça d'adivinhatura de sina e sorte do mor chefe capitão Juvênço Sabiá, recém-autodeclarado Sua Majestadade Imperial do Brasil El-Rey Juvenço Sabiá, o Libertador. — justificara-se o áugure-quiromante Cego Alviano, reverenciosamente.

— Atraz-me o caolha-adivinhador, Sebastião Pio. — grunhira, chistosamente, diante da enigmática e cadavérica afiguração do profeta-peregrino.

— Que Deus Nosso Senhor Tupã Morto Crucificado em Via--Crucis do Monte Pascoal da Galiléia do Norte da Província do Grão-Pará e Maranhão não s'olvide do vosso espr'ito d'ouro, mijifilho Juvênço Sabiá. — preconizara o adivinhista, co'a argúcia de inteligência mundana.

— Vossamencê há d'obrar desadivinhação de fado-fortuna do capitão-mor chefe Juvênço Sabiá, pajé-cegueta Alviano? — consultou, insultoso-agnóstico, o encera-pênis Pierrô Cuíca, por tirocínio d'aclarividência.

— Se Espírito Santo do Exu das Matas Amazônicas destes Brasis m'ofertar atilamento de vidênça sobre sina de vossamencê, capitão, eu hei de m'aprestar a arresponder pelo dom d'além desse vosso súdito e servo, prometendo-me adiscorrer escorreito sobre adestinação mística de Vossa Majestade Imperial do Brasil El-Rey d. Juvênço Sabiá I, o Libertador. — refutara paródia de caçoada o curandeiro, adulador-imaginoso.

— Acomo fora que vossamencê adquirira sabença de mi'a graça e reinança, Cego Alviano? — auscultou-o Juvêncio Sabiá, por exatidão de descobrimento do renome e prestígio, decerto por boataria de boca a boca de diz-que-diz-que.

— No Oráculo Místico da Uiara Mãe D'Água... — retorquiu o bruxo-andejante, iconoclastamente.

— E qual direcionamento do vil metal das pedras preciosas d'ouro e diamantes, faquir-adivinhista? — fustigou o pré-mineirador Juvêncio Sabiá, insaturável pela descoberta do erário de aluvião.

— Vossancê há de s'apropriar do mapa-múndi do Vale Sagrado dos Geraes das Minas, diz que arrascunhado pelo bandeira-emboaba Manuel Borba Gato; e, de posse d'escrevinhadura, Sua Excelênça El-Rey d. Juvênço Sabiá I há d'aprosseguir até Arraial de Santo Antônio do Tejuco das Diamantinas, situado no portal do Vale do Jequitinhonha, p'ra ser ter co'o contratador João Fernandes d'Oliveira de dona Xica da Silva, a Parda, desafeto do Marquês de Pombal por apréstimo d'exploração das demoníacas pedras preciosas do Ribeirão do Inferno e adjacências d'ageografia. — prescrevera o cego-adivinha, persignando-se irreligiosamente.

— As Minas d'ouro dos Geraes confins, mor chefe capitão Juvênço Sabiá!?... — arregalou-se o púcaro-avaro sargento d'ordens João Curupira, por avidez de enricamento.

— Toda opulênça de riqueza à flor do chão extraída das minas de diamantes do Arraial do Tejuco e do metal precioso da Vila Rica de Nossa Senhora do Pillar d'Ouro Preto há de ser de vossancê, contanto que se aconsiga conluio co'a dona Xica Mulata ao intento de causa da Insurreição Cabocla do Norte, pr'a módi s'encaminhar acarregamento dos diamantes da Capitania das Minas Gerais, p'ra Vila de Nossa Senhora dos Remédios de Paraty. Logo depós, p'ra capital do reino São Sebastião do Rio de Janeiro, p'ra fundação do Império Sabiano de Vossa Majestade Imperial do Brasil El-Rey d. Juvenço Sabiá I, o Libertador. — prognosticara o ancião de melenas e barbas compridas, agrisalhadas pelo tempo longevo de sobrevivência.

— Aporém, empós vossancê arrebanhar acordação de preito co'o fidalgo João Fernandes d'Oliveira, intendente-contratador do Arraial do Tejuco das Diamantinas, em Vila Rica há d'esgaravatar aprocuração do incréu Pe. Oliveira Rolim, p'ra fim de que s'obtenha conhecença do ouvidor-escrevinhista Tomás Antônio Gonzaga, o Dirceu de Marília. — apontou direção de rota aurífera, por desanimosidade de bússola.

— Dado mapa da mina, vossamencê há de s'ir de retro co'a escoltação da gente do terço até São Salvador, módi assumir a governaça-mor da Provinça da Bahia de Todos-os-Santos, meu bom e fiel Cego Alviano. — postergou o gragoatá-camboatã Juvêncio Sabiá, heróico e vacinado.

Ao se abeirar do Arraial de Santo Antônio do Tejuco das Diamantinas, o ex-suboficial de milícias capitão-mor Juvêncio Sabiá designou que se arregimentasse uma comissão de força-tarefa p'ra reunião co'o contrador da Intendência dos Diamantes João Fernandes d'Oliveira, de modo que se arranjasse proseio de negociação de arremate de pedra preciosa das Minas Gerais, a fim de que o ministro de Fazenda, Educação e Justiça, alferes Belmiro Lamparina intimasse assembleia diplomática co'o amásio da dona Xica da Silva, a Parda.

— Ei'o contratador dos diamantes João Fernandes d'Oliveira, mor chefe capitão Juvênço Sabiá. — arrebatou-o o cabo de guerrilha Jorge Torto, arrastando-o pelo cangote sem trégua de oratória.

— Contratador d. João Fernandes d'Oliveira, vossamencê obteve aciênciação da Insurreição Cabocla do Norte de Sua Majestade Imperialr do Brasil El-Rey d. Juvênço Sabiá I, o Libertador? — interrogou-o o sargento d'ordens João Curupira, por adjunta averiguação da indústria de identificação nominal.

— Porventura, Vossa Excelência Real d. Juvênço Sabiá I seja portador de manuscrito co'a assinatura de procuração régia, em substituição ao trono d'El-Rey de Portugal, Brasil e Algarves d. José

I, o Reformador? — ironizara-o, co'o baforejo de prosódia peculiar à fina flor da aristocracia, convalidada por titulação de nobreza.

— E quem há de ser vossancê co'os arroubos de reinânça imaginária, pr'adentrar Casa do Contrato sem prévia autorização do Desembargador e Cavaleiro da Ordem do Cristo d. João Fernandes d'Oliveira, responsável pela Intendência dos Diamantes do Tejuco, Sua Majestade El-Rey d. Juvênço Sabiá I, o Blasfemador? — interrompeu Xica Mulata, abruptamente empós invasão forasteira do terço.

— Se vossamencê não arreconhece reinança de Sua Realeza Imperial do Brasil d. Juvêncio Sabiá I, o vosso amasiado contratador João Fernandes d'Oliveira há de ser encarcerado por crime de aviltamento pátrio, tornando-se réu apto a afuzilamento ou patíbulo d'enforcação, em largo público da Comarca da Vila do Príncipe do Serro do Frio, d. Xica da Silva. — alinhavou sumário jurídico o doutrinário alferes Belmiro Lamparina, rábula-jurista sob jugo dos encargos incriminatórios da Terra de Santa Cruz.

O procurador-mor d. Juvêncio Sabiá I intercedera co'a cláusula pétra do mérito arbitral, aclarando sobre artigo do Código Penal dos Trópicos, que assinalava crime de responsabilidade a quem não reconhecesse autoridade máxima da Dinastia Sabiana.

— De bom grado, se acaso vossamencê acolher decisão de ingerênça de casório comigo, o honrado amásio de dona Xica Mestiça não só houvera de salvar couraça de fuzilação de pau de pólv'ra e livramento de garganta d'enforcação, como também hei de vos depor agregação de conluio em exploramento das minas d'Arraial de Santo Antônio do Tejuco das Diamantinas, sendo vosso fidalgo contratador d. João Fernandes d'Oliveira empossado em governança-mor da Capitania das Minas Gerais... — finalizara o regente Juvêncio Sabiá, por proveitosa permutação de alcova conjugal.

— No entretanto, antes de que o meu esposo d. João Fernandes d'Oliveira seja 'carcerado p'ra afuzilação ou enforcamento, por ultraje à Insurreição Cabocla do Norte, Sua Excelênça d. Juvênço Sabiá I há de ser degredado pelo Marquês de Pombal, por injuriação política contra El-Rey d. José I de Portugal, o Reformeiro. — intimidou-o a audaciosa Xica da Silva, por advocância em causa própria.

— Por vossa índole malsã e espevitada, que se alvitra em pecado de concubinato co'o contratador João Fernandes d'Oliveira, vossamencê há de ser atirada em masmorra por afrontação ao Imperador do Brasil El-Rey d. Juvêncio Sabiá I... — explicitara o bedel-chicaneiro alferes Belmiro Lamparina, quando, em aparte técnico de juridição, o embrionário constitucionalista d. Juvêncio Sabiá I propusera senão favorável ao constrangimento de cárcere à mestiça alforriada Xica Mulata, mediante acusação de grave injúria despatriótica.

— Contratador João Fernandes d'Oliveira, se vossamencê arreconhecer reinança d'El-Rey d. Juvênço Sabiá I como mandatário destes latifúndios brasis, arrespeitando condição de regênça, módi a m'aconceder exalçamento d'arrendação de diamantes dos Gerais das Minas, eu hei de depôr absolvimento de vossa esposa dona Xica Mulata. — comprometera-se o adventista d. Juvêncio Sabiá I, por aceno de acordo pacífico.

— D. Juvêncio Sabiá I, caso eu aceda a Vossa Mercê mediante intimidação de troca de mi'a Xica da Silva pela governança-mor da Capitania das Minas Gerais, como iria me reportar, hierarquicamente, a Vossa Excelência d. José I de Portugal, Algarves e Brasil? — provocou o consorte extraoficial da parda-sinhá Xica Que Manda.

— Mesmo se vossamencê ficar ao lado d'El-Rey d. José de Portugal, o contratador João Fernandes d'Oliveira há de escorraçado da função de liderança da Intendênça dos Diamantes do Arraial do Tejuco, sendo de logo deportado pelo Marquês de Pombal; e, caso contrário, vossamencê não s'arrendendo ao intento de permuta de governança-mor dos Gerais das Minas pela

Xica Parda há de ser posto em afuzilamento ou cadafalso. — conscientizou-o alferes Belmiro Lamparina.

— Ao contratador João Fernandes d'Oliveira, para além de s'ajuramentar alta nomeação política, hei de depôr ofertânça da Baronesa dona Gertrudes de Góes, em adesposamento de legitimidade. No tocante a vossamencê, Xica Parda, s'acaso não adesprezasse amasiação co'a Sua Majestade Imperial do Brasil El-Rey d. Juvênço Sabiá I, o Libertador, eu vos houvera d'adeclarar oficial intenção de acoroamento pátrio, dona Xica da Silva, a Imperatriz do Brasil. — propôs o casadoiro Juvêncio Sabiá, afrontosa aliciação de união-estável, que mui houvera de ofender a moral e os bons costumes dos próceres signatários da conservadora sociedade mineira.

— Salvo engano, Vossa Majestade Imperial do Brasil El-Rey d. Juvêncio Sabiá I está me propondo escambo da cátedra do ofício de Contração da Intendência do Arraial do Tejuco das Diamantinas pela governança-geral da Capitania das Minas Gerais, além substituição de concubinato co'a Xica da Silva, a Parda, por matrimônio co'a Baronesa-Sinhá dona Gertrudes de Góes? — assombrara-se d. João Fernandes d'Oliveira, boquiaberto e estupefacto, diante da inusitada comenda político-nupcial.

Mediante decisão favorável do contratador dos diamantes d. João Fernandes d'Oliveira, que optara por residir em companhia da baronesa Gertrudes de Góes, o Imperador dos Trópicos d. Juvêncio Sabiá I arrebanhou os integrantes insurrectos da Ordem do Terço da Gente Preta e Mestiça da Ilha de Vera Cruz, p'ra se embrenhar pela metrópole de Vila Rica da Nossa Senhora do Pillar de Ouro Preto das Minas Gerais, à procura do Pe. Oliveira Rolim, consoante designação do quiromancista Cego Alviano, governador-mor da Capitania da Bahia de Todos-os-Santos. Nada obstante, o ex-suboficial de milícias capitão-mor Juvêncio Sabiá se deparou co'as cercanias da Vila Rica d'Ouro Preto mui bem defendida e fortificada pelos dragões da Guarda do Reino a postos, por ordenação do governador-mor Luís Antônio Furtado de Castro do Rio de Mendonça e Faro, o Visconde de Barbacena. Porém, depós da Batalha do Largo de São José, os dragões guardiães da comarca foram afugentados pelos insurgentes partidários da Insurreição Cabocla do Norte, por imposição do grosso calibre dos canhões de infantaria conduzidos pelos negros alforriados dos grilhões da escravatura brasílica.

— Alferes Belmiro Lamparina, vossamencê adepõe ordenança p'ra fim de que s'aprovidencie invasão da Casa do Conto, enquanto nóis havemos d'arrebatar rende-vous co'o Bacharel em Leis Cláudio Manuel da Costa e o Ouvidor Tomás Antônio Gonzaga, o Dirceu de Marília. — assentara-o o administrador-mor Juvêncio Sabiá, em perspectiva de reunião de cúpula política co'a intelectualidade vila-riquense.

De prontidão, os revolucionários bastardos percorreram becos e vielas da Nossa Senhora do Pillar da Vila Rica d'Ouro Preto, em busca dos ideólogos d'um intrincado golpe de estado reconhecido por Conjuração ou Inconfidência Mineira, que intentava a independência da região aurífera da Capitania das Minas Gerais sob jugo lusíada. No entretanto, fora alcaguetada pelo falastrão coronel-comandante do Regimento de Cavalaria Auxiliar de Borda do Campo, Joaquim Silvério dos Reis, o Delator.

Ao revistarem a sacristia da Igreja de São Francisco dos Pretos, os capangas do terço Juca Baltazar, Chico Beato e Manuel Brejo flagaram o sargento-mor José da Silva de Oliveira Rolim, em ato obsceno co'a cabrocha Quitéria Rita, herdeira legítima de dona Xica da Silva e do contratador-intendente dos diamantes João Fernandes d'Oliveira. Em verdade, o pe. Oliveira Rolim era o mais robusto contato dos conspiradores geralistas inconfidentes, nas cercanias do Serro Frio da Serra do Espinhaço. De logo e feita, o periclitante sacerdote Rolim fora conduzido do clandestino refúgio em trajes de ceroulas, p'ra audiência co'o reinador imperante Juvêncio Sabiá, que o recebera co'os ares de picardia e jocosidade, no salão principal da Casa dos Contos de Vila Rica. Em depoimento, o sequioso Oliveira Rolim denunciou aonde se homiziava o bardo-escriba Gonzaga de Marília, em sito endereço da Fazenda do Pombal.

P.S.: Qualquer semelhança de referência ao estadista lusitano Sebastião José de Carvalho e Melo, o Conde de Oeiras e Marquês de Pompal, há de ser mera coincidência histórica e não artimanha ficcional), propriedade agrícola do afamado Joaquim José da Silva Xavier, o Tiradentes.

— Capitão, ei'o ouvidor-geral do Tesouro d. Tomás Antônio Gonzaga, o Dirceu de Marília. — prefaciou-se o religioso prodictórico Oliveira Rolim, orgulhoso quiçá até meio orgulhoso por sua delação premiada.

— Dirceu, o José? — revogou o mamposteiro Juvêncio Sabiá, por revisionismo retrógrado.

— Dirceu das Arcádias, capitão. — objetou o gentílico-portuense dr. Tomás Antônio Gonzaga, procedente da Freguesia de Miraguaia, em Portugal.

— Por epístola d'arrecomendação do contrador João Fernandes d'Oliveira, que fora contemplado por outorgação d'Insurreição Cabocla do Norte governador-mor da Capitania das Minas Gerais, eu, Sua Majestade Imperial do Brasil El-Rey d. Juvênço Sabiá I, o Libertador, por legítima aprovação de ficha-limpa anomeio vossamencê, Tomás Antônio Gonzaga, o Dirceu de Marília, p'ra exercício d'alcaide-mor da Comarca de Vila Rica d'Ouro Preto. — expediu governabilidade provinciosa da capitania mineira o nomeador Juvêncio Sabiá, ardiloso ao abafar a subversão arcadística.

O Ouvidor-mor Tomás Antônio Gonzaga, por finória alusão assimilada em cátedra jurista coimbrã posta em prática em tribunal de justiça, retorquiu que, caso a Conjuração Mineira vingasse no horizonte, de fato e direito, ele, o arcádico-pastor Dirceu, muito provavelmente haveria de exercer a função de Chefe de Estado da Res publica das Minas Gerais.

— Nobilíssima Excelência d. Juvêncio Sabiá I, saibais Vossa Majestade que, há tempos, nós, os sediosos amotinados vila-riquenses nos posicionamos contra os desmandos dos reinóis capitaneados pelo Marquês de Pombal. Portanto, nós, os inconfidentes doutores Silva Alvarenga, Cláudio Manuel da Costa e Avarenga Peixoto, entre outros fazendeiros, funcionários públicos e religiosos, como o próprio Pe. Oliveira Rolim e o Pe. Toledo, conspiramos contra os atrozes desvarios das autoridades lisboetas, mais precisamente em oposição aos arroubos usurpadores dos métodos de extorsão, aprimorados pelo aumento abusivo e absurdo da tributação do Quinto d'Ouro, orquestrado pelo governador-mor da Capitania das Minas Gerais, o déspota Luís António Furtado de Castro do Rio de Mendonça e Faro, o Visconde de Barbacena. — abdicou-se da nomeação administrativa ofertada pelo caporanga-signatário Juvêncio Sabiá, menosprezando a pouca-valia do encargo executivo de governança pública.

— Vossamencê há de arrenegar provimento d'alcaide-mor da Comarca de Vila Rica d'Ouro Preto, por almejar governança de tal *Res publica* propositada pela Inconfidência Mineira contra d. José I de Portugal, Gonzaga de Marília? — indignou-se o capurreiro alferes Belmiro Lamparina, perante pouco-caso de insubordinação do súdito luso-brasileiro.

— Empós passamento d'El-Rey de Portugal d. José I, quem assumira o trono lusitânico fora a Rainha dona Maria de Bragança I, a Tresloucada. — consertou a menção equivocada o apologista das odes poéticas à Marília de Dirceu, a Imaculada.

— Pois saiba vossamencê que, por estes confins brasis, quem dará mãos d'acarteado há de ser Vossa Majestade Imperial do Brasil El-Rey d. Juvênço Sabiá I, o Libertador; e, mediante cláusula pétrea escrivinhada pelo ministro de Fazenda, Educação e Justiça alferes Belmiro Lamparina, mentor intelectual d'Insurreição Cabocla do Norte. Conseguintemente, o fidalgo português de nascituro Tomás Antônio Gonzaga de Dirdeu da Marília, ao pé da letra manuscriturada em Carta Magna das Américas, há de ser acorrentado p'ra marcação a ferro-fogo; e, ao depós, encaminhado p'ra labutação d'engenho de cana-de--açúcar. — esfregou em face artigo o catimbó Juvêncio Sabiá, ao algemá-lo co'o cordel de cipó-emburana.

O odista-escrivinhador Tomás Antônio Gonzaga fora conduzido até a Casa da Fundição do Chafariz, p'ra arguição de inquérito arrogado pelo brocoió alferes Belmiro Lamparina, co'os instrumentos de tortura a postos sobre a mesa-tábula de madeiro de lei. No pleito dialógico, precedera ao interrogatório ao ouvidor dr. Gonzaga de Marília o decreto-lei de extinção do Quinto do Ouro e vigoramento das novas diretrizes de exploração das minas auríferas, diamantíferas ou qualquer outro metal valioso, que todo e qualquer homem de cor poderá livremente escavar em todo sítio, desde que se deposite efetuação do dízimo de entrada, no valor de oito escrópolos de ouro, dez cruzados e uma libra de quatorze onças, o que equivalerá a 2/3 das arrecadações decorrentes das jazidas lavradas, sob domínios da área pertencimento à Capitania das Minas Gerais da República Federativa dos Estados Unidos do Brasil.

— Dr. Gonzaga de Dirceu, que vossamencê s'arrependa da desfeita que acometera a Vossa Majestade Imperial do Brasil El--Rey d. Juvênço Sabiá I, o Libertador, ao renegar apossamento de governança provincial da Vila Rica d'Ouro Preto, admitindo--se à função de alcaide-mor de todo território abrangente desde os limites do Ribeirão das Mortes até Congonhas do Campo. — efabulou-se o escrevente alferes Belmiro Lamparina, co'as mãos calejadas por sobre mapa-múndi da circunvinhança mineira.

— Pois que Vossa Majestade Imperial El-Rey d. Juvêncio Sabiá I confieis que, co'o advento da Conjuração Mineira, nós os inconfidentes-árcades de Vila Rica, haveremos de propagar Ordem e Justiça por toda Capitania dos Gerais das Minas destes Brasis setentrionais: Libertas quae sera tamem. — sublimou-se o bacharel-trovador Tomás Antônio Gonzaga, mediante glória de subelevação iluminista, sob a égide de Liberté, Égalité, Fraternité.

No que o arigó Juvêncio Sabiá, mui contrariado pela bazófia ilustrada e erudita do ouvidor português Tomás Antônio Gonzaga de Marília, resolvera-se por utilizar o último subterfúgio de persuasão, que lhe coubera no advento do interrogatório, ameaçando-o co'o lema de independência ou morte.

— Libertas vossamencê vossa alma aprisionada, fidalgo Gonzaga de Dirceu, que assenão hei de lhe adependurar em mastro de carnaúba co'o cordel de cipó-angico em goela de pescoço, p'rá módi o borra-botas do ouvidor do reino jamais s'atrever a desafiar ordem de comando d'El-Rey d. Juvênço Sabiá I, o Libertador. — enervou-se o canguaí Juvêncio Sabiá, co'a desajuizada coação decisória de convencimento.

— Dr. Tomás Gonzaga, peço que vossancê queira atentar pr'o episódio de que os dragões reinóis adepuseram rendição d'armas, debandando-se p'ra confins de São Vicente, módi que a tropa de Cavalaria da Guarda Real de Vila Rica não há de arresistir sem trégua de armistiço, ao intento bélico da Insurreição Cabocla do Norte. — acudira Xica da Silva, por estratégia de conciliação sem sangue transcorrido em sacrifício heróico.

— O amásio de Vossa Mercê, o contratador de diamantes d. João Fernandes d'Oliveira, aliou-se ao Levante Caboclo d'El--Rey d. Juvêncio Sabiá I, dona Xica Parda?" — perguntara o neoliberal Tomás Antônio Gonzaga, por confirmação de depoimento de desgovernabilidade impatriótica.

— O contratador de diamantes d. João Fernandes d'Oliveira não só s'arrendera ao levante bastardo d'Insurreição Cabocla do Norte, como também me escambeara em troca da baronesa Gertrudes de Góes, apadrinhando esposamento dessa vossa Xica Mulata, co'a Vossa Majestade Imperial do Brasil El-Rey d. Juvênço Sabiá I, o Libertador. — ratificou a imperatriz brasílica Xica da Silva, por convicção de engajamento à causa nacionalista.

— Adisconforme há pouco eu dissera a que se acaso não adesprezasse apossamento de função d'alcaide-mor desta Vila Rica de Nossa Senhora do Pillar d'Ouro Preto, s'encarregando do envio d'escrópolos, cruzados e libras d'onças por extradição dos metais preciosos d'aluvião das Minas Gerais p'ra São Sebastião do Rio de Janeiro, olvidando-se da tár de Inconfidência Mineira ao atirar a imagem da Vênus Negra do Aleijadinho em fogueira de São João Batista de Pernambuco de Itamaracá. — oralizou o carazol d. Juvêncio Sabiá I, por dubiedade de raciocínio alusivo ao levante subversivo, arquitetado intelectualmente pelo sonetista arcádico Cláudio Manuel da Costa eposto em ação prática pelo revoltado Joaquim José da Silva Xavier, o Enforcado.

— Que louvado seja Vossa Majestade Imperial do Brasil El-Rey d. Juvêncio Sabiá I, o Libertador!... — encurvara-se o recém-eleito alcaide da Vila Rica d'Ouro Preto, por prudência das vias de fato.

— Alferes Belmiro Lamparina, vossamencê há d'ajeitar aposento de repousação deste vosso monarca soberano El-Rey d. Juvêncio Sabiá I, p'ra módi mi'a esposada concubina dona Xica da Silva s'arranchar espinhela-caída sob límpido lençol de renda de paço... — demandou o catatuá Juvêncio Sabiá, deveras afoito por safadeza e cafuné, consoante confissão ao pé dos ouvidos de alcova da suspirosa ex-escrava Xica Mulata, oriunda da região de Milho Verde, portal de ingresso da Vila do Príncipe do Serro Frio da Serra do Espinhaço dos Gerais das Minas.

Nos tempos em que o Vice-Rei José Martinho de Mello e Castro, o Conde de Resende, governava a colônia ultramarina da Terra de Santa Cruz diretamente da capital São Sebastião do Rio de Janeiro, os infidos conspiradores responsáveis pela execução da independência de cunho pátrio, que fora denominada Conjuração Mineira se reuniam todas as dilúculas madrugadas à Rua da Direita da Vila Rica de Nossa Senhora do Pillar d'Ouro Preto, mais especificamente na taberna do hebreu Fragoso, p'ra execução dos subterfúgios subversores de dominação do território da Capitania das Minas Gerais. Os conjurados eram tipificados como inconfidentes originários da elite intelectual da região aurífera; e, co'o auxílio das lideranças militares e latifundiárias, aspiravam a tomar de assalto a comarca, em razão das cobranças abusivas de tributos. Não obstante, o genioso d. Juvêncio Sabiá I e as tropas de saltimbancos da Ordem do Terço da Gente Preta e Mestiça da Ilha de Vera Cruz se antecederam ao que adviria a ser cognominado como Inconfidência Mineira, ao expulsarem do Palácio Velho o Governador-mor da Capitania de Minas Gerais Afonso Furtado de Castro do Rio de Mendonça, o Visconde de Barbacena.

Entre a cruz, a masmorra, o patíbulo e a alcova, eis o veredicto destes bucólicos sítios auríferos de Vila Rica de Nossa Senhora do Pillar d'Ouro Preto, divagava o desembargador da Relação da Bahia de Todos-os-Santos Tomás Antônio Gonzaga, mui comprometido co'a senhorinha Maria Doroteia Joaquina de Seixas Brandão, decerto a Marília das odes poéticas assinadas pelo poeta arcádico Dirceu, que viera miúdo ao Brasil provindo do Porto, Portugal, p'ra onde retornara e se fizera formado na Universidade de Coimbra, em 1768. Mais razoável, quiçá, fosse o trovador arcádico Tomás Gonzaga não se inquietar co'as circunstâncias políticas ao redor da Conjuração Mineira, desde quando fora incriminado pela Casa de Suplicação de Lisboa, que encaminhara a documentação p'ra abertura do processo junto ao Tribunal da Relação do Rio de Janeiro. Nos Autos da Devassa em fase de escrituração, constava, inclusive, citação ao advento da encomenda de imagem profana da Vênus Negra do Aleijadinho, homiziada na sacristia da Capela de Nossa Senhora do Carmo, em Vila Rica. Naquela alvorada, o ouvidor-geral Tomás Antônio Gonzaga fora procurado pelo licencioso Oliveira Rolim, em companhia do ex-suboficial de milícias capitão-mor Juvêncio Sabiá, ocasião em que se comprometera a reunir os emissários dos conciliábolos ideólogos da

Inconfidência Mineira, p'ra comunicar-lhes sobre nomeação do cargo de alcalde-mor da Vila Rica d'Ouro Preto, comarca mais próspera da Capitania das Minas Gerais.

No entretanto, pouco antes de se direcionarem ao Amazém do Marrano, o escravagista cheirador de rapé Antônio Cabo Verde aportara em Vila Rica, co'o valioso carregamento de escravaria branca mui bem vigiada por doze anões eunucos, armados até os dentes por arcabuzes, bacamartes, mosquetes, pistolas e garruchões. Cabe menção de que, no princípio da colonização lusitana, o mercador africano Antônio Feliciano Nóbrega das Neves comerciava co'os senhores de engenho e minas as mercadorias de escravatura negra; todavia, co'a instauração da Insurreição Cabocla do Norte, o carafuzo Antônio Cabo Verde resolvera-se por capturar escravaria branca de origem europeia, sobretudo espanhóis, franceses e holandeses, que embarcavam pelas altas marés atlânticas p'ra se fazer a América.

— Sua Majestade El-Rey d. Juvêncio Sabiá I, o Libertador, eu, vosso e leal súdito Antônio Cabo Verde, solicito-vos a Vossa Majestade uma audiência de mercância, p'ra autorização de se negociar quinhão de cento e trinta peças d'almas brancas entre machos e fêmeas, p'ra serventia de mão de obra dos engenhos de cana-de-açúcar da Ilha de Vera Cruz. — expôs-se o navegante negro, em reverência ao todo-poderoso d. Juvêncio Sabiá I, que se abismara co'o linguajar erudito do mercador de escravos.

— Afaz-me 'bséquio d'aclarar vossa adiscursação sobre chegança de vossamencê d'Áfricas, co'o préstimo de doze espirro de pica de anões mui municiados d'armamento de pau de pólv'ra, sem prévia advertênça de missiva ou epístola de anunciação, mouro Antônio Cabo Verde. — adjurou o alferes Belmiro Lamparina, cismado co'a gramatiquice do negociador de peças d'almas brancas d'além-mar.

Os doze hercúleos anões eunucos, que haviam pertencido a um sultão muçulmano saladino de linhagem islâmica radicado em Jerusalém, localidade aonde foram adquiridos no ignoto vilarejo Monte Hebrom ao Sul da Cisjordânia, situado nas montanhas asiáticas da Judeia, mediante tal discriminação se supuseram-se de guarda co'a gatilhação a postos, atentos, mirando-lhe a silhueta do alferes Belmiro Lamparina, co'a fisionomia raivosa-odienta de quem comeu e não apreciou banquete de humilhação ofertado. O caçador de escravos Antônio Cabo Verde, que arrematara-os por ninharia de moedas de cobre falsificadas pelo alquimista alemão Karl Herman Baumgarten e desde logo empregara-os em serviço de proa, convés e tombadilho, planeava negocear as minúsculas criaturas de sobrepeso co'o lote dos cativos europeus, a fim de que fossem aproveitados como capatazes de engenho, haja vista a experiência adquirida co'o transporte de carga humana.

— Que Sua Majestade d. Juvêncio Sabiá I me perdoe a repentina aparição em Vila Rica sem prévio sobreaviso de chegança; contudo, eu não posso abdicar do oferecimento de tão prestigioso carregamento d'almas brancas, sem exigância de avultos quinhões de moedas d'ouro pela importação do produto, conquanto mui cara fazenda tenha me custado a mercadoria humana, avistada às costas das Ilhas de São Tomé e Príncipe, quando os fidalgos lusitanos retornavam quase náufragos aos portos de Lisboa, Portugal. — descrevinhara inventário o mercador Antônio Cabo Verde, o Mouro.

O ex-suboficial de milícias capitão-mor Juvêncio Sabiá, que não se habituara a levar desaforo p'ra tapera de pau-a-pique e sapê, mui contrariado co'a embromação linguística do preto mercenário Antônio Cabo Verde, depusera trivial comando de ordem.

— Cabo de guerrilha Jorge Torto, vossamencê arreuna caboclada do terço p'ra se aportar esquife até nau-caravela do embarcadiço caboverdiano Antônho Mouro, módi a s'arranjar desembarque de peça d'alma de mão de obra reinol contrabandeada, p'ra se abastecer d'escravaria engenho de cana-de-açúcar destes brasis. — catapultara-o o geólogo-articulista Juvêncio Sabiá, em missão de fornecimento das peças d'almas brancas.

— D'ordem e feita, mor chefe capitão Juvênço Sabiá. — repostou o auxiliar adjunto Jorge Torto, secundariamente. Ato adjacente, o mandaréu-capiau d. Juvêncio Sabiá I orientara o alferes Belmiro Lamparina e o sargento d'ordens João Curupira a não se resignar mediante chantageação de arábico negociante d'Áfricas.

— Não 'bstante, ao invés de pagamento de moeda d'ouro, que s'acorrentassem em calabouço o cujo-embromador Antônho Cabo Verde, por crime de escravagismo sem autorização imperial, em território da Terra de Santa Cruz. — veredictou-se o catrumano nortenho setentrional, ordenando ferro e masmorra.

— Vossa Majestade El-Imperador-mor do Brasil d. Juvêncio Sabiá I, que fique claro que os meus ancestrais sempre comerciaram mercadoria de escravatura negra co'a galegada do Reino português desde a União Ibérica, sem calote ou prejuízo aos contratantes europeus... — contra-argumentou o bandoleiro africano, pasmado pela arbitrariedade de veredicto.

— Por acá, não se há de acender uma vela p'ra Deus outra pr'o Dianho, não, Antônho Mouro. E quem há d'adecidir por paga de dinheiro por peça d'alma branca há de ser eu, Sua Majestade Imperial do Brasil El-Rey d. Juvenço Sabiá I, o Libertador, que vos afirma que condenação da penalidade de vossamencê há de ser por ultraje de lei de comérço e navegação, co'o enforcamento por cadafalso em largo público. — pronunciou-se, por afã de pena capital, o mamulengo Juvêncio Sabiá, injusticeiro homicida.

— Rogo a Vossa Excelência El-Rey d. Juvêncio Sabiá I justeza de trato em negociamento de mercadoria... — imprecou o marinheiro mercante Antônio Cabo Verde, mui apavorado co'a sentença de morte decretada pelo anti-calvinista Juvêncio Sabiá, que o legara aos sítios dos pés juntos, sem hesitação de ordenamento.

— Sargento d'ordenanças João Curupira, vossamencê há de adenpedurar mercenário de escravaria d'alma branca Antônho

Cabo Verde, em pau de sebo do patíbulo p'ra enforcamento co'o cordel de cipó-do-itapicuru, p'ra módi contrabandista não s'atrever a adentrar jurisdição ilhéu sem autorizamento de Sua Realeza Imperial do Brasil d. Juvênço Sabiá I, o Libertador!... — acentuou-lhe o autoritário manda-vento Juvêncio Sabiá, sedento por justiça e exemplificação.

— Arriba, mouro-pagão!... — fustigou-o o capiroso Anísio Lepra, empós determinação da sentença de óbito.

Neste momento, se apropinquara o alferes Belmiro Lamparina, aboiando o quinhão de mercadoria d'almas brancas resgatadas dos porões da nau-caravela do caboverdiano trucidado.

— Ei'o lote de escravaria alva, capitão-mor chefe Juvênço Sabiá. — apontara em direção aos cativos europeizados, exauridos pelos maus-tratos da travessia atlântica.

— Vossamencê há d'aprovidenciar distribuição de mão de obra galega p'ra engenho de cana-de-açúcar, por toda capitania de província da Ilha de Vera Cruz, cabo de guerrilha Jorge Torto, enquanto eu m'ajeito co'a mi'a mestiça d'estimação Xica Parda, no Palácio Velho da Vila Rica d'Ouro Preto. — aventou-se o conquistador Juvêncio Sabiá, passando em revista o carregamento de peças escravizadas pelo navegante africano Antônio Cabo Verde, traficante d'almas brancas abatido a sangue frio, por desmantelo de autoridade.

O inusitado era que, dentre a tripulação apreendida, havia um mancebo co'a cor de pele pouco enegrecida co'a rabada de peixe-boipeba, a labutar como reles marujo de bordo, em troca de pão, água e guarida.

— Capitão-mor chefe Juvênço Sabiá, ei'o caboco falastrão que s'avulta por dizença de ser vosso mal-parido legatário co'a bugra-Uiara Almerinda Tupinambá, d. Caetano Sabiá II, o Bastardo. — informou o altareiro Chico Beato, ao ajeitar preambulação do suposto príncipe-herdeiro da Dinastia Sabiana da Ilha de Vera Cruz.

Suspeitoso co'a perspectiva de falsidade ideológica do sucessor de linhagem e estirpe, o irapuá-caipora d. Juvêncio Sabiá I interpelara o ábdito-ajuri d. Caetano Sabiá II, quanto ao arbítrio de descendência.

— Vossamencê há de ter fidúcia de se tratar do bastardo Caetano Sabiá...? — certificara-se, diante do inusitado aparecimento da cria anfíbica gerada pela bugra-Uiara co'o capitão-mor chefe Juvênço Sabiá e co'os membros bastardos da Ordem do Terço da Gente Preta e Mestiça da Ilha de Vera Cruz.

Neste alamiré, o matuto-aroeira meado homem meado bicho-ariranha d. Caetano Sabiá II, mui escabreado co'a suspeição da plateia, adiantara declarando-se que fora criado pela negra Mariá Surupiá, a Parteira, desde quando o progenitor d. Juvêncio Sabiá I se debandara em retirada mediante ordem de prisão expelida pelo Marquês de Pombal.

— Eu, Príncipe-Herdeiro d. Caetano Sabiá II, apresento-me ao inteiro dispor por honra e graça de Vossa Majestade Imperial El-Rey d. Juvênço Sabiá I, o Libertador, p'ra módi enganjamento em corpo de guarda oficial da Ordem do Terço da Gente Preta e Mestiça da Ilha de Vera Cruz. — dignara-se em reverência d. Caetano Sabiá II, reivindicando legalidade de incorparação ao puxirum da soldadesca, que se avultava por herança aristocrática e militar.

— Alferes Belmiro Lamparina, por 'bséquio, vossamencê, d'urgênça urgentíssima, ao invés de se alojar o Príncipe-Herdeiro d. Caetano Sabiá II em patença de corpo de guarda da ordem do terço, há de s'auferir alocação diplomática em Embaixatura dos Estados Unidos da América do Norte. — exasparou-se o auspicioso Juvêncio Sabiá, por melhor colocação de ofício familiar, haja vista a verídica probabilidade de consanguineamento.

— Embaixatura dos Estados Unidos da América do Norte, mor chefe capitão Juvênço Sabiá? — inquirira-o o socó-jaburé Belmiro Lamparina, aparvalhado co'a nomeação de nepotismo.

— Se Sua Majestade Príncipe-Herdeiro d. Caetano Sabiá II há de ser legítimo herdador por garantia de toda mi'a bem-querênça e fortuna, eu hei de almejar empregatura aonde for de alvitre de paternidade. — aguçou ânimo o mandatário-ilhéu Juvêncio Sabiá, em mera presunção de direito familiar adquirido.

— Mas como Embaixatura dos Estados Unidos da América do Norte, se o tal anfíbio embarcadiço que anomeia d. Caetano Sabiá II mal assoletra língua de gringo; e, quiçá, nem há de assar jacutinga em fornalha de lenha, capitão? — incitou-o o lugar-tenente Belmiro Lamparina, desafiante-indesejoso de contratação em agregação diplomática pátria.

— Que afrite hamburguer, alferes Belmiro Lamparina!... — exasperara-se o patriarca-requerente Juvêncio Sabiá, catedrático catecúmeno.

Quando despertara da sesta co'a belíssima amásia mestiça Xica da Silva, o ex-suboficial de milícias capitão-mor Juvêncio Sabiá pusera em ação o plano de invasão ao território da Capitania de São Sebastião do Rio de Janeiro, bem resguardado pelos asseclas do sistemático Marquês de Pombal, que, decerto, já fora informado da aproximação dos rebelados nortistas partidários da Insurreição Cabocla, que se estabeleceram em acampamento nos arredores da Vila de Nossa Senhora dos Remédios de Paraty, às margens do rio Perequê-Açu da Serra da Bocaina, na fronteira geopolítica co'a Capitania de São Vicente.

— Beato, vossamencê aprepara nau-caravela p'ra ocupação estratégica de São Sebastião do Rio de Janeiro, por intuito de captura da capital da galegada reinol sob auspícios do calhorda Marquês de Pombal, o Usurpador. — aprazou o ingerente Juvêncio Sabiá, ordenante-régio.

— Apois, mor chefe capitão Juvênço Sabiá. — rendera-se o supersticioso Chico Beato, em cumprimento de ordenança de guerrilha, p'ra logo em seguida o sargento d'ordens João Curupira sobreavisar da presença dos ilustres visitantes ibéricos d'Espanhas, recém-chegados a Paraty co'o séquito castelhano.

— Capitão, ei'o Duque de Saragoza, d. José Sebastián Navarro de Vega e Gusmão, em proba companhia da prezada e estimosa Duquesa dona Pillar de Gusmão, la Mascarada. — empuxou-os o auxiliar d'ordenanças João Curupira, empós apresentação do casal espanhol.

— Vuestra Majestade El-Rey d. Juvéncio Sabiá I, tu bendición y guarida. Soy el Señor d. José de Gusmao, Duque de Saragoza, y esta es mi esposa Duquesa Pillar de Gusmao, la Enmascarada. — ostentou-lha o fidalgo íbero-hispânico, cerimoniosamente.

— Muy honrada, mi capitán Juvéncio Sabiá. — derreteu-se a nobre espanholita mui bem afeiçoada, co'os rubros trajes de gala dos salões madrilenhos, co'a inseparável máscara e sombrero de seda, de modo a causar certa ciumeira em dona Xica da Silva, que jamais admitia presença feminina longe de sua vigilância esponsal, no Solar dos Bonecos, que pertencera ao nobre fidalgo d. Lourival Brant Caldeira de Andrade.

— Vossamencê também apretende mercanciar quinhão de escravaria branca d'além-mar, adisconforme o cheirador de rapé Antônio Cabo Verde, p'ra módi se barganhar mão de obra d'almas, oriunda dos mares nunca dantes navegados de Portugal e Espanhas, Dom Duque de Gusmão? — negaceou o caipora Juvêncio Sabiá, inepto perante os bons modos, hábitos e costumes de cortesia e etiqueta.

— Para este grand esfuerzo de captura de los esclavos blancos en transposición atlántica, yo tengo un cruce marítimo y una rica fazenda, Vuestra Majestad d. Juvéncio Sabiá. — demonstrara clarividente intenção de livre comércio de escravaria branca o aristocrático d. José de Gusmão.

— E qual valor de moeda d'ouro da mercância d'almas de alvaura d'escravaria, que vossamencê há de alegar recobro de ressarcimento, pela mão de obra galega p'ra engenho de cana-de-açúcar,

d. José de Saragoza? — esgravateou alferes Belmiro Lamparina, arreliado co'a visitação adventícia.

— Blanco esclavo en câmbio por mulata de tierra, mi noble capitán. — intrometeu-se a embuçada Duquesa dona Pillar de Gusmão, a Misteriosa.

— Alferes Belmiro Lamparina, ou eu mal compreendo linguajar castelhano do Duque de Saragoza d. José de Gusmão; ou o fidalgo ladino almeja escambo de mão de obra branca por mulata da terra... — aturdiu-se Juvêncio Sabiá.

— Por cada blanco cautivo de cepa castellana ou gallega, d. Juvéncio Sabiá I devolverás a mí tres mujeres mulatas de la tierra brasis, así como vuestra Xica da Silva, la Parda. — barganhou o negociante ibérico, deitando-lhe mira mercantil e cobiçosa.

— Três mestiças da terra por um reles galego de enxada e eito, Dom Duque? — assombrou-se o cabo de guerrilha Jorge Torto, étnico-patriótico, amofinado pela ridícula e desigual circunspecção de intercâmbio.

— Si, Majestad. — admitiu o aristocrata espanhol d. José de Gusmão, convicto da supremacia racial entrecontinentes.

— Aproponho a vossamencê justo contrário de permutação de escambo: três galego-espanhóis de cativeiro por uma mulata alforriada da terra, por ser o que há de ser o produto mais raro e valioso em mercado humano. — aliciou-o por pedra de bingo o manhoso Juvêncio Sabiá, por bairrismo de qualidade de fêmea.

— Por garantía contractual, la honrosa Duquesa de Saragoza doña Pillar de Gusmão hay de quedarse rehén de Su Majestade Juvéncio Sabiá I, El Libertador da América Portuguesa. — acordou o Duque José de Gusmão de Saragoza.

— Vossamencê há de empenhar dona Pillar de Gusmão, por garantia de contrabando de peça d'almas brancas, d. José de Saragoza? — confirmara audição castelhana o alferes Belmiro Lamparina, tradutor juramentado de dialeto hispânico.

— Cuando regreso del cruce del Atlántico con la mercancía de contrabando, Vuestra Majestade d. Juvéncio Sabiá devuelve a mi la Duquesa doña Pillar de Gusmão y mulataria da tierra. — cerrou o penisulano d. José de Gusmão, o Duque de Saragoza.

Em retorno ao plano da tomada de São Sebastião do Rio de Janeiro, o xadrezista d. Juvêncio Sabiá I arquitetara armadilha de sedução protagonizada por Xica da Silva, que haveria de conquistar o rígido coração de ferro do Marquês de Pombal, de maneira que se possibilitasse a redenção dos invasores reinóis em triunfo da Insurreição Cabocla do Norte.

— Anísio Lepra, vossamencê há de resguardar honra de dignidade da Duquesa Dona Pillar de Saragoza, até que o comercioso-viajeiro d. José de Gusmão regresse de navegança de Portugais e Espanhas, por empreitada de captura d'escravaria de peças d'almas brancas de origem europeia, em companhia do Príncipe-Herdeiro d. Caetano Sabiá II, o Bastardo. — ditara o pirotécnico Juvêncio Sabiá, cuja inciativa se pautara por matar dois coelhos co'uma só cajadada, aproveitando da experiência marítima do legatário-andrógeno, ao mesmo tempo em que vigiaria de perto o mercenário de origem espanhola.

— Por 'bséquio, dona Duquesa Pillar de Saragoza. — apascentara-a o bexiguento Anísio Lepra, cortesmente.

— Príncipe-Herdeiro Caetano Sabiá, vossamencê há de fazer companhia de cabotagem ao Duque de Saragoza d. José de Gusmão, enquanto eu, Vossa Majestade El-Rey d. Juvênço Sabiá I, fico a matutar estratagema de tomada de assalto a São Sebastião do Rio de Janeiro, p'ra módi se instaurar a Insurreição Cabocla do Norte, enfim. — estrategificou o pós-tropicalista Juvêncio Sabiá, o Argonauta.

O aldeamento de Nossa Senhora dos Remédios de Paraty estava em polvorosa co'a chegada do ex-suboficial de milícias capitão-mor Juvêncio Sabiá e os membros bastardos da Ordem do Terço da Gente Preta e Mestiça da Ilha de Vera Cruz. Nesta circunstância, os chamados homens bons do distrito, que eram os responsáveis pelas decisões legislativas da região sulista, foram obrigados a ceder hospedagem em suntusos palacetes, sobrados e casarões aos forasteiros caboclos e negros mal-apessoados, co'os bafos de cauim de milho e cana-de-açúcar, a exigir dos anfitriões caiçaras hospitalidade de alcova e ceia. A localidade de légua e meia de terra entre os rios Paratiguaçu e Perequê-Açu era povoada por senhores de fazenda, engenho e moenda, magistrados das Varas de Paz, de Órfãos e Expostos etc.

— Pero esto, Su Majestad El-Rey d. Juvênço Sabiá no es, cuspido e escarrado, cornos e fuças del farolero caiçara Joaquim Libório, que había huido de Vila de São Roque do Paraty por el crimen de muerte. — indagou aos botões o vendeiro Lourenzo Diaz, sem, no entretanto, obter resposta.

Além de negociantes abastados pelas transações portuárias por inspeção e controle da Casa de Registro d'Ouro, cujos cabedais de matizes pecuniários se enrijeciam co'a movimentação das embarcações auríferas rumo aos portos lisboetas, aborrotadas de pedras preciosas oriundas das Comarcas de Vila Rica de Nossa Senhora do Pillar de Ouro Preto e do Arraial do Tejuco das Diamantinas, sob os auspícios do Governador da Capitania das Minas Gerais, d. João Fernandes d'Oliveira, o Conde de Mariana. No entretanto, co'a proibição do tráfego náutico entre Brasil e Portugal, outorgada por Sua Majestade Imperial do Brasil El-Rey d. Juvêncio Sabiá I, o arrabalde de Nossa Senhora dos Remédios de Paraty, que outrora se chamava Vila São Roque do Paraty, abrangia aproximadamente quatrocentas edificações caiadas feitas de pau-a-pique e/ou estuque, sendo que quarenta sobrados, restringiu-se a abrigo histórico dos pardos e parvos guerrilheiros revolucionários da ordem do terço.

No instante em que o mandarento d. Juvêncio Sabiá I iria banhar-se em tina de carvalho de lei, o sargento d'ordens João Curupira instruiu-lhe que a dona Pillar de Gusmão imprecara por palestra privada em alcova de sobrado, p'ra se acordar privilégios anfitriões de recepção em Solar dos Bonecos.

— Mor chefe capitão Juvênço Sabiá, a sá-dona Pillar de Gusmão exije audiênça d'exação co' vossamencê, a sós, p'ra módi palestrar sobre bom trato e guarida. — anunciou o auxiliar d'ordenanças, sequioso-parlapatão, cheio de dedos co'a hóspede de grã-fina linhagem e estirpe, que lhe atiçava os instintos carnívoros do insaciável predador de sinhás, madames e afins.

— Traga-me, de feita e obra, a Duquesa de Saragoza dona Pillar de Gusmão, sargento d'ordens João Curupira. — requisitou o mandarino Juvêncio Sabiá, agoniado co'a dócil e agradável 'aparêcença' da dama espanhola.

— Ei'a, capitão. — sublinhou-se o carangola, submissamente.

— Exijo que la audiencia de reclamación, a solas, con Su Majestade d. Juvéncio Sabiá, capitán. — intimou dona Pillar de Gusmão.

— Por 'bséquio, vossamencê há de nos conceder licença, sargento d'ordens João Curupira. — bafejou Juvêncio Sabiá, por indicativo de privacidade e autocracia.

— Por lo tanto, yo puedo confiarle ao noble d. Juvéncio Sabiá la soledad, que a mi aniquila como una golondrina indefensa. — queixou-se a madame espanhola.

— Vossamencê diz sôrdade do figalgo-aventureiro d. José de Saragoza, dona duquesa Pillar de Gusmão? — precipitou-se o femeeiro-canastrão Juvêncio Sabiá, interessado em confissão de alcova.

— No, mi travieso capitán Juvéncio Sabiá, lo Tonto. — cortou indecifrável e medúsica.

— Peço que vossamencê arranque a másc'ra e s'alevante da liteira, p'ra módi que vosso d. Juvênço Sabiá apossa lhe possa compr'ender a lábia cigana do dialeto de catre e alcova... — enlevou-se o desabitual conquistador de cabaré, arrostando-a até a liteira do palácio, p'ra obter melhor ângulo de observação.

— No puedo por mí, sensible capitán. — forjou afeto e ternura, a embusteira dona Pillar de Gusmão, despindo-se da cintura p'ra cima, porém.

— Antonces... — entregaram-se até o alvorecer das estrelas empós-luar, ardorosamente.

Na ausência do Duque de Saragoza d. José de Gusmão, o autarquista d. Juvêncio Sabiá I amasiou-se desbragadamente co'a dona Pillar de Saragoza, que, por exigência de fidelidade em concubinato, defenestrou a mestiça Xica da Silva, impingindo-lhe goela abaixo asilo geopolítico em Arraial de Santo Antônio do Tejuco das Diamantinas.

— Que esta Xica Parda se preste a la servidumbre a los lejos de la duquesa dona Pillar de Gusmão de Saragoza... — subjugou-a a nobre dama espanhola.

Por sufrágio de depoimento, o subcomandante d. Juvêncio Sabiá I, que já havia se decidido sobre o fato de que a Imperatriz Xica Mulata deveria embarcar em São Sebastião do Rio de Janeiro, co'o objetivo de engodar por sedução o intruso prevaricador Marquês de Pombal, unira o útil ao agradável, despachando-a, só que, ao invés de devolução p'ra Capitania das Minas Gerais, a ex-esposa do contratador de diamantes d. João Fernandes d'Oliveira fora despachada p'ro Cais Pharoux da Baía de Guanabara. Ao término do expediente oficial da Câmara de Paraty, o general de cinco estrelas d. Juvêncio Sabiá I reuniu-se em assembleia de cúpula, co'a dona Violante de Góes e os seus três homens de confiança: o Ministro da Justiça, Educação e Fazenda, alferes Belmiro Lamparina; o Ministro da Guerra e Fronteiras, sargento d'ordens João Curupira; e o Ministro-Chefe da Casa Civil-Militar do Conselho de Estado do Império do Brasil, cabo de guerrilha Jorge Torto, a fim de que se deliberasse sobre a questão da ida à Corte de São Sebastião do Rio de Janeiro da viúva do fidalgo-barão d. Fernão de Góes, acompanhada de Xica da Silva e do suposto escravo negro, Sebastião Pio.

Ao pretextar estada, a baronesa dona Violante de Góes haveria de solicitar ao Marquês de Pombal, ressarcimento de conciliação das perdas e danos dos bens imóveis usurpados pelo ex-suboficial de milícias capitão-mor Juvêncio Sabiá, que degolara, a sangue frio, o seu consorte d. Fernão de Góes, o Decaptado. Feito último acerto de vestuário, bagagem e fazenda, no tocante ao desembarque em solo da Corte do Império, os tripulantes da nau-caravela arribaram em terra firme, em fins da tarde de 22 de abril do ano corrente de 1806. De outra feita, a baronesa dona Violante de Góes e a mucama Xica da Silva se alojaram próximo ao Largo do Paço, onde se situava a residência oficial do já então Vice-Rei Sebastião José de Carvalho e Melo, o Marquês de Pombal.

Em Nossa Sennhora dos Remédios de Paraty, não obstante, chegou-se o estafeta Arnaldo Preá, co'a epístola adventícia toda amarfanhada por mãos de ofício.

— Capitão mor chefe Juvênço Sabiá, ei'a missiva de estrangeiro subscrita por vosso espúrio rebento d. Caetano Sabiá II, o Bastardo. — sacudira manuscrito agarranchoso d'além-mar, ao passo que o caravapitã d. Juvêncio Sabiá I a desdobrara, entregando-a de imediato ao subalterno ilustrado.

— Assoletra a escrituração de missiva de urgença, por 'bséquio, alferes Belmiro Lamparina. — requisitara, por curiosidade de informação.

A Vossa Majestade Imperial do Brasil El-Rey
d. Juvêncio Sabiá I, o Libertador.

Nos vinte oito de março do ano corrente de 1805, o homem gentil Duque de Saragoza, d. José José Sebastian Navarro de Vega e Gusmão, em razão d'um indomável dilúvio marítimo fora atirado ao mar sobre as águas revoltas e impetuosas do Oceano Atlântico, quando nos aproximávamos das costas lusíadas da Ilha de Cabo Verde, à procura de fundeadouro fidedigno p'ra aportação de nau-caravela em arquipélagos lusitanos. A bordo, os marinheiros arremessaram esquipes e almadias; no entretanto, o náufrago ibérico não fora encontrado algures ao redor da embarcação.

Príncipe-Herdeiro d. Caetano Sabiá II, o Sucessor.

O pasmado-boquiaberto d. Juvêncio Sabiá I ficara aliviado co'o desaparecimento do nobre fidalgo d. José de Gusmão, uma vez que se livrara de um conflito diplomático co'o El-Rey d. Fernando VII d'Espanhas, em razão da iminente necessidade de extermínio do esposo traído de dona Pillar de Gusmão, a Deleitosa.

— Dona Pillar de Gusmão, eu mui sinto em dizer que o vosso consorte d. José de Gusmão fora naufragado por motivação d'uma tempestade marítima; aporém, co'o passamento do dom duque de Saragoza, vossamencê inté já pode ser considerada desempedida por estado de viuvez, p'ra oficialização de matrimônio co'o mui amado "mi capitán" de vossamencê, d. Juvénço Sabiá I, o Benigno. — avogou-se, intrépido-saliente, mirando--lhe a abatida fisionomia de recém-viuvez.

— ¿Qué pasa si la carta está firmada por un falsificador y no por vostro hijo ilegítimo Caetano Sabiá, para engañar a mi acreditada reputación de mujer del noble Duque de Saragoza, o d. José de Gusmao, mi capitán? — hesitou dona Pillar Gusmão, desconfiosa de que a missiva fosse artimanha de escrevinhatura do inimigo lusitano.

— Creio que seja melhor vossamencê aprazar audiênça d'óbito do dom duque José de Gusmão, porque s'achegou outra missiva de advertênça, alertando sobre o fato de que abrolhara levante sulista dos pampas, diz que chefiada pelo flibusteiro andaluz Onofre Grosso Garcez, capitão-mor chefe Juvênço Sabiá. — desfolegou-se o alferes Belmiro Lamparina, desasado e extemporâneo diante do episódio denominado a Revolta do Rio da Prata.

— En nombre y reputación, mi capitán; pero no admito que Su Majestade se involucra en guerrillas en el Río de la Plata, arriesgando la piel contra el blanco del sur, bajo comando del corsario Onofre Grosso Garcez, el Roncolho. — obtestou dona Pillar de Gusmão, solicitadora de atenção mais pungente ao episódio do desaparecimento do naufragado Duque d. José de Gusmão de Saragoza.

— Alferes Belmiro Lamparina, por estratégia d'ação de batalha, que vossamencê aparelhe as naus-caravelas co'os homens do terço, arcabuzes e canhões, porque nóis havemos de s'instalar em fortificação de Santa Helena do Arraial do Cabo Frio, adiando-se, dessarte, o combate ao Levante Sulista do Rio da Prata, contra o eunuco-vilão Onofre Grosso Garcez, o Andaluz. — definiu rota de navegação o portentoso Juvêncio Sabiá, consciente de que se pode dar por vencidos dois opositores de uma vez e hora, sem incorrer em perigo de derrota.

Quando as embarcações que transportariam os membros da Ordem do Terço da Gente Preta e Mestiça da Terra de Vera Cruz se organizavam p'ra zarpar do cais da Vila de Nossa Senhora dos Remédios de Paraty, o cabo de guerrilha Jorge Torto se aproximou d'El-Rey d. Juvêncio Sabiá I, co'o espectro do mancebo esfomeado e malroupido a tiracolo, ressalvando que o pagão andarilho se autodominava Príncipe-Herdeiro d. Caetano Sabiá II, o Sucessor. O peregrino acaboclado se dizia em retorno da missão de captura de peças d'almas brancas de escravaria europeia, mui bem acompanhado do Duque d. José de Gusmão de Saragoza, o Náufrago.

— Por licença, ei'o vosso rebento pródigo, mor chefe capitão Juvênço Sabiá.

— devolvera-o o ex-almocreve corcunda, prestativo.

— Que Deus vos abençoe e guarde em vossa bastardia, d. Caetano Sabiá II, o Prometido. — saudou-o o arlequinal d. Juvêncio Sabiá I, ao oscular a face de mil cabras do legatário ilegítimo.

— De alvitre e feita, eu informo que o trambiqueiro Onofre Grosso Garcez se disfarçara do Duque d. José de Gusmão de Saragoza, módi a atraiçoar de falcatrua vossamencê, d. Juvênço

Sabiá I, em intento de assaltar nau-caravela, em conluio co'a tripulação corrompida a dinheiros. De feita, o eunuco cigano andaluz atirou-me ao batel à deriva, sem cóvoda de sustento ou amém de contrição. — narrou o esquálido rebento espúrio, denunciante da tramoia do nômade castelhano.

— Vossamencê está me dizendo que o sacripanta do corsário Onofre Grosso Garcez era a mesma singular-idêntica pessoa do que o Duque d. José de Gusmão de Saragoza, mijifilho? — estarreceu-se o reinante d. Juvêncio Sabiá I, beliscado-incrédulo.

— Em carne, osso e espr'ito; e ainda mandou sobreaviso de oralidade de que, ao invés de quinhão de peças d'escravaria branca, houvera d'arrebanhar galegada co'o pau de fogo e chumbo, pr'a s'ajustar desforramento contra Sua Majestade Imperial do Brasik El-Rey d. Juvênço Sabiá I, o Castrador. — exprobou d. Caetano Sabiá II sobre o ibérico incréu e infido, que, decerto, o ludibriara co'a ladainha da nobreza de ducado e novena do afiançamento de caução da dona Pillar de Gusmão.

— Acomo se nóis arrecebemos missiva co'a assinatura de vossamencê, relatando que o Duque d. José de Gusmão de Saragoza houvera de ter sido naufragado, em dilúvio marítimo em cercanias lusitanas, d. Caetano Sabiá II? — entremeou o alferes Belmiro Lamparina, co'a pulga atrás de orelha, mediante inverossimilhança de epístola d'além-mar.

— For'é o pirata espanhol Onofre Grosso Garcez, que era de fato dom duque José de Gusmão de Saragoza, quem m'obrigou a escrevinhar missiva aleivosa d'anunciação de naufrágio, antes de me atirar ao mar revolto, sem fartel e agasalho. — soçobrou, averberando-se, perante artimanha de desagravo do navegante aventureiro d'Espanhas.

— Se, apois, o eunuco cigano andaluz Onofre Grosso Garcez, de fato, era, de cavanhaque e costeletas, o Duque d. José de Gusmão de Saragoza, quem porventura há de ser vossamencê, dona Pillar de Gusmão? — sindicou d. Juvêncio Sabiá I, co'a garrucha-corneta embocada por debaixo da mandíbula aristocrática da dama castelhana, que, bruscamente, empalidecera, mediante assédio de intimidação.

— El mercenario Grosso Garcez secuestró toda mi riqueza, cuando yo aterrizaría en Santiago del Chile, me obligó a fingirme su esposa, la Duquesa de Saragoza Doña Pillar de Gusmao, y me advirtió que regresaría el oro confiscado, cuando si vengara del mi Capitán de la Orden del Rosario del Pueblo Negro y Mestizo de la Isla de Vera Cruz, d. Juvéncio Sabiá I, el Libertador de la America Portuguesa. — vilipendiara-se, por alegação de conivência acuada-constrangida, tributada pelo coringa Onofre Grosso Garcez, que a ameaçara de morte matada, caso não se rendesse aos desígnios de desafronta e retaliação.

— Por casualidade, vossamencê sequer há de ser espanhola de nascituro e origem, dona duquesa? — requestou certidão de nacionalidade o bacurau-juremeiro sargento d'ordens João Curupira, apostrofando-se co'o cano de pistola reintrante em esôfago da farsante-vigarista, quiçá.

— Yo nací en Santiago del Chile y he estado en tierras españolas desde la primera infancia, mi capitán. — reportara-se a interrogada Pillar de Gusmão.

O interpelador d. Juvêncio Sabiá I, que, àquela altura, já se encontrava por demais enrabichado pela formosa dama de sua predileção, que o induzira, inclusive, a dar carta de alforria e folga de alcova à ilustríssima Imperatriz do Brasil dona Xica da Silva, a Parda, com efeito, titubeava diante da perspectiva de desmoralização de dona Pillar de Gusmão, a Mascarada.

— E por acaso vossamencê há de ser compromissada em Santiago do Chile ou mesmo por paragens ibérico-hispânicas, dona duquesa Pillar de Gusmão? — peguilhara d. Juvêncio Sabiá I, mui interessado em estado civil da amásia de origem ibérica.

— Yo soy viuda, mi capitán. — engodara-o a pícara estrangeira de genealogia misteriosa, ocultando-lhe verídica identificação de nascituro ao carafuzo-fuxiqueiro Juvêncio Sabiá, já mui propenso a pedir-lhe mão em noivados pré-núpciais em honraria dos títulos de sobrenome e nobreza.

— Capitão mor chefe Juvênço Sabiá, o pombo-correio trouxera sobreaviso de que o corsário Onofre Grosso Garcez aportara em Baía de Angra dos Reis e Sepetiba, co'a armada inimiga abarrotada de turco-libanês muçulmano p'ra além da tripulação lusitana, co'o intuito d'ajuntação bélica co'o Batalhão de Infantaria de São Sebastião do Rio de Janeiro. — precatou o porta-voz Pierrô Cuíca, enervado pela proximidade do adversário, carregado até os dentes d'ouro de armamentos medievo-asiáticos.

— Alferes Belmiro Lamparina d'ordens João Curupira, vossamencê, por urgênça de requerimento, arrascunha missiva pr'a Capitania de Minas Gerais, Bahia de Todos-os-Santos, Pernambuco de Itamaracá, Paraíba, Ceará e Grão-Pará e Maranhão, alardeando sobre súbita invasão do quadrilheiro malfeitor Onofre Grosso Garcez, p'ra módi s'obter reforço de artilharia dos súditos d'Insurreição Cabocla do Norte. — atermou o marechal de artilharia d. Juvêncio Sabiá I, providencial-alarmista, precavendo-se co'a retaguarda de defesa patriótica.

— De prontidão e presteza, mor chefe capitão Juvênço Sabiá. — resfolegou-se, retirando-se à procura de pergaminho e tinteiro.

— Cabo de guerrilha Jorge Torto, vossamencê há de ataviar defensação de território co'o adjutório da indiada-caiçara, que nóis havemos d'aventar trucidamento do incréu Onofre Grosso Garcez, co'o pau de pólv'ra, chumbo e fogo!... — conclamou o Imperador dos Trópicos, atribulado co'a proximidade conciliatória do flibusteiro Onofre Grosso Garcez co'o Marquês de Pombal, que, decerto, arruinaria, de cabo a rabo, co'a sediciosa Insurreição Cabocla do Norte.

— Príncipe-Herdeiro d. Caetano Sabiá II, vossamencê não desaproteja guarda, em pressuposição de hipótese, da dona Pillar de Gusmão, em cruzamento de Bacia de Angra dos Reis e

Sepetiba, que nóis hemos de aparelhar retaguarda, pr'a se dar precaução de combate contra investida da Guarda Costeira de São Sebastião do Rio de Janeiro!... — contemporizou o vespa-cabatã d. Juvêncio Sabiá I, o Proclamador.

Ao debandarem-se da Vila de Nossa Senhora dos Remédios de Paraty, os insurrectos guerrilheiros rumaram em direção ao Povoamento de Santa Helena do Arraial de Cabo Frio, região litorânea ocupada pelos indígenas originários da tribo Tamoyo-Tupinambá, malcomunados co'os francófonos cobiçosos de pau-brasil e papagaio, desde longínqua época do Vice-Almirante da Bretanha Nicolas Durand de Villegagnon e sua calvinista França Antártica, já mui bem retratada pelo missionário luterano Jean de Lery e pelo padre católico André Thevet. Ao atravessar a paradisíaca Baía de Angra dos Reis e Sepetiba, o argonauta utopista d. Juvêncio Sabiá I adentrou mar aberto pela atlântica Barra de Guaratiba, até aborcar três dias depós no Arraial de Santa Helena do Cabo Frio. Não obstante, ao contrário do que idealizara, fatuamente, a respeito da predisposição dos silvícolas ameríndios, no tocante a se adquirir cordialidade dos indígenas cabistas, os tamoyos-tupinambás, que, homiziados em trincheiras de dunas movediças, se defendiam sem armistício de rendição, reagindo, dessarte, bravamente co'os arcos, flechas e tacapes, aos canhões, arcabuzes, bacamartes e mosquetões dos heroicos combatentes da Ordem do Terço da Gente Preta e Mestiça da Ilha de Vera Cruz.

— Avante, macacada do brejo, que estes brasis hão de ser postos em churrascada d'Alentejo!... — estrondeara d. Juvêncio Sabiá I, incitando-os contra o artesanal bombardeio de setas peçonhentas dos indígenas cabofrienses.

Na histórica e homérica Batalha da Praia da Rama, o improvidente e irrefletido Príncipe-Herdeiro d. Caetano Sabiá II, o Bastardo, fora alvejado por uma flecha tóxica e venéfica, que lhe atingira o pulmão direito em cheio, estraçalhando-o, hemorrágica e mortalmente.

— Ah, d. Juvênço Sabiá I, que vosso rebento for'é alvejado por flechada do hostil tamoyo-tupinambá!... — suspirou d. Caetano Sabiá II, liquidado-abatido, ao ser trucidado pelo íncola veneno autóctone do curare mortífero.

— Acode, mulambada, que o Príncipe-Herdeiro d. Caetano Sabiá II for'é atingido por indigesta-certeira arpoada deletéria e insalutífera do feroz inimigo tamoyo-tupinambá!... — chalreou o cabo de guerrilha Jorge Torto, diante da aflição do depauperamento instantâneo do espúrio legatário.

— Satanás foi quem emprenhou vossa madre barriguda e banguela, canguçu-catinguento!... — aberrou-se o desordeiro-cabuçu Anísio Lepra, impressionado co'a chaga feita pelo ferimento da seta peçonhenta e venenífera.

— Arrasta Príncipe-Bastardo d. Caetano Sabiá II, pr'a companhia de guarida curandeira da dona Pillar de Gusmão, Sebastião Pio. — dirigiu-o o sargento d'ordens João Curupira, acabrunhado co'a gravidade da ulceração.

— Dona Pillar de Gusmão, o d. Caetano Sabiá II for'é abatido de morte pela flecha seta cabulosa e judiciosa do inimigo tamoyo-tupinambá. — diagnosticou o nego-bom, alquebrado diante da extenuação de vida anfíbica.

— Seguirte a pelear tu batalla, muchachos, para que yo cuide a mi hijo con celo y dedicación, capitán. — expulsou-os a espanhola mui abalada co'a agonizante condição do bendito fruto do vosso ventre, amém.

— A dona Pillar de Gusmão, peço eu adjutório de curanderia, p'ra módi não sucumbir em mãos d'adversário tamoyo-tupinambá por flechada tóxica... — deprecara d. Caetano Sabiá II, mui abatido pela maleita do curare de zarabatana.

— Yo no soy doña Pillar de Gusmão, mi hijo d. Caetano Sabiá II. — desmascarou-se, como n'um passe de mágica, a esfíngica-murixaba Almerinda Tupinambá.

— Por casualidade, vossamencê não há de ser a Duquesa de Saragoza dona Pillar de Gusmão? — arreliou-se o moribundo d. Caetano Sabiá II, já quase sem fôlego, terrificado diante da sinistra reaparição do passado longínquo da infância.

— Yo soy la bugra-Uiara co'a nomeada de Almerinda Tupinambá, que fue subyugada por Vuestra Majestade Imperial de Brasil El-Rey d. Juvênço Sabiá I, co'la mortal humillación, mi hijo. — sofregou-se a Uiara-bugra.

Ao se aperceber do agravamento do precário estado de saúde do Príncipe-Herdeiro d. Caetano Sabiá II, o general de galés d. Juvêncio Sabiá I acorreu-se até a Duquesa dona Pillar de Gusmão de Saragoza, disposto a jurar-lhe promessa de renúncia da liderança de Insurreição Cabocla do Norte, em nome do legatário abastardado, abdicando-se da glória de governança deste Terrae Brasilis, a se cumprir empós tomada de São Sebastião do Rio de Janeiro. No entretanto, ao escotilhar camarote da nau-caravela, o mandatário ilhéu d. Juvêncio Sabiá I se deparou co'a ignara afiguração da bugra-Uiara, dizendo-se detentora da fórmula do antídoto contra peçonha flecheira dos aborígenes litorâneos.

— Y yo no quiero venganza por la cobarde violación, que tu me habías hecho pasar, desgraciado capitán, porque mi hijo beberás de este antídoto ahora, siempre y cuando busques en todas partes la serpiente coral de anillo de oro, si no quieres una muerte dolorosa para tu bastardo heredero Caetano Sabia, biltre-cobarde d. Juvéncio Sabiá I, el Arranca-Piel. — assertivou-se a curandeira amazônica, cônscia da iminência de perecimento do abnegado ser híbrido gerado por violação de nascituro.

— Vossamencê não s'olvide de que inimigo tamayo-tupinambá não dará licenciamento de trégua, p'ra módi s'ancorar em porto seguro pr'a captura da cobra coral do anelo de ouro... — desprontificara-se d. Juvêncio Sabiá I.

Quando se dera conta de que apenas a Uiara-bugra houvera de obter permissão indígena, pr'a acudir o exânime d. Caetano

Sabiá II à beira da morte, a desmascarada dona Pillar de Gusmão objetou-se mediante adversativo jaez irrestrito.

— Pero hay uma condición para que mi hi hijo puedas tomar el antídoto contra el veneno tamoyo-tupinambá, capitán. Su Majestad d. Juvéncio Sabiá I deberás entregar la corona de la Isla de Vera Cruces a tu sucessor Príncipe-Heredero d. Caetano Sabiá II, el Bastardo. — estabeleceu Almerinda Tupinambá, no momento em que o sorumbático d. Caetano Sabiá II pisoteava o último degrau da embarcação da vida.

— D. Caetano Sabiá II, tu estás delirando por causa del veneno de la flecha tupinambá y ahora ya no és legataria del Emperador de la Isla de Vera Cruces, d. Juvèncio Sabia I... — precedera Almerinda Tupinambá empecílio de governabilidade, enquanto o agonizante paciente não reagia ao chamado da consciência.

— E o que vossamencê houvera d'obrar co'o punhal de prata em vossa mão de maga-mandingueira, bugra-marrenta? — aterrorizara-se d. Juvêncio Sabiá I, diante da sobranceira expiração do bastardo d. Caetano Sabiá II, o Mártir da Insurreição Cabocla do Norte.

— Un sangrado, mi capitán. — abrandou verve dramática a curimatã do norte, ao largar mão dos disfarces dona Pillar de Gusmão, detectando passamento do herdeiro do trono brasílico.

— Em razón da muerte del Príncipe-Herdero d. Caetano Sabiá II, mi hijo, tu mismo debes organizar la batalla triunfante contra el Marqués de Pombal, el Onofre Grosso Garcez y los tamoios-tupinambá, porque yo soy la bugra que por el babtisterio la apodaron Almerinda Tupinambá, quien la había dado a luz después de ser violada por la cobardia del capitán Juvênço Sabiá e toda la gente del Rosario Del Pueblo Niegro e Mestizo pur la Isla de Vera Cruces; y que, ciertamente, hay de ser vossa madre, mientras que, quizás, o capitán-mor Juvênço Sabiá no hay de ser vuestro padre legal. — espargira dúvida de paternidade, na exata hora em que se evaporou por sobre área limítrofe entre o inverossímil e imponderável.

— Eu, Sua Majestade Imperial do Brasil El-Rey d. Juvênço Sabiá I, o Libertador, vos abençoo, Príncipe-Herdeiro d. Caetano Sabiá II, o Bastardo, como legítimo sucessor póstumo da Dinastia Sabiana da Ilha de Vera Cruz. — coroara, simbolicamente, d. Juvêncio Sabiá I, ao passo que nau-caravela trafegava por sobre as águas marítimas, em direção a São Sebastião do Rio de Janeiro, enquanto a bugra-Uiara Almerinda Tupinambá esvaía-se em véu de fumaça negra pelo horizonte azul dos mares atlânticos.

De modo que não houvesse mais ausências significativas em combate co'os silvícolas tamoyos-tupinambás do Arraial de Santa Helena do Cabo Frio, o magneficente d. Juvêncio Sabiá I resolvera-se por aportar na Vila Real de Nictheroy. Empós aprestar provisão de sepultamento de d. Caetano Sabiá II em alto-mar, os embarcadiços revoltosos da Ordem do Terço da Gente e Mestiça da Ilha de Vera Cruz ancoraram as naus-caravelas, corvetas e fragatas, nas possessões do cacique temiminós Martim Afonso de Souza, o Araribóia. O almirante da Marinha de Guerra d. Juvêncio Sabiá I, não obstante, ao expulsar os guardiães das Águas Escondidas das Terras Vermelhas da Banda d'Além, instalara-se co'os milicianos terceários no Povoamento de São Lourenço dos Índios, p'ra facilitar vigilância das movimentações marítimas provindas tanto do Arraial de Santa Helena do Cabo Frio, como também da Capitania de São Sebastião do Rio de Janeiro. Neste ínterim, os esquadrões de guerra comandados pelo charlatão Marquês de Pombal e seus asseclas reinóis, mui temerosos do que se aproximava de vento em popa da Corte, precaviam-se por barricadas e trincheiras, co'o substancial adjutório de reforço provindo das tropas diligentes do corsário andaluz Onofre Grosso Garcez, que logo de cara fora condecorado co'a Ordem dos Caveleiros da Cruz de Malta do Cristo. Ao alojar-se no Palacete de São Domingos, o chefe militar d. Juvêncio Sabiá I, consciencioso de que a antiga colônia lusitana encontrava-se dividida entre sulistas e nortistas. Da região da Capitania das Minas Gerais e São Tomé do Espírito Santo até a regência do Grão-Pará e Maranhão predominava-se o ideário político sob os auspícios da Insurreição Cabocla do Norte, capitaneada por Vossa Majestade Imperial do Brasil El-Rey d. Juvêncio Sabiá I, o Libertador, enquanto que da Capitania de São Vicente do Bertioga até as fronteiras do Rio da Prata vigorava-se a prepoderância da provecta Rainha do Reino Unido de Portugal, Brasil e Algarves dona Maria I, a Tresloucada, e do Príncipe Regente d. João VI, o Fujão.

Na pinácula reunião ministerial em solo fluminense, o absolutista d. Juvêncio Sabiá I aproveitou p'ra tomar algumas providências político-econômicas, a respeito da instauração dos decretos-leis das comendas, títulos, honrarias e distinções cívicas da Suprema Corte do Terrae Brasilis, p'ra definitiva abolição dos privilégios feudais, desfrutados pelas elites donatárias lusófanas, em todo território colonial ultramarino, desde as Grandes Navegações Ibéricas do século XVI. P'ra condução da governabilidade da Coroa Brasílica dos Trópicos, o Ministro da Justiça, Educação e Fazenda, alferes Belmiro Lamparina, condecorado Grão-Duque de Guaratinguetá, ao passo que o ministério da Guerra e Fronteiras fora designado ao sargento d'ordens João Curupira, o Marquês de Sapucaí. No esopo, o cargo de ministro-chefe da Casa Civil-Militar do Conselho fora concedido ao cabo de guerrilha Jorge Torto, Conde de Muriqui e Itacuruçá. Ademais, o papa-hóstia Chico Beato tornou-se Conde-Barão de Cantagalo e Macaé; o artilheiro mané-cangueta Arnaldo Preá, Barão da Barra de Mangaratiba; o sucupira Pierrô Cuíca, Cavaleiro d'El-Mar de Jurujuba e Gragoatá. Por enfim, o canhestro-remelento Anísio Lepra fora agraciado co'o título de Escudeiro da Grã-Cruz da Ordem do Cristo de Angra dos Reis e Sepetiba. Depós diplomação dos títulos nobiliárquicos, o regente-virtuose d. Juvêncio Sabiá I conchavara que, concretizado triunfo moral e bélico sobre a Coroa Portuguesa, a Ilha de Vera Cruz houvera de se tornar de sua alçada sem distinção de tordezilhas, adjudicando-se o título de propriedade arrendatária das Capitanias Hereditárias Caboclas, co'a cláusula pétrea de certificação da incondicional lealdade de honra e tributo a Vossa Majestade Imperial do Brasil El-Rey d. Juvêncio Sabiá I, o Libertador. Desta feita, o xenófobo caudilho originara a subdivisão do território pátrio em sete regiões de exploração agro-mineral, sob a égide da admistração do fidalgo marianense d. João Fernandes d'Oliveira, conforme rascunhado no Diário Oficial do Terrae Brasilis.

Capitania do Grão-Pará e Maranhão — Donatário Sebastião Lopes de Meneses da Cunha, vulgo Sebastião Pio, soldado do terço, 32 anos, solteiro, negro, curimbeiro;

1) Capitania do Piauí - Donatário Pedro Afonso Cecílio da Silva, vulgo Pedro Cabresto, soldado do terço, 26 anos, solteiro, cafuzo-claro, cristanizado;
2) Capitania do Ceará — Donatário Juaquim Baltazar Coelho de Castro, vulgo Juca Baltazar, soldado do terço, 35 anos, viúvo, mameluco-bronzo, cristanizado;
3) Capitania do Rio Grande do Norte — Donatário Nélio Capistrano Jovelino Amoreira, vulgo Nélio Calvo, soldado do terço, 41 anos, solteiro, branco-azeitona, hebreu-velho;
4) Capitania de Pernambuco do Itamaracá — Josélio Gomes Velho da Silva Freire, vulgo Josélio Rima, arrendatário, soldado do terço, 29 anos, solteiro, carafuz, ateu;
5) Capitania da Bahia de Todos-os-Santos — Donatário Manuel Domênico do Espírito Santo, vulgo Manuel Brejo, soldado do terço, 37 anos, viúvo, mulato-claro, cristanizado;
6) Capitania de São Tomé do Espírito Santo — Donatário Joaquim Lírio de Souza, vulgo Joaquim Lírio, soldado, 39 anos, mulato-escuro, agnóstico.

Doravante, o neotropicalista d. Juvêncio Sabiá I instaurou a criação do Ministério da Indústria e Mercância, sob cuidados de dona Xica da Silva, co'a incumbência de escoar toda a produção das benfeitorias de cana-de-açúcar, no que tange à exportação p'ra América do Norte (EUA), Ásia (China, Japão) e Europa (Alemanha, França, Itália etc.), continentes ávidos pelo consumo do produto artesanal Made in Brazil, sobretudo a cachaça, também conhecida por estes sítios como Maria Louca, em homenagem à alucinante Imperatriz lusíada. Como considerava a prática do escambo retrógrada por ser adepto do capitalismo de mercado, o progressista d. Juvêncio Sabiá I arrojou-se à fundação do Banco Nacional de Vera Cruz, instuindo a moeda pátria Pau-Real, em reverência à nobreza da vegetação atlântica, que daria título ao país tropical abençoado por Deus e bonito por natureza, consoante o jabarandaia-tejucano Jorge Ben.

Na manhã seguinte, o frutífero d. Juvêncio Sabiá I convocou uma reunião extarordinária co'os comandados de partido político, a fim de que fosse registrado em tupi-guarani alvará das Fazendas Marítimas da Ilha de Vera Cruz.

— A cada donatário responsável pela Capitania Hereditária Cabocla de Santa Cruz, Sua Majestade Imperial do Brasil El-Rey d. Juvêncio Sabiá I, confirmo que hei de ofertar trinta e três esposas brancas, duzentos e vinte e cinco peças escravizadas de origem europeia; e, por via de regra, a singular quantia de quatorze millhões de paus-reais, p'ra cultivo de cana-de-açúcar, fumo e algodão, além da feitura de fortificações, casa-grande e assanzala. — prometera d. Juvêncio Sabiá I, hodierno veracruzense, receoso de incorrer em equívoco do passado, no tocante ao processo de colonização propositado pelas Capitanias de Hereditárias idealizadas por d. João III, o Piedoso.

— Salve Vossa Majestade Imperial do Brasil El-Rey do Brasil d. Juvêncio Sabiá I, o Libertador!... Salve a Insurreição Cabocla do Norte da Ordem do Terço da Gente Preta e Mestiça da Ilha de Vera Cruz!... — deleitara-se a eufórica plateia miscigenada, co'os urros e vivas ao magnânimo patriarca da Dinastia Sabiana dos Trópicos Setentrionais Latino-Americanos da América Portuguesa.

No pleito da convocação, o pós-modernista d. Juvêncio Sabiá I desenredou mais detalhadamente aos súditos ilhéus as proposições concernentes ao modelo de distribuição e de povoação das sesmarias constitutivas das Capitanias Hereditárias Caboclas das Terras de Santa Cruz, enfatizando a importância dos subgovernantes de não tropeçarem em dois quiprocós éticos desmoralizantes, extremamente prejudiciais ao desenvolvimento do Estado-Nação, de maneira que se evitasse a inserção de rígidas sanções jurídicas, em caso de grave infração de criminalidade:

1) a corrupção pandêmica (quiçá, congênita), contra o erário e patrimônio público nacional, de cujos tentáculos se constituiu o repugnante "rouba, mas faz", provindo da execrável herança moral lusitânica;
2) o emprego vitalíceo de descendentes consaguíneos diretos ou indiretos (este último com base na também promulgada Lei da Bastardança), no funcionalismo público que se deflagrara na prática do expugnável delito de nepotismo, que, decerto, originou o indiscutível "Tu sabes co'o quem estás falando?

Os artigos do Código Civil e Penal Veracruzense (CCPV) sofreram rigoroso revisacionismo do rábula-jurisprudente alferes Belmiro Lamparina, que retornara vitorioso do primeiro embate co'os turcos-libaneses liderados pelo flibusteiro Onofre Grosso Garcez, que, mui provavelmente, conseguira se evadir-se ileso da peleja. Dessarte, as sanções jurídicas indicavam que a penalização constitucional, imposta por castigos físicos p'ra tais insubordinações hediondas e execráveis, se propunha a coibir a roubalheira institucionalizada pelos lordes luso-europeus coevos, haja vista que, ao invés de humilhantes algemas de ferro e vergalhos em pelourinhos públicos, arrancar-se-iam, à foice-gadanha, alfange ou segadeira, as duas mãos dos infratores fortuitos do erário pátrio-imperial, em se tratando da prática de ladroagem da ancestralidade.

Dito e assinado em documento magnânimo, definiu-se que, a partir da retomada do sul do país, o jupteriano d. Juvêncio Sabiá I, depós pesquisas de adaptabilidade dos solos e temperatura das águas, distribuiria as propriedades rurais e marítimas aos fiéis súditos ilhéus, retificando-se de que os colonos não sofressem restrições de sobrevivência, a partir das concessões da Insurreição Cabocla do Norte. P'ra tal empreitada, os dogmas institucionais deveriam ser seguidos à risca, sem questionamento de moratória dos tributos, uma vez que o Estado-Nação não seria benevolente co'os compromissos não assumidos pelos arrendatários das Capitanias Hereditárias Caboclas, classificados em dois níveis de nomeação: latifundiários e maritifundiários.

De acordo co'o critério de antiguidade por patência militar, os cargos públicos e as propriedades agrícolas e marítimas seriam distribuídos, à luz da cerimônia de posse diante dos santos católicos, dos orixás espíritas e dos entes mitológicos da floresta, pertencentes aos rituais da Madre Igreja Apostólica Romana, do Camdomblé africano e dos rituais indígenas, em diálogo co'a vocação da religiosidade dos destinatários deste Terrae Brasilis. De feita, acordou-se que o Estado-Nação arrecadaria por intermédio de imposto tributário dois terços da produção da cana-de-açúcar (refinamento e águas ardentes) e do pescado (carne de baleia, badejos e camarões) p'ra exportação. No entretanto, em contrapartida, o governo arcaria co'a construção do pelourinho e o custeio dos grãos de subsistência: milho, feijão, batata-doce e mandioca pr'o fabrico de pão e cauim.

Nesta ocasião, Vossa Majestade Imperial do Brasil El-Rey d. Juvêncio Sabiá I, o Libertador, decretou a antropofagia como legítima manifestação cultural pátria, proibindo consumo da carne bovina em todo território nacional.

## ARTIGO ÚNICO

O consumo carne bovina dispõe sobre o infrator a seguinte sanção penal: decapitação por perda de juízo ou fogueira por heresia alimentícia. Subentende-se, por conseguinte, que aquele que desfrutar do privilégio de participar de uma churrascada ou mesmo uma simples refeição caseira de costela, alcatra ou rabada, co'a batata-inglesa e agrião, arderiam nas assombrosas labaredas dos infernos, em companhia do demônio chifrudo de garfo e faca, caso fosse detido em flagrante delito, correndo sério risco ficar acéfalo ou assado tal qual a animália abatida p'ra fins de festejos de dia santo, ceia natalícia ou banquete de Páscoa.

Na inconstitucionalidade, o flibusteiro andaluz Onofre Grosso Garcez comprara arrobas e mais arrobas de carne bovina abatida pelos quilombolas brancos, homiziados nos altos dos morros e sertões, p'ra revendê-la aos habitantes ilhéus, que se empazinavam em churrascada feita co'as lascas de alcatra, picanha e maminha do quadrúpede animal asiático, servido co'o licor de cevada de origem alemã, que nada mais era do que um líquido amarelado envelhecido em barril, que os germânicos deram de chamar de cerveja. A predileção pela carne bovina em lugar da costela humana, por exemplo, além do hábito de degustação da bebida estrangeira proibida, em detrimento da cachaça nacional, fora o primeiro significativo golpe econômico contra o Império dos Trópicos Sabianos ideado pela Insurreição Cabocla do Norte, visto que a tal peça carnívora sobre carvão em brasa, acompanhada pela bebericagem do licor germânico, alavancara o alto índice de popularidade do corsário ibérico Onofre Grosso Garcez, em todo território de norte a sul da Ilha de Vera Cruz.

As churrascadas, ainda que altamente coibidas pelas autoridades policialescas co'as detenções em flagrante dos infratores, se tornaram prática habitual, de tal modo que o pirata espanhol até recebera autorização do Marquês de Pombal, p'ra que viajassem pelas circunvinhanças do continente sul-americano, mais precisamente na região do Rio das Pratas, em busca de pastagens propícias aos rebanhos bovinos p'ra procriação do valioso quadrúpede. Quando retornou co'a nau-caravela sequestrada, o cigano hispânico Onofre Grosso Garcez trouxera consigo duzentos cinquenta e oito barris de cerveja, contrabandeados da Bundesrepublik Deutschland e trezentas e trinta e nove cabeças de gado de Punta del Este.

No ínterim, o intrêmulo Marquês de Pombal enviara um papagaio-correio até a Vila de Santa Helena de Cabo Frio, convidando os tamoyos-tupinambás p'ra um churrasco de costelas, alcatras e picanhas bovinas, em comemoração ao trucidamento do Príncipe-Herdeiro d. Caetano Sabiá II, o Bastardo. Por mera displicência, a ave-mensageira se desviara da rota e fora parar em Nictheroy, sendo que, sob tortura de pau-de-arara e afogamento, a penosa tagarela confidenciara que medidas de vigília das fronteiras de todo território tupiniquim estavam vigiadas dioturnamente por dragões-sentinelas da Guarda da Costa do Reino de Portugal, Brasil, Algarves e Áfricas.

Co'o consumo de carne vermelha proibido, cogitava-se que os sulistas veracruzenses não ousassem desrespeitar os parâmetros constitucionais impostos pela Insurreição Cabocla do Norte, incorrendo por reincidências infraçionárias de cunho alimentício. Não obstante, a classe média ilhéu não se rendera às ameaças governamentais decretadas pelo Código Penal Caboclo (CPC), tornando-os concidadãos descumpridores de suas obrigações legais, ao criar múltiplos subterfúgios p'ra o consumo da droga de cor púrpura, a carne bovina. Decerto, tal disparate acarretara lucros exorbitantes pr'os narcotraficantes do Cartel Rioplatense, responsável pela comercialização do produto bovino.

No enquanto, o trampolineiro Onofre Grosso Garcez, que, diante das dantescas circunstâncias de dividendos ilícitos obtidos co'a distribuição de entorpecentes, encomendava mais e mais animais de corte da região do Rio da Prata, acrescendo consideravelmente a lucratividade por intermédio do produto de importação, o que alterava a balança comercial, diminuindo o Produto Interno Bruto (PIB) da Terra de Santa Cruz. Em razão da questão de segurança pública, o reinante traquejado d. Juvêncio Sabiá I fora obrigado a adiar o projeto de reforma do plano econômico, pois que as Forças Armadas Brasílicas (FAB) foram acionadas em caráter de urgência-urgentíssima, p'ra combater co'a eficácia necessária os narcotraficantes de carne vermelha, que assombraram o reinado sabiano.

Ao fim da assembleia, o marshall d. Juvêncio Sabiá I liberou a significativa verba de P$ 3.000.000,00, p'ra aquisição d'uma carroça blindada co'a laqueaduras de bronze, que se locomovia à tração de quatro animais de carga, a que alcunharam de Caveirão, p'ra invasão dos quilombos brancos, que desmatavam a índices estarrecedores a Floresta Amazônica, a Mata Atlântica e o Serrado do Pantanal Matogrossense, p'ra mera expansão do agronegócio sobre as reservas demarcadas pelo Instituto Nacional de Colonização e Reforma Agrária (INCRA).

No entretanto, os soldados do narcotráfico de carne vermelha (CV) não se intimidaram diante do aparato de guerra montado pela Força Nacional de Segurança Pública (FNSP), revidando por intermédio de represálias oriundas das ações de combate ao comércio do ouro rubro, conforme alcunharam. Co'os recorrentes sequestros do empresariado bastardo da elite ilhéu, sem contar os inúmeros assaltos ao Banco da Terra de Santa Cruz (BTSC), o fabulista d. Juvêncio Sabiá I se conscientizou da ineficácia da estratégia de remoção dos quilombos brancos da província; e, como não surtira o efeito planejado, implantou o método de reeducação alimentar, descriminalizando o consumo da droga vermelha, inclusive nos jardins de infância, uma vez que os curumins mestiços ignoravam a merenda escolar, enfileirando-se diante da carrocinha de churrasco (quiçá, de gato), de modo a aumentar o consumo carnívoro de origem animal.

Concomitantemente às ações de realimentação educacional, o Estado-Nação realizou ocupações militares nas áreas de risco habitadas pelos quilombolas originários da antiga Lusitânia e adjacências, objetivando prisões dos marginais brancos fortemente armados, que aterrorizavam o outrora cordial e hospitaleiro território brasílico. Co'o resultado da captura e execução dos fornecedores de carne vermelha, o neoantropófago d. Juvêncio Sabiá I autorizou liberação de vultuoso valor pecuniário, p'ra construção de um presídio de segurança máxima na Região do Rio Amazonas, denominado Inferno Verde.

A propaganda patrocinada pelo Ministério da Segurança de Fronteiras, comandado pelo negro Sebastião Pio alardeava que, pr'o cárcere amazônico, seriam mandados todos os criminosos incorrigíveis, co'o intuito de banimento do lixo humano das povoações espúrias à margem da lei.

— Em cada província ilhéu, seriam erguidas prisões industriais, onde os detentos narcotraficantes de carne vermelha, presidiários brancos em sua maioria, receberiam capacitação social reabilitadora, p'ra produção de ferramentas agrícolas de manuseio na plantação de cana-de-açúcar, algodão e outros produtos alimentícios lícitos.

O egrégio e assinalado d. Juvêncio Sabiá I prometeu ao povaréu que levantaria uma casa de correção denominada Corruptela, no Planalto Central, pr'os casos de desvio de verbas do erário público, no âmbito do Executivo, Legislativo e Judiciário.

— Os habitantes veracruzenses logo compreenderão que aqueles que se impelirem contra o patrimônio público pátrio, cumprirão as suas penas num refúgio apropriado p'ra paga das ações criminosas de corrupção. — explicou o jurisprudente alferes Belmiro Lamparina, diante d'uma plebe impávida pelo término da roubalheiras praticadas pelos políticos malfeitores do Paraíso Terreal.

Quando indagado a respeito da situação dos menores infratores chamados falcões, que labutavam como olheiros e aviões do tráfico vermelho de drogas, o doutrinista d. Juvêncio Sabiá I retrucara que, em logo, se iniciariam as obras das Casas Correcionais de Ensino, onde os internos brancos menores de dezesseis anos, que cometessem infrações, como, por exemplo, teriam assistência educacional, cultural e esportiva. Entusiasmado co'os aplausos dos concidadões veracruzenses, o catecúmeno catedrático d. Juvêncio Sabiá I resolvera-se por abordar a temática referente aos métodos de apropriação do território brasílico, que, destarte, abarcaria não só o aniquilamento dos quilombos habitados por foragidos de proveniência europeia, como também a preparação p'ra derrubada de São Sebastião do Rio de Janeiro, protegida pelas Forças de Guerra do Reino Unido de Portugal, Brasil e Algarves, sob os auspícios do Vice-Rey Sebastião de Melo, o Marquês de Pombal.

No diapasão, observou-se que o Estado-Nação, ao ocupar todos os sítios paradisíacos deste Terrae Brasilis, finalmente pôr-se-ia em prática o objetivo primordial da Insurreição Cabocla do Norte, que era a Tomada de Lisboa, p'ra agilização da importação da mão de obra branca pr'os engenhos de cana-de-açúcar. Mal interrompeu a falação, o democrata d. Juvêncio Sabiá I concedeu autorização p'ra a chegada de vinte e sete naus-caravelas provindas do continente asiático, aborratadas de imigrantes libaneses, chineses, indianos, turcos, sírios e ciganos.

— Quanto mais mistura de raça e de cor, mais brasilidade, macumba, capoeira, samba e futebol!... — discursara o entusiástico d. Juvêncio Sabiá I, apologista da mistura étnica sem regras discriminatórias da exclusão de cunho racial.

Aliás, o esporte bretão trazido por um lunático inglês contaminou de tal maneira a pátria de chuteiras que, em poucas décadas, surgiria entre nós mortais um assintomático negro, que, sem dúvida, houvera de destronar, co'a raça e talento, os inventores do jogo de bola e rede, o magnífico Edson Arantes do Nascimento, coroado El-Rey Pelé; e um caboclo de nomeada Mané Garrincha, o Curupira. No segundo ato de governança, o irrepreendível d. Juvêncio Sabiá I refletiu sobre a escravização dos colonizadores europeus de outrora, chegando a conclusão de que mais auspicioso seria a alforriação dos escravizados de cor branca, impedidos do convívio urbano e rural.

Deste modo, a fim de que todos pudessem compartilhar da condição de igualdade étnico-racial, a partir do mestiçamento, já que o elemento branco era essencial p'ra constituição da mulatice brasileira, por intermédio deste raciocínio, o ímprobo regedor d. Juvêncio Sabiá I organizou um imenso comício de arquibancada, de sorte que se propusesse plebiscito sobre a abolição da escravatura ariana, que seria proclamada pelo voto popular aos quatro cantos ilhéus, escrutinando a realidade em sermão político.

— Prezados concidadãos veracruzenses, a escravização de indivíduos de espécies raciais de origem diversa não nos impulsionará ao progresso; e, em hipótese alguma, nos alavancará a patamares de Desenvolvimento Social Humano (DSH), p'ra ordem do Estado-Nação desta Terra de Santa Cruz. Neste sentido, a exploração do homem pelo homem jamais permitirá que se agrade a Deus e ao próximo, conquanto as etnias europeias sejam exploradoras contumazes, quiçá, justiça seja feita, hão de ser trabalhadores alforriados, co'os rendimentos provindos de remuneração salarial, visto que os escravos brancos encarcerados em senzalas não poderão estagnar-se na condição de seres inferiores ou mercadorias comercializadas. E que as sinhás brancas não nos sirvam apenas de montaria pr'os machos negros e bastardos, como forma de prepração e aperfeiçoamento da mestiçagem de bastardia brazuca!... Portanto, no tocante aos marginalizados arianos, que, hoje, traficam carne vermelha nos quilombos brancos, digam-me, por obséquio, quais as oportunidades que estes seres desprovidos de educação, saúde e saneamento básico, obtiveram desta sociedade patriarcal construída pelo idealismo caboclo, de certa forma castrador, imposto pela Insurreição Cabocla do Norte? No entretanto, esta mesma sociedade brasílica que repudia, co'a veemência dos oradores bíblicos, os narcotraficantes de carne vermelha, nos fins de semana saboreia uma boa peça de alcatra ou picanha ao ritmo da bossa-nova, em detrimento do samba de raiz. — apregoara o tirano ilhéu d. Juvêncio Sabiá I, mirando-os co'o ar de superioridade ética dos ideólogos narcisistas desta nação miscigenada.

Da plateia, um negro forte e bem trajado de renome Ismael Candeia, demonstrando refinada educação de cátedra, alteou a mão direita, co'o anel d'ouro de doutor bacharel em Direito, em sinal da concessão do vocábulo por oralidades.

— Excelentíssima Majestade Imperial do Brasil El-Rey d. Juvêncio Sabiá I, o Libertaodr, hei de indagar-vos se acaso não seria mais prudente que, no bojo da abolição da escravatura branca, por parte das autoridades governamentais ilhéus, se a discriminalizasse o consumo da carne vermelha, ao menos p'ra uso medicinal, já que os seus efeitos não são tão devastadores p'ra a saúde dos usuários, conforme a degradação psicológica causada pelo consumo lícito de carne humana. — arrazoou o angolano Ismael Candeia, que aportara co'a missão diplomática africana p'ra de intermediar a transição dos rebelados mestiços da Ordem do Terço da Gente Preta e Mestiça da Ilha de Vera Cruz, alforriada do jugo de d. João VI, dona Maria I e do Marquês de Pombal.

— Se as autoridades legistativas e judiciárias ilhéus concederem aos concidadãos vera-cruzenses o precedente de legalizarmos uma droga alucinógena de nível vermelho, autorizando-se o seu livre comércio em bocas-de-carne, constitucionalmente considerado como prédica de crime hediondo em Código Penal Brasílico, logo a sociedade exigirá a proibição do consumo da carne humana. — rebateu o conservador d. Juvêncio Sabiá I, defenestrando tal liberalização tóxico-alimentícia.

— Caso El-Rey d. Juvêncio Sabiá I prossiga co'o tal discurso decrépito e ilusionista, decerto será aplaudido de pé por religiosos protestantes ortodoxos, por vegetarianos convictos e afins; todavia, cabe salientar que, até se autorizarmos o consumo social de carne bovina aos usuários de fim de semana da droga vermelha, o governo monárquico arrecadaria impostos legais sobretaxados, que seriam revertidos ao tratamento médico dos dependentes gadoquímicos, coibindo-se os lucros astronômicos obtidos pelo narcotraficante espanhol Onofre Grosso Garcez, o Andaluz. De outra feita, Vossa Majestade Imperial deve de estar mesmo co'a razão moral e cívica, porque mais conveniente seria pr'o Estado-Nação que os usuários do entorpecente alcunhado de ouro rubro esbarrassem co'as suculentas arrobas de carne vermelha nas prateleiras dos açougues, do que subissem os quilombos brancos p'ra sustento de vício abissal da carne vermelha. Enfim, peço-vos que, em nome da Angola Portuguesa do Estado da África Ocidental, que, conjuntamente co'a Abolição da Escravatura Branca, se deliberasse pela descriminalização do consumo de droga vermelha, evitando-se que os concidadãos veracruzenses se arriscassem comprando algumas parcas gramas de vitela ou músculo nas bocas-de-carne, patrocinadas por aquele cruel homicida que espotejou a sua dócil e amada Clara Sabiá, a Esquartejada. — sobrepujou-o o cônsul Ismael Candeia, municiado politicamente de apurada e substanciosa argumentatividade político-sentimental.

O antibossanovista d. Juvêncio Sabiá I pronunciara-se que já havia percebido que não conseguiria governar um país co'a geografia tão díspare e extensa, sem permissão de que se dialogasse co'o imprescindível projeto de reformulação nacional, de maneira que enfatizou a suma importância de aprisionamento do narcoterrorista Onofre Grosso Garcez, persona non grata e inimigo público número 01, antes de qualquer iniciativa de debate coletivo sobre legalização da carne vermelha. Não obstante, quando organizara raciocínio p'ra contra-argumentar co'o negro diplomata Ismael Candeia, as forças militares lideradas pelo Marquês de Pombal invadiram a Vila da Praia Grande de Nictheroy, não possibilitando outra reação recíproca dos insurgentes ilhéus, que não fosse a retirada estratégica p'ro arrabalde de Nossa Senhora dos Remédios de Paraty. No bojo da circunstânia, o Príncipe Regente d. João VI, co'o genuíno pavor do general francês Napoleão Bonaparte, ancorou escoltado por trinta e seis naus-caravelas lusófanas e três embarcações inglesas, mui resolvido a enfrentar o ex-suboficial de milícias capitão-mor Juvêncio Sabiá, transferindo a Corte lusitana p'ra Capitania de São Sebastião do Rio de Janeiro, doravente capital ultramarina do Reino de Portugal, Brasil, Algarves e Áfricas.

Na Corte de São Sebastião do Rio de Janeiro, a baronesa dona Violante de Góes, acompanhada da mestiça Xica da Silva, em disfarces de mucama Maria Mia, se alocara no segundo andar do Solar da Rua Direita, logo empós da abrupta chegada do d. João VI ao Paço Real do Largo do Carmo, co'a buçosa dona Carlota Joaquina e a prolífera descendência. Por cautela de salubridade, a digníssima Majestade dona Maria I, a Caridosa, fora instalada no Convento do Carmo, a fim de que não perturbasse a ordem de normalidade, co'os alaridos de alucinação apocalíptica, assim embotando o projeto de governança instrumentalizada pelo Marquês de Pombal, que, de mero Vice-Rei de Províncias d'Além-Mar, fora promovido ao cobiçado cargo político de ministro-secretário de Estado dos Negócios do Reino Unido de Portugal, Algarves e Brasil.

Na assembleia ministerial, o articuloso d. João VI explanou aos súditos d'além-mar os conflitos militares entre França e Reino Unido, culminando co'as invasões napoleônicas ao território lusíada, no Velho Mundo. Em se tratando da colonização dos

Brasis setentrionais, o imperante d. João VI ponderou sobre a necessidade de expansão comercial, através da abertura das zonas portuárias às nações amigas (leia-se: Reino Unido), além da acuidade da fundação do Banco do Brasil, da Casa da Moeda e da Alfândega, não se abstendo da magnitude da inauguração da Biblioteca Real, do Jardim Botânico; e, sobretudo, da formação da Academia Imperial Militar da Brigada de Exército e Marinha, em resistência ao rebelado d. Juvêncio Sabiá I, o Anticristo, segundo o Serviço de Inteligência Ultramarina do Reino Unido de Portugal.

No Solar da Rua Direita, habitação luxuosa a que dona Violante de Góes fora obrigada a se infiltrar de modo a adaptar-se ao convívio co'o Marquês de Pombal, que desembarcara em São Sebastião do Rio de Janeiro, co'a incumbência de alargamento da exploração dos recursos naturais (sobretudo, pedras preciosas), proveniente da Capitania das Minas Gerais. Ao despachar à Corte a baronesa dona Violante de Góes e sua mucama Maria Mia, ambas impecavelmente adornadas co'as sedas, rendas e joias, o caraminguá-caapora d. Juvêncio Sabiá I não imaginava que Sua Alteza d. João VI fosse tão cedo aportar no Brasil co'a toda Família Real, em 1808. No salão nobre do Paço Real do Largo do Carmo, o carismático e prolixo d. João VI se apavorava, diante da plebe mui admirada de lidar co'a autoridade do mais alto grau da hierarquia sucessória da Casa de Bragança, ao alcance das mãos súditas do público em geral, que se acotovelava ao intento de aproximação da figura obesa e bonachona, que suava em bicas mediante vestuário mui inapropriado, p'ras altas temperaturas de São Sebastião do Rio de Janeiro.

— Vinde-vos a mim, ó súditos do afável e benfazejo Reino Unido de Portugal, Brasil e Algarves, p'ra habitual e tradicionalíssima cerimônia do Beija-Mão ao Príncipe Regente João Maria José Francisco Xavier de Paula Luís Antônio Domingos Rafael de Bragança, oficial cônjuge da Princesa dona Carlota Joaquina Teresa Cayetana de Bourbon e Bourbon, sendo legítimo herdeiro e sucessor da Rainha Maria Isabel I e do Imperador Dom Pedro III de Bragança. — propagara o legatário da demente dona Maria I, a Tresloucada.

No tempo intermédiário, avistava-se o não menos eloquente presbítero da Igreja de Nossa Senhora do Carmo da Sé, o magníloquo Manuel Antônio Lisboa de Castro e Silva, o vigário Lisboinha, que se reportava ao soberano monarca d. João VI, por intermédio da premissa de se fazer as honras da casa pelas dádivas da religiosidade.

— Que o Onipotente Deus Nosso Senhor Jesus Cristo da Madre Igreja Católica e Apostólica vos abençoe a vós e a vossa afortunada e benigna Família Imperial, diante dos hospitaleiros residentes desta São Sebastião do Rio de Janeiro, em homenagem ao venerável mártir das tropas romanas d'El-Rey Maximiano; e, sobretudo, do Exército da Fé do Jesus Cristo de Nazaré. — excedia-se o reverendo católico, quando fora abreviado pelos solavancos da mucama Maria Mia, engasgando-se a ponto de silenciar a decorada homília de receptividade.

— Eis a bênção de Sua Alteza Príncipe Regente d. João VI, pe. Manuel Lisboinha. — decretara dona Carlota Joaquina, mui queixosa da aglomeração dos feudatários, que disputavam, a tapas, cotoveladas e safanões, o espaço físico da cerimônia de Beija-Mão.

— Que Deus Nosso Senhor Jesus Cristo de Nazaré vos abençoe e guarde, co'a vossa cordial e afetuosa benignidade; e, portanto, eu, leal e fiel vassalo do Reino Unido de Portugal, Brasil e Algarves, convido-vos, Sua Alteza Imperial d. João de Orleans e Bragança ao recebimento da chave d'ouro desta freguesia de São Sebastião do Rio de Janeiro, aproveitando-me também da ocasião pr'a convidar-vos ao banquete de congratulações ofertado pela magnífica benfeitora baronesa dona Violante de Góes, que nesta data, por empenho e mérito, será ofertado à Família Orleans e Bragança, no Solar da Rua Direita. — articulara-se o folclórico pe. Lisboinha, assim que se recuperou da investida tresloucada da mucama Maria Mia, apontando-a como a mais assídua benemérita da Ordem Sagrada de Nossa Senhora do Carmo.

O benévolo político d. João VI remerceou-o, inaugurando a prática de condecoração dos títulos nobiliárquicos de nobreza, por intermédio das desbraváveis localidades deste Novo Mundo da América.

— Padre Joaquim Lisboa, eu concedo-vos o título de Barão da Boa Fé, em homenagem ao vosso espírito crédulo, astuto e folgazão!... — graduou dona Carlota Joaquina, rogando aos Céus que lhe desobrigassem de tal maçada social.

No ínterim, a baronesa dona Violante de Góes e a mucama Maria Mia, supressão do pós-nome de sua madre escravizada Maria Mina, se achegaram ao vulto de corporatura pomposa do inveterado glutão d. João VI, de modo a se habilitar a obséquios aos leais súditos ilhéus e lusófonos.

— Sua Majestade, eis a baronesa dona Violante de Góes, que fora vilipendiada pelo farsante traidor que, grotescamente, se intitula Sua Majestade Imperial do Brasil El-Rey d. Juvêncio Sabiá I, o Libertador. — recepcionara-a o pe. Alfacinha, piscando a retina esquerda em sinal de cumplicidade.

— Permito-vos que a honrada baronesa dona Violante de Góes obtenha a honra de beijar-me o augusto membro inferior direito, ao mesmo tempo em que vos agradeço a oblação do banquete ofertado em vosso Solar da Rua da Direita, que, inclusive, já me fora solicitado p'ra dar resguardo ao Marquês de Pombal, recém-desabrigado do Paço Real do Largo do Carmo, co'a vinda da Família Real a São Sebastião do Rio de Janeiro. — dignara-se o pródigo e franco d. João VI, propenso a prosseguir co'o cerimonial de Beija-Mão, quando a mestiça Maria Mina lhe atropelara, sem qualquer formalidade de berço ou etiqueta.

— Benção de Vossa Majestade Dão Jão VI, por 'bséquio. — precipitara-se descabida, afoita por "bêja-mão e otras cositas más".

De vez que recebera missiva do supremacista Juvêncio Sabiá, alertando pr'o fato de que, doravante, o alvo de sedução houvera de ser o rechonchudo d. João VI; e não mais o curvilíneo Marquês de Pombal, co'a chegada da Corte de dona Maria Louca e de toda fidalguia lisboeta, que ficara enfeitiçado pela atabalhoada e bela Xica da Silva.

— De onde abrolhara Vossa Mercê e quem houvera de ser a dona de tal formosura, espontaneidade e gracejo, dona...? — aguçou-se o nobre esposo da dona Carlota Joaquina, justamente quando esta se recusara a acompanhar o ritual do Beija-Mão, alegando insuportável cefalea decorrente da enxaqueca.

— Eu sou de nomeada Maria Mia, mucama da baronesa dona Violante de Góes, ex-esposa do decapitado do dom-barão Fernão de Góes, injustiçado pelo jagunço miliciano Juvênço Sabiá, na ocasião do advento de invasão d'Engenho do Itapecuru do Grão-Pará, Vossa Excelença d. Jão VI. — devolvera a bastarda impostora, em tropeçante prosódia.

— Ó Membros da Guarda Imperial, peço-vos que aprisionem, a ferros e açoites, esta escrava Maria Mia, desvairada e impudica!... Ó Dragões da Guarda Real, peço-vos que a detenham co'as adagas e mosquetões, por ultraje de indecoroso descaramento contra honorífica imagem do Príncipe Regente d. João VI, artífice do Reino Unido de Portugal, Algarves e Brasil!... — apoderou-se o Marquês de Pombal.

O enxerido Sebastião Melo intrometera-se, sem medir consequências da alocução equivocada e desqualificante, em detrimento da arrebatada escrava de ganho Maria Mia, que enfeitiçara Sua Majestade d. João VI, co'os análogos sortilégios que outrora arrebataram o contratador de diamantes, o d. João Fernandes d'Oliveira.

— Apresso-me a dizer-vos, meu dileto marquês Sebastião Melo, que, co'a toda franqueza de espírito, eu não vejo insolência ou falta de decoro nesta desavisada e intempestiva criatura de maus modos, dona Maria Mia. Porém, portadora de inocente e invulgar atitude, que, aliás, ordeno à baronesa dona Violante de Góes, que, de imediato, ponha justo e honesto preço de mercadoria pela escrava, que muito me apraz p'ra emprego de dama de companhia de dona Carlota Joaquina, a quem hei de ser grato pela pétrea dedicação em compromisso de despojamento. — sacramentou d. João VI, pela aquisição da lampeira mestiça, por justo valor de negócio negreiro.

— Vossa Majestade Dão Jão VI, vossancê m'aperdoa pela má reputação de berço e alcova, excelênça? — sondara-o Maria Mia, forjando desafetação perante maus modos de nascença.

— Como vós quiserdes de pronto e feitio, dona Maria Mia. — atendera-o d. João VI, embasbacado diante do ímpeto de instinto dos trejeitos lúbricos e lascivos da mestiça Xica da Silva.

— Uma reles escrava lagalhé e mequetrefe, co'o título de dama de companhia de dona Carlota Joaquina, proferido pela boca reinosa do Príncipe Regente d. João VI? — sussurrou ao pé do ouvido da baronesa dona Violante de Góes o vigário Lisboinha, mediante tal comédia de costumes.

— Vossa Majestade Dão Jão pode até mesmo me chamar pela alcunha de Maria Mia; quer dizer, não precisa me anomear co'a graça de pia de batismo ou dona; mas por apelidação de caçoada da sunzala. — moderou-se Xica Parda, por falseio de modéstia e comedimento.

— Concedo-vos o Beija-Mão à mucama dona Maria Mia de Góes, desta data em diante, nomeada dama de companhia de dona Carlota Joaquina... — exaltou-a o aristocrata lusíada d. João VI, sem se dar conta da desaprovação do sacerdote católico pe. Alfacinha, que cutucava co'o antebraço a baronesa dona Violante de Góes, em busca de cumplicidade de galhofa.

— Se for de veleidade autêntica de Sua Majestade d. João VI, cedo-vos, por justa mãozada de moeda d'ouro, a mucama mestiça Maria Mia, p'ra vos servir como serviçal da Família Imperial de Orleans e Bragança, no Solar do Paço do Carmo. — arrendou dona Violante de Góes, apercebendo-se de que estava começando a funcionar a maquiavélica armadilha de sedução, que, sem sombra de dúvida, arriara quatro rodas de carruagem do malfadado d. João VI, defronte da ex-escrava Xica da Silva.

As más línguas da cidade de São Sebastião do Rio de Janeiro diziam que a mucama Maria Mia houvera encantado d. João VI co'a mandiga forte d'Áfricas, de tal modo que o esposo de dona Carlota Joaquina lhe concedera título de mucama do Paço Real do Carmo. Em contraponto, o monarca regente se dirigira às damas da sociedade fluminense pelo prenome sem qualquer distinção de nobreza. O disse me disse do encantamento pela desenxabida Maria Mia chegou ao conhecimento de dona Carlota Joaquina, que, de fato, não dera atenção, mui ocupada que estava co'os quefazeres libidinosos co'os amantes ilhéus sem distinção de raça ou grau de nobreza. Por esta razão, quiçá, o dissoluto e incontinente d. João VI quase sempre se encontrava distante da presença de dona Carlota Joaquina e da filharada magníloqua, ao se refugiar co'a mucama Maria Mia, na Fazenda Real da Santa Cruz, antigo latifúndio de propriedade da Companhia de Jesus, desapropriado pelo Vice-Rey Marquês de Pombal, o Anticlerical.

— Ó flor roxa da luxúria, Maria Mia meiga e sestrosa!... Só mesmo vós p'ra ressuscitar-me, ó frutífera e adocicada Maria Mia!... — esbaldava-se d. João VI, deslumbrado co'a exuberância exótica da mucama mestiça Xica da Silva, que o sequestrara da Família Real, por artimanha de um Cupido negro, partidário da miscigenação dos trópicos brasilis.

— Vai-te de retro apalpar as tetas amurchadas da vossa esposa bigodenta de vossancê, Dão Jão das Arábias!... — empurrava-o Xica Parda, amistosamente.

O fato é que a mulata Xica da Silva assaz se afeiçoara ao cônjuge de dona Carlota Joaquina, enfraquecendo estratégia concebida pelo ex-suboficial de milícias capitão-mor Juvêncio Sabiá, que aguardava missiva p'ra derradeira investida contra corja lusitana instalada, na Corte fluminense. Quando, enfim, se dera conta de que, p'ra além do fascínio de d. João VI pela mucama Maria Mia, havia a reciprocidade da maquiavélica Xica da Silva, a dama-do-lago dona Violante de Góes, por ser detentora do segredo da 'mestiça do príncipe', ao invés de desgraçá-la junto a Sua Majestade El-Rey d. Juvêncio Sabiá I, decidira-se por se aliar à Maria Mia, por ensejo de vingança contra o cobarde homicídio do finado barão d. Fernão de Góes, decapitado a ferro afiado de navalha.

A situação ficou mais séria, quando a mucama Maria Mia engravidara do esposo de dona Carlota Joaquina, embuchando-se de rebento de sangue azul dos Orleans e Bragança.

— Vós estais a dizer-me que a Maria Mia encontra-se pejada de mim, por ter estado comigo em intimidades de gozo, nos aposentos do Paço do Largo do Carmo, baronesa dona Violante de Góes? — espantou-se o fértil d. João VI, co'a prosódia da delatora chantagista, que planeara lucrar co'a desagradável situação de bandulho alheio.

— Eu garanto a Vossa Mercê que a mucama Maria Mia está prestes a dar à luz ao abrolho bastardo de Vossa Alteza d. João VI, porque estava eu a palestrar co'o vigário Lisboinha, quando a 'mestiça do príncipe' adentrou a ermida, à procura de aconselhamentos de ruptura de gravidez co'as ervas daninhas abortivas de nascituro. — revelou-lhe segredo de alcova.

— Confesso-vos que, se acaso dona Carlota Joaquina sequer desconfiar de que a insidiosa dama de companhia se tornara prenhe de mim, em propósito de garantia de sobrevivência, há de ser bem capaz de fazer a pobre abortar o feto pela boca de cima, p'ra bem antes das ânsias e enjoos da gestação. — apavorou-se o bonacheirão d. João VI.

No momento em que o Marquês de Pombal adentrara recinto; e, ao pegar o bonde andando, palpitou sem ser chamado a dar opinião sobre a cria mestiça, ressaltando que, decerto, o consorte de dona Carlota Joaquina houvera de fazer das tripas coração, p'ra se livrar do indesejado feto do pecado original.

— Queres dizer, então, que a mucama Maria Mia não só carrega um bastardozinho no bandulho mestiço, como também pode vir a ser uma ameaça ao Príncipe Regente d. João VI, caso dona Carlota Joaquina desvende cravelha de ventre emprenhado de sua dama de companhia, dona Violante de Góes? — bisbilhotara-se o vetusto Sebastião Melo, dando um tom conspiratório ao relacionamento extraconjugal.

— Não se o Marquês de Pombal prestar-lhe obséquio de anúncio público de paternidade d'uma ilegítima cria de senzala... — instilara o administrante d. João VI, co'a nítida intenção de se livrar do escândalo de embrião em desafeto.

— Por eventualidade, Vossa Alteza d. João VI está a sugerir que eu assuma paternidade do rebento espúrio da mucama Maria Mia, de modo a liberá-lo da condição de adultério contra dona Carlota Joaquina, insultada co'a mácula d'um desavisado herdeiro do trono do Reino Unido de Portugal, Algarves e Brasil? — intimara-o o fidalgo Sebastião Melo.

Antevendo-se suscetível ao aceno de compensação de ordem pecuniária pelo ato de generosidade co'o recém-nascido do ventre de Xica da Silva, o Marquês de Pombal deslumbrou-se em benefícios até então inalcançáveis nobiliarquicamente, ao unir-se em matrimônio co'a amásia fogosa do encrencado d. João VI, que, por transmissão de aforismo, aliciara-o mediante indecência de proposição de paternidade.

— A não ser que o venerando Marquês de Pombal assuma autoria apócrifa de rebento em bandulho da mucama mestiça Maria Mia, em troca de benefícios de ducado e fazenda... — sugestionara d. João VI, ao comprometê-lo em assunto de falsidade ideológica de cunho paternal.

Entrementes, o célere cônjuge de dona Carlota Joaquina encurralara-o entre a cruz e a calderinha, se bem que a linha tênue de raciocínio, que delineara sobre o forçoso consórcio do Marquês de Pombal co'a dama de companhia Maria Mia pairava ao nível da recompensa de galardão, tanto p'ra baronesa dona Violante de Góes, quanto pr'o estadista Sebastião Melo, que não era mui bem quisto pelos conselheiros lusíadas da Corte lisboeta, radicada em São Sebastião do Rio de Janeiro.

— Não obstante, Sua Alteza d. João VI sobrepõe reparação de matrimônio em altar-mor de ermida co'o registro de paternidade em certidão; ou o dedicado esposo de dona Carlota Joaquina contentar-se-á co'o anúncio público de compromisso conjugal em desabrocho da cria bastarda da mucama Maria Mia? — sondou-o o futuroso Duque de Pombal, precavido co'a condição contratual do acordo de núpcias.

— Não vos fazerdes de cínico e mal rogado, pois que bem sabeis que não me refiro ao compromisso de altar-mor da Catedral da Sé, em razão da inusitada gestação do ilegítimo rebento desatravessado em pandulho da dama de companhia de dona Carlota Joaquina, a deleitosa mucama mestiça Maria Mia, desde que Vossa Mercê se digne a honrar compromisso por livre e espontâneo alvitre de paternidade, anunciado em cartório co'a data e assinatura de sobrenome. — assoprara d. João VI, de sorte a se livrar da sanha da esposa traída, co'o providente contrato igualitário de concordata matrimonial.

— No entanto, se eu me arranchasse co'a 'mucama do príncipe', a mestiça Maria Mia, Vossa Alteza d. João VI houvera de recompensar-me p'ra além do ducado de Pombal, co'o arrendamento dos sítios pertencentes à Capitania da Bahia de Todos-os-Santos até a Província do Grão-Pará e Maranhão, território dominado pela tal Insurreição Cabocla do Norte, capitaneada pelo sobredito Sua Majestade El-Rey do Brasil, d. Juvêncio Sabiá I, o Arranca-peles? — especulou o cobiçoso Sebastião de Melo, se apercebendo de que o tiro não houvera de sair pela culatra da espingarda, de vez que o legatário de dona Maria I não titubeara diante da perspectiva de salvação, através da providencial substituição de paternidade.

— Ao salvo-conduto, acrescentar-se-á uma pensão vitalícia de tesouro e erário, além do direito de residir co'a vossa concubina Maria Mia, no Paço da Aclamação de São Salvador da Bahia de Todos-os-Santos. — reforçara a dádiva d. João VI, aproveitando-se p'ra se livrar de dois coelhos de uma só cajada: do rebento espúrio da mucama Xica da Silva; e da presença enfadonha e abstrusa do Marquês de Pombal.

— Só de imaginar-me cumpridor de obrigação meneada por Vossa Alteza Real d. João VI, já me causa até tremores de calafrio de ranger dentadura, por alçar-me à condição de herói de Portugal, Algarves e Brasil. — prontificara-se o ilustrado Sebastião Melo.

De fato, o Marquês de Pombal estava mui propenso a sacrificar biografia em intercâmbio da totalidade de poder político p'ra riba da Capitania dos Gerais das Minas, ainda que houvesse o prenúncio de ser destronado, literalmente, por Vossa Majestade Imperial do Brasil El-Rey d. Juvêncio Sabiá I, o Libertador.

— Pois até mesmo posso assegurar-vos de que jamais haverá despropósito de deitar-me em acasalamento, co'a antiga dama de companhia do Paço do Largo do Carmo, a mestiça Maria Mia, haja vista que não há de prestar-se a servir-me de sela e estampilha, porque tal serviço de alcova jamais há de ser feito por mim, não a submetendo, portanto, aos afazeres carnais de consorte em oficial matrimônio, não por incompatibilidade de gênio, mas por devoção a Vossa Alteza Real d. João VI. — repositou coroa e cetro Sebastião Melo.

Desobrigando-o quanto ao direito de obrigatoriedade de cópula, visto que única e exclusivamente estivera mais ambicioso pela comenda sarrabulheira e pela propriedade latifundiária do que propriamente pela graciosa associação de catre e alcova, o meticuloso d. João VI alforriara a escrava Xica da Silva, dita

Maria Mia, a partir da data de 24 de setembro de 1808, sendo depositária de mais doze dinheiros em moedas d'ouro. O alcaiote imperioso d. João VI, confabulosa e providamente, anunciara à mestiça Maria Mia o que se apusera ao diálogo entre o Marquês de Pombal e a baronesa dona Violante de Góes, co'o pressentimento de que a acusação de paternidade fosse levada aos aguçados ouvidos de dona Carlota Joaquina, uma vez que, a qualquer momento, poderia ser denunciado pelo simples fato de já estar um tanto enciumada do chamego co'a dama de companhia do Paço do Largo do Carmo.

— Dão Jão VI... — principiara-se Maria Mia, quando fora, de súbito, obstruída pelo palaciano que lhe surpreendera co'a a farsa de titularidade esponsal.

— Dona Maria Mia de Carvalho e Melo, apresento-vos formalmente o vosso propenso esposo d. Sebastião José Carvalho e Melo, o Marquês de Pombal. — acerimonialiou-se o majestoso regente imperial, ao possibilitar-lhe o imprevisto título nobiliárquico, p'ra não desmoralizá-la diante da nata da aristocracia fluminense.

Consoante registrado em narração, o mamulengo d. Juvêncio Sabiá I retornara até a Vila de Nossa Senhora dos Remédios de Paraty, não sem antes enviar missiva soletrada ao escrivão alferes Belmiro Lamparina, aos auspícios do Governador da Capitania das Minas Gerais, d. João Fernandes d'Oliveira, residente na Comarca da Vila Rica de Nossa do Pilar d'Ouro Preto, p'ra se ajustar ordenações pelo direcionamento dos comboios de pedras preciosas e diamantes, que haveriam de sofrer alteração de cabotagem, em razão da resistência dos adversários lusíadas, que não permitiram que permanecesse na Vila da Praia Grande de Nictheroy.

Na correspondência expedida, o tabaréu-pirapora d. Juvêncio Sabiá I requisitou oficialmente a restituição conjugal de sua legítima esposa sinhá Gertrudes de Góes, a Ensebada, sob argumento de que a mestiça Xica da Silva recebera sigilosa delegação de estado de direito, p'ra arrebatamento de sedução, à primeira vista, do Marquês de Pombal; e, posteriormente, do Príncipe Regente d. João VI, o Fujão. Os manuscritos rubricados por d. Juvêncio Sabiá I justificavam que a incumbência diplomática fora atribuída à Xica Parda, a fim de que se instaurasse a plena e irrestrita desestabilização da retaguarda dos invasores reinóis, sob assistência do Exército da Guarda do Reino, de modo que se rendessem às forças revolucionárias da Insurreição Cabocla do Norte.

Em Nossa Senhora dos Remédios de Paraty, o jacobita d. Juvêncio Sabiá I reorganizara o exército da Ordem do Terço da Gente Preta e Mestiça da Ilha de Vera Cruz, alistando a população caiçara p'ra introjeção do ataque terminal a São Sebastião do Rio de Janeiro, enquanto aguardava a boa-nova da epístola assinada pela baronesa dona Violante de Góes, esmiuçando sobre fragilidades do d. João VI, exposto ao engodo da artificiosa Xica da Silva, responsável por desguarnecer as fortificações do coração de açúcar do sucessor da Rainha dona Maria I, a Piedosa.

Numa tarde ensolarada de outubro, o emissário da correspondência subscrita por dona Violante de Góes irrompera-se pelo o portal da longínqua Vila de Nossa Senhora dos Remédios de Paraty, co'o ansiado pergaminho registrado em pele de ovelha negra, co'a boa-nova porvindoura da Corte de São Sebastião do Rio de Janeiro.

Aos auspícios de Vossa Majestade Imperial do Brasil
d. Juvêncio Sabiá I, o Libertador.

Excelentíssima Majestade Imperial do Brasil El-Rey d. Juvêncio Sabiá I, subescrevo-vos co'a fidedgna intenção de historiar a embaraçosa circunstância a que eu, baronesa de Itamaracá dona Violante de Góes, encontro-me nesta Corte de São Sebastião do Rio de Janeiro, habitada nas proximidades do Paço do Largo do Carmo, propriedade urbana da Família Real lusíada; e também avizinhada por excêntricos aristocratas reinóis, que, decerto, haveriam de encharcar estas mal traçadas linhas de empáfia e volúpia, não fosse o assunto mais cogente que abrangerá a delicada condição da mucama Maria Mia; digo, Xica da Silva, a Parda.

Anota-se que a suposta dama de companhia alcunhada de Maria Mia, também reconhecida como Xica Mulata, logo de início fora adquirida e alforriada por Sua Alteza d. João VI, assim que aportamos, mais especificamente na data da cerimônia do Beija-Mão, no mesmo Paço do Largo do Carmo. Doravante, a mucama mestiça Maria Mia se enrabichara de tal forma co'a Sua Realeza Imperial d. João VI, que recebera um terceiro batismo chistoso e popularesco de "Mestiça do Príncipe.

O malogro vem a ser que a ex-escrava Xica da Silva; digo, a mucama Maria Mia, se emprenhara do Príncipe Regente d. João VI, que, impossibilitado de assumir parternidade do rebento bastardo; e, sobretudo, p'ra que fosse encoberto o escândalo extraconjugal perante dona Carlota Joaquina, a Possessa, cedera-a em arranjo de matrimônio ao fidalgo Sebastião José de Carvalho e Melo, antigo Marquês e agora Duque de Pombal.

Em documento, fora outorgado por Sua Majestade d. João VI que o nobre estadista português Sebastião José de Carvalho e Melo houvera de ser agraciado co'a condecoração nobiliárquica, além da posse das paragens p'ra riba da Capitania das Minas Gerais, da Província da Bahia de Todos-os-Santos à Comarca do Grão-Pará e Maranhão, vindo a residir no Paço da Aclamação de São Salvador, em companhia de sua consorte sacramentada Maria Mia, a Duquesa de Pombal.

Capitania de São Sebastião do Rio de Janeiro,
12 de setembro de 1808.

Mui cordialmente,

Baronesa Violante de Góes.

Em ação subsecutiva, o enciumado d. Juvêncio Sabiá I solicitara ao alferes Belmiro Lamparina que redigisse missiva apócrifa, denunciando a farsa da mucama Maria Mia, que, de fato, se tratava da ex-escrava Xica da Silva, a Parda, que, conquanto tenha sido pejada de rebento por Sua Alteza d. João VI, era, em verdade, uma preclusa espiã infiltrada na Corte de São Sebastião do Rio de Janeiro. De adjacente, a correspondência fora entregue aos cuidados do portador adventício, excetuando-se que a cavilosa Xica da Silva se influíra co'o codinome da mucama Maria Mia, a serviço confidencial de Sua Majestade Imperial do Brasil El-Rey d. Juvêncio Sabiá I, o Libertador, p'ra aliciar maliciosamente o Príncipe Regente do Reino de Portugal, Brasil, Algarves e Áfricas, d. João VI, oficial consorte de dona Carlota Joaquina, a Engodada.

Expeço feito, o ex-suboficial de milícias capitão-mor Juvêncio Sabiá descobrira que não obteria êxito contra o oficioso monarca d. João VI e seu assecla Marquês de Pombal, caso não se aliasse aos Tamoyos do Arraial de Santa Helena do Cabo Frio, p'ra providencial retomada da capital São Sebastião do Rio de Janeiro. De logo, o cuitelão-ariramba d. Juvêncio Sabiá I deliberara pela imediata emissão de três naus-caravelas enchidas de mercadoria (facões, machados, espelhos etc.), sem exigência de escambo ou qualquer outra espécie de contrapartida dos indígenas do litoral fluminense. Ao aportarem em Cabo Frio, os membros bastardos da ordem do terço cruzaram co'a embarcação baleeira Boa Ventura, do pescador açoriano Antônio Bié, que arpoava os mamíferos gigantescos, de modo a comercializá-los co'os senhores de engenho da província, p'ra alimentação da escravatura das estâncias canavieiras, situadas na Freguesia de Campos dos Goytacazes. Acompanhado de seu fiel escudeiro Tamico e da tripulação cabista, por receio de represália por parte dos invasores enegrecidos, o vigilante Bié se prontificara a intermediar o rendez-vouz entre os antropófagos ameríndios e alvorotados rebeldes da Insurreição Cabocla do Norte. Ao despedir-se, o catramano

d. Juvêncio Sabiá I dera ao solícito pescador português Antônio Bié um barril de água ardente produzido pela Fazenda Nossa Senhora do Bom Retiro da Vila de Nossa Senhora dos Remédios de Paraty. Nesta ocasião, os selvagens não se opuseram a cooperar co'os revoltosos da Insurreição Cabocla do Norte, que desembarcaram toda a mercadoria trazida em porões das embarcações, sem a habitual resistência dos indígenas povoadores do litoral fluminense. Quiçá, porque o alferes Belmiro Lamparina lhes persuadira de que, ao contrário dos flibusteiros franceses, holandeses e bretões, Vossa Majestade Imperial do Brasil El-Rey d. Juvêncio Sabiá I pelejava a favor dos nativos de sangue destes trópicos, opondo-se aos incréus colonizadores d'além-mar. Jubiloso co'a explanação de cordialidade, o cacique saquarema Itajuru-Sambaqui selou acordo pacífico co'o gerenciador patriótico d. Juvêncio Sabiá I, co'a condição de que toda a jurisdição que abarcasse desde a Freguesia de Santa Maria de Maricá até a Comarca de Nossa Senhora das Neves de Santa Rita do Sertão do Rio Macaé fosse designada como possessão tamoya, por arregimentação de patrimônio aborígene e autóctone.

O agrimensor d. Juvêncio Sabiá I não só autorizara a possessão do território, como também objurgara que seria restaurada a Feitoria do Cabo Frio, uma espécie de fortaleza que se interligaria co'as subprovíncias autóctones da Região dos Lagos. Empós aprovação de concordata, os bastardos insurectos se embrenharam pela vegetação de caatinga, à procura de matéria-prima p'ra reconstrução da Feitoria do Arraial de Santa Helena do Cabo Frio, a fim de que se comprovasse apalavração firmada entre o cacique saquarema Itajuru-Sambaqui e ex-suboficial de milícias capitão-mor Juvêncio Sabiá, o Libertador. Ulteriormente, o sargento d'ordens João Curupira prescreveu que o cabo de guerrilha Jorge Torto providenciasse armazenamento de moluscos secos como suprimento de alimentação, de maneira a entupir os porões das naus-caravelas de provimentos marítimos.

Os combatentes da Insurreição Cabocla do Norte embarcaram em alforrecas apinhadas de homens, armas e fartéis, ao passo que os selvagens ameríndios das tribos tamoyos e goytacazes se equilibravam co'os tacapes, arcos e flechas em jangadas acanoadas, rumo às águas límpidas da Baía de Guanabara, que em tupi-guarani significa Seio-mar. Há de se registrar que o cruzamento oceânico entre o Arraial de Santa Helena de Cabo Frio e a Vila da Praia Grande de Nictheroy fora apaziguada pelos bons ventos sudoestes das correntes praieiras; no entanto, ao margearem o Outeiro de São Lourenço dos Índios, os parcos remanescentes da tribo Temiminós do Cacique Araribóia alarmaram os dragões da Guarda Luso-Brasileira de prontidão, co'os tiros de canhão direcionados aos 'mercenários de cor'.

Deu-se a triunfal Batalha da Ilha de Nossa Senhora da Conceição, que se iniciou co'a réplica dos súditos d'El-Rey d. Juvêncio Sabiá I, que, do convés da embarcação de combate Caramuru, se esguelava até perder o fôlego ao incitar os artilheiros ilhéus ao prélio de peleja.

— Avante, caboclada, que a conquista do Forte Santa Cruz e de São João há de ser da Insurreição Cabocla do Norte!... — preconizara, a plenos pulmões, o chefe militar d. Juvêncio Sabiá I, o Libertador.

Co'a adventícia chegada dos milhares de guerreiros tamoyos e goytacazes, o conflito bélico tornou-se favorável aos comandados do marajoara Juvêncio Sabiá, ainda que o marajoara Anísio Lepra tenha sido atingido co'o tiro fatal de arcabuz. A derrocada dos defensores papa-goiabas aliados de d. João VI dera-se empós o febrôneo d. Juvêncio Sabiá I trespassar o punhal de prata na pança saliente do alcaide da Vila de Nictheroy, d. Feliciano Mendes Ribeiro de Souza, que proferira o último ultraje ao algoz.

— Negro... — ofendeu-o, ao expirar.

Co'a tomada da Vila da Praia Grande de Nictheroy, os vanguardistas sabianos se apossaram do Solar de Gragoatá, antiga residência de veraneio da Família Real, localizado em São Domingos de Gusmão.

A primeira providência do bem-sucedido d. Juvêncio Sabiá I fora o trucidamento das autoridades provincianas papa-goiabas, seguida do levantamento do número das armas de guerra, p'ra arranjo militar da Batalha do Largo do Paço. Depós três dias da preparação de prélio, os conquistadores se digladiaram co'os inimigos portugueses, às margens plácidas da Baía de Guanabara.

— Ao triunfo da caboclada reinante, que doravante estes Brasis hão de ser da raça mestiça d'um povo heroico e retumbante!... Mãos ao alto, galegada de araque, que pau de pólv'ra e chumbo não há de ser bengala de frade!... — irradiara-se o alferes Belmiro Lamparina, regendo a plebe cabocla da Ordem do Terço da Gente Preta e Mestiça da Ilha de Vera Cruz.

No antológico confronto da Batalha da Ilha de Villegagnon, os guerrilheiros caboclos da Ordem do Terço da Gente Preta e Mestiça da Ilha de Vera Cruz se embrenharam pela Baía de Guanabara, co'a superioridade avassaladora em relação aos combatentes luso-brasileiros chefiados pelo indefesso Marquês de Pombal, que se atiraram como náufragos em direção à Ilha das Cobras. Próximo ao Largo do Carmo, as expeditas e lépidas embarcações lideradas por Sua Majestade Imperial do Brasil El-Rey d. Juvêncio Sabiá I prosseguiam a caminho do triunfo contra os dragões reinóis infidos, de modo que, conquanto a armada adversária se defendesse co'os disparos das canhoneiras movidas a remo e vela, os cavaleiros andantes da Insurreição Cabocla do Norte, sãos e incólumes, aportaram em Cais Pharoux, próximo ao Arsenal de Guerra e à Doca da Alfândega, na Ponta do Calabouço. Como a artilharia lusófana não fora páreo p'ro enfrentamento bélico co'a mui aparelhada frota capitaneada dos sediciosos mestiços, as forças contrárias se renderam, incondicionalmente.

No salão nobre do Paço Imperial, o intimidado d. João VI se reunira co'os ministros e aconselhadores estrangeiros, a fim de que se concebesse estratégia de coibição mediante conquista dos intrépidos oponentes originários deste Terrae Brasilis, que, a olhos nus, aniquilavam, impiedosamente, o Exército dos Dragões da Corte de São Sebastião do Rio de Janeiro.

— O Conselho Ultramarino de Guerra do Reino Unido de Portugal, Brasil e Algarves há de ter plena percepção de que Vossa Graça Sebastião de Melo há de buscar mecanismos de defesa p'ra combater os rebeldes bastardos comandados pelo visionário de nomeada Juvêncio Sabiá, co'as garras e caninos, até que se suprima da face da Terra o último dos brasis insurgidos. No entretanto, o Marquês de Pombal, co'a máxima urgência, deve contra-ataques profícuos e fulminantes, p'ra se estancar ofensiva dos malogrados insurrectos do Levante do Norte. — instruíra o monarca, angustiado co'as baixas civis e militares decorridas, que, de fato, ameaçavam coroa e trono da Dinastia Lusíada.

— Sua Majestade d. João VI, p'ra vossa ciência em foro íntimo, eu corroboro que já fora despachada missiva oficial co'a solicitação do auxílio de subsídio, co'a recomendação de emergência de reforço ao Regimento de Mar e Guerra de São Vicente do Bertioga, p'ra se pelejar o bom combate em tirocínio de equidade de batalha e prélio, co'os rebelados saltimbancos da tal Sublevação Cabocla. — jugulou Sebastião Melo, ex-braço direito d'El-Rey d. José I, o Reformador.

— Não obstante, no ínterim em que as forças militares de São Vicente do Bertioga não ancorarem em pontilhão, como nós haveremos de nos proteger dos hostis antropófagos inimigos desta bendita Ordem do Terço da Gente Preta e Mestiça da Ilha de Vera Cruz, meu estimado Marquês de Pombal? — inquiriu-o o conselheiro Pedro de Lancastre da Silveira Castelo Branco Sá e Meneses, o Barão de Abrantes.

— No entretempo, nós haveremos de guerrear co'as brigadas da Academia Imperial Militar e dos Guardas-Marinhas da Capitania de São Sebastião do Rio de Janeiro, além do adjutório da Intendência Geral de Polícia da Corte e do Estado do Brasil. — repontou d, presidente da Mesa da Consciência e Ordens e Regedor de Justiça.

Os insurrecionados caboclos se avantajavam por sobre os defensores luso-brasileiros, sobretudo em razão da acachapante prerrogativa numérica, até a chegada do adjutório militar vicentino. O que os administradores reinóis não suspeitavam era que o astucioso d. Juvêncio Sabiá I mui bem assentara a tropa caiçara de Nossa Senhora dos Remédios de Paraty, na estrada que aboca o Concelho de Conceição dos Campos do Cunha, co'o intento de se atocaiar, em emboscada de guerrilha, os membros combatentes do Regimento de Mar e Guerra de São Vicente do Bertioga, que, decerto, atenderiam ao requerimento enviado pelo Marquês de Pombal. Não obstante, quando já se ajeitava p'ra dissolver a cúria dos consiliários, atoleimado d. João VI recebera das mãos d'um emissário a epístola-denúncia, escriturada pelo alferes Belmiro Lamparina a mando do articulento Juvêncio Sabiá, delatando a condição de agente-secreto infiltrado da mestiça Xica da Silva, que fora incutida no seio da Família Real p'ra seduzi-lo carnalmente, de maneira que se possibilitasse exulto da Insurreição Cabocla do Norte sobre o Reino Unido de Portugal, Algarves e Brasil, em São Sebastião do Rio de Janeiro.

Na tentativa da tomada do Paço do Largo do Carmo, os guerrilheiros amotinados sofreram contratempos provocados pela esquadrilha de guerra contrária, que se posicionara municiada nas imediações da fortificada construção outrora residida pelo discricionário Vice-Rey Conde da Cunha, disparando pujante artilharia contra os revoltosos chefiados pelo suboficial de milícias capitão-mor Juvêncio Sabiá, que perdera orelha esquerda decepada por um golpe de sabre do arcabuz, mui bem manejado pelo mancebo Pedro de Alcântara Francisco Antônio João Carlos Xavier de Paula Miguel Rafael Joaquim José Gonzaga Pascoal Cipriano Serafim de Bragança e Bourbon, o porvindouro d.

Pedro I do Brasil e d. Pedro IV de Portugal. Mesmo ferido, porém, o abarbarado d. Juvêncio Sabiá I se explanava, por interjeições e grunhidos, p'ra se desobrigar da moléstia, estagnando-se agonia da mutilação auricular.

— Ei'a, guaiamum-matuleiro, que o triunfo há de ser do povo brasileiro!... Ei'a, guaiamum-matuleiro, que o triunfo há de ser do povo brasileiro!... — berrava, entusiasticamente, quiçá por prédica de surdez advinda.

— Vixe Maria Mãe Santíssima, que vossa zoreia desgarrou do crânio avantajado de vossamencê, El-Rey d. Juvênço Sabiá I!... — alertara-o Arnaldo Preá, gravatá-curioca mui observador.

A Armada da Cavalaria de São Vicente do Bertioga se desvencilhara sem dificuldade do precário esquadrão caiçara de Nossa Senhora dos Remédios de Paraty, rescindindo-se no horizonte de modo a afugentar os caboclos revoltosos pr'os fundilhos da Baía de Guanabara, mais precisamente em direção ao Pontal do Lameirão da Ilha de Paquetá. Lá arribando, o refugiado d. Juvêncio Sabiá I se apropriara do Solar Del-Rey, exigindo da população local medicamentos e víveres de subsistência, pr'o bem-estar de sua acossada tripulação de cabotagem.

— Alferes Belmiro Lamparina, mira vossamencê que a soldadesca-caiçara não conseguira esbarrar co'o ímpeto da legião emboaba são-vicentina, módi que se afaz forçoso s'encaminhar mensageiro co'a missiva d'arrequerênça de adjutório, pr'a São Salvador da Bahia, p'ra Pernambuco de Itamaracá p'ra Belém do Grão-Pará e Maranhão e p'ra Capitania das Minas Gerais. — intimou o arcaico-gamburéu Juvêncio Sabiá, temeroso de que, d'uma feita, os dragões luso-brasileiros invadissem a Ilha de Paquetá.

No escopo, o médico bolchevique acabeludado e cavanhequento Afonso Celso Garcia Reis, que era mui refratário aos arroubos de arbitrariedade do despótico Sebastião Melo; e sendo, consequentemente, também contumaz crítico dos desvarios de

Sua Alteza Príncipe Regente d. João VI, imediatamente se dispusera a cooperar co'a causa perdida do escorraçado d. Juvêncio Sabiá, pondo-se à disposição co'a toda assistência de medicamento e alimentação. Diz até que arrancara, sem assopro ou anestesia, a aurícula canhota d'um andrajoso desvalido paquetaense, p'ra transpantá-la junto a Vossa Majestade Imperial do Brasil El-Rey d. Juvêncio Sabiá I, o Libertador, que, por extrema gratidão, lhe laureara co'o título nobiliárquico de Arquiduque da Ilha de Paquetá. Logo empós condecoração, o alferes Belmiro Lamparina retirara-se p'ra escrevinhatura das epístolas dirigidas às Capitanias do Grão-Pará e Maranhão, Bahia de Todos-os-Santos e Minas Gerais, requerendo cogente suprimento belicoso de guerra.

Destarte, o pré-socialista d. Juvêncio Sabiá I se dera conta de que, mesmo em considerável vantagem numérica em relação aos oponentes 'brasilusíadas', os armamentos da Divisão Militar da Guarda Real de Polícia de São Sebastião do Rio de Janeiro eram mais potentes e sofisticados, do que os obsoletos mosquetões, bacamartes, bazucas e pistolas, dos quais dispunha p'ra enfrentamento de guerrilha urbana a Ordem do Terço da Gente Preta e Mestiça da Ilha de Vera Cruz.

— Porventura, vossamencê arreconhece esconderijo do paiol d'armas e munição da galegada inimiga ordenada pelo lambe-sovaco do d. João VI, o Marquês do Pombal: canhões e carabinas, sobretudo, dr. Afonsinho Reis? — demandou d. Juvêncio Sabiá I, por indústria de artes e ofícios de guerra.

— No Paiol de Pólvora da Estrela do Calundú de Pacobaíba, decerto há de se abocanhar grosso quinhão de infantaria bélica, p'ra que se amorteça poderio de fogo da Guarda dos Dragões da Corte, capitão. — acudiu o cirurgião subversivo.

— Cabo de guerrilha Jorge Torto, por 'bséquio, vossamencê há de arrebanhar cartel-geográfico, módi s'atassalhar paiol de pólv'ra da galegada d'além-mar. — dirigiu o anacoreta alferes Belmiro Lamparina, incisivo-objetante.

O plano estratégico do d. Juvêncio Sabiá I era designar três fragatas e uma charrua, que zarpariam ao arrebol em direção ao Porto da Estrela de Magé, a fim de que se tomasse de assalto o Armazém da Serra da Estrela do Paiol de Pólvora do Calundú de Pacobaíba. De feita, o utilitário d. Juvêncio Sabiá I reuniu-se co'o intelectuoso dr. Afonsinho Reis, que abalizou estratagema de que era preciso se achegar ao Porto da Estrela de Magé, sorrateiramente, antes do astro-rei alumiar retina de sentinela, p'ra decaptá-los sem chance de reação, de modo a se apropriar da Fábrica de Pólvora do Arsenal de Guerra.

— Arribai-vos, que a conquista deste Terrae Brasilis se principia por armistício d'alma e se encerra em bálsamo de fulgor de glória, que há de encandear a vida. — poetizara-se d. Juvêncio Sabiá I, menestrelmente.

A acometida ao Paiol da Serra da Estrella transcorrera sem obstáculos, de vez que as sentinelas foram abatidas, a ferro frio de punhal de aço, pelos bufões histriônicos da Insurreição Cabocla do Norte. Empós domínio da guarda costeira de vigilância, o alferes Belmiro Lamparina executara artifício de se arrecadar a maior quantidade de armas e munição do Paiol da Estrela do Calundú de Pacobaíba, à proporção que os bandoleiros insurrectos se esparziram por toda edificação, apoderando-se de significativa provisão de carregamento, que houvera de enfraquecer as forças de defesa reinóis.

— Sargento d'ordens João Curupira, vossamencê há de depor ordenamento de s'apinhar os porões das embarcações até fazer bico, p'ra que se atocasse fogo em armazém de afabricação de chumbo e pólvr'a!... — ditou o lugar-tenente Belmiro Lamparina, criterioso-tomoneiro, aproveitando-se da ausência de operários, que àquela altura da alvorada, ainda não haviam se avultado ao batente da feitoria.

Em regresso ao Pontal do Lameirão da Ilha de Paquetá, os audaciosos saqueadores do terço foram recebidos co'a reverência típica dos mártires e heróis de guerra, avocada em discurso patriótico.

— Súditos e vassalos de Sua Majestade El-Rey d. Juvêncio Sabiá I, o Libertador, orgulhai-vos da magnitude de vossa raça miscigenada, porque estes brasis hão de se envaidecer da conquista d'um povo cordial e hospitaleiro, que não há de sucumbir aos percalços do despotismo desenfreado do biltre Marquês de Pombal!... — exaltou-se d. Afonso Reis, empolgado co'a exitosa empreitada de prélio.

— Ao dr. Afonso Celso Garcia Reis, oferto a condecoração mais honorária da Dinastia Sabiana: a Medalha Abílio Querubim de Honra ao Mérito. — improvisou o hábil d. Juvêncio Sabiá I.

A boa-nova trazida em bico de pombo-correio sobre o iminente acostamento dos Esquadrões de Cavalaria Montada das Minas Gerais ao Arraial de Santa Helena do Cabo Frio acoroçoou os impávidos membros da Ordem do Terço da Gente Preta e Mestiça da Ilha de Vera Cruz, de tal modo que o excêntrico d. Juvêncio Sabiá I solicitou que o alferes Belmiro Lamparina, o sargento d'ordens João Curupira e o cabo de guerrilha Jorge Torto se dedicassem ao ajuste tático das tropas de combate.

— De maneira que a Armada dos Dragões da Corte de São Sebastião do Rio de Janeiro não tenha tempo de se arressentir do prejuízo da desapropriação do carregamento de pau de pólvr'a e munição, juntamente co'os guerrilheiros combatentes das Minas Gerais nóis havemos d'emborcar naus-caravelas em Cais Pharoux do Largo do Carmo, dando início ao prélio de batalha até que, de supetão, se achegasse tropaiada da Bahia de Todos-os-Santos, de Pernambuco de Itamaracá; e, por fim, do Grão-Pará e Maranhão. Por logo, d'imediato, vossamencê arregimente tropaiada e caserna, quizomba, que a jiripoca há de piar em galho de terreiro da araponga!... — pormenorizou Juvêncio Sabiá, albatroz-arbitrador.

Empós ordenamento, os marinheiros alvorotados embarcaram em direção à Corte de São Sebastião do Rio de Janeiro, co'a missão de não se forjar fracasso, mediante pena de arruinar Insurreição Cabocla do Norte, visto que, caso fossem sobrepujados pelas legiões lusófonas, a Dinastia Sabiana se desmoralizaria em bancarrota por todo território pátrio.

— Avante, caboclada, que aos galegos inimigos se impõe a derrocada!... — incitava alferes Belmiro Lamparina, a cabais tripas e intestinos.

Em contrapartida, o impolido d. João VI determinou ao Marquês de Pombal que enviasse emissário ao encontro da nau-caravela Caramuru, co'as mechas da cabeleira pixaim da híbrida Xica da Silva, co'o sobreaviso de que a mucama Maria Mia seria sacrificada a sangue-frio, caso o ex-suboficial de milícias capitão-mor Juvêncio Sabiá não se rendesse aos ditames, conselhos e pareceres constitucionais do Reino Unido de Portugal, Brasil e Algarves. No diapasão, o emissário reinol acrescera que, acaso o insubordinado ideólogo da Sublevação Cabocla do Norte, Vossa Majestade Imperial do Brasil El-Rey d. Juvêncio Sabiá I, o Libertador, aceitasse retornar aos territórios da Capitania do Grão-Pará e Maranhão, houvera de receberia anistia geral e irrestrita de Sua Alteza Príncipe Regente d. João VI, o Benevolente.

— Vossamencê diga ao chantagista medroso do d. João VI que, por arrecomendação d'El-Rey d. Juvênço Sabiá I, o biltre do Marquês de Pombal tem mi'a autorização de se arretalhar e salgar em mil pedaços as carnes mestiças, atirando-se restos mortais em alto-mar, p'ra que nem os abutres tenham o dissabor da ceia corpórea da pérfida e infida Xica da Silva, a Parda. Avante, a ferro e fogo, que a galegada caga-sebo 'stá se borrando de medo!... Avante, a fogo e ferro, que a galegada se borrando de medo 'stá caga-sebo!... — achincalhou o comendador dos trópicos d. Juvêncio Sabiá, ao acicatar bombardeio contra a Fortaleza de São Sebastião do Castelo.

Os primeiros ataques repercutiram em grandes perdas pr'os combatentes lusíadas, haja vista que inúmeros adversários foram abatidos brutalmente, sendo derribados por sobre terra firme, co'os inclementes balaços da artilharia ilhéu. No bojo das baixas militares, bem mais de três quartos da tropa de revolucionários aportara em solo inimigo.

— Pelejar, caboclada!... — soltara grito de guerra d. Juvêncio Sabiá I, ao nortear os caboclos pagãos do terço, p'ra que não arrefecessem diante do êmulo poder de reação dos reinóis incréus. — Arriba, caramango-besouro, que se o santo é de barro, não é d'ouro!... Arriba, besouro-caramango, que inimigo é cego, surdo e manco!...

Empós cerco do Paço Real do Largo do Carmo, a munição dos dragões luso-brasileiros escasseava, a tal ponto que o Marquês de Pombal sugeriu ao d. João VI a se refugiar na Quinta Imperial Santa Cruz, até que os emissários enviados ao Vale Rio da Prata retornassem co'o auxílio de provimento beligerante do sul da Ilha de Vera Cruz. Não obstante, p'ra má-sorte do Exército da Salvação Luso-Brasileira, a legião de guerrilheiros da Capitania de Pernambuco do Itamaracá se aproximava, reforçando poderio bélico da soldadesca da Insurreição Cabocla do Norte.

— Que Vossa Excelência El-Rey d. Juvêncio Sabiá I, o Libertador, triunfe co'o adjutório do Batalhão de Infantaria e Fronteiras de Pernambuco do Itamaracá, sob gerência do carmelita Joaquim da Silva Rabelo, o Frei Caneca!... — prestara reverência o religioso insurrecto.

— Que vossamencê seja bem-vindo ao prélio de peleja, meu nobre Frei Caneca!... — inflamara-se Juvêncio Sabiá, diante do catedrático em luta armada.

O intento do prometedor Marquês de Pombal era ganhar sobrevida de combate até que os dragões da Armada de Guerra do Vale do Rio da Prata o acudissem co'os equipamentos de batalha, que estavam armazenados no Paiol de Pólvora de Itanhaém. No entretanto, empós mais dezassetes sóis e luares, as tropas baianas se uniram aos partidários d'El-Rey d. Juvêncio

Sabiá I, de maneira que não houve outra saída p'ro engenhoso Sebastião Melo, que não fosse a ingloriosa rendição de guerra.

— Marquês de Pombal, vossamencê, por 'bséquio, ajoelhe--se diante de Vossa Excelença d. Juvêncio Sabiá I, o Libertador. — moderou regra de pugna o demiurgo-mandarim Juvêncio Sabiá, ao passo que o derrotado Marquês de Pombal estendia mãos submissas, em sinal de sujeição ao patriarca da Independência do Brasil.

— Vossamencê há de se abeijar a mão direita de Vossa Excelência Imperial do Brasil El-Rey d. Juvênço Sabiá I, o Libertador, em penhor de capitulação ao triunfo da Insurreição Cabocla do Norte, impetrada pelo suboficial de milícias da Ordem do Terço da Gente Preta e Mestiça da Ilha de Vera Cruz. — mencionara o sargento d'ordens João Curupira, o Canibal.

— Asco!... — exclamara o estadista português, escarrando membro ofertado em congraçamento pacífico.

— Herege!... — acoimara-o o cabo de guerrilha Jorge Torto, atirando carcaça ao chão co'o tabefe espalmado, interceptadamente.

— Vossamencê há de ser pendido em cadafalso de largo público, pr'a que, empós haja degolação de crânio maligno, que há de ser atirado aos ratos e urubus pelo gravíssimo ultraje ao imperante El-Rey d. Juvênço Sabiá I, o Libertador. — puniu-o o sargento d'ordens João Curupira, co'o açoite do vergalho.

Antecipadamente ao enforcamento e posterior degolação do Marquês de Pombal, o alferes Belmiro Lamparina, por intermédio de pau-de-arara e sufocação de afogamento, confiscou depoimento de que Sua Alteza Príncipe Regente d. João VI homiziara-se co'a dona Carlota Joaquina e prole, no convento da Fazenda Imperial de Santa Cruz. Ao reportar informação ao superior hierárquico, o alferes Belmiro Lamparina recebeu missão de conduzir tropas militares do terço, até a outrora propriedade agropecuária da Companhia de Jesus, confiscada por ordem d'além-mar do Marquês de Pombal, em 1759.

— Alferes Belmiro Lamparina, presta atenção que vossamencê não obteve autorização de alvará p'ra sequer arranhar culhões e testículos do herdeiro de dona Louca Maria I, o cobarde d. João VI, o Gaviona. Portanto, vossamencê não se abusofrute a arrancar um fio de barba, cabelo e bigode do aparvalhado, que eu mesmo me arrebato ao ato de castração do rancolho, co'a quicé cega de picar fumo-de-rolo. — salientou o artrópode, alertando-o p'ra não se descuidar da preservação física de dona Carlota Joaquina, a quem dedicara afeição de alcova.

— El-Rey deposto, El-Rey morto, capitão mor chefe Juvenço Sabiá. — atrevera-se, chistosamente.

O cerco da Fazenda Imperial de Santa Cruz deu-se a partir da Ponte do Guandu ao alvorecer, por onde os caboclos revolucionários se infiltraram, despercebidamente. Quando fora dada voz de prisão ao d. João VI, os dragões da Divisão Militar da Guarda Real de Polícia da Corte não mais reagiram aos disparos de advertência oriundos dos canhões, carabinas, mosquetões, bacamartes e pistolas, manuseados pelos membros bastardos da Ordem do Terço da Gente Preta e Mestiça da Ilha de Vera Cruz.

— Mãos ao alto, d. Fujão, que Vossa Majestade El-Rey d. Juvenço Sabiá I, o Libertador, deprecara que vossamencê fosse capturado são e salvo, sem arranhadura de colhões e testículos. — alertou Belmiro Lamparina, acorrentando-o.

— Pois Vossa Mercê não se apoquente que não há de haver resistência por parte de Sua Alteza Real Príncipe Regente d. João VI, capitão. — comprometeu-se dona Carlota Joaquina, inquietada co'a integridade física do consorte, que, a estas alturas, estava "todo borrado das braguilhas p'ras baixezas", consoante relato da historiadora castelhana Mary Del Priore.

Enquanto aguardava pelo advento da extradição dos prisioneiros pela Estrada Real de Santa Cruz até São Sebastião do Rio de Janeiro, o reinaroso d. Juvêncio Sabiá I recebeu boa-nova da chegança da ex-consorte Gertrudes de Góes, em companhia do ex-contratador de diamantes, d. João Fernandes d'Oliveira, que se estabelecera no Palacete da Quinta da Boa Vista. No entanto, ainda no Arraial de Santo Antônio do Tejuco das Diamantinas, quando tivera ciência da detenção da amásia Xica da Silva, o governador-mor da Capitania das Minas Gerais requereu, confidencialmente, à Gertrudes de Góes, que, em troca da restituição conjugal, intercedesse junto ao monárquico d. Juvêncio Sabiá I, p'ra concessão de clemência à ex-escrava Xica da Silva, a Parda.

Na Quinta da Boa Vista, o prazenteiro d. Juvêncio Sabiá I jurou que anistiaria a mestiça Xica Mulata, co'a condição de que Gertrudes de Góes lhe concedesse a honra de tornar-se "esposa devotada deste vosso caboclo vassalo, que tanto louva e venera a baronesinha", derretera-se Juvêncio Sabiá, lamentando-se pelo incomensurável logro do passado, quando permutara a traiçoeira Xica da Silva pela insigne sinhá branca do Engenho Itapecuru do Grão-Pará do Norte. Acordo de absolvição firmado, a espúria Xica da Silva fora condenada ao aeternum exsilium, no antigo Paço da Intendência dos Diamantes do Arraial de Santo Antônio do Tejuco. Em sua defesa, pesou, sobremaneira, o episódio da mestiça Xica Mulata jamais ter delatado a sediciosa Sublevação Nortista.

— Dona Xica da Silva, a condenação de vossamencê ao degredo em Santo Antônio do Tejuco das Diamantinas; e não à pena capital, se deve ao advento da ex-escrava e amante do fidalgo marianense, d. João Fernandes d'Oliveira, governador-geral da Província das Minas Gerais, não ter cometido delação contra o intento-mor da Insurreição Cabocla do Norte, no tocante à invasão da capital do Reino Unido de Portugal, Brasil e Algarves. — predissera o jurisconsulto alferes Belmiro Lamparina.

Neste alamiré, os comedimentos políticos p'ra arregimentação da ordem e do progresso da Ilha de Vera Cruz foram outorgados pelo ex-soboficial de milícias capitão-mor Juvêncio Sabiá, que, em primeiro lugar, promulgou inversão de nomenclatura ao que, doravante, adviria a ser Reino Unido de Brasil, Portugal e Algarves, haja vista a cogente e imprescindível colonização da Portugal, conforme o fizeram os mouros muçulmanos por quatro séculos de conquista aproximadamente.

Enfim, entre outras resoluções e licenciamentos administrativos, o ultranacionalista d. Juvêncio Sabiá I decidira-se pela Abertura dos Portos da Ilha de Vera Cruz.

### DECRETO PRIMEIRO

Que sejam permissíveis nos portos alfandegários todos e quaisquer gêneros, fazendas e mercadorias transportadas em embarcações naus-caravelas pátrias ou estrangeiras, desde que em paz e harmonia co'a Real Coroa deste Terrae Brasilis de Vera ou Santa Cruz, amortizando-se por ingresso em território brasílico vinte e quatro por cento de tributo governamental deste Estado-Nação, a saber: vinte por cento de direito grosso e quatro por cento do donativo já estabelecido, regulando-se a cobrança destes aprumados valores pelas pautas ou aforamento, porque até o presente se regulam cada uma das ditas Alfândegas, ficando os vinhos, águas ardentes e azeites doces, que se denominam molhados, pagando o dobro dos direitos, que até agora nelas satisfaziam.

### SEGUNDO DECRETO

Que não só os meus vassalos, mas também os sobreditos imigrantes possam exportar pr'os longínquos Portos, que bem lhes parecer a benefício do comércio e agronegócio, que tanto aspiro a promover todos e quaisquer gêneros e produções coloniais, a exceção do pau-brasil, ou outros notoriamente estancados, pagando por saída os mesmos direitos já estabelecidos nas respectivas Capitanias, ficando, no entretanto, como suspenso e sem vigor todas as leis, cartas régias ou outras ordenações judiciais que até aqui coibiam neste o Reino Unido do Brasil, Algarves e Portugal o recíproco comércio e navegação entre meus vassalos e estrangeiros. O que tudo assim fareis executar co'o zelo e atividade que de vós espero.

As naus-caravelas capitaneadas pelo El-Rey d. Juvêncio Sabiá I carregavam em porões deploráveis e infectos o deportado d. João VI, co'a Família Real, ministros e aconselhadores estrangeiros e toda tripulação reinol, o que fez co' que a gaiatice da população, jocosamente, alcunhasse de navios-branqueiros as embarcações que atravessariam o Atlântico em direção a Lisboa, p'ra tomada de assalto da capital lusitana. O cruzamento marítimo dera-se três meses empós as transformações políticas serem executadas pelo ideólogo da Insurreição Cabocla do Norte, que assinara tratado de Navegação e Livre Comércio, originando a instalação da Junta do Monte Pascoal; além da fundação do Banco Vera Cruz; a criação da Universidade de Medicina da Bahia de Todos-os-Santos; a inauguração da Biblioteca Real do Brasil; a autorização p'ra funcionamento da Gazeta do Rio de Janeiro; a invasão da Guiana Francesa, em represália a Napoleão Bonaparte; e o decreto de possessão da República da Cisplatina. Além disto, deu-se a nomeação do d. João Fernandes d'Oliveira como Vice-Rey do Brasil, obrigando o amásio da mestiça dona Xica da Silva que abdicasse do posto estratégico de governador-mor da Capitania das Minas Gerais, em benefício do recém-empossado alferes Joaquim José da Silva Xavier, o Tiradentes. Em idêntica data, horário e logradouro, o polígamo d. Juvêncio Sabiá I, o Libertador, reatara o relacionamento matrimonial co'a Imperatriz Consorte dona Gertrudes de Góes II, a Enrabada.

Na dificultosa cruzada atlântica, os 15 mil guerrilheiros da Ordem do Terço da Gente Preta e Mestiça da Ilha de Vera Cruz aportaram na Freguesia de Santa Maria de Belém, empós adentrarem triunfantes pelo estuário lisboeta através do rio Tejo, avultando-se diante da épica Batalha do Paço da Ribeira, que, todavia, não será posta em registro de narração pelo simples fato de não haver acontecido, uma vez que o aparvalhado d. João VI decretara por missiva a redenção pacífica aos governantes portugueses. Ao se instalar na capital lusíada, o delirante d. Juvêncio Sabiá I reptara por residir no Palácio de Queluz, que se avizinhava do Castelo da Pena, onde se asilara a Família Real, em Sintra, freguesia de São Pedro de Penaferrim. No entretanto, em seguida, dera-se a fatídica e mal contada intoxicação do esposo de dona Carlota, diz que a mando da própria, que se enclausurou em alcova do Palácio de Seteais, a maldizer-se da hora em que cedera aos apelos políticos da Coroa Castelhana, p'ra unir-se ao poltrão fraudulento português. Mediante retraimento forçoso da escabiosa dona Carlota Joaquina, coube então à dama-do-lago dona Violante de Góes as honras do Paço da Pena, no velório do mavioso e ilustre cadáver real. Depós três meses do funeral do finado d. João VI, o ex-suboficial de milícias capitão-mor Juvêncio Sabiá, logo que penetrara Palácio de Queluz, surpreendera-se co'as forças contrárias lusitanas provenientes do Porto, região do Douro ao Norte de Portugal, que canhoneavam a edificação centenária, forçando-o a revidar, atabalhoadamente, o oponente mui vigoroso a partir do auxílio enviado d'Espanhas, França e Inglaterra, nações irmanadas que se aliaram única e exclusivamente p'ra expurgação dos domínios dos forasteiros brasílicos provindos da América do Sul.

Em flagrante *handicap* bélico-numérico, ao contestado retirante combatente restara o subterfúgio de retirada do continente europeu, a tempo de salvação da própria pele, sendo realocado, às pressas, em embarcação de emergência, na companhia da sinhá Gertrudes de Góes, restituindo-se, portanto, controversamente, a Coroa Portuguesa à Sua Majestade Rainha dona Carlota Joaquina I, a Dadivosa. Em São Sebastião do Rio de Janeiro, o místico-alegórico d. Juvêncio Sabiá I convocara reunião ministerial co'o Vice-Rey d. João Fernandes d'Oliveira, p'ra se alinhar governança da monarquia ilhéu deste Terrae Brasilis. Não obstante, no decantado Baile de Gala da Ilha das Cobras, em comemoração ao retorno do líder libertador escorraçado da Terrinha, que precedera a assembleia do Paço Real do Largo do Paço, o ressabiado d. Juvêncio Sabiá I, decerto, se intrigaria demasiadamente, caso presenciasse tal diálogo conspiratório entre o ex-contratador de diamantes d. João Fernandes d'Oliveira e a híbrida Xica Parda, que viera a São Sebastião do Rio de Janeiro, co'o intuito de prestigiar a chegada da Família Real Cabocla.

— Já cansei de dizer-te que se a Inconfidência Maçônica de Vila Rica d'Ouro Preto for decretada como vitoriosa, eu assumo Vossa Mercê como esposa sacramentada; e não apenas como reles concubina de alcova proibida, dona Xica da Silva. — cochichou, ao pé do ouvido, em reativação amorosa.

— Talvez vossancê queira dizer como amásia sacramentada, que, de feita, fora escambeada pela sinhá Gertrudes de Góes... — desdenhara-o, ressentida e ruminante, a já calejada Xica Mulata, co'os sete pés atrás de desconfiança em relação ao antigo senhor e cúmplice de alcova.

— Assumo Vossa Mercê como mi'a senhora de aliança d'ouro e diamantes em dedo esquerdo de mão, co'o bando de curumins a correr pela Chácara da Palha, haja vista que o sensaborão d. Juvêncio Sabiá I não possuíra competência de catre, p'ra procriação bíblica co'a tão fértil e apetitosa dona Xica da Silva... — desancara-o João Fernandes d'Oliveira, que ambicionava tomar rédeas do reinado da Terra de Santa Cruz, ao destronar o ex-miliciano Juvêncio Sabiá, de fato mui abalado co'a derrocada lisboeta.

— Creio eu que, por inveja ou castigo, não posso mais procriar por estas entranhas secas, porque o meu ventre murchou de tal maneira que, por mais que eu queira dar à luz a outro rebento, não consigo parir criatura nem do mais afamado garanhão do Arraial de Santo Antônio do Tejuco das Diamantinas...

— declarou esterilidade de útero a inconformada Xica Mulata, desembaraçando-se do assédio do ex-companheiro, que a atraiçoara co'o aceite de permuta pela branca-azeda da Imperatriz Gertrudes de Góes, a Enrabada.

— Prometo-te que se continuares tentando comigo poderás conseguir mais herdeiro pr'o legado e fortuna de família, dona Xica da Silva, embora não queiras nem tentes debalde embarrigar do rancolho d'El-Rey d. Juvêncio Sabiá I, que, sequer, emprenhara herdeira da dona Violante de Góes, a Coxa. — reiterou solicitação de matrimônio o ex-responsável pela Intendência Tejucana das Minas Gerais.

Enquanto as resoluções institucionais eram posta em prática em diálogo co'a substancial importação da mão de obra de origem italiana p'ra lavoura cafeeira, que substituiria a monocultura da cana de açúcar, o cabo de guerrilha Jorge Torto trouxera-lhe missiva assinada por dona Carlota Joaquina, avisando que se estabeleceria em São Sebastião do Rio de Janeiro, co'o firme propósito de reconstituição patriótica do Reino Unido de Portugal, Brasil e Algarves, aniquilando os inconfidentes caboclos chefiados pelo ex-suboficial de milícias capitão-mor Juvêncio Sabiá, ao qual se devolveria cetro e coroa, caso aceitasse proposição de matrimônio co'a ex-consorte de d. João VI, enviuvada e faceira desde o passamento do legatário de Maria I, a Louca. De imediato, Sua Majestade Imperial do Brasil El-Rey d. Juvêncio Sabiá I, o Libertador, solicitara ao alferes Belmiro Lamparina que se enviasse correspondência, co'o ordenamento de aceite matrimonial.

No Paço do Carmo, as comemorações das bodas esponsais entre Vossa Majestade Imperial de Portugal, Espanhas, Brasil, Algarves e Áfricas, El-Rey d. Juvêncio Sabiá I e a Imperatriz dona Carlota Joaquina se deram em grande estilo, co'a cerimônia conjugal, baile de gala e banquete. Por combinação tácita, o flibusteiro Onofre Grosso Garcez, em disfarces de maître castelhano, lhe servira o mesmo vinho tinto da safra mortífera, que, em sua última ceia lisboeta, fora degustado pelo d. João VI, o Envenenado.Co'a a morte do capituloso d. Juvêncio Sabiá I, a monarca buçosa dona Carlota Joaquina matrimoniou-se co'o duque Onofre Grosso Garcez; e, sem ter ciência do acidente de percurso resultado em castração, entregou-se ao forasteiro conterrâneo co'a volúpia contumaz, até que tomara a iniciativa de apalpar as partes íntimas do cigano eunuco desposado.

— Carajo!!!... — assustara-se a sôfrega dona Carlota Joaquina, que se desembestara em direção ao salão nobre do Paço do Carmo. — Água fresca!... Um jarro d'água fresca, por obséquio!... Um jarro d'água fresca da fonte!... — exigira a acólita dama espanholita.

Quando retornou ao aposento, porém, dona Carlota Joaquina rubricou manuscrito, onde se decretava a nomeação do flibusteiro cigano de origem andaluz como Vice-Rey de Portugal, Espanha, Brasil, Algarves e Áfricas, já que Sua Majestade Imperatriz decidira-se por retornar a Lisboa, por tempo indeterminado empós episódio da frustação do castramento. Ao delegar a administração da mais alvissareira colônia lusitana ao aventureiro Onofre Grosso Garcez, a desbocada dona Carlota Joaquina pronunciou antológico fraseado de despedida, ao bater as solas dos sapatos no convés da embarcação:

— Desta terra não carrego comigo nem o pó!... — espraguejou-nos, retornando ao Brasil dezoito anos depós, por força da circunstância do sinistro assassinato do Vice-Rey Onofre Grosso Garcez, por torpe alvitre d'uma navalhada desferida pelo quilombola ariano, empós saída da rinha de galos da Rua da Direita.

À chegada de Sua Majestade Imperatriz do Reino Unido de Portugal, Espanha, Brasil, Algarves e Áfricas, dona Carlota Joaquina Teresa Cayetana Bourbon e Bragança Sabiá Grosso Garcez, deu-se pouco tempo depós do sepultamento do duque Onofre Grosso Garcez, o Anavalhado. Não obstante, em sua homenagem organizou-se um baile de gala, na Corte de São Sebastião do Rio de Janeiro.

— Sejam bem-vindos ao Cabaret Solar das Almas!... Não se façam de rogados, esfalfem-se, empanturrem-se, embriaguem-se e brindem à generosidade de Sua Majestade Imperial dona Carlota Joaquina, a Dadivosa!... Estes são os votos da anfitriã deste banquete dionisíaco e luciférico dos deuses orgíacos!... Deleitem-se co'o champagne francês, o vinho do Porto, as lagostas e camarões do Ceará, exclusivamente p'ra ilustríssimas notabilidades do digníssimo Cabaret Solar das Almas!... Atenção, muita atenção, excelentíssimos senhores e senhoras, p'ra regra deste esplendoroso bailado de gala de harmoniosa convivência entre as elites pátrias, que deverá ser cumprida e respeitada: É proibido assediar, açular, provocar, instigar, apalpar e fornicar cocottes e polacas, antes do leilão de uma prenda de procedência luso-afro-brasileira, que será realizado, impreterivelmente, às vinte horas, nesta presente data. Enfim, está oficialmente inaugurado o Cabaret Solar das Almas!... — autorizara o mestre de cerimônias Sebastião Melo, saudando-os por matizes da cordialidade.

— Por obséquio, diz-me cá qual há de ser a prenda que tu estás a guardar co'as sete chaves de prata neste Cabaret Solar das Almas da Corte de São Sebastião do Rio de Janeiro? — assuntou-a dona Carlota Joaquina, mui irrequieta por decifrar o sugestivo enigma das hastas de licitação pública.

— Segredo de alcova. — segredara a baronesa Gertrudes de Góes, ao piscar-lhe olhadela de retina, maliciosamente.

— Pois bem, julguem e decidam, senhoras e senhores comensais deste Cabaret Solar das Almas, quem dará mais paus-reais, p'ra se deliciar n'uma inesquecível noite de luxúria na alcova imperial co'o virginal mancebo em exposição... — confiara-se o instigante leiloeiro anônimo, ao exibir a escultural mercadoria humana, em desfile pelo salão nobre do palacete.

— Entrego-te de boa fé quinze mil paus-reais, p'ra tê-lo, nu, virginal e imaculado, em meus braços de gazela por esta noite, pois que ainda me restam alguns trocados, p'ra se gozar a vida sem regras ou limites. — lançou-se a sinhá Gertrudes de Góes, arguta jogadora da vida.

— Quinze mil paus-reais pr'a baronesa Gertrudes de Góes!... Dou-lhe uma... Quem há de dar mais pelos nobilíssimos benefícios de libertinagem deste digno e genuíno representante da miscigenação afro-lusitana? — açulara o arrojado leiloeiro, reptando-os aos ousados arremates de apropriação carnal da irresistível mercadoria ofertada em leilão.

— Vinte mil paus-reais pelo garção moreno e airoso, ainda quando não haja fortuna que cubra fascínio deste deus afro-brasileiro!... — arriscara-se dona Violante de Góes, que enviuvara há poucos meses do saudoso alferes Belmiro Lamparina, diante da joia mestiça de prostíbulo.

— Vinte e cinco mil paus-reais pr'a dona Violante de Góes!... Dou-lhes uma, dou-lhes duas, dou-lhes... Quem dá mais pelas diabruras carnais do clássico exemplar espúrio-sangue deste Cabaret Solar das Almas? — insuflou-se a endiabrada dona Carlota Joaquina.

— Aliás, cinquenta mil paus-reais!... Cinquenta mil paus-reais!... cinquenta mil paus-reais!...

— Cinquenta mil paus-reais!?!... Cinquenta mil paus-reais p'ra esta mui asseada viúva-alegre de d. João VI, d. Juvêncio Sabiá I e do duque castelhano Onofre Grosso Garcez, Sua Majestade Imperatriz dona Carlota Joaquina de Portugal, Espanhas, Brasil, Algarves e Áfricas!... Dou-lhe uma, dou-lhe duas... Cinquenta mil paus-reais!?!... Quem dará mais pelas extravagâncias e excentricidades deste soberbo indivíduo miscigenado? Dou-lhe uma, dou-lhe duas... Dou-lhe três!... Por nada menos do que cinquenta mil paus-reais, a impetuosa e ardente Imperatriz dona Carlota Joaquina há de ser proprietária exclusiva deste artigo originário da mais imperativa combinação étnica proveniente deste Terrae Brasilis!... — descerrara-se cortina da devassidão, por uso-fruto de saliência.

— Vamo-nos, então, pr'a tal alcova imperial do Cabaret Solar das Almas? — conduziu-o dona Carlota Joaquina.

No aposento nupcial de aluguel, a viúva-negra Carlota Joaquina despira-se de corpo e alma pr'o mancebo excitado, ressaltando-lhe, porém, a condição de companhia arranjada por arremate monetário.

— Saiba Vossa Mercê, de antemão, que jamais hás de ter outras amantes que não Sua Majestade Imperial dona Carlota Joaquina, já que ficará bem claro que tu terás o privilégio de te deitares comigo, como, quando e onde eu bem quiser desfrutar de tua companhia, porque tu és o meu único e exclusivo escravo da luxúria. — despira-o, dando-se incondicionalmente.

Ao retornar ao salão nobre do Cabaret Solar das Almas, a esnobe e ignara dona Carlota Joaquina rejeitara de tal forma as inúmeras miradas indiscretas da invejosa plateia feminina, que, sequer, observou a satisfação de vingança estampada em face da sinhá Gertrudes de Góes, triunfante por ter ido à forra do episódio do assassínio do suposto infante João Gabriel, o Anjo Torto.

— Peço atenção aos convidados deste baile de gala e banquete deste Cabaret Solar das Almas, visto como Vossa Majestade Imperatriz dona Carlota Joaquina nem sequer de longe desconfia a respeito de quem seja esse imberbe mancebo João Gabriel, que a senhora possuíra, sem modéstia ou pudor, na alcova dos cônjuges, porque anos atrás Vossa Excelência dera à luz a um herdeiro bastardo, fruto da relação extraconjugal co'o cabo de guerrilha Jorge Torto, logo depois que eu, baronesa Gertrudes de Góes, parira o ilegítimo herdeiro do Marquês de Pombal. De fato, pouco tempo depois de dona Carlota Joaquina desmaiar e a parteira Justina dar as costas ao recém-nascido infante João Gabriel, eu fiz a troca dos rebentos, por julgar que se o meu filho fosse criado sob os auspícios da realeza, decerto houvera de ter melhor sorte do que eu poderia ofertar-lhe, sendo mera fêmea desamparada sem eira nem beira. Portanto, logo assim que Vossa Majestade despertou do esforço do parto, obrigando-me a afogar na tina de banho o meu Pedro de Góes; e, não, o infante João Gabriel, que a senhora supusera dar à luz, no aposento do Paço do Carmo, eu matei-o a mando desta criatura cruel e desalmada, porque, caso contrário, eu seria acusada de roubo da joalheria real, sendo condenada ao cadafalso, decerto. Porém, eu jurei-lhe eterna vingança, dona Carlota Joaquina, mesmo que se tardasse o tempo que fosse, até que, empós quase duas décadas, nesta noite de luto e celebração, pelo insignificante valor de cinquenta mil paus-reais, fora cumprido desagravo de coagi-la a se entregar, carnalmente, em pecado de incesto, co'o próprio herdeiro de sangue, d. João Gabriel, o Infante. — desabafou a sinhá Gertrudes de Góes, que, por pura vingança, induzira a leiloar o rapazola mal-amparado e desconhecido, que retornara à Corte à procura do seio familiar.

— Desgraçada sejas tu, baronesa Gertrudes de Góes. — esbofeteara-a, ao passo que o engodado moçoilo imberbe Pedro de Góes sacava da garrucha que trouxera a tiracolo, mirando as próprias têmporas ao apertar o gatilho co'o tiro certeiro, transtornado mediante a situação de ludíbrio incestuoso.

— João Gabriel... João Gabriel... João Gabriel... — acariciou-o a progenitora, a recordar-se da saliência concurdante do mancebo prostituído, empós suicídio do legatário da herança maldita de sua frivolidade moral e insana.

Empós passamento do mancebo João Gabriel de Bourbon e Bragança, a malcontente viúva de d. João VI e d. Juvêncio Sabiá I, dona Carlota Joaquina, sucidou-se por envenenamento, ao não resistir ao remorso da consciência, causado pelo incesto co'o fruto da efêmera relação de alcova co'o cabo de guerrilha Jorge Torto, o Corcunda do Largo do Carmo. Co'o traumático falecimento da Imperatriz do Reino de Portugal, Brasil, Algarves e Áfricas, o órfão desassisado Pedro de Alcântara Francisco Antônio João Carlos Xavier de Paula Miguel Rafael Joaquim José Gonzaga Pascoal Cipriano Serafim de Bragança e Bourbon, o famélico d. Pedro I do Brasil, em sua primeira ação política ao assumir o trono imperial, nomeara o instruído e bom vassalo José Bonifácio de Andrada e Silva, o Velho, p'ra gerenciar o Ministério de Negócios dos Estrangeiros, cargo de extrema fidúcia e confiabilidade na administração colonial.

Na reunião ministerial, em reconhecimento pelos serviços prestados co'a lealdade canina ao Estado-Nação lusitânico, sobretudo na defesa patriótica do trono português contra as tropas napoleônicas, o promíscuo Imperador da Ilha de Vera Cruz acedera à solicitação do munífico Bonifácio, p'ra revisar a Lei da Abolição da Escravatura de Negros e Indígenas, promulgada por Vossa Majestade Imperial do Brasil El-Rey d. Juvêncio Sabiá I, o Libertador, fora inconstitucionalmente revogada pelo racismo de dona Carlota Joaquina, sob argumento de que a magneficiência da Coroa Portuguesa não suportaria os golfejos da negra liberdade pód-colonial. Ao término do sínodo, o ocupado e preocupadíssimo d. Pedro I ordenou que se avisasse as autoridades pátrias, que, no mais tardar em quinze luares, houvera de vistoriar a revogação a Lei Áurea auferida por sua progenitora, sob alegação de faustoso prejuízo de arrecadação do tesouro, empós balanceamento dos defasados cofres públicos reinóis.

No percurso entre o Largo do Carmo e a residência de dona Domitila de Castro, o impetuoso d. Pedro I do Brasil soubera, por intermédio d'uma epístola anonimamente subscrita, que intentavam pôr em prática a Conjuração Republicana da Ordem Maçônica, ideada pela Academia Brasílica dos Esquecidos, co'o objetivo de se destituir o regime monárquico deste Terrae Brasilis. Sob alegação de iniquidade propagada pelo despotismo d'El-Rey Soldado, o que mui lhe chamara atenção no manuscrito apócrifo fora que a missiva, sem rubrica de assinatura, acusava co'as todas letras que o levante antipatriótico era liderado justamente pelo grão-mestre José Bonifácio de Andrada e Silva, ideólogo da ruptura emancipatória do Reino Unido de Portugal, Algarves e Áfricas. A posteriori, se descobriu que o dr. José Bonifácio era o cérebro da rebelião moral e cívica, que se propunha a solidificar a independência sócio-econômica, implantando-se o sistema republicano em todo território pátrio. Na correspondência sigilosa, confidenciava-se que os conjurados maçônicos, que há tempos conspiravam contra a Coroa Lusíada; e que, inclusive, no passado equidistante da Inconfidência Mineira abortada pela Insurreição Cabocla do Norte, à época, já haviam até feito encomenda de obra de santo da Vênus Negra, ao laborioso talhador de ofício Antônio Francisco Lisboa, o Aleijadinho.

Co'a derrocada da Insurreição Cabocla do Norte, oriunda da derrota contra as tropas luso-brasileiras comandadas pelo Marquês de Pombal, os maçons conspiradores deliberaram pela retomada do golpe de Estado, emm detrimento dos inomináveis desvarios despóticos do libertino Dom Juan dos Trópicos. Na capital da colônia, os sequiosos elitizados da pena encarnada se empanturravam de crenças utópico-ideológicas, ao redor de um dos mentores do Levante Maçônico, o xadrezista Joaquim Gonçalves Ledo, que, diante do engenheiro e matemático Pedro Dias Paes Leme; do cônego Januário da Cunha Barbosa; do pintor ilusionístico José Joaquim da Rocha; e do magistrado José Clemente Pereira, o Pequeno, discursava sobre o ideário republicano platônico, a ser adaptado aos padrões de governabilidade local.

O sagaz José Bonifácio se aproximara amistosamente dos conspiradores, acompanhado da arquiduquesa dona Maria Leopoldina d'Áustria, que aceitara o chamamento do conselheiro santista p'ra reunião dos insurrectos iluministas.

— Desassossegai-vos, ó espíritos folgazões, mediante a não expulsão do Poeta desta República brasilianópolis, pois que a mais engenhosa das musas se avulta por estes ermos sítios brigantes e sediciosos, quiçá, por diáfanas mãos celestiais. Eis a deslumbrantemente d. Leopoldina d'Áustria, a Imperatriz que Manda. — predissera o inspirado trovador, aludindo-se aos sufrágios intelectuais trazidos por tão majestosa presença.

— Peço-te p'ra tu ires p'ra além da oratória claudicante e bela, atinente ao metafórico júbilo intelectual da Imperatriz d. Leopoldina, meu nobre José Bonifácio de Andrada e Silva, o Vate das Alcovas Proibidas. — abreviou-o o jurisconsulto Gonçalves Ledo.

Diante do orador de fina estirpe, babando-se pela exótica figura da musa de origem europeia, mui empenhada em dialogar co'as lideranças do Supremo Conselho do Oriente, que se esforçavam p'ra destronar o imponente e enérgico d. Pedro I, advertira-o o boca-sedenta Joaquim da Rocha, mui apto ao cálice bíblico, draconianamente.

— Aconselho um traga de vinho tinto do reino, em homenagem à gloriosa dona Leopoldina de Áustria, a Imperatriz de Portugal, Brasil, Algarves e Áfricas!...

Em obediência e vassalagem à dona Leopoldina I, a Imperatriz do Brasil, a quem hei de talhar estrofes épicas, memoráveis e antológicas, ao nível das odes de Johann Wolfgang von Goethe, ó majestosa e esplêndida Afrodite d'Áustrias!... — exaltou-se o trovador José Bonifácio, por afã de posteridade literária.

Na ocasião em que descobrira que o santeiro Francisco Lisboa houvera entalhado a Nossa Senhora Negra de Vila Rica d'Ouro Preto, o líder maçônico José Bonifácio de Andradre e Silva idealizara que a imagem simbolizasse a revolução republicana aventada contra o reinado de d. Pedro II do Brasil. Desta feita, o insidioso Bonifácio solicitou ao conspícuo e valido Francisco Gomes da Silva, o Chalaça, que, em companhia de dona Maria Domitila de Castro Canto e Melo, a Marquesa de Santos, a fim de que adquirisse, "a preço d'ouro ou banana", a tal Vênus de Aleijadinho. Quando o Chalaça e a Marquesa de Santos desembarcaram da diligência em Vila Rica, o dr. Tomás Antônio Gonzaga e dona Maria Doroteia Joaquina de Seixas Brandão, a Marília de Dirceu, os recepciou co'os regalos, pompas e cordialidades, que demonstravam o apreço e entusiasmo pela causa maçônica, que ambicionava destronar o intransigente d. Pedro I, instaurando-se a República do Brasil.

— Em tosco andor de procissão, o artesão Francisco Lisboa adentrou a alcova da escrava Noêmia, co'os três negros ajudantes de obra: o Agostinho, o Maurício e o Januário. — corroborou o português Bernardo Fragoso, ao ser consultado pelo bardo Dirceu, que irrompera sobre o salão da taberna estabelecimento, acompanhado de Francisco Gomes e dona Maria Domitila, mui bem trajada de negro.

— Alcoviteiro é o que tu és, meu bom vendeiro Fragoso. — achincalhou-o, amistosamente.

— Na calada da noite o Aleijadinho embrenhou-se pelo portão dos fundos da bodega, à procura de alcova da negra Noêmia, p'ra talhar em escultura a imagem da Vênus Negra, dr. Gonzaga. — completara informação.

— Afirmas que, neste exato momento, o obreiro de hábil formão encontra-se atalhar a excêntrica imagem libertária da Vênus Negra de Aleijadinho, na alcova da taberna do Bernardo Fragoso? — inteirou-se Chalaça.

— A escrava necessitava labutar a honestos dinheiros de sobrevivência... — desculpou-se o vendeiro Fragoso, desviando-se da possível denúncia de traição-pátria sob incumbência do forasteiro. — Pois que a Noêmia abdicou do ofício de meretriz, p'ra sobreviver como modelo da imagem da Vênus do Aleijadinho, por préstimos de encomenda da Ordem da Grã-Maçonaria de Nossa Senhora do Pilar da Vila Rica d'Ouro Preto.

— Fragoso, este senhor vem a ser Francisco Gomes da Silva, o Chalaça, em companhia da afamada Marquesa de Santos, que, por rogativa do grão-mestre José Bonifácio de Andrade e Silva, viera até Vila Rica co'a recomendação de se arrematar a Vênus Negra de Aleijadinho. — nomeara Tomás Antônio Gonzaga, examinando, detalhadamente, a reação de fisionomia do comerciante.

— Já que não que há segredo de que, neste antro de conspiração, se embaralham política co'a concupiscência do meretrício...

— Eis o vinho e os acepipes de porco dos assíduos frequentadores deste antro de libertinagem política de propriedade do celebrado Bernardo Fragoso. — interrompeu-o a rapariga Angélica, que atravessou o recinto a equilibrar a jarra de vidro e a bandeja de platina.

— Um brinde aos fascínios da Vênus Negra de Aleijadinho e um trago aos rufiões da Coroa lusitana!... — exaltara-se o negro embriagado Siriaco.

— Eis o resumo da ópera desta próspera Vila Rica de Nossa Senhora do Pillar d'Ouro Preto: um aguerrido sedicioso da Revolução Maçônica da República do Brasil vê-se obrigado a emudecer, diante d'um preto ébrio e incivilizado. — queixou-se a Marquesa de Santos.

— Satíricos libertinos e boêmios!... Satíricos libertinos e boêmios!... — reiteirou Siriaco.

— O senhor doutor Francisco Gomes já não deveria se amofinar co'os incréus deste impúbere prostíbulo, porque que os fregueses que se aliviaram em companhia d'alcova co'a meretriz Noêmia maldizem que, empós sujas obrigações de catre, a cortesã-beata se ajoelha a rezar feito uma penitente de monastério, pela alma penada dos pecadores desta Vila Rica d'Ouro Preto. — alcaguetara Angélica Fragoso.

— Maldita houvera de ser tu, ó cega barregã de alcoice!... — manifestou-se o preto Siriaco.

— Entre a cruz, a masmorra, o patíbulo e a alcova, eis as sentenças d'um convicto cristão das bucólicas paragens auríferas desta Vila Rica de Nossa Senhora do Pillar de Ouro Preto. — arrogara-se Joaquim José da Silva Xavier, o Tiradentes, que se aproximava ao Dirceu de Marília.

— Mais razoável fosse que a cruz, o masmorra, o patíbulo e a alcova não servissem, a contento, apenas aos revolucionários inconfidentes maçônicos e republicanos, cultuadores da Vênus Negra do Aleijadinho!... — espalhou Domitila de Canto e Melo.

Neste momento, o obreiro Aleijadinho obstruiu o discurso político da Marquesa de Santos.

— Sou eu o responsável por obrar a Vênus Negra...

— Francisco Lisboa, o grão-mestre José Bonifácio de Andrada e Silva enviou-me p'ra negociar co'a Vossa Mercê o valor da imagem profana, de modo que a Vênus Negra de Aleijadinho figurasse como símbolo da Revolução Maçônica da República do Brasil, a ser instaurada em São Sebastião do Rio de Janeiro. — abordara-o Calaça.

— Doze moedas d'ouro. — apregoou Bernardo Fragoso.

No prosélito, o Imperador d. Pedro I do Brasil irrompera pelo salão nobre da residência do conspirador Gonçalves Ledo, co'os treze dragões do reino, cuspindo vespas e marimbondos.

— Calabouço, ó abutres venais!... Prendam-nos, dragões!... — instara-os o sorumbático monarca português. — A vós que sois o artífice responsável pela esculturação da discórdia, se utilizando das artimanhas da traição-pátria, pela magnificência do poder de persuasão, desleal José Bonifácio de Andrada e Silva, sugiro-vos que procureis álibi fidedigno p'ra livrar-vos da acusação de cumplicidade co'os insurgentes da Conjuração Maçônica de São Sebastião do Rio de Janeiro, impetrada contra El-Imperador d. Pedro IV de Portugal, do Brasil, de Algarves e d'Áfricas!...

No tempo intermediário, o altíloquo José Bonifácio entregou mãos às algemas sem reação, mas não sem antes consultar por retinas silenciadas a suposta cúmplice de conflagração política, de modo a indagá-la se a ordem do desvirtuoso d. Pedro I do Brasil haveria de ser obedecida ou repudiada co'a veemência dos revoltosos.

— Fora quem vos escreveu a missiva-denúncia a respeito da Conspiração da República Maçônica, meu senhor e esposo d. Pedro I. — confessara dona Leopoldina.

— Forca ao traidor José Bonifácio de Andrada e Silva!... — sentenciou, enfático, d. Pedro I.

Co'a delação do insurgente Gonçalves Ledo, o Imperador d. Pedro I do Brasil decretou que se tocaiassem o desleal Chalaça e sua antiga amante Marquesa de Santos, fuzilando-os assim que adentrassem a cidade de São Sebastião do Rio de Janeiro.

— Quanto ao carregamento proibido da Vênus Negra de Aleijadinho, encendeie-o co'o madeiro da carruagem, juntamente co'o os cadáveres dos traidores Francisco Gomes da Silva, o Chalaça; e da dona Maria Domitila de Castro Canto e Melo, a Marquesa de Santos!... — prescreveu o monarca absolutista.

Depós oito anos da promulgação da última Constituição de 1824; e três semanas empós sepultamento do republicano José Bonifácio de Andrade e Silva, a Sua Majestade Imperador d. Pedro I do Brasil e IV de Portugal falecera de sífilis, diz que por castigo pela decretação do enforcamento de seu ilustrado preceptor de cátedra coimbrã. Destarte, assume o trono d. Pedro II; no entretanto, como o infante imperador ainda não completara a maioridade penal p'ra tomar as rédeas do Reino de Portugal, Brasil, Algarves e Áfricas, condedeu-se a regência ao filósofo e latinista Diogo Antônio Feijó, o pe. Feijó, ex-ministro da Justiça que governou até Golpe da Maioridade Penal, implementado por intermédio d'uma espécie de AI5 às avessas, de modo que o pueril e impúbere d. Pedro II, enfim, se habilitasse ao cargo imperial. Não obstante, antes que o Infante Imperador restituísse os ministros que haviam sido exonerados pelo patriarca d. Pedro I do Brasil e que se convocasse Assembleia Legislativa p'ra impugnação do Poder Moderador, explodira ao sul da colônia a Guerra dos Farrapos, capitaneada por Bento Gonçalves, Giuseppe Garibaldi e o Anão Getúlio. A rebelião de cunho separatista, que se iniciara a partir da sobretaxa do charque produzido no Rio Grande do Sul, que alimentava, sobretudo, a escravaria deste Terrae Brasilis, fora imposta pelos regentes mentores do Segundo Reinado, incidindo na fundação da República dos Pampas. Co'a incorporação dos militares emboabas injuriados co'o justiçamento do mártir d. José Bonífácio de Andrada e Silva e das tropas baianas comandadas pelo beato Antônio Conselheiro, os gaúchos rebelados destroçaram o exército imperial luso-brasileiro, elegendo o anão Getúlio como presidente da República Federativa do Brasil.

Em seu ato primeiro, o estadista chefe do executivo ordenou que se internasse o Imperador Infante d. Pedro II em colégio interno do Convento da Penha da Capitania do Espírito Santo. Em ação subsequente, o Pai dos Pobres instaurou Conselho Nacional do Café (CNC) em detrimento da cana-de-açúcar. criou o Departamento de Correios e Telégrafos ao banir o serviço aviático de entraga de correspondência, instituiu a Carteira de Trabalho e o Código Eleitoral. Quanto aos remanescentes dos batalhões de esfarrapados sulistas e nordestinos, o presidente Anão Getúlio autorizou que residissem, juntamente co'os negros alforriados pela Lei Áurea assinada por Garibaldi, n'um outeiro da Região Central da cidade de São Sebastião do Rio de Janeiro, sem levar em consideração o perigo eminente que adviria do espaço geográfico batizado de Morro da Favela, às margens da Estrada de Ferro da Central do Brasil.

Na casa-grande da Fazenda Santo Antônio do Recôncavo, localizada nos arrabaldes da Vila de São João de Ithaboray, residia o gentil-homem d. Joaquim Otaviano Abrantes de Moura, o Barão de Macacu, mui bem matrimoniado co'a pacífica e cordata dona Memélia Marques e progenitor de Maria Eugênia Marques de Moraes da Fonseca Abrantes de Moura, a Sinhá Menina.

Empós três anos do nascituro de sua primogênita, abrolhara o caçula Diogo Henrique, o Nhonhô Moça, assim alcunhado pela escravaria da estância, quiçá por ter declarado à cozinheira Justina, em tenra infância, o ensejo de se trajar de fêmea de má vida da Corte de São Sebastião do Rio de Janeiro.

O palacete do século XVIII abrigava, além da boquirrota-cabinda Justina, que, co'a certa recorrência de libidinagem, prestava-se a servir de montaria ao escravocrata d. Joaquim Otaviano, a mucama Malvina e um preto de nomeada Natanael, que se incumbira de toda sorte de ofício desde a sua chegada do Cais do Valongo: da labuta de restauração dos móveis e utensílios ao despejo das latrinas das alcovas do Solar da Baronesa, no rio Aldeia que, mansamente, atravessava as terras herdadas do aristocrático d. José Egídio Marques de Moraes da Fonseca, o Marquês de Guapimirim. Nas bucólicas excursões pelos arredores da propriedade canavieira, o obsequioso Natanael acompanhava os legítimos legatários do distinto e senhoril Barão de Macacu, o que, decerto, o aproximara da ingênua Maria Eugênia, mui apta a altar-mor da Igreja Matriz de São João Batista, pois que a Sianinha Baronesa estava apalavrada juridicamente, co'a assinatura de pré-contrato nupcial, co'o venerável meritíssimo Estevão Bastos Magalhães de Assis, diplomado em Coimbra e recém-ungido a juiz de Direito da Comarca de Nictheroy. A data das bodas se aproximava a galope de redemoinho; nada obstante, o escaldado d. Joaquim Otaviano de Moura se impacientava co'a fleuma da nubente diante do magnânimo jurisconsulto, haja vista que a Sinhá Menina delirava em febres pelo apolínea escravo, que a transportava por imaginação ao delírio do bel-prazer carnal, que, assaz, contrastava co'a fidelidade conjugal ideada pela tradicional família de província.

Embora resistisse aos alaridos da impetuosidade, a impetuosa Maria Eugênia já não se aguentava em si perante a veleidade corpórea, que a impulsionava ao gesto de perdição à flor da pele, tornando-a refém da cobiça pelo fruto proibido da senzala. No interregno, apesar da obstinação de consciência, n'um instante em que o inelutável Natanael a amparara a pretexto de protegê-la das intempéries da pinguela do alambique, a indefensa Sinhá Menina doara-se aos apelos da luxúria, entregando-se ao desígnio inexpugnável da paixão. De feita, deu-se de carne e alma ao algoz de sua inocência guardada a sete chaves d'ouro, às margens do rio Caceribu, que recorta a Vila de São João de Itaboraí até desaguar nas fulgentes águas marítimas da Baía de Guanabara, já na circunvinhaça de São Gonçalo do Amarante. Diz que a imaculada Maria Eugênia aproveitara-se da negligência tácita do Nhonhô Moça, que se distraíra animosamente co'o amourado mestre-de-açúcar, o açoriano Manuel Osório, por debaixo do maquinário da moenda do engenho. Logo, não suportando aos clamores cegos e inauditos da voluptuosidade, a Sinhá Menina rendera-se, em honra e sina, ao capcioso Natanael, que a possuíra animalescamente até o ápice do orgasmo. Ato subjacente, a herdeira do Barão de Macacu viera a dar à luz, empós setes meses de gestação, ao rebento inominável, que, por força da circunstância de nascituro, recomendou-se, por ajuizamento do vigário Leôncio Bonfim, batizar-se Francisca Abrantes de Moura Magalhães e Assis, a Siá Chica. De modo a se encobrir a vergonha familiar, o patriarca d. Otaviano de Moura ordenou que se ocultasse a "emprenhação" da angelical Sinhá Menina, até que o magistrado Estevão de Assis a desposasse, mediante véu, grinalda e bouquet de flores do campo, co'o sacrossanto consentimento de sacerdote Bonfim, que era um anjo de solicitude, desde que se-lhe engordasse o dízimo pascoal.

A fim de que se agilizasse empreitada de casório, o Barão de Macacu convocou o prometido de Maria Eugênia, p'ra anúncio de acréscimo do dote matrimonial, empós revalidação de compromisso em cartório do distrito. Cabe enfatizar, não obstante, que o precavido fidalgo d. Joaquim Otaviano de Moura não supusera que a mestiça Malvina fosse desvendar, por improbidade e malícia, às vésperas da união de núpcias, a cravelha de mistério da Sinhá Menina, a Desdourada. Na data da cerimônia conjugal, como se não houvesse sobreaviso aventado pela curvilínea Malvina, o extravagante Estevão de Assis adentrou pórtico de capela, co'o aspecto aéreo e tresloucado, trajando terno de linho amarrotado, chapéu roto e sapatos enlameados, co'as as pupilas enrubrecidas e arregaladas, que miravam o horizonte enegrecido. No entretanto, o digníssimo cônjuge de Sinhá Menina aguardara até o momento da cerimônia, p'ra, por enfim, suicidar-se co'o disparo da garrucha, diante do incrédulo pe. Leôncio Bonfim e da alta sociedade ithaborayense. Co'o episódio do suicídio do juiz de Direito, o alucinado e herético d. Joaquim Otaviano de Moura desandou a cultuar o hábito de vagar noite afora sem destino, co'os pés descalços e o dorso hirsuto nu, o que fizera co' que a populaça da região lhe alcunhasse de Barão-Lobisomem. Co'a repercussão do epíteto mal-assombrado, a matriarca Maria Amélia mandou chamar o cirurgião Ambrósio Pitangueiras e o vigário Bonfim, de modo que consultasse física e espiritualmente o Barão de Macacu, a fim de que receitassem antídoto que lhe restituísse a paz da alma e a lucidez da consicência. Quando o dr. Pitangueiras prescreveu diagnóstico de irreversibilidade da "maleita dos nervos" e o pe. Bonfim decretara "perdição do espírito", a intrépida dona Memélia decidiu-se por negociar, a preço de urgência, a Fazenda Santo Antônio do Recôncavo, de modo que os antigos proprietários se instalassem na Corte de São Sebastião do Rio de Janeiro.

Empós assinatura de contrato, o clã Moura da Vila de São João de Ithaboray estabeleceu-se no Solar das Almas, antiga propriedade da Família Real lusitana. Sobre a transposição familiar da província, pode-se até dizer que se deu dentro da normalidade cabível, especialmente em se tratando da locomoção do insano e fleumático d. Joaquim Otaviano, que se portava como se fosse moribundo em relação as coisas do mundo. Na travessia marítima, a silente e taciturna Maria Eugênia mui lastimosa pela ausência do negro Natanael, que fora comercializado à boca miúda de surdina, sequer se apercebera da alusão feita pela negra Justina, ao pé do ouvido da delatora Malvina, que até então se mantivera incólume diante da sua insuspeita condição de escrava doméstica.

— Vossuncê desgraçou o Nhô-barão co'o glosa de escândalo do suicídio do doutô-juiz Estevão de Assis, quando se achegou maldizendo sobre fato de que a Siá Menina for'é mal emprenhada pelo preto catiço do Natanael... — sussurrou a negra cozinheira, achegando-se, sorrateiramente.

— O desgraçado do negro Natanael já se for'é inté s'embora por negócio de cativeiro pela vingança de prenhidão da branca desenxabida da Sianinha do Solar da Baronesa, módi que vossuncê devia era de se preocupar co'o estado de desvairio do Dão-Barão, que não reconhece nem mais a dona Memélia nem a Sinhá Menina ou o Nhonhô Moça... — desconversou Malvina.

Ao aportarem no Cais Pharoux, a providencial e resoluta dona Memélia embarcou em condução que os regeria até o Solar das Almas, situado à Rua Direita, mui próximo ao Paço Imperial do Largo do Carmo, residência d'El-Rey d. Anão Getúlio I, o Estadista, que, empós acomodação da família Moura, dera as caras p'ra dois dedos de prosa e café de recepção. Ocorre que o nanico mandatário gaúcho, à primeira vista, se encantara de tal forma pela desconsolada Maria Eugênia que, de imediato, propusera à matriarca do clã ithaborayense autorização de matrimônio, conquanto ignorasse o choro copioso da mestiça Siá Chica e a excomungação balbuciada de demência do Barão de Macacu, sobre a predileção da Sinhá Menina por "carne de preto".

— Caso a Senhora Baronesa dona Maria Amélia não for se inimistar co'a objeção de que a herdeira consanguínea do d. Joaquim Otaviano de Moura possa vir a ser deposada por este vosso humilde aspirante ao coração da retraída Sinhá Menina, que fora moralmente aviltada pela cobardia do suicídio do magistrado Estevão de Assis, que não tivera a hombridade de assumir o compromisso de matrimônio, empós descoberta de gravidez. — discorreu d. Anão Getúlio I, mui sensibilizado co'a desdita da rapariga.

Como fora divulgado por toda Vila de São de Ithaboray que a causa mortis do episódio suicida do dr. Estevão de Assis fora a revelação, por intermédio de epístola apócrifa, de que a Sianinha Maria Eugênia "emprenhara antes do sim de noivado", o desavisado El-Rey do Brasil d. Anão Getúlio credulizou-se diante da trágica reportação, que viera a dar na Corte de São Sebastião do Rio de Janeiro. Nada obstante, mediante aprovação de dona Memélia, fora a pretendida Sinhá Menina quem impusera condição p'ra matrimoniar-se co'o autoritário governante sulista, empós exigência de reunião a sós.

— Que Vossa Excelência El-Rey d. Anão Getúlio I, sobreponha em enxoval e núpcias o negro Natanael, de sorte que a futura Imperatriz do Brasil não se abstenha de um substituto mui bem dotado em sua ausência de alcova, em nome da pátria amada, idolatrada, salve, salve...

No cerimonial de casório, o embalsamado d. Joaquim Otaviano de Moura não se dera conta do vulto anegrado do escravo Natanael, que, discretamente, se posicionara em sacristia, co'a privilegiosa assistência do ritual religioso. O fato é que quem o avistasse são e salvo não imaginaria a dificuldade que fora p'ra localizá-lo; e, posteriormente, conclusão do negócio de compra e venda. Isto porque o proprietário da mercadoria fora advertido sobre valorização de mercado do cativo Natanael, que gozava da bem-querência da família Moura, mui arrependida pela comercialização do escravo reprodutor da Fazenda Santo Antônio do Recôncavo da Vila de São João de Ithaboray.

Comerciado, o negro Natanael fora conduzido ao Paço Imperial do Largo do Carmo, de modo que, co'a pompa e presteza, assumisse a função de conselheiro do trono (leia-se: alcova), logo assim que fosse nomeado Conde do Pau d'Arco.

— Aond'é que já se avistou anomeação de nobreza do imprestável beócio Natanael, que se fartara de safadeza até desonrar a Siá Menina co'o sangue negro, Malvina. — revoltou-se Justina, co'a injuriação galardoada.

Empós uma década da união matrimonial entre Sua Excelência Imperial El-Rey d. Anão Getúlio I e a Sinhá Baronesa Maria Amélia, o jovial e imberbe d. Pedro II do Brasil hospedou-se no Hotel Waltz, registrando-se co'a nomeada John Keller, o JK, de modo a não suscitar desconfiança do solicitador d. Anão Getúlio I, que encomendara o cadáver do príncipe. O carrasco Genivaldo das Mortes se apiedou do infante; e, de uma feita, ao invés de assassiná-lo, sequestrara a vítima, homiziando-a na Região Nordeste. Nesta toada, em lombo de burro, seguiram até a Capitania do Espírito Santo; e, posteriormente, erradicaram-se na cidade de São Salvador da Bahia de Todos-os-Santos, onde o esbelto e heroico d. Pedro II tornou-se homem feito de valor e graça.

Ao completar 16 anos, o herdeiro da Coroa Brasílica juntou-se aos revoltosos remanescentes da Conjuração Baiana, João de Deus, Manuel Faustino, Luiz Gonzaga das Virgens, o Lua, Ana Romana e Domingas do Nascimento. Co'o adjutório do justiceiro Genivaldo das Mortes, Sua Alteza d. Pedro II do Brasil organizou a guerrilha urbana, durante setecentos e trinta sóis e luares, a partir da criação do Movimento de Libertação Nacional (MLN), de modo que a as camadas sociais mais humildes da população representadas por brancos quilombolas retomassem as rédeas da condução do poder deste Terrae Brasilis.

No advento revolucionário, os alvorotados nordestinos se abussolavam pela sentença libertária froncófona, que se subscrevia pelo ideário da justiça social, destinado a todos os cidadãos da nação brasileira, sendo negros, indígenas, mestiços; e, sobretudo, sapateiros, alfaiates e escravos brancos, sem distinção de sexo, etnia ou credo. Co'a formação das Tropas Expedicionárias do Norte (TEN), o marechal de mar e guerra d. Pedro II e o seu fiel escudeiro Genivaldo das Mortes se infiltraram na Corte de São Sebastião do Rio de Janeiro, a fim de que fornecessem informações sobre o momento exato da invasão refratária aos desmandos de Vossa Majestade El-Rey d. Anão Getúlio I, o Patriarca.

Empós duas semanas de convivência anônima co'os cortesãos do reino, o sacastreiro d. Pedro II do Brasil enviara quatro tropeiros co'as missivas assinadas em alforjes, cada qual por trilhas e veredas distintas, de modo a se depôr autorização de combate pela restituição do "white power". No exato instante que El-Rey d. Anão Getúlio I, não obstante, hasteava a bandeira verde e amarela, em comemoração ao décimo segundo ano de ditadura do Estado Novo, os batalhões baianos se incidiram contra as fortificações e muralhas de São Sebastião do Rio de Janeiro. Co'o firme propósito da derrubada da opressão imposta pelo tirano sulista, os membros da Conjuração Baiana se arrostaram contra os regimentos de defesa da Corte, aniquilando-os. Cerceado em seu direito de ir e vir, o derrotado d. Anão Getúlio I acenou aos insurgentes brancos co'o estandarte pacífico da rendição. Ato subsequente, da sacada do Paço Imperial do Largo do Carmo, o abatido Patriarca proferiu discurso resumido, conclamando aos manifestantes negros e mestiços que desobstruíssem as estradas reais, sem resistência patriótica.

Quando saiu de seu aposento no Hotel Waltz, o bem-sucedido d. Pedro II se deparou co'a fileira de prisioneiros atadas co'as mãos p'ra trás, aguardando a ordem de fuzilamento. No entretanto, ao bater retinas azuis na mulata clara dos olhos verdes, a Siá Chica, o recém-decretado El-Rey do Brasil dirigiu-se ao pistoleiro Genivaldo das Mortes, imprecando que se detivesse o ritual de justiçamento.

— Por obséquio, cessem co'a mortificação dos incréus inimigos!... — preceituou d. Pedro II do Brasil, mui temeroso de que a senhorinha trajada de seda fosse executada, sem que se pudesse descobrir a sua versão da história. — Ordeno que a pena capital seja concedida apenas aos varões traidores da nação!...

Ao salvar a pele de sua porvindoura consorte amestiçada, o governante d. Pedro I também impugnara o morticínio da Sinhá Menina, dona Memélia, da negra Justina, da mucama Malvina e do afeminado Nhonhô Moça, condenando ao castigo mortífero apenas El-Rey deposto d. Anão Getúlio I; o negro alcoviteiro Natanael; e o tresdobrado d. Joaquim Otaviano Abrantes de Moura, o Barão de Macacu. Empós sepultamento cristão, o mui enamorado d. Pedro II do Brasil solicitou a mão da exótica Siá Chica à dona Memélia, que não titibeou em ofertá-la "por gratidão ao salvo-conduto em beiral de sepultura". Em troca da condescendência matriarcal, a enviuvada Maria Amélia Marques de Moraes da Fonseca Abrantes de Moura fora presenteada co'a devolução da Fazenda Santo Antônio do Reconcâvo, onde passara a residir em companhia do também ressarcido Genivaldo das Mortes, o Duque de Ithaboray.

P'ra além da implicância de dona Maria Amélia co'o genro d. Pedro II, justificada pela fulizaria em couraça do negro Natanael, a única inconveniência matrimonial era, de fato, a reivindicação da recém-desposada Siá Chica, que exigira só se prestar à condição de fêmea em total escuridão de alcova. No princípio, o enfeitiçado cônjuge não se incomodara co'a excentricidade da Imperatriz, que, inclusive, só se banhava diante do aparentado Nhonhô Moça, que cuidava da Siá Chica desde o tempo do berçário. Quando da ocasião de coito, a solícita Siá Chica se perfumava co'a água de cheiro, p'ra, co'a lamparina do aposento mui bem apagada, o assoberbado marido se desafogasse das tensões políticas, que o atormentavam desde o início da dinastia dos Orleans e Bragança, que perduraria por quase cinco décadas, até a data do fatídico Baile da Ilha Fiscal, que originara o golpe militar republicano, orquestrado pelo bardo marechal José do Patrocínio, o Bom Crioulo.

No campo partidário, o poliglota d. Pedro II do Brasil decretou a Lei da Abolição da Escravatura Branca, proibindo, assim, a incursão náutica entre a Europa e o Brasil, coinbindo-se aportação das embarcações branqueiras por águas oceânicas, que se abeirassem do Império Brasílico. No bojo da proscrição do comércio da mercadoria de origem europeia, o monarca d. Pedro II designara a restituição imediata dos cargos de confiança, que, outrora, foram ocupados por reinóis ou portugueses do Brasil. Aos negros, indígenas e mestiças, o imperante Orleans e Bragança resguardou funções e ofícios oriundos da agricultura cafeeira, garantidos pela Lei Pelé. Como demonstração de liberalidade, depôs assinatura de licenciamento p'ra fundação do Partido Conservador, do Partido Liberal e do Conselho de Estado, o que, salvo engano, em contribuiu p'ra sua derrocada ante escravagistas pretos e mestiços, que reivindicavam o retorno da mão de obra branca pr'o plantio do café, o Ouro Negro da Coroa, em substituição ao cultivo da cana-de-açúcar nordestina e aos metais preciosos das Minas Gerais.

No entretanto, co'a implantação da rigorosa Lei Pelé, a emprego da mão de obra negra fora dificultado, levando co' que o expedito d. Pedro II a incentivasse a imigração estrangeira de cunho europeu. Neste sentido, a cultura agrícola expandiu-se pelas regiões do Vale do Paraíba, de tal modo que formou-se a elite dos barões cafeeiros que davam as cartas na economia do país. O pouco enérgico Imperador, não obstante, procurava o diálogo co'os donos do poder, que, por intermédio dos tentáculos pecuniários, amplificavam ações políticas co'a construção de ferrovias e abertura de agências de exportação e instituições financeiras. Desta feita, empós três décadas, a política interna brasileira seguia o seu rumo de vento em popa, quando, sem sobreaviso de chegança, o imprecavido d. Pedro II penetrou a casa de banho do Solar Imperial do Largo do Paço; e surpreendera o abonecado Nhonhô Moça, sendo possuído em posição de fêmea por Siá Chica. Impactado co'a cena inusitada de sua dedicada Siá Chica a exercer o desempenho de macho na relação sexual, o atarantado d. Pedro II desabou em desfalecimento, pois que ainda flagara a sua delicada esposa por mais de três décadas em perfeito estado de ereção membrática.

Empós desmaio efêmero, o lívido e decidido Imperador d. Pedro II demandou que trancafiassem em calabouço a Siá Chica, o Nhonhô Moça e a cúmplice Maria Eugênia de Moura, a pão e água, até a data do julgamento, por crime de adultério e falsidade ideológica de gênero, sujeito ao infortúnio da prisão perpétua ou trucidamento por pólvora ou patíbulo. Co'a humilhação provinda da deslealdade conjugal, o varão atraiçoado d. Pedro II resolvera-se por refugiar-se em França, vindo a ter, por anfitriã de hospedaria em Paris, dona Eufrásia Teixeira Leite, a Baronesa de Vassouras.

O período de exílio voluntário propiciou que os conspiradores José do Patrocínio, André Rebouças e Joaquim Nabuco, este último mui enciumado peloentrosamento benevolente de sua musa Eufrásia Texeira de Leite co'o corneado Imperador d. Pedro II do Brasil, definissem as diretrizes do golpe de Estado cívico-militar de caráter republicano. Empós três anos de degredo, o enigmático e escaldado Imperador d. Pedro II do Brasil retornara ao país, co'o desígnio de assistência do ajuizamento de Francisca Abrantes de Moura Magalhães e Assis, a Siá Chica. No conselho, o Imperador d. Pedro II do Brasil não delegou o ajuizamento de Siá Chica a um julgador habilitado aos trâmites jurídicos, optando por presidir a sessão do Tribunal do Júri da Corte de São Sebastião do Rio de Janeiro.

— Prezados súditos, solicito-vos cabal e cuidadosa atenção ao instante de leitura dos autos judiciais, que incidem na abertura da apreciação judicial contra a ré Francisca Abrantes de Moura Magalhães e Assis, vulgarmente reconhecida por Siá Chica, quarenta e cinco anos, tendo por filiação por parte materna de Maria Eugênia Marques de Moraes da Fonseca Abrantes de Moura; e, por parte paterna, de Estevão Bastos Magalhães de Assis, juiz de Direito da Comarca de Nictheroy. Destarte o processo penal assevera que, em tese, o réu seja julgado por crime de adultério e falsidade ideológica contra este vosso orador de nomeada Pedro de Alcântara João Carlos Leopoldo Salvador Bibiano Francisco Xavier de Paula Leocádio Miguel Gabriel Rafael Gonzaga de Bragança e Bourbon, Imperador d. Pedro II do Brasil, fidedigno descendente por parte materna de Carlota Joaquina Teresa Marcos Caetana Coleta Francisca de Sales Rafaela Vicenta Ferrer Joana Nepomucena Fernanda Josefa Luísa Singorosa Antônia Francisca Bibiana Maria Casilda Rita Januária e Pasquala, Imperatriz dona Carlota Joaquina do Brasil; e, por paterna, de Pedro de Alcântara Francisco Antônio João Carlos Xavier de Paula Miguel Rafael Joaquim José Gonzaga Pascoal Cipriano Serafim de Bragança e Bourbon, Imperador d. Pedro IV de Portugal e d. Pedro I do Brasil. Nos autos do processo, consta que a ré Siá Chica, ao encorpar-se co'a indumentária feminina, contraíra matrimônio oficial co'a vítima, que, por conseguinte, fora ludibriada em sua boa-fé esponsal por três décadas, aproximadamente. Isto porque a ré Siá Chica fora surpreendida em flagrante delito em ação de adultério quando praticava relações íntimas, co'o co-autor designado Diogo Henrique Marques de Moraes da Fonseca Abrantes de Moura, hipocorístico Nhonhô Moça, no aposento do Paço Imperial do Largo do Paço. Posteriormente, por intermédio das prédicas constitucionais, solicito permissão, a fim de que seja explicitado que, durante o reinado desta Vossa Excelência Imperador d. Pedro II do Brasil, decerto intentou-se mudar o cenário jurídico pátrio, por intercessão de significativos avanços sociais no que se concerne à aprovação do Código Comercial; à promulgação da Lei de Terras; e à abolição da escravatura branca. Nada obstante, entranhado no âmago desta sociedade conservadora e patriarcal, deparamo-nos co'o episódio da humilhação d'um honrado chefe de família. Acresço a estas informações referentes ao fato de que a principal acusada forjava relações íntimas consentidas marital e juridicamente, substituindo-se do leito conjugal p'ra ingresso da mucama Malvina de propriedade da família Moura, que se tornara a principal testemunha de defesa deste réu abjeto e imoral. Por esta razão, peço o depoimento da escrava Malvina. Informo que não será permissível omissão de fatos e/ou inverdades, que beneficiem ou prejudiquem o dever jurídico da exposição de elementos pertencentes ao caso da ré Francisca Abrantes de Moura Magalhães e Assis, a Siá Chica. — convocou d. Pedro II, empós exórdio judicioso.

— Vossa Excelênça dão Pedro II sequer há de depôr desconfiança de quem seja Siá Chica, que anos atrás dona Maria Eugênia dera à luz a um rebento do escravo Natanael, na alcova da casa-grande da Fazenda Sant'Antonho do Recônco. Então, como for'é emprenhada pelo preto beócio, pouco antes de data do casório co'o doutô Estevão d'Assis, eu, Malvina, enraivada, disse da trainção... Quando ouviu de mim que a Siá Menina se entregou ao negro Natanael, o sô-juiz me obrigou a ficar em silênço até a cerimônia de capela. Aporém, eu não imaginava que doutô Estevão d'Assis fosse apertar gatilho de garrucha em cabeça, por causa da criatura desalmada da Siá Menina... Quiçá, por remorso, eu tenha aceitado me prestar a servir de companhia de catre a Vossa Majestade El-rey d. Pedro II. — encetou-se a negra criada.

— Em face do exposto, no bojo das considerações da depoente Malvina, solicito a anulação da união conjugal entre as partes matrimoniadas, em razão do pressuposto de igualitária condição de sexualidade da acusada e da vítima. Portanto, presume-se que os indícios inculpais apontem p'ra premeditação e argúcia de se haver passado por idônea consorte e senhora, de modo subjugar-me ao ridículo do aviltamento público. No entretanto, a fim de que não incorramos em quaisquer menções de juízo de valor no âmbito da injustiça, aconselho que sejam expostos os argumentos da ré hermafrodita.

— Vossa Majestade El-Rey d. Pedro II do Brasil pode continuar a me chamar de Siá Chica, haja vista que, por decisão de d. Joaquim Otaviano Abrantes de Moura, no livro das certidões de batismo da Igreja Matriz de São João de Ithaboray, fora registrado Francisca Abrantes de Moura Magalhães e Assis, que, prestes a completar treze primaveras, dera início à união matrimonial. Em minha inocência, eu imaginava que, quando fosse apalpada pelo meu digníssimo esposo, poderia desabrochar em mulher sem as imperfeições do sexo masculino. No entretanto, co'o receio de equivocar-me, eu pequei ao ocultar a minha identidade; e, temerosa pelo desmascaramento público, por imposição do titiloso Nhonhô Moça, eu dera permissão p'ra ser substituída pela mucama Malvina; mas não co'o intuito de ludibriá-lo ao transgredir mantendo-me travestida de fêmea. Neste sentido, eu posso afiançar que este ser humano, cuja força da natureza lhe outorgou dúbia função genética por ser hermafrodita; ou seja, detentora tanto dos órgãos genitais do macho quanto da fêmea... Se a opção de escolha sexual fora conduzida pelos tentáculos da paixão, que culpa posso carregar na consciência acossada pelo repúdio da sociedade? Peço que, portanto, não me julgues, porque esta indefesa senhora se encontrava a ponto de ser alijada de sua existência, no momento da promessa de minha progenitora Sinhá Menina de travestir-me do sexo oposto até a idade de treze anos, desde que me curasse da enfermidade funesta; contudo, fora quando me prontifiquei a casar-me co'a Sua Realeza Imperador d. Pedro II do Brasil. Logo, saibas que eu jamais pude considerar-me um homem, senhor meu esposo, já que ainda recém-nascido travestiram-me de mulher; e, no ínterim, o destino submeteu-me ao mais estranho sentimento de felicidade e repulsa, por razão da natureza não me conceder a permissão de ser fêmea, a não ser por intermédio da fraude ou engodo através da negra Malvina. Por isto, senhores jurados, peço que me condenem ao mais abominável cadafalso, porque a agonia implacável que me acompanha não há de ser mais aviltante do que a sentença da morte.

— Que se reúnam os jurados p'ra votação referente ao processo de acusação da acusada, em ajuizamento pela suspeita do ato licencioso de forjicação da identidade calcada na ambiguidade, co'o escopo de conjuração co'a prática de adultério premeditado, visto que, em virtude das evidências jurídicas, não há mais o que prorrogar em delongas os votos dos sete jurados de ocasião.

— Forca!... Forca!... Forca!... Forca!... Forca!... Forca!... Forca!... — promulgou um a um o Júri implacável.

— Em virtude do veredicto, que a ré Francisca Abrantes de Moura Magalhães e Assis, a Siá Chica, seja condenada ao enforcamento em sítio público, por data e horário propícios aos instrumentos de conjugação da ordem social.

Empós enforcamento de Siá Chica, que ficara quase duas décadas encarcerada na Cadeia da Ilha das Cobras, as tropas republicanas capitaneadas por José do Patrocínio, André Rebouças e Joaquim Nabuco tomaram o reinado das mãos do Imperador d. Pedro II do Brasil, que fora degredado imediatamente, instaurando-se, dessarte, a República Federativa do Brasil. As transformações políticas propositadas pela República consolidaram a abolição da escravatura branca; o fortalecimento da Madre Igreja; a autonomia das províncias; e a padronização das Forças Militares, o que incitou a Revolta do Campo de Santana.

Na rebelião dos milicos, o marechal Deodoro da Fonseca prescreveu que se decaptassem os líderes civis rebublicanos, atitude que, em razão do palimpsesto, se notabilizou como golpe de mestre. Co'as rédeas em mãos, as Forças Armadas, de modo que, como subterfúgio de regime democrático, os marechais e generais Deodoro da Fonseca, Floriano Peixoto, Costa e Silva, Garrastazu Médici, Ernesto Geisel e João Figueiredo revezaram-se no poder executivo pátrio. Co'a crise econômica, inúmeras rebeliões abrolharam em território nacional, que obrigaram as autoridades ilheus a implantar o Milagre Brasileiro, que se pautava na transição entre a pátria exportadora de café e o processo de industrialização. No contexto trabalhista, a insatisfação co'a inépcia da mão de obra branca assalariada oriunda da imigração fez com que o Garrastazu Médici instaurasse o Ato Inconstitucional 5 (AI5), que instituía a Escravatura Negra e Mestiça (ENEM), co'a justificativa de que se reestabelecesse o padrão de qualidade da mão de obra qualificada nas favelas de São Sebastião do Rio de Janeiro.

# III
# A incrível história de María Juana Pillar de La Cruz

Confesso que houve certa hesitação de minha parte, María Juana de La Cruz, quando me propus ao desígnio da escritura destas memórias do meretrício, que se propõem à narração das inúmeras transformações geográficas, políticas e morais desta Corte de São Sebastião do Rio de Janeiro, a partir da chegada da família Orleans e Bragança, na corrente data de 08 de março de 1808. Isto porque, a todo momento, eu me questionava se, de fato, seriam válidas e importantes as impressões de uma alcoviteira de prostíbulo mais que centenária, co'a memória já mui falhosa e decadente, que se decidira por discorrer a respeito da biografia (e intimidades de alcova) dos habitantes que, por estas paragens tropicais, já assistiam; e também dos ilustríssimos cortesãos europeus que, por acá, aportaram empós chegada da tripulação das naus-caravelas provindas do Reino Unido de Portugal e Algarve. Em verdade, eu me proponho aos registros do que são meras reminiscências de uma marafona tagarela e já meio decrépita que, sem qualquer intento literário, se debruçou sobre o longínquo passado p'ra discorrer sobre ações dos assíduos frequentadores dos cafés, tabernas e joalherias da Rua do Ouvidor e do Theatro São Pedro de Alcântara, no período das reinações d'El-Rey d. João VI.

Em razão da longevidade desta Madame Pillar, eu reportar-me-ei à época posterior ao período de governância do esposo de dona Carlota Joaquina, denominado Primeiro Império, liderado pelo magnânimo d. Pedro I do Brasil; e ao tempo longevo do Segundo Império, sob a égide do seu sucessor d. Pedro II de Orleans e Bragança. Havendo eu presenciado o desembarque de Sua Majestade dona Maria I de Portugal, a Piedosa, acompanhada do legítimo legatário do trono lusitano, o Príncipe Regente d. João VI; de dona Carlota Joaquina de Bourbón, prole e séquito, inicio as minhas recordações co'o escopo de que estes meus manuscritos cheguem são e salvos às mãos dos Leitores *post-mortem*, p'ra o desfrute das memórias do meretrício, tanto como, em vida, o meu corpo fora manuseado pelos cônjuges de alcova e amantes de bordel, que irei enumerando de acordo co'a cronologia dos episódios postos em narração. Ademais, creio eu que caiba a informação de que também inclinar-me-ei à circunscrição dos heróicos figurões republicanos e abolicionistas, que povoaram a História pátria e os aposentos do Cabaret Ibérico; do Castelo de Madame Pillar; do Café Madri; do Solar da Baronesa; e, por fim, do Cassinò della Baronessa.

Ao observar que, até então, não viera à luz autêntico depoimento histórico, a respeito dos bons (e maus) hábitos e costumes daquele tempo, quiçá resguardados pelos invioláveis segredos de alcova, eu decidi-me por rascunhar a crônica das recordações sob a ótica particular da prostituição. Assim sendo, a digo-vos que, à proporção que dona Maria I, a Louca, adentrava o Paço do Largo do Carmo, ia acenando aos súditos d'além-mar co'os ares de pachorra e indiferença, atitude esta, decerto, provinda da insanidade que a aniquilava implacavelmente. Quanto a isto, conforme pude constatar mais adiante, as crises de alienação da soberana impeliam-na aos delírios psicóticos que mui lhe acabrunhavam o espírito afligido pelas assombrações do passado, que habitavam o seu imaginário em constante perturbação. Diz-se até que a dona Maria I dialogava co'as aparições sobrenaturais d'El-Rey d. José I; de d. Pedro III; e do alferes Joaquim José da Silva Xavier, o Tiradentes.

Com certa recorrência fantasmagórica, as aparições da figura paterna (d. José I), o finado esposo (d. Pedro III) e o mártir enforcado (Tiradentes) deixavam-na mui sobressaltada em desvario, o que aguçava a curiosidade da populaça da Corte, que, propositalmente, flanava pelos arredores do Convento de Nossa Senhora do Carmo, co'o intuito de presenciarem o espetáculo de alucinação apocalíptica. Destarte, julgo eu que me compete, ainda, dar início a estas memórias pelos apontamentos da malfadada experiência conjugal, que se deram quando eu fora comerciada ao negociante de almas, Manolo Francesco Roiz, o Negreiro. No entretanto, empós comer o pão que o diabo amassou co'as mãos avaras (e obscenas) do escravagista Manolo Negreiro, eu alforriei-me do cárcere doméstico ao me matrimoniar, de comum acordo e graça, co'o abastado comerciante libanês, sr. Assir Hatoum Lubbos, que, em seguida, expulsou-me de sua história com uma bela patada no traseiro, sob grave acusação de adultério co'o esposo oficial de dona Carlota Joaquina, que, em verdade, abusou brutalmente de mim, violentando-me em devassidão por pura cobardia *con una niña indefensa em la flor de la edad.*

O fato é que o passa-fora familiar me fizera ser amparada pelo fidalgo e conselheiro de Sua Alteza d. João VI, Manoel Vieira da Silva, que, co'o objetivo de pôr panos quentes sobre o disparate do insaciável monarca, ofertou-me p'ra ser acudida pela cafetina de origem francesa, Madame Sophie, que me arrojou à prostituição aos quatorze anos de vida. Confesso que, à época, eu não tinha discernimento p'ra compreender que a atitude do Barão de Alvaiázere visava a desqualificar-me como vítima da violação de Sua Alteza d. João VI, porque, afinal de contas, em caso de acusação mais há de valer a palavra de um monarca de sangue azul do que a de uma reles meretriz de prostíbulo. Neste período, digo-vos que eu labutei em alcova de bordel até cair nas graças do espanhol, Miguel Angel Diaz García, proprietário do Circo Orfheu, co'o qual me amasiei por três anos e meio, até que se deu o seu trágico passamento, empós roubo praticado por saltimbancos de estrada, em São Luís do Maranhão. Digo-vos que estas memórias hão de prosseguir pelo regresso à Corte, ocasião em que me tornei Madame Pillar do Cabaret Ibérico, alcoice de alta linhagem, mui bem visitado pelos mais altos e benfazejos cidadãos desta imperiosa e triunfal cidade de São Sebastião do Rio de Janeiro.

De boa-fé digo-vos que principio estas mal traçadas linhas co'a menção de que eu tinha doze anos de idade ainda incompletos, quando fui negociada junto ao negociante de almas, Manolo Francesco Roiz, o Negreiro, muito embora não seja de origem d'Áfricas; e, sim, procedida de Sevilha, na Andaluzia de Espanhas. De um modo geral, o inescrupuloso Manolo Espanhol arrematava pretos cativos de primeira mão, mediante tirocínio de armazená-los, p'ra, logo em seguida, revendê-los co'a lucratividade pulsante e vigente, que prevaleceu até execução da Lei Eusébio de Queirós, em 1850. No período precedente a este tempo de mercancia, os escravos africanos e os crioulos nascidos em território pátrio eram considerados merdadorias adquiridas em leilão de peças humanas do Cais do Valongo.

No depósito de propriedade do mercador Manolo Negreiro, não obstante, os pretos cativos recém-adquiridos se misturavam aos chamados negros de segunda mão, que, de um modo geral, nada mais eram que escravos fugidos capturados pelo capitão do mato, Empós anúncio de diário ou gazeta. De origem castelhana como eu, o animalesco Manolo Roiz se portava como indivíduo de natureza rude e cruel; de hábitos simplórios e anti-higiênicos, que, p'ra além de sua índole sinistra e arbitrária, era capaz de infringir os códigos de conduta social, p'ra se obter quaisquer que fossem os benefícios monetários, sem compaixão pela injustiça acometida contra o seu semelhante coagido e humilhado. Em sua azáfama desmedida, o descristão Manolo Espanhol era capaz de toda sorte de sacrifício da sua dignidade, desde que a miséria não o subjugasse à condição de imigrante desprovido de outrora, que o fora em ocasião de sua chegada à capital da Colônia. Homenzarrão de maus bofes em corpulência de estatura física, o implacável Manolo Negreiro era o retrato fiel da decomposição humana assombreda: mal-encarado de feições angulosas e mui barbado, como se fosse um Barrabás foragido de Evangelho. Frio e sanguinário, o horripilante escravagista me arrebatara por ninharia de cobre, empós misterioso desaparecimento de *mi madre* Maria Egípcia, que tinha por ofício ser ledora da sorte alheia, apta a decifrar a sina da freguesia, através dos sortilégios da chamada *buena-dicha*. Co'o exercício clandestino do ocultismo por leitura das mãos ou carteado, a suspeitosa Maria Egípcia labutava pela sobrevivência, por intermédio da adivinhação da boa (ou má) aventurança da clientela dos arredores da Rua dos Ciganos do Campo de Sant'Anna.

De outra feita, não posso me furtar a dizer que grande parte do sustento familiar era completada pelos afazeres de rezadeira do responso, contra ventre-virado, espinhela-caída, mau-olhado ou coisa-feita; e, sobretudo, pelo exercício de má vida da prostituição. No entretanto, o mais grave fora que, empós ano e meio da chegada da Família Real a esta Corte, não coincidentemente, a prostituta cigana Maria Egípcia jamais fora vista na região menos opulenta e apatacada da cidade de São Sebastião do Rio de Janeiro. Por um ou outro motivo, a freguesia de adivinhação ou baixo meretrício se habituou a visitá-la a luz do dia ou na calada da noite, o que até então possibilitara a sua sobrevivência e desta sua cria, a ciganita Juana, que a acompanhava p'ra cima e p'ra baixo, quando a marafona Maria Egípcia se permitia a perambular pelo centro nevrálgico da metrópole, que se desenhava a cada sobrado construído, a cada vitrine emuldurada pela alta moda europeia. Quanto ao sumiço de mi madre prostituída, há até quem tenha declarado existir a desconfiança de que a quiromante sedentária Maria Egípcia fora raptada pelos dragões da Intendência Geral de Polícia da Corte, por ordenamento de dona Carlota Joaquina.

Diziam as más línguas cortesãs, que, enciumada pelo fato de que o seu soberano e dileto esposo, d. João VI, se enamorou da Bruxa Andaluza, conforme a alcunhara despeitadamente, a perversa Carlota Joaquina exigiu o desaparecimento da bela e altiva cigana Maria Egípcia. Por outro lado, também havia quem me ajuizasse de que a sua compatriota, absolutamente, jamais se inquietara co'a idolatria irrelevante e mesquinha do todo-poderoso El-Rey, a ponto de sujar as mãos de sangue por uma vil mulher de vida ordinária, p'ra encomendar um crime de morte. No entretanto, o que se tem notícia sobre a paixão arrebatadora do fiel esposo de dona Carlota Joaquina pela mui graciosa sevilhana se dera empós solicitação dos serviços de cura da erisipela da perna esquerda, Sua Alteza d. João VI, que, deveras, o amofinava sem trégua ou armistício. Daí deu-se início a trágica afinidade entre o nobre lusitano e a plebeia peregrina, que culminou no indesvendável sumiço de *mi madre* Maria Egípcia; e, por força da desaparição da curandeira cigana, tornei-me órfã e desamparada, uma vez que eu era restolho de paternidade desconhecida. Neste contexto de desesperação, o caçador de ratos Nilo Bigorna raptou-me; e me arrastou até o judeu Abraão Jacob, que me comerciou ao Manolo Negreiro, que se amasiou forçosamente comigo, que era moçoila mui pouco servida de carnes e tetas, desvirgindando-me, de fio a pavio, grosseiramente. Sob pretexto de que eu cuidasse dos afazeres domésticos do Sobrado das Sete Janelas, localizado à Rua dos Ciganos do Campo de Sant'Anna, porém, à noite, a virginal ciganita Juana, já então eleita concubina do Manolo Negreiro, curvava-se diante do espanhol sexagenário, seboso e lascivo, que uivava feito lobisomem de várzea, quando, ruidosamente, penetrava vagina adentro co'a possessão demoníaca, até ejacular dentro da vulva negociada a preço de orfandade. No Sobrado das Sete Janelas, havia um negrim de estimação de nomeada Deolindo a quem eu me aliara; e o moleque me prestava obséquio, mui bem recompensado, pecuniariamente.

Eu até me recordo de que, numa ocasião, o negruzim Deolindo pressagiou:

— Que, doravante, a desairosa 'afilhada' do Sô Manolo Espanhol houvera de ter mui boa vida de siá-dona de sobrado, se por acauso se arrendesse aos apelos do coração do comerciante libanês Assir Turco, proprietário do armazém de secos e molhados da Rua do Peixe. — arrufiou-se, alcoviteiro.

Quando fui ter conhecimento do comerciante libanês Assir Lubbos junto às negras de ganho da rua é que eu descobri que o afortunado imigrante, logo que chegou à corte empregou-se no açougue de carne de carneiro do Largo de Santa Rita. Em pouco tempo, empós óbito do antigo proprietário sírio, o ambicioso e predestinado Assir Turco adquiriu a casa de comércio, p'ra em seguida abrir o armazém de secos e molhados, na Rua do Peixe. Mas o fato fora que o negociante de ascendência libanesa apaixonou-se por política; e, no ápice da prosperidade, até ofertou o suntuoso Paço de São Cristovão, ao recém-chegado d. João VI por mera benevolência de cortesia, a fim de que desfrutasse como residência de campo. Mais tarde eu soube que o cerco matrimonial do moleque Deolindo era estimulado pelo próprio Assir Lubbos, que o excitava, a dinheiros, a me tentear a respeito de qual seria a minha reação, diante do assédio conjugal do apatacado negociante árabe. Desta atitude, o negruzim Deolindo insistia co'a estratégia de sondagem sobre se eu estaria disposta ou não a me alforriar do domínio do Manolo Negreiro, p'ra me associar de papel passado e aliança d'ouro em dedo esquerdo da mão, co'o próspero atacadista de carne de carneiroe afins, que me acenava co'o matrimônio oficial em altar-mor de ermida, o que me possibilitava sobrenome de família.

Muito embora eu fosse *una niña* de treze anos, a vida já me dera lição de que, sem a proteção máscula de um homem de valor, o que me restava eram prostituição e sepultura de cova rasa sem nomenclatura, conforme se dera co'a minha finada madre Maria Egípcia. Havia também o agravante desta ciganita Juana não possuir em registro de certidão de nascituro a referência de legitimidade do progenitor, uma vez que o cognome de La Cruz fazia menção às criaturas que vieram à luz sem rubrica de paternidade. No entretanto, à parte isto, havia o risco iminente do meu senhor Manolo Roiz se desagradar da oferta matrimonial do concorrente Assir Turco, de modo que me dificultasse a vida sobremaneira, maltratando-me p'ra além da normalidade cotidiana.

— Que vossamencê me faça obséquio de estancar falação de língua de trapo sobre esse tal de Assir Lubbos p'ra cá e Assir Turco p'ra acolá, que se o Manolo Negreiro suspeitar de que o moleque recadeiro Deolindo deu agora p'ra levar e trazer alvitre de alcovitagem, quiçá, seja bem capaz do coisa-ruim capar vossamencê, p'ra depós atirar a tripa de mico pr'os porcos da pocilga; e logo me trancafiar, a sete chaves, em porão, a pão velho e água de poço. — alertei-o sobre a temeridade de descontentamento do bárbaro castelhano, que era capaz de atrocidades inimagináveis quando ficava em estado de contrariedade.

— Untão, o quié que eu digo ao Sô Assir Turcu, nhanhã Juanita do Negreiro? — instigou-me o pretuzim caticó.

Por não ter o que dizer ao aspirante do meu coração debutante através do negruzim Deolindo, eu afastei-me bruscamente, de modo a ganhar tempo de reflexão. Era fato que eu andava mui receada de que o mercador de pretos, Manolo Espanhol, já tivesse informação da cobiça do enricado comerciante libanês, visto que, há tempos, o destemido Assir Turco rondava o sobrado da Rua dos Ciganos do Campo de Sant'Anna. Não obstante, eu jamais poderia menosprezar a premissa de núpcias do moçárabe endinheirado que, segundo o falastrão Deolindo, estaria mui disposto a raptar-me, caso o Manolo Negreiro não me negociasse a título de dote matrimonial.

— Diz ao sr. Assir Lubbus, o Turco, que, de mui bom grado, eu o aceitava como esposo oficial, desde que se acordasse valor escorreito em moeda d'ouro co'o galego Manolo Roiz, porque não admito, em hipótese alguma, ser raptada por um doidivanas enamorado, que depois da fruta mordida há de me atirar em sarjeta de prostíbulo.

— Aporém, Nhanhã Juanita há de cumprir co'a palavra de honra...

— Palavra de honra?

— De se adeitiá comigo em catre de alcova, se o Nhô Manolo Espanhol autorizar casório di vossamencê co'o comerciante Assir Turco, em altar-mor de capela caiada de flor de laranjeira. — intentou-se, maliciosamente.

O afortunado comerciante libanês Assir Lubbos solicitou licença de visitação ao Manolo Negreiro, co'a intenção de se acertar valor do dote matrimonial desta ciganita María Juana de La Cruz. Na negociação, o bem-intencionado Assir Turco garantiu que cuidaria do ressarcimento ao mercador castelhano, sem nenhum prejuízo ao que fora cedido em matéria de pecúnio ao judeu Abraão Jacob.

— Mas saibas o sr. Assir Lubbos que também eu não me abstenho de certa proeminência de lucratividade sobre escambo *da gitanita huérfana*, haja vista a dispendiosa assistência ofertada de ceia e abrigo. — interrompeu-o Manolo Roiz.

— Sr. Manolo Roiz, encarecidamente eu vos peço que Vossa Mercê demande pecúnio indenizatório, por justeza de trato que me caiba em alforje de couro, que hei de almejar o desposamento da vossa afilhada María Juana de La Cruz, em altar-mor da Capela de Nossa Senhora Mãe dos Homens, sob os auspícios e benção do pároco Luiz Gonçalves dos Santos, o pe. Perereca.

— Por acaso, o Sr. Assir Lubbos estaria disposto a cobrir justo preço de ressarcimento pela aquisição da vossa pretensa senhora, de acordo co'o que fosse estipulado por este vosso servo, Manolo Roiz, sem cobiça de extorsão?

— Peço-te que o valor seja avaliado em moeda d'ouro, por obséquio, a fim de que eu possa ressarcir-vos o quinhão empregado em negócio de orfendade, sr. Manolo Roiz.

— Trinta e cinco moedas d'ouro pelas bodas esponsais e enxoval da minha afilhada María Juana de La Cruz, sr. Assir Lubbos, o Turco.

Naquela mesmo noite, o negruzim Deolindo acordou-me co'o repuxão de ansiedade, p'ra cobrar-me pela promessa de entrega corpórea, em troca do arranjo da união conjugal co'o comerciante Assir Lubbos, o Turco, que me propositara sobrenome árabe e situação familiar. Como palavra empenhada há de ser cumprida à risca, eu permiti que o escravo ladino se esbaldasse da carne fresca daquela ciganita Juana, até desmaiar feito animal feroz capturado em armadilha de mandíbula. Não obstante, eu estava mui desconfiada de que o pretuzim Deolindo persistisse co'a chantagem nupcial, de modo que ideei um plano de silenciamento do boquirroto, que consistia em acusá-lo de roubo e homicídio de todo o conteúdo do cofre do Manolo Negreiro, que roncava, às escâncaras, no aposento ao lado, mortificado pela carraspana de vinho vulgar. Logo que o negruzim recadeiro perdeu o fôlego pós-gozação, eu homiziei o relógio de bolso e algumas apoucadas moedas d'ouro em seu surrão, vindo a resguardar-me co'o restante do espólio pecuniário do espanhol em sótão de sobrado.

Ao despertá-lo cuidadosamente, avisei o pretim Deolindo do perigo do castelhano nos pegar co'a boca na botija em flagrante delito de alcova, pedindo-lhe que se apressasse a ir-se embora antes que o galo cantasse a sua toada de alvorecer. De aresto, o jubiloso Deolindo, assustado, vestiu-se desajeitadamente; e, ao despencar portal afora, já ia olvidando-se do bornal esfarrapado co'o produto da afanação involuntária, quando eu lhe chamei atenção p'ra que não deixasse rastros que viessem a despertar a suspeição do atraiçoado Manoelo Negreiro. Este, por sinal, não se dera conta da presença do escravo de estimação, apesar dos gemidos ruidosos do visitante clandestino, que me possuíra durante toda a noite sem armistício de respiração. Ao certificar-me da escapula do negruzim Deolindo, apossei-me do punhal de prata, p'ra adentrar aposento do castelhano, co'o intuito de assassínio contra a suposta vítima do preto ladrão, que se apossara do relógio de bolso e das moedas d'ouro de propriedade do castelhano. Neste meio tempo, sangrei-o, sem dó nem piedade, conquanto tivesse me apavorado co'a golfada de sangue expelida da garganta do Manolo Negreiro, que ainda agonizava quando eu retirei-me da alcova, p'ra, enfim, dormir o sono da alforriação. Na antemanhã, os dragões da Intendência Geral de Polícia da Corte me acordaram co'a fisgada rústica da ponta do sabre da baioneta, açoitando-me co'a menção de aprisionamento pela acusação do crime de homicídio em detrimento da vida do espanhol Manolo Francesco Roiz, o Negreiro.

Entrementes, ao espernear mediante arbitrariedade do gesto de aleivosia, atiraram-me, bruscamente, sobre o catre da alcova; e, ao me esbofetearem co'a palma da mão da Justiça, acusaram-me de "assassina ingrata e dissimulada". Levantei-me; e disse-lhes que não havia cabimento me acusarem pelo assassinato de quem me apadrinhara cortezmente, dando-me morada e sustento, empós enigmático desaparecimento de *mi madre* Maria Egípcia. Ao acorrentar-me, o dragão-mor do distrito informou-me que, caso houvesse álibi de comprovação da inocência da ré, que o confiasse em juízo, porque, caso contrário, tudo indicava que seria condenação de pena capital em cadafalso do Largo da Lampadosa. Em seguida, o suboficial da Intendência Geral de Polícia da Corte me indagou se eu percebera algum movimento estranho ou mesmo ruído durante a madrugada, haja vista que o defunto ainda estava quente, quando os dragões foram chamados pela escrava Deodorina, que, desesperada, clamava aos transeuntes por adjutório ao se deparar co'o cadáver fresco do Manolo Negreiro.

— Que não. — contrapus-me.

— Levem-na. — ordenou, secamente.

Na chegada ao distrito, deparei-me co'o negruzim Deolindo mui assombrado, sendo conduzido, a safanões, pontapés e impropérios, em direção ao cubículo da Casa de Correção. Não obstante, logo fui informada de que o gatuno de estimação do Manolo Espanhol havia sido flagrado com relógio de bolso e algumas parcas moedas d'ouro do castelhano trucidado, a sangue frio, pela ganância do imprudente escravo de ganho, que era o álibi que me faltava p'ra livramento do cárcere. Logo, assim que se deliberou sobre a injustiça atentada contra a sua prometida, o meu noivo Assir Lubbos seguiu até a Intendência Geral de Polícia da Corte, p'ra cuspir cobras e lagartos ao desembargador Viana pela desfaçatez do aprisionamento desta ciganita María Juana de La Cruz.

De cabeça erguida e de braços dados co'o altivo Assir Turco, eu atravessei o pátio da Casa de Correção, p'ra instalar-me no Sobrado das Onze Janelas da Rua dos Ciganos do Campo de Sant'Anna, até a data cerimônia matrimonial. Quiçá, o mais agravante tenha sido o fato de que eu não tivesse sentido nem um pouco de arrependimento ou remorso pelo homicídio do castelhano Manolo Roiz, o Negreiro. E até quando, às vésperas do casório, chegou-me a notícia do enforcamento do pretim Deolindo, senti-me mais aliviada do que pesarosa, porque, além de mim, obviamente, já não havia mais ninguém que pudesse denunciar-me pelo malfeito da incriminação forjada do escravo doméstico. Ademais, desde cedo eu aprendi co'a vida de cigana errante que o ser humano não pode dar-se ao direito à pena do próximo, sobretudo a quem nos extorquiu carnalmente. Creio eu que o exemplo da condenação servira como lição de moral, tanto ao negruzim Deolindo, quanto ao negociante escravagista Manolo Francesco Roiz, o Negreiro.

Enfim, que Deus os tenha e os guarde em bom lugar.

O casório oficial co'o comerciante libanês Lubbos, o Assir Turco, fora um escândalo p'ra alta sociedade fluminense, que não aceitava o fato de que um homem promissor e endinheirado se enamorasse de uma cigana desclassificada sem eira nem beira, cuja madre prostituída seduzira, muito provavelmente por sortilégios de feitiçaria, o proeminente d. João VI, que arriara as quatros rodas dos tílburi do coração pela cigana Maria Egípcia. Como de praxe, ao baile e ao banquete não se despreza, os figurões de gala da Corte de São Sebastião do Rio de Janeiro compareceram em peso e medida, até porque não pretendiam melindrar o imigrante mais afortunado da época, que prosperava a olhos vistos, desbancando toda a nata de europeus burgueses e aristocráticos, que aportara sob a proteção da Coroa Portuguesa.

O conspícuo Assir Turco se consolidava como sujeito co'o faro aguçado p'ra bons negócios, que, a cada gota de suor, germinava contos e patacas, que o transformavam na liderança política mais cobiçada deste hemisfério tropical. Tal iminência de prosperidade não seria despercebida pela ambiciosa dona Carlota Joaquina, que se aproximara do belo varão com intento de adultério, ao que, não obstante, fora prontamente repudiada pelo consorte desta María Juana de La Cruz Lubbos. Despeitada, a vingativa esposa de Sua Alteza d. João VI reclamou das incivilidades do comerciante libanês, que, à boca miúda, dizia-se que era refratário ao regime monárquico e escravocrata, sendo, portanto, republicano e abolicionista. Na rede de intrigas da Corte, o bonachão d. João VI ignorou os queixumes da esposa ressentida, sob a pragmática alegação de que o "turco" Assir Lubbos seria desprovido de ímpetos de intelectualidade, que o impelissem aos arroubos da proclamação da República do Brasil. Nada obstante, a malévola dona Carlota Joaquina não desistiu do desagravo contra o "libanês soberbo e atrevido do Assir Turco", mormente porque, sangue por sangue, o dela era nobre e azul, ao passo que o da tal ciganita Juana, decerto, se caracterizava pelo defeito de cor da raça dos ciganos. Por conseguinte, o beneplácito do negociante árabe não possuía traquejo social p'ra afrontá-la numa disputa de alcova.

— Questão de honra. — bradava a soberana espanhola, aos quatro cantos, a quem se dispusesse a ouvi-la, nos corredores do Paço do Largo do Carmo.

Evidentemente, a autoritária dona Carlota Joaquina não sossegaria enquanto não me incriminasse perante as retinas do meu amado Assir Turco, que se dedicava de corpo e alma ao matrimônio, sem sequer pestanejar diante do assédio da víbora castelhana. De outra feita, a escabrosa espanhola intimou-me, por intermédio de invitação real, a residir no Paço do Largo do Carmo, p'ra servi-la como dama de companhia. Como o honrado esposo Assir Hatoum Lobbus aconselhou-me a não contrariar vontade da enérgica dona Carlota Joaquina, ainda que não o fosse de bom grado, aceitei empregar-me no Paço do Largo do Carmo. Todavia, a primeira missão que a perversa consorte de Sua Alteza d. João VI fora me obrigar a carregar às costas os despojos da latrina do aposento, com urinas e fezes até as margens da Baía de Guanabara.

— Salvo engano, a documentação imperial convocava-me p'ra labutar como dama de companhia; e não p'ra a função de tigre de merda. — bradei em protestação. — expus-me, no exato instante em que adentrava o salão nobre d. João VI, aparvalhado Co'a presença da bela e púbere intrusa, que, depois me dissera ao pé do ouvido, o fascinara encantadoramente. — Pois saiba que eu me recuso a me prestar ao despejo de borras e sedimentos da Família Real.

Estupefacta, a imperante dona Carlota Joaquina ameaçou-me ao afirmar que, se eu me negasse aos afazeres cotidianos, me escorraçaria a pontapés, arranhões e injúrias do Paço do Largo do Carmo. Sem perda de tempo, já ia me retirando da frente da bruxa agourenta, quando o d. João VI intercedeu sobre a obrigação de se acatar o registro em documento oficial ao pé da letra, sem que se admitisse qualquer espécie de equívoco, no tocante ao desvio de função doméstico.

— Se acaso a senhora María Juana de La Cruz Lobbus fora convocada a exercer o ofício de dama de companhia, por determinação da minha senhor esposa dona Carlota Joaquina, que prevaleça a mensagem do manuscrito real, posto que, pelo visto, seja outra a vossa aspiração de nobreza.

Como a incisiva reação do reinante d. João VI, a rancorosa dona Carlota Joaquina mirou-me dos pés à cabeça, co'os olhos ruídos de indignação, como quem dissesse "aguarde-me", pois que a retaliação há de ser mais firme do que a benevolência d'El-Rey. Sem despedir-se, a arrogante e pernóstica monarca retirou-se, restando-me a companhia do d. João VI, que me devorava despudoradamente, sem disfarçar a cupidez diante da moçoila, que, alarmada pela exaltação de sua consorte, ainda assim se deslumbrava co'a opulência da mobília do salão nobre do Paço do Largo do Carmo. Apalermado, o d. João VI conduziu-me pelo casarão que servia de abrigo ao obeso corpanzil, lamentando-se pela precária hospedagem que nem de perto se equiparava co'as residências de Lisboa e arredores da capital lusitana, ainda que a morada da Família Real fizesse o Sobrado das Onze Janelas da Rua dos Ciganos do Campo de Sant'Anna mais parecer o cortiço Cabeça de Porco da região portuária da cidade de São Sebastião do Rio de Janeiro.

À proporção que percorria os aposentos do Paço do Largo do Carmo, o d. João VI ressaltava a necessidade de melhorias urgentes, a se providenciar através de obras de restauração e afins. Até que, ao penetrar a alcova de serventia da dama de companhia, trancou-a a cravelha de ferro, p'ra logo em seguida me derrubar sobre o catre do aposento, violentando-me, sem hipótese de reação, perante a investida cega e furiosa, que me imobilizara completamente. Aproveitando-se da situação de paralisia, o libidinoso d. João VI possuiu-me como se tivesse apossado por um espírito maligno, mordendo-me os mamilos co'a avidez faminta até sangrá-los, co'a sua dentadura ávida por carne cigana, como se estivesse a se ressarcir pelo desaparecimento de *mi madre* Maria Egípcia. Ao pós-orgasmo, não obstante, o famigerado mal recuperou o fôlego e decretou segredo absoluto, sobre a intimidade que houvera entre nós, caso não almejasse enfrentar a sanha de dona Carlota Joaquina.

Ao coibir-me da delação do ato libertino, co'a perspectiva da mais austera penalização, o majestoso d. João VI ainda gabou-se da virilidade de macheza, antes de ordenar que eu vestisse a indumentária da dama de companhia, de maneira que, sem perda de tempo, se iniciasse a assistência à dona Carlota Joaquina. À noite, em estado de exaustão, quando adentrei o domicílio familiar, o afetuoso Assir Lobbus me aguardava à mesa p'ra cearmos, sôfrego por notícias sobre o meu primeiro dia de labutação, junto a Vossa Alteza Príncipe Regente d. João VI e à sua digníssima consorte dona Carlota Joaquina. De modo óbvio, sob a égide da intimidação, eu não pude romper co'o silêncio sobre o episódio da transgressão cometida por d. João VI, mesmo diante da advertência do meu bom e dedicado esposo Assir Lubbos, de que seria mui provável que a dona Carlota Joaquina me atraíra ao convívio aristocrático do Paço do Largo do Carmo, a fim de que se aprontasse armadilha p'ra aprisioná-lo em seu ardil de víbora peçonhenta.

Dito isto, o caridoso Assir Turco confidenciou-me que a capciosa princesa consorte lhe solicitara permissão p'ra assembleia de negócios co'os conselheiros da Corte, a ser realizada naquela manhã, co'as ilustres presenças do dr. José da Silva Lisboa, deputado e secretário da Mesa de Inspeção da Agricultura e Comércio; do fidalgo Rodrigo de Sousa Coutinho, conde de Linhares e ministro da Guerra; e do Antonio de Araújo e Azevedo, o Conde da Barca, ministro e secretário de estado dos Negócios

Estrangeiros do Reino. Juro que não tive coragem de relatar a violência sofrida no cubículo das serviçais do paço, porque poderia ocorrer que o genioso árabe intercedesse de tal modo que culminasse em tragédia de crime de sangue, o que, decerto, o condenaria à pena capital em se tratando de homicídio em detrimento da vida do provindouro El-Rey do Reino Unido de Portugal, Brasil e Algarves. Não obstante, mesmo com todo cuidado de preservação do segredo do estupro cometido pelo d. João VI, empós reunião do conselho, a malévola dona Carlota Joaquina o confiara que a sua escrava Elória flagrou o seu venerando esposo em regência de usufruto carnal de sua dama de companhia, a ciganita María Juana de La Cruz Lubbos.

Ao ser consultada, eu não pude negar a violência do d. João VI, no Paço do Largo do Carmo.

— Porém, a dona Carlota Joaquina me garantiu que Vossa Mercê se resfolegava co'os arroubos de erotismo de Sua Alteza d. João VI... — acusou-me Assir Turco, ao mesmo tempo em que interrogava o porquê de eu não ter ao menos lhe avisado sobre a afronta do libertino.

Digo-vos que de nada adiantou ajuizá-lo sobre a preocupação que me ocorrera diante da temeridade de se denunciar a personalidade mais respeitável da Corte, pois que, entre o juramento de inocência de uma reles ciganita Juana, mal parida por uma marafona de alcoice, a Maria Egípcia, mais validade houvera de ter a acusação de adultério descabida, forjada pela maledicente dona Carlota Joaquina. Humilhada pela acusação de deslealdade conjugal, o senhor meu esposo Assir Lubbos me devolveu ao escravagista Manolo Negreiro, que me comerciou, a bom preço, ao conselheiro Manoel Vieira da Silva; e, por fim, o Fidalgo da Casa Real de d. João VI me entregou aos cuidados da cafetina francesa de nomeada Sofia Beaurepaire-Rohan, a Madame Sophie. Ao atirar-me em má vida de meretrício, como exigência de recuperação pelo prejuízo de aquisição da mercadoria, a alcoviteira de fina estirpe explicou-me que a primeira providência a ser tomada seria a mudança de denominação de nascituro, María Juana, porque, por experiência de berço – assegurou-me Madame Sophie, que se dizia ter nascido p'ro ofício bíblico de Maria Madalena –, toda cortesã que se prezasse precisava passar por uma espécie de batismo de prostíbulo, a fim de que se inventasse uma alcunha de labuta, forte e pomposa, de modo a impressionar a clientela de bordel. Daí, o codinome Pillar; e, posteriormente, Madame Pillar.

Empós sacralização do ritual de identidade, a proprietária do Solar de Madame Sophie obrigou-me que eu me prostituisse com quem me abordasse em expediente de bordel. Não obstante, até que eu me tornasse apta ao exercício da profissão mais antiga do mundo, fora necessário que me adornasse de joias e seda, o que acresceu ainda mais a dívida co'a gananciosa cafetina. A má sina de Tamar transcorria com certa normalidade de companhia de alcova, até que o meu ventre dera sinal de gravidez. Ainda assim, continuei a me prostituir até o oitavo mês e meio de gestação, porque parte da freguesia se excitava em possuir fêmea emprenhada por outro homem desconhecido. Quando estava prestes a dar à luz ao legítimo herdeiro do comerciante libanês Assir Lubbos ou ao legatário bastardo de Sua Alteza d. João VI, a proprietária do bordel afastou-me da prostituição, sob a condição de que eu lhe confiasse a minha cria pós-parto, haja vista que não iria sustentar, a troco de ingratidão, rebento não parido por ela, Madame Sophie.

Quando o bandulho emprenhado expeliu o fruto do matrimônio ou adultério, a cafetina ordenou que eu registrasse o infante Amâncio de La Cruz co'o sobrenome Lubbos, apesar da resistência do hipotético responsável pela paternidade. Decerto, a Madame Sophie já preparava o bote de serpente p'ra se obter alguma vantagem pecuniária mais adinate co'o progenitor enricado da criança. Como eu não tinha convicção de quem fosse o gerador do infante Amâncio de La Cruz seria o comerciante libanês Assir Lubbos ou o d. João VI, eu expliquei a dona do lupanar que não havia como se providenciar o registro de cartório com menção ao progenitor, justamente porque havia a dúvida de autoria de paternidade.

A malévola Madame Sophie ameaçou-me de expulsão do prostíbulo, dado que não lhe seria conveniente a adoção de um rebento sem referência familiar. Sem ter onde escorar o desamparo do destino, eu fui bater às portas do meu ex-esposo Assir Turco, co'a expectativa de que o negociante árabe se sensibilizasse diante do estado de indigência de sua Juanita de outrora. No entretanto, o indolente libanês coagiu-me a procurar o d. João VI, haja vista que fora o licencioso consorte de dona Carlota Joaquina quem ejaculara o esperma do nascituro dentro do meu ventre sujo de cigana prostituída. Sem fôlego moral p'ra retornar ao Paço do Largo do Carmo, não me restou outra opção que não fosse me humilhar diante da cafetina francesa, a fim de que se resignasse às súplicas de acedência do rebento pagão no Solar de Madame Sophie. Decerto, a alcoviteira de fino trato me escravizaria até o último instante de vida; mas não me seria capaz de negar pão e abrigo ao infante Amâncio de La Cruz, naquela situação de agônica sobrevivência.

Empós prestar atenção de mercador, a arguta Madame Sophie me propôs que registrasse a cria bastarda em seu nome próprio, como solução p'ra aliviar-me do fardo infantil, uma vez que o rebento houvera de ser criado por uma família de cortesãs; porém, honesta, que seria responsável pela educação da cria enjeitada da prostituta Pillar. Entre comerciar-me em cortiço a mendigar parca freguesia de alcova e ampará-lo em aposento de castelo de luxo, eu não pestanejei em aceitar a proposta de adoção da cafetina. Co'o registro em cartório sacramentado, eu pude sentar-me à mesa de uma pensão da Rua Direita e cear placidamente, co'a consciência aliviada por ter tomado a melhor decisão de maternidade. Ao regressar ao Solar de Madame Sophie, em razão do período de resguardo, a alcoviteira francesa rebaixou-me à condição de serviçal de limpeza, enquanto eu não pudesse me deitar co'a freguesia de bordel. Enfim, quando fiquei apta ao batente da prostituição, por pura sorte, o primeiro homem que me carregou p'ra a alcova havia me confessado que, há tempos, se engraçara por aquela cigana, frágil e espantada, que respondia por Pillar; porém, por eu me encontrar emprenhada de outro cliente, ele disse-me que não tivera audácia de se aproximar da encantadora criatura de alcoice. Este gentil-homem, que se chamava Miguel Angel Diaz García, era proprietário do Circo Orpheu; e, naquela mesma noite, empós usufrutuar da ciganita Pillar, o empresário itinerante resgatou-me, a peso d'ouro em pó, das mãos da cafetina Madame Sophie, que me alforriou do fardo do meretrício, co'a condição que o infante Amâncio de La Cruz continuasse sob sua custódia de família. Co'a perspectiva de reabilitação, eu acedi à chantagem da alcoviteira de prostíbulo, que, inclusive, me confidenciou que a minha dívida de bordel havia sido quitada pelo cordato Miguel García, que ainda deixou fazenda de um conto ao infante Amâncio de La Cruz.

O Circo Orpheu estava de partida da Corte e o cortês Miguel García convidou-me a acompanhá-lo, visto que não pude recusar o chamado do solícito benfeitor, mais até por sentimento de gratidão. De uma feita, transformei-me em artista circense, de maneira a andejar por esse mundéu de meu Deus, iniciando-me pelas Minas Gerais, mais precisamente São João Del-Rey, até a Província de São Luís do Maranhão, onde se findou a relação de concubinato entre mim e o espartano Miguel Angel Diaz García, que fora assassinado pelos saltimbancos de estrada. Não obstante, tornar-se-á imprescindível a menção de que, no intervalo entre a "noite de núpcias", consoante Miguel García, e a fatídica tragédia do homicídio, o proprietário do Circo Orpheu, sob alegação de graves dificuldades financeiras, leiloava-me empós espetáculo de palhaçada, mágica e acrobacia.

Em certa ocasião, porém, empós retirada do público, três bandoleiros atacaram o Miguel García, co'o intuito de se apoderarem do cofre do Circo Orpheu. Como a vítima reagiu às investidas dos malfeitores, o líder do bando apunhalou-o cinco vezes, matando-o. Naquele momento, eu fui salva porque me refugiei na caleche em que dormíamos, de sorte que os embusteiros não se deram conta da presença homiziada. Safei-me do extermínio; contudo, perdi o meu benemérito que se esvaiu até a última gota de sangue, deixando-me mais uma vez órfã do seu amparo de homem forte e decidido, que deveras me protegia das intempéries do destino. Diante da patrulha, eu pude descrever a fisionomia macabra dos três cruéis assassinos, que foram aprisionados; e, logo em seguida, enforcados em largo público. Como não havia meios de prosseguir co'o negócio da trupe ambulante, decidi-me por me desfazer do Circo Orpheu, capitalizando-me p'ra regressar à Corte de São Sebastião do Rio de Janeiro.

O que me impulsionou fora a saudade do infante Amâncio de La Cruz, que, a esta altura, já havia completado três primaveras e meia de idade. Haja vista que não poderia correr o risco que me abocanhassem quinhão da herança de Miguel García, contratei escolta de dois capangas, Jerônimo Damião e Jerônimo Damião, armados até os dentes de mosquete e arcabuzes; e retornei a São Sebastião do Rio de Janeiro. Não obstante, antes que façam associação do homicídio do escravagista Manolo Negreiro, co'o assassínio do espanhol Miguel García, de antemão afianço que jamais seria capaz de tramar a morte de um homem que me tratara com dignidade auferida às nhanhãs e sinhás da mais alta estirpe da sociedade fluminense. Tão-somente por esta razão eu poderia jurar que dava a própria vida p'ra salvá-lo das garras dos saltimbancos de estrada, ainda que no átimo da ação homicida eu não tenha arredado pé do esconderijo.

Porém, até hoje não me conformo co'a pusilanimidade do gesto, embora qualquer movimento de heroísmo pudesse me atirar à catacumba, em que jaz o fundador do Circo Orfheu.

No Solar de Madame Sophie, co'o espólio adquirido pelo negócio do Circo Orpheu, propus-lhe aposentadoria à cafetina francesa, de vez que, doravante, eu assumiria da administração do bordel, de maneira que, se assim o quisesse, poderia até regressar à sua terra natal. Quando a acintosa alcoviteira mirou a quantidade de dinheiro que eu lhe expunha, não hesitou em acolher a oferta de transação; não obstante, mal sabia a Madame Sophie que eu havia combinado co'os capatazes que lha envenenassem e a assaltassem, assim que se registrasse em cartório o contrato de compra e venda do prostíbulo. Co'o auxílio jurídico do rábula Epaminondas Sardinha, solicitei a guarda definitiva do infante Amâncio, de acordo com validação do reconhecimento de maternidade. No trato co'os quatro-paus maranhenses, ficou acertado que um terço do valor roubado se reteria em poder de Jerônimo Damião e Jerônimo Damião. Na inauguração, as celebridades da Corte foram recebidas por mim, Madame Pillar, que estava trajada Co'a fina flor da moda parisiense da Rua do Ouvidor. Ao me aproximar do comerciante Lubbos, o Assir Turco, no entretanto, fiz questão de sugerir que, caso houvesse interesse de sua parte, poderíamos conversar sobre os negócios referentes ao compromisso de sociedade do Cabaret Ibérico. De supetão, sussurrei-lhe que aceitaria de bom grado um capitalista, que estivesse disposto a se encarregar das melhorias do imóvel, sob garantia de total sigilo de descrição da identidade do financista.

Empós elogiar-me o fino trato da silhueta, o comerciante libanês Assir Turco convidou-me a uma contradança no salão nobre do recinto, p'ra me segredar que, não só via demérito na associação do Cabaret Ibérico. Não obstante, cochichou-me que mais ainda lhe agradava reatar os laços de comunhão carnal, se, porventura, eu estivesse disponível p'ra revivenciarmos a convivência de outrora, interrompida pela brutalidade do manganão do d. João VI, que me violentara, estupidamente, no aposento do Paço do Largo do Carmo. Elegantemente, declinei-me da perspectiva de reatamento, de vez que o mais airoso dos capangas oriundos de São Luís do Maranhão, o Jerônimo Damião, supria-me as precisões momentâneas de alcova. Obviamente que ocultei a razão da negativa, já que não ensejava ferir suscetibilidades do próspero capitalista, de quem me vingaria na primeira oportunidade pela injustiça cometida contra mim, que era mais uma vítima da sanha de dona Carlota Joaquina, que soube ter sido a mentora intelectual da violação praticada por seu cônjuge impudico e licencioso. O astucioso Assir Turco combinou comigo de almoçarmos no dia seguinte numa casa de pasto da Rua da Guarda Velha, a fim de que acertássemos não o acordo de sociedade do Cabaret Ibérico, mas, quiçá, o convívio harmonioso que precedeu a separação matrimonial.

No horário combinado, eu adentrei o estabelecimento comercial; e, ao fundo, se homiziava o facundo negociante libanês Assir Turco, que me acenou co'a cordialidade dos cafajestes de prostíbulo; porém, sem devolver o afável e citadino cumprimento, assentei-me à mesa.

— O que a senhora Madame Pillar enseja degustar nesta extraordinária ocasião de reencontro?

— Champagne, monseigneur.

Empós solicitar a bebida francesa, o solícito Assir Lubbos interpelou-me a respeito das condições de sociedade que eu pleiteava, p'ra que o Cabaret Ibérico obtivesse co-proprietário financista, que auxiliasse na administração do estabelecimento comercial. Aproveitando-me da chegada do rábula Epaminondas Sardinha, que compareceu ao rendez-vous por minha intimação, depus-lhe trunfo sobre tábula.

— A presença do dr. Epaminondas Sardinha se justifica nesta reunião, porque a condição p'ra se perpetuar não apenas a sociedade do Cabaret Ibérico, mas a convivência cordial de outrora, há de ser a reconciliação conjugal entre o sr. Assir Lubbos e esta prezadíssma e estimada María Juana de La Cruz, por intermédio de petição sobre o pedido de não cancelamento do compromisso de altar-mor de ermida, além do reconhecimento oficial de paternidade do infante Amâncio de La Cruz.

Diante do silêncio de estupefação, o rábula Epaminondas Sardinhadepositou sobre a mesa a procuração assinada, co'as condições mencionadas e o valor do dote matrimonial ofertado por mim, de acordo co'o que me restara da apropriação indébita do patrimônio de Madame Sophie. O boquiaberto Assir Turco esbugalhou retinas sobre o documento, com entusiasmo dos glutões diante do banquete, sem disfarçar a surpresa perante a quantidade de contos disponibilizados por sua antiga esposa escorraçada, mediante acusação de adultério. O incrédulo negociante libanês Assir Lubbos, empós examinar minuciosamente a exorbitância do valor financeiro, quase que beliscando-se diante da oferta de matrimônio, consultou-me sobre o prazo que ele teria p'ra me dar resposta do reatamento conjugal. No que eu lhe repliquei que o tempo de decisão era mui escasso, já que havia outro ilustre pretendente aguardando retorno sobre solicitação matrimonial. Mais por ganância do que por receio da concorrência, o prático Assir Turco autorizou que o rábula Epaminondas Sardinharevalidasse o contrato de união esponsal. Co'a concessão apalavrada, levantou-se e já ia se retirando sem degustar o champagne francês nem tocar nos acepipes do pré-almoço, quando se lembrou da conta; e, apressadamente, dirigiu-se ao garçon p'ra que anotasse a despesa em seu nome.

À noite, o libanês Assir Turco procurou-me p'ra dizer que estava de acordo co'a cláusula contratual de restituição do matrimônio; porém, havia uma questão que, p'ra ele, não estava mui bem aclarada.

— Pois diga-me, ora.

— Quanto ao ofício de meretriz, a Madame Pillar almeja persistir co'a função de alcova?

Não pude abafar a gargalhada burlesca e jocosa, que esfreguei em sua face de patife. Não obstante, o estrondo do escárnio chamou a atenção da plateia do Cabaret Ibérico, que se voltou p'ro casal como quem anseia pela razão da comicidade. Apaziguando-se a ambiência, disse-lhe que uma mulher honrada não se renderia às imposições esdrúxulas do esposo enciumado, mesmo que a desconfiança seja mais forte do que o sentimento de respeito e consideração.

— P'ra que eu não mais me prostituísse no bordel de minha propriedade, o Cabaret Ibérico, o senhor meu esposo Assir Lubbos haveria de coibir-me com bem mais do que um cinto de castidade, a fim de que a clientela de bordel não atingisse o ápice do orgasmo em cuspidela dentro do meu ventre transgredido, assim como o fizera, covardemente, o esposo de dona Carlota Joaquina, de modo que não se pusesse em suspeição de paternidade, mediante perpetuação da espécie nas entranhas desta Madame Pillar.

A cerimônia de reconciliação nupcial entre mim, Madame Pillar, e o comerciante libanês Assir Lubbos, o Turco, ocorreu no salão nobre do Cabaret Ibérico, empós resolução jurídica assinada pelo juiz de Direito, Benigno Bonforte, por encomenda do meu esposo Assir Lubbos, coincidentemente na data de aniversário de quatro primaveras do infante Amâncio de La Cruz. O hipotético bastardo crescia acariciado pelas raparigas de fino trato, sobretudo por meretriz Lilibeth, que o mimava sem limite a ponto estragá-lo totalmente, a título de conquista do apreço da patroa. Ademais, era uma criança de pele morena com fisionomia rústica de ascendência mourisca, o que afastava a hipótese de paternidade de d. João VI, não fosse o predomínio arábico por oito séculos em sítios lusitanos...

O infante Amâncio de La Cruz era vigiado de perto pela prostituta Benvinda Céu da Boca, que lhe dava de mamar e o largava apenas durante o expediente noturno no Cabaret Ibérico, por solicitação do meu esposo Assir Turco, que passava o tempo a percorrer as casas de comércio de sua propriedade. Empós refeição do almoço, o moçoilo tirava a sua sesta e o meu amante Jerônimo Damião se aproveitava p'ra desfrutar do manjar dos deuses servido por esta Madame Pillar sem remorso pela deslealdade, com quem me desprezou sem razão ao atirar-me em sarjeta de prostíbulo. O insaciável Jerônimo Damião me conduzia ao clímax de alcova; no entretanto, como nenhum homem obtivera em vida a dádiva de possuir-me impunemente, certa feita lhe expus estratagema de assassínio do capitalista Assir Lubbos, o que nos alforriaria do jugo do adultério diante presença nefasta do comerciante libanês. Disse-lhe o que deveria ser obrado em relação ao homicídio do Assir Turco, através do assalto ao estabelecimento de carne de carneiro, cometido não por ele, Marcílio Caboclo; mas pelo temível capoeira Manduca da Praia, que seria contratado como mão de obra específica p'ra ação criminosa. Nesta ocasião, o capanga maranhense Jerônimo Damião não titubeou diante da idéia de roubo e assassío; e logo saiu acompanhado do comparsa Jerônimo Damião, co'a missão de abordagem ao capoeira Manduca da Praia em cais de ribeira. Não obstante, o fato era que o próspero cormeciante libanês estava prestes a ser aniquilado, a fim de que se abrisse caminho p'ra a cigana María Juana de La Cruz abocanhar a herança do árabe morto e enterrado. A dinastia desta Madame Pillar se cumpriria a tempo da vingança contra o meu esposo desnaturado Assir Turco, que, de uma vez por todas, houvera de saiba, de cor e salteado, que não se deve troçar da raça de cigano.

No Cabaret Ibérico, a desavisada Benvinda Céu da Boca veio até mim, p'ra dizer que se enamorara do leão de chácara Jerônimo Damião, desde quando o avistou pela primeira ocasião.

— Como me disseram que o maranhense era sujeito de extrema confiança da Madame Pillar, eu lhe peço autorização p'ra retribuir o chamego do caboclo p'ra comigo... — abriu-se a prostituta, no afã do aconselhamento de alcovitagem.

— Mas, se os pombinhos estão enamorados, é sinal que já houve intimidades entre Vossa Mercê, Benvinda Céu da Boca, e o Jerônimo Damião...

— Nós estamos dormindo juntos, empós bebermos uma taça de vinho tinto, quando se cerra expediente do Cabaret Ibérico. — confidenciou-me, perigosamente.

Ao aperceber-me da aproximação do Jerônimo Damião no salão nobre do Cabaret Ibérico, despachei-a apressadamente com piscadela de cumplicidade, de maneira que pudesse me inteirar sobre o assunto do capoeira Manduca da Praia, baderneiro e valentão da Cidade Nova. Quando me avistou, o precavido capataz maranhense indicou-me a alcova com menear de cabeça, p'ra que deliberássemos sobre a estratégia da pilhagem e extermínio do comerciante libanês Assir Lubbos, em data a combinar. O caboclo maranhense me relatou que o capoeira Manduca da Praia estava de acordo co'a execução do capitalista Assir Turco, contanto que 1/3 do legado do árabe lhe fosse apalavrado pós-inventário dos bens e fazenda do defunto. A questão era que o tinha plena ciência do patrimônio do mouro abastado; e não se arriscaria ao patíbulo do Largo da Lampadosa se a recompensa pelo ato delituoso não fosse de significativa relevância, visto que, co'a terça parte do espólio, o caviloso Manduca da Praia faria o pé de meia, mui necessário à sua retirada da marginalidade.

Na tarde do dia seguinte, o capitalista libanês Assir Lubbos fora assassinado com dois tiros de garrucha em seu comércio de carnes de carneiro; e A Gazeta noticiou que "os disparos de arma de fogo foram desferidos por um bandoleiro encapuzado, que penetrou o estabelecimento comercial co'o firme propósito de dilapidação da humana existência". De acordo co'o Paiz, "empós reação do comerciante de origem asiática, o malfeitor não identificado desfechou-lhe dois tiros de garrucha, à queima-roupa, que ceifaram a vida do capitalista Assir Lubbos, também conhecido pela alcunha de Assir Turco". O Diário do Comércio realçou que "ao atingi-lo em cheio, o histrião mascarado apoderou-se do dinheiro da caixa registradora, p'ra, em seguida, debandar-se rua afora sem ser capturado pelos dragões da Intendência Geral de Polícia da Corte desta São Sebastião do Rio de Janeiro". Quando, enfim, o desembargador Viana se resolvera por vistoriar as imediações do Centro da cidade, o capoeira Manduca da Praia já se encontrava, há tempos, a labutar em sua barraca de peixe, na Praça do Mercado.

No velório do comerciante libanês Assir Lubbos, o Turco, o rábula Epaminondas Sardinha disse-me que, como o árabe falecido não tivera tempo hábil p'ra escritura de testamento, a íntegra do espólio de herança caberia a mim, María Juana de La Cruz; e ao legatário legítimo, o infante Amâncio de La Cruz. Empós lavradura da documentação, o que tomou uns bons meses de indústria judicial (e paciência) do rábula Epaminondas Sardinha, de sorte que se incumbisse de acertar as ontas co'o capoeira Manduca da Praia, eu dirigi-me ao leão de chácara Jerônimo Damião, que me informou que o sujeito havia sido vitimado pela tísica, que fizera com que definhasse a cuspir sangue até a sua morte em indigência. Não posso jurar que o passamento do assassino do meu generoso esposo Assir Lubbos, o Turco, me causara alguma espécie de consternação, uma vez que o alívio pela extinção do peixeiro da Praça do Mercado, além de ter me possibilitado a preservação de um terço herança adquirida do comerciante libanês, determinou o silêncio sepulcral do capoeira, Manduca da Praia. Contudo, ainda restava-me a retaliação pela deslealdade do ingrato Jerônimo Damião co'a intrometida Benvinda Céu da Boca, que me atraiçoou mesmo não tendo ciência do envolvimento co'o capataz maranhense airoso e bem dotado de nascituro. Por esta razão, ao retirar-me do Cabaret Ibérico, eu despejei quinhão e meio da peçonha comerciada pela cigana Filomena na garrafa de vinho tinto português, que seria degustada pelos Romeu e Julieta do prostíbulo, que, na manhã posterior, foram encontrados adormecidos eternamente.

No instante em que adentrei as acomodações do bordel, a Benvinda Céu da Boca aproximou-se p'ra dizer-me que o leão--de-chácara Jerônimo Damião e a prostituta Benvinda Céu da Boca fizeram um pacto de morte, por terem se enamorado um pelo outro em paixão proibida do Cabaret Ibérico. A tragédia romântica protagonizada pelo caboclo Jerônimo Damião e pela Benvinda Céu da Boca não originou qualquer espécie de suspeição de homicídio contra mim, de maneira que o Cabaret Ibérico retomava a normalidade cotidiana, até que o fanfarrão d. Pedro I surgiu pela primeira vez no prostíbulo acompanhado do seu fiel escudeiro (melhor dizendo, fiel alcoviteiro), o irrisistível fidalgo Francisco Gomes da Silva, o Chalaça. Não obstante, de antemão preciso registrar que, co'a liberação do espólio pecuniário do comerciante libanês Assir Lubbos, eu tive condições de restaurar as instalações do Cabaret Ibérico, incluindo-se a aquisição de móveis, utensílios, vitrais e piano alemão, mui bem acomodado no salão nobre e prontamente dedilhado pelo virtuose austríaco Kurt Stein, que se amasiou co'a meretriz Lilibeth; e, em sua companhia, decidira-se pela alocação da alcova dos fundos do prostíbulo. Co'a outra parte do quinhão financeiro provinda do capitalista Assir Turco, eu tive fôlego pecuniário p'ra importação de sete cortesãs de origem francófona, que aportaram no Cais Pharoux. As coquettes, de um modo geral, eram portadoras de sofisticada etiqueta e educação, que assaz acabrunhavam as damas da sociedade fluminense. Porém, a mais bela e espevitada, a cocotte Gigi, que se endiabrou diante do imperioso d. Pedro I, seduzindo-o de tal maneira que a previdente dona Carlota Joaquina enviou emissário com solicitação eu a recebesse sigilosamente, p'ra que se dialogasse sobre a febre terçã da qual se apossara o porvindouro Imperador do Brasil.

Era data corrente do ano de 1820; e já havia rumores na Corte a respeito do retorno inadiável de d. João VI a Portugal. A visionária dona Carlota Joaquina andava mui preocupada co'a condição de servilismo do herdeiro do trono brasilis, diante de uma marafona estrangeira, a cocotte Gigi, que se apossara da razão do deleitoso príncipe. Não obstante, as aflições políticas da dona Carlota Joaquina se justificavam pela simples razão de que o enamorado d. Pedro I, praticamente, se mudara de mala e cuia p'ro Cabaret Ibérico, pois que pernoitava com frequência em companhia da cocotte Gigi, que o enfeitiçara de tal monta que nem os compromissos patrióticos o aliciavam co'a força do chamado da alcova da meretriz de origem francesa.

O desafortunado d. Pedro I cobria a cocotte Gigi de mimos doirados e afins, de maneira a incitar a prostituta a satisfazer-lhe os instintos mundanos da hereditariedade, quiçá; não obstante, ainda que a tal pródiga afabilidade não afetasse os cofres da família Orleans e Bragança, o que impacientava o ânimo da dona Carlota Joaquina eram os desatinos do doidivanas que, deveras, implicavam na governabilidade da colônia.

— Madame Pillar, ou a senhora despacha p'ro quinto dos infernos a vossa rapariga de estimação, a cocotte Gigi; ou eu, com uma penada de ganso, hei ordenar o encerramento das atividades eróticas do Cabaret Ibérico.

— Mas Vossa Majestade há de convir que o d. Pedro I irá cortar os próprios pulsos co'o punhal de prata, em caso de sumária desaparição da rapariga de sua predileção, a cocotte Gigi.

— Que corte os pulsos de si próprio, desde que não se suicide o Quinto Império Lusíada!... — exclamou, canhestramente.

A frieza de sangue azul da indolente dona Carlota Joaquina me deixou mui apreensiva quanto ao fadário da cocotte Gigi, que, assim como a *mi madre* Maria Egípcia, também poderia sucumbir de uma hora p'ra outra, diante da cólera matriarcal da progenitora do irascível Imperador d. Pedro I. Contrariada, a vingativa esposa d'El-Rey d. João VI era capaz de qualquer ação criminosa, p'ra que não se abalasse conjuntura política do Reino Unido de Portugal, Brasil e Algarves. Destarte, eu prometi-lhe que dispensaria, imediatamente, a cocotte Gigi do Cabaret Ibérico, desde que houvesse compensação indenizatória por parte da dona Carlota Joaquina, já que a rapariga francesa era quem mais me trazia lucratividade de prostíbulo.

— E, além de tudo, uma prostituta da linhagem e estirpe da cocotte Gigi não se fabrica da noite p'ro dia, não, majestade.

— A benevolência d'El-Rey dom João VI, no tocante ao alvará de funcionamento do Cabaret Ibérico, já seria uma dádiva monárquica a ser celebrada co'o champanhe da terra da rapariga Gigi. — contrapôs-se à reivindicação indenizatória. — Mas, por via das dúvidas, quanto a Madame Pillar exigiria de ressarcimento pela demissão da marafona estrangeira?

— Pela felicidade geral e irrestrita da família Orleans e Bragança, creio eu que a benevolência de Vossa Majestade El-Rey d. João VI poderá julgar co'a mais propriedade do que esta pobre cafetina cigana de bordel.

A imperativa Carlota Joaquina saíra da reunião persuadida de que eu jamais abriria mão da prostituta mais rentável do Cabaret Ibérico sem avultosa indenização. No Paço do Largo do Carmo, resolveu-se por consultar Sua Alteza d. João VI sobre o valor a ser ressarcido pela Coroa Portuguesa, em caso de demissão da rapariga Gigi do Cabaret Ibérico. Não obstante, antes que viesse a boa-nova da autorização de ressarcimento, a diligente meretriz Lilibeth antecipou-se co'a notícia de que o d. Pedro I raptara a cocotte Gigi, instalando-a numa chácara nos arredores do Rio Comprido.

Desta feita, eu solicitei que a meretriz Lilibeth reunisse as cortesãs no salão nobre, a fim de que se divulgasse que a cocotte Gigi já havia sido despedida do Cabaret Ibérico antes do sequestro do d. Pedro I, por infringir o regulamento do recinto de devassidão e orgia, que era o artigo 01 do Código de Conduta do Bordel (CCB):

— Jamais se enamorar da clientela de alcova, qualquer que fosse a coloração do sangue do freguês - azul ou mouro.

Por detrás do alvitre sobre a demissão da cortesã Gigi, se homiziava a clarevidente intenção de chegar aos ouvidos da sagaz dona Carlota Joaquina, que fora eu, Madame Pillar, a responsável por escorraçá-la, precipitando-me ao intento de benignidade do El-Rey d. João VI; e, sobretudo, ao desvario raptador do d. Pedro I do Brasil. No início da tarde, porém, bateu-me à porta um emissário co'a quantia de trinta contos, seguida do agradecimento por parte de Sua Majestade d. João VI e de sua consorte oficial, dona Carlota Joaquina de Borbón. Co'a sua escapula apressada, a cocotte Gigi não teve tempo hábil p'ra carregar consigo os afagos doirados prestados pelo generoso d. Pedro I, o que me obrigou a confiscá-los sumariamente, p'ra, no instante posterior, providenciar a devolução da joalheria aos auspícios de dona Carlota Joaquina. Em seu leito de amor, a cortesã Gigi não se importou co'a restituição da ourivesaria ofertada, que jamais soube da intervenção materna no episódio da indenização dos trinta contos de réis.

A bem-aventurança da cocotte Gigi reinou por dois anos e seis meses, até a aparição de dona Domitila de Castro do Canto e Melo, a Marquesa de Santos, que decretou a emancipação político-econômica sob predominância da dinastia francesa pós-Napoleão Bonaparte. Logo, co'a mudança da Titilia p'ra Corte, o mulherengo Imperador d. Pedro I expulsou a cocotte Gigi de sua alcova, obrigando-a a abrigar-se em aposento do Cabaret Ibérico, que a recebeu de braços abertos, como se fosse filha pródiga a regressar à sua morada de nascituro. Houve coquetel, sarau e concerto de piano executado pelo majestoso Kurt Stein, p'ra recepção da cocotte Gigi, que, co'o título de "amante do Imperador", era promessa de arrecadação garantida aos cofres do Cabaret Ibérico.

No bojo da euforia de regresso do exílio, no entretanto, eu lhe fiz exigência de setenta por cento dos ganhos da cocotte Gigi nos três primeiros meses de trabalho; e, metade dos lucros de alcova, a partir do período de experiência de readaptação do prostíbulo. Fragilizada, a cocotte Gigi não tinha como negociar melhor preço de labuta e estada em alcoice, uma vez que o d. Pedro I estava tão enrabichado pela Marquesa de Santos, que a nomeara dama de companhia da Imperatriz dona Leopoldina d'Áustria, que engoliu a seco a humilhação histórica. A readmissão da cocotte Gigi me fizera recordar dos tempos da violação do d. João VI, que me possuíra debaixo do buço de dona Carlota Joaquina, que, de fato, fora quem premeditou o ato de covardia contra uma moçoila frágil e indefesa. Nada obstante, de certa maneira, a indenização dos trintas contos obtida pela deposição da cocotte Gigi do Cabaret Ibérico possibilitou-me alguma pecúnio e fazenda, que absolutamente não compra a dignidade ofendida, mas suborna o espírito humano através da materialidade restituída do capital. Em retaliação ao gênio difícil da Marquesa de Santos, o pragmático Chalaça se aproximou da prostituta francesa, a cocotte Gigi; e, logo na primeira oferta de alcova, assentiu em abrir a bolsa p'ra arrematar a prenda mais valiosa da noite por conto e meio, pouco menos do que o preço bem pago a um escravo, co'a boa disposição p'ra labutar em serviço urbano *ad aeternaum*. Ao interceptá-lo, acusei-o frontalmente de estar agindo a mando do d. Pedro I, que o incumbira de preservar a sua amante da companhia de aluguel da clientela do Cabaret Ibérico.

A desfaçatez atávica do Chalaça me fez desconfiar de que o assecla do Imperador não estava sendo sincero, quando me assegurou que agia por vontade própria, de vez que admirava a cocotte Gigi desde quando a avistou no salão nobre do Cabaret Ibérico. Assim sendo, jurou-me que era desejo antigo tê-la intimamente em seus braços desde então, mas que seria impossível assediá-la em razão do cumprimento da conduta ética, que devotava ao patrão mui impulsivo e zeloso, no que dizia respeito à Cocotte Gigi. Co'a desistência do Imperador d. Pedro I , no entretanto, o arrebatado Chalaça julgava-se apto a exercer o seu livre arbítrio de galanteio, a partir de um encontro reservado co'a mais esplêndida meretriz de luxo de toda circunvizinhança da Corte de São Sebastião do Rio de Janeiro. No ínterim do rendez-vous, não obstante, o Imperador d. Pedro I cruzou o salão nobre do Cabaret Ibérico, p'ra arrancá-la bruscamente das mãos afoitas do atônito Chalaça, que não reagiu diante da intempestiva atitude do Imperador do Brasil.

— Gigi, mon amour, tu és a minha imperatriz de alcova; e não hás de ser de mais ninguém neste Cabaret Ibérico. — arrastou-a, impossibilitando o fiel subalterno da realização do desejo carnal.

— Sua Majestade d. Pedro I, o inebriado Chalaça combinou um conto e meio pelos serviços prestados da cocotte Gigi... — interpelei-o.

— Dou-lhe dois contos e meio de réis, Madame Pillar!...

Haja vista que a matemática de setenta por cento sobre dois contos e meio seja mais expressiva do que setenta por cento sobre um conto e meio, tampouco a decepção do Chalaça me abalou ânimo e consciência, conquanto, por pura solidariedade de prostíbulo, eu me ofereci p'ra fazer companhia de alcova ao inconsolável Chalaça, que não declinou da oferta, todavia. Mediante sussurros e gemidos de alacridade do alcoviteiro oficial do Imperador d. Pedro I, a situação já estava se normalizando quando a Marquesa de Santos invadiu o Cabaret Ibérico à procura do amante; e, co'o dedo em riste, me constrangeu a denunciar a direção do legatário de dona Carlota Joaquina. A princípio, eu hesitei em acreditar que o cão de guarda do Chalaça fosse capaz de delatar o companheiro de esbórnia; no entretanto, a dona Titilia afirmou que fora o próprio quem o incriminara, por sentir duplamente atraiçoado, pois que, na última carraspana, o Imperador

d. Pedro I lhe prometera que jamais tocaria num fio de cabelo da cocotte Gigi, por encontrar-se co'as quatro rodas da carruagem arriadas por ela, Domitila Castro de Canto e Melo.

— Sinto desapontá-la, mas o Imperador d. Pedro I não se encontra mais neste estabelecimento comercial de carne humana, senhora dona marquesa. — desconversei, enquanto sinalizava à meretriz Lilibeth, p'ra avisá-los da visitação imprevista da amante enciumada.

— Ou a Madame Pillar entrega-me o Imperador d. Pedro I; ou a prostituta Gigi sairá estirada deste estabelecimento comercial de carne humana num caixão de defunto até a sepultura do cemitério.

No entretanto, antes que eu me decidisse por denunciar ou não a sua localização de alcova, o Imperador d. Pedro I insurgiu-se p'ra abafar o escândalo da descontrolada Marquesa de Santos, ao carregá-la em seu colo p'ra mui longe do Cabaret Ibérico. É verdade que quase caio p'ra trás quando o delator Chalaça retornou, no afã de reatar os laços amorosos co'a cocotte Gigi.

— Chalaça, eu aviso-te que, mesmo co'o todo dinheiro do mundo, o senhor está proibido de botar os pés sujos e bocarra mal lavada no Cabaret Ibérico, a não ser que seja por cima do cadáver desta Madame Pillar!... — expulsei-o, co'o adjutório do capanga Jerônimo Damião.

— Ainda que não esteja disposto a gastar um conto e meio co'a cafetina do Cabaret Ibérico, eu vos asseguro que não vim p'ra me deleitar co'a cocotte Gigi; mas co'a distinta senhora proprietária do Cabaret Ibérico, Madame Pillar. — desarmou-me Chalaça.

Providencialmente, afastei-o da audiência pública, conduzindo-o até o aposento em que outrora se encontrava o soberano d. Pedro I, p'ra explicar-lhe que eu dispensava o estipêndio de alcova, caso ele, Chalaça, me auxiliasse na questão do reconhecimento de paternidade do infante Amâncio de La Cruz, como herdeiro, conquanto bastardo, do El-Rey d. João VI, que me violentou no Paço do Largo do Carmo, quando eu ainda era casada co'o falecido comerciante Assir Lubbos, o Turco. O alcaiote do Chalaça, que não imaginava tal revelação, demonstrou-se admirado co'a perspectiva daquele moleque amorenado da carcaça mirrada vir a possuir sangue azul correndo pelas veias ciganas.

— Se for verídico o que a Madame Pillar está a me dizer, o ciganito Amâncio de La Cruz Orleans e Bragançapode vir até a valer muito mais do que o conto e meio que a senhora me cobrou pela noite de luxúria, em substituição à cocotte Gigi surrupiada pelo Imperador d. Pedro I do Brasil.

— D. Amâncio Orleans e Bragança!... Mas antes eu preciso fazer chegar aos ouvidos auspiciosos da Imperatriz Leopoldina d'Áustria a perspectiva de suspeição do nascituro bastardo, Chalaça.

— Se eu fosse a Madame Pillar, procuraria, co'a máxima urgência, o José Bonifácio de Andrada e Silva, que vem a ser o único ser humano desta Corte em quem a Imperatriz Leopoldina deposita confiança até debaixo d'água, pondo a mão no fogo por sua constância e lealdade. — orientou-me o proxeneta.

O grão-mestre do Grande Oriente do Brasil, que não frequentava castelo ou lupanares, era assíduo nas reuniões da Maçonaria frequentadas pelo rábula Epaminondas Sardinha, que há anos advogava p'ra mim e me admirava com uma fidelidade canina. Ao me reportar ao mulato chicaneiro sobre a ideia de obter do conselheiro maçom anuência de se levar ao conhecimento da Imperatriz Leopoldina d'Áustria o episódio da violação e a probabilidade do infante Amâncio de La Cruz vir a ser herdeiro bastardo do d. João VI, o mui afeiçoado rábula Epaminondas Sardinha me garantiu audiência co'o José Bonifácio de Andrada e Silva, visto que na semana seguinte haveria assembleia maçônica. O prestativo mulato chicaneiro mencionou-lhe a intenção da Madame Pillar de lhe confidenciar algo mui comprometedor p'ra imagem do monarca d. João VI, que dizia respeito ao nascituro de um rebento ilegítimo, cuja paternidade poderia estar associada ao consorte de dona Carlota Joaquina. Empós reunião da maçonaria, o esbaforido rábula Epaminondas Sardinha invadiu o Cabaret Ibérico, co'a boa-nova debaixo do braço de que o sisudo José Bonifácio se interessou pelo hipotético adultério d'El-Rey d. João VI; e que viria visitar-me na tarde da próxima segunda-feira, porque fora avisado de que não haveria expediente de prostituição.

Na data marcada, o discreto José Bonifácio prestou atenção ao depoimento desta mulher vilipendiada pelo monarca d. João VI, que me aviltara co'a concupiscência de sua consorte dona Carlota Joaquina, pois que tudo indicava que a megera espanhola fora quem me atraiu ao Paço do Largo do Carmo, co'o intuito de atingir-me a honra diante do meu esposo Assir Lubbos, que ao saldar o dote matrimonial me livrou das garras do escravagista Manolo Roiz, o Negreiro. Ao testemunho, o assisado José Bonifácio consultou-me se havia intenção de minha parte de denunciar a violação ao d. Pedro I e à Imperatriz Leopoldina d'Áustria, uma vez que, muito embora banal, o caso sobre o aviltamento de uma senhora compromissada era mui grave e ruidoso ao regime monárquico. Mesmo que fosse impossível a comprovação de paternidade, quiçá seria a acusação forjada de uma cafetina cigana proprietária do Cabaret Ibérico contra a prerrogativa de inocência de um monarca da estirpe de Sua Majestade d. João VI, distanciado por quase uma década e um oceano, diante da denúncia, quiçá absurda e sem fundamento, de violação da dama de companhia de dona Carlota Joaquina.

— Não se trata de se forjar acusação absurda de violação da dama de companhia de dona Carlota Joaquina, contra o soberano d. João VI, dr. José Bonifácio, haja vista que, enquanto houver o prenúncio da paterna, a minha cliente está no direito de reivindicar que, ao menos, a Família Orleans e Bragançase responsabilize pela formação humana e intelectual do infante Amâncio de La Cruz. — interviu o rábula Epaminondas Sardinha.

— Mas se o próprio sobrenome árabe já acusa a paternidade da criança, como Vossa Mercê enseja que eu persuada a

Imperatriz dona Leopoldina d'Áustria de que o infante Amâncio de La Cruz Lubbos seja legatário bastardo do monarca d. João VI, Madame Pillar? — auscultou-me José Bonifácio de Andrada e Silva.

— Eu peço ao senhor, apenas, que relate a história da violação desta vilipendiada dama de companhia de dona Carlota Joaquina ao d. Pedro I e à sua consorte, Imperatriz dona Leopoldina. — repliquei, encarando-o. — Por obséquio, exponha que eu não estou apta a arrostar co'a sobrevivência do infante Amâncio de La Cruz.

— Ao examinar os traços físicos e a cútis do infante Amâncio de La Cruz Lubbos, digo-vos que não podemos apelar p'ra álibi da aparência física, porque a fisionomia enegrecida do suposto herdeiro espúrio não condiz co'o semblante ariano do soberano d'El-Rey d. João VI. Não obstante, caso o desígnio da Madame Pillar se paute na garantia de educação, eu vejo com mui bons olhos a sua preocupação materna de bem-estar intelectual do suposto legatário da Casa dos Orleans e Bragança. Portanto, nesta empreitada, Vossa Mercê poderá contar co'a benignidade e presteza, conquanto a limpidez biográfica do monarca d. João VI esteja sendo arranhada pela denúncia de violação de uma senhora matrimoniada, a serviço do Paço do Largo do Carmo.

Três dias empós o diálogo entre mim, o rábula Epaminondas Sardinha e o José Bonifácio de Andrada e Silva, o mensageiro do Paço do Largo do Carmo entregou-me missiva assinada pelo Imperador d. Pedro I, autorizando-me o ingresso do infante Amâncio de La Cruz, em regime de internato no Colégio Episcopal de São Pedro de Alcântara dos Jesuítas. Muito provavelmente, a Casa de Orleans e Bragançaalmejava homiziar, co'a matrícula no Colégio da Companhia de Jesus, a ação criminosa, que originou a gestação do suposto herdeiro ilegítimo do d'El-Rey d. João VI. Como se a acolhida da Santa Madre Igreja ao seminarista Amâncio de La Cruz, amainasse o ato abominável perante Deus Nosso Jesus Cristo de Nazaré.

O que me importava mesmo naquele período era que o infante Amâncio de La Cruz estaria mui bem amparado pelas mãos divinas dos jesuítas; e que, caso houvesse vocação episcopal, o fruto da transgressão do impudico d. João VI se tornaria membro da Igreja Católica e Apostólica Romana. Deste modo, co'o infante Amâncio de La Cruz mui bem encaminhado na vida religiosa, creio que era o momento de eu começar a cuidar de minha existência amorosa, visto que desde a morte do Norberto Jerônimo Damião, que eu não me interessava por homem sem batina, co'o crucifixo ereto à procura da salvação da carne desta Madame Pillar, que já começava a sentir a falta duma costela de macho, que possuísse de ponta à cabeça em aposento do Cabaret Ibérico.

Creio eu que o Onipotente ouviu as minhas preces, já que, empós entregar-me aos afagos orgíacos do pianista austríaco Kurt Stein, dei-me conta de que o que as cortesãs diziam a respeito de seu desempenho carnal não era pura falácia de alcova. Dei-me por vontade própria ao artista estrangeiro; não obstante, se arrependimento matasse, confesso que eu estaria dura, fria e estendida em cova rasa, visto que o europeu era muito além do que eu imaginava, por ter dado em couro e carcaça durante toda noite de orgia. Porém, o falacioso pianista não era homem p'ra mim, não porque fosse o ídolo erótico de todas as outras meretrizes do bordel; mas, mormente, porque agia como gigolô garboso e não havia sinceridade em suas ações mecânicas em aposento de luxúria. Belo e potente, o seu galope (e pegada) de predador não me agradou, o que me forçava a descartá-lo no pós-ato sexual, sem rodeio de oratória ou explicação, haja vista que era eu, Madame Pillar, a patroa do recinto; e ele, Kurt Stein, um mero subalterno do Cabaret Ibérico.

Na manhã seguinte, eu assinei a procuração jurídica p'ra que o rábula Epaminondas Sardinha transferisse a quem me pagasse melhor preço de mercado pelas casas de comércio do meu esposo Assir Lubbos, o Turco, haja vista que, doravante, a mim só interessava o negócio de carne humana do prostíbulo. Co'a liberação do espólio mercantil do Assir Turco, capitalizei-me a ponto de bancar aluguel de um edifício de três andares, localizado na Rua da Misericórdia. Empós obra de restauração e compra do mobiliário, o Cabaret Ibérico instalou-se co'o esplendor que a alta sociedade cobiçava por glória e merecimento. Na noite de reinauguração, eu me deparei co'a imagem da mais esplêndida figura humana que aportou por estes trópicos, o português Filinto Bello Pinto, contrabandista de pedras preciosas, que se erradicara na Corte de São Sebastião do Rio de Janeiro. Antes que a coquette Gigi se apoderasse do moçoilo mui bem aparentado, eu antecipei-me ao ordenar que a meretriz Lilibeth ofertasse o vinho tinto de sua terra natal, juntamente co'a solicitação que se assentasse comigo, Madame Pillar. O gajo aproximou-se sorrateiramente; e, co'a lábia de malandro, conquistou-me à primeira vista, ao beijar-me a mão direita, sem falsa modéstia ou pudor. O impiedoso Filinto Bello Pinto cortejou-me por toda noite; e, quando o ameacei de cerrar o portal em suas fuças de garanhão, o falsário lusitano desafiou-me a expulsá-lo, desperdiçando a imperdível companhia de alcova. Sem ação e já mui curiosa diante da bravata do Bello Pinto, eu incitei o cão de guarda Jerônimo Damião a escorraçá-lo; porém, o peralta provocou-o ao assegurar com convicção de que tão-somente seria expulso do Cabaret Ibérico, pelas mãos desta Madame Pillar; e não por pau-mandado que eu contratava a peso d'ouro, mas que borrava os fundilhos perante adversário de valor.

Apercebendo-me de que o Jerônimo Damião já coçava a navalha, intercedi a favor do valentão Filinto Bello Pinto.

— Damião, agora é comigo que cão que ladra não morde... — ironizei a bravura do portuga, que não se intimidou co'o sarcasmo do adágio.

— Pois eu hei de morder-te da nuca aos pés da Madame Pillar!...

Diante de tal alvissareira promessa, eu não pude resistir ao charme perigoso do Filinto Bello Pinto, que era um vendaval humano; e me possuiu a carne e o espírito até o alvorecer. Apesar da experiência com homens de toda sorte, o sôfrego Bello Pinto me demonstrou que a arte de abrigar-se nas entranhas de uma fêmea era p'ra poucos e privilegiados cortesãos. É fato que o pênis animalesco e mui avantajado, que lhe dera alcunha e fama, me estraçalhava o útero até quase a boca do estômago, sendo um predicado erótico que assaz o auxiliava na prática sexual. Não obstante, mediante desempenho de alcova do alfacinha, o atributo físico seria mero penduricalho ornamental entre as pernas grossas do Dom Juan lisboeta. Em suma, o insaturável Filinto Bello Pinto era uma espécie de Casa Blanca lusitano, que, quiçá, herdara do sangue mouro a voluptuosidade dos árabes africanos. O ápice do ato carnal fora quando o ávido português Filinto Bello Pinto pôs-me de quatro a engatinhar sobre o catre, uivando feito uma loba ciosa até o ápice da turgescência, o que suscitou a bisbilhotice da plateia do Cabaret Ibérico.

Neste momento de orgasmo, a desaforada cocotte Gigi fora a primeira a comentar que, a se observar pela ruidosa algazarra, com um gajo desta cepa e estirpe ela seria capaz de até largar o ofício de meretriz. Em verdade, a prostituta francesa ainda não se olvidara da abdicação do trono do Imperador d. Pedro I, que, enfeitiçado pelos sortilégios da Marquesa de Santos, a abandonara friamente, atirando-a em sarjeta de prostíbulo. Ressentida, a cocotte Gigi embriagava-se co'a recorrência náufraga dos desenganados do amor, desclassificando-se perante a clientela, apesar da indefectível formosura que a distinguia das outras meretrizes do Cabaret Ibérico. Era mui jovem e bela a cortesã francófona, fato este que faria da cocotte Gigi sempre um prenúncio de intimidação, no tocante à concorrência de meretrício; no entretanto, como além disto, era possuidora de uma inteligência pragmática, amasiou-se co'o arrebatado Chalaça, que lhe cobria de mimos prateados e carícias públicas. Não fosse a questão do descrédito do Imperador d. Pedro I, o aliado de outrora, Chalaça, até poderia ser considerado um excelente partido de alcova; não obstante, a delação o empurrara p'ra condição de pária da Corte de São Sebastião do Rio de Janeiro. Já não era nem mais recebido no Paço do Largo do Carmo; e a Imperatriz Leopoldina, aconselhada por José Bonifácio de Andrada e Silva, o repudiava nos camarotes do Theatro São Pedro de Alcântara e nos saraus da Residência Real da Quinta da Boa Vista.

A desilusão amorosa atou os laços afetivos do Chalaça co'a cocotte Gigi, como forma de consolação p'ra ambos os amantes, que se entregavam desesperadamente, sendo que um em razão do sentimento avassalador que o tomara de assalto; e a outra como se fosse uma tábua de salvação sob disfarces do resquício da aristocracia equidistante. No Cabaret Ibérico, a cocotte Gigi interrompia o expediente às 20:00 em ponto, p'ra atender o seu amante de ocasião mais assíduo, que se endividava p'ra sustentar o padrão de exigência da meretriz de finos tratos e hábitos, que demandava do Chalaça o modelo idêntico ao tracejado pelo Imperador d. Pedro I. Por reconhecimento à sua fidelidade canina, a generosa Marquesa de Santos o socorria nos apuros co'as dívidas junto aos financistas carnívoros; todavia, como todo fundo tem poço, a concubina do Imperador d. Pedro I cerrou a carteira, assim que o Chalaça extrapolou o limite da aptidão de solidariedade. Como mulher de má vida não dá ponto sem nó, eu tratei de reforçar a vigilância sobre o meu homem, Filinto Bello Pinto, que jamais se engraçara pela fingida cocotte Gigi, que o ignorava diante de mim, mas eu soube através de fonte confiável que, às minhas costas, armava o bote da serpente, p'ra aprisioná-lo como o fizera co'o Chalaça.

— Filinto, se tu te aproximares da cocotte Gigi, juro que te decepo o "Bello Pinto" co'a quicé mais cega de cozinha... — adverti-o em tom de deboche.

Co'a expansão do prostíbulo da Rua da Misericórdia, outras cortesãs foram sendo contratadas sob a administração da meretriz Lilibeth, promovida ao cargo de gerência por mérito e devoção. No entretanto, a que mais se destacava era a nortista Inês dos Anjos, a cabocla Inezita. A pobrezinha fora negociada pelo progenitor a um caixeiro viajante de origem judaica, em Belém do Grão-Pará, em troca de parca mercadoria; e trazida pelo hebreu Tonico Jacob à Corte, em busca de vantajosa lucratividade que lhe restituísse o capital investido em sua "caboclinha sapeca". Ao bater os olhos na prenda do Norte, eu logo dei-me conta de que a cabocla Inezita seria a substituta de alcova ideal da cocotte Gigi, que, há tempos, negligenciava dos afazeres da prostituição, p'ra dedicar-se aos projetos particulares de ascensão social de cátedra. Não obstante, o golpe fatal chegou até a cocotte Gigi, quando o Chalaça fora obrigado pelas circunstâncias da vida a retornar a Portugal, deixando-a literalmente a ver navios, ainda que guardasse entre os seios a epístola de despedida, co'a promessa do amante de recebê-la, "muito em breve, em Lisboa".

Desconfiada da relação entre Filinto Bello Pinto e a cocotte Gigi, certa noite, eu solicitei que o capataz Jerônimo Damião avisasse a meretriz Lilibeth que eu não compareceria ao Cabaret Ibérico, em razão da brutal enxaqueca que me assolara repentinamente. Ao indagar sobre a ausência desta Madame Pillar, ao invés de bater-se em retirada estratégica, o pilantra do Filinto Pinto Belo proferiu falsa lamentação, sentando-se à mesa co'a saudosa ex-amante do Chalaça, a cocotte Gigi, que o cortejava descaradamente, segundo relatou-me Inês dos Anjos, a cabocla Inezita. Como havia planeado, aprontei-me com esmero p'ra atrasar-me o suficiente, a tempo hábil do flagrante delito de traição. Ao penetrar o salão nobre do bordel, a governanta Lilibeth me relatou que a cocotte Gigi sentiu-se mal, em razão dos enjoos que a atormentavam; e pediu-lhe p'ra sair mais cedo do Cabaret Ibérico, sob suspeita de gravidez do Chalaça.

Ao perguntá-la sobre Filinto Bello Pinto, disse-me que o meu homem, mui preocupado comigo, despencou à procura da Madame Pillar, empós cálice do Porto em companhia da cocotte Gigi. Ato contínuo, eu ordenei que Jerônimo Damião me acompanhasse até a sua residência provisória, porque também eu não passava bem; e, a duras penas, só viera mesmo apesar da bendita enxaqueca, que me explodia a cabeça como um vulcão adormecido em ebulição. Mal sabia o cretino do Filinto Bello Pinto e da desinfeliz da cocotte Gigi, que era o prenúncio de reação aos chifres de veado-galheiro. Acompanhada do peito-largo Jerônimo Damião, dirige-me até o Hotel Pharoux, onde habitava o falsário Filinto Bello Pinto, que descobriria, a título de desforra, com quantos paus se faz uma canoa indígena. Identificando-me como Madame Pillar do Cabaret Ibérico, o recepcionista não fez objeção de que me fosse permitido o ingresso até o local da hospedagem do sacripanta. Imagino eu que, sobretudo, a horripilante figuração de Jerônimo Damião tenha contribuído p'ra acedência do porteiro.

Ao arrombar a porta do quarto do hotel, deparamo-nos co'o calhorda do Filinto Bello Pinto, nu em pelo, por sobre a coquette Gigi, em pleno ato de procriação.

— Malditos!... — bradei em alto e bom timbre de reprovação.

— Madame Pillar!!!... — refreou-se o Don Juan lisboeta.

Sem perda de tempo, eu ordenei que o capataz Jerônimo Damião desse uma coça de vara verde na cocotte Gigi; e a expulsasse do Hotel Pharoux, sem a vestimenta do corpo.

— Mas antes, Damião, que se enlace mãos e pés do traidor do Filinto Bello Pinto, que eu lhe darei uma lição inesquecível de bons modos e costumes desta Corte de São Sebastião do Rio de Janeiro.

Empós vergalhá-la sem indulgência, o guarda-costas Jerônimo Damião atirou a prostituta francesa no olho da rua, toda ensanguentada em razão da vergalhada. A desgraçada da cocotte Gigi bradava por adjutório alheio, ao mesmo tempo em que o contrabandista de pedras preciosas, Filinto Bello Pinto, rogava por clemência, em nome do passado tão bonito que vivenciamos a dois.

— A três, seu português excomungado!...

De bate-pronto, eu solicitei ao Jerônimo Damião que me emprestasse o punhal de prata, a fim de que, co'a lâmina de fino corte, se capasse o rancolho do Filinto Bello Pinto, a sangue frio. Apesar das súplicas aos berros do porco capado, eu não vacilei em arrancar o "Bello Pinto" do meu infido amante, que me atraiçoara co'a mais bela e dissimulada de todas as prostitutas do Cabaret Ibérico, a cocotte Gigi.

— Doravante, tu não hás de passar de um Filinto Zero Pinto, meu amor. — decepei-lho, impiedosamente.

Envergonhado, o castrado Filinto Bello Pinto embarcou de volta a Portugal, logo que se recuperou do ferimento; não obstante, acompanhada do metediço Chalaça, a a cocotte Gigi não demorou p'ra vir me pedir guarida, sob argumento de que o caso da infidelidade com "o português da Madame Pillar" já se tratava de águas passadas, que não movem moinho da história

— Pois saiba a Madame Pillar que a cocotte Gigi se encontra sob a guarda e proteção de Chalaça, de modo que não pretende mais se prostituir neste Cabaret Ibérico. — pontuou o ex-alcoviteiro do Imperador d. Pedro I.

— Só não compreendo qual serviço irá prestar a cocotte Gigi que não seja o de cortesã do prostíbulo, meu nobre Chalaça, uma vez que dragão na caserna não tem o direito a negar fogo de batalha.

A espevitada cocotte Gigi se intrometeu a advogar em causa própria, ao explicitar o flagelo de sua situação de cortiço, fato este que a ultrajava perante a posição social do seu amante aristocrata, o *bon-vivant* Chalaça, que iria se candidatar a deputado pelo Partido Liberal.

— Quanto ao aluguel da alcova do Cabaret Ibérico, a Madame Pillar pode ficar sossegada que o valor mensal será arcado por mim, deputado Chalaça, sem hipótese de atraso da prestação de conta mensal.

Por puro desígnio de retaliação, eu acedi à prerrogativa do rufião de se dar abrigo à desnaturada da cocotte Gigi, visto que a minha ideia era seduzir o Chalaça, de modo a fazer chegar aos ouvidos da sua concubina a insídia da traição. Em certa feita, aproveitando-me da ida da cortesã francesa à Rua do Ouvidor, de supetão ingressei na alcova, no instante em que o fidalgote se preparava p'ra se deitar e dormir. Insinuando-me, deixei cair o xale, mostrando-lhe o decote aguçado do vestido. O cauteloso Chalaça consultou-me a fisionomia auspiciosamente, p'ra se certificar de que não era nenhum artifício de emboscada, a incriminá-lo diante do juízo da amásia. Ao arrancar toda vestimenta do corpo, o incrédulo fidalgo português ainda tentou desviar o olhar dos meus seios fartos e apetitosos; mas já era tarde p'ra reagir ao assédio desta Madame Pillar, que o enlaçou despudoradamente até se deflagrar o ato carnal. Como planeado, em plena ação sexual, a desavisada cocotte Gigi adentrou o aposento, flagrando-nos em total entrega de espírito.

— Chalaça!... — exclamou com indignação.

— Quem com ferro do Bello Pinto fere... — retruquei-a, zombeteiramente.

Empós este breve diálogo, a prostituta francófona, ao esbofeteá-lo, o expulsou de sua alcova e biografia. No entretanto, a cocotte Gigi avisou-me que, apesar da perfídia, não iria dispensar a hospedagem do Cabaret Ibérico, de vez que retornaria ao ofício da prostituição, obtendo os ganhos necessários de sobrevivência e aluguel. Naquela mesma noite, a rancorosa cocotte Gigi despencou à procura da feiticeira Bárbara dos Prazeres, a fim de que a cortesã macabra lhe indicasse sortilégio que me destruísse sem dó nem piedade. A prostituta Bárbara Vicente de Urpia, também conhecida por Onça, discorreu sobre a fugacidade dos atributos físicos; e que a fórmula mais eficaz de afastar concorrência das meretrizes houvera de ser o elixir da vida eterna, produzido co'o sangue dos miúdos sacrificados a punhal de prata em degolação, que deveras havia de ser degustado empós infanticídio.

— Em vosso caso especificamente, o sangue do infante Amâncio de La Cruz Orleans e Bragança. — preceituou a bruxa do Arco do Telles.

O que a cocotte Gigi sequer imaginava era que a feiticeira Bárbara dos Prazeres intentava se vingar de mim, por intermédio do homicídio do suposto herdeiro bastardo de d. João VI. Consta que a mandingueira, quando moça em Lisboa, havia sido amante do esposo de dona Carlota Joaquina, que lhe arranjara matrimônio às pressas co'o fidalgo português Antònio de Urpia, p'ra afastá-la do então Príncipe Regente do Reino Unido de Portugal e Algarves, sucessor de dona Maria I, a Piedosa. Assim sendo, na primeira visita de *vacaciones* do infante Amâncio, a tenebrosa cocotte Gigi o atraiu até o café da Rua dos Ourives, co'a promessa de lhe ofertar doçaria de convento. De mãos dadas co'o infante Amâncio de La Cruz, a cortesã o levou até as mãos da malfazeja Bárbara dos Prazeres, que, ao dopá-lo, o dependurou de cabeça p'ra baixo, rasgando-lhe a garganta co'o punhal de prata. Em seguida, a feiticeira macabra solicitou que a cocotte Gigi se banhasse co'o sangue morno do infanticídio, a fim de que se perpetuasse a juventude. Quando abrolhou atoarda de que os dragões da Intendência Geral de Polícia da Corte se depararam co'o corpo de uma criança do sexo masculino nas águas da Baía de Guanabara, o instinto materno me pôs em sinal de alerta, pois que o infante Amâncio de La Cruz estava desaparecido havia três dias. Dissimuladamente, a cocotte Gigi correu comigo, a cabocla Inezita e a meretriz Lilibeth até o distrito da guarda, inclusive tranquilizando-me sobre o fato de que o corpo descoberto haveria de ser de algum negruzim, que tentara fugir do sobrado e acabou se afogando em escapula.

O pressentimento de ser o infante Amâncio de La Cruz me corroia o coração; e, só de imaginar o defunto infantil carcomido pelos crustáceos marítimos, já me revoltava o estômago em náusea de vômito. Porém, quando me chegou informação do uniforme de seminário, o impacto que ocasionou o desmaio fora o que atenuou a dor cortante que só aumentou, à proporção que o desembargador Viana me narrava que a vítima se encontrava com um talho profundo no pescoço, o que demonstrava ser um sintoma de perícia do homicídio. Descreveu-me também que, segundo o testemunho do aguadeiro Pirilampo, o cadáver fora atirado ao mar por duas mulheres que trajavam mantilha negra. Ao velório seguiu-se o sepultamento e a missa de sétimo dia do infante Amâncio de La Cruz, que não teve tempo hábil de cumprimento do período eclesiástico p'ra missão de sacerdócio, haja vista que fora cruelmente assassinado aos doze anos de idade. Ao ter ciência da denúncia de que a feiticeira Bárbara dos Prazeres fora chamada a prestar depoimento sobre a recorrência de desaparecimento dos recém-nascidos da Roda dos Enjeitados da Casa de Misericórdia, atentei-me p'ra o fato de que a Onça poderia ser útil na investigação sobre a covardia cometida contra o meu Amâncio sangrado empós degolamento. Por adjacência, eu mandei chamar o rábula Epaminondas Sardinha, p'ra que pagasse a fiança da bruxa e a trouxesse ao Cabaret Ibérico, porque a Madame Pillar iria ajudá-la a livrar-se das acusações infundadas de homicídio. Mal se livrou das garras da Justiça, a enigmática Bárbara dos Prazeres escapou do rábula Epaminondas Sardinha, sob pretexto de procurar-me mais tarde, tendo em vista que necessitava ir até a sua morada dar de comer aos felinos de estimação. Como a feiticeira macabra não deu as caras até o anoitecer, o que, decerto, comprovava as minhas suspeitas, eu determinei que o Jerônimo Damião fosse buscá-la à força, visto que a bicharada já tivera tempo de sobra p'ra refeição e sobremesa.

Ainda recomendei ao leão de chácara que entrasse co'a mandingueira macabra pelo portal dos fundos do Cabaret Ibérico, porque, em hipótese alguma, eu admitiria que a malacafenta Bárbara dos Prazeres fosse avistada em companhia desta Madame Pillar.

— Bárbara dos Prazeres, eu sei de fonte segura que foi a senhora quem rasgou a garganta do infante Amâncio de La Cruz... — principiei o interrogatório, co'a persuasão do algoz. — Portanto, caso queira que eu seja misericordiosa Co'a senhora, por obséquio, dê-me a razão do infanticídio e nome da mandante da encomenda lúgubre da degolação.

— Amâncio de La Cruz Orleans e Bragança. — interrompeu-me.

— Então a senhora confessa que trucidou o infante Amâncio de La Cruz, Bárbara dos Prazeres? Que foi a Bárbara dos Prazeres a autora do homicídio não há nenhuma dúvida; contudo, caso a senhora almeje o perdão materno, eu preciso apenas que me diga quem foi a outra mulher de mantilha que a acompanhava até as margens da Baía de Guanabara.

— Cocotte Gigi, que se banhou co'o sangue candente do infante Amâncio de La Cruz Orleans e Bragança, co'o intento de embeber-se do elixir da juventude eterna.

Sem mais nada a dizer à descarada da infanticida, co'as próprias mãos, apunhalei-a por três ocasiões no pescoço enrugado da Bárbara dos Prazeres, p'ra, em seguida, desfigurar a sua fisionomia carrancuda, p'ra que jamais fosse reconhecida ao ser encontrada pelos dragões Intendência Geral de Polícia da Corte, na Baía de Guanabara. Ao certificar-me do falecimento da feiticeira, eu mandei que o Jerônimo Damião jogasse a carcaça da bruxa pestilenta, nas proximidades onde acharam o cadáver do infante Amâncio de La Cruz. Como as marés da Baía de Guanabara arrastaram os restos mortais da feiticeira Bárbara dos Prazeres p'ra longe do logradouro onde fora encontrado os destroços do infante Amâncio de La Cruz, não houve ligação por parte das autoridades entre o assassínio da bruxa do Arco do Telles e a retaliação desta Madame Pillar pelo infanticídio cometido contra o infante Amâncio de La Cruz. Visto como ainda não havia me decidido sobre a providência a ser tomada em desagravo à cocotte Gigi, resolvi-me por ganhar tempo até resolvesse qual seria o castigo da homicida. Quando a boa-nova da descoberta de um corpo de uma mulher em estado de putrefação chegou ao Cabaret Ibérico, em seu íntimo, a cocotte Gigi desconfiou de que era o cadáver da Bárbara dos Prazeres, sentindo-se até aliviada co'o extermínio da feiticeira.

A partir do momento em que fora promovida à governança do prostíbulo, a cocotte Gigi começou a perseguir a minha protegida, a cabocla Inezita, o que me fez pensar em desforra a partir de uma desavença forjada pela rivalidade de meretrício, que fosse incriminar injustamente o desafeto da cocotte Gigi. De feita, eu solicitei que o Jerônimo Damião afanasse o dinheiro que a prostituta francesa homiziava em seu armário de alcova, no período em que estivesse ocupada co'os préstimos de saliência. No momento em que descobriu o furto da parca fazenda adquirida à duras penas, a histérica ex-amante do Chalaça atracou-se co'a cabocla Inezita, em pleno horário de expediente, porque o larápio do Jerônimo Damião fora orientado por mim a testemunhar, à boca miúda, que avistara a caboclinha do Norte, saindo, sorrateiramente, da alcova cocotte Gigi. Em polvorosa, a clientela do Cabaret Ibérico bateu cabeça em debandada do recinto; sobretudo, quando a cocotte Gigi talhou a face da nortista Inês dos Anjos, com navalha de aço.

À proporção que o sangue da cabocla Inezita jorrava, a freguesia se retirava do recinto, horrorizada co'a brutal cena de violência. A hemorragia fora estancada pelo rábula Epaminondas Sardinha, que logo se apercebera de que a desgraçada precisava ser hospitalizada, de maneira que se suturasse o corte da navalha com urgência cirúrgica. Ao passo que a soluçante Inês dos Anjos era amparada a caminho da Santa Casa de Misericórdia, a cocotte Gigi se refugiava em sua alcova, amedrontada co'as decorrências do ato impensado. Assim que vieram me reportar sobre o paradeiro da cocotte Gigi, imediatamente recomendei ao Jerônimo Damião, que lhe restituísse o pecúlio furtado da alcova, a fim de que a amaldiçoada cortesã tivesse condições de se afastar temporariamente da Corte, até que a poeira se assentasse em chão de olvidamento. O leão de chácara transmitiu-lhe também o recado de que aguardasse recomendação de retorno desta Madame Pillar, haja vista que, assim que o rábula Epaminondas Sardinhase inteirasse do grau jurídico da acusação de tentativa de homicídio, eu providenciaria liquidação da fiança, enviando emissário com boa-nova da autorização de regresso da cocotte Gigi ao batente da prostituição.

Eu pus a serviço Jerônimo Damião, com epístola direcionada ao desembargador Viana, requerendo a sua presença p'ra tratarmos sobre o assunto sigiloso. Quando a autoridade distrital ficou ciente do real paradeiro da cocotte Gigi, ordenou que os dragões da Intendência Geral de Polícia da Corte invadissem o cômodo da prostituta assassina e a conduzissem até a senzala de uma propriedade abandonada na Tijuca, que nos serviria de cativeiro p'ra arrancarmos a confissão da cocotte Gigi, sob tortura se necessário fosse, p'ra fazê-la assumir a autoria do homicídio do infante Amâncio de La Cruz, de acordo co'o testeemunho da finada Bárbara dos Prazeres, a Onça. Acorrentada por mãos e pés, a prostituta feiticeira e homicida jamais imaginaria que a mentora intelectual do sequestro seria a sua antiga patroa, visto que eu fizera chegar aos ouvidos da cocotte Gigi que fora esta Madame Pillar quem arcou co'os débitos advocatícios que originaram o *habeas corpus* da prisioneira.

— O que eu preciso é que Vossa Mercê consiga a confissão manuscrita da cocotte Gigi, a respeito do homicídio do infante Amâncio de La Cruz, o seminarista. Empós reconhecimento pelo crime, o desembargador Viana irá assassiná-la e dar sumiço ao cadáver, p'ra que assumisse imediatamente a sociedade do Cabaret Ibérico.

O desembargador Viana saiu apressadamente ao ser informado da localização da cocotte Gigi, prometendo-me que executaria a missão de riscar do mapa a maldita homicida do infante Amâncio de La Cruz. À noite, o desembargador Viana procurou-me p'ra confirmar a confissão por escrito da cocotte Gigi; a execução; e o desaparecimento sumário do cadáver nas águas da Baía de Guanabara. Nesta altura, imaginava que a cocotte Gigi já houvera de ter virado comida de siri; e, conforme apalavrado, eu empossei o desembargador Viana como co-proprietário do Cabaret Ibérico. A clientela entusiasmada o aplaudiu sem cessar efusivamente, o que, de fato, era o surgimento daquele homem austero e cumpridor da ordem no ambiente da prostituição. Não obstante, p'ra além da boa-nova da associação do desembargador Viana, a aparição de uma figura que há tempos não dava as caras no prostíbulo também causou *frisson* em sua clientela de alcova.

De certa forma, o ingresso triunfal no salão nobre da cabocla Inezita, a Mascarada, fizera com que a aclamação ao desembargador Viana se apequenasse, diante da ovação em homenagem ao retorno da cortesã anavalhada pela finada cocotte Gigi. Daquela data em diante, a cabocla Inezita, a Mascarada, se notabilizou como a atração mais lucrativa do Cabaret Ibérico, sendo mui requerida pelas renomadas notabilidades da mais alta casta da sociedade fluminense. Às 22:00, a cortesã Inês dos Anjos penetrava o salão nobre, co'a indumentária e castanhola típicas da região da Andaluzia, de modo a incendiar a plateia ensandecida pelo fenômeno caboclo Inezita, a Mascarada. A dinastia da nortista, em substituição ao reinado da cocotte Gigi, perdurou por uma temporada de prosperidade, até que surgiu no cenário a francesa Madeleine, a Magnífica, que a desbancou sem apelação. É fato que a assídua clientela do Cabaret Ibérico já ansiava por uma substituta de alto nível ao império erguido pela cabocla Inezita, a Mascarada. Não obstante, a materialização da cortesã Madeleine, a Magnífica, fora tão avassaladora que obrigou a cabocla Inezita, a Mascarada, a sair de cena, admoestada pela indiferença dos fanáticos e leais admiradores de outrora.

Na flor dos vinte e poucos anos, a até então incomparável cabocla Inezita, a Mascarada, sem espalhafato exilou-se numa chácara de Santa Teresa. Quando retornou de Portugal, onde fora resolver pendências da herança paterna, o presunçoso Chalaça deparou-se co'a atoarda de falácia sobre a exuberante Madeleine, a Magnífica. Assim sendo, o curioso janota lusitano tratou logo de desvendar o mistério da descomunal aparição da prostituta de origem francesa, que, decerto, amainaria a angústia de seu leviano coração saudoso pela sentida ausência da cocotte Gigi. No entretanto, qual não fora a sua surpresa ao se aperceber de que a francesa Madeleine, a Magnífica, era a mesma pessoa que a cocotte Gigi, emoldurada pelos disfarces que a reiventaram como *persona* de meretrício.

— Cocotte Gigi!?!... — desmaiou o fidalgote português.

Ao ser socorrido pela meretriz Lilibeth, o pasmado Chalaça ainda certificou-se de que não se equivocara co'a constatação de reconhecimento, que era bem possível ter sido ocasionada por mera coincidência física entre a cocotte Gigi e a cortesã Madeleine, a Magnífica.

— Champagne française, monsieur? — zombeteou.

Sem respondê-la, imediatamente o abstruso Chalaça se encaminhou até a Intendência Geral de Polícia da Corte e delatou ao desembargador Viana que a esplendorosa Madeleine, a Magnífica, era nada mais nada menos do que a cocotte Gigi, que se disfarçava p'ra se homiziar da Justiça no próprio Cabaret Ibérico. De feita, o janota lusitano a denunciou pelo homicídio do infante Amâncio de La Cruz, em cumplicidade co'a feiticeira Bárbara dos Prazeres, a Onça. Adjacentemente, a autoridade distrital encaminhou quatro dragões armados até os dentes d'ouro ao Cabaret Ibérico, co'a ordem de aprisionamento contra a foragida cocotte Gigi, em camuflagem da cortesã Madeleine, a Magnífica. Surpreendida pelo desmascaramento da prostituta, eu solicitei audiência co'o desembargador Viana, no escritório; e, ao trancar a porta, indaguei-lhe sobre a reaparição da suposta defunta que devia de estar morta e enterrada em cova rasa de cemitério. Friamente, o desembargador Viana confidenciou-me que acordara um pacto de desaparecimento co'a cocotte Gigi, por ter considerado ser desnecessário ceifar outra vida humana em represália ao homicídio do infante Amâncio de La Cruz.

Mas que a coagira a depôr assinatura de confissão do infanticídio, co'a promessa de denunciá-la aos braços-de-ferro da Justiça, caso a cortesã francesa não desaparecesse de uma vez por todas da Corte.

— Neste caso específico, meu nobre desembargador Viana, está desfeita a sociedade do Cabaret Ibérico, haja vista que a palavra empenhada pela autoridade distrital não era verídica e fidedigna. — constrangi-o a admitir a invalidação do contrato de associação comercial.

Não obstante, no instante em que o desembargador Viana ia se retirando do escritório, detive-o peremptoriamente.

— Pois saibas que ainda há tempo hábil de se cumprir o acordo de aniquilamento da cocotte Gigi, desde que Vossa Mercê se incumbisse de aliciar, a bons dinheiros, alguma prisioneira que se encontrasse em convívio e aceitasse executar a prostituta amaldiçoada, Co'a condição de que seja com um punhal cravado na garganta da assassina do infante Amâncio de La Cruz.

O desembargador Viana averiguou que havia uma prisioneira de nomeada Conceição, que apunhalou o senhor de engenho que a violentava com recorrência; e que a escrava condenada tinha uma filha, a Damiana, negrinha que se encontrava desamparada, desde o aprisionamento de sua progenitora homicida.

Foi a senha p'ra autoridade distrital cooptar a negra Conceição, co'a promessa de assistência à Damiana, caso ela cravasse o punhal de prata na garganta da cocotte Gigi, quando a meretriz estivesse adormecida. Como fora condenada ao patíbulo, a escrava Conceição nada tinha a perder se aceitasse trucidar a prostituta francesa, ainda mais porque a sua sentença de homicídio seria cumprida muito em breve, no Largo da Lampadosa. Na manhã seguinte, chegou-me a boa-nova do assassínio da cocotte Gigi, na cela da Casa de Correção. À tarde, eu solicitei ao Jerônimo Damião que adquirisse em leilão a escrava Damiana, a peso d'ouro se fosse necessário, demonstrando à negra Conceição que Madame Pillar honrava a palavra empenhada. Empós enforcamento da homicida Conceição, porém, dei ordens à meretriz Lilibeth, p'ra que providenciasse a iniciação da negrinha de olhos azuis em ofício de prostituição. Como era detentora de uma natureza exótica, a negra Damiana fora designada p'ra substituição exitosa da cabocla Inezita, a Mascarada, e da cocotte Gigi; ou melhor, Madeleine, a Magnífica.

A ninfeta Damiana, a Dália Negra, desandou a agradar em cheio a clientela do prostíbulo, que a considerava uma força da natureza, que abrolhava em alcova de aluguel. Era absoluta e luminosa; e antes que o sedentário Chalaça caísse de encanto pela pueril cortesã dos olhos azuis, eu o intimei a tomar as rédeas da relação amorosa com esta Madame Pillar. Titubeante, antes que tentasse sair pela tangente, arrastei-o ao aposento e lhe proporcionei uma noite amor inesquecível. Não era e jamais seria o ápice de uma paixão, pois que não me sentia protegida pelo eterno janota da cocotte Gigi, da qual não se olvidava, impulsionando-o ao álcool e à jogatina. A cerimônia de matrimônio co'o fidalgote português deu-se numa manhã chuvosa do mês de maio; e fora presenciada por uns poucos convidados, escolhidos a dedo p'ra assistirem ao meu esforço de reabilitação social do ébrio e viciado em jogo, como redenção por intermédio do matrimônio.

De minha parte, as testemunhas foram o rábula Epaminondas Sardinha e a meretriz Lilibeth; e, da parte do meu esposo, o boêmio Olegário Tinoco e a cabocla Inezita, que, por gratidão a mim, abandonou o degredo de Santa Teresa. Ao banquete do Cabaret Ibérico, compareceram mais alguns gatos pingados, que se esbaldaram de porco e água ardente até de madrugada. Mesmo empós oficialização conjugal, o pernóstico Chalaça continuou co'os excessos de vinho e carteado, de modo que, se assim o prosseguisse, não iria demorar p'ra eu descair em bancarrota. P'ra engrossar o caldo do angu, ainda soube por parte da meretriz Lilibeth que o meu libertino esposo Chalaça andava se engraçando co'a Damiana, a Dália Negra. Co' habilidade e decisão, eu pus as cartas sobre a mesa; e disse ao Chalaça que, se o vício do álcool e pôquer era provindo do imbróglio co'o Imperador d. Pedro I, eu estaria disposta a interceder a seu favor pela reconciliação. Co'a concordância do meu esposo, eu pedi ao conselheiro José Bonifácio de Andrada e Silva, que me conseguisse audiência, a fim de que se atenuasse a desavença, uma vez que o Chalaça me jurava de pés juntos que a razão do seu desatino etílico e monetário não era o homicídio da cocotte Gigi; e, sim, o entrevero co'o futuro Imperador do Brasil.

O refratário José Bonifácio ponderou que a dona Leopoldina d'Áustria não veria com bons olhos a reaproximação do alcoviteiro Chalaça, mas que, por uma noite de amor co'a meretriz Lilibeth, ele, José Bonifácio, mesmo contrariando a vontade da Imperatriz, estaria disposto a fazer o sacrifício de apaziguar a situação entre o meu esposo Chalaça e Sua Majestade d. Pedro I do Brasil.

— Ariana, por obséquio, faça as honras da casa ao senhor doutor José Bonifácio de Andrada e Silva, Ministro do Reino e de Estrangeiros.

Na data da audiência, o Imperador d. Pedro I e o meu esposo Chalaça foram surpreendidos pela visita da cortesã Damiana, a Dália Negra, que carregava consigo uma epístola assinada por mim. Nela, eu discorria a respeito dos atributos físicos da meretriz de alto calibre de alcova, chamando atenção p'ra o fenômeno dos olhos azuis da escrava prostituída. Ao término da missiva, empós o "Ao dispor de Vossa Majestade Imperial d. Pedro I do Brasil, eis a cortesã Damiana, a Dália Negro, por uma noite de cortesia sem trajes íntimos ou de gala", eu assinava Madame Pillar do Cabaret Ibérico. A cortesã Damiana depois me contou que o meu esposo Chalaça quase caíra duro, quando se apercebera de sua presença e que o Imperador d. Pedro I lhe dissera em alto e bom timbre de ironia.

— Meu nobre Chalaça, pelo andar da carruagem, a vossa esposa Madame Pillar está disposta a amealhar esforços inimagináveis, p'ro congraçamento dos laços da nossa antiga amizade de infância.

— Por Deus Nosso Senhor Jesus Cristo de Nazaré, que não fora ideia minha mimosear Sua Alteza co'a cortesã Damiana, a Dália Negra. — defendeu-se o constrangido Chalaça, diante da arapuca armada por sua pragmática e dileta esposa.

Empós três taças de vinho e meia dúzia de amabilidades recíprocas, o lascivo Imperador d. Pedro I desvencilhou-se do Chalaça; e, conquanto estivesse intrigado pela iniciativa de sua própria esposa de presentear o Príncipe Regente, co'a sua concubina de bordel, o extasiado alcoviteiro não desconfiava de que eu estivesse a par de sua traição co'a cortesã Damiana, a Dália Negra. Assim sendo, o Chalaça solicitou que a governanta Meretriz Lilibeth abrisse uma garrafa de *champagne française*, a fim de que se celebrasse o reatamento do convívio social. Ao retornar do *rendez-vous* co'o imperioso amante de catre e alcova, a cortesã Damiana gabou-se ao Chalaça de, graças a ele, ter servido tão maviosa companhia de bordel. Mais reconfortado pelo reatamento da antiga amizade, do que co'o incômodo da noite de amor da mulher de má vida de sua predileção de alcoice, o pressuroso Chalaça ignorou os elogios de alcova feitos pela cortesã Damiana; e seguiu, paulatinamente, a sua rotina de carteado e bebedeira.

Até que, certa ocasião, eu o interpelei em razão da chegada de uma promissória de jogatina assinada por ele, Chalaça, que venceria em sete dias; e punha o mobiliário do Cabaret Ibérico como garantia de pagamento.

— Ora, senhor Chalaça, doravante as cortesãs irão tirar sustento em chão de palha, por conta de sua irresponsabilidade agravada pelo vício de vinho e pôquer? — ridicularizei-o, sem indulto de clemência.

O desinibido Chalaça de antigamente dera lugar ao submisso esposo da Madame Pillar, que desabara em prantos ao alegar que seria a última atitude estouvada cometida por ele, já que, daquela data em diante, não mais se prestaria ao valhacouto da humilhação por débito de jogo. Ao lhe indagar como eu conseguiria cobrir a dívida do carteado, o meu esposo Chalaça me dissera que iria procurar o Imperador d. Pedro I, p'ra que, em nome da afeição sincera, lhe pedisse emprestado o valor da promissória vencida. Visto que eu lhe afirmara que fosse naquele mesmo instante bater à porta do consorte da Imperatriz, porque, caso contrário, eu iria comerciar a escrava Damiana ao primeiro cliente do Cabaret Ibérico, que se habilitasse a unir-se matrimonialmente à Diamante Negro, a fim de que se cobrisse a quantia cobrada pelo documento assinado por ele, Chalaça. O comovido Chalaça desabalou até a Quinta da Boa Vista, de modo a ter co'o Imperador d. Pedro I p'ra audiência de salvação da pátria. Co'a negativa de empréstimo, o desesperado Chalaça recorreu ao financista Bernard Schneider, que emprestava dinheiros a juros mui altos, com comprovação de ofício e rendimentos monetários. Visto que não tinha como ratificar ocupação e fazenda, o aparvalhado jogador não se embaraçou co'os obstáculos e prometeu ao agiota hebreu assinatura desta Madame Pillar, como avalista do crédito p'ra pagamento da promissória vencida.

No dia seguinte, o trapaceiro Chalaça compareceu diante do financista Bernard Schneider, com um documento co'a assinatura falsificada desta Madame Pillar, o que o habilitou ao empréstimo bancário. Salva a pele da cortesã Damiana, a Dália Negra, o meu esposo Chalaça prosseguiu co'a sua vida desregrada, até que o magnífico Imperador d. Pedro I do Brasil decidiu-se por despachá-lo p'ra a embaixada da Inglaterra. Neste ínterim, surgiu-me o amante dos sonhos na figura do joalheiro alemão Hans Schmitz, que se apaixonou por mim de tal maneira que me fez olvidar do Chalaça de uma hora p'ra outra, sem sequer sentir saudade do ingrato, que me abandonou na primeira ocasião em troca da embaixatura.

Ocorre que três meses empós partida do *bon-vivant*, o oficial de justiça me bateu à porta com intimação de cobrança de uma promissória assinada por mim, em benefício do financista Bernard Schneider, que concedeu empréstimo ao comendador Francisco Gomes da Silva, o Chalaça. O prazo de restituição da quantia avultada era de cinco dias úteis; e, de imediato, eu enviei missiva ao Imperador d. Pedro I, que me reportou a declaração de nada a fazer, no que tange às dívidas do embaixador Chalaça. Desenganada, eu precisei recorrer ao marrano Hans Schmitz, que não só amortizou a dívida, como também me presenteou com um colar de pérolas, que tão somente anos mais tarde, eu fui descobrir que eram tão falsificadas como o próprio Chalaça. No entretanto, o mais importante era que o meu amante de origem judaica cobria-me de mimos, regalias e carícias, não podendo me queixar do tratamento destinado a esta Madame Pillar, que, alforriada do bafo de bodes e das complicações de jogatina do Chalaça, prosperava de vento em popa co'o negócio da prostituição.

A vida noturna prosseguia em sua rotina de música e libertinagem, quando o austríaco Kurt Stein se envolveu em atrito co'a cortesã Damiana, a Dália Negra, apunhalando-a covardemente, no salão nobre do Cabaret Ibérico. Houve quem insinuasse que era eu a responsável pela punhalada do artista europeu no peito da negra escravizada, em razão do episódio da fascinação do meu esposo Chalaça pela cortesã Damiana, a Dália Negra. Em seu depoimento, o pianista Kurt Stein confessou que cometeu o crime de homicídio por paixão descontrolada pela negra dos olhos azuis, que colecionou toda uma legião de admiradores, durante o período em que servira como banquete de carne humana à clientela do Cabaret Ibérico. Bela e sedutora, a cortesã Damiana, a Dália Negra, deixaria uma orfandade de alcova inimaginável, não fosse a chegada da polaca Anninka Schr, a Anitta, que a substituiu com invejável honradez de aposento de meretrício. No entratnto, a polonesa judia fora a responsável por arrebatar o coração do homem da minha vida, destronando-me do lugar de fato e direito, assim que botou os pés no Cabaret Ibérico. A perda de um amante pode ser mui pesarosa ou não, à medida que o relacionamento seja conduzido p'ra eternidade ou separação; porém, no caso do joalheiro Hans Schmitz, especificamente, eu já me sentia um tanto quanto enjoada de sua postura pegajosa, que me fazia rejeitá-lo por várias ocasiões de alcova.

Decerto, tal comportamento de repulsa o impeliu aos ludíbrios da polaca Anninka Schr, a Anitta, que era pólvora e chumbo, consoante a sua clientela de alcoice. Não obstante, o passional Hans Schmitz não imaginava que eu já estava saturada de sua presença benévola; e, por exigência desta cafetina cigana, o judeu alemão ainda recompensou-me, pecuniariamente, por ter sido obrigado a desocupar a alcova dos cônjuges do Cabaret Ibérico. Como dizia a *abuela* Presentita, vão-se os anéis; ficam os dedos; e, como o de minha mão esquerda estava vazio e inativo, o alto funcionário público da Casa da Moeda, dr. Benjamin Constantino, passou a ocupá-lo, ainda que o sacripanta fosse matrimoniado. No fim das contas, era o homem ideal p'ra uma marafona de bordel: abastado e comprometido. O escriturário Benjamin Constantino era mui bem matrimoniado co'a senhora Margarida Seixas; e, da união conjugal, nascera Edmundo Seixas Constantino, púbere e virginal, que, mais tarde, causaria um imenso transtorno ao Cabaret Ibérico. Deu-se que, juntamente co'a chegada do Constantino, surgiu-me a rapariga Risoleta, que fora expulsa a pontapés de sua morada na Rua do Hospício, empós acusação de ter se entregado de corpo e alma ao vigário João Francisco Vilela da Silva, o pe. Pestana, pároco da Capela de Nossa Senhora de São Benedito dos Homens Pretos. O patriarca Narciso Boaventura flagrou-a em posição de acasalamento co'o sacerdote e a escorraçou de casa sem dó nem piedade, dizendo-lhe que fosse se dar aos bichos caso quisesse, mas que não admitia pouca-vergonha debaixo de seu nariz nem sob as rédeas da família.

Arrasada co'a tragédia da rapariga Risoleta, a sua madre Eulália Boaventura quase morreu de desgosto, ao presenciar o desamparo da filha que, decerto, por não ter aonde ir, descambaria p'ra abrigo de bordel. Ao período de admissão no Cabaret Ibérico, adveio a queixa do meu amante Benjamin Constantino sobre o fato de que o seu herdeiro Edmundo Seixas Constantino, aos dezessete anos, não demonstrava dar importância ao sexo feminino. Em diálogo co'a dona Margarida Seixas, sob temeridade da inversão de masculinidade, os dois deliberaram sobre a ida do donzelão ao prostíbulo mais próximo da circunvizinhança. Coincidentemente, na ocasião da visita do até então mancebo efeminado, a rapariga Risoleta estreava como cortesã do Cabaret Ibérico. A pretexto de acompanhar o rebento, o dr. Benjamin Constantino observava a reação do Edmundo Seixas, o Seixinhas, perante as cortesãs do meretrício, que o assediavam sem obter, no entanto, êxito de abordagem.

O bailado da sedução entre prostitutas e clientela seguia o seu curso de normalidade cotidiana, quando o rábula Epaminondas Sardinhaanunciou o leilão da pérola lusitana, a rapariga Risoleta.

— Dou-lhe uma... Dou-lhe duas... Dou-lhe três... — apregoava o leiloeiro.

— Um conto de réis. — arrematou Constantino a prenda virginal.

No percurso entre o salão nobre e o aposento de saliência, o mancebo Seixinhas fitava a cortesã com pouco anseio de admiração, como se não houvesse concordado co'a decisão familiar. Na alcova, o inexperiente Edmundo Seixas Constantino confessou à rapariga Risoleta, que jamais se sentira atraído pela alma feminina; e que estava receoso de não saber como lidar com uma mulher de má vida de alcoice... Ao ter ciência da tragédia narrada pela rapariga Risoleta, o sensível rapagão propôs-lhe que eles fugissem o mais rápido possível, de modo que consumassem o pecado de sua defloração, empós cerimônia de casório em ermida. Co'a negativa de fuga, o enfurecido Edmundo Seixas apossou-se da meretriz, co'a azáfama colérica que o fizera atingir o ápice de gozo em dois tempos, sem que a meretriz sequer contasse de um a quinze. A rapariga Risoleta ainda tentou acalmá-lo, mas o impetuoso freguês a devorava co'a ira dos famintos. empós saciar-se da marafona, o intrépido Seixinhas ainda tentou reiniciar a relação sexual, mas a prostituta o advertiu sobre o horário extrapolado, o que impulsionou o cliente de alcova a sair sem se despedir. Se não me falha a memória, a novata ainda atendeu três ou quatro clientes de ocasião, antes de se recolher em seu aposento. Na noite seguinte, porém, o desarvorado Edmundo Seixas, praticamente arrombou o portal do Cabaret Ibérico, atropelando o guarda-costas Jerônimo Damião. Logo que adentrou o salão nobre do prostíbulo, o afoito enamorado Seixinhas revistou co'o olhar o ambiente de luxúria, p'ra se certificar da presença da rapariga Risoleta, que ainda estava a ser aprontar no camarim do lupanar. Ao não avistá-la, o irrequieto freguês sentara-se à mesa em companhia da meretriz Lilibeth, p'ra assuntar se já havia algum cliente que se antecedera à sua vinda, p'ra desfrutar da compainha da rapariga Risoleta. Como lhe dissera que era ele o primeiro visitante da noite, o aliviado Edmundo Seixas pediu uma bebida e passou a acompanhar o entra e sai das mulheres de má vida, que não o seduziam, co'a exceção da rapariga Risoleta, que não tardou a aparecer p'ro expediente de trabalho. Quando bati os olhos no mancebo estatelado no colo da marafona neófita, logo me apercebi de que caíra por terra a preocupação familiar sobre a homossexualidade do Seixinhas. Empolgado pelo álcool, o legatário do homem forte da Casa da Moeda se esvaía em afagos à rapariga Risoleta, que, languidamente, retribuía o afeto despejado pelo cliente de alcova.

— Porventura, o senhor doutor Benjamin Constantino está ciente de que o seu dileto herdeiro anda a desperdiçar tempo e dinheiro em prostíbulo, meu caro Seixinhas. — interceptei-o.

Sem me dar resposta, o desabusado Edmundo Seixas pegou a rapariga Risoleta pela mão e a conduziu ao leito de amor, conforme aludira o encantado freguês da meretriz. De imediato, eu solicitei que o Jerônimo Damião arranjasse recadeiro, modo de avisar o meu amante Benjamin Constantino, sobre o esconderijo erótico de seu herdeiro Seixinhas. Não demorou meia hora e o atribulado Constantino apareceu co'a res de nervosismo, causado pela informação do paradeiro de seu afogueado legatário, que se trancara Co'a rapariga Risoleta, de modo a se esbaldar de voluptuosidade.

— Dr. Constantino, não se aborreça que o mancebo Edmundo Seixas encontra-se em boas mãos da rapariga Risoleta, que o acolhera como se fosse a sua primeira namorada. — acalmei-o, ao recepcioná-lo. — O lado benéfico da assiduidade é que, p'ra quem não se interessava pelo sexo feminino, até que o rapagote donzelão está se saindo um belo Don Juan de Sevilha.

De uma feita, o meu amante Benjamin Constantino dirigiu-se até a alcova do Seixinhas p'ra arrancá-lo desnudo das garras da rapariga Risoleta, arrastando-o ao mesmo em tempo em que o desancava perante a clientela atônita, com sermão moralista que o humilhava por ter procurado meretriz sem autorização paterna. Na terceira noite de labuta da rapariga Risoleta, o desesperado Edmundo Seixas invadiu o salão nobre do Cabaret Ibérico; e, ao se deparar co'a sua musa amada, desferiu dois tiros de garrucha contra, sendo que o primeiro atingiu o coração da rapariga Risoleta; e o segundo a própria têmpora, suicidando-se por idolatria coibida de bordel. A tragédia do assassinato da rapariga Risoleta, seguido do suicídio do Edmundo Seixas, o Seixinhas, afugentou a freguesia de prostíbulo por um período abominável de nojo e luto, que prejudicou demasiadamente o negócio da prostituição. Por razões óbvias, a efêmera paixão do Benjamin Constantino fora se diluindo, até que o meu amante decidiu-se pelo afastamento, porque me confessara que não podia ir ao Cabaret Ibérico, sem lhe virem as recordações funestas do episódio protagonizado pelo seu único herdeiro, o Seixinhas. Como não há felicidade que perdure p'ra sempre nem mal que não se acabe, o meu esposo Chalaça retornou de Londres p'ra temporada de *vacaciones* nos trópicos; e convenceu o Imperador d. Pedro I a acompanhá-lo ao Cabaret Ibérico, p'ra uma noite inesquecível de carraspana e devassidão.

Desde o momento em que o monarca d. Pedro I se deu conta da meretriz Lilibeth, desabou sobre as quatro rodas da charrete imperial e passou a visitar o Cabaret Ibérico co'a assiduidade religiosa, sendo que toda aristocracia passou a seguir o mandatário, que, inclusive, combinava as reuniões ministeriais do Primeiro Reinado, no salão nobre do prostíbulo. A movimentação da clientela de alcova me fizera recuperar o prejuízo causado pelo desatino do mancebo imprevidente do falecido Edmundo Seixas, o Seixinhas, que se enamorou mortalmente da rapariga Risoleta. Ao substituir a cocotte Gigi na predileção do Imperador d. Pedro I, a meretriz Lilibeth fora batizada de Papillon, tradução em português de Borboleta; e pôs o Cabaret Ibérico como protagonista da cena política da monarquia brasileira. À época, o relacionamento entre o Imperador d. Pedro I e a Papillon transcorria naturalmente, quando o soberano monarca, quiçá enciumado Co'a popularidade da prostituta, resolvera-se por transferir a sua concubina p'ra Petrópolis, sob pretexto de que, como a dona Amélia não se adaptava ao clima vulcânico da Corte, na Região Serrana, a meretriz Lilibeth estaria mui bem assistida. Sem conseguir se afastar de sua cortesã predileta, a Papillon, a decisão do d. Pedro I fora posta em decreto imperial, portanto. Co'a sua retórica absolutista, o esposo de dona Amélia me procurou p'ra dizer-me que eu precisava estipular o valor do aluguel da meretriz Lilibeth, durante a temporada serrana de verão.

O Cabaret Ibérico não tinha por hábito autorizar alocação de marafona por período do estio ou primavera; e, diante da negativa, o Imperador d. Pedro I intimou-me que lha emprestasse, visto que houvera de me recompensar p'ra além do lado pecuniário, pois estava disposto a conceder-me concessão p'ra que explorasse os jogos de azar no Cabaret Ibérico. Quando relatei ao Chalaça a proposta do Imperador, o meu esposo ponderou que seria mui vantajosa o empréstimo da meretriz Lilibeth, em troca da inauguração do cassino. Co'a chegada do estio, a clientela mais abastada se refugiava em Petrópolis, acompanhando o Imperador d. Pedro I, de modo que a Corte ficava entregue às moscas e baratas, até que a caravana real retornasse a São Sebastião do Rio de Janeiro. No lusco-fusco da pasmaceira, deu-se que descera dos Céus o anjo da guarda que há séculos eu pedia a Deus, desde quando eu fui excluída da sociedade pelo comerciante libanês Assir Lubbos, o Turco, em razão da violência de alcova cometida pelo d. João VI.

De meia-idade, o tenor de ópera italiano Andreas Caruso era um manjar dos deuses em banquete de paixão, que me apareceu sem sobreaviso e logo abandonou a profissão – isto me dizia ele – p'ra cuidar de mim, Madame Pillar, e do Cabaret Ibérico. Sob gerência do carcamano, de fato as atrações musicais ganharam fôlego, a ponto de até o pe. José Maurício Nunes Garcia e o compositor Marco Portogallo comparecerem aos saraus de música com certa recorrência ao recinto de libertinagem. Por outro lado, o meu amante latino, o maestro Caruso não era mui chegado ao esforço braçal do dia a dia, haja vista que se considerava um artista de fina estirpe, intérprete da genuína alma italiana. Como se recolhia ao leito tão-somente alta madrugada, o boêmio Andreas Caruso sentia-se no direito de levantar-se empós doze badaladas do meio-dia. Do catre, o sacripanta ia direto à mesa e ceava co'o apetite de um Minotauro de belas retinas azuis, que me inebriavam de tal feita que era até capaz de, por ele, Caruso, eu limpar as latrinas do Cabaret Ibérico, apenas p'ra não aborrecê-lo co'os afazeres e pormenores do cotidiano. Empós sesta habitual, o sociável Andreas Caruso orquestrava o bordejo tradicional pelas casas de música, cafés, confeitarias e tabernas da Rua do Ouvidor, a fim de que "se inteirasse da Corte".

De tal modo, batia ponto e marcava presença na Confeitaria Pascoal, em busca de um dedo de palestra sobre óperas e concertos. Numa dessas ocasiões o tenor Andreas Caruso tropeçou, despropositadamente, em meu esposo Chalaça, que reagiu desferindo-lhe insulto grosseiro de baixo calão, em referência a progenitora *la madre capostipite* do italiano. Digo que o tropeção e a réplica verbal foram a senha p'ro inoportuno Chalaça desafiá-lo a um duelo de pistola, a ser presidido pelo rábula Epaminondas Sardinha, que, por estar em local e horário inadequados, fora convocado a arbitrar o confronto de ordem passional. Amistosamente, o mulato chicaneiro ainda tentou intervir em nome da Madame Pillar, que, decerto, ficaria amofinada co'a desavença entre dois fidalgos civilizados de sua mais alta estima e consideração. Em data, horário e logradouro acordado, contudo, os dois combatentes se posicionaram p'ro duelo de honra, tutelado pelo rábula Epaminondas Sardinha, que ficara incumbido de dar o sinal de advertência, p'ra que o meu esposo Chalaça e o meu amante Andreas Caruso fossem autorizados aos dez passos adiante, até que estivessem aptos ao disparo da arma de fogo.

Por fim, quando foram liberados a apertar o gatilho da pistola, ambos atiram em direção ao oponente, sendo que, saindo-se ileso do duelo, o dedo certeiro do Chalaça mirou e acertou em cheio o coração do adversário, não falhando em abater o rival Andreas Caruso, ferido com gravidade no coração. Embora houvesse reparado que o agonizante italiano já não respirava, o árbitro da peleja encaminhou-o à Santa Casa de Misericórdia, dirigindo-se também ele p'ra lá; mas não sem antes ocultar as duas pistolas, visto que testemunhara que fora um assalto praticado por capoeira da região. Escusa-me descrever que o meu esposo Chalaça livrou-se da detenção por homicídio através de duelo clandestino de arma de fogo; não obstante, quanto ao funeral do maestro Andreas Caruso, comparecemos eu, Madame Pillar; o prestativo rábula Epaminondas Sardinha; e a meretriz Lilibeth. A escasse plateia não se justifica pelo fato de que o falecido italiano não possuía parentesco ou afeição dos músicos, atores e emigrantes, que, por acá, aportaram provindo do Mar Mediterrâneo, mas porque o sepultamento não fora divulgado em gazeta ou diário.

Ao retornar ao batente do prostíbulo, o capataz Jerônimo Damião veio me entregar correspondência do Imperador d. Pedro I, que solicitava reserva do salão nobre do Cabaret Ibérico, a fim de que os antigos integrantes de seu Conselho de Estado e do Partido Liberal se reunissem. Como eu soube posteriormente, p'ra que fosse decidido o retorno do Imperador do Brasil a Portugal. Empós reunião ministerial, a Corte de São Sebastião do Rio de Janeiro testemunhou o que se notabilizou como Noite das Garrafadas, que nada mais fora do que o conflito entre os chamados portugueses "pés de chumbo", que eram partidários do d. Pedro I; e os "cabras" da terra, refratários ao despotismo do Imperador do Brasil. Em consequência da hostilidade dos nativos contra o Imperador d. Pedro I do Brasil, o herdeiro do trono abdicou em favor de seu legatário d. Pedro de Alcântara II, fato este que em mais uma ocasião causou instabilidade financeira, porque, por incrível que pareça, as indefinições políticas influíam na disposição de luxúria da clientela do Cabaret Ibérico. E como todo castigo p'ra puta é pouco, co'o d. Pedro IV de Portugal, fora-se p'ra nunca mais regressar o meu saudoso esposo Chalaça, que se despediu de mim com lágrimas nos olhos antes da partida p'ra Europa.

Na semana seguinte, eu fui procurada pelo Brigadeiro Limeira e Sá, que, mui secretamente, me dissera que a sua esposa jamais poderia dar à luz a um rebento; e que ele estaria decidido a dispor de vultosa quantia pecuniária, se eu me dispusesse a lhe dar um herdeiro homem, p'ra ser criado como se fosse fruto legítimo de sua família. Como solicitei um tempo p'ra deliberar sobre o empréstimo do ventre, o militar me concedeu prazo de uma semana p'ra aceitar ou não a proposta, indicando-lhe outra mulher que se disponibilizasse a dar à luz ao legatário que a sua esposa jamais lhe concederia, por incapacidade de gravidez. Na data combinada, eu recebi um recado do Brigadeiro Limeira e Sá, p'ra que o aguardasse diante do altar-mor da Igreja da Ordem Terceira do Carmo. Encontrei-o em companhia do pe. Feijó, que eu já conhecia das reuniões políticas do Cabaret Ibérico; e, empós leitura da fisionomia desta Madame Pillar, estendeu-me as mãos com uma sacola de algodão abarrotada de moedas d'ouro. Decerto, o oficial militar interpretou que eu acedera à sua oferta de nascituro de seu primogênito herdeiro. Ao certificar-me do valor acordado, consenti em recebê-lo, à noite, p'ra primeira ocasião de alcova.

O silente pe. Feijó abençoava-nos co'os ares de plácida complacência, portando-se, não obstante, como testemunha ocular do recebimento de parte da recompensa.

— A outra metade da fazenda advirá no ato da entrega do rebento recém-parido, Madame Pillar. — dispensou-me o Brigadeiro Limeira e Sá.

O oficial militar Francisco Limeira e Sá, ao exigir exclusividade de atenção, visitou-me pontualmente por duas semanas, usufruindo de meu corpo como se fosse o de sua esposa estéril. Desaparecendo-se por um período, o Brigadeiro Limeira e Sá retornou ao Cabaret Ibérico, assim que supôs que já haveria tempo hábil p'ra saliência do bandulho tornar-se perceptível, "a olho nu". Ao detectar que o ventre desta Madame Pillar estava em estado de gravidez, o arguto Brigadeiro Limeira e Sá retirou-se por sete meses e meio, até que se cumprisse o período da gestação. O suposto progenitor não tinha a mínima ideia da artimanha usada p'ra ludibriá-lo, que era revigorar com estopa o enchimento da barriga de vez e quando, de maneira que ninguém suspeitasse da artificialidade da gravidez.

No prostíbulo, a palavra de ordem era que o responsável pela paternidade seria o finado tenor italiano Andreas Caruso, que me emprenhara pouco antes do duelo co'o meu esposo Chalaça, que o aniquilara em duelo. A cumplicidade da governanta Meretriz Libeth me ajudava a ir adiante co'a farsa da gravidez; e, doravante, era manter a pantomima até o cumprimento do período de gestação. No momento exato, eu mandei que o Jerônimo Damião se apressasse em ir até a Roda dos Enjeitados, p'ra adoção forçada de um órfão da Santa Casa de Misericórdia; e, co'a primeira parte do dinheiro do empréstimo de ventre, eu dei início às obras de restauração do Sobrado das Onze Janelas, que pertenceu ao escravagista espanhol Manolo Roiz, o Negreiro.

O imóvel se encontrava em visível estado de abandono, co'o reboco da fachada descascado e o madeiramento carcomido de cupim, dando autorização p'ra que se iniciasse reforma da edificação do século XVIII. Ao chegar a época do parto, sigilosamente assoprei incumbência de aquisição do rebento da Roda dos

Enjeitados da Santa Casa de Misericórdia ao capataz Jerônimo Damião, que despencou até o logradouro da Rua de Santa Luzia. Lá chegando, o capataz montou guarda de espreita, na expectativa da chegada do recém-nascido; e, logo que despontou no horizonte uma senhora vestida de negro e encapuzada, o capanga Jerônimo Damião se homiziou p'ra agir logo que o vulto humano se afastasse da Roda dos Excluídos. Em pouco tempo, o leão de chácara penetrou o portal dos fundos do Cabaret Ibérico co'o rebento embrulhado; e prosseguiu até o aposento dos cônjuges, onde supostamente eu já entrara em trabalho de parto. Co'o choro da criança, a atenta vigilância do lado de fora da alcova concluiu que nascera o herdeiro do italiano Andreas Caruso e se retirou pr'os afazeres de ofício do prostíbulo. O combinado co'o Brigadeiro Limeira e Sá era que ele viesse me visitar acompanhado do Regente Feijó, p'ra substituir o rebento da Roda dos Enjeitados por um defunto infantil, a fim de que se anunciasse, empós saída do oficial militar e do sacerdote, a morte da criança recém-parida. Ao debandar da alcova, o clérigo Feijó entregou-me as moedas d'ouro, de sorte que, na manhã seguinte, eu quitei a dívida da restauração de arquitetura do Sobrado das Onze Janelas da Rua dos Ciganos do Campo de Sant'Anna.

Quando regressou ao Cabaret Ibérico, a meretriz Lilibeth me abordou p'ra chantagear-me sobre a sua participação monetária no episódio do ludíbrio de gravidez do herdeiro do Brigadeiro Limeira e Sá. Mesmo explicando que todo dinheiro fora utilizado na restauração do Sobrado das Onze Janelas da Rua dos Ciganos do Campo de Sant'Anna, a cobiçosa ponderou que precisa ser recompensada, visto que arriscara a própria pele ao compactuar comigo no episódio da farsa da gestação. De modo a ganhar tempo, supliquei-lhe que não me denunciasse ao Brigadeiro Limeira e Sá nem ao vigário Feijó, porque iria adquirir um empréstimo junto ao judeu financista Bernard Schneider, p'ra recompensá-la pela cumplicidade do ventre de aluguel. No entretanto, a meretriz Lilibeth não se persuadiu de que eu estava sendo sincera; e obrigou-me a dar-lhe garantia de que estaria propensa a endividar-se, p'ra não ser denunciada pela falcatrua cometida contra uma autoridade do distrito. Como comprovação de honestidade, eu empenhei-lhe o relicário de prata, a fim de que se sossegasse, no tocante ao cumprimento da honra de que eu iria conseguir o montante de sua gratificação. À parte, eu chamei o Jerônimo Damião e lhe disse que, co'o aumento da rivalidade entre portugas e nativos, como presenciado na Noite das Garrafadas, o Cabaret Ibérico precisaria do reforço da malta de capoeira, de modo a dar caução aos clientes do prostíbulo.

O guarda-costas disse-me que era conhecido do escravo Chico Congo, cabeça da capoeiragem da região; e que poderia pedir que o negro viesse ajustar comigo sobre proteção do lupanar. Ao adentrar o portal dos fundos, eu recebi o capoeira Chico Congo, às escondidas, especificando que havia um serviço a ser feito; e que, conforme êxito da empreitada, o negro africano seria mui bem obteria gratidão remunerada desta Madame Pillar. Mediante concordância do escravo bandoleiro, dei-lhe função e itinerário; e pedi à meretriz Lilibeth que me acompanhasse até o escritório do financista Bernard Schneider, p'ra se sacramentar a transação do empréstimo junto ao Banco Comercial do Rio de Janeiro. Negócio fechado, eu dispus o valor aos cuidados da chantagista; não obstante, logo adiante fomos abordadas por um homem negro e forte, que nos rendou à navalha e madeiro, assustando-nos co'a ameaça de que, caso não entregássemos o pecúlio embolsado, nos talharia a garganta em plena luz do dia. Apavorada, eu implorei que a meretriz Lilibeth se livrasse o mais rápido possível do alforje; mas a prostituta teimosa agarrou-se com tal zelo que o preto nos arrastou até o Beco dos Barbeiros; e quiçá, por conta de sua resistência ou mesmo por pura crueldade, arrancou-lhe os olhos e a língua, antes de se apossar do embornal endinheirado.

A mutilada meretriz Lilibeth fora acudida por alguns transeuntes, que se apiedaram do lastimável estado da cortesã, enviando-a à enfermaria da Santa Casa de Misericórdia. Sem serventia de alcova, infelizmente fui coagida a dispensá-la do Cabaret Ibérico, o que a obrigou a ir residir no cortiço Cabeça de Porco, situado à região portuária da Corte, prostituindo-se a troco de ninharias que mal davam p'ra pão, água e arrendamento do cubículo. Diz até que lá contraiu doenças venéreas e lepra, sucumbindo em pouco tempo até ser abrigada clandestinamente, no Cemitério dos Pretos Novos. Quando o capoeira Chico Congo me trouxe a boa-nova do falecimento da meretriz Lilibeth, encarecidamente eu lhe pedi que depositasse meia dúzia de flores do campo em seu túmulo anônimo de indigente. Não obstante, co'a notícia de sua morte, chegou-me também o pe. Feijó, que assumira o Ministério da Justiça, p'ra dizer-me que um dos três responsáveis pela Regência Trina, o magistrado Mariano Ribeiro da Costa, que enviuvara recentemente, estava necessitando de uma atenção especial desta Madame Pillar. Por precaução jurídica, sempre fui mui solícita aos chamados da Justiça; e, nesta ocasião, eu jamais negaria um pedido de um aliado do cabedal político do Ministro Diogo Feijó, que desfrutava de todo apreço e consideração dos Orleans e Bragança. Embora eu estivesse achamegada co'o capoeira Chico Congo, mais por dívida de gratidão do que por outro sentimento, eu me comprometi de recepcionar o magistrado Ribeiro da Costa, sem compromisso de matrimônio ou coisa parecida, uma vez que já havia uma parenta de Recife mui cobiçosa de assumir o posto nupcial de sua falecida consorte vitimada (co'o perdão do trocadilho) pela febre tifoide.

No primeiro encontro, porém, o viúvo Ribeiro da Costa caiu de quatro por mim, apaixonando-se tresloucadamente, a ponto de, a cada visita, presentear-me com joias d'ouro e brilhante do mais alto quilate. O *rendez-vous* era religiosamente, às sextas-feiras, empós assembleia política; e, à proporção que instituía intimidades de alcova, o magistrado se abria comigo sobre as mesquinharias das politicagens da Corte. Quando sobrava assunto, o diplomático meritíssimo reclamava da solidão de um homem apatacado e sem filhos, que sequer possuía herdeiro p'ra despedaçar a fortuna acumulada em três gerações de família. Por interpretar que as lamentações do viúvo fresco Ribeiro da Costa fossem prenúncio de alguma espécie de sondagem sobre o desenlace conjugal, arrisquei-me em fazer o jogo do regente, queixando-me também da ausência de um legatário legítimo, p'ra se fazer uso da abastada herança, que haveria de ser deixada ao finado infante Amâncio de La Cruz, que fora covardemente degolado pela feiticeira Bárbara dos Prazeres, em cumplicidade co'a cocotte Gigi. Comovido co'o drama doméstico, o magistrado Ribeiro da Costa consultou-me a respeito dos direcionamentos dos negócios da prostituição.

Estrategicamente, gabei-me da abastança do espólio herdado d'El-Rey d. João VI sob sigilo absoluto, visto que os Orleans e Bragança jamais permitiriam que o segredo de paternidade do esposo de dona Carlota Joaquina fosse divulgado publicamente.

— Afinal de contas, o que é que Vossa Mercê fez co'a apatacada herança que o d. João VI destinou ao seu herdeiro bastardo, Amâncio de La Cruz Orleans, Madame Pillar? — enxeriu-se o jurisconsulto Ribeiro da Costa.

A invenção do legado financeiro surtiu o efeito planeado contra o magistrado Ribeiro da Costa, haja vista que o pretendente assaz se interessou em ouvir-me sobre o desenlace da história. Acresci que, como não soubera do homicídio cometido pela Bárbara dos Prazeres em cumplicidade co'a cocotte Gigi, o El-Rey d. João VI compusera testamento secreto, p'ra que as pessoas de sua predileção fossem contempladas pela herança do monarca. De outra feita, menti-lhe que co'o um quinto do espólio restaurei o Sobrado das Onze Janelas da Rua dos Ciganos do

Campo de Sant'Anna, que pertencera ao comerciante libanês Assir Lubbos, o Turco. Co'o restante da herança, eu armazenara em cofre de bronze homiziado no porão do imóvel recém-adquirido. Curiosamente, apenas três dias empós confissão ao magistrado Ribeiro da Costa, o domicílio do meu finado esposo árabe herdado por mim fora invadido por um gatuno astuto, que vasculhou minuciosamente o porão do imóvel, à procura do cofre de bronze que jamais existira de concreto, a não ser na imaginação desta Madame Pillar. Empós sagração nupcial, eu e o magistrado Ribeiro da Costa fomos residir no Sobrado das Onze Janelas da Rua dos Ciganos do Campo de Sant'Anna; e confesso que até hoje ainda paira certa desconfiança sobre quem fora o mentor intelectual da invasão ao prédio próximo ao Passeio Público, embora não se possa afirmar co'a convicção sobre a autoria da tentiva frustrada de furto da herança d'El-Rey d. João VI, consentida ao infante Amâncio de La Cruz. Não obstante, a praticidade da existência humana não nos concede que se perca tempo com vãs probabilidades, enquanto o curso das ações se perfaz por rotas nem sempre naturalmente transitáveis.

Por desencargo de consciência, era preciso que se acreditasse piamente que o magistrado Ribeiro da Costa tenha sido o mentor intelectual da tentativa do assalto, visto que eu já houvera decidido que o próspero regente deveria sair de cena, a fim de que a embarcação da vida seguisse o rumo até o seu destino, sem percalços de arrazoamento. Por isto, à noite, antes de nós dormirmos, eu pingava co'o conta-gotas porção da peçonha obtida por encomenda à cigana Filomena, co'o objetivo de que o coração do apetitoso magistrado explodisse em pleno ato erótico de alcova. Na sétima noite da lua de mel, o magistrado Ribeiro da Costa fora acometido por um ataque cardíaco fulminante, que o aniquilou sem nos dar tempo de levá-lo ao hospital. Enterrado o defunto regente, o rábula Epaminondas Sardinha providenciou laudo médico forjado, que alertava sobre a iminência da enfermidade do coração do magistrado Ribeiro da Costa. Empós lavratura de inventário, eu herdei patrimônio e pensão vitalícia do falecido esposo infartado durante ato carnal, além de sua suntuosa residência da Rua do Lavradio.

Co'o intuito de expandir os negócios da prostituição, eu decidi-me por transformar o Sobrado das Onze Janelas numa espécie de extensão do Cabaret Ibérico. Porém, como menos pompa e sofisticação, o Castelo de Madame Pillar. P'ra administrá-lo, fora requisitado o rábula Epaminondas Sardinha, que aceitou o chamamento sem hesitação, já que havia percebido que eu já não lhe dava mais as regalias de outrora, desde que o engenheiro alemão Ludwig Wolf se encantara por minha pessoa. Por esta razão, há de se convir que a elevação do mulato chicaneiro a administrador do Castelo de Madame Pillar seria uma maneira honrosa de afastar a sua silenciosa insatisfação, sempre que o estrangeiro cruzava o salão nobre do Cabaret Ibérico. Co'o afastamento estratégico do rábula Epaminondas Sardinha, portanto, a harmoniosa convivência co'o dr. Wolf fora sendo edificada longe da presença do guarda livros.

A nau da vida seguia sem bússola a sua direção rotineira, quando o Cabaret Ibérico sofreu um incêndio homérico, devastando-o, de cabo a rabo, até o seu fatídico desmoronamento, por sobre todo o seu passado de glória e glamour. Co'a tragédia orquestrada, a clientela de alcova se afugentou do prostíbulo em sua providencial migração p'ro Castelo de Madame Pillar. Nesta lamentável situação; foi-se também o germânico Ludwig Wolf, que, qual vaga-lume, me endeusara durante efêmero fulgor de felicidade. Como o Castelo de Madame Pillar era frequentado por uma freguesia de outra linhagem social, os habitués Cabaret Ibérico se adaptaram ao bordel de segunda categoria, o que não me afetou financeiramente. Co'o álibi da restauração do prédio incendiado, em companhia dos leões de chácara, Jerônimo Damião e Chico Congo, dirigi-me ao escritório de engenharia, a fim de que o dr. Wolf me encaminhasse orçamento da mão de obra e do material de construção. Ao atender-me friamente, o alemão Ludwig Wolf dissera-me que, mediante discernimento da calamidade, o Cabaret Ibérico deveria ser reedificado, já que a sua estrutura fora abalada de forma significativa e irremediável.

Despedi-me sob a prerrogativa de consulta das finanças, p'ra deliberar se o investimento era válido em tal circunstância; no entretanto, ao sair, deparo-me co'o flébil rábula Epaminondas Sardinha, que obtivera informação sobre o resultado da perícia.

— O incêndio do Cabaret Ibérico fora criminoso, Madame Pillar!...

O desembargador Viana me procurou p'ra informar que um preto alforriado de nomeada Jorge Belisca dera entrada na enfermaria da Santa Casa de Misericórdia, com graves lesões de queimadura nos membros superiores e inferiores, mas que não corria risco de óbito. Interrogado, o prisioneiro confessou que fora o capoeira Chico Congo quem lhe encomendara o serviço de incêndio do Cabaret Ibérico. Decepcionada co'a desfaçatez do negro, a título de gorjeta e propina, eu persuadi a autoridade distrital a impugnar o depoimento do acusado. De madrugada, o incendiário Jorge Belisca adormecido fora queimado em seu leito de enfermaria, ao mesmo tempo em que o capoeira Chico Congo era imobilizado, a poder de madeiro e impropério, pelo capataz Jerônimo Damião. Desmaiado, o prestativo guarda-costas do Cabaret Ibérico o dependurou de cabeça p'ra baixo, no porão do Castelo de Madame Pillar.

— Confessa, nego incendiário!... Confessa, Chico Congo!... Confessa, Chico Congo!... Confessa, nego incendiário!... — aliciava-o Jerônimo Damião, com vergalho em riste, ao passo que o criminoso quedava-se em silêncio, co'a fisionomia impassível de quem irá ser absolvido de uma ação criminosa jamais cometida.

— Confessa, seu nego incendiário!... Confessa, Chico Congo!... Confessa, Chico Congo!... Confessa, seu nego incendiário!...

Quando fui avisada da captura do negro traidor, eu embarquei em tílburi arrendado pelo rábula Epaminondas Sardinha, que me acompanhava até o Passeio Público. Lá aportando, encarei o capoeira incendiário, de modo a dirigir-lhe a seguinte indagação:

— Por que Vossa Mercê contratou o preto Jorge Belisca, p'ra incendiar o Cabaret Ibérico, Chico Congo?

— Ciúme de vossuncê co'o doutor alemão Wolf, Madame Pillar!...

Antes de retornar ao domicílio da Rua do Lavradio, chamei o Jerônimo Damião a um canto, p'ra instrução de que se fizesse uma imensa fogueira de São João; e assasse o capoeira Chico Congo feito batata-doce e mandioca, no quintal do Castelo de Madame Pillar. Não obstante, ao despertar do sono profundo, eu dei-me conta de que também era preciso me desforrar do estrangeiro Ludwig Wolf, que ludibriara o meu pobre coração já tão calejado, p'ra debandar como ave de arribação. Co'o orçamento do escritório de engenharia em mãos, eu fui até o Banco Comercial, p'ra consultar o financista Bernard Schneider, sobre a perspectiva de um empréstimo p'ra restauração do Cabaret Ibérico. Co'a aprovação do crédito bancário, eu procurei o dr. Wolf, a fim de que se autorizasse o início da obra. Cabe o registro de que fui mui bem recebida pelo simpático germânico, que, de posse da duplicata bancária, ofereceu-me café e água fresca. As obras de reconstrução do Cabaret Ibérico perduraram por dois anos e meio até os idos de 1835, quando houve uma reviravolta política mui favorável a mim, pois que o debilitado pe. Diogo Feijó se elegera pelo voto popular à Regência Una do Brasil. Ao receber a boa-nova de sua posse, enviei-lhe epístola de felicitações e uma solicitação de audiência, de modo que pessoalmente lhe fosse feita reivindicação, p'ra que as reuniões políticas do Partido Moderado se realizassem no salão nobre do Cabaret Ibérico. Cordialmente, o Regente Uno Diogo Feijó declinou do chamamento, alegando que "os novos tempos requeriam novéis paisagens".

Logo o pe. Diogo Antônio Feijó, que tanto auxiliei no episódio do nascituro do rebento furtado do Brigadeiro Limeira e Sá. A reinauguração do Cabaret Ibérico fora prestigiada por altas notabilidades da época monarquista, que, decerto, não deitariam aprovação ao registro dos figurões da aristocracia fluminense, que aplaudiram de pé a cantora e atriz italiana Maria Teresa Fasciotti. Nada obstante, a presença mais aguardada era a do engenheiro alemão Ludwig Wolf, responsável pela reconstrução do Cabaret Ibérico e mandatário do coração solitário desta Madame Pillar. Ao espetáculo da artista estrangeira, empós longa e tenebrosa invernada, o imponente e irresistível dr. Wolf reapareceu no salão nobre da *musterhaus*, ignorando-me completamente, ao sentar-se à mesa co'a italiana Fasciotti, sem me fazer sequer um breve sinal de cortesia. No decorrer da noite, pude observar que o meu ex-amante Ludwig Wolf já a conhecia em intimidade, sobretudo pela mirada de soslaio que a atriz italiana lhe dava, quando dialogava sorridente co'o Don Juan da Germânia.

— Dr. Wolf, como gratidão aos bons serviços prestados ao Cabaret Ibérico, hei de ofertar-te uma noite de luxúria e devassidão com esta Madame Pillar!... — propaguei em alto e bom som.

Constrangido, ainda tentou disfarçar o assédio; mas, num ímpeto, levantou-se e saiu de mãos dadas co'a cantora lírica Maria Teresa Fasciotti, sem se despedir nem olhar p'ra trás. Em compensação, eu arrastei o rábula Epaminondas Sardinhae o capanga Jerônimo Damião até o leito de amor, diante da plateia estupefata. Ao café da manhã, o germânico Ludwig Wolf recebeu numa bandeja de prata as duas mãos da italiana Maria Teresa Fasciotti, como prêmio de consolação pela deslealdade. Ao desmaio, o dr. Wolf percebeu o manuscrito co'a seguinte síntese de ação: "Silêncio". Neste exato instante, porém, o engenheiro alemão se deu conta de que, se me denunciasse ao desembargador Viana, estaria correndo sérios riscos de óbito. Calou-se. Não obstante, começou a se embriagar sem cessar, até que, quando o guarda-costas Jerônimo Damião estava abrindo o Cabaret Ibérico, deparou-se co'a figura ébria e monossilábica do dr. Wolf, que forçava a entrada do recinto. No entretanto, ao ser empurrado pelo leão de chácara do prostíbulo, o engenheiro alemão tropeçou em sua própria sombra; caiu; e golpeou a cabeça no rés-do-chão, vindo a falecer, instantaneamente. Como não surgiu denúncia contra mim; e, mesmo se o houvesse, eu tinha o álibi do rábula Epaminondas Sardinhae do guarda-costas Jerônimo Damião, visto que, p'ra opinião pública, havíamos rompido a alvorada de erotismo. Quanto à cantora lírica Maria Teresa Fasciotti, a pobre italiana terminou o seu tempo de vida a cantarolar árias de sua terra natal, numa esquina da Rua Dom Manuel.

Neste período, deu-se a coroação do príncipe d. Pedro II, diz que por artimanha do conselheiro José Bonifácio de Andrada e Silva, que iria de encontro ao artigo da Constituição de 1814, outorgada por seu progenitor d. Pedro I do Brasil, que exigia a maioridade do herdeiro do trono p'ra assumir o reinado pátrio. Co'as modificações políticas, a clientela de alcova renovou-se a tal ponto que outros figurões do Segundo Império passaram a vir à tona; e um deles, o luzia Zacarias Badaró, se aproximou desta Madame Pillar com certa ênfase de paixão. Conquanto fosse provindo de família tradicional, o bacharel Badaró não era mui apatacado, mas o ardoroso amante baiano tomou-me de assalto sem resistência de minha parte, sobretudo porque me proibiu de me entregar a outro homem, enquanto nós estivéssemos nos encontrando empós expediente de bordel. Não obstante, o político conservador era meio gato escaldado co'a vigilância dos adversários liberais, que, diga-se de passagem, também frequentavam o Cabaret Ibérico, e não poderiam descobrir o relacionamento entre o jurista e a cafetina cigana. Ao menos era o que o bacharel Badaró sustentava até eu descobrir pela cortesã sua conterrânea, a Albina Dendê, que me confidenciou que o meu amante soteropolitano era mui bem casado, com uma distinta senhora da alta sociedade, entrevada sobre o leito de sobrado da cidade da Bahia, impossibilitada, portanto, de residir na Corte de São Sebastião do Rio de Janeiro. Quando o inquiri sobre a razão de não ter me dito sobre a sua aleijada consorte, o acuado bacharel Badaró desculpou-se por ter guardado segredo tão importante, mas que não tivera coragem de me confessar o seu estado civil. Diante da circunstância, eu não tomei a iniciativa de ruptura, ainda que tenha voltado a me deitar co'o rábula Epaminondas Sardinha e o leão de chácara Jerônimo Damião, que havia sido deslocado estrategicamente, p'ra função de administrador do Cabaret Ibérico.

Co'o retorno do antigo guarda-costas Jerônimo Damião ao Cabaret Ibérico, o ressabiado bacharel Badaró se ressentiu da presença do caboclo, que o mirava co'a precária amabilidade.

— Madame Pillar, por que o seu capanga nortista anda me encarando com jeito de poucas amizades, quando eu transpasso o salão nobre do Cabaret Ibérico? — indagou-me Zacarias Badaró.

Sem desconversar do assunto, disse-lhe que, a partir do momento que o segredo conjugal fora revelado por sua conterrânea, a Albina Dendê, eu me sentia descompromissada do pacto de fidelidade, já que, se uma das partes não cumpriu acordo co'as regras constituídas de constância carnal, essa parte teria sido a dele, dr. Zacarias Badaró. O advogado baiano ainda retorquiu-me ao argumentar que não havia qualquer espécie de relação de leiro co'a sua esposa paralítica, visto como toda a sua devoção carnal seria reservada a mim, Madame Pillar.

— Se fosse p'ra dividir alcova co'outro homem, mais prudente seria que nós nos afastássemos, visto que, se não houvesse cumplicidade entre ambos os amantes, não valeria a pena eu me expor diante dos inimigos políticos do Partido Liberal. Afinal de contas, se político partriarcal e conservador se relaciona carnalmente, com uma cafetina de bordel, como demonstrar a defesa da família perante a opinião pública? — pôs-me contra parade o cínico impostor.

Contrapus-me ao advento da separação do deputado Zacarias Badaró; contudo, jamais iria me rebaixar aos caprichos de um homem que se diz defensor da moral e dos bons costumes; mas que, na prática, não passava de mais um benemérito da hipocrisia desta sociedade fluminense. Co'o período absolutista do caboclo maranhense, o meu amante Jerônimo Damião assumiu a administração do Cabaret Ibérico e do Castelo de Madame Pillar. O leão de chácara Jerônimo Damião contratou o parvo guarda-livros Manuel Póvoa p'ra tomar conta do Sobrado das Onze Janelas, ao passo que se dedicava aos negócios do lupanar mais lucrativo, o Cabaret Ibérico. Co'o decorrer do tempo, o pau p'ra toda obra do Jerônimo Damião ia adquirindo mulheres negras de segunda mão que empregava como escravizadas de ganho, a seu serviço nas ruas ou casas de prostituição. O fato é que não demorou muito, p'ra que o maranhense possuísse cinco ou seis crioulas e duas africanas, labutando em ofício de má vida no Castelo de Madame Pillar. À proporção que o caboclo Jerônimo Damião ia prosperando financeiramente, com sofisticação se trajava com refinada indumentária e co'os adornos de prata; e, o que era pior, se assoberbava co'os ares de fidalguia atípica ao seu aspecto metiço co'o pé na senzala. Até que, certa feita, eu me dei falta de algumas patacas d'ouroque havia depositado no armário do aposento dos cônjuges do Cabaret Ibérico; e comecei a desconfiar de que todo aquele fino trato do meu amante maranhense Damião provinha da ladroeira do gatuno. De imediato, eu mandei recado ao rábula Epaminondas Sardinha, p'ra que procurasse o desembargador Viana; e lhe narrasse sobre suspeição dos furtos do Jerônimo Damião. A autoridade distrital me aconselhou que se improvisasse uma ratoeira com fazenda e joalheria como isca, a fim de que nós atraíssemos o embusteiro Jerônimo Damião, que seria flagrado co'a boca na botija; ou melhor, co'as duas mãos na ratoeira. Armada a emboscada, restava-nos aguardar que o curiboca se arrojasse às pelas de prata e patacas. No momento em que eu brindava a taça de champanhe francês, co'o político conservador, Antônio Francisco de Paula Holanda Cavalcanti de Albuquerque, espocou um berro de desespero e dor, que, deveras, sobressaltou toda clientela do prostíbulo.

Quando nos apressamos a descobrir o autor do rugido, flagramos o valdevinos Jerônimo Damião, co'a mão ensanguentada presa à ratoeira; e, ao receber ordem de detenção, o trapaceiro confessou ao desembargador Viana, que irrompera a alcova do Cabaret Ibérico, com intuito de furtar joias e dinheiros. Como fiança de restituição dos bens surrupiados, a Justiça decretou que o gatuno do aposento assinasse promissória de cessão das negras de ganho, que passaram a ser de domínio particular desta proprietária do Castelo de Madame Pillar. Das escravas restituídas, apenas uma delas possuía atributos físicos p'ra labutar em ofício de má vida de luxo, no Cabaret Ibérico. Era a negra Ariana. De formosura rústica, a cortesã africana, que fora a última aquisição do desonesto Jerônimo Damião, causou imenso alvoroço na freguesia de alcova em sua data de estreia, pois que arrebatou o combalido coração do rábula Epaminondas Sardinha, tornando-se a protegida do recém-empossado administrador do Cabaret Ibérico e Castelo de Madame Pillar. Co'a prisão do Jerônimo Damião e a renúncia amorosa do bacharel Zacarias Badaró, a verdade é que eu voltei praticamente à estaca zero, no tocante à companhia de alcova. Neste caso, o advérbio se justifica porque, neste ínterim, a crioula Albina Dendê se apercebera de que eu andava triste e amuada; e se propusera a aquecer o leito de amor desta Madame Pillar. A crioula Albina Dendê era uma máquina de fazer sexo, visto que, mesmo empós cansativo expediente de bordel, procurava-me, arrojada e cheirosa, mui apta a consolar-me da solidão, etérea e atávica. Não obstante, quando menos se esperava, avultou-se a figura dionisíaca do Sardinha do pintor francês Jean-Baptiste Debret, o Gustave Debret, que viera à Corte p'ra pessoalmente mimosear o Imperador d. Pedro I, co'a impressão da obra-prima *Viagem pitoresca e histórica ao Brasil*.

Numa escapada da Quinta da Boa Vista, o arquiteto Gustave Debret decidira-se por conhecer o Cabaret Ibérico, sendo que, de uma simples visita, tornou-se *habitué*, já que, logo da primeira vez, trancou-se comigo no aposento dos cônjuges, não me deixando sair por uma semana inteira. No entretanto, a baiana ciumenta da Albina Dendê, mui incomodada co'a irrupção do estouvado francês, ao se aproveitar de uma ida minha ao Banco Comercial, adentrou o aposento, e, de uma feita, a sangue frio, talhou de fora a fora o bandulho do aparentado pintor Debret, que, empedernido, não se dera conta das tripas escorrendo pelo assoalho da alcova do bordel. Quando retornei da reunião co'o hebreu Bernard Schneider, a soluçante Albina Dendê encontrava-se ajoelhada co'a navalha de prata sobre o colo ao lado do cadáver de Gustave Debret, paralisada a dizer palavras desconexas e incompreensíveis. Co'o adjutório do rábula Epaminondas Sardinha, eu e a tresloucada Albina Dendê livramo-nos do defunto do arquiteto, às margens da Baía de Guanabara. Como ficou constatado que o ferimento teria sido feito à navalha, o homicídio do Sardinhado pintor Debret fora atribuído aos malfeitores da malta de capoeiras. Quando a poeira assentou, chegou-me a notícia de que o gatuno Jerônimo Damião havia fugido da Casa de Correção, com dois malfeitores que se aproveitaram da negligência dos dragões da guarda e se escafederam pelos becos desta São Sebastião do Rio de Janeiro. Por precaução, o desembargador Viana orientou-me p'ra que ficasse em estado de alerta, porque seria mui provável que o foragido retornasse ao Cabaret Ibérico, co'o intuito de restituição do prejuízo das negras de ganho. Ao avisar o rábula Epaminondas Sardinha da escapula do caboclo gatuno, o administrador dos prostíbulos preocupou-se, sobretudo, co'a integridade física da negra Ariana, que poderia ser alvo da ira do bandoleiro.

No momento em que eu estava fazendo a contabilidade da noite co'o rábula Epaminondas Sardinha, os três saltimbancos de garrucha e punhal, escoltados por uma mulher disfarçada por trajes de homem, invadiram o salão nobre do Castelo da Madame Pillar. Logo de início desconfiei de que seriam Jerônimo Damião e os dois comparsas que evadiram do cárcere; porém, jamais iria imaginar que a fêmea travestida de macho fosse a crioula Albina Dendê, que fora quem dera guarida aos fugitivos da Casa de Correção. Ao se apropriar do dinheiro, o ex-leão de chácara ainda obrigou-me a ir até o Cabaret Ibérico, a fim de que eu lhe entregasse a joalheria, que eu homiziara em baú de prostíbulo. Apressadamente, o quadrilheiro Jerônimo Damião arrastou-me com violência demasiada, empós dar ordens aos comparsas que amarrassem o rábula Epaminondas Sardinha, que, àquela altura, já se borrava todo de medo e merda. Sem hipótese de resistência, acompanhei-o até o esconderijo da joalheria; e lhe entreguei os objetos de valor, conforme requisição do salteador ressentido.

— Madame Pillar, amanhã eu retorno p'ra recolher o montante que me cabe como devolução lícita pelo valor monetário das sete negras de ganho do prostíbulo.

Assim que o bandido Jerônimo Damião desapareceu com joalheria e fazenda roubadas, eu solicitei que a negra Ariana me acompanhasse até o Castelo da Madame Pillar, de modo que salvássemos o rábula Epaminondas Sardinha, aprisionado pelos saltimbancos foragidos da Casa de Correção. Lá chegando, deparamo-nos co'o recém-empossado administrador que esperneava feito bezerro desmamado a clamar por adjutório; mas como estava amordaçado não obteve êxito de atendimento. Ao libertá-lo, o gerente do prostíbulo revelou-me que teve a impressão de que a embusteira travestida de homem houvera de ser a crioula Albina Dendê. Diante da acusação suspeitosa, eu então explicitei o meu plano de estancamento da chantagem do ex-guarda-costas, que, em hipótese alguma, consistia em dirigir-me até a Intendência Geral de Polícia da Corte, haja vista que de nada adiantava a recaptura do cafajeste, pois que o risco de fuga era iminente. Já que o fora da lei logo estaria batendo-me à porta do bordel com intento de desagravo e extorsão, eu expliquei que iríamos até o endereço do desembargador Viana, de modo a ter co'a autoridade distrital uma reunião sigilosa, de maneira que eu lhe propusesse sociedade nos negócios do Cabaret Ibérico e do Castelo de Madame Pillar, desde que o salafrário do Jerônimo Damião e a crioula Albina Dendê desaparecessem do mapa-múndi da cidade de São Sebastião do Rio de Janeiro. Surpreso pela visita inusitada àquela hora da noite, empós ouvir-me com zelosa atenção, o comissário Viana nos despachou co'a promessa de resolução do roubo, contanto que a prezadíssima Madame Pillar disponibilizasse um quinto da lucratividade bruta dos templos de prostituição. Acordo fechado, confesso que jamais obtive qualquer informação sobre o casal de saltimbancos que, num átimo, se escafederam *ad aeternum*.

Co'o sumiço do Jerônimo Damião e da Albina Dendê, cabe ressaltar que, p'ra além da sociedade de bordel, eu fui premiada co'o cúmplice de alcova da mais alta estirpe e consideração, ainda que o desembargador Viana fosse matrimoniado há mais de duas décadas, enfim. Visto que jamais havia indagado sobre o paradeiro do ex-guarda-costas Jerônimo Damião e da cortesã Albina Dendê, o desembargador Viana não me respondeu nem sequer deu-me satisfação sobre o que fizer ou mandara fazer co'os dois chantagistas abomináveis. Deste modo, a nossa relação amorosa prosseguiu, sem sobressalto de importância que nos dispuséssemos a cogitar a separação, até que um disparo acidental saído de sua própria arma de fogo tirou-lhe a vida. Em verdade, a morte estúpida do meu sócio e amante, desembargador Viana, causou certo embaraço p'ra mim, porque os dragões da Intendência Geral de Polícia da Corte levantaram a suspeita de que eu poderia ter sido a responsável pela assinatura do disparo certeiro, que ceifou a existência da autoridade distrital. No entretanto, como não souberam do desfalque bancário provocado pelo defunto, a acusação de homicídio que pairava sobre esta Madame Pillar fora expurgada peremptoriamente, com uma admirável estratégia de defesa orquestrada pelo rábula Epaminondas Sardinha. Durante o período de nojo, o imbatível Luís Filipe Maria Fernando Gastão de Orléans, o Conde d'Eu, que se aborrecera co'a dona Isabel de Bragança, saíra da Quinta da Boa Vista p'ra se olvidar da desavença familiar e alvoreceu em meu leito de amor. As más línguas da Corte expunham que, ao ter ciência do deslize de luxúria do Conde d'Eu, o Imperador d. Pedro II o castigou mandando-o pelejar contra as tropas de Francisco Solano Lópes, na Guerra do Paraguai. Mas como não só de conflito bélico se faz a existência humana, o pacífico (e hilário) naturalista Auguste de Saint-Hilaire, que, arrastando as tamancas, visitara-me no Cabaret Ibérico, creio que, puramente, p'ra análise científica da anatomia. Caso consintam dois parênteses, consta nos ânuos (sem duplo sentido, por obséquio) históricos que o botânico Saint-Hilaire retornou ao Brasil a convite do Imperador d. Pedro II; e viera se refestelar, por mera curiosidade, em bordel; e se encantara pela arquitetura biológica desta Madame Pillar.

Em certa ocasião, a negra Ariana me abordou p'ra me dizer que descobriu que o rábula Epaminondas Sardinha homiziava toda a sua fortuna adquirida em anos de ofício num baú de carvalho, guardado a sete chaves debaixo do catre de seu aposento do Cabaret Ibérico. A artificiosa cortesã contou-me também que o mulato chicaneiro admitia não confiar no sistema bancário e nem muito menos no judeu Bernard Schneider; e, por esta simples razão, acumulava todo o ganho monetário em sua arca da prosperidade. Quando a questionei sobre o que, de fato, a negra Ariana pretendia fazer co'a informação monetária, a prostituta africana me confidenciou que estava mui tentada a se apropriar imediatamente dos despojos do rábula Epaminondas Sardinha, uma vez que, embora estivesse amasiada com ele há tanto tempo, não se sentia convicta de que a herança lhe coubesse *post-mortem*. Ao certificar-me de que a negra Ariana intentava assassinar o amante de alcova, propus-lhe, apesar do passamento do já saudoso desembargador Viana, acobertá-la juridicamente sob alegação de legítima defesa, co'a condição de que 1/3 do espólio do baú da vítima me fosse concedido em troca da cumplicidade de homicídio. De imediato pedi que o administrador do Cabaret Ibérico e do Solar de Madame Pillar fosse resolver uma aporrinhação de contabilidade co'o financista Bernard Schneider; e incitei que negra Ariana me mostrasse o tesouro do rábula Epaminondas Sardinha, que estava homiziado debaixo do catre do aposento. Qual não foi a surpresa quando pude constatar que os bens acumulados do mulato chicaneiro assaz ultrapassam a expectativa da margem de ganho de um reles advogado sem certificação de diploma acadêmico.

Na noite de despedida do naturalista Auguste Saint-Hilaire, eu fiz com que o rábula Epaminondas Sardinha se embriagasse, a torto e a direito de vinto tinto lusitano, sob pretexto de que seria a última visita do ilustre botânico à Corte. Ébrio como saruê, o mulato chicaneiro carregou a negra Ariana p'ro aposento do Cabaret Ibérico; e, lá aportando, adormeceu instantaneamente. Como combinado, a cortesã africana o apunhalou no peito co'a profundidade mínima de cinco centímetros. E, logo em seguida, saiu correndo aos berros pelo salão nobre do Cabaret Ibérico a clamar por auxílio, pois que o seu amante embriagado tentara estrangulá-la por ciúmes do forasteiro Saint-Hilaire, co'as mãos sanguinárias de um Calígula. Ao acudi-lo, as meretrizes se deram co'a imagem agonizante do rábula Epaminondas Sardinha em seu último suspiro de vida. No instante adjacente, eu solicitei que encaminhassem o ferido de morte aos cuidados da Santa Casa de Misericórdia, ao mesmo tempo em que avisava os dragões da Intendência Geral de Polícia da Corte, sobre ocorrido entre o mulato chicaneiro apunhalado e a negra Ariana, que, ao se defender do assédio de morte do amante embriagado, o apunhalou no coração mortalmente. Assim que os enfermeiros retiraram o semimorto do aposento do Cabaret Ibérico, eu e a cortesã africana tratamos do transporte da arca da prosperidade, p'ra alcova dos cônjuges. Logo depois, a negra Ariana fora conduzida até a Casa de Correção, p'ra que prestasse depoimento sobre o episódio da punhalada mortífera no coração apaixonado do rábula Epaminondas Sardinha. No mesmo instante, eu fui procurar o Regente Feijó, p'ra indicação de um bacharel em Direito, apto a defendê-la nos tribunais da Justiça da Corte. Deu-se, então, que o religioso me aconselhou a contratar o criminalista Alfredo Rabello de Lima, mais conhecido como Alfredinho Bom de Lábia. O renomado jurista Rabello de Lima assegurou-me que seria quase impossível absolver a negra Ariana do crime de homicídio, de vez que, quando uma escrava africana atentava contra a vida de um nativo, mesmo que fosse por legítima defesa de sua honra e integridade física, era considerada responsável pelo gravíssimo crime de sangue. Dito isto, o advogado Alfredinho Bom de Lábia ainda tentou argumentar no Tribunal do Júri, a respeito de estado de embriaguez da vítima; contudo, a cortesã africana fora execrada à pena capital, em patíbulo de largo público. Julgo eu que, quiçá, a declaração dada por mim de que não se percebera qualquer alarido de discussão da alcova do rábula Epaminondas Sardinha e da negra Ariana tenha contribuído p'ra condenação de enforcamento da ré por crime de homicídio.

Empós execução da negra Ariana, o bacharel Rabello de Lima, mesmo já tendo recebido pecúnio pelos serviços jurídicos prestados, se aproximou de mim e tomou gosto pela companhia de alcova, dizendo-se enamorado por minha pessoa encantadora etc. Assim, não havia uma noite sequer que o causídico Alfredinho Bom de Lábia não marcasse presença com flores e bazófias, no salão nobre do Cabaret Ibérico. Na ocasião em que abusara do vinho tinto, instou-se em proeza de me aliciar a deitar-me com ele no aposento dos cônjuges, ao preço que eu estipulasse sem regateio de pechincha sobre o valor da noitada de aluguel. De imediato, eu obtemperei que não era mais prostituta p'ra lhe dar valor monetário de companhia, pois já tinha dinheiro suficiente inclusive p'ra jogá-lo no olho da rua, pelo equívoco de ter contratado bacharel de porta de cadeia de quinta categoria, p'ra defesa jurídica da escrava enforcada, a negra Ariana, no Largo da Lampadosa. Se o objetivo de tal afronta era insultá-lo da mesma forma pela qual eu fui atingida com tal menção ao meretrício, o efeito fora obtido e alcançado, porque o bacharel Rabello de Lima refletiu sobre a proposta equivocada de me carregar por bom preço ao leito de amor, desculpando-se pela insensibilidade máscula. Eu retruquei que o perdoaria se implorasse de joelhos, em pleno salão nobre do Cabaret Ibérico, p'ra que esta Madame Pillar o recebesse, não apenas como amante, mas como esposa sacramentada p'ra eternidade efêmera da vida. Como assim o fizera, eu não pude recusar a rogativa do advogado Alfredinho Bom de Lábia, de modo que nos engalfinhamos por toda noite sem armistício; e assim prosseguimos por bastante tempo, até que o Conde d'Eu regressou da Guerra do Paraguai faminto de carne; e me procurou p'ra que me tornasse a sua fiel concubina de prostíbulo. Sem ter condição de rejeitar a imperiosa solicitação do esposo da Princesa dona Isabel de Bragança, eu dirigi-me ao bacharel Rabello de Lima p'ra lhe dizer que estava tudo acabado entre nós, em razão do retorno do Conde d'Eu à Corte de São Sebastião do Rio de Janeiro. Não obstante, o intrépido Alfredinho Bom de Lábia revelou-me que não se importava de aquinhoar predileção de alcova co'o Conde d'Eu, visto que o relacionamento em nada afetava o sentimento que ele, dr. Alfredo Rabello de Lima, sustentava por mim, Madame Pillar.

Já que não havia objeção por parte do doutor em leis, por um breve período eu pude conciliar a paixão desenfreada do esposo da Princesa dona Isabel de Bragança, co'a agradável companhia do bacharel Rabello de Lima, sem conflito de agenda entre o aristocrata e o burguês. Destarte, o advogado Alfredinho Bom de Lábia desfrutava de minha companhia de segunda a quinta-feira; e o Conde d'Eu usufruía carnalmente desta Madame Pillar, às sextas-feiras. Porém, a constância de visitação me consumia física e cronologicamente; e impulsionou-me à decisão de deliberar a administração do Sobrado das Onze Janelas, aos auspícios do bacharel Rabello de Lima, que não só rejeitou a proposta de trabalho, assim como me afirmou que iria instalar o seu filho Pedro Joaquim Miranda Rabello de Lima, como auxiliar de secretaria do Castelo de Madame Pillar. Sem me dar conta do equívoco de que estava prestes a cometer, eu acolhi sem birra ou capricho a ideia de jerico da contratação do herdeiro Alfredinho Bom de Lábia. Passado pouco tempo, a crioula Bethânia se achegou p'ra reclamar que o mancebo Pedro, além de abusar de todas as meretrizes do Sobrado das Onze Janelas, ainda por cima estava cobrando comissão de cada uma das cortesãs por ida ao cômodo de luxúria.

— O seu herdeiro Pedro é gigolô, cáften, rufião ou algo parecido, dr. Alfredo Rabello de Lima? — acusei-o enfaticamente, diante da obstupefação do interlocutor. — Que compareça amanhã sem justificativa estapafúrdia de ausência, às 14:00, no Cabaret Ibérico, porque, caso contrário, o Don Juan do Castelo de Madame Pillar estará no olho da rua!...

No horário previsto, o garanhão estava diante de mim, constrangido pela recriminação que adviria de sua conduta censurável. Não obstante, a impressionante perfeição apolínea do mancebo Pedro desarmou-me, visto que, ao bater os olhos naquele homem em formação, eu rendi-me à sua beleza física, que me ensandeceu a tal ponto que me deixou sem ação de represália. O filho do bacharel Alfredinho Bom de Lábia, quiçá fosse a personificação de um deus grego, sendo que amorenado pela descendência, visto que era fruto da relação amorosa entre o bacharel Rabello de Lima, co'a mulata Miranda, a que mantinha banca de frutas e doces, na Rua da Vala. À boca miúda, dizia-se que, p'ra completar a renda a progenitora de Pedro Miranda se prostituía co'a seletiva clientela de confiança, mas que, quando conheceu a mulata dos olhos verdes mui bem feita de carcaça, por intermédio da indicação de um colega da banca de advocacia, o causídico Alfredinho Bom de Lábia encantou-se pela mestiça da terra, proibindo-a de prostituir-se peremptoriamente. Nove meses de gestação, a amásia do bacharel Rabello de Lima pariu o mais belo resultado da miscigenação por estes trópicos d'além-mar. O endiabrado Pedro Miranda herdara os traços paternos em sua tez morena; e, da mistura dos olhos azuis do legado lusitano, co'as retinas de esmeralda da mulata Miranda, se originou os matizes dos olhos mais belos do que a floresta atlântica.

Era lindo de morrer aquele indivíduo miscigenado em sua segunda ou terceira geração, o mancebo Pedro Miranda, que não abaixava cabeça mesmo diante da falta cometida, quiçá porque estivesse convencido de que me engodaria, a mim e a qualquer outra mulher, co'o seu indefectível dom da sedução. Sem dizer-lhe sobre o assunto que havia p'ra ser discutido, peguei-o pela mão e o arrastei até a alcova dos cônjuges, de onde sairíamos empós três luares de orgia, sendo que o Pedro Bello já co'os ares de patrão; e eu, co'a aparência submissa de mulher saciada carnalmente. A questão era que eu precisava me safar dos meus dois amantes de ocasião, o Conde d'Eu e o seu próprio progenitor, o dr. Alfredo Rabello de Lima. Quanto ao bacharel Alfredinho Bom de Lábia, seria caso mais fácil de resolução, já que, afinal de contas, era mui natural que desejasse ao seu herdeiro o que houvesse de melhor nesta encarnação. Ainda assim propus--lhe a direção do Cabaret Ibérico e do Castelo de Madame Pillar, a cargo comissionado de 10% da lucratividade bruta obtida em cada um dos prostíbulos. Ou seja, o bacharel Rabello de Lima arrecadaria 20% do que fosse faturado, incluindo neste montante o atendimento jurídico, cuja liquidação dos honorários advocatícios seria acertado à parte. A respeito do Conde d'Eu, eu supus que o esposo da Princesa dona Isabel de Bragança não acataria decisão de rompimento, que viesse de minha parte, já que o genro do todo-poderoso Imperador d. Pedro II jamais admitiria ser trocado pelo mancebo Pedro, sem eira nem beira, que mal acabara de trocar as fraldas da puberdade. Portanto, a única escapatória p'ra me ver livre da presença indesejada do Conde d'Eu seria enviar missiva apócrifa, aos cuidados da Imperatriz dona Teresa Cristina, de maneira que se denunciasse as escapadelas do aristocrático consorte de sua filha ao Cabaret Ibérico. Como o Pedro era conhecido da mucama da Quinta da Boa Vista, a negra Maria Firmina, incumbiu-se de fazer chegar às mãos da esposa do Imperador d. Pedro II a epístola anônima, de modo que a se tomasse providência quanto ao afastamento do Conde d'Eu das más companhias de meretrício.

O centralizador d. Pedro II, ao ser noticiado da pulada de cerca do Conde d'Eu, determinou que o casal fosse residir no Paço de Petrópolis, de sorte que dona Isabel de Bragançae o seu fidedigno esposo só poderiam descer à Corte, quando a herdeira do trono viesse a substituí-lo, em razão de viagem diplomática. Alforriada, eu pude, enfim, desfrutar plenamente da companhia de alcova do Pedro Miranda, que, a cada momento, se embrenhava mais e mais na vida boêmia, tornando-se o homem mais perdulário (e bom de leito) da cidade de São Sebastião do Rio de Janeiro. Por gratidão pelas noites maldormidas, eu o cobria de carícicias; diga-se, seda e ouro, transformando-o numa espécie de *gentleman*, ainda que fosse mulato claro co'o seu quase imperceptível defeito de cor. De outra feita, incomodava-me a recorrência de assédio que o meu amante sofria não somente das cortesãs do Cabaret Ibérico e do Castelo de Madame Pillar, como também das moçoilas casadoiras da alta sociedade fluminense, ávidas por aqueles olhos de esmeralda da cor do mar. Nos últimos tempos, o enérgico legatário do bacharel Rabello de Miranda, praticamente, era quem dava as cartas do baralho nos dois prostíbulos de minha propriedade, sendo que o Sobrado das Onze Janelas se transformara na menina dos olhos do agora meu esposo Pedro Miranda, que me persuadiu a arriscar investimento monetário de grosso calibre no Castelo de Madame Pillar, fato este que o impeliu ao mesmo patamar de *glamour* do Cabaret Ibérico, que passou a ter como governanta a dileta mulata Miranda, a sogra. Com ela, achegou-se a sua filha caçula de outro relacionamento promíscuo, alcunhada de Ritinha, a Dadivosa, que era a mais preciosa pérola em estado bruto do bordel.

Com Ritinha, a Dadivosa, digo-vos que foram contratadas as cortesãs açorianas, Cora e Expedita, como reforço de plantel do prostíbulo. Por sugestão do meu estimado esposo Pedro Miranda, o Castelo de Madame Pillar criou um sorteio, às terças-feiras, que laureava a clientela, co'as duas irmãs gêmeas ilhoas, como premiação de lupanar. Co'o estrondoso êxito da promoção das açorianas, Cora e Expedita, nós fomos obrigados a reproduzir o sorteio de marafona, às quartas-feiras, no Cabaret Ibérico. Não obstante, como eu e o meu esposo Pedro Miranda nos revezávamos no comando das casas de prostituição, numa terça-feira em que ele estava no Castelo de Madame Pillar, apareceu-me o enigmático Conde d'Eu, que escapara da rígida vigilância da Princesa dona Isabel de Bragança, arrastando-me p'ro aposento dos cônjuges do Cabaret Ibérico. O rendez-vous seria apenas uma casualidade amorosa, se tempos depois, eu não começasse a me afligir co'os idênticos sintomas da gravidez do infante Amâncio de La Cruz. A convicção da paternidade acometera o garboso Pedro Miranda a esquematizar um cronograma de trabalho, em que eu me afastaria da condução dos prostíbulos durante o período da gestação. Assim como no episódio da cobarde violação cometida pelo El-Rey d. João VI, eu não poderia afirmar com convicção que a autoria de paternidade era do meu esposo Pedro Miranda, visto que havia probabilidade, mesmo que minimamente concebível, de que o Conde d'Eu fosse progenitor da belíssima Anabella Pillar de La Cruz Rabello de Lima, que abrolhou nove meses empós mágico reencontro de alcova, co'o esposo da Princesa dona Isabel de Orleans e Bragança.

A diferença fundamental entre a dúvida de paternidade do infante Amâncio de La Cruz, entre o comerciante libanês Assir Lubbos, o Turco, e a Sua Majestade El-Rey d. João VI, seria que a recém-parida viera ao mundo co'o consentimento materno. Ao observar a criatura chorosa que se esperneava em berço d'ouro, eu pude constatar que os olhos da Anabella Pillar eram esverdeados como os do meu esposo Pedro Miranda; porém, cabe salientar que, da combinação dos olhos azuis do Conde d'Eu co'o tom acastanhado das retinas desta Madame Pillar, poderia mui bem ser plausívem dizer que era natural que a minha herdeira nascesse de olhos da cor das águas da Baía de Guanabara. A vida começou a se complicar quando a incerteza de autoria que era apenas desta Madame Pillar passou a ser dividida co'a minha meia-cunhada Ritinha, a Dadivosa, que, por orientação da governanta Miranda, vigiava-me a pouca distância; e flagrou-me em companhia do Conde d'Eu, na noite da concepção de Anabella Pillar. Mesmo ao me dar conta de que a cortesã Ritinha, a Dadivosa, não guardaria p'ra todo o sempre o segredo da traição co'o Conde D'Eu, eu não esperava que a meia-irmã do meu esposo Pedro Miranda fosse me chantagear no momento mais inoportuno da vida, que fora quando a felicidade reinava pacífica e absoluta.

— Apenas nós duas sabemos que a recém-nascida pode tanto ser herdeira legítima do meu irmão Pedro Miranda, quanto do cavalheiro misterioso de capuz, que se apossara da Madame Pillar, na noite em que fora gerada a minha sobrinha Anabella Pillar. — iniciou a intrépida Ritinha, a Dadivosa. — E o mais agravante é que também, tão-somente nós duas sabemos da identidade do possível responsável pelo nascituro... o Conde d'Eu!...

Desvencilhei-me da acusação de adultério, ao despistar que a tal figura enigmática que ela afirmava ser o esposo da Princesa dona Isabel de Bragança, o Conde d'Eu, em verdade era o financista judeu Bernard Schneider, que viera p'ra prestação das contas do balanço de livro-caixa da contabilidade. A indomável Ritinha, a Dadivosa, assegurou-me que não tinha nenhum interesse em desvendar o mistério de paternidade da Anabella Pillar, assegurando-me que eu poderia ficar sossegada, porque a sua boca era um túmulo; e que ninguém saberia da visita do Conde d'Eu, ao aposento dos cônjuges do Cabaret Ibérico.

— Desde que, de comum acordo, a administração do prostíbulo lhe fosse concedida, co'a comissão de 10% do faturamento bruto do Castelo de Madame Pillar.

Em contrapartida, atirei-lhe em face que não me renderia ao gesto chantagista; mas que, se algo escapasse dos lindos lábios da minha cunhada predileta, eu mandaria que se cortasse não a língua de trapo da marafona, mas a cabeça inteira da Ritinha, a Dadivosa. E que p'ra isto bastava subornar, co'algumas poucas patacas d'ouro, o seu amante capoeira, o Lucio Sete Vidas. O capoeira Lucio Sete Vidas assumira a função de guarda-costas do Sobrado das Onze Janelas, por indicação do meu esposo Pedro Miranda, que o conhecia da malta Nagoas da Cidade Velha. Desde então, negro forte e bem servido de disposição, consoante a própria Ritinha, a Dadivosa, o leão de chácara engatou chamego co'a prostituta chantagista. Admitindo a sua má vida de bordel, o capoeira Lucio Sete Vidas a tratava como noiva sacramentada, já que Ritinha, a Dadivosa, jurava a ele que, embora se sujeitasse ao comércio da carne, aos clientes de alcova jamais permitiria que lhe possuíssem por detrás em decúbito anal. Na reunião co'o financista Bernard Schneider, o bacharel Alfredo Rabello de Lima e o meu esposo Pedro Miranda, eu anunciei que, doravante, Ritinha, a Dadivosa, iria assumir a administração do Castelo de Madame Pillar. Mediante espanto geral e indignação particular, por parte do advogado Alfredinho Bom de Lábia, que não era o legítimo progenitor da prostituta pródiga, ainda assim a ordem fora cumprida ao pé da letra, de maneira que a estima Ritinha, a Dadivosa, adquirisse a administração do Sobrado das Onze Janelas. Questionada pelo bacharel Rabello de Lima, confessei-lhe que a meia-cunhada por parte materna me coagira, por intermédio de chantagem de ordem familiar, sobre crime de sangue cometido por seu filho Pedro Miranda em passado recente, a lhe conceder o cargo de direção do Castelo de Madame Pillar.

Disse-lhe também que me sentia acuada diante da acusação de homicídio feita pela Ritinha, a Dadivosa; e que não houve perspectiva de preservá-lo na função de confiança, o que lhe acarretou perda de metade do ordenado.

— De fato, o desavisado Pedro Miranda havia assassinado um homem num desentendimento de parada de jogatina. — reconheceu o causídico Alfredinho Bom de Lábia. — Mas o capoeira Lucio Sete Vidas acobertou o homicídio ao ocultar o cadáver do jogador anônimo, no fundo das águas da Baía de Guanabara.

Quase ao término da conversa, confidenciei-lhe que eu tinha um plano p'ra silenciá-la ad aeternaum; mas que precisava de que o bacharel Rabello de Lima me arranjasse um garanhão de fina estirpe, que enfeitiçasse a falastrona da Ritinha, a Dadivosa, de tal modo que a fizesse de gato e sapato, de sorte que ela se rendesse fatalmente. Empós breve pausa, o meu sogro Alfredinho Bom de Lábia garantiu-me que havia na Corte um fidalgo apetitoso de alcova, que era considerado um dândi egocêntrico do nível de um Casa Blanca, que, habitualmente, costumava arrasar os frágeis corações femininos da aristocracia fluminense, o Marquês Álvaro Albuquerque da Costa e Castro, o Alvinho Pureza.

— Pois lhe diga que a Madame Pillar pretende contratá-lo, a peso d'ouro, p'ra que seduza a cortesã Ritinha, a Dadivosa.

Na noite posterior, o sedutor Alvinho Pureza já estava mui bem instalado no salão nobre do Castelo de Madame Pillar, quando a cortesã Ritinha, a Dadivosa, adentrou o recinto "cheirosa como a flor proibida do pecado", conforme a saudara o Marquês Álvaro Albuquerque da Costa e Castro. Porém, antes de dar as boas vindas ao desconhecido, a mulata fogosa ainda tentou avistar o capoeira Lucio Sete Vidas, mas o leão de chácara ainda não havia chegado ao Sobrado das Onze Janelas. No instante posterior, como demonstração de altivez e comando, ordenou que a sua *madre* Miranda lhe servisse ostras frescas e champagne francês. Empós meia-dúzia de ordens, a cortesã Ritinha, a Dadivosa, aproximou-se do forasteiro; e, ao lhe indagar sobre predileções de vinho, ouviu o nobre cavalheiro dizer que era o Marquês Alvinho Pureza; e estava à procura da mulher mais elogiada nas altas rodas da sociedade fluminense.

— Ritinha, a Dadivosa.

Do curto diálogo foram ao leito de amor; e, do ninho de luxúria, só saíram quando já alvorecia tardiamente. O capoeira Lucio Sete Vidas rodeava o aposento de libertinagem, à procura de algum ruído que denunciasse qualquer deslize de profissionalismo de sua noiva prostituída. Mas o que se ouvia eram sussurros abafados e sons indecifráveis, que mais o agoniavam do que saciavam a sua curiosidade de alcova. Na terceira noite consecutiva, o aristocrático Marquês Alvinho Pureza se trancou em aposento do Castelo de Madame Pillar co'a cortesã Ritinha, a Dadivosa; e de lá não saíram co'a vida, porque, ao bisbilhotar pela fechadura, o capoeira Lucio Sete Vidas flagrou-a em posição de decúbito anal, co'o cliente aristocrático a se resfolegar, descumprindo a palavra de virgindade empenhada. Ao arrombar a porta da alcova, o capoeira Lucio Sete Vidas apunhalou-os de morte; p'ra, logo em seguida, os degolar, friamente, carregando os crânios do Marquês Álvaro Albuquerque da Costa e Castro, o Alvinho Pureza, e da Ritinha, a Dadivosa, p'ro salão nobre do prostíbulo, onde os uniu como se estivessem se beijando de língua, frontalmente. Co'a chegada dos dragões do distrito, o assassino passional ainda brincava co'as cabeças arrancadas de sua noiva degolada e do garanhão Alvinho Pureza, o Marquês. Arrastado ao cárcere da Casa de Correção, o capoeira Lucio Sete Vidas aguardou julgamento até ser considerado o último réu enforcado em largo público, visto que, empós a sua morte, o Imperador d. Pedro II de Orleans e Bragança extinguiu a pena capital em território pátrio. Ao término do sepultamento de sua enteada Ritinha, a Dadivosa, o bacharel Alfredo Rabello de Lima sondou-me se ele iria retomar as rédeas de condução do Cabaret Ibérico e do Castelo de Madame Pillar. Em caso positivo, confessou-me que se sentia um pouco culpado pelo homicídio da Ritinha, a Dadivosa. Não é preciso ser nenhum grande conhecedor da alma humana p'ra observar que, por detrás da consulta e da menção ao remorso, havia um nesga de intimidação do causídico Alfredinho Bom de Lábia. No entretanto, eu fiz vista grossa ao fingir que não estava compreendendo o alcance da especulação do advogado, pois que, não apenas confirmei a sua retomada ao comando da direção do Sobrado das Onze Janelas, como também o informei que estava co'a ideia de inaugurar uma terceira casa de espetáculo, o Café Madrid.

O bacharel Rabello de Lima deu três saltinhos histéricos de euforia; e quis saber se também seria ele o administrador do próximo recinto de devassição a ser inaugurado em São Sebastião do Rio de Janeiro. Ao dar a boa-nova ao meu esposo Pedro Miranda, que também se culpava por ter trazido o capoeira Lucio Sete Vidas p'ro convívio familiar, disse-me que somente nos restava labutar co'o afinco e resiliência, p'ra dedicarmos o êxito do

Café Madrid, à memória de sua meia-irmã Ritinha, a Dadivosa. Neste ínterim, nós saímos à procura de um imóvel p'ra locação; e, na Rua da Ajuda, deparamo-nos co'a imponente construção do século XVIII, ainda que em estado precário de engenharia, mas que cairia como luva p'ra inauguração do prostíbulo, o Café Madrid. Contrato assinado, nós iniciamos a obra de restauração do imóvel, que, muito em breve, seria inaugurado, tendo como atração principal as gêmeas açorianas, Cora e Expedita, que foram alçadas à condição de protagonismo da noite de estreia.

Na *première* do Café Madrid, além do fulgor erótico das cortesãs ilhoas, também surgiu no horizonte da ambiência da prostituição, a galega Belén, que afirmava possuir dois órgãos sexuais.

— La vagina de trabajo; y la vulva divertida.

A galega Belén assegurava que uma delas conservava-se em estado de castidade, até que algum pretendente a levasse ao pé do altar p'ra desvirginá-la. Lenda ou mito, a verdade é que a clientela do Café Madrid ficou em polvorosa, p'ra comprovação da veracidade do anúncio das duas vaginas da espanhola, o que fez com que roubasse o protagonismo das gêmeas açorianas, Cora e Expedita. Como a busca frenética pela cortesã da Galícia crescia assustadoramente, o meu esposo Pedro Miranda recomendou que se criasse uma senha p'ra reserva de aposento, a fim de que se respeitasse a cronologia por ordem de chegada. Na segunda noite do Café Madrid, já havia cliente mandando escravo doméstico p'ra fila à porta do prostíbulo ao meio-dia, de sorte que assegurasse lugar em companhia da galega Belén. Nisto, pude observar que o meu esposo Pedro Miranda andava mui amuado co'o episódio da ascendência da prostituta castelhana sobre a sensação de outrora do Cabaret Ibérico, que era a premiação das irmãs açorianas, Cora e Expedita, que já não causavam o impacto erótico no imaginário da freguesia de alcoice. Em reunião, decidiu-se que, como maneira de equiparação do público, o sorteio da alcova das gêmeas se realizaria, apenas, no Castelo de Madame

Pillar. Contrariado pelo voto vencido, o enigmático Pedro Miranda ainda tentou argumentar que, desta maneira estúpida, estaríamos desperdiçando a galinha dos ovos d'ouro do Café Madrid, já que as gêmeas açorianas, Cora e Expedita, seriam desvalorizadas pela transferência de auditório. Em contraposição, o bacharel Rabello de Lima ponderou que a audiência das irmãs ilhoas já não nos dava o retorno financeiro de antigamente. No que se deliberou que era mesmo necessário providenciar a mudança das gêmeas açorianas, Cora e Expedita, p'ro Sobrado das Onze Janelas, visto que, muito possivelmente, a freguesia de segunda classe se empolgaria co'a duplicidade de premiação. De acordo co'o causídico Alfredinho Bom de Lábia, a transferência serviria como um descanso de imagem das irmãs ilhoas; no entretanto, o que eu só pude descobrir tempos depois, era que, por detrás da ferrenha defesa das gêmeas açorianas, Cora e Expedita, havia uma certa "queda" do meu esposo Pedro Miranda, que era quem mais se beneficiava pós-sorteio da dupla de cortesãs ilhoas.

De feita, eu, inadvertidamente, saudosa de uma boa namoricada co'o alazão dos olhos verdes, dirigi-me ao Castelo de Madame Pillar; e me deparei co'o meu esposo Pedro Miranda, em flagrante delito de *ménage à trois* co'as gêmeas açorianas, Cora e Expedita.

— Quer dizer, então, que o contemplado pela premiação das gêmeas ilhoas desavergonhadas, Cora e Expedita, fora o senhor meu marido Pedro Miranda Rabello de Lima!?!... — interrompi-o em plena ação de gozo, ao passo que as putas açorianas, sobressaltadas, se cobriam co'o lençol encardido da devassidão. — Já p'ra fora imediatamente, seu garanhão de meia pataca!... E vocês duas desaforadas d'além-mar podem ir logo dando no pé do Castelo de Madame Pillar!...

O desconsolado Pedro Miranda confessou-me que, há tempos, desfrutava das gêmeas açorianas, Cora e Expedita; e que a ideia da promoção do sorteio surgira a partir de um roça-coxa co'as cortesãs ilhoas, Cora e Expedita, naquela mesma alcova do Sobrado das Onze Janelas. Entre lágrimas e perdões, disse-me também que estaria de acordo co'a separação, desde que o Castelo de Madame Pillar ficasse em seu nome, haja vista que fora ele, Pedro Miranda Rabello de Lima, quem dera fôlego e magnetismo ao prostíbulo da Rua dos Ciganos do Campo de Sant'Anna. O bacharel Alfredo Rabello de Lima intercedeu a seu favor juridicamente, sob argumento de que não seria justo co'a menina Anabella Pillar, fruto da exitosa união matrimonial entre mim e o seu rebento Pedro Miranda, presenciar a bancarrota de seu progenitor, caso este seja atirado em sarjeta de cortiço.

— Quanto à paternidade de minha filha Anabella Pillar, o senhor doutor Rabello de Lima pode ficar assossegado, que o responsável pela cópula do nascituro há de ser o honrado consorte da Princesa dona Isabel de Bragança, o Conde d'Eu.

O causídico Alfredinho Bom de Lábia ajuizou que a dúvida paternal houvera de ser um agravante judicioso, uma vez que um escândalo de tamanha envergadura prejudicaria, imensamente, a reputação da Anabella Pillar, além de tornar a separação litigiosa. O habilidoso jurista Rabello de Lima preponderou que, diante da fortuna considerável acumulada por mim, em décadas de árdua labuta, pouco ou nenhum prejuízo faria ao cônjuge Pedro Rabello a cessão do imóvel da Rua dos Ciganos do Campo de Sant'Anna.

— Diante de tal circunstância jurídica e social, conscienciosamente, a transferência do título de propriedade do Castelo de Madame Pillar, em benefício de Pedro Miranda Rabello de Lima, houvera de ser um estrago de menor significância de âmbito patrimonial, de vez que, em caso de uma afastamento litigioso, estaria em disputa também o Cabaret Ibérico e o Café Madrid, que fora constituído empós união matrimonial da partes envolvidas neste processo judicial. — expôs o advogado Alfredinho Bom de Lábia.

De fato, menos traumática houvera de ser a cessão do Castelo de Madame Pillar aos auspícios do meu ex-esposo Pedro Miranda, do que me arriscar a pôr em jogo o patrimônio construído, a trancos e barrancos, desde o passa-fora do comerciante libanês Lobbos, o Assir Turco, até o nascituro da herdeira Anabella Pillar, que fora encaminhada aos cuidados das freiras carmelitas do Internato de Santa Teresa. Neste sentido, a ideia era que, quando retornasse de sua formação educacional, a doce Anabella Pillar se casaria com um bom partido da alta sociedade, a fim de que se limpasse o nome de família maculado pela cafetinagem de prostituição. Empós assinatura do acordo de separação nupcial, cada qual seguiu o rumo de sua vida, sendo que a administração do Cabaret Ibérico e do Café Madrid continuou sob as rédeas do bacharel Rabello de Lima. Creio eu que tudo transcorreria normalmente, não fosse o incêndio do Castelo de Madame Pillar, que alijou a existência do causídico Alfredinho Bom de Lábia e mais duas cortesãs, que não conseguiram sair a tempo do prostíbulo. O proprietário Pedro Miranda fora encaminhado p'ra enfermaria da Santa Casa de Misericórdia entre a vida e a morte, com ferimentos graves de último grau por todo corpo chamuscado, vindo a expirar sete dias empós sofrimento abissal, em razão do acidente inflamável. Consta que as gêmeas açorianas, Cora e Expedita, que, por benévola fatalidade não se encontravam no Castelo de Madame Pillar no momento do incêndio, foram se asilar temporariamente na estalagem da Rua da Vala.

Em consideração à Anabella Pillar, eu fui forçada a arcar co'as exéquias do pai e do filho, o que não meu causou grande estrago, porque, logo empós sepultamento do doutor em leis Alfredo Rabello de Lima e do meu ex-esposo Pedro Miranda, o financista Bernard Schneider chamou-me ao Banco Comercial, p'ra informar que o causídico Alfredinho Bom de Lábia possuía ações recheadas de contos que, pela legislação do código civil vigente, deveriam ser destinadas à sua excepcional legatária, Anabella Pillar de La Cruz Rabello de Lima. Co'o quinhão pecuniário herdado do precavido bacharel Alfredo Rabello de Lima, fora construído, no terreno do Castelo de Madame Pillar, o Pensionato Nossa Senhora da Purificação, que um gaiato propôs trocadilho p'ra Pensionato Nossa Senhora da Emasculação, co'o objetivo de recepcionar as marafonas provindas da Europa e Açores, que serviriam de mão de obra ao Cabaret Ibérico e ao Café Madrid. Como era intensa e constante a chegada de prostitutas europeias, os vinte dormitórios foram ocupados pelas emigrantes, que, em sua maioria, eram ludibriadas por *cáftens* de escravas brancas, que ocultavam o ofício a ser exercido na cidade de São Sebastião do Rio de Janeiro. Porém, este não era o caso da mais afamada cocotte do Segundo Império, Marie Yvonne Courtanger, a Pierrot. Sobre a fantástica aparição no cenário erótico da Corte, torna-se imprescindível o registro de que a aquisição da cocotte Pierrot pelo Café Madrid desbancou a galega Belén, que, a esta altura, já havia sido desmascarada do truque das duas vaginas, pelo renomado dr. Lassance Cunha, que proferiu conferência científica sobre a inverossimilhança do prodígio de duplicidade vaginal.

A estreia do fenômeno Marie Yvonne Courtanger, a Pierrot, inflamou a clientela de alcova a tal ponto que a governanta Miranda precisou constituir regras e critérios de frequência, visto que a plateia do lupanar ia ao delírio co'o ingresso no salão nobre do Café Madrid. Destarte, declaro que até mesmo eu fui arrastada pelas lavas incandescentes do vulcão francófono, a Pierrot. Num fim de expediente, empós atender mais de dúzia de fregueses de prostíbulo, a cortesã parisiense ainda teve ânimo de degustar comigo um legítimo *champagne français*, sob o candelabro de prata. Como de hábito, a cocotte Pierrot encerrava a função em companhia de alcova do bom negro de nomeada Baiaco, estivador e leão de chácara do Café Madrid; no entretanto, nesta ocasião, a cortesã Pierrot dispensou a presença do gigolô, p'ra ter comigo em leito de amor a noite mais lânguida, que duas fêmeas jamais poderiam ter vivenciado, não fosse a existência do deus Cupido, que, sem mirar-nos, acertou em cheio a sua flecha em nossos corações abalroados de paixão. Doravante, o bom negro Baiaco jamais se deitou Co'a cocotte Pierrot, ao término de sua labutação de alcoice, depois daquele rendez-vous encontro encantado entre duas almas gêmeas em busca de afeto. A relação amorosa entre mim, Madame Pilar, e a cocotte Pierrot não durou nada mais do que três semanas e cinco dias, já que o sentimento entre duas mulheres fora brutalmente interrompido pela desaparição misteriosa da cortesã francesa. O fato é que até hoje não há notícia se a mais linda cortesã de todos os tempos, a Pierrot, tenha sido sequestrada pela máfia dos cáftens de escravas brancas; ou se fora forçada ao exílio europeu pelos poderosos políticos da Corte, muito possivelmente em razão dos segredos de alcova sobre o período imperial, a ela revelados, à boca miúda, entre sussurros e gozo de alcova. Em oposição a estas hipóteses, há quem afiance que a cocotte Pierrot houvera de estar amasiada co'algum figurão aposentado, desfrutando de um chalé em Petrópolis; ou até que fora servir de pasto humano dos combatentes da Guerra do Paraguai. Ainda intrigada co'o sumiço da cortesã francesa, eu recebi a visita do Conde d'Eu, dizendo-se nostálgico da companhia desta Madame Pillar, de modo que intentava passar aquela tarde comigo, mesmo eu alegando que não estava com cabeça p'ra me dar ao desfrute a nobres ou plebeus. Expliquei-lhe que, além de ser viúva recente do meu Pedro Miranda, acabara de saber que uma das cortesãs do Café Madrid encontrava-se desaparecida havia três dias, sem perspectiva de descobrimento do paradeiro da cocotte Pierrot. O compreensivo Conde d'Eu jurou-me que, assim sendo, não me tocaria num fio de cabelo, desde que eu lhe revelasse o que havia de verossímil no segredo de paternidade da menina Anabella Pillar.

Destarte, o consorte da Princesa dona Isabel de Bragança segredou-me que fora procurado pela governanta Miranda, que, a troco de parcos dinheiros, lhe afirmara que havia a iminente possibilidade desta criança não ter se originado da relação matrimonial entre mim e o mestiço Pedro Miranda.

— Madame Pillar, por obséquio, diga-me se essa criatura pode vir a ser fruto do amor proibido...

— Anabella Pillar vem a ser fruto do amor proibido desta Madame Pillar e o Conde d'Eu.

Co'o passamento do meu ex-esposo Pedro Mirenda, qual a perspectiva que eu tinha de arranjar amparo de paternidade da órfã Anabella Pullar, que não fosse me agarrar na tábua de salvação da ancestralidade, provinda de Luís Filipe Maria Fernando Gastão de Orleans, fidedigno genro do Imperador d. Pedro II, o Conde D'Eu? Se ao menos pairasse a interrogação sobre o sangue azul da herdeira da cigana cafetina, obviamente que aumentariam as chances de um matrimônio distinto p'ra Anabella Pillar, mesmo que a título da aleivosia de paternidade, que até poderia ser verídica, porém.

O incrédulo fidalgo francês assegurou-me que, antes de qualquer decisão, ele precisava mirar, face a face, a criatura inocente p'ra comprovação do nascituro de sua lavra real.

— Internato do Convento de Santa Teresa.

Ao sair atabalhoadamente, o Conde d'Eu esbarrou nas irmãs açorianas, Cora e Expedita, que vieram até mim, p'ra me implorar que lhes perdoasse pela infidelidade cometida co'o meu falecido esposo Pedro Miranda. A primeira reação seria escorraçá-las, a berros e pontapés; não obstante, ao analisar como Deus escreve certo por linhas tortas, decidi-me por aceitá-las, pois que, de certa maneira, o regresso das gêmeas encobriria a ausência misteriosa da cocotte Pierrot, sobretudo se nós, em vez de uma promoção de alcoice, ofertássemos à clientela dois sorteios de alcova na noite de reestreia do Café Madrid. Desta feita, eu consenti a recontratação das gêmeas açorianas, Cora e Expedita, conquanto, deveras, não fossem substituir, à altura, a invencível Marie Yvonne Courtanger, a Pierrot.

— O bom filho a casa torna. — resignei-me.

Pouco antes da abertura do Café Madrid, eu chamei a governanta Miranda às favas, p'ra lhe indagar se era um hábito de família comerciar informação confidencial de sua patroa. A mulata desaforada mirou-me de soslaio; porém, eu agi com prontidão, p'ra lhe consultar sobre quanto lhe valeu a delação de paternidade ao Conde D'Eu, visto que este seria o preço de sua indenização p'ra desocupar, imediatamente, o aposento dos serviçais que ocupava gratuitamente no Sobrado das Onze Janelas.

— Eu juro que procurei o Conde d'Eu p'ra dizer sobre a suspeita de paternidade da minha neta Anabella Pillar, porque estava preocupada co'a orfandade da herdeira de um bastardo desclassificado, o Pedro Miranda. — derramou-se em pranto, dissimuladamente.

— Já que fora por uma boa causa familiar que a senhora revelou a dúvida do segredo da paternidade, a condição p'ra Miranda continuar trabalhando no Café Madrid é que me restitua na íntegra o valor pago pelo Conde d'Eu, que eu irei resguardar como dote de casório, p'ra quando sair do internato de freira; e começar a se montar o enxoval de matrimônio.

Sem saída ou escapatória, a governanta Miranda entregou-me o valor pecuniário obtido co'a delação ao Conde D'Eu, jurando-me que o seu intento era mesmo contribuir p'ra o dote conjugal da Anabella Pillar etc. De madrugada, quando chorava a ausência da cocotte Pierrot no ombro do bom negro Baiaco, apareceu-me o Conde d'Eu, angustiado por não conseguir adormecer, empós encontro co'a suposta herdeira bastarda. Ele estava convicto de ser o responsável pela paternidade da Anabella Pillar, que, segundo o esposo da Princesa dona Isabel de Bragança, seria a sua imagem e semelhança esculpida em carrara.

O progenitor da Anabella Pillar ainda assegurou-me que arcaria com todas as despesas do Internato do Convento de Santa Teresa, de maneira que me deixaria significativa quantia monetária anual, p'ro dote de sua única filha, de vez que a sua esposa lhe dera apenas filhos homens. Apesar de ter me dado toda garantia do auxílio de formação educacional de sua filha bastarda até o momento do matrimônio da Anabella Pillar, eu abri o coração ao Conde d'Eu sobre o sumiço da cocotte Pierrot, que se escafedera sem dizer adeus, de sorte que eu não estava em condição de me entregar carnalmente a ninguém naquele momento de acabrunhamento. Na noite posterior à despedida do Conde D'Eu, adentrou o salão nobre do Café Madrid o financista Bernard Schneider, acompanhado do alemão proprietário da Casa Germania de Comércio – Importação e Exportação, Ernest Wehrs, que, conquanto já habituado aos hábitos e costumes da Corte, pela primeira vez, visitava o prostíbulo da Rua da Ajuda.

Era um homem simpático já adentrando a vetustade; porém, altivo e jovial, que enviuvara mui recentemente, razão pela qual o hebreu Schneider indicara a companhia de alcova desta Madame Pillar que, a fim de que o próspero negociante germânico atenuasse a solidão oriunda da recém-partida de sua companheira de quarenta e poucos anos de matrimônio, que se fora pr'o além, empós longo período de agonia, sofrimento e dor. O financista Bernard Schneider mencionou também que pensou nas gêmeas açorianas, Cora e Expedita, p'ra animarem o velho amigo Ernest Wehrs, que sofria de depressão *post-mortem* da idolatrada esposa dona Heidi Wehrs.

— Absolutamente, senhor Schneider!... Quem irá fazer as honras da casa ao insigne senhor Wehrs sou eu mesma, em carne e osso!...

Um alto partido desta envergadura eu jamais deixaria cair nas graças das gêmeas açorianas, Cora e Expedita, que, se já me trapacearam co'o meu finado ex-esposo Pedro Miranda, que era um pobretão sem eira nem beira, imagina o que as duas ilhoas não seriam capazes de fazer co'o velhusco, viúvo e abastado do alemão. Empós noite de delírio, o magnífico Ernest Wehrs me levou ao altar-mor da Igreja de Nossa Senhora do Carmo da Antiga Sé. Empós lua de mel em Petrópolis, o meu esposo judeu me fez frequentar a Corte: saraus domésticos com direito a banquetes monumentais e camarote de teatros. Co'o ritmo social desvairado que eu estava levando ao lado do apatacado alemão Wehrs, eu convidei a galega Belén p'ra assumir a administração das casas de prostituição. Na ocasião, veio-me a ideia de devolver ao Internato Nossa Senhora da Purificação a condição de prostíbulo, de vez que, empós matrimônio co'o alemão Ernest Wehrs, nós passamos a habitar a residência de sua propriedade do Largo da Glória. P'ra não sobrecarregar a galega Belén, eu tomei a decisão de que as gêmeas açorianas, Cora e Expedita, iriam assumir a contabilidade do Castelo de Madame Pillar, até que me surgisse alguém de confiança p'ra tomar o leme do bordel. Neste ritmo alucinado, quando conseguia me desvencilhar dos inúmeros compromissos sociais aventados por meu honrado esposo Ernest Wehrs, eu percorria mesmo sem ele (acompanhava-me quando lhe dava na telha!) os três estabelecimentos de prostituição.

O banqueiro Ernest Wehrs me repreendeu sobre a necessidade de contratação de um guarda-livros de renome, que organizasse as finanças do Cabaret Ibérico, do Café Madrid e Castelo de Madame Pillar. A reinauguração do lupanar fora um estrondoso sucesso de público, apesar do olho gordo dos invejosos de prontidão; mas como inveja de cobiça não pega em cigano, eu continuava prosperando a olhos nus, de modo que se fizesse um bom pé de meia, p'ra dote matrimonial da Anabella Pillar, que, por sinal, já se encontrava mui bem amparada pelo seu progenitor Conde d'Eu, que não poupava esforço p'ra educá-la; e, sobretudo, preparar a sua herdeira bastarda p'ra convivência cordial e sofisticada da Corte de São Sebastião do Rio de Janeiro. Aconselhada pelo financista Bernard Schneider, eu fui procurar o guarda-livros Malvino Corrupião, que me recebeu com honorabilidades excessivas; e me segredou que eu seria a sua cliente mais bem-sucedida e remediada, empós união matrimonial co'o proprietário da Casa Germania de Comércio – Importação e Exportação. Quanto ao profissional de contabilidade, o indicado do banqueiro Schneider era um português franzino de pince-nez; bom porte físico e aspecto agradável; solteirão aos trinta e tanto anos, o celibato até lhe fizera bem, porque o arrastou a uma vida regrada de funcionário de escritório. O contabilista Malvino Corrupião seria um homem sério p'ra os padrões da época, caso não houvesse um quê de ambição em sua mirada de águia, que não só assombrava, como também seduzia o seu interlocutor. Maldita hora em que pus o pé na frente do meu esposo Ernest Wehrs, p'ra ele, empanzinado como animal de engorda, arrebentar as fuças no móvel holandês do século XVII, trazido em nau-caravela até a Capitania de Pernambuco de Itamaracá. O funeral do alemão iria decorrer na santa paz de Deus, não fosse a leitura do testamento do meu falecido esposo Ernest Wehrs, que fora proferida pelo advogado Luís Gama, negro voluntarioso que prestara bons serviços à Casa Germania de Comércio – Importação e Exportação.

No velório, o guarda-livros Malvino Corrupião apertou-me a mão co'a acentuada malícia, p'ra quem desejava pêsames à recém-viúva. Ao despedir-se, ainda piscou-me a retina esquerda, como se planeasse algo p'ra além da contabilização das casas de prostituição. O fato é que nós iniciamos enamoramento, empós finalização do inventário, que me registrou em testamento como herdeira universal de todos os bens móveis e imóveis de seu pertencimento em vida. Nesta época, intensificou-se a vinda de meretrizes de origem francesa, as cocottes, que eram mulheres mais sofisticadas do que as próprias damas da alta sociedade fluminense. Curiosamente, a que muito me ajudou em etiqueta e estilo fora a meretriz italiana chamada Ginevra Toscanni, a Totó, que surgiu no Cabaré Ibérico, por recomendação do ilustre ministro Manuel Branco, o Visconde de Caravelas, que se tornara *habitué* do meu leito de amor, empós falecimento do meu saudoso esposo Ernest Wehrs, a quem hei de suplicar clemência eternamente pelo desatino acidental cometido contra a sua útil vida mundana. À parte isto, a cortesã Totó capturou-me por sua delicadeza e também pela história de vida, que consistia em consternação desde a infância miserável, em Nápoles, região norte da Itália. A inigualável Ginevra Toscanni, a Totó, era a primogênita de um rã-das-moitas e de uma lavadeira, que dera à lua a treze filhos, que sofriam maus-tratos da figura paterna, que a comerciara ao primeiro caixeiro viajante árabe, que a carregou consigo até Paris, onde prostituiu-se aos doze anos de idade. Empós sete primaveras de labutação, a cortesã embarcara em direção ao Brasil, juntamente co'as cocottes francesas que aportaram na Corte; e muito contribuíram co'as transformações da moral e dos bons costumes da capital desta antiga colônia lusitana. Co'o tempo, a italiana de fino trato me conquistou de tal maneira que passou a residir comigo na residência do Largo da Glória; e, co'a demissão das gêmeas açorianas, Cora e Expedita, a cortesã Totó tomou o rumo da direção do Cabaret Ibérico, do Café Madrid e do Castelo de Madame Pillar. Quando vieram me procurar no escritório, as irmãs Cora e Expedita protestaram contra a exoneração do cargo administrativo, sob alegação de que haviam passado da idade de labutação em salão nobre de bordel.

Ao atendê-las, eu lhes disse que jamais as perdoaria pela perfídia das duas marafonas ilhoas, cometida co'o meu falecido esposo Pedro Miranda, que fora o macho co'o qual eu mais me deleitara em catre de alcova; e que, contudo, saíra da cena da vida em razão de um incêndio estúpido e quiçá criminoso, que abreviara grosseiramente a sua existência boêmia.

— Como assim incêndio criminoso, Madame Pillar? — incitou-me Cora.

— A senhora não está insinuando que nós somos responsáveis pela morte do vosso Pedro Miranda, no acidente do Sobrado das Onze Janelas? — abismou-se Expedita.

P'ra não pôr ainda mais lenha em fogueira, explicitei que, conforme o adágio, as águas passadas não movem o moinho de vento, de maneira que, caso aceitassem a proposta de trabalho, cada qual poderia retomar a função de meretrício. Empós despachá-las, p'ra atender o chamado do financista Bernard Schneider, eu, o guarda-livros Malvino Currupião e o negro bom Baiaco, fomos ao Banco Comercial, p'ra ouvir a proposta do hebreu banqueiro, sobre o investimento que me propiciaria cinco vezes o valor destinado ao negócio da rota do tráfico negreiro Brasil-África. Ao prestar atenção na glosa do capitalista Schneider, ao especificar que de cada conto o investidor contrairia cinco vezes o montante financeiro aplicado, decidi-me por arriscar cem contos de réis, co'a promessa de que, à proporção que a empreitada me desse retorno pecuniário, eu iria cuidando da recomposição mais ampliada do capital inicial. Co'a cobiça sobre os 500 contos que seriam obtidos no tráfico negreiro, retiramo-nos do escritório do caviloso judaico; e fomos ao Cabaret Ibérico; e, posteriormente, ao Castelo de Madame Pillar, a fim de que eu pudesse inspecionar o quefazeres da ninfeta Totó, que, naquela noite, estrearia na administração do prostíbulo, co'o espetáculo da dançarina Ludmille Berthier, a Petit.

Esta memorista cigana não teria palavras p'ra descrever o *frisson* causado pela dançarina Petit, que desarvorou a plateia do Cabaret Ibérico, co'a volúpia de uma pantera branca, a destilar toda a sua fúria maviosa, através de movimentos lúbricos, que assaltavam a clientela de alcova, mui sobressaltada por seu desempenho descomunal. Majestosa, a bailarina da luxúria submergia de dentro de si mesma, de modo a arrebatar os espectadores co'o domínio absoluto de cada gestual, ao passo que ia se despindo, sincronicamente, até o ápice de sua performance magnífica e diabólica. A cortesã Totó gabava-se de ter aberto os portais do prostíbulo ao espetaculoso ingresso da dançarina Petit, co'a sua originalidade pagã. Em ineditismo de azáfama, o Visconde de Caravelas aplaudia a endiabrada cortesã; e, à medida que se entusiasmava, ia causando ciúmes em minha amante italiana, que não disfarçava o constrangimento particular, diante da efusiva (e sincera) manifestação de nobre apreço pela dançarina francesa. A demonstração de ciúmes perante o fidalgo Manuel Branco, portanto, pôs-me a conjeturar sobre o fato de que havia algo p'ra além da inclinação de amizade, entre a coagida Totó e o aristocrático Visconde de Caravelas. Ao término da atuação da artista Ludmille Berthier, o encantado Manuel Branco aproximou-se da dançarina Petit, arrastando-a p'ra alcova dos cônjuges mediante promessa de uma inesquecível noite de orgia e loucura. Ao chegarmos à residência do Largo da Glória, eu desabafei que me senti um tanto quanto incomodada co'a cena de ciúme demonstrada por ela, a Totó, diante da empolgação do Visconde de Caravelas co'a coreografia da Ludmille Berthier, a dançarina Petit. Deu-se que, então, a minha amante italiana me confessou que, havia dois anos, ela iniciara o relacionamento extraconjugal co'o gentil-homem Manuel Branco; e não possuía, em si, força física e moral, p'ra, além do reconhecimento pela ajuda financeira, olvidar-se do figurão da Corte que a dominava de corpo e alma.

Mediante confissão, confidenciei-lhe que também eu havia perdido um grande amor mui recentemente, o meu finado esposo Ernest Wehrs, que, mui embriagado, tropeçara vindo a dar co'a cabeça no móvel da sala, falecendo sem tempo de que eu o acudisse. Mas que se nós estivéssemos decididas a superar perdas recentes, lado a lado, eu estaria disposta a apostar em nossa relação amorosa, desde que ela escrevesse uma epístola que anunciasse a ruptura definitiva co'o Visconde de Caravelas, porque estava de partida na próxima embarcação p'ro Norte da Itália. Co'as lágrimas decaídas, a cortesã Totó escreveu-lhe dolorosamente. Na manhã seguinte, a pretexto de despachar a missiva antes de ir ao Café Madrid, eu fui ter co'a cigana Filomena, a fim de que ela me arranjasse produto químico e me informasse sobre como embalsamar o meu cachorro de estimação, que falecera na noite passada. De posse da fórmula, retornei ao casarão do Largo da Glória; e, empós incumbir o bom negro Baiaco de entregar a correspondência da cortesã Totó ao Visconde de Caravelas, eu a apunhalei e deixei-a esvair em sangue até a sua morte, p'ra iniciar o ritual de embalsamento do meu eterno amor, que jamais seria de outro homem; seja da fidalguia; seja da escória.

O guarda-livros Malvino Currupião, que eu passei a chamar de guarda-catre, na ausência de um grande amor iria me suprindo o desejo carnal, até mesmo com certa eficácia de catre. Co'a reaproximação do rábula Luís Gama, empós leitura do testamento, o mulato Malvino Corrupião foi jogado de lado, sobretudo porque a paixão avassaladora que aquele homem negro, altivo e mui galanteador, sentiu por esta Madame Pillar era além-consanguíneo. Confidenciou-me o rábula Luiz Gama, que fora atraído ao prostíbulo pelo afã de descobrir se toda algazarra sobre a dançarina Petit era verídica ou falácia; porém, quando se deparou comigo, no salão nobre do Café Madrid, fora tomado por um desejo inexplicável que a recém-viuvez ocultara naquela tarde formal de cartório. Empós espetáculo da cortesã francesa, o assisado rábula Luís Gama já nem se recordava da razão de ter ido até o lupanar, uma vez que já estava completamente enfeitiçado co'a proprietária do estabelecimento de devassidão. Mui educado que era, portanto, ao término da apresentação da dançarina Petit, o negro jurista cumprimentou-a; não obstante, ela deu-lhe as costas nuas, assim que eu me aproximei da mesa da bailarina orgíaca.

Ao beijar-me a mão, o bacharel sem diploma Luiz Gama convidou-me a um drink e dois dedos de prosa, o que me causou certa impressão benéfica, de vez que, desde a sua inauguração, todas as atenções estavam voltadas p'ra Ludmille Berthier, a dançarina Petit. Daí, o cordato Luís Gama sequestrou-me p'ra mais tórrida noite de luxúria, que um ser vivente poderia ter a dádiva de desfrutar a dois numa alcova de bordel. Nada obstante, a relação amorosa co'o bacharel sem diploma não perdurou mais que um ano; sobretudo quando se deu a aparição do pomposo mancebo Joaquim Nabuco , que me obrigara a dividir-me em atenções com um e outro, sem mensurar com qual dos dois amantes eu usufruteei de maior intimidade de alcova. P'ra que se evitasse conflito de agenda, co'o rábula Luís Gama encontrava-me no Cabaret Ibérico; e, co'o intelectuoso Joaquim Nabuco, no Café Madrid.

Diz que a razão da consternação do jurista Joaquim Nabuco provinha da desilusão co'a sobrinha do Barão de Vassouras, Eufrásia Teixeira Leite. No entretanto, o meu gentil amante jamais proferiu o seu nome em minha presença, quiçá por preservar-me de sua decepção afetuosa. Como era homem de brio, o Joaquim Nabuco não se abateu perante a situação melancólica da afortunada Eufrásia Leite; e prosseguiu a vida na Corte com todas as adversidades e delícias. Enquanto um não sabia da existência do outro em minha alcova de luxo, o relacionamento co'o republicano Luís Gama e o abolicionista Joaquim Nabuco ia de vento em popa, até que os políticos e literatos foram avisados pela ilustre figura de Rui Barbosa, que esta Madame Pillar usufruía ao mesmo tempo dos galanteios de namoração dos idealistas patrióticos. Deu-se que o rábula Luís Gama e o jurisconsulto Joaquim Nabuco combinaram de se encontrar no Café Madrid, na data em que este último se habituara a me encontrar ao término do expediente de bordel. Não obstante, convém explicitar que a rivalidade amorosa não os impediu de se unirem p'ra se colocarem em prática o plano de desmascaramento desta Madame Pillar, haja vista que combinaram de chegar cedo ao prostíbulo, de modo que me encurralassem ante a imagem dos amantes ludibriados. Ocorre que eles não contavam co'a conivência do negro bom Baiaco, que, assim que os enxergou no salão nobre do Café Madrid, avisou-me da suposta cumplicidade dos dois enamorados, que bebericavam em cordial camaradagem.

Sem afetação, eu dirigi-me à mesa dos dois amantes desiludidos e lhes informei que, mesmo que fosse noite do meu querido Luís Gama, haja vista que este trouxera um convidado, eu me sentia no direito de recebê-los intimamente, co'o tapete vermelho da cordialidade.

— Dr. Joaquim Nabuco, por obséquio, acompanhe-me também até o aposento dos cônjuges. — arrojei-me, sem encarar o embasbacado rábula.

A resolução insólita me conduziu a ruptura co'o libertário Luís Gama, que, pelo visto e apreciado, prezava, apenas, a alforria dos irmãos de raça escravizados da senzala, mas não a liberdade carnal desta Madame Pillar. Deste modo, desapareceu do mapa de tal maneira que houve quem afirmasse que o abolicionista se refugiara em São Paulo, p'ra não servir de chacota em roda de intelectual libertário. Empós duas ou três ocasiões de encontro, o garboso Joaquim Nabuco fora nomeado p'ra embaixada da Inglaterra, deixando-me literalmente a ver navios em cais de porto. Em contrapeso, eu recebo missiva do Internato de Santa Teresa, avisando-me que a Anabella Pillar concluíra o período de sua formação educacional; e que, dentro em pouco, estaria retornando ao convívio familiar. A boa-nova de seu retorno me deixou apreensiva ao que diz respeito à preparação de uma moçoila casadoura, que arreda os pés de um convento de freiras p'ro mundo cão em disfarces desta Corte de São Sebastião do Rio de Janeiro. Diante da realidade, o primeiro pensamento que me veio à mente fora procurar o financista Bernard Schneider, p'ra consultá-lo sobre a indicação de um bom partido p'ra desposar a religiosa e prendada Anabella Pillar, além do valor do dote que houvera de ser anunciado ao pretendente de altar-mor de ermida. O previdente judeu Schneider me aconselhou a acenar co'o quinhão nupcial antes de se definir quem seria o esposo ideal, p'ra se matrimoniar co'a herdeira apatacada, tendo em vista que o investimento no tráfico negreiro engordou-me o patrimônio significativamente. Mediante contrapartida de 50 contos, o capitalista Bernard Schneider animou-se em me recomendar o legatário do fidalgo Joaquim Francisco Furtado Telles de Azevedo, que não se dedicara ao bacharelado jurídica, mas desfrutava da bolsa paterna co' generosidade boêmia. Não obstante, levando-se em consideração que a postulante à união matrimonial era filha bastarda do Conde d'Eu; e como nem tudo o dinheiro pode comprar, eu dei-lhe carta branca p'ra intermediação do noivado de Joaquim Francisco Furtado Telles de Azevedo Filho, o Quinzinho; e Anabella Pillar de La Cruz. Às vésperas do casório, porém, a noiva Anabella Pillar fora pega em flagrante delito de infidelidade co'o banqueiro hebreu Bernard Schneider, que haveria de apadrinhá-la em altar-mor da Igreja de Nossa Senhora do Carmo da Antiga Sé.

Co'o escândalo de adultério pré-nupcial, o desesperado Quinzinho banhou-se de querosene e ateou fogo ao próprio corpo, em pleno salão nobre do Cabaret Ibérico. No entretanto, se o judeu Schneider planeara seduzir a ingênua Anabella Pillar, a fim de que se apropriasse da herança familiar, caiu do cavalo porque, três dia empós episódio do suicídio do Quinzinho, o maior acionista fora encontrado morto com um tiro de pistola na têmpora, em seu escritório do Banco Comercial. A Gazeta publicou que, muito possivelmente, o capitalista Bernard Schneider pusera fim à vida, em razão da iminência da bancarrota que se avultava a passos largos sobre a casa financeira; e que a sua última tacada fora a sedução da comprometida Anabella

Pillar, de sorte que abocanhasse o espólio de sua cliente mais abastada.... Na escassez de companhia de alcova, eu confesso que até pensaria duas vezes, caso o financista Bernard Schneider me solicitasse em matrimônio. Mas o fato é que eu já estava quase acreditando na versão oficiosa do periódico, a respeito do suicídio do banqueiro de origem judaica, quando o negro bom Baiaco penetrou o salão nobre do Café Madrid, co'o ar triunfal e me mandou uma piscadela de cumplicidade. Mas o fato é que, co'a extinção do financista Bernard Schneider, nós voltamos à estaca zero em assunto de matrimônio, porque, empós acusação camuflada de ser a principal causadora das mortes de Quinzinho e do capitalista Schneider, dificilmente Anabella Pillar conseguiria outro aspirante afortunado e de fôlego social, p'ra arrebatá-la ao altar-mor da Sé. Como nada está tão ruim que não possa piorar, em minha ausência, a Anabella Pillar descobriu por acaso a embalsamada Ginevra Toscanni, a Totó, no aposento residencial. Empós crise de nervos, a tresloucada saiu pela rua a bradar por adjutório, até que a acudiram, levando-a ao local da aparição sobrenatural. Quando cheguei, os dragões do distrito intimaram-me a acompanhá-los, uma vez que haveria a suspeita de que a Totó tivesse sido assassinada por mim.

Porém, ao prestar depoimento ao subdelegado Waldomiro Werneck, eu relatei que a cortesã italiana labutava como administradora das casa de espetáculo; e que nós mantínhamos relação íntima e doméstica, que poderia ser comprovada por testemunho dos funcionários do Café Madrid, do Cabaret Ibérico ou do Castelo de Madame Pillar.

— Naquela ocasião, logo cedo a minha amada Totó tivera um mal súbito, vindo a falecer em meu leito de amor.

Não posso deixar de mencionar que, p'ra defesa jurídica, fora chamado o advogado Heinrich Schneider, que, como se observa em semelhança do sobrenome judaico, era o primogênito do financista Bernard Schneider, que se suicidara mui recentemente.

Em sua petição inicial ao juiz de Direito, o bacharel em leis diplomado em Coimbra alegou que o único delito cometido por mim fora o crime de paixão, já que a ré, María Juana de La Cruz Lubbos – eu não abdiquei dos sobrenomes de matrimônio –, movida pelo sentimento de eternizar o sentimento amoroso descabido pela italiana Ginevra Toscanni, a Totó, embalsamou-a p'ra tê-la ao seu lado até o fim de sua vida. Co'a brilhante explanação do advogado Schneider, eu fui absolvida do crime de homicídio, ainda que tenha sido acoimada a pagar multa de quinze contos por ocultação de cadáver. Co'o indulto judicial, muito mais por gratidão do que por qualquer outro sentimento, eu engatei um romance co'o herdeiro do financista Bernard Schneider, que me confessou que o seu progenitor não se suicidara em razão das dívidas; e, sim, por se julgar ter sido o responsável pelo autocídio do Quinzinho, atraiçoado por ele, Bernard Schneider, e a minha filha Anabella Pillar. Em reconhecimento aos serviços jurídicos prestados pelo bacharel Heinrich Schneider, eu lhe destinei a direção da Casa Germania de Comércio – Importação e Exportação, que era a menina dos olhos do meu finado esposo Ernest Wehrs.

Co'o passar do tempo, eu e o sucessor do capitalista Bernard Schneider no Banco do Comércio do Rio de Janeiro, estreitamos a relação amorosa harmonicamente, até que nos vimos ao pé do altar-mor da Igreja de Nossa Senhora do Carmo da Antiga Sé, diante do amém e votos de felicidade do pe. Antônio Vicente Ferreira Viçoso. A união matrimonial perdurou por três anos e meio, até que eu descobri a traição do meu esposo Heinrich Schneider co'a própria Anabella Pillar, que fora mandada imediatamente ao Mosteiro de Macaúbas, em Minas Gerais, onde se iniciara na prostituição. No entretanto, pouco antes de retornar à Corte p'ra labutar em ofício de orgia, a Anabella Pillar recebeu missiva co'o anúncio do falecimento de seu honrado padrasto Heinrich Schneider, que despencara do tílburi em movimento, no Largo de Santa Rita. Ao subdelegado Waldomiro Werneck, eu depus que não houve tempo hábil de detê-lo, quando o meu esposo desavisado se debruçou de modo a apreciar a paisagem ao redor. Questionada, ainda pude contar co'o álibi do saquarema Quintino Bocaiúva, que testemunhou ter avistado o meu esposo Heinrich Schneider se dependurando pela janela do tílburi.

— Que tragédia, Madame Pillar!... — consolou-me.

Enviuvada mais uma vez, eu ainda tive que conviver co'o desgosto de presenciar a minha filha Anabella Pillar descambar p'ro meretrício, por pura vocação de hereditariedade, quiçá. A esta altura, o guarda-livros Malvino Corrupião administrava todo patrimônio adquirido por mim, o que lhe propiciara a reivindicação de ocupar-me o leito de amor, conquanto provisoriamente. O ex-guarda-catre, portanto, avocara p'ra si as rédeas do posto de amante da pessoa mais opulenta e cobiçada da Corte de São Sebastião do Rio de Janeiro, se bem que eu ainda me ressentisse de não possuir um título de nobreza. Comovido co'a história de amor dedicada à cortesã Ludmille Berthier, a Totó, o prestigioso Visconde de Caravelas se reaproximou de mim, numa noite de comemoração pelo término da Guerra do Paraguai.

— Pêsames, Madame Pillar!...

Quando já me reportava à fatalidade do mortal acidente sofrido pelo meu finado esposo Heinrich Schneider, o gentil-homem interrompeu-me p'ra dizer que estava se referindo ao episódio da cortesã Totó, embalsamada por fidedigna paixão feminina. Comovido, o Visconde de Caravelas indagou-me se havia algo que pudesse fazer p'ra ao menos amenizar a dor da perda pela mais esplendorosa mulher, co'a qual havia se relacionado em toda a sua nobre existência. Empós revelação de que apenas um título de nobreza – quiçá baronato –, pudesse atenuar o sofrimento de uma pobre viúva, o prestativo fidalgo garantiu-me que iria consultar o Imperador d. Pedro II sobre a probabilidade de valoração, que pairava em torno de 750$000, exceto a sua comissão de 20 %. Acordado preço e agenciamento, o célere

Visconde de Caravelas obteve p'ra mim a comenda de Baronesa de Santa Rita, em memória ao trágico desastre do Largo de Santa Rita vivenciado pelo meu distinto esposo Heinrich Schneider. Co'a condecoração, não me convinha amasiar-me co'o mirrado Malvino Corrupião, que, p'ra sua desgraça, fora pego em flagrante delito de contabilidade através de orçamento secreto, ao desviar parte da lucratividade do Cabaret Ibérico, do Café Madrid e do Castelo de Madame Pillar. Co'o descobrimento da falcatrua, o desonesto contabilista ainda tentou forjar justificativa; porém, o subdelegado Waldomiro Werneck ameaçou-o com cárcere da Casa de Correção, caso o guarda-livros não me devolvesse o quinhão furtado do prostíbulo, mediante crime de corrupção. Empós tortura de vara; e, sem saída, o guarda-livros Malvino Corrupião admitiu o desvio de função; e, um bocado ferido, entregou o endereço do dinheiro furtado. Co'a confirmação do esconderijo e a promessa de não retornar à Corte, o gatuno fora liberado p'ra se exilar em Campos dos Goytacazes. A partir da expulsão do guarda-catre Malvino Corrupião, a minha filha Anabella Pillar tomou as rédeas da direção do negócio familiar, o que de certa maneira me deu mais tempo de arranjar aspirante ao meu combalido coração cigano, que ainda pulsava apesar da solidão, mas que não fosse o subdelegado Waldomiro Werneck, que me fizera companhia em algumas ocasiões de catre de alcova.

A questão era que a autoridade distrital me recordava o desembargador Viana, que se acidentara mortalmente em bordel. De fato, a deixa p'ra afastá-lo fora a visita do meu ex-amante Visconde de Caravelas, que, atraído pelas más línguas ferinas, viera p'ra conferência de atoarda sobre a sua filha Anabella Pillar estar se prostituindo no Café Madrid. Em árdua discussão, a bastarda ingrata lhe atirou em face ser fruto do relacionamento co'o Pedro Miranda, que era o seu legítimo progenitor de nascituro. Contrariado, o gentil-homem Visconde de Caravelas retirou-se silenciosamente, deserdando-a em seguida do seu espólio patrimonial. Ao subdelegado Waldomiro Werneck, eu dissera que iria retomar a relação amorosa co'o Visconde de Caravelas, em razão de sua preocupação co'a cortesã Anabella Pillar, que passou a ser conhecida como a Carmelita de Satã. A boa-nova da exclusão da ex-herdeira bastarda do Visconde de Caravelas não abalou a diligente Anabella Pillar, que se desdobrava p'ra conciliar o ofício da prostituição, co'a administração do Cabaret Ibérico, do Castelo de Madame Pillar, do Café Madrid, da Casa Germania de Comércio – Importação e Exportação. Embora eu tenha dito que iria reatar a relação amorosa co'o meu ex-amante Visconde de Caravelas, quem se reaproximou fora o conservador Quintino Bocaiúva, que se declarou a esta Baronesa de Santa Rita, com direito à aliança de brilhante e pedido ajoelhado de matrimônio, sob ovação em pleno salão nobre do Cabaret Ibérico. Melindrado, o subdelegado Waldomiro Werneck reabriu o inquérito sobre o acidente do meu falecido esposo Heinrich Schneider, mais p'ra me atormentar do que outro intento qualquer.

Ao tomar ciência da intimação p'ra prestar outro depoimento, eu deleguei ao negro bom Baiaco incumbência de localizar o guarda-livros Malvino Corrupião, p'ra que se desse cabo da vida da autoridade distrital, sob promessa de avultada recompensa em moeda d'ouro. O leão de chácara Baiaco, que, a esta altura, já se amasiara co'a minha filha Anabella Pillar, tomou p'ra si a responsabilidade de intermediação do homicídio do subdelegado Waldomiro Werneck, contanto que metade do galardão a ele fosse confiado. Às vésperas do depoimento, eu recebo a missiva oficial de que a investigação sobre o acidente do Largo de Santa Rita havia sido arquivada, em razão do atropelamento do responsável pelo processo de reabertura do inquérito. Aliviada; porém, eu tive que suportar a convivência forçada co'o negro Baiaco, que se aboletara em minha vida mais audacioso e petulante; não obstante, o que era dele de direito estava guardado em cofre de sete chaves da consciência, porque a união matrimonial co'o político saquarema Quintino Bocaiúva vingou de tal maneira, que eu não poderia ficar me preocupando co'o borra-botas do preto serviçal. Co'o histórico de amante da Carmelita de Satã, o ex-escravo começou a me assediar descaradamente. A investida fora até certo ponto exitosa, uma vez que eu acedi diante da proposta de alcova, pelo mesmo valor pecuniário que o obtivera pelo homicídio do subdelegado Waldomiro Werneck.

Ato subsequente de imprudência, a minha filha Anabella Pillar tomou a atitude de separação do negro Baiaco, que não se conformara co'o pé na bunda da fêmea mais bela e idolatrada, co'a qual se enredara amorosamente. Enfurecido, o preto cordial e obediente de outrora se danara a beber água ardente, negligenciando-se dos afazeres de prostíbulo. Mesmo amuado, o negro Baiaco não se desculpou pela falta e prosseguiu de tocaia, observando os passos da Carmelita de Satã. Até que o preto encachaçado arrombou a porta da alcova, pegando-a em flagrante delito de prostituição; e, de faca em punho, retalhou em pedaços a carne da Anabella Pillar. O sepultamento da Anabella Pillar, a Carmelita de Satã, paralisou a Corte de São Sebastião do Rio de Janeiro, co'o meu mui atribulado esposo, Quintino Bocaiúva, tentando amparar o que sobrou dos destroços desta Baronesa de Santa Rita. Ao retornarmos p'ra nossa residência, o republicano Bocaiúva, que rejeitara o título de Comendador da Ordem da Rosa concedido pelo Imperador d. Pedro II, sugeriu-me que fôssemos a Saquarema, a fim de que as recordações sobre a falecida Anabella Pillar fossem se amainando em seu tempo natural. Absolutamente não fora possível nos ausentarmos da Corte, já que eu precisava conseguir um substituto que ocupasse as funções administrativas do guarda-livros Malvino Corrupião e da Anabella Pillar, a Carmelita de Satã.

Na ausência de ambos, eu mesma fui tocando o barco até que me veio a ideia de fazer o convite às gêmeas açorianas, Cora e Expedita, p'ra tomarem as rédeas da direção do Cabaret

Ibérico, do Café Madrid e do Castelo de Madame Pillar, sendo que a administração da Casa Germania de Comércio – Importação e Exportação houvera de ficar a cargo do meu honrado e cordial esposo Quintino Bocaiúva, que passava por um período de perseguição política; e, consequentemente, estava atolado em graves dificuldades financeiras. Apesar do adjutório, o estadista Bocaiúva iludiu-se Co'as gêmeas açorianas, Cora e Expedita, que o embriagaram de champagne francês até carregarem-no ao aposento dos fundos do Café Madrid. Não obstante, o fato era que eu me atrasei porque estava cuidando da contratação do leão de chácara, o angolano Juca Cobra, de modo que quando cheguei ao prostíbulo; e perguntei sobre o meu honrado e cordial esposo Quintino Bocaiúva, a serviçal Maria Candelária me disse que as irmãs ilhoas o haviam carregado caindo de bêbado até a alcova dos cônjuges. Ao abrir a porta do aposento, eu me deparei co'as duas messalinas, devorando-o carnalmente em banquete de orgia, que me assombrou pela eficácia da sincronia do balé dos corpos despidos, sobre o catre do bordel. No átimo, eu retirei-me sem que se apercebessem da minha presença; e fui direto ao Cabaret Ibérico, p'ra me vingar co'o preto Juca Cobra da infidelidade, co'a condição de que eliminasse as gêmeas açorianas, Cora e Expedita, sem deixar qualquer espécie de vestígios do homicídio. Empós possuir-me com sofreguidão, o angolano Juca Cobra seguiu em direção ao Café Madrid. Diante do meu honrado e cordial esposo Quintino Bocaiúva desacordado, estrangulou as irmãs ilhoas no leito de amor, desaparecendo sem que ninguém se desse conta de sua ação criminosa, de maneira que o mistério do assassinato das gêmeas açorianas, Cora e Expedita, jamais fora desvendado na Corte.

Empós três semanas, deu-se a morte natural do meu honrado e cordial esposo Quintino Bocaiúva, provocado pelo escorpião peçonhento, que me fora comerciado pela cigana Filomena. O passamento do Senador Quintino Bocaiúva dificultou demasiadamente a descoberta da autoria do homicídio das gêmeas açorianas, Cora e Expedita, visto que o falecido republicano seria a única testemunha ocular, que poderia contribuir p'ra resolução do duplo homicídio. Não obstante, como uns vão e outros vêm, a boa-nova do regresso do estimado Chalaça chegou-me como alento ao coração combalido, justo porque o diplomata português viria a assumir o controle dos meus negócios, que andavam mui mal administrados desde a morte de minha filha Anabella Pillar. Neste ínterim, o Banco Comercial do Rio de Janeiro passou a ser dirigido pelo hebreu de origem húngara, István Nicolai Langsdorff, cuja seriedade saltava aos olhos logo à primeira vista. Co'a extinção do tráfico negreiro, eu fui co'o Chalaça até o escritório do judeu recém-chegado do Leste Europeu, p'ra me certificar de que o espólio da Anabella Pillar já havia sido transferido, de vez que fora feito requerimento de cessão monetária em nome de María Juana de La Cruz. Como havia estourado o prazo da operação bancária, o Chalaça me prevenira de que, quiçá, fosse mais prudente visitar o diretor Langsdorff, a fim de que se depurasse o curso da transação.

Na antessala, aguardando atendimento já estava o Visconde Caravelas, que me saudou com discrição, dando-me condolências de praxe pelo falecimento de meu honrado e cordial esposo Quintino Bocaiúva.

— Muito em breve, senhora baronesa, eu irei solicitar-vos audiência, p'ra que se defina a antecipação da herança da legatária bastarda, posto que me tenha sido negada a paternidade de Anabella Pillar.

De logo, o enciumado contabilista interviu p'ra lhe afirmar que, doravante, os negócios de família desta Baronesa de Santa Rita deveriam ser tratados, pessoalmente, com ele, Chalaça, sendo que, caso houvesse necessidade de assembleia, que o nobre homem o procurasse em tal endereço do Largo da Glória. Decerto, os leitores devem de estar estranhando duas cousas neste obtuso diálogo, entre o Visconde de Caravelas e o soberbo Chalaça, que, em primeiro lugar, dera a direção da residência desta Madame Pillar ao interlocutor. Porém, o mais agravante seria a menção ao espólio de Anabella Pillar, que havia sido deserdada por seu progenitor na ocasião do episódio de renúncia de paternidade em benefício do Pedro Miranda. Portanto, penso eu que duas informações básicas precisarão ser atualizadas ao Leitor, pois que, desde a repentina aparição do Chalaça, nós não reatamos laço conjugal. Daí, a justificativa do endereço, porque eu lhe emprestei o imóvel, p'ra que residisse por tempo indeterminado. Quanto à alusão sobre a herança de Anabella Pilar, cabe a explicação de que o Visconde de Caravelas alterou o seu testamento em vida, no que tange ao espólio destinado à sua cria espúria do relacionamento extraconjugal. Isto porque, comovido co'o brutal epílogo da Carmelita de Satã, resolvera-se por legar a mim a parte de caberia à cortesã assassinada pelo negro Baiaco. Acertado o inventário, como eu estava habitando a residência de meu honrado e cordial esposo Quintino Bocaiúva, informei ao Chalaça que iria transformar a residência do Largo da Glória na quarta casa de prostituição, o Solar da Baronesa. O administrador se empolgou Co'a ideia do bordel, resolvendo-se por ressuscitar a antiga atração do Cabaret Ibérico, a galega Belén, por ter ficado impressionado co'a hipótese de que a cortesã viesse a possuir duas vaginas, la de trabajo; y la vulva divertida. Desta feita, o Chalaça convocou a cortesã ibérica p'ra uma noite de orgia e devassidão; e, ao exame detalhado, houve a constatação de que a prostituta era mesmo detentora de dois órgãos sexuais.

Na inauguração do Solar da Baronesa, a galega Belén fez deitar abaixo a plateia de notabilidades da mais alta sociedade fluminense, enquanto o atoleimado Chalaça babava de orgulho por sua aquisição de alcova, visto que se uniram matrimonialmente. Os amantes residiam no próprio Solar da Baronesa; e, por exigência marital, a galega Belén só se utilizava de uma das vaginas p'ra labutar em prostituição, reservando a outra "xexemba intacta" p'ra inteiro desfrute do Chalaça, que pouco se importava da meretriz comerciar *la vulva de trabajo em la alcoba del burdel.* Por falar neste assunto, a minha "vagina divertida" era que andava ocupada co'o angolano Juca Cobra; e confesso que já estava até meio que convicta de me sossegar co'o leão de chácara, quando abrolharam os irmãos negros abolicionistas, André Rebouças e Antônio Rebouças, no Solar da Baronesa. Desde então eu me revezava carnalmente; ora com cara de um; ora com focinho do outro, apesar do fato de que o angolano Juca Cobra se escabreava taciturno, sem manifestação de protesto ou algo parecido, porém. O ápice da relação amorosa co'os irmãos Rebouças fora quando o primogênito André, empós taças e cálices, consultou-me se eu aceitaria ir p'ro aposento dos cônjuges com ele e o Antônio, p'ra um *ménage à trois.* Como não conhecia o idioma francês, eu me deixei levar pela fonética e só fui descobrir o que era o significado da expressão idiomática, no momento em que os dois mestiços baianos me despiram e me escalpelaram couro e carcaça, na melhor (e maior) noite de amor de toda a minha vida erótica. A relação a três perdurou por seis meses; e creio que até se estenderia por mais tempo, não fosse o Antônio Rebouças ter falecido de febre tifoide, fato este que afastou o seu irmão André Rebouças do leito de luxúria desta Baronesa de Santa Rita.

Neste momento de dor e luto, o caçador de ratos Lino Bigorna indagou-me se eu estava interessada em adquirir a ciganita Yolanda, que, por ainda não ter sido copulada por homem, era o melhor remédio p'ra cura da sífilis, superando a lenda da castidade de negrinha, que até então era o melhor antídoto p'ra combater a doença venérea. Juro eu que, quando eu mirei *la niña*, em pele e osso, à flor da idade, recordei-me daquela frágil e equidistante María Juana de La Cruz, que um dia eu fui antes de ser arrematada, a preço de banana, pelo mercador de escravo Manolo

Francesco Roiz, o Negreiro. A ciganita Yolanda logo se transformou em alvo da cobiça da clientela de prostíbulo, sifilíticos ou não, uma vez que a informação de que *una niña virginal* iria ser leiloada no Solar da Baronesa pôs a freguesia de orelha (e pênis) em prontidão. Enquanto se davam os preparativos p'ra estreia da cortesã juvenil, eu fui avisada pela paróquia da Irmandade do Santíssimo Sacramento de que o pe. Castañeda concedeu autorização p'ra eu comparecer à ermida, em jejum e mui bem trajada de branco, na manhã seguinte, justificando-se pela morosidade da réplica, haja vista que eu solicitara um período integral de confessionário. Explico-me: eu encomendei, por bom preço, ao sacerdote Castañeda, horário completo da manhã p'ra minha confissão, de modo que o religioso precisava de tempo p'ra dispensar a presença das beatas paroquianas sem ideia de rejeição. No confessionário, o sacerdote Castañeda ouviu-me impressionado co'as peripécias que, por hora, eu disponho em registro de memórias do meretrício, pois que era uma imensidão de malfeitos que, "mui dificilmente" — disse-me o eclesiástico. — "eu iria ser aceita no Reino dos Céus". No entretanto, ao afirmar-lhe que, Co'a morte precoce dos meus herdeiros legítimos, o infante Amâncio e a Anabella Pillar de La Cruz, eu pretendia deixar todo o espólio acumulado p'ra Santa Madre Igreja, desde que me amparassem na velhice em cela de convento, o sacerdote Castañeda começou a cogitar algumas hipóteses de acolhimento. Não obstante, ao término da explanação das conjecturas, içou-me p'ra dentro do confessionário, possuindo-me Co'a fúria de Satanás dos infernos. Como só o que me faltava nesta vida era virar "mulher do padre", eu habituei-me a recebê-lo aos sábados p'ro "chá da tarde", o que nada mais era do que a metáfora esfarrapada, a fim de que o sacerdote Castañeda me tivesse sem batina em seus braços sacros (e mui safados!) de amante profana em aposento residencial. Assim passavam-se os tempos entre confessionário e alcova, quando me apareceu, repentinamente, o venerável José

Maria da Silva Paranhos Júnior, o Barão do Rio Branco, p'ra destronar de uma vez por todas o sacerdote Castañeda, que até me satisfizera co'a sua hóstia miúda, durante o período de abstinência carnal, empós abandono dos irmãos Rebouças, o falecido Antônio, e o exilado André.

Neste ritmo de júbilo e arrebatamento, eu entreguei-me ao Barão do Rio Branco como quem se doa por inteiro sem restrição, sem mirar o perigo ao redor, visto que andava tão enfeitiçada, que não pude prestar atenção ao vulto ameaçador da ciganita Yolanda, que o abocanhou como um sapo que engole o inseto num átimo de tempo. Em verdade, foi só eu cochilar p'ra ninfa sifilítica se apoderar da caça calva e bigoduda, sem me dar ocasião de esboço da reação de defesa, porque, quando fui me dar conta do bote, a presa já agonizava em poder do algoz de castanholita. Fingindo-me resignada, eu aceitei sem espernear o pé na bunda do Barão de Rio Branco; não obstante, a represália houvera de ser posta em prática, no primeiro desmazelo da ciganita Yolanda, que, àquela altura, já era mais que musa amada de 2/3 do real secretariado do Imperador d. Pedro II. Como bom cabrito não berra, aguardei-a de emboscada, até que ingrata traidora se descuidasse em estado de vítima, reaproximando-me do angolano Juca Cobra, p'ra deixá-lo de sobreaviso sobre o plano de execução. A vacilada da rival se deu quando, sentindo-se absoluta em relação ao convívio dos políticos mais prestigiosos do Segundo Império, a ciganita Yolanda fora o pivô de uma grande arruaça entre marinheiros no salão nobre do Cabaret Ibérico, que sacudiu as já mui combalidas relações diplomáticas entre Brasil e Inglaterra.

Ao ser procurada p'ra que se resolvesse o conflito causado por uma cortesã sob responsabilidade desta Madame Pillar, eu lhe vomitei cobras e lagartos ao recordá-lo que o todo-poderoso Barão de Rio Branco era mui mais habilitado p'ra resolver a questão diplomática do que esta mera cafetina de segunda classe, que fora trocada por uma ninfa sifilítica. O embaixador Paranhos observou que a dissolução do entrave entre Brasil e Inglaterra se daria por intermédio do sumiço temporário da ciganita Yolanda. O Barão do Rio Branco até mesmo disponibilizou um imóvel de sua propriedade localizado na Ilha de Paquetá, p'ra que a cortesã se homiziasse, enquanto persistisse o imbróglio da diplomacia Brasil-Inglaterra. Lamentavelmente, durante a travessia entre a Corte e a Ilha de Paquetá, a embarcação da ciganita Yolanda afundou, salvando-se do naufrágio, apenas, o angolano Juca Cobra, que a acompanhava a sós; e fora içado por pescadores da região. O *ab-reptício* Barão de Rio Branco se reaproximou, co'a conversa de que deveríamos nos olvidar do passado, a fim de que retomássemos a relação amorosa de outrora. No entretanto, cientifiquei-o que eu já estava completamente envolvida co'o portentoso ex-secretário da Marinha, Joaquim José Rodrigues Torres, o Visconde de Itaboraí, que arrebatara o coração em pandarecos desta Madame Pillar, em razão da desabrida desistência do estimável embaixador Paranhos, a favor da náufraga ciganita Yolanda.

No instante em que o cabisbaixo Barão de Rio Branco se retirava do recinto, o prolífico Chalaça se achegou p'ra me dizer que iria inaugurar prostíbulo de luxo, em sociedade co'a galega Belén, pois que enjoara de ser funcionário de estimação desta Baronesa de Santa Rica.

— Se for p'ra cuspir no prato que comeu, Chalaça, que ao menos o faça direito ao convidar-me p'ra ser cúmplice da tal empreitada de bordel... — ofereci-me em sociedade ao fidalgo português.

— A questão é que a minha esposa Belén não almeja associação co'a senhora baronesa, justamente por considerar que a iniciativa vem a ser de origem familiar, Madame Pillar. — defendeu-se Chalaça.

Mal sabia o incauto consorte da galega Belén, que "de origem familiar" seria a sepultura que o Chalaça estava a cavar co'as próprias mãos, ao querer rivalizar comigo em mercado de prostituição.

— Sendo assim, compreendo que posso apenas lhes desejar boa sorte e fortuna.

Logo que o imprevidente Chalaça despediu-se, eu mandei chamar o angolano Juca Cobra; e ordenei-lhe que cumprisse à risca o que fosse solicitado, na data e horário em que os dois traidores estivessem recolhidos em aposento do Solar da Baronesa. Neste exato instante, a governanta Maria Candelária anunciou-me a vinda do ilibado Visconde de Itaboraí. Apesar das atribuições de ofício junto ao Imperador d. Pedro II, eu arrisquei-me a consultá-lo se concordaria em assumir a chefia da Casa Germania de Comércio – Importação e Exportação, de vez que o Chalaça havia se exonerado da corporação mercantil. De adjacente, eu avisei-o que, em caso de indisponibilidade, que me indicasse um nome que substituísse o ingrato Chalaça, que embarcaria em breve p'ra a sua terra natal, acompanhado da galega Belén. O austero Visconde de Itaboraí aconselhou-me a contratação do dinâmico Irineu Evangelista de Sousa, mui entendido em negócios de comércio co'os britânicos, a quem servira em início de carreira como caixeiro de loja, na Praça do Comércio.

Não obstante, o Barão de Ubá advertiu-me que mais prudente houvera de ser, ao invés de contratá-lo, ceder-lhe a administração da Casa Germania de Comércio – Importação e Exportação em definitivo.

— Em cinco dias úteis, envio-te a proposta de aquisição de sua *commercial house*, senhora baronesa.

Enfastiada do mercado de exportação de café; e, de acordo co'a oferta do Barão de Mauá, eu estava propensa a fechar a negociação ao depor assinatura de compra e venda, p'ra me dedicar exclusivamente ao ramo da prostituição. Porém, antes que a boa-nova do bordel do Chalaça e da galega Belén se espelhasse pela Corte, eu norteei que o angolano Juca Cobra invadisse o aposento do sobrado do Largo da Glória; degolasse o pescoço dos traidores; e os enterrasse no porão do Solar da Baronesa.

Feito o serviço, creio eu que o Chalaça e a sua consorte de duas vaginas, a galega Belén, jazem na santa paz de Deus, no subterrâneo da centenária construção. Co'a decisão de regresso a Portugal do Chalaça e da galega Belén, surgiram-me dois problemas de difícil solução. O primeiro deles era a contratação de um administrador, que regesse as finanças do Cabaret Ibérico, do Café Madrid, do Castelo de Madame Pillar e do Solar da Baronesa. O segundo contratempo de última hora era a obtenção de uma artista estrangeira de peso, que suprisse a sentida ausência da cortesã de duas vaginas provinda da Galícia, a extraordinária galega Belén. Ao queixar-me ao Barão de Mauá sobre a dificuldade de obtenção de mão de obra qualificada, o homem de negócios indicou-me o primogênito herdeiro do fidalgo João Rodrigues Pereira de Almeida, o Barão de Ubá. Conhecido por Almeidinha, por indicação do João Evangelista que, na ocasião, havia desbancado o Visconde de Itaboraí do trono de alcova, o pândego e perdulário estudante de Medicina, que, por falta de vocação e seriedade, jamais teria concluído o curso acadêmico, tomou as rédeas administrativas das quatro casas de prostituição desta Madame Pillar. No entretanto, como raposa em galinheiro, o liberal Almeidinha, que jamais havia labutado em sua existência, era o primeiro funcionário a chegar e o último a sair dos estabelecimentos de orgia. Decerto, tal assiduidade houvera de ser considerada como uma respeitável virtude de ofício, se, ao invés de labutar em todas as noites de trabalho, o ordinário e vadio administrante não fosse dormir *emborrachado*, em companhia de cortesã gratuitamente. Diante da figura paterna do Barão de Ubá, o estouvado Almeidinha gabava-se de ter encontrado a real aptidão de ofício: gerência de alcoice, ao passo que o patriarca ironizava-o classificando-o de "gigolô de meretrício".

Entre baforadas e intimidações, o rígido Barão de Ubá preocupava-se Co'a rotina desregrada do estúrdio farrista Almeidinha, que fora, inclusive, jubilado da faculdade de Medicina, por absenteísmo crônico. O tresloucado Almeidinha recomendou-me que publicássemos, em lugar de reclames de escravos fugidos como de hábito, anúncios de “Procuram-se raparigas de fino traquejo social”, em classificados dos diários e gazetas, de modo que supríssemos a ausência da galega Belén. A ideia mirabolante do administrador surtiu o efeito esperado; e, em pouco tempo, já havíamos contratado três cortesãs de refinada linhagem: a judia polonesa Ewa Kozłowski, a Ewita; a africana Manuela Moçambique; e mineira Francisca Pinto, a Xica do Pinto. A condição p’ra que as marafonas fossem angariadas era que demonstrassem “talento de catre”, consoante rígida avaliação do devasso administrador. Das trinta e poucas meretrizes que compareceram p’ra recepção do vigoroso Almeidinha, houve seleção de sete voluntárias ao meretrício, que se submeteram à outra “visita orgíaca de aposento”, até que se decidisse pelas três primeiras colocadas, que foram assentadas literalmente de imediato. A mim, particularmente, a que mais me agradou fora a polaca Ewa que, por ser de pequeno porte, batizei-a de Ewita. Era alva e de corpo bem feito, com seios fartos, porém; e deixou-me ainda mais excitada quando o experimentado Almeidinha enalteceu a habilidade nata da polonesa co’a língua estrangeira. Empós admissão das marafonas e raparigas, eu decretei que a Ewita Kozłowski, a Manu Moçambique e a Xica do Pinto iriam se estabelecer no Solar da Baronesa, ao passo que as outras quatro cortesãs iriam p’ra o Café Madrid; e aquelas que não obtiveram as primeiras colocações seriam distribuídas entre o Cabaret Ibérico e o Castelo de Madame Pillar.

Ao contrário, o desinibido Almeidinha enrabichou-se pela mineira Xica do Pinto, que garantiu ser um fenômeno de alcova, que emigrara à Corte devido ao processo de decadência da exploração das pedras preciosas, na Província de Minas Gerais.

— A Xica do Pinto é digna de ser amante do Imperador d. Pedro II, Madame Pillar!... — enfatizou o doidivanas.

Co'a abdução do Visconde de Itaboraí, eu fui forçada a decifrar o enigma de que o gentil-homem se dispusera a dedicar o seu tempo escasso mais à política saquarema do que ao passatempo de alcova. Diante da ausência injustificada do fidalgo, eu acedi aos galanteios do herdeiro do Barão de Ubá, o impagável Almeidinha; e rendi-me ao seu encanto de *gentleman*, tanto na urbanidade do trato quanto no ato carnal. No entretanto, na ocasião em que estávamos no escritório do Banco Comercial, em companhia do judeu húngaro István Langsdorff, p'ra tratarmos da assinatura do contrato de compra e venda da Casa Germania de Comércio – Importação e Exportação. Empós ponto final da assinatura, o indiscreto Irineu Evangelista pousou a sua mão sobre a minha coxa, mirando-me co'os olhos de cobiça, como se me invitasse ao leito de amor, o que não pude demonstrar resistência, uma vez que há tempos eu o desejava ardentemente. Despedimo-nos apressadamente do banqueiro István Langsdorff; e seguimos de tílburi paro seu aposento residencial, sob a vigilância reprovadora do Almeidinha. Do catre de alcova, nós só sairíamos na manhã seguinte, saciados do ardente afã, que nos devorava desde a época em que nos esbarramos à primeira vista. Daí, o sentimento amoroso entre mim e o Barão de Mauá fora tomando corpo ardorosamente, quase como a realização de um sonho do homem moldado em perfeição. Rico e inteligente, o ardoroso e destemido Irineu Evangelista, certa feita, propôs-me sociedade na fundação do estaleiro naval da Companhia Ponta d'Areia, do outro lado da Baía de Guanabara, em Niterói. Convenceu-me de que era um investimento mui lucrativo sem os sobressaltos do tráfico negreiro; e que o país necessitava da construção nacional de embarcações *made in Brasil*, que atravessassem o Oceano Atlântico co'as importações das opulentas safras de café do Vale do Paraíba.

Não obstante, ao consultar o Visconde de Itaboraí, que me reapareceu dócil e fagueiro, o político conservador me preveniu sobre os riscos do investimento naval, em razão das influentes inimizades do Barão de Ubá na Corte, desde que se declarara contra a Guerra do Paraguai e a favorável à abolição da escravatura. De fato, as inúmeras sabotagens no maquinário do estaleiro culminaram no fatídico incêndio, que consumiu o anseio de prosperidade industrial de uma nação forte e soberana. Neste mesmo período, achegou-se ao Solar da Baronesa a notícia do falecimento do d. João Rodrigues Pereira de Almeida, o Barão de Ubá, progenitor do administrador Alameidinha, que, por ser legatário exclusivo e universal, herdou o sobrado familiar e a propriedade cafeeira de Vassouras, além de apatacada fazenda em aplicação, o que, decerto, culminou co'a sua bancarrota humana. Enriquecido pelo espólio paterno, a primeira atitude do famigerado Almeidinha fora exonerar-se da gerência dos prostíbulos, pedindo-me a mão em matrimônio, diante dos apalermados Barão de Mauá e do Visconde de Itaboraí. Empós proposição matrimonial, a prostituta Xica do Pinto veio até mim p'ra dizer-me que estava emprenhada; e que não pretendia abortar a cria do Almeidinha, pois o rebento fora feito com muito sentimento de sinceridade carnal. Eu tranquilizei-a, assegurando que iríamos providenciar a adoção da criança, assim que nascesse; e que, a partir do momento em que desse à luz, a cortesã Xica do Pinto seria promovida à governança do Solar da Baronesa. Nos noves meses da gestação, o meu esposo Almeidinha transitava de catre em catre, revezando-se entre mim, a mineira Xica do Pinto e todas as outras meretrizes, de modo a dilapidar o patrimônio do legado patriarcal, numa celeridade impressionante de fazer inveja aos perdulários da Corte. Eram de dez a doze garrafas de champagne francês por noite, além dos banquetes, vinhos, charutos e orgias, que mal satisfazia o séquito de *bon-vivants* que o escoltava, Co'a assiduidade dos sedentos e famintos do deserto da devassidão.

Neste compasso dissoluto, o meu esposo Almeidinha passou a adormecer co'o astro-rei e despertava quando este se punha no horizonte da cidade de São Sebastião do Rio de Janeiro. Como todo dinheiro ganhado sem esforço tem saída com facilidade, a herança pecuniária do Barão de Ubá diluiu-se antes do nascituro da cria bastarda da meretriz Xica do Pinto, obrigando-o a torrar a sobrado de família e a propriedade cafeeira do Vale do Paraíba. Co'o negócio imobiliário, o esbanjador Almeidinha prosseguiu na esbórnia, sem sequer imaginar que o amanhã alvorece mais cedo do que se almeja. Nos três dias empós o recém-nascido João Rodrigues Pereira de Almeida Neto, o Almeidinha se tornou abstêmio e mui refratário às noitadas de bebedeira e libertinagem. No quarto sol, porém, empós batismo do rebento, que fora registrado em nome do segundo Barão de Ubá e desta Baronesa de Santa Rita, o boêmio Almeidinha desembestou-se pelas tabernas e lupanares, sob pretexto de comemoração de seu primogênito herdeiro, reaparecendo sete noites depois em frangalhos e pandarecos, no Cabaret Ibérico. A interesseira Xica do Pinto, não satisfeita co'o ordenado da governança do Solar da Baronesa e dos ganhos da prostituição, dera p'ra me chantagear pela adoção da espúria criatura, a quem eu me apegara de maneira inconteste e irrevogável. Co'a campanha pelo aumento da recompensa pelo nascituro da cria bastarda do Almeidinha, eu solicitei ao angolano Juca Cobra que me alforriasse do encosto da rapariga, já que eu não estava suportando a extorsão contínua da Xica do Pinto. Porém, naquela mesma noite, a meretriz mineira fora encontrada co'os punhos cortados a punhal; e o pior é que desandaram a dizer que o suicídio da Xica do Pinto fora cometido, em razão do desprezo por parte de meu esposo Almeidinha, empós nascituro do Barãozinho. Co'a negligência conjugal deflagrada, eu me aproximei da polaca Ewita, que me fazia companhia de alcova, enquanto o patusco Almeidinha se desgastava de déu em déu, desperdiçando dinheiro e o tempo da família, com marafonas e carraspanas homéricas.

Em substituição à prostituta Xica do Pinto na governança dos lupanares, eu determinei que pusesse a negra Manu Moçambique,

que até então se portava com cordura e hombridade. Era corpulenta e ancuda; e, quiçá, por ser genitora de três femeazinhas mestiças, que corriam nuas de um lado a o outro do Solar da Baronesa, a Manu Moçambique tenha se municiado de responsabilidade ímpar, p'ra enfrentamento do dia a dia do prostíbulo. A africana era séria e competente em sua função de meretrício, a ponto de tornar-se a minha substituta de leito de amor, co'o Visconde de Itaboraí e o Barão de Mauá, que acompanhavam, Co'a tenção e expectativa, a derrocada do meu esposo Almeidinha, que se ausentava com recorrência do convívio familiar. Houve até uma ocasião em que o estroina Almeidinha desapareceu por doze dias, sem dar notícia de seu paradeiro boêmio. No entretanto, se por um lado a sua ausência física causasse tamanho espanto aos invejosos detratores; por outro ângulo, a convivência harmoniosa co'a polaca Ewita também escandalizava a plateia abismada co'a alforria libertária concedida pelo segundo Barão de Ubá. Ao contrário do distanciamento marital propositado por meu esposo Almeidinha, nós éramos unha e carne, eu e a polaca Ewita; e, por onde transitássemos – camarotes, cafés, saraus e concertos e afins –, nós éramos recebidas com certo burburinho de reprovação, o que não nos afetava sobremaneira. Ao passo que nos divertíamos ao nosso jeito, nós nos íamos conhecendo; e, sobretudo, nos apaixonando uma pela outra, de tal forma que a invídia alheia não poderia nos alcançar absolutamente. Co'a confiança dada e obtida, eu nomeei a polaca Ewita p'ra administração do Cabaret Ibérico, do Castelo de Madame Pillar, do Café Madrid e do Solar da Baronesa, em substituição ao indisciplinado Almeidinha, que contraíra tuberculose; penara por dois meses de definhamento; e falecera numa Sexta-Feira da Paixão de Cristo. Cabe a ressalva que a herança do meu defunto esposo Almeidinha mal dera p'ra cobrir as despesas de sepultamento.

O generoso Barão de Ubá deixou-me o bem mais precioso que era o fruto de sua união Co'a prostituta Xica do Pinto, o filho mais dileto que se pode ensejar nesta vida, o Barãozinho. Mimado ao extremo, o traquinas desfrutava da atenção da polaca Ewita, que atuava como uma espécie de segunda progenitora. Assim fora crescendo o Barãozinho, até que a Princesa dona Isabel de Bragança depôs assinatura p'ra se abolir a escravidão de qualquer sorte, às vésperas da Proclamação da República, em 1888. No ano seguinte, o envelhecido Imperador d. Pedro II seria deposto co'a Família Real; e embarcava p'ra Europa, com toda sorte de tripulantes aristocráticos, o que desfigurou a clientela das casas de prostituição, que passaram a ser visitadas por militares republicanos e bacharéis liberais. Não que o público atual fosse de nível mais ou menos elevado do que a fidalguia da Corte, que me enriquecera de título e dinheiros. E o que fazer co'a condecoração de Baronesa de Santa Rita, se os liberais republicanos se enojaram do que viesse a lhes fazer recordar do período monárquico; e, sobretudo, o que fosse proveniente da antiga metrópole lusitana? Logo me dei conta de que o mais importante a fazer seria arregaçar as mangas da camisola; e ir à luta ao lado da minha companheira, a polaca Ewita. Decidida a me adaptar ao regime político que destronou o Imperador d. Pedro II, eu pedi que o angolano Juca Cobra se encarregasse de entregar missiva ao contestador José do Patrocínio, a fim de que comparecesse ao Baile da Sucessão. No que o africano atrevido me respondeu que não era moleque recado; nem muito menos escravo da Madame Pillar, o que me fez entender que o ordinário tinha alguma carta na manga do gibão, p'ra me afrontar daquela maneira desrespeitosa.

— Se não quer mais trabalhar p'ra mim, Juca Cobra, sinta-se livre e à vontade p'ra ajuntar os trapos de bunda; e ir logo dando o fora das minhas vistas, porque não devo nada a Vossa Mercê nem Vossa Mercê a mim, negro. — despachei-o, energicamente.

— Pois estou mesmo indo me embora das vistas de vosssuncê; mas em boa companhia da polaca Ewita, já que estou cansado de humilhação, baronesa.

Não fosse o impacto da revelação, até que eu notaria o tom irônico da menção ao título aristocrático; não obstante, como imaginar que a companheira de vida fosse se subjugar ao preto fedido do angolano Juca Cobra, quando nós vivíamos o mais puro e sincero sentimento de amor? Decerto, o preto ladino estava me provocando p'ra eu reagir à ofensa, p'ra que ele, Juca Cobra, me assassinasse e fosse absolvido por legítima defesa, empós denúncia dos homicídios que cometera a mando desta Baronesa de Santa Rita. Como macaco velho não põe mão em cumbuca, escaldei-me diante da suscitação, pedindo-lhe repetisse o que havia dito, já que eu não compreendera bem o que o Juca Cobra dissera a mim sobre a polaca Ewita e etecéteras.

Neste momento, a dita cuja da polonesa Ewita adentrou o salão nobre do bordel, p'ra me informar de sua demissão da gerência das casas de prostituição, porque estava de partida em companhia do Juca Cobra, por quem se enamorara perdidamente.

— Traidora.

Sem mais o que dizer, eu lhes dei garantias de que iria de indenizá-los com justiça, mas que precisava de ao menos três dias de prazo, de modo que o banqueiro István Langsdorff tivesse tempo hábil p'ra contabilização dos direitos dos funcionários de confiança. De saída, esbarrei-me na negra Manu Moçambique, que, ao reparar a palidez da face, ofereceu-se p'ra me acompanhar até o Banco Comercial. Ao conduzir-me até o café da Rua do Ouvidor, eu narrei o episódio da deslealdade da polaca Ewita e do angolano Juca Cobra; e, empós ouvir atentamente o relato da traição, a negra Manu Moçambique confidenciou-me que, não era de hoje, estava desconfiada de que os dois desleais amantes desviavam dinheiros e mercadoria do Solar da Baronesa. Eu declarei que não tinha interesse em denunciá-los às autoridades distritais, uma vez que havia afeto e consideração pela polaca Ewita, que fora braço de ferro na condução dos bordéis. Ao pé do ouvido, sussurrei-lhe que preferia fazer justiça co'as próprias mãos, mas que eu não conhecia ninguém de fé, que pudesse dar uma boa lição nos gatunos do Solar da Baronesa, que, decerto, estariam me roubando p'ra fugirem apatacados.

Sensibilizada, a preta Manu Moçambique me segredou que tinha amante capoeira, o Montenegro, que era da mais extrema fidúcia; e que poderia me auxiliar até em crime de sangue. Ao alvorecer, a governanta Maria Candelária viera me sacudir p'ra dizer que a polaca Ewita e o angolano Juca Cobra haviam se enforcado, em razão do sentimento proibido, na alcova dos fundos do Cabaret Ibérico. Co'os novos ares políticos, duas notabilidades republicanas que já me eram conhecidas desde a época da união matrimonial co'o senador Quintino de Bocaiúva, o engenheiro militar Benjamin Constant e o jurisconsulto Rui Barbosa, confirmaram presença no Baile da Sucessão. O Marechal Deodoro da Fonseca avisou-me que também viria ao antigo Solar da Baronesa; e, ainda que estivesse sido restaurado p'ra comemoração republicana, ressentia-se das ausências da cortesã Xica do Pinto e da polaca Ewita. Por este motivo, eu autorizei que a negra Manu Moçambique contratasse cinco meretrizes de procedência, p'ra reinauguração da casa de jogo e prostituição. Desta maneira, estrearam las hermanas bailarinas portenhas, Lulu e Florência Gonzáles; a cocote Lya; a Zeferina Crioula; e a italiana Beatrice Antonella. Co'o reforço das cortesãs de alta linhagem, o faturamento extrapolou a expectativa de lucratividade, de tal forma que o judeu húngaro István Langsdorff pediu-me em namoro publicamente, com direito à aliança e bouquet de flores.

A cerimônia de matrimônio se realizou no salão nobre do Café Madrid, p'ra poucos convidados; entre os quais lá estava o Marechal Deodoro da Fonseca, que me cortejava fazia tempo descaradamente. De tal modo, o banqueiro István Langsdorff e o presidente da República ocuparam o mesmo espaço do meu coração, até o assassínio do primeiro e a deposição do segundo. Na data em que completaríamos um ano de união conjugal, o meu esposo István Langsdorff sofreu um ataque de dois capoeiras de lenço no pescoço, que anavalharam a sua garganta sem dó nem piedade, deixando-o estendido a agonizar em plena calçada da Rua da Alfândega. Na ação crimonosa, levaram-lhe a valise de couro, co'as promissórias vencidas do industriário que decretara falência, Irineu Evangelista de Sousa, o Visconde de Mauá. No enterro do meu finado esposo István Langsdorff, nós ficamos sabendo da renúncia do presidente da República, Marechal Deodoro da Fonseca, que, ao mesmo tempo deixou o governo do país e do meu coração, aproximadamente dois empós anos a posse de ambos – da nação e da Madame Pillar. Nada obstante, o que pode melhor do do que a substituição do meu falecido esposo István Langsdorff e do amante estadista Marechal Deodoro da Fonseca, do que o enérgico Floriano Peixoto, que insurgira-se, não só no gabinete da presidência da República, como também no leito de amor desta Baronesa de Santa Rita. Não em solidariedade ao meu falecido esposo István Langsdorff, o Marechal Deodoro da Fonseca resolveu investigar por conta própria o homicídio do hebreu húngaro, capturando o capoeira Montenegro, que, sob tortura, confessou ter sido contratado por mim p'ra tirar a vida do banqueiro de origem judaica. Intimada a depor ao oficial de distrito, apropriei-me do galardão de Justiça empunhado pelo afamado jurisconsulto Rui Barbosa, que se decidiu por assumir a defesa por intermédio da módica quantia de doze contos retirados do cofre do banqueiro Langsdorff, que havia me dado o segredo, caso houvesse algum imprevisto do destino. O romance co'o bacharel Rui Barbosa se iniciou logo que me absolveu por unanimidade da acusação de homicídio, contra o judeu István Langsdorff, a partir da comprovação de que o capoeira Montenegro se utilizou de falso testemunho, com intuito de posterior chantagem p'ra obtenção de dinheiros.

No tribunal, julgo que tenha pesado contra a palavra de um capoeira Montenegro a história incorrupta e intemerata desta

Baronesa de Santa Rita. Empós resultado do julgamento, eu e o bacharel Rui Barbosa nos entregamos impunemente ao sentimento amoroso, até que o jurista baiano fora convocado p'ra conferência de Haia, na Holanda. Em seu retorno, o previdente Rui Barbosa me revelou que planeava se candidatar à presidência da República, de sorte que não seria favorável à campanha eleitoral, que o seu nome estivesse ligado a uma cafetina do tempo do Império.

— Às favas, sua Águia da Bahia!...

Em sua ausência jurídico-sentimental, contentei-me co'as visitações periódicas do niteroiense Benjamin Constant, que quebrava a monotonia cotidiana da solidão de alcova, Co'a leitura de poemas de Álvares de Azevedo, Gonçalves Dias e Castro Alves, como se estivéssemos, a sós, num sarau particular de família. No entretanto, quando o presidente Floriano Peixoto descobriu que o romântico Benjamin Constant andava frequentando o aposento nupcial desta respeitável dama, disparou até o Solar da Baronesa p'ra tirar satisfações comigo, sobre o fato de eu me dar ao desfrute com um reles ministro, ao invés de almejar um amante de mais alta função republicana e patente militar. De bate-pronto, eu devolvi-lhe que, caso o Marechal Floriano Peixoto se incomodasse com quem estivesse dormindo comigo, que me assumisse como esposa oficial; e eu não admitiria que subalterno me encostasse num só fio de cabelo da cabeça desta Madame Pillar.

— Doravante, tu serás apenas minha amante e de mais ninguém, ó Madame Pillar!... — exclamou o Marechal de Ferro, dramaticamente.

Nos últimos três anos do período da República da Espada, creio tenha sido eu quem mais desencapou ferramenta de batalha do arrogante Floriano Peixoto, ainda que, durante o mandato republicano, o Marechal de Ferro precisasse se defrontar contra a Revolta da Armada. Sentindo-se traído, o tirano Florindo Peixoto ameaçou-me de cárcere pelo homicídio do banqueiro

István Langsdorff, caso eu não denunciasse segredo de alcova, que pudesse encurralar o líder revolucionário Saldanha da Gama, que fugira em nau Mindello, co'o desígnio de desembarcar em Montevidéu, p'ra incorporar-se à Revolução Federalista do Rio Grande do Sul. Diante da denúncia, o presidente Floriano Peixoto ordenou que as tropas legalistas o perseguissem até o seu destino final, que se dera no combate de Campo Osório, em Santana do Livramento. O substituto do bem-sucedido Marechal de Ferro fora o filho de tropeiro, Prudente de Moraes, que era mui fiel à dona Adelaide e aos seus oito filhos, de sorte que, portanto, jamais depusera artilharia íntima em alcoite desta Madame Pillar, pois que, quiçá, mais preocupado estava co'a Guerra de Canudos. Tão somente no governo Campos Sales, eu tornei a me relacionar co'o poder republicano, ainda que não exatamente co'a figura central do chefe de Estado; mas, sim, co'o seu ministro da Fazenda, Joaquim Murtinho, que, enamorado, fora quem me aconselhou a arrematar um terreno na longínqua Praia de Copacabana. Enquanto isto, eu divertia-me com las hermanas bailarinas de tango, que me acompanharam, p'ra conhecer o tal terreno da Praia de Copacabana.

Enfim, eu me prontifiquei a adquirir o pedaço de chão defronte do Oceano Atlântico; e, co'a transição política, confesso que até olvidei-me do lote à beira-mar. Conforme registr, o sucessor do presidente da República Prudente de Moraes, a tomar posse fora o bacharel em Direito, Manoel Ferraz de Campos Salles, que, quiçá devido ao cenário de precariedade econômica ocasionado pela impagável dívida britânica, não apenas proibiu expressamente que o seu séquito ministerial e políticos aliados se aproximassem das casas de prostituição, como também permitiu que autoridades distritais combatessem bordéis e domicílios de jogos de azar. Sem a presença da clientela habitual e co'as constantes investidas policialescas, o movimento do Café Madri, do Cabaret Ibérico e do Castelo de Madame Pillar definhou de tal ordem que, quando a meretriz Beatrice Antonella apresentou-me ao capitalista Frederico Giovanni Ricci, senti-me aliviada por conseguir sociedade em meia à iminência de bancarrota. O contraventor Frederico Ricci me propôs a reinauguração do antigo Solar da Baronesa, Co'a mudança de nome p'ra Casinò della Baronessa. Eu não titubiei em fechar negócio co'o gangster italiano, mesmo tendo ciência de que o contraventor Ricci era um sujeito envolvido até o pescoço com negociatas escusas e ilícitas; e, além de tudo, muito possivelmente seria protetor e amante da cortesã Beatrice Antonella. Apesar de toda adversidade, eu acabei por me enamorar daquele belo exemplar de masculinidade, que se apoderou de mim como as lavas do Vesúvio. Assim sendo, durante o período da governança oligárquica do presidente Campos Salles, eu, Madame Pillar, e o italiano Frederico Ricci suportávamos a crise financeira co'a persistência dos sobreviventes, até que assumiu as rédeas republicanas o ex-conselheiro do Império, Francisco de Paula Rodriguez Alves, que, ao menos comigo, o viúvo da esposa que falecera ao dar à luz não dormia no ponto em assunto de libidinagem.

Amante tórrido, o caipira de chapéu-coco Rodrigues Alves descadeirava-me co'as peripécias de provinciano, que me tratava co'a doçura de quem jamais comeu melado e se lambuzava até o fundo da alma. Em certa ocasião de alcova, eu e *las hermanas* Lulu e Florência Gonzáles o canibalizamos até o esqueleto, de modo a lamber os beiços emporcalhados de júbilo e regozijo. Mediante paixão proibida, o relacionamento co'o malfeitor Ricci fora esfriando, a ponto da sociedade estar correndo risco de cair por terra, pois que já estávamos cogitando o rompimento da parceria empresarial, quando o carcamano Ricci me veio co'a proposta de aquisição das três casas de prostituição: o Café Madrid; o Cabaret Ibérico; e o Castelo de Madame Pillar. O projeto idealizado pelo italiano Frederico Ricci consistia em arrematar os três lupanares de propriedade desta Madame Pillar, através de módicos valores parcelados em doze prestações, a partir do terceiro mês de funcionamento do Café Madrid, do Cabaret Ibérico e do Castelo de Madame Pillar. No entretanto, restar-me-ia o controle absoluto do Casinò della Baronessa. Co'a corda na garganta por acumular prejuízos irrecuperáveis, eu aceitei a oferta do gangster Frederico Ricci; e, à medida que me enroscava Co'a cortesã Beatrice Antonella, menos me habilitava a detectar as falcatruas da dupla de farsantes italianos. Porém, numa carraspana de vinho e cocaína, *con las hermanas* Lulu e Florência Gonzáles, a cortesã Beatrice Antonella, possuída pelo pó falante comerciado pelo contrabandista Tibério Tibúrcio, explanou que o plano do italiano Frederico Ricci era assassinar Madame Pillar, a fim de que herdasse todo o patrimônio da "cigana amaldiçoada", uma vez que o documento e possessão do Casinò della Baronessa era falsificado e jamais fora registrado em cartório.

Atemorizadas co'a revelação do segredo do gangster Ricci, as bailarinas argentinas vieram até mim em delação, o que me obrigou a tomar providências contra a prostituta Beatrice Antonella e o *maledetto* Frederico Ricci. Acorri-me do traficante Tibério Tibúrcio, com suborno de contratação do homicídio. O bandoleiro contestou-me ao afirmar que o gangster Ricci era peixe robusto de cair em rede; e que necessitaria de uma recompensa à altura, que valesse a pena o risco de vida a que se submeteria, caso eliminasse o malfeitor italiano e a sua amante prostituída. Por esta razão, além da gratificação em dinheiro, o contrabandista Tibério Tibúrcio exigiu que eu o admitisse de imediato, como funcionário do Casinò della Baronessa. Empós poucas semanas da contratação do contrabandista Tibério Tibúrcio, o gangster italiano Frederico Ricci sofreu uma emboscada, quando seguia até o seu domícilio em companhia da cortesã Beatrice Antonella. Dizem que foram dois tiros de garrucha, um em cada um dos desgraçados transeuntes, disparados por um homem encapuzado, que desapareceu na cerração da noite. Cinco dias empós duplo assassinato, ao penetrar o ninho de amor dos traidores italianos, o negro João Grande, que fora contratado p'ra cometer o homicídio do italiano Ricci e da meretriz Antonella, encontrou toda documentação de compra e venda dos prostíbulos, que fora invalidada por intermédio da petição assinada por ninguém menos do que o jurista Rui Barbosa, a quem serei eternamente grata pela presteza e seriedade.

Co'a decretação da retomada do Café Madri, do Cabaret Ibérico, do Castelo de Madame Pillar e co'o controle absoluto do Casinò della Baronessa, o contrabandista Tibério Tibúrcio assumiu a admnistração das casas de prostituição e jogos de azar. Ao passo que os negócios iam retomando o curso de lucratividade, a comercialização do pó falante tomou vulto de expressão, de maneira que a alta sociedade fluminense abarrotava os bordéis-cassinos até o alvorecer, o que, de fato, chamou a atenção das autoridades distritais, que me intimaram a depor sobre a movimentação da clientela. Como as negociações do pó falante não me diziam respeito, eu abstive-me da responsabilidade; e incriminei o contrabandista Tibério Tibúrcio, sob alegação de que não havia autorizado que se comerciasse cocaína nos estabelecimentos de propriedade desta Madame Pillar. Assim que pus os meus pés à porta da rua, um homem desconhecido com feições de mula disparou um tiro de garrucha contra a minha pessoa, acertando-me o ventre em cheio e com gravidade de óbito. Ao ser levada até a enfermaria da Santa Casa de Misericórdia, o dr. Sydnei Chernoviz operou-me as vísceras ofendidas, salvando-me da morte por arma de fogo. Quiçá, o atentado mortífero tenha sido orquestrado pelo contrabadista Tibério Tibúrcio; não obstante, visto que não havia comprovação de autoria criminal, eu resolvi-me por agir através dos métodos de execução particular, ao expedir ao negro João Grande a missão de extermínio do traficoso bandoleiro. Ficou acordado então, que, empós conclusão do ato homicida, o ex-escravo João Grande assumiria as funções exercidas pelo contrabandista Tibério Tibúrcio. P'ra minha surpresa, contudo, o preto amanheceu sem vida, por ter ingerido dose de peçonha pelo desamor de *las hermanas* Lulu e Florência Gonzáles, que o desprezavam ardorosamente. Como não nasci de chocadeira, eu comecei a desconfiar de que havia entre nós um espião, que vazava informações ao contrabandista Tibério Tibúrcio; e que, de certo, poderiam ser *las hermanas* Lulu e Florência Gonzáles, que me arrodeavam com certa constância exagerada.

Doravante, eu passei a observar, co' redobrada atenção, os passos céleres das cortesãs argentinas. A princípio, as suspeitas revelaram-se infundadas, até que a governanta Maria Candelária confidenciou-me que flagrou o contrabandista Tibério Tibúrcio, saindo, às escondidas, do aposento das cortesãs Lulu e Florência Gonzáles, pernoitado de cocaína e orgia. À ceia, eu arrebentei co'os pratos das duas traidoras ao chão, escorraçando-as do Casinò della Baronessa. Na ausência da cortesã Beatrice Antonella e de *las hermanas* Lulu e Florência Gonzáles, eu fui obrigada mais uma vez a recorrer aos classificados da gazeta e diário, p'ra contratação de raparigas de fina estirpe, a fim de que se suprisse as necessidades do Casinò della Baronessa. Salvo engano, creio eu que já estava em vigência o governo do empoeirado presidente Afonso Penna, que até seria um governante simplório não fosse a sua obssessão por obra de restauração urbanística, o que ocasionou inúmeros transtornos em toda circunvinhança das casas de prostituição. À época, achegaram-me a italiana Michelle Borguese, a Mimi Boquete; a polaca Elza Kokot, a Cocota; e a francesa Emyllia Mallet, a Emy. Eram tempos de cocottes e polacas, sendo que estas últimas labutavam em lupanares de menor expressão. Todavia, o caso da polaca Elza Kokot, a Cocota, divergia da normalidade de bordel, já que a cortesã de origem judaico-polonesa era de uma formosura ímpar, que capturava clientela logo à primeira vista. Prontamente, a polaca Cocota passou a figurar como protagonista, tanto no Casinò della Baronessa, quanto no coração avariado desta Madame Pillar. No entretanto, o que me afligia mesmo naquele período era o contabandista Tibério Tibúrcio, que me jurou de morte publicamente.

A ameaça me levou a solicitar adjutório ao bacharel Rui Barbosa, que me recomendou a contratação de dois leões de chácara, Leôncio e Zeca Lino, estivadores do cais do porto, mas que mudaram de ofício p'ra dedicarem-se à proteção dos habitantes mais abastados da capital republicana.

— Eu almejo a cabeça do bandoleiro Tibério Tibúrcio, em exposição numa bandeja de prata, no salão nobre do Casinò della Baronessa! — requeri aos guarda-costas.

Empós procura acirrada, os leões de chácara Leôncio e Zeca Lino descobriram o paradeiro do foragido Tibério Tibúrcio, que andava mui bem homiziado na Cidade Nova, numa meia-água de terreiro de propriedade de Tia Ciata, que fora chantageada de óbito, caso não o acoitasse a dinheiros de aluguel. Alta madrugada, os capangas do Casinò della Baronessa invadiram o esconderijo do fugitivo e o talharam, à foice, com cuidado de preservação da cabeça do malfeitor. Nesta ocasião, eu, Madame Pillar, também era visitada pelo ministro da Guerra, o Marechal Hermes da Fonseca, que viria a ser presidente da República, empós o pardo Nilo Peçanha exercer a função quando se deu o falecimento do imemorável Afonso Pena, que, infelizmente, não houve tempo hábil de eu conhecê-lo intimamente. Assim sendo, eu revezava-me entre o leito de amor da polaca Cocota – a alcunha adviria de a meretriz ser confundida como cocotte francesa, quando, de fato, seria provinda do Leste Europeu –, e o bárbaro gaúcho Hermes de Lima. O romance invertido co'a polaca Cocota, que atravessou o mandato de governo do pardo Nilo Peçanha, chegou ao final, quando o Marechal Hermes de Lima assumiu a presidência da República; e passou a me cobrir de joias e artefatos d'ouro e diamantes. A questão era que a polaca Cocota estava me furtando as prendas ofertadas pelo meu amante generoso, que me presenteava, constantemente, com colares, brincos e pulseiras, oriundos das joalherias da Rua do Ouvidor, que o cronista Luís Edmundo rotulou de "beco de luxo, estreito e sinuoso". Quando me dei pelo furto da ourivesaria particular pus ponto final na relação amorosa co'a polaca Cocota, ao denunciar a gatuna na subdelegacia distrital. Aprisionada, a usurpadora judia confessou o crime de ladroagem, dizendo-se não arrependida por ter cometido o malfeito do roubo, porque jamais imaginaria que a mui abastada Madame Pillar fosse sentir falta de um ou outro bracelete d'ouro. Empós cumprimento da pena por furto, a polaca Cocota fora fazer vida em baixo meretrício, até ser estrangulada por um freguês de casa de cômodo em surto psicótico.

No Casinò della Baronessa, a movimentação da clientela prosseguia de vento em popa, até que um episódiosurpreendente abalou a estrutura do lupanar: a aparição do maestro austríaco Mauritius Strasser, que me fez ceder o Marechal Hermes da Fonseca, aos cuidados da cocotte Emyllia Mallet, a Emy, já na última semana do seu mandato presidencial, sucedido pelo café com leite, Venceslau Brás, quando eclodiu, em solo pátrio, a Guerra do Contestado; e, no continente europeu, a I Guerra Mundial. O governante Venceslau Brás já seria aclamado e meritório apenas pelo fato de ter derrotado nas urnas o bacharel Rui Barbosa; no entretanto, o pesadelo-mor que enfrentou fora a Gripe Espanhola, que aniquilou a cidade de São Sebastião do Rio de Janeiro. Co'a quarentena ocasionada pela epidemia viral, eu desfiz-me, a preço de banana, do Cabaret Ibérico, do Café Madrid e do Solar de Madame Pillar, p'ra pagar dívidas que se acumularam irremediavelmente, restando-me, apenas, o Casinò della Baronessa, que permaneceu inoperante por doze meses e meio desde o ano corrente de 1918. Neste contexto de desesperação, eu fui coagida a resgatar o espólio financeiro depositado nos cofres do Banco do

Comércio; e a herança do mercador de escravos Manolo Francesco Roiz, o Negreiro, que permanecera enterrada por todo esse tempo de prosperidade, no Sobrado das Onze Janelas. P'ra piorar a situação, ainda tive despesa considerável co'o sepultamento dos funcionários vitimados pela Gripe Espanhola.

Por fim, co'o que restou do espólio obtido em ofício de prostituição, eu autoexilei-me no Convento do Carmo da Ordem dos Carmelitas da Antiga Observância, próximo ao Castelo de São Jorge, em Lisboa, Portugal, onde encerro a narração destas memórias do meretrício, co'o pedido de perdão pelos meus fartos pecados; mas, sobretudo, pela imaginação fértil e a memória falhosa desta memorista p'ra além de centenária, que conservou-se jovem e bela por ter se embebido do licor da eternidade da feiticeira Bárbara dos Prazeres.

Sem mais, subscrevo-me

María Juana de La Cruz, a Baronesa de Santa Rita.

# IV
# O inenarrável drama do Guerrilheiro Carne Negra

Era tempo da Primeira Grande Guerra; e, em 1917, as famílias lusitanas escorraçadas do continente europeu pela miséria e pela fome por a cá aportavam, em desespero de sobrevivência. Nos primórdios do século 20, portanto, o infortúnio de milhares de seres humanos impulsionou a imigração da Península Ibérica à América do Sul, o que, decerto, originou a história dos Anjos Ferraz, que não diferia da maioria dos miseráveis compatriotas, que, por força das circunstâncias históricas, decidiram recomeçar a vida por estas paragens ou "sítios", como diziam os recém-chegados a estes trópicos brasis. Neste cenário de caos e consternação, o patriarca Emílio dos Anjos Ferraz, o Tamancas, alcunha decorrente do ofício de fabricante de calçados – português de nascituro oriundo da região de Barcelos nas proximidades do Porto, viúvo na flor da idade de Maria Amélia Cabeças dos Anjos Ferraz, a dona Boazinha, e com duas bocas miúdas p'ra alimentar a pão, água e preces, a primogênita Sinhá Menina e o caçula Nhonhô Moça –, se estabeleceu no arraial de Portugal Pequeno da Ponta d'Areia, em Niterói.

O arrendamento do sobrado possibilitou ao operoso Emílio Tamancas que se instalasse no segundo andar do imóvel, em companhia da negra criada, a Justina, que não se demorou a dar à luz à bastarda Malvina, fruto da mestiçagem oriunda da relação licenciosa, entre o portuga e a preta descendente de escravos africanos, que, anteriormente, servira ao conselheiro José

Bonifácio de Andrada e Silva, à época de seu autoexílio em terras das águas escondidas. No andar térreo, o tamanqueiro abrigou a oficina de calçados de onde extraía, a princípio, aos trancos e barrancos, a sobrevivência familiar; no entretanto, co'o fluxo migratório que se avultava num ritmo demográfico até certo ponto assustador, o fabricante Emílio Ferraz prosperava "a olhos nus sem pince-nez", consoante o vigário Francisco, ao negociar sem intermediário a mercadoria de sua lavra artesanal co'a freguesia de Portugal Pequeno da Ponta d'Areia, que era, basicamente, composta por lusitanos empobrecidos, que se trajavam com humildade relativa à condição de estrangeiro, sem eira, beiral ou tribeira.

Como era um período de muito sacrifício em defesa da existência, onde quem possuísse um par de tamancos que o distinguisse dos negros descalços alforriados pela Lei Áurea da Princesa dona Isabel de Bragança, desprovidos de cobrir os pés sujos e calejados, já se destacava da ralé dos indivíduos portadores do defeito de cor, conforme naquele tempo se caracterizavam os descendentes negros, judeus, árabes, ciganos e afins. Na contramão da indigência da imigração, porém, o engenhoso Emílio Tamancas labutava de sol a sol; e, co'o suor do seu trabalho, sem direito a feriado de dia santo, sobrevivia através da conjugação de dois pedaços de pau, duas tiras de couro e uma cravelha de ferro. Sendo assim, o fabricante de calçados fazia o seu pé de meia, literalmente, p'ra além do necessário ao sustento dos já mui crescidos herdeiros, Manuela e Diogo dos Anjos Ferraz; e da mestiça Malvina que já engatinhava pela cozinha do sobrado.

O português Emílio Tamancas, grosseiro de modos e costumes, explorava a negra Justina, justificando-se que também ele laborava sem reclamar por muitas horas do dia, p'ra obtenção de parcimoniosa retribuição de ordem pecuniária. Por esta razão, a negra serviçal que se arranjasse, sem chorumelas, lengalengas, queixas e lamúrias, co'a criação da Sinhá Menina, do

Nhonhô Moça e de Malvina, com parco passadio sem legitimação matrimonial. Logo, a incansável crioula era pau p'ra toda obra em seus afazeres domésticos, haja vista que de manhã cedo esfregava chão do sobrado e mobíliam, a fim de que, logo a seguir, cuidasse da horta, do galinheiro, da pocilga e do pombal. Às nove horas em ponto, a criada Justina cozinhava em fogão à lenha, o que mui empanzinava o apetitoso Emílio Tamancas, a se emporcalhar dos acepipes, guloseimas e quitutes d'Áfricas, sobretudo a galinha à cabidela, que era a sua especialidade culinária.

Toda a labutação cotidiana ocorria ao mesmo tempo em que cuidava da 'bastarda do português', que, se não fosse amarrada ao pé da mesa, danava a subir pelas árvores frutíferas do quintal ou a despencar sem medo ou trambelo, de modo a perseguir patos e perus em balbúrdia da infância. A mestiça Malvina se prenunciava como o mais belo exemplar da miscigenação afro-lusitana, co'a sua epiderme azeitonada que delineava o corpo em formação e as retinas verdoengas, a alumiar as feições d'uma formosura ímpar, que se desenhava naquela criatura franzina que crescia livremente sem rédeas ou esporas, que tolhessem a sua natureza selvagem de índole indecifrável.

E assim passaram-se os anos de transpiração da criada Justina e do laborioso Emílio Tamancas, que, enfurnado em sua oficina de carpintaria, ocupando-se a fabricar calçados e dinheiros, não dava conta ou mesmo não se importava co'as diabruras de sua espúria legatária, contra o genioso Nhonhô Moça, que se arreliava, demasiadamente, co'as traquinagens da híbrida.

— Nhonhô Moça!... Nhonhô Moça!... Nhonhô Moça!... — implicava co'o meio-irmão afeminado de cima do abacateiro.

— Se te atreveres a dizer mais uma vez esta maldita alcunha, eu aviso-te que hei de arrancar a língua de trapo de 'vosmencê', co'a quicé cega da cozinha de Justina; pois que, doravante, não quero mais ouvir falar em Nhonhô Moça p'ra cá; nem Nhonhô

Moça p'ra acolá. — reagiu o donzelão convicto, mui acabrunhado co'a caçoada da cabrocha.

— Assossega us espr'ito, Malvina!... Assossega us espr'ito, sua moleca da breca!... — impacientava-se a atenta e prestativa serviçal.

— Justina, por obséquio, peça que a sua mestiça bastarda não se meta à Sinhá Malvina!...

— Nhonhô Moça!... Nhonhô Moça!... Nhonhô Moça!...

— Malvina, desça já desse pé de árvore, que, senão, eu arrebento co'a couraça de vosmincê!... — indispunha-se a crioula Justina, contrafeita ao disparate proferido por sua cria desbocada.

Ao que parece, as desavenças entre Nhonhô Moça e Malvina não abalavam a concentração do patriarca Emílio Ferraz, porque, na primeira ocasião, adquiriu o Palacete da Condessa; e, co'a mudança da família, imediatamente o fabricante de calçados arrojou-se a transferir a oficina de carpintaria p'ro segundo andar do sobrado, transformando o térreo em loja de comércio. Sob alegação de que o come-e-dorme do Diogo Ferraz e a espevitada Malvina já estavam em idade de labutação, deu-lhes incumbência do atendimento ao público masculino, que se apertava à procura da mercadoria fabricada. Co'o acréscimo da freguesia, o preocupado Emílio Tamancas contratou o caixeiro negro de nomeada Natanael, que se enamorou de Malvina à primeira vista, sendo prontamente correspondido pela 'bastarda do português'.

— D'onde se ganha o pão, não se come da carne, ó meu bom Natanael. — advertiu-o o patrão lusitano, quando o funcionário confiou-se em solicitação de cortejo. — Além de tudo, eu não posso crer que menina Malvina tenha se assujeitado a um caixeiro de armazém, p'ra dar-se a usufruto de safadeza co'o moleque sem serventia de Natanael.

Diante da confirmação de Malvina, o irascível Emílio Ferraz fora forçado a dispensar os serviços de balcão do caixeiro

Natanael, sob argumento de que sangue de negro em família Ferraz já bastava o da crioula Justina.

— Filho de preto, preto há de ser, Sô Emílio Tamancas!... — vociferou o balconista enjeitado.

— Os cus de vossa madre... — replicou Emílio Ferraz — Os cus de vossa madre, que hão de ser feito noite desestrelada, seu negrim desgraçado!...

Mediante tamanha estupidez do rude tamanqueiro, o caixeiro Natanael fez exigência que o galego Emílio Ferraz subscrevesse missiva de recomendação, a fim de que o demissionário se arranjasse em ofício de comércio.

— Que aguarde-me sentado em trono de merda, que, de pé, há de lhe de brotar varizes e reumatismo, seu preto desabusado!... — ameaçou-o co'a garrucha engatilhada.

Empós sinal da crioula Justina, p'ra que desaparecesse da mirada do enfezado Emílio Ferraz, o negro Natanael dissipou-se sem indenização ou epístola indicativa de bons serviços prestados ao fabricante de calçados. Amedrontado, o ex-caixeiro viajante se esquivou da iminência de tragédia, resignando-se a embarcar p'ra São Sebastião do Rio de Janeiro, em busca de ocupação que lhe desse, ao menos, dignidade de sobrevivência. Ao digníssimo Leitor jamais haveria de ser dada a boa nova sobre o balconista Natanael, se o negro enamorado de Malvina não retornasse a Portugal Pequeno da Ponta d'Areia, o que, de fato, aconteceu mais adiante da história. Porém, não nos antecipemos, já que, mesmo que o enredo não deva ser delineado em ordem cronológica, há de se convir que cada episódio seja redigido em seu devido tempo e lugar no decorrer da narração.

Em razão do apêndice narrativo, cabe explicitar o motivo de Sinhá Menina não ter sido coagida pelo patriarca Emílio Ferraz a laborar no comércio de calçados, uma vez que o Diogo Nhonhô Moça e a Malvina estavam dando duro no batente do comércio de calçados. Era que Manuela Ferraz estava mui comprometida de matrimônio co'o juiz de Direito, dr. Estevão Manfred de Assis; e não cairia nada bem p'ra porvindoura consorte do magistrado da I Vara Criminal da Comarca de Niterói ser obrigada a atender a assídua clientela de Portugal Pequeno da Ponta d'Areia. Co'a prosperidade da casa comercial do português Emílio Ferraz, a casadoira Sinhá Menina passou a ser alvo de cobiça dos pretendentes de sua mão, ávidos por levarem-na ao pé do altar-mor da Catedral de São João dos Batismos. Embora fosse possuidora de uma formosura menos exótica e selvagem do que a mestiça Malvina, a filha pródiga do apatacado Emílio Tamancas era mui bela e prendada, de maneira que não houvesse quem em "tempo de casório", como dizia em sermão o vigário Francisco, que não estivesse disposto a habilitar-se ao coração da Sinhá Menina, sobretudo pelo dote ofertado pelo patriarca dos Anjos Ferraz. No entretanto, à parte o atrativo esponsal, o magistrado Estevão de Assis, de fato, apaixonara-se pela legatária da "dinastia dos calçados", como o juiz de Direito se referia ao espólio do lusitano.

Na data da cerimônia religiosa, o impaciente Nhonhô Moça tentava despertar o empedernido Emílio Tamancas, que roncava feito um leitão empanturrado, após o banquete matrimonial.

— Por amor de Deus Nosso Senhor Jesus Cristo e da Nossa Senhora Virgem Mãe Santíssima, acorda, seu galego turrão e birrento!... — sacudia-o, freneticamente.

— Barrabás!... Barrabás!... Barrabás!... — retumbava o tamanqueiro.

— Ih, não adianta sacudir o Véio Tamancas, não, módi que o coitado do portuga se ferrou em madorna d'empós rega-bofe de porco de casa e vinho tinto da terra, Nhonhô Diogo Ferraz.

— Barrabás!... Barrabás!... Barrabás!... — apostrofava-se.

— E o pior é que o desgraçado do Sô Emílio Tamancas ainda se acaba mal em pesadelo de óbito, co'os pedaços assados do Barrabás, mal atravessado em estômago do voraz galego glutão...

— Justina. — Pobre do Barrabás, que fora sacrificado justamente p'ra comezaina de recepção das núpcias da Siá Menina...

— Por obséquio, deixa a criatura repousar a sesta p'ra se curar carraspana de véspera, enquanto faz a digestão do pernil, toucinho de fumeiro, costeleta e torresmo do Barrabás. — intercedeu Manuela Ferraz.

— Barrabás!... Barrabás!... Barrabás!... — reiterou-se.

— Pelo amor de Belzebu de suíças, cavanhaque e ceroulas, desperta logo de uma hora e vez, Emílio Ferraz, o Tamancas!...

Ao ultimato do safanão de Nhonhô Moça, o belo adormecido do Emílio Ferraz desprendeu-se do sono profundo ao qual estava submergido, p'ra regressar à sua realidade paterna de arrendatário da felicidade de sua Sinhá Menina, apta a ser desposada pelo mais disputado partido conjugal da província. O jurisconsulto Estevão de Assis fora indicado p'ra assumir as rédeas do ministério da Justiça, empós indisposição política do ministro Osvaldo Aranha co'o presidente da República, Getúlio Vargas, que o exonerou do cargo de extrema confiança por divergências ideológicas, que, decerto, precederam a implantação do Golpe do Estado Novo, em 1937.

— Que mal me ajeito em cadeira de balanço, Justina; e já me vem o senhorito Nhonhô Moça, co'as futricas, janistroques e queixumes contumazes, contra a sua meia-irmã mestiça, a Malvina. Tu queres apostar comigo como vais dizer-me que a descarada da Malvina passou-lhe a mão sebosa nos acanhamentos das carnes frescas de donzelão incurável; ou roçou-lhe as roliças nádegas nas castas partes do moçoilo folgazão? — exacerbou-se o patriarca Emílio Ferraz. — Se não resmungares que a espúria Malvina se referiu à sua pessoa como Nhonhô Moça, ao lhe negar o desjejum nos aposentos da alcova; ou pior ainda se começar a rezingar que "a Sinhá Menina, sobremaneira, não quis emprestar-me Mariinha, a boneca de trapo e estimação". Mas dize-me o que te trazes em tão má hora p'ra apoquentar-me, empós majestoso banquete ao interromper-me a digestão das tenras carnes do apetitoso Barrabás, que fora assado no forno de lenha pela negra Justina, Diogo Ferraz? O que vos fizeram os criados da pocilga dos negros ou vossa primogênita Sinhá Manuella Menina, Diogo Ferraz?

— Pois fora mesmo a respeito do horário de casório da Sinhá Manuella Menina co'o excelentíssimo juiz de Direito, dr. Estevão de Assis, que eu estou a lhe importunar a sesta, empós toucinho de fumeiro, costeleta e torresmo do Barrabás... E quem me dera fosse queixume de empréstimo de Mariinha, a boneca de pano e estimação da primogênita do Emílio Tamancas...

O cerimonial de matrimônio fora ministrado pelo cordato e discreto vigário Francisco, que recomendava aos nubentes as precauções de praxe sobre a lealdade e companheirismo, que, doravante, deveriam permear a vida em comum dos cônjuges. Empós formalidades de religião, os recém-casados partiram em direção a Petrópolis, a fim de que desfrutassem da lua de mel mui longe dos burburinhos políticos da capital da República. Em retorno ao Rio de Janeiro, o casal habitaria o bairro da Glória, próximo ao Palácio do Catete, residência oficial do presidente da República, Getúlio Vargas, o Pai dos Pobres.

— Ai, ai, ui, ui, que tu me ainda arrebentas o meu pobre coração em frangalhos, ó Justina!... Ai, ai, ui, ui, meu paupérrimo órgão de cordas malquisto e desventurado!... Ai, ai, ui, ui, que tu ainda me estouras a frágil válvula do peito esfalfado, ó Justina!... Ai, ai, ui, ui, que eu não me aguento do coração em tripas e pandarecos!...

Estas foram as últimas palavras do licencioso Emílio dos Anjos Ferraz, o Tamancas, vitimado por um ataque cardíaco fulminante, que lhe ceifara a existência em pleno ato sexual. Co'o óbito do patriarca Emílio Tamancas, o negócio dos calçados que passou a ser administrado por Diogo Ferraz, em mui pouco tempo, caíra em decadência até a decretação da bancarrota, o que constrangera os Anjos Ferraz a liquidar, a preço de banana, o Palacete da Condessa, p'ra liquidação das dívidas com credores e funcionários.

Desta feita, os desamparados herdeiros do fabricante de calçados Emílio dos Anjos Ferraz, o Tamancas: Nhonhô Moça, Justina e Malvina, passaram a assistir compulsoriamente no Solar da Glória, em companhia da Sinhá Menina e do magistrado Estevão de Assis. A convivência familiar harmoniosa dos primeiros tempos da estada dos agregados dera lugar às desavenças habituais e imutáveis entre os meio-irmãos Diogo Ferraz e a Malvina. Não obstante, o que realmente desfigurou o rumo da história do ministro da Justiça do Estado Novo e de sua consorte Manuela dos Anjos Ferraz fora a relação extraconjugal co'a capciosa Malvina, que o seduziu na primeira chance de alcova.

O arrolamento adúltero entre o ministro Estevão de Assis e Malvina fora desmascarado, quando a Sinhá Menina os pegou em flagrante delito de safadeza, em seu próprio aposento residencial.

No Solar da Glória, desavisada da presença dos infiéis, a incauta Manuela Ferraz adentrou o cômodo do paço; e deparou-se co'a cena deplorável de volúpia carnal.

— Malvina!?!... — exclamou decepcionada.

Emudecida, a mestiça Malvina despencou porta afora sem se preocupar co'a recomposição da indumentária que lhe cobriria o corpo impudico e desnudo, ao passo que o distinto magistrado Estevão de Assis apossava-se da arma de fogo, decidido por desferir dois disparos de garrucha, que lhe ceifaram a vida estupidamente.

— Perdão. — suicida-se.

Pouco menos de oito meses empós autocídio do juiz de Direito, dr. Estevão de Assis, a parturiente Manuela Ferraz estava a ponto de dar à luz, quando a criado Justina recomendou que o acabrunhado Nhonhô Moça providenciasse que se trouxesse uma tina de água fervendo, p'ra que, enfim, abrolhasse o rebento da Sinhá Menina.

— Vais correndo agora mesmo buscar água quente na cozinha do solar, Nhonhô Moça. Vai logo arranjar mais água quente, que a cria do Sô Doutô Estevão de Assis, por teimosia de feto, há de estar atravessada em ventre embuchado... Aporém, de boa vontade, sem adjutório dos orixás d'Áfricas, não há de se dar jeito de se arrancar rebento encruado do ventre de Siá Menina.

— Pois saiba 'vossamencê' que o célebre cirurgião, dr. Alípio Picanço, já fora até chamado p'ra tomar providências médicas de nascituro, a fim de que se coibisse as superstições africanas cultuadas pela parteira sem préstimo da Justina. — esnobou-a Diogo Ferraz.

— Aaaaaaai, aaaaaaaaaai... Aaaaai, aaaaaaaai... Aaaaaaaaaa aaaaaaaaaaaai... Aaaaaaaaaaaai... Aaaaai, aaaaaaaai... Aaaaaaaaaa aaaaaaaaaaai... Aaaaaaaaaaai... — urrava de dor do parto a Sinhá Menina, que, debalde, se esforçava pelo nascituro da criatura.

— Valha-me Deus, que o afamado cirurgião Alípio Picanço encontra-se já a caminho co'as ferramentas adequadas, p'ro bom e natural parto do fruto do magistrado Estevão de Assis e da Sinhá Manuella Menina!... E não pelas mãos ignaras de uma parteira velha e macumbeira.

— A água quente, por 'bséquio, Nhonhô Moça!... Anda logo ir buscar o que eu 'tou pedindo a vosmencê; e deixa a água fervendo sobre a cômoda da alcova, Nhô Nhonhô Moça. — aborreceu-se Justina. — Força, Siá Menina!... Força, que rebento há de abrolhar do ventre de vosmencê, iaiá. Força, Siá Menina!...

— Ah, o dr. Alípio Picanço está a postos ao inteiro dispor; e, sem mais delongas, pediu-me p'ra anunciá-lo à parturiente... Aliás, graças a meu bom Deus Nosso Senhor Jesus Cristo de Nazaré, que o cirurgião chegou em boa hora de nascituro. Posso então mandá-lo entrar logo p'ra assistir a minha cara irmã Sinhá

Menina...? Mal posso crer que o dr. Alípio Picanço vai adentrar os aposentos do Solar da Glória...

— Manda-o fazer o parto da mestiça Malvina, que já deve de estar aos berros como uma porca de pocilga, prestes a dar à luz ao rebento bastardo do negro Natanael, Diogo Ferraz.

— Cruz credo, mangalô três vez, Siá Menina!... Credo em cruz, mangalô três vez, Siá Menina!... — persignou-se a negra parteira.

Empós a criada Justina benzer-se diante da menção ao estado de gravidez de sua filha Malvina, quiçá caiba explicação ao Leitor sobre o praguejo de Manuela Ferraz sobre a condição de bastardia do rebento do caixeiro Natanael. Era que, em retorno ao episódio do flagrante delito de adultério entre o magistrado Estevão de Assis e a mestiça Malvina, a pragmática Manuela Ferraz solicitou que se buscasse o antigo funcionário da casa de comércio, de modo que se forjasse a união matrimonial do negro Natanael co'a da herdeira espúria do fabricante de calçados Emílio Ferraz, o Tamancas.

— Salvo engano, o rebento incréu expelido do ventre de Malvina, tanto pode ser cria do negro Natanael, como também pode vir a ser bastardo do vosso esposo Estevão de Assis, dona Manuela Ferraz. — bacorejou Nhonhô Moça.

— Que não expire o fruto de pecado do senhor doutor juiz de Direito, Estevão de Assis, no ventre da desditosa Malvina, haja vista que seja salvo pelas mãos do dr. Alípio Picanço; porém, deixa estar que esta minha criatura há de vir ao mundo, co'o adjutório d'uma negra parteira ignorante subjugada por crendices d'Áfricas.

— Força, Siá Menina, que a 'Nhora Mãe Preta Santíssima há de dar licença de nascituro, p'ra esse anjo entranhado no ventre de vosmencê em abrolho de vida... — excitava-a Justina, ao passo que Manuela Ferraz que dava à luz o miúdo João Gabriel dos Anjos Ferraz de Assis.

— Abrolhou rebento de Dão Estevão de Assis e da Siá Manuela Menina, co'a ademão das sete chaves de São Pedro, o bom parteiro do Céu... E que os orixás d'Áfricas abençoe e proteja da maleita brava, do olho-gordo de quebranto, da espinhela caída, ventre-virado e da assombração da sunzala!... — saudava-o a preta cachimbeira, ao obsecrar às divindades africanas proteção ao João Gabriel. — Mas agora desapareça daqui vosmencê, o Nhonhô Moça, porque inda preciso romper co'a tesoura de prata cordão ambilical do rebento; e diz que traz mau agouro se presenciar corte de imbigo de recém-parido.

Do outro lado da cidade do Rio de Janeiro, no subúrbio de Vaz Lobo, a mestiça Malvina entrava em trabalho de parto, p'ra dar à luz ao rebento pardo que, quiçá, conforme aludira Nhonhô Moça, tanto poderia vir a ser herdeiro espúrio do magistrado Estevão de Assis, quanto legatário legítimo do negro Natanael. Empós demissão da loja de comércio de propriedade do português Emílio Ferraz, o ex-balconista sobreviveu do impossível, até conseguir abrigo e saciar a fome de pão, na sacristia da Capela da Ordem Terceira do Carmo, na Praça XV de Novembro. Sob jugo e proteção do sacerdote italiano Frederico Santinni, o negro Natanael tirava o sustento dos quefazeres exaustivos que lhe cobravam tempo e saúde, pois que era solicitado a tornar-se 'pau p'ra toda obra', de acordo co'as exigências ditadas pela demanda da ermida.

Dizia-se que o preto Natanael despertava co'as galinhas do criadouro e caía no sono co'os morcegos da sacristia, já que, a todo tempo, era requisitado a prestar alguma espécie de função ao sacerdote Santinni, que o explorava mediante a sua autoridade eclesiástica. Era um homem mui resignado co'o que lhe sucedera em Portugal Pequeno de Ponta d'Areia; no entretanto, como não havia em si cabedal de audácia p'ro enfrentamento da situação, ao negro Natanael restava a expectativa longínqua de suplantar a adversidade da separação de sua amada Malvina, por intermédio da providência divina. Fatalidade ou milagre – deixo-vos a dádiva da interpretação, prezado Leitor –, em verdade, quando a Sinhá Menina pegou em flagrante delito carnal, em seu próprio leito de amor, o distinto esposo Estevão de Assis em ato de obscenidade co'a mestiça Malvina, pode-se imaginar que nem tudo na vida são tragédias gregas... Ou melhor, que a desgraça de um pode vir a ser a fortuna de quem menos a aguardava, neste Vale de desilusão e lágrimas. O fato é que ela, a felicidade, sem mais menos bateu em sua porta de capela, ainda que a galope do suicídio do magistrado Estevão de Assis e da gravidez da mestiça Malvina. O bálsamo de consolação ao negro Natanael vem a ser que assim se perfaz a vida, visto que, no alforje da imperfeição do fadário humano, há de se acomodar a comicidade do trágico destino em disfarces do irônico adágio: "Vão se os anéis, mas nos ficam os dedos...", p'ra – grifo nosso – se apalpar a harpa sagrada ou profana do absurdo da existência.

Na água-furtada do subúrbio de Vaz Lobo, onde os recém-amasiados Natanael e Malvina passaram a residir empós reaproximação imposta por Manuela Ferraz, a progenitora do pardo Mauro da Silva cortava o próprio cordão umbilical, que ainda a unia ao rebento co'a habilidade e maestria, uma vez que, de tanto acompanhar a negra Justina em função de parteira, mui bem aprendera ofício de nascituro. A água-furtada fora arrendada por recomendação do sacerdote Santinni, que não via co'os bons olhos que se amancebassem em pecado da carne diante das prédicas católicas de família.

— Está me dando uma canseira de ânimos, junto co' uma tristeza de chorar... — lastimou-se Malvina. — Até parece que eu vou desmaiar de tanta sonolência de fraqueza. — desfalecimento.

— E não é que o moleque já até parou co'o esperneio de pirraça por carestia de teta pujante de negra? O esforço do parto desmaiou co'a coitada de jeito e maneira, que a Malvina não acorda nem co'a água fria da fonte do largo de dona Helena. Vosmencê não se aparece co'o rebentozinho esfomeado, mas que o anjo estava era inté ficando roxo de negrura.

— Traz p'ra cá junto a mim o meu Mauro anjo, Natanael. Traz p'ra cá o meu anjo menino, meu nego. Vem cá, meu menino. Vem cá, meu anjinho bom. — acolhera-o Malvina.

O negro Natanael obtivera autorização do sacerdote Santinni de folgar dos serviços da ermida por três dias, de sorte que pudesse cuidar da recém-parida, uma vez que a criada Justina havia se ocupado da Sinhá Menina, que, àquela altura, amamentava co'o seio de bico rosáceo o seu João Gabriel, que já esperneava a pedir leite materno. De fato, a criança bem nutrida em berço d'ouro contrastava co'a pobreza insofismável daquela criatura consanguínea, o Mauro da Silva, que crescera aos trancos e barrancos diante dos infortúnios da vida. Era grácil e forte, porém, a cria da mestiça Malvina que fora mui bem recebida pelo negro Natanael, que o asilara como se fosse seu descendente legítimo, dando-lhe, inclusive, sobrenome em certidão de nascituro.

— E o rebento de vosmincê nasceu são e robusto, conforme bem iria dizer a negra parteira Justina, caso estivesse presenciado o nascimento do miúdo, Malvina.

— De miúdo, decerto, chamaria o moleque o meu falecido Emílio Tamancas, que tanta falta me faz por ter nos deixado em desamparo de destino...

Empós passamento do fabricante de calçados Emílio dos Anjos Ferraz, o Tamancas, que culminou co'a mudança do donzelão Nhonhô Moça p'ra residência da Sinhá Menina e o amancebamento da mestiça Malvina e do negro Natanael, a criada Justina passou a revezar-se entre o Solar da Glória e a água-furtada do subúrbio de Vaz Lobo. Durante os dias da semana, labutava nos quefazeres domésticos em adjutório à viúva do magistrado Estevão de Assis; e, aos sábados e domingos, auxiliava a sua filha Malvina na criação do moleque Mauro, que, como fosse fruto da mestiçagem; e, portanto, nascera co'a cor da pele um pouco mais escurecida do que a Malvina, herdara da figura paterna os traços finos do europeu colonizador, sem bem que, desmistificando a impressão inicial que pode ficar, as aparências enganam à primeira vista. Por esta razão, embranquecido pelo sangue do avô Emílio Tamancas e do progenitor Estevão de Assis, cumpriu a infância sem grandes percalços; e, logo que completou maioridade civil de quatorze anos, co'o pistolão da paternidade o impúbere mancebo Mauro da Silva alistou-se na Marinha Mercante do Brasil.

Empós formação preliminar na Academia das Agulhas Negras, engajou na carreira militar co'o mérito da medalha de oficial de ordem, sob aprovação dos superiores hierárquicos, que vislumbravam naquele aspirante ordeiro o futuro desta Nação dos Trópicos. A seriedade do cadete Mauro da Silva, que se tornou Tenente Silva, que, no subúrbio carioca, recebeu o epíteto de Mauro Marinheiro; e, na caserna, de Carne Negra, o elevaria aos altos comandos da Marinha do Brasil. Neste período, conheceu terras e mulheres, esbaldando-se co'os compartes de caserna em boemia moderada atípica da juventude, já que o senso de responsabilidade o raptava sempre que se permitia algum tipo de excesso, que impugnasse a sua ilibada conduta patriótica.

— Que a Nossa 'Nhora Virgem Mãe Santíssima me aperdoe e a Siá Menina que me adesculpe de maldizer a vosmencê; aporém, esse rebento não se aparenta nem um bocado co'o Nhô Doutô Estevão de Assis, porque o anjo João Gabriel de vosmencê mais amorenado, módi a anparecer de ser obra de safadeza d'alcova co'o negro Natanael. Será que o anjinho Gabriel de vosmencê há de ser a imagem obscura de Natanael, só que mais esclarecido pelo verde dos óio de Siá Menina?

— espantou-se a negra parteira, logo empós nascituro do rebento.

— O anjo João Gabriel há de ser herdeiro de sangue do meritíssimo Estevão de Assis e carregará consigo o mais alto vigor da herança da raça dos Anjos Ferraz, Justina. Presta atenção, que o nome dele será João Gabriel dos Anjos Ferraz de Assis; e há também de ingressar na magistratura feito o legítimo progenitor dele, sua negra agourenta. — execrou-a Manuela Ferraz. — O anjinho João Gabriel só está assim roxinho, roxinho, por causa de ter custado a ser expelido do ventre materno. De mais a mais, não seria uma injustiça divina que o meu anjinho João Gabriel, que eu amamento esfomeado co'a boca nos meus seios brancos, fosse obra de rebento bastardo do negro Natanael?

O diálogo, a princípio, sem pé nem cabeça entre a Sinhá Menina e a negra criada Justina jamais se justificaria, não fosse um segredo de aposento ainda não revelado ao pé do ouvido do Leitor, a respeito de uma ocasião de encontro sigilosa, e até certo ponto imoral aos olhos da mui conservadora sociedade fluminense. Deu-se que não fora apenas a mestiça Malvina, que, na fatídica ocasião, se deixou arrebatar pelo caixeiro Natanael, haja vista que também a Sinhá Manuela Menina fraquejara diante do fascínio negro do balconista da casa de comércio de Portugal Pequeno da Ponta d'Areia.

— Quem pariu o Judas negro que o embale, Siá Menina.

— Vai-te daqui agora mesmo, negra desnaturada, chamar a vossa cria mestiça, a Malvina. Vai-te já daqui porta afora, sua preta agourenta, que eu preciso estar a sós co'a mestiça Malvina, co'a máxima urgência, Justina. E que a Malvina traga a criatura bastarda expelida de seu bandulho adúltero!...

A negra Justina suava em bicas quando, espavorida co'a aparição da criatura espúria, que abrolhou do ventre da Sinhá Menina, adentrou a água-furtada do subúrbio de Vaz Lobo. A mestiça Malvina surpreendeu-se co'a fisionomia apavorada de sua genitora, que reforçava a importância de sua ida ao Solar da Glória em companhia do abrolho recém-parido. Sem examinar a reação do negro Natanael, aprontou-se apressadamente e partiu em direção ao Solar da Glória, co'o recém-parido Mauro da Silva em companhia da criada Justina, que lhe revelou a escorregadela de alcova, que originou o nascituro da espúria criatura abrolhada do ventre da Manuela Ferraz, empós Sinhá Menina dar-se ao desfrute co'o negro Natanael.

Lá chegando, a ansiosa Sinhá Menina explicitou a situação do rebento João Gabriel, que era fruto da sua entrega ao ex--caixeiro Natanael, que, ao procurá-la em busca de reconciliação empós sepultamento do juiz de Direito, se deparou com ela, Manuela Ferraz, que o seduziu p'ra se desforrar do magistrado Estevão de Assis; e, sobretudo, dela, Malvina.

— Como eu não suportaria outra humilhação diante da sociedade p'ra além do adultério e do suicídio do meritíssimo senhor juiz de Direito, ordeno-te que tu assumas a criação do rebento ilegítimo João Gabriel, em troca de que tu deixes a tua cria bastarda co'o meu esposo Estevão de Assis sob minha guarda e proteção, de modo que receberás uma generosa pensão ofertada por mim, Manuela dos Anjos Ferraz de Assis, o que, decerto, vos garantirá o sustento de família, Malvina. — constrangeu-a Sinhá Menina. — Portanto, apanha de uma vez o alvitre do gozo daquele teu execrável amásio Natanael; e que o diabo o carregue sem dó nem piedade sem dó nem piedade, enquanto eu viro a face p'ro outro lado, p'ra não presenciar a partida do negrinho João Gabriel.

— Não, Siá Menina.

— Toma o teu rebento malquisto, Malvina, que, doravante, o Mauro da Silva há de ser João Gabriel; o João Gabriel há de ser o Mauro da Silva. — entregou-o, bruscamente. — E desapareça de uma vez por todas da frente de tua senhora, Malvina, porque, caso contrário, eu irei denunciá-la por acusação do crime de homicídio, contra o titular da I Vara Criminal da Comarca de Niterói.

— Pelo que for mais sagrado a vosmencê, eu imploro pelo fruto proibido arrancado do ventre de Siá Menina...

— Anda logo, Malvina, haja vista que não há mais tempo a desperdiçar co'as tuas lamúrias de arrependimento.

— Pelo amor de Deus... Eu imploro a vosmencê, que não me faça cometer tal crueldade e desatino, Siá Manuela Ferraz. Não me força a abandonar essa criança inocente... Não me obriga a tamanho desvario contra esse rebento arrancado do ventre de vosmencê, a custo, por Justina, Siá Menina...

— Vou contar de um até três, Malvina. Se preferires desgraçar a tua desprezível vida de miserável, tens todo o direito de encerrares a existência humilhada, até apodrecer o espírito encarcerado em calabouço.

— Não, Siá Manuella Menina...

— Sabes o que eu ainda direi ao vosso amásio Natanael, quando tu fores condenada por acusação do crime de homicídio contra o senhor excelentíssimo juiz de Direito, dr. Estevão de Assis? Que me possua co'o ímpeto da negritude, conforme o fizera daqueloutra ocasião de alcova, Malvina.

— Pelo amor de Deus Nosso Senhor Jesus Cristo e de Nossa Senhora Virgem Mãe Santíssima, Siá Manuella Menina!...

— E que eu, desesperada, suplicarei que o negro Natanael se atirasse sobre as minhas carnes alvas de sinhá branca do Palácio da Baronesa de Portugal Pequeno da Ponta d'Areia. Isto porque, em juízo diante do Tribunal do Júri, irei declarar que não fora suicídio; e que foste tu que cometeste tal atrocidade criminosa contra o meu esposo Estevão de Assis, por mero capricho de despeito de criada mestiça do Solar da Glória.

— Não posso crer que a Siá Manuella Ferraz seria capaz de tamanha barbaridade, co'o rebento recém-nascido das entranhas de vosmencê...

— Desapareça co' esta aborrecível criatura indesejada, porque eu não quero mais avistar diante de mim as fuças enegrecidas do sinistro bastardozinho do caixeiro Natanael. Anda logo, Malvina, que o cirurgião Alípio Picanço já deve de estar chegando, p'ra conhecer o pródigo herdeiro de magistratura, o anjo João Gabriel dos Anjos Ferraz de Assis.

Co'o passar dos tempos, o mancebo João Gabriel ingressou na Faculdade de Direito do Largo de São Francisco, ao passo que o Mauro da Silva seguia na Marinha Mercante do Brasil. Co'o Golpe Militar de 1964, tenente Carne Negra insurgiu-se contra o regime político, de modo a debandar do quartel general co'o meia dúzia de armas de fogo e munição, p'ra ingressar na luta armada da esquerda, ao lado do líder Carlos Marighela, na Ação Libertadora Nacional (ALN). Num conflito armado entre meganhas e gurrilheiros, o libertário Carne Negra tomou um tiro recebeu auxílio do transexual Barbarella, que o escondeu em seu apartamento da Prado Júnior, em Copacabana. Quando o ferimento à bala estava quase cicatrizando, porém, um vizinho anônimo denunciou a presença do subversivo, de maneira que o ex-tenente Mauro da Silva fora capturado e enviado ao Presídio Candido Mendes, na Ilha Grande, onde testemunhou a formação da Falange Vermelha. A partir de uma fuga miraculosa co'os criminosos comuns do sistema carcerário, o audacioso Carne Negra fora cooptado pela quadrilha e designado a assumir o controle do tráfico de drogas do Morro do Vidigal, na Zona Sul do Rio de Janeiro.

Na favela, quem manda, vige e rege é a Lei do Cão, diz que psicografada pelo Dito-Cujo, em ritual litúrgico conduzido pelo sacrifício de vidas ceifadas, cujo sangue púrpuro se desembesta pelas valas de esgotos humanos a escorrer a céu aberto por entre labirintos, becos e vielas, a abortar restos mortais forjados pelas cinzas corpóreas dos cadáveres anônimos carbonizados pelo sistema de execução sumária denominada micro-ondas, imposto pelos códigos de moral e ética da Constituição apócrifa desta São Sebastião do Rio de Janeiro. Tal método de extermínio étnico, constituído pelo Tribunal do Tráfico de Drogas (TTD), se estabelece pelas prédicas dos desvãos das quebradas, que testemunham a sentença decretada pelos magistrados da criminalidade. Neste ajuizamento, desvendam-se Dédalos e Minotauros abatidos e mutilados pelos disparos em sequência rítmica do fuzil de sotaque norte-americano AR15 ou pelos aços afiados dos açougueiros da carne negra, a mais barata do mercado, consoante samba-funk, mermão.

Estes são os prenúncios sanguinários provindos das arrobas quilombolas dos defuntos cremados expostos em vitrines-cenários, diante dos cornos desta sociedade patriarcal e hipócrita, que, em hipótese alguma, há de se importar como, quando, onde ou quem foi que apertou o gatilho da arma de fogo ou manuseou o facão de fino corte, mesmo que esteja sob a égide e benção do Deus pentecostal do sermão dizimado do pastor de bíblia sagrada, terno de tergal e gravata azul-turquesa. De feita, a corja de pequenos-burgueses oriundos da Zona Sul não há de se tocar se o jacto bélico do fuzil soviético AK47, à queima-roupa, tenha sido manuseado pelo pródigo discípulo do demônio chifrudo de cavanhaque e garfo, exposto na tatuagem abissal, que encobre a fratura exposta braço direito do periculoso Fabrício Carne Negra do Vidigal, apto a homiziar-se por pós-tordesilhas geográficas das comunidades da Cidade Maravilhosa. Em razão do confronto ad aeternum co'os inimigos de facções rivais e co'os vermes de farda, corroída e desbotada, tidos como fiéis guardiães dos bons costumes da sociedade civil.

Os soldados armados/fadados ao combate são nada mais nada menos do que meros capitães do mato pós-modernizados, que, no lúdico jogo de gato e rato, se embrenham pela selva de pedra e zinco ávidos pelo extermínio dos narcotraficantes, sob a égide da Polícia Militar do Estado do Rio de Janeiro (PMERJ). Estes indivíduos abrutalhados e enfurecidos, portadores da indumentária oficial co'os distintivos da ordem e progresso, são considerados artífices da discriminação racial, ainda que providos das idênticas epidermes negras ou pardas ou quase pretas, conforme traduziram o bardo-recôncavo Caetano Veloso, em analogia ao Haiti equidistante das esquinas oblíquas dos declives geopolíticos das paragens periféricas e bronzeadas da Metrópole fluminense. No compasso das ações pusilânimes conflagradas pela ambiência da guerrilha urbana, a commedia dell'arte crua e nua se perfaz pelo real espetáculo cotidiano, protagonizado por arlequins, mestre-salas, pierrôs, malandros, porta-estandartes e colombinas, que se subscrevem ao redor da tragédia greco-carioca coletiva, destravada por performances catárticas, à boca de cena (ou de fumo) do Carnaval alegórico da carnificina humana. Os laudos cadavéricos cravejados pelo grosso calibre do fuzil M16 imperante, a soletrar o onomatopaico bang-bang protagonizado pelos cowboys empretecidos do Velho Oeste adaptado aos padrões da bandidagem local, que há de devorar the brotthers pelos antropófagos cerimoniais de assimilação do espírito. Filosoficamente, as peças do tabuleiro de xadrez se apartam de seus semelhantes pela dicotomia regida pelas homílias arbitrárias desta Lei Magna, doutrinária por preceitos e dogmas, em que, paradoxalmente, são perpetrados os códigos explícitos de conduta, prescritos pela Justiça feita pelas próprias mãos hemorrágicas, que apalpam as resoluções de vida e de morte, sob efeito alucinógeno do ouro branco destilado – a Cocaína.

No contexto da bandidagem, a peleja de foice co'o aço cego se instaura sob a escuridão da alma negra, reescrita como saga nas palmas das mãos dos falcões do tráfico de drogas, homiziados nas áreas limítrofes da fronteira territorial tênue e íngreme. Os combates e chacinas se originam quando não se distingue o que demarcará o Homem em seu estado de bicho feroz-irracional, aliciado em sua tenra infância, como inábel operador de revólveres 38, pistolas 45, escopetas 12, carabinas ponto 40 e fuzis lança-granada. Por esta disritmia frenética, os marginais do tráfico de drogas estão aptos a se desmoronar por sobre os escombros de si mesmo, visto que são coagidos por uma opressão tributada pela força bruta e estúpida do coice da bazuca ou metralhadora. A mola-mestra propulsora da comercialização do entorpecente enbranquecido se propaga à luz da lucratividade, à proporção que gira a roda-gigante do capital financeiro, ao passo que se nutre dos frutos pecuniários procedentes da elite parasitária, a rugir fantasiada de verde, amarelo, branco e azul-anil de Copa do Mundo, em nome de Deus, Pátria e Família, nas manifestações patrióticas, em plena Avenida Atlântica de Copacabana, princesinha do mar drogada e prostituída, enquanto a burguesia racista se vangloria, de fato e direito, de ser brasileira nata co' muito orgulho e co' muito amor, a esbravejar firme e forte, sob o coro cívico, ruidosamente, que 'bandido bom, é bandido morto'. Não obstante, às escâncaras, se arvora a engrossar o caldo da clientela do Pó de Pirlimpimpim, desta outrora cristianizada, em pia batismal de pedra-sabão paleocristã e água benta emanada do aqueduto do rio Carioca e do sal da Baía de Guanabara, co'o hipocorístico simbólico de São Sebastião do Rio de Janeiro.

No bojo das reivindicações pacifistas, insurge-se a figura folclórica da Malandrinha do Baixo Leblon, que se viciara em cocaína aos 13 anos de idade; e, por intermédio de um amor bandido, se promiscuíra co'a malandragem do morro, cuja maldade extrapola a percepção intelectual de vida da moça do asfalto, criada a pão de ló e leite ninho.

— Entra logo, sua branca metida à besta do caralho, que tu não precisa ficar me pedindo por licença, a toda hora, porra nenhuma, não, sua cadela em cio de negro. E nem muito menos tem cabimento tu ficar me pedindo perdão pelo que me foi dito por tu, co'o medo otário de mim, porque eu não mordo nem assopro, não, rapá. Aliás, p'ra início de conversa, entre mim e tu, nós dois a sós, Malandrinha, tu pode ir ficando logo à vontade, sem lenço nem documento ou calcinha, que, assim que tu tiver nuinha em pelo como veio ao mundo, eu vou te servir a tu a cocaína mais pura sem mistura da Zona Sul carioca, mané. Se tu fizer um strepetease então, eu prometo que irei te abonar c'um banquete de pó, p'ra tu meter a venta à vera até o teu cu de patricinha fazer bico, parceira. Então, eu irei te autorizar a ir logo me chupando todo da nuca ao dedão do pé, que depois eu vou morder os teus mamilos brancos até sangrar em carne-viva, já que tu não vai encontrar diabo ralado, que nem esse bagulho que eu 'tô te ofertando quase de graça a troco de sexo selvagem, cachorra. Isto porque eu te agaranto que não há nada igual em toda orla da Zona Sul do Leme ao Pontal, conforme dizia o já saudoso síndico, Tim Maia, que Deus o tenha em paz de espírito. Amém. — persignara-se o insaciável Carne Negra, empós destrancar aos solavancos a porta de madeira tosca do barraco de alvenaria do alto do Morro do Vidigal, que lhe dera notoriedade e epíteto.

O descomunal Carne Negra vomitava tais atrocidades a morder-se de orelha a orelha, pancadão da areia luciférica, como se diz no jargão da malandragem, decerto transtornado pela quantidade de cocaína que ingerira absurdamente, sôfrego p'ra abocanhar a Diotima de Mantinea em banquete orgíaco. Neste diapasão, o narcotraficante se habilitara ao ato explícito da transgressão, a fim de que se adestrasse a dar bote certeiro e fatal sobre a vítima frágil e indefensa. A Penélope do Baixo Leblon, que, por força da natureza, se tornara estica de asfalto, uma espécie de varejista da substância química, que se comercia, a rodo, no Quadrilátero da Esbórnia, consoante a descolada Malandrinha do Baixo Leblon rebatizara o espaço telúrico, que se desdobra entre o Bar Jobi ao lado do antigo Colégio St. Patrick's até a Pizzaria Guanabara contígua à Praça Cazuza, agindo como mensageira de pronta-entrega da purpurina mágica, que mitiga o achaque satânico dos endinheirados das adjacências do bairro mais nobre deste município varonil.

— Benza a Deus, mano, que essa tua brisola, nem a caralho a quatro, pode ser a merma que tu bota p'ra vender, a varejo, na boca de fumo do Vidigal, porque esse pó 'tá é me deixando instigada, às pampas, de tesão, doida p'ra tomar esporrada de tua piroca preta nessa cara de viciada; sacou só, mano? 'Tá me dando uma onda do bagulho doido, p'ra muito além do que, normalmente, eu estou habituada a sentir quando cheiro da tua cocaína malhada, me deixando toda arrepiada do dedinho mindinho da mão esquerda até os pelinhos do ânus, Carne Negra. E eu juro que só 'tô te dizendo isso somente agora, porque, mesmo quando meto a venta às pamparra, não tenho essa sensação de querer me dar toda a tu, co'o afã de uma cadela enlouquecida em cio de macho, mano. O pior é que a fissura 'tá me deixando toda tomada dos cílios ao clitóris, como jamais não acontecia comigo, cara. Mas o fato é que tu 'tá me fazendo até lembrar daquela ocasião do beco da favela, que tu me botou p'ra engolir a tua pica enorme e sebenta, ejaculando sem pudor em cheio na minha cara de vadia do asfalto, enquanto eu me sentia toda excitada co'o bandido mais cruel e sanguinolento da Zona Sul do Rio de Janeiro, Carninha. — antes de aspirar a cocaína, a pervertida Malandrinha despira-se, esfregando o sexo sedento no corpo rijo e empretecido do bandido, que se dispusera a morder as tetas rosáceas da fêmea ciosa, co'a sofreguidão náufraga e bestial, impulsionando-a ao vai-e-vem ilógico da relação sexual inenarrável, intercalada de murmúrios e gemidos lancinantes até o ápice magnífico do orgasmo múltiplo.

Na conjuntura, o torpe sistema que devora a amoral Malandrinha em seu âmago, triturando-a, irá impulsioná-la ao patamar de objeto subjugado pelo carnífice que a oprime co'o domínio do detentor da droga que tornara dependente química a Malandrinha do Baixo Leblon. Não obstante, a viciada atinge tal patamar de indigência p'ra saciar o vício só lhe restaria prostituição ou tráfico de cocaína; e, no caso específico da Malandrinha do Baixo Leblon, ambas as perspectivas de aniquilação.

— Carninha; né, sua branca-azeda? Que mané Carninha, rapá. Eu sou o Fabrício Carne Negra do Vidigal, Malandrinha do Baixo Leblon!... Tu é do asfalto, eu sou da favela, cara-pálida. Eu não nasci em berço de ouro, que nem tu, não, mina. Eu passei fome, fui humilhado p'ra caralho por ser preto, pobre e favelhado, enquanto tu estudou em colégio de padre, rangou filé minhão co'o arroz e batata frita. Enquanto isso, eu roía o osso que o português do açougue jogava fora, disputando co'os cachorros de rua, porque o homem se torna um bicho feroz, quando 'tá comendo, mermo que seja o resto da burguesia atirado na lata do lixo. Mas o homem vira monstro, quando 'tá esfomeado, parceira. Saiba tu que foi a miséria absoluta que me transformou nesse monstro que eu sou hoje, Malandrinha. — intimidara-a às gargalhadas nevrálgicas.

Ao penetrá-la co'a força e fôlego, o sexo selvagem se deflagrara por debaixo dos lençóis encardidos da alcova, ao passo que, no ciclo vicioso, o convívio co'a burguesinha Felipa de Moraes há de se catalogar pela composição antropológica de ordem hierárquica, que será representada pelo todo-poderoso e onipotente narcotraficante Fabrício Carne Negra do Vidigal, resguardado por efêmeros asseclas de plantão, tais como, por exemplo, o intelectuoso Professor, o Bacharel do Crime, lugar-tenente; o homicida sangue-frio Dodó Mão de Cova, matador da quadrilha; o cômico-pungente Siri Gago, tartamudo; a arguciosa transexual Branca de Neve; e o gigante-golias Anão Assim. Neste âmbito de delinquência, emirjirá a Polícia Militar do Coronel De Lara e do Sargento Touguinhó, discricionária e corrompida, destreinada p'ra esbulhar a bandidagem da favela. As demandas dos policiais corruputos, caso sejam atendidas por parte do narcotráfico, propiciam o arrego do crime, o supérfluo, já que a sobrevivência dos militares não advém apenas dos dividendos em contacheque preenchico e assinado pela Secretaria de Segurança Pública do Estado do Rio de Janeiro.

Na cadência assimétrica da criminalidade, agrega-se a esta paisagem inóspita da zona periférica o morador da comunidade, arrendatário de uma hospedaria barata de precária e expressionista arquitetura, onde se verticalizara a pobreza sem qualquer assistência do poder público, fragilizando-a diante da brutalidade do pé na porta dos micróbios de farda azul. Quando o ser humano se encontra despojado do básico sustentável se torna vulnerável, mediante o genocídio habitual, que se contrapesa por sobre a corda bamba do escrutínio da violência. No panegírico às avessas, situa-se o sujeito favelizado entre a submissão aos desmandos da criminalidade e o vergalho de chumbo dos guardiões da lei. Em contraste co'a indigência dos habitadores da favela, insere-se o modus operandi da PM, na mesocracia corrompida que se indigna a adentrar logradouros mal alumiados atrás dos arbustos proibidos do erythroxylum, iniciando-se a relação promíscua entre os tais capitães do mato e o mercador das drogas ilícitas, que, no fim das contas, ambos se resumem à categoria de refém das viscissitudes do destino implacável.

No caso específico Felipa Menezes de Souza Moraes, a Malandrinha do Baixo do Leblon, tal situação se dá quando o dependente químico se vê obrigado a trocar de lado do balcão de negócios, ao empenhar a honradez carcomida ao anjo rebelado Lúcifer, arriscando-se diante da iminente intimidação do Carne Negra do Vidigal, psicopata responsável pela contenção da droga, metáfora periférica referente ao local de negociação do contrabando procedido da Bolívia, Peru e Colômbia, no mercado ilícito da Bolsa de Valores da Cocaína (BVC).

— Que mané Carninha, rapá? Pois saiba tu que intimidade demais gera safadeza, dona. E, além do mais, eu não 'tô falando grego co' tu, não, Malandrinha, quando te digo que tu pode entrar na hora que tu quiser no barraco sem paranoia ou neurose, porque eu já te mandei o catuque, a real de que tu não precisa de jeito e maneira ficar bolada comigo, não, que co' nós dois o papo sempre foi reto sem viés, parceira. Se por acaso tu quer mermo saber a verdade pura, simples e limpa, melhor tu ficar ligada mermo que eu vou logo te avisando que tu pode sempre tirar a roupa sem educação de me pedir dá licença, p'ra nós dois se enroscar que nem bicho acuado em perigo; morou, magricela? Portanto, 'bora logo tu abrindo as tuas pernas finas novamernte p'ra mim, arreganhando-se, que comigo é pó na mão e calcinha no chão, já que tu 'tá mermo toda excitada p'ra ser possuída por um negro de pica enorme, que vai te deixar toda melada e ardida, co'a tua buceta de patricinha do asfalto em carne-viva, maninha. — repreendera-a Carne Negra, sôfrego por se haver da moça de família, como se os favelados não as tivessem por genealogia e nascituro.

Desavisadamente, a senhorita Felipa fora catapultada ao alçapão da sânie do vício, ao se embrenhar pelos meandros da dependência química, em fio de navalha neste caldeirão do Diabo per si, por cartografias íntimas que se moldaram como se fosse uma porção de terra cercada por todos os lados de bala perdida (ou achada, ironia tétrica). Nesta insólita geopolítica, onde se revolve a fórmula da equação mefistofélica diluída em areia movediça, a que se aspira desbragadamente por toda região, originando o pique-esconde que não se distingue o domínio abstrato de quem manda sobre aquele que lhe deve obediência geral e irrestrita, ditada, a ferro e fogo, pela discursividade da metralhadora automática antiaéria ponto 50. Nesta circunstância, o drácula-anfitrião Carne Negra se propõe suscetível a atassalhar o pescoço da anti-heroína, contaminada pela desficção de sua tragédia particular, por causa deste caco de vidro esmagado pelas mãos alquímicas do Belzebu, co'as quais se fabrica o cerol ignominioso que há de amputar-lhe reputação e nomeada.

Ao rastejar-se pelos subterrâneos da desmoralização psíquica, causada pela funérea e fascinante mercadoria, que, a princípio, se alvitra a amortizar as frustrações ancestrais de sua realidade fastidiosa e insípida da pequena-burguesia, a Malandrinha se desequilibra entre o verbo e ação.

— O que eu só queria explicar a tu era sobre aquela parada errada, que eu desabafei contigo no calor da hora e lugar errado sobre a tua condição de preto favelado, porque eu te juro que não foi absolutamente co'a intenção de ofender nem humilhar ninguém, não, mano. Puxa vida!, cara. Eu confesso a tu que ainda estou até meio bolada contigo, pelo que foi dito por mim na discussão; sacou, patrão? É que eu fico até achando que tu pode ter me interpretado mal às pampas, quando eu te disse que tu era bandido fodido e mal pago da porra toda, assim se criando mal-estar desnecessário entre nós dois, por causa de preconceito babaca meu, cara. Eu não quero, absolutamente, ficar me fazendo de coitada perante tu, não, rapá, me desculpando, a todo momento, por uma vacilação minha sem perdão, mano. Justamente porque eu não posso me deixar levar pelo preconceito de merda da classe média, quando me predispus a permetir lidar co'o bandido de morro que nem tu, mano. Digo sem medo de equívoco, porque, a partir do momento em que fui me tornar esse traste de viciada da porra, me igualei a tu e a todo bando do Vidigal, o Dodó Mão de Cova, o Siri Gago, a Joana Pé de Briga, o Anão Assim, a Branca de Neve etc. Logo depois, p'ra piorar a minha situação, ainda fui me tornar traficante de cocaína, a varejo, nos Baixos da vida, Gávea e Leblon. — absolvera-se a fissurada Malandrinha, falando pelos cotovelos empós cafungar a droga de qualidade, distribuída a valor altíssimo pelo verdugo Carne Negra do Vidigal,

À medida que o grotesco marginal Carne Negra decepava o gargalo de vidro da garrafa de whisky scoth, co'o tiro certeiro de revólver calibre 38, como se expurgasse o insulto proferido pela moça de família educada em colégio religioso, ao ato subsequente, alucinadamente, às gargalhadas nevrálgicas, o bandido despejava na bandeja a essência alucinógena, que se inclina a aniquilá-la, a ela, a Malandrinha, ao cobrar tão impagável preço em troca duma transitória e aleivosa sensação de invencibilidade forjada pela substância alucinógina. Nesta conjuntura, o homem-macho irá arremessá-la ao solo árido (e fétido) por debaixo da corda-bamba do trapézio sem rede de proteção. Quiçá, até caiba entre parênteses afiançar que, p'ra saciar-se do pó maligno, o usuário da mal fadada droga seja capaz de qualquer atitude abominável, conscientemente, pois que, em seu ímpeto tresloucado pelo afã do delírio provisório, há de submeter-se, servilmente ou não, à tirania abjeta do cruel bandido, à procura da matéria-prima por sobre o achaque da sua desmoralização lancinante à mercê do carrasco inumano e impiedoso. Em equivalência, o celerado bandoleiro houvera de rejeitar a justificativa do lugar de fala e direito da fêmea arrependida, redimindo-se pela sinceridade subjugada por intermédio de sua fragilidade de consciência contagiada pelo vício mortal, por ter lhe dito verdade cruciante sobre o estado de indigência absoluta de sua condição humana, a que fora acometido o narcotraficante duro na queda, o temível e abominável Fabrício Carne Negra do Vidigal, o Sádico.

Este reage, retroativamente, co'a bravata habitual, ao rasgar-lhe a blusa cor de laranja, esbofeteando-a, no exato instante que a operabilidade objetiva do algoz se instaura por completo a dilacerá-la pelo revide físico mediante a ofensa de oralidade, por intercessão do ruído opaco da agressão mútua e retrógrada (verborrágica). Ao se estabelecer na área limítrofe do ato da ilogicidade pelo acometimento da vítima agredida, o que, notoriamente, há de desestabilizá-la, esvaindo-se os resquícios do liame da hombridade pelos ralos até fundo do poço d'água acanhada, soterrando-a co'os destroços de sua própria ruína, haja vista que, neste jogo sujo de carta marcada, quem pode ordena; e quem não, sucumbe ajoelhada em cacos de vidro da anátema e do opróbrio. Não obstante, quem não está em condição de definir os preceitos da parada empresta o couro ao acoimo da humilhação, dissolvendo-se por entre o líquido malfazejo que escorre por artérias da anatomia, a se projetar pelo cerne da desintegridade, como elemento detentor do espírito de porco do carrasco. Diante do aprisionamento das brumas do pesadelo, que se alicerça ao patamar mais vexatório da iniquidade, a Malandrinha aniquila-se por debelar-se ao inferno dantesco, de modo a adquirir o giz peçonhento e mui pernicioso, designado à decência malograda em bálsamo de abjeção e asco, que o viciado se refreia ao desígnio da malícia do fora-da-lei bárbaro e insano.

Neste viés, o que decreta o veredicto sob lavratura do cinismo em rito de putrefação, tosquiando-a feito lobo em pele de cordeiro ao golpe da insídia, vem a ser o que a faz fraquejar em subterfúgio análogo à extenuação. De tal forma, a fêmea se arroja ao ossuário sem lápide ou epitáfio, à procura do antídoto antimonotomia da cocaína por inspiração, como se fosse fadada ao epíteto bíblico que diz que 'se do pó tu vieste, ao pó tornarás'. Assim, diante da rubrica do pacto de morte, que a extingue ao jugulá-la perante o abominável do vício, que desembarca pelo degrau da decadência à estação férrea da desonra, a Malandrinha do Baixo Leblon se perfaz em mártir do declínio particular.

— Cala a porra da tua boca, sua piranha safada!... Abaixa o caralho da tua orelha que outro burro 'tá te dando um papo reto, mané, que tu já 'tá falando demais p'ra caralho p'ro meu gosto; sacou só, Malandrinha? Pois saiba tu que malandro de morro não se intimida co'a picada ferina de víbora do asfalto, não, sua branquela de merda. Mas, se tu quiser mermo cheirar à vera, não precisa ficar me pedindo a todo instante perdão de donzela, que nem papagaio que engoliu vitrola, não, rapá. Tu sabe muito bem que é só tu me dizer o que 'tá faltando p'ra saciar o teu vício macabro, que eu bato outra rapa solta p'ra tu sem miséria, mana. Ainda que eu não tolere tu cheia de não-me-toques de burguesinha, tu tem consciência de que é só tu me pedir chorando, que eu te dou sorrindo de graça o que tu quiser de mim, vacilona. Porém, gentileza rima co'a safadeza a dois ou mais gente, sua cadela suja. — penetrara-a, grosseiramente.

Ao mesmo tempo em que introjectava a carcaça esquálida da viciada em cocaína contra a parede sem emboço do matadouro, ao demonstrar a sua superioridade antropófaga de carnífice, perante a açodada senhorita Felipa Menezes de Souza Moraes, vinte e sete anos, ex-universitária de Comunicação Social da PUC-RJ, o infatigável Carne Negra se alforriara dos prognósticos étnicos ao render-se de corpo e alma à explosão abissal, que abrolha da cópula negra em ventre fêmeo, deflagrando-se a fraude física e moral, por preliminares da antiposse em subserviência do Outro, que há de trancafiá-la a sete chaves em calabouço de permissibilidade.

Quando o pênis ereto pré-coito adentra em mormaço do sexo báratro, a se introduzir em ruidoso espetáculo contra a vulva transgredida pelas vicissitudes da transgressão consentida, acentuando-se às margens da insubordinação cáustica ao revés da lubricidade, o fenômeno da embriaguez súdita da drogada a se embaraçar ao ritmo do deleite até o ápice do orgasmo múltiplo, encorpando-se ao nu, a dois, por enquanto, o ato sexual brutalizado, notório à exaustão ignara e boçal, no que tange à truculência da ofensa do impropério.

— Foda-me, negro sujo. — refreara-se o animal subjugado.

A insânia da cópula a introjectara ao interlúdio do pacífico baseado de maconha à pusilanimidade míope por predição do estupro coletivo, que advirá empós prólogo a galope do corcel da violação. A rédea lassa da consciência, que se transgride a cada sujeição a se prescrever em extermínio, sob a inclemência adjacente ao lazaredo da estupidez, se alastrará por sobre a ríspida sentença sem aforismos de apólogo ou armistício, ao desaguar-se em impudência da monstruosidade sub judice, a fêmea jugulada tende a se fender pelo retrocesso do descaramento, por debaixo do lençol encardido de porra e sangue sobre o catre do tugúrio no pós-coito.

— Siri Gago? Siri Gago? Ô, Sirizinho, porra, além de gago, tu 'tá ficando surdo também agora, rapá? Tu é sentinela ou mortandela, comédia? Chama logo tu a vagabundagem toda p'ra dentro do barraco, que nóis vai tudo festar co'a Malandrinha do Baixo Leblon, meu compadre. E fala tu que é urgente, que nem pão quente, porque eu 'tô mandando nervoso, parceiro. Ah, antes que me esqueça, rápido sem demora ou vacilação, que comigo é assim: capim tremeu, pau na preá, mané. Saiba tu, cachorra desbocada, que comigo tu não tem querer, não, porra. E é melhor logo ir ficando sabendo que se tu gritar um 'ai' de senhorita que seja, quando a rapaziada currar tu de jeito co'o vai-vem da piroca grossa dos pretos sujos mal-lavados da favela sobre tua buceta arrombada e ardida, eu arranco a tua língua falastrona p'ra fora da tua boca toda lambuzada de porra de nego bandido, Malandrinha. A tu eu só consinto uivo e gemido, porque, senão, eu vou logo atirando, amarradão, o pedaço morto de nervura do clitória, p'ra criação dos porco da pocilga lá do alto do morro do Zé Menino Grandão, sua vadia arrogante. — esbofeteou-a o cruel executor, por pura vingança ao insulto de véspera proferido pela esnobe patricinha do asfalto, diante do rogar inócuo e lívido à beira do tirocínio da perversidade, que se submerge ao bel-prazer da sevícia, sob aguilhoamento do abusofruto à luz da curra, ao desarvorar-se pela iminência da contravenção.

Na anticâmara do suplício, dá-se a tragédia pantomímica, a arrogar-se sob forma do apelo desesperado, que se avultara pelo hálito insalubre a chafurdar-se por entre a desafronta letárgica do silenciamento, que se vaza na podridão do ser frágil e coagido pelos cúmplices subalternos da quadrilha do déspota e tirano Fabrício Carne Negra do Vidigal. Co'os membros imensos em riste, os marginais do bando a violentaram cruelmente, de sorte que se deliberasse a corrosão do hímem pelo solilóquio bafejante e impassível, que desregula o acirramento do mote patético, sem o lúdico propício ao alfobre da sexualidade. Co'a razão profanada qual bengala que fere e sangra ao rabiscar-se a penalidade em chão, os maus-tratos da truculência em curral do dolo animalesco do revezamento corporal em transe, incitara-a a se reprimir diante do rodízio de êxtase estéril, estigmatizando-se pelo anticópula da abdicação altruísta por sobre a libido mitigada e refrega, em delíquio e síncope.

— É co' vocês mermo, rapaziada!... Que o teu castigo, cachorra, é p'ra tu prestar mais atenção, quando tu for se meter à besta co'o vagabundo dono do movimento, que, na lei do crime, não há de ser ter consideração por quem só faz desprezar nóis do jeito que tu fez comigo, não, sua puta desavergonhada. Da próxima vez, vê se tu pensa duas vez na hora de tu me esculhambar diante dos meus homens, atirando na minha cara preta que eu não passava de um traficantezinho de bosta, quando, na verdade, eu sou o Fabrício Carne Negra do Vidigal; 'tá ligada, Malandrinha? — ultrajou-a o delinquente mordaz, ao espicaçar o presságio do orgasmo em vagina mutilada pela selvageria canibalesca.

Em nítida contraposição ao afável e pacífico momento de visita íntima em tempo real, o bandido Carne Negra desfrutava da companhia da negra Maria de Lourdes, a Lourdinha, antiga amásia do Professor e atual primeira dama do Morro do Vidigal, na cela da penitenciária Laércio da Costa Pellegrino, conhecida como Presídio Bangu I. Aprisionado, sobretudo pela comoção midiática em torno do homicídio do turista norte-americano, o outrora inimigo número 01 da cidade do Rio de Janeiro se resignara a cumprir pena de década e meia, pela condenação dos trezentos e setenta e sete anos em regime fechado de reclusão, a que fora condenado, por determinação dos artigos 12, 121, 148, 157, 168, 176 e 288. Os artigos especificados no Vade-Mécum do Código Penal Brasileiro, por intermédio das sanções jurídicas traduzidas, demonstravam as condenações por tráfico de drogas, formação de quadrilha, roubo, latrocínio, assalto às instituições financeiras, aliciamento de menores e sequestro. Pelo homicídio qualificado por motivação torpe, em detrimento da existência do homossexual de procedência estadunidense Frank Jonnes MacCartney, motivou-se a intensiva cobrança das televisões, jornais, revistas, rádios, internet etc., pelo encarceramento imediato do foragido Fabrício da Silva, o famigerado

Carne Negra do Vidigal, em diálogo co'a repercussão ventilada pelos órgãos internacionais em defesa dos Direitos Humanos.

Empós encarceramento executado pela Polícia Federal no Aeroporto Galeão/Antônio Carlos Jobim, o insolente Carne Negra do Vidigal já quase que se habituara ao isolamento físico na região de Gericinó, Zona Oeste do Rio de Janeiro. Posto que o adágio de cadeia 'onde filho chora e mãe não vê' fosse a sua realidade de vida bandida e se situasse em nítida oposição ao passado de glória como chefe da facção Comando Vermelho (CV), o habeas corpus acenado pelo deputado federal Armando Fontes (PSD-RJ) se dera através do escambo da alforria judicial do detento Fabrício da Silva, pela dívida de contrato co'o fidedgno emissário do poder executivo fluminense, governador Lizandro Rocha (União-Brasil-RJ). A proposição governamental se pautava na incredível ressucitação do antigo líder Carne Negra do Vidigal, adormecido em berço esplêndido do sistema carcerário fluminense, em troca da aliança política no processo de desfalização da Zona Sul do Rio de Janeiro. Deste modo, a qualquer instante, a condenação do quadrilheiro havia de ser revogada legalmente, de acordo co'a cumplicidade logística dos órgãos jurídicos fluminenses. Não obstante, caso tal conjectura maquiavélica se concretizasse, a cúpula composta por Lizandro Rocha, Armando Fontes e Coronel De Lara entregaria nas mãos da escória marginalizada conduzida pelo voraz Carne Negra todo poder de comando e persuasão p'ra desmobilizar as comunidades da orla carioca, a fim de que houvesse a ascensão meteórica do crápula de colarinho branco à condição de pré-candidato à presidência da República Federativa do Brasil. A conspiração política sobre a revisão processual do presidiário Fabrício da Silva se justificava através da liberalização condenatória, autorizando-o a se livrar de ver o sol nascer quadrado por detrás das grades de segurança máxima de Bangu I, a partir da regressão da pena do regime fechado p'ro semiaberto. Por pura conveniência circunstancial, que, decerto, corromperá os magistrados comprometidos co'o alvará de soltura do marginal, no instante da lavratura penal em que se abdica da condenação do réu Fabrício Carne Negra do Vidigal, deliberando-se p'ra lhe conceder uma missão oficial, que contribuirá significativamente co'a corrosão da história do sistema prisional pátrio.

Mesmo que, entre outras palavras, como diz o adágio popular, uma das mãos sujas sempre há de se estender em direção à outra mal lavada, p'ra expurgação da honra d'outrem, o bandido Carne Negra ainda não havia sido comunicado do conluio co'as autoridades fluminenses, p'ra exucução do plano cívico de ressocialização dos favelados da Zona Sul do Rio de Janeiro.

— Como é que 'tá a minha querida favela de nascença, Lourdinha? Só estou te perguntando isto, porque, depois de todo esse tempo guardado em cubículo de xilindró, tendo eu virado móvel e utensílio de Bangu I, é bem capaz da população do morro nem ter mais lembrança do velho e bom Carne Negra do Vidigal. Mas tu podes crer e ir logo avisando p'ra rapaziada que eu 'tô preso, agarrado atrás das grades, mas nunca estive mortinho da silva, não, preta. E saiba tu que, muito em breve, se Deus quiser, eu estarei de volta co'a corda toda, mermo que seja p'ra fazer morador da comunidade se recordar do antigo dono da favela, à força bruta do AR15 nas fuças dos arrombados esquecidos, nega. Isso porque a parada de agora em diante vai ser mermo chegar chegando de cão p'ra trás na cara dos deslembrados de mim, p'ra botar p'ra foder no rabo dos alemão da favela, que se vangloriaram da ausência desse teu velho malandro, preta. Ainda mais quando andaram mandando recado p'ra mim de que não iam largar o filé mignon mal passado depois de ter roído osso etecétera e tal, rapá. Tu pode até já ir explanando a geral que a tal da Joana Pé de Briga vai ser deposta do trono da Rocinha, assim que puser os pés p'ra fora dessa gaiola de zoológico, Lourdinha. — pressagiou saudosista, à proporção que, receoso co'a fraca memória do morro, consoante preceitos naturais de substituição hierárquica no imaginário coletivo da população favelada.

No interregno, o bandoleiro Carne Negra rememorava os tempos idos de glória p'ra bem longe das reminiscências cotidianas do cárcere, no que se tange a rurgir ao desencadear-se por memórias mitigadas pelo olvidamento, sem sequer imaginar que o seu tempo de cadeia estaria prestes a se extinguir por determinação do governador Lizandro Rocha e do deputado fereral Armando Fontes, auxiliados pelo outrora adversário a ser abatido, o então Tenente De Lara. Entretanto, esta mesmo recordação, que não há de se apagar co'o efeito épico da liberdadede, se reverbera ao ascendê-lo ao posto de mandatário criminoso, agora não mais enfrentando os vermes de farda ou enxotando os famigerados inimigos de facções rivais, sem fugir da raia em muitas ocasiões em desvantagem numérica, de armamento e munição. O inoportuno Fabrício Carne Negra do Vidigal era insidioso e falaz, que, em sua integridade marginalizada, zelava pela população desvalida da comunidade, defendendo-o a qualquer preço dos aviltamentos diários impostos pela sociedade resguardada pela PMERJ, que, contraditoriamente, aprovisionava de dinheiro burguês os cofres do narcotraficante. Não obstante, o grosso do capital que circula nas quebradas provém dos usuários de drogas que, de segunda à sexta-feira, batem ponto em seu escritório ou repartição, movendo a economia do morro direta e indiretamente, sem descaírem à condição de dependente químico, conforme a Malandrinha do Baixo Leblon, que, no ápice do consumo de entorpecentes, o viciado em drogas que sobe a favela em busca do alento alucinógino, irá contribuir p'ra sobrevivência das barracas (ou biroscas) de bebidas alcoólicas, uma vez que a cocaína incita ao hábito do destilado, sobretudo. Desta forma, além dos subempregos gerados pela boca de fumo: químico, contenção, gerente de preto e branco, vapor, segurança, avião, pipeiro, os armazéns e os hostels do morro também são impulsionados pelo tráfico de drogas, o que faz com que o dono da favela se aproprie dos estabelecimentos comerciais, aproveitando-se da mão de obra barata de sua confiança, sem comprovação de tributos institucionais. Em contrapartida, o narcotraficante se utiliza de um assistencialismo social agravado pela miséria ao redor que abarca desde o remédio da farmácia ao botijão de gás, prevalecendo-se conscientemente da gratidão do morador da comunidade. Por esta razão, o Carne Negra do Vidigal, que sempre se sentira o grande e maior benfeitor da localidade, muito dificilmente consentiria que intermediassem a sua liberdade pela traição ao povo humilde e sofrido da região.

A não ser que a oferta fosse tão tentadora que o fizesse olvidar da alta consideração obtida no decorrer de sua trajetória como líder de facção criminosa, já que, como coração de bandido bate na sola do pé, não seria de se admirar que o Carne Negra, protetor dos fracos e oprimidos, se rendesse às tentatações monetárias oferecidas pelo poder público desta Cidade Maravilhosa de São Sebastião do Rio de Janeiro.

— Podes crer tu que o Floriano Professor, o Dodó Mão de Cova e o Siri Gago hão de ser fiel a tu até debaixo d'água, Fabrício. Na real, o problema todo é a tal da filha da puta safada da Joana Pé de Briga, que fica o tempo todo ameaçando tomar de assalto a favela, p'ra que o Vidigal, a Rocinha e a Chácara do Céu sejam parte d'um só comando de chefia; sacou, preto? A desavergonhada alicia a bandidagem da favela, a todo instante, acenando co'a oferta d'uma série de mordomia aos vagabundos do morro, argumentando que voz de comando de presídio, à distância, não seria capaz de oferecer segurança à rapaziada do bando; 'tá ligado, cara? A piranha ordinária alega que tu jamais há de ser posto em liberdade, sem dizer que a pilantra ao que parece seduziu o Dodó Mão de Cova co'o chá de buceta coado em calcinha preta, por simpatia em beco d'encruzilhada, a tal ponto do matador oficial do Fabrício Carne Negra do Vidigal cair de quatro feito um bicho de estimação, passando inclusive a questionar co'o Professor as ordens de comando de Bangu I, meu nego. — aconselhara-o, consciensiosamente, a negra Maria de Lourdes, a Lourdinha, ao deixá-lo a par do intento de invasão da quadrilha rival liderada pela lendária traficante de drogas Joana Pé de Briga da Rocinha, mulher-macho de origem nordestina, que justificava a alcunha ao anavalhar a cara de quem atravancasse a sua liderança de chefe da quadrilha.

A ocorrência era que há tempos a cobiçosa Joana Pé de Briga ensejava ganhar espaço geopolítico no mundo do crime, co'o objetivo de expansão do comércio ilícito de entorpecentes, p'ra além da área limítrofe da floresta de Mata Atlântica. A aspiração procedia a apartir do intento de ampliar o poder de influência aos horizontes intangíveis na época de ouro do Carne Negra, de modo que o seu alcance de atuação não se restringisse apenas ao território da maior e mais populosa comunidade da América Latina. A Patroa, conforme a ela se referia a população do lugar, em contraponto ao estado deplorável de *décadence avec élégance* do Fabrício Carne Negra do Vidigal, almejava o controle do comércio de maconha, cocaína e crack do outro lado da fronteira, que ultrapassava os bairros da Gávea e São Conrado.

Tal freguesia era composta por consumidores de drogas oriundos do turismo internacional da classe AA, que se hospedavam no Sheraton; e, portanto, catavam no Morro do Vidigal e na Chácara do Céu a overdose acoplada ao convívio social e urbano.

— Tempo bom mermo era quando eu fazia e acontecia, mandava e desmandava no Vidigal e cercanias, em Deus e no Diabo, sem insubordinação de poliça, bandido ou morador da comunidade, Lourdinha. Mas saudade verdadeira mermo que eu trago dentro desse peito cansado não é a do dono do morro respeitado que eu era antigamente, não, nega. Sentimento que me arrebenta o coração por dentro é a saudade de tu, minha preta, sendo toda minha a qualquer momento sem horário de visita íntima ou botuca de sentinela de presídio, dona Maria de Lourdes. Nos dias de hoje, porém, a mais pura verdade é que faz tempo que o bandido número 01 do Rio de Janeiro, o indomável Fabrício Carne Negra do Vidigal, não passa de um objeto de decoração do sistema penal brasileiro, exposto como se fosse apenas uma peça de museu ou taça de ouro do Campeonato Estadual da Criminalidade Carioca, no salão de troféus do Bangu I. — nostalgiou-se o traficante de drogas, como se adivinhasse que estava por um fio p'ra obter autorização de retorno ao passado histórico.

Ao reportar-se a uma época de domínio absoluto do território do Morro do Vidigal, da Favela da Rocinha e da Chácara do Céu desde o comando das ações dos habitantes da região até a reverência submissa de toda bandidagem da Zona Sul do Rio de Janeiro, quando até mesmo as lideranças políticas fluminenses e os membros da cúpula da Secretaria de Segurança Pública do Estado do Rio de Janeiro abaixavam a cabeça indiscriminadamente, diante do Carne Negra, que não tolerava qualquer espécie de questionamento, perante o ímpeto das incrogruências do seu temperamento impetuoso e inconsequente, aniquilava os adversários num piscar de olhos e/ou disparo do gatilho do seu fuzil Ar15 de estimação, batizado de Martin Luther King pelo Floriano Professor, o Bacharel do Crime, em sua ideologia de concientização pela luta armada. Na metodologia belicosa da criminalidade, os arroubos heroicos do Carne Negra do Vidigal se equilibravam diante do ajuizamento atávico do Professor, que agia como uma espécie de Grilo Falante do boneco Pinóquio, concebido pelo velho carpinteiro Gepeto, que o dera em narração a sua história de vida. No âmbito da realidade, o negro Fabrício da Silva não fora contemplado pela convivência familiar, já que o patriarca José Apolinário da Silva, o Zeca Mete Bronca, fora covardemente assassinado pela Polícia Militar em circunstâncias abstrusas, sequer averiguadas pela Corregedoria da instituição, que jamais se esforçaria em elucidar as conjunturas do extermínio d'um pé-rapado preto abatido co'o revólver calibre 32 de brinquedo, o que justificara o homicídio doloso e a fraude processual da legitimação da barbárie em ato de resistência.

— Pois é, nem, a vida de nós dois ia seguindo o seu fluxo em céu de brigadeiro, até que tu, de uma hora p'ra outra, por mera bazófia de demonstração desnecessária de poder de comando, tu acabou co'a raça daquele sujeito estrangeiro afeminado, que subiu o morro apenas co'a intenção cheirar cocaína e dar o rabo de boa e feliz da vida p'ro namorado brasileiro dele, Carne Negra. Portanto, ao tirar a vida do gringo por motivo fútil sem ocasião de defesa, como sentenciou o meretíssimo em julgamento, pondo fim a todo prestígio, fama, respeito e dinheiro, que tu tinha ganhado através da árdua e perigosa labuta do tráfico de drogas, parceiro. E o pior de tudo foi que tu acabou perdendo também a mina mais gostosa da favela, que era eu, a Lourdinha do Professor, o Bacharel do Crime; e depois do Carne Negra do Vidigal. Isto porque que tu apanhou na mão grande a mulher do teu melhor amigo de infância e pau p'ra toda obra; mas não pensa que tem mais jeito, porque mermo tu estando enjaulado por tanto tempo que nem um bicho leproso, não há mal que dure p'ra sempre, meu querido. E não foi só porque, de repente, o covarde filho da puta do Coronel De Lara enjoou de brincar de Tom e Jerry co'o Carne Negra do Vidigal, não, chefia. O fato é que eu posso adiantar que tu que será posto em liberdade de ação muito em breve, co'a condição de se submeter às ordens de quem antigamente te caçava, que nem negro foragido de senzala. — antecipou-se Maria de Lourdes.

A negra Lourdinha desata o nó da garganta atado há quinze anos do período de clausura forçada cumprida atrás das grades da casa de detenção, em razão do homicídio do gay norte-americano ceifado da vida covardemente, só porque adentrara a Favela do Vidigal de mãos dadas co'o bofe nativo p'ra cheirar o diabo ralado e se divertir desbragadamente, sem prejudicar nenhuma pessoa que não fosse a si mesmo, desperdiçando saúde, dinheiro e noite de sono, em orgia do apartamento de temporada na comarca do meretrício da Avenida Prado Júnior, Copacabana-RJ. Não obstante, empós uma década e meia de condenação, o fato é que não acabou a brincadeira de polícia e ladrão do Coronel De Lara e o bandoleiro Carne Negra, que irá obter livre-arbítrio pelas mãos do Professor, que resolveu se aliar ao deputado federal Armando Fontes e ao governador Lizandro Rocha, conforme poema de Carlos Drummond de Andrade e música de Chico Buarque de Hollanda. Logo, a deliberação de liberdade se dera p'ra sacudir a poeira d'alma e dar a volta por cima, de vez que se acabou a boa vida de sombra e água fresca de come e dorme de cadeia, malandro.

Ao Carne Negra do Vidigal restava pegar duro no batente, pois que a negociação do habeas corpus está prestes a ocorrer p'ra soltura do criminoso e será festejado pela Lourdinha, que, jocosamente, abria-se em voluptuosidade de sexo desenfreado, ao mesmo tempo em que o flashback em preto e branco lhe conduzia ao episódio do passado de intimidação, encurralando-a mediante presságio da tragédia que se habilitaria em mau agouro, a aportar-se em galope de coice cego do destino.

— Ô de casa, p'ra quem for de casa!... Ô da rua, p'ra quem for de Caboclo Tranca-rua!... — apregoou o imberbe Carne Negra.

Co'a intimidade desabitual de quem adentra aonde não fora chamado, como aforismo de morro que diz que quem procura o que não perdeu, acha o que não deve, ainda que a amante do seu lugar-tenente, o Professor, não lhe houvesse dado tal familiariedade, por ser fiel ao cunhado que, se, de fato, fosse casado co'a sua irmã Dora, a culpa não era dela, Lourdinha, se o Floriano se relacionava co'as duas fêmeas, concomitantemente, co'a naturalidade de quem atravessa abissal pântano da promiscuidade de sombrinha.

— O que foi que houve co'o meu Floriano, Fabrício? Fala logo, amigo. Tu só pode ter vindo aqui falar comigo hora dessas, p'ra me trazer notícia ruim do meu homem morto, cheio de vela branca acesa ao redor, Carne Negra. Diz logo, que eu já sei que tu só veio até o barraco, p'ra me agoniar co'a desgraça anunciada do meu Professor assassinado, cara. Não sei, não, mas eu estou c'um pressentimento desagradável danado da porra, de que os vermes de farda agarraram o meu Floriano, em arapuca da lei... Sei lá um nó apertado no peito, Fabrício, que só pode ter acontecido alguma coisa de ruim ao meu Floriano Professor, porque senão tu não viria até mim, co'essa cara assustada de quem viu assombração d'encruzilhada... Fala, diz, desembucha, vomita e desabafa logo o que foi que houve co'o meu homem, rapá. Não precisa ficar me rodeando p'ra me dizer o que já 'tá escrito nos teus cornos de medo e pavor do caralho. Na real, o que foi que aconteceu co'o meu Professor, patrão? — afligira-se Maria de Lourdes, co'a indesejável e inusitada presença do chefe do tráfico de drogas em pessoa, à imagem e semelhança d'um Lucífer negro, à espreitar a sua agonia à beira do abismo.

O criminoso Carne Negra a mirava como se fosse besta-fera apta ao golpe, ao passo que acossava a pobre mulher co'o silêncio atroz que torturava a negra Lourdinha, até que, enfim, resolvera-se por atirar sobre a mesa-tábula a vil proposição de imoralidade. A vã promessa consistia no fato de que a assumiria como primeira dama da favela, caso a Lourdinha cedesse aos apelos do coração do dono do morro, em troca do habeas corpus prostituído do seu Professor, que naquele momento aguardava, na caçamba da viatura da PM, a decisão de se autorizar ou não o resgate de libertação. Da trincheira, o marginal alegava que não havia sentido ela, Maria de Lourdes, prosseguir sendo a outra, amante de bandido encarcerado, quando, na verdade, poderia usufruir de toda mordomia da favela por ser mina de fé do todo-poderoso e temível narcotraficante, que, jurava, estaria disposto a fazer todas as suas aspirações supérfluas, saciando-lhe os nímios desejos de moça pobre da comunidade, a Lourdinha do Carne Negra do Vidigal. Em sua oratória otária, o prolixo Carne Negra ainda afirmava que, co'os dividendos vantajosos obtidos pela negociação da cocaína, a negra Maria de Lourdes poderia ter acesso a bel-prazeres inimagináveis em sua biografia invisível e medíocre, que, de certa forma, basicamente se sustentava pela beleza física, que ainda lhe conservava cobiçada pelo notório conquistador da localidade. Contrariamente, ao argumento de autoridade, a leal Lourdinha reagia ao despudor de substituir quem amava, por outro que sequer admiração causava em sua integridade, impelindo-a a um incômodo sentimento de prostituição.

Mesmo a circunstância de representar o papel da Outra aventada pelo assediador chantagista, corneando a sua própria irmã consanguínea, a Dora, não a convencia de se doar ao Carne Negra, em sacrifício de martírio.

— Em hipótese alguma, por favor, eu não quero ser portador de má notícia a tu, não, comadre. Mas ocorre que os poliça agarraram na mão grande o teu Professor na boca de fumo, sem chance de pinote co'o armamento pesado de fuzil e pistola, além de flagrante de drogas, Lourdinha. Sendo que os verme de farda 'tá exigindo resgate de trinta e cinco mil real em *cash*, p'ra poder liberar o homem que não é teu, mas que tu gosta dele, o Floriano da Dora, sem prejuízo de ficha criminal em delegacia e presídio de Gericinó ou vala comum de cemitério clandestino na Baixada Fluminense; 'tá ligada, nega? Porque a real é que nós ainda 'tá meio em dúvida se vai pagar ou não o desenrolo de valor meio salgado p'ra libertação do gerente do narcotráfico da Favela do Vidigal, que é o que eles 'tá pedindo pelo valor da liberdade do Professor, Lourdinha. Porém, no caso, vai depender mermo é só de tu, rapá: se tu tiver querendo deixar de ser amante de segunda mão do marido da tua irmã Dora, p'ra ser assumida por mim co'a responsabilidade de ser a minha mina de fé, co'a regalia de conforto de que tu sempre foi merecedora, por respeito e consideração, Maria de Lourdes. — exaltara-a Carne Negra, insinuando-se diante de se abandonar o posto extraconjugal, sem significância de concubina do até então reles gerente do tráfico de drogas da favela, o Floriano Professor, pela função social mais cobiçada da comunidade, a de primeira dama do Morro do Vidigal.

Pela honrosa condição, ao se tornar mina de fé do onipotente Fabrício Carne Negra do Vidigal, elegendo-se a primeira dama da favela, o que, sem sombra de dúvida, lhe alçaria a uma reputação estável regada a status no contexto da comunidade, a negra Maria de Lourdes obteria ascenção social digna de sua invejável silhueta feminina. A honraria era sonho de consumo de dez entre dez mulheres faveladas, já que ocupar tal posição privilegiada de luxo e ostentação, por de trás do cenário de miséria e rebaixamento, ser laureada como a predileta de fé do harém étnico do patrão era ocupar um lugar de destaque na tal pirâmide social, classificada por castas e categorias que demarcam o território da bucólica comunidade do Vidigal, que se declina por sobre as límpidas marés do Oceano Atlântico. A esplendorosa Lourdinha, que era herdeira do catador de lixo Chico Porco e da empregada doméstica Maria da Graça, a Gracinha Olho Gordo, nascera no alto do morro no barraco de pau-a-pique e zinco, que pouco a pouco fora se moldando em alvenaria. Era ainda moça tímida e assustada quando despertara a cupidez do Carne Negra, que fora impedido de sequestrá-la pelo antigo dono do morro, o Dom, que era afilhado de Chico Porco e Gracinha Olho Gordo. Co'o tempo, aquela moçoila magricela de tetas parcas encorpou-se em fêmea detentora de coxas grossas e rijas, que equilibravam a saliência da bunda exuberante e bem torneada.

A veemência exótica dos aportes físicos da Lourdinha também abriu butuca do moleque Floriano, que era míope; e, ao ser agraciado por óculos de grau doados pela Associação dos Moradores do Vidigal, recebera a alcunha de Professor; e, mais adiante da imprensa local, o epíteto de Bacharel do Crime.

— Eu não me admito crer que tu ainda 'tá hesitando em acertar o resgate do teu homem de confiança, o Professor, co'os vermes dos poliça, Fabrício, porque tu sabes muito bem, de cor e salteado, que eu não tenho dinheiro p'ra pagar pela liberdade do meu Floriano, agarrado em flagrante delito, porque sobrevivo co'as migalhas jogadas ao chão, que me sobram de minha irmã mais velha, a Dora. Por isso mesmo, eu não posso acreditar que tu 'tá vacilando em salvar a pele do teu homem de confiança, Carne Negra. Logo tu que deve tanto ao Professor, em razão da lealdade incondicional de um cão de guarda dedicada a tu, amigo. E tudo porque tu quer se apropriar na marra da mulher do teu mais fiel escudeiro em situação de risco de morte, por puro capricho de possuir a fêmea proibida, Fabrício. Pois saiba tu que é por essas e outras que eu mais te desprezo, patrão. — empertigara-se Maria de Lourdes, mediante alusão assombrosa do dá ou desce proposta pelo insaturável Carne Negra, que não se envergonhava de se aproveitar do estado crítico do comparsa, p'ra usurpá-la descaradamente, coagindo-a a abdicar de sua fidelidade p'ra co'o homem de sua vida, p'ra se entregar de corpo e alma ao delituoso relacionamento que era obra da mais absurda extorsão.

A questão era que a Lourdinha sepultava-se diante daquele ser humano assombroso, que nutria por ela uma obsessão psíquica inominável, desde a infância furtada pelas inúmeras detenções, devido aos pequenos delitos cometidos pelas ruas do Leblon, que o atiravam aos cárceres das unidades de ressocialização como o Instituto Padre Severino, por exemplo. Na adolescência, o Fabrício Carne Negra, em companhia do pretozim Floriano, co'os óculos de fundo de garrafa, se dependurava sobre o telhado do barraco do Chico Porco e se masturbava mirando a imagem púbere, ao se apetecer da visão das carnes frescas da púbere Maria de Lourdes, a banhar-se toda nuinha em pelo, sensualmente ensaboada da cabeças aos pés negros.

— Quem é que 'tá falando em tu dar dinheiro do próprio bolso pelo resgate do Professor, Lourdinha? Quem 'tá falando em papo de trinta e cinco mil real é a corja de safardana do Sargento Touguinhó, pau-mandado do Tenente De Lara e companhia, porque eu 'tô mermo me referindo somente a tu, já que a decisão de liberdade co' relação ao meu braço-direito só 'tá dependendo mermo de tua palavra de mulher honrada, rapá. Caso seja sim, eu bato o martelo pelo pagamento da fiança informal p'ra soltura de quem tu diz ser teu homem, o Professor. Porém, tu sabe que por mais que tu faça qualquer sacrifício pelo Floriano, ele jamais há de largar mão da família p'ra te assumir como mulher dele de verdade, Lourdinha. E será que tu sequer não há de desconfiar da razão do Professor não trocar a Dora por tu, não, xará? Ou tu sabe muito bem que o sujeito não abandonará a tua irmã mais velha, porque, mais do que ser a sua esposa de papel passado em cartório, o camarada gosta mermo de verdade é dela, da Dora do Professor, mané. E não pensa que é à-toa que a Dora fica posando de corna consentida, porque tu tem notícia que ela sabe muito bem que tu come os restos dela pelas costas e se vangloria de tu não passar de amante de segunda mão, Maria de Lourdes. A Dora tem consciência de que tu não passa de uma vagabunda de rua, que irá fazer ele fechar os olhinhos de vez em quando, mas que logo depois do gozo há de ir bater em sua porta feito cachorro magro e arrependido, Lourdinha. Portanto, não adianta tu ficar dando uma de cadela fiel ao marido de tua irmã, porque, aos olhos da favela, tu não passa de uma vagabunda desaforada em traição. — desmascarou-a, afoito por possuí-la, oprimindo-a mediante coação de livre-arbítrio.

A negra Lourdinha não compreendia a proposta de traição do superior hierárquico de seu amante, que a cobiçava, a qualquer custo, como fêmea apetecida do próximo, antibiblicamente, quiçá não temendo sequer que ela relatasse sobre o assédio sexual ao Floriano Professor, que o abordaria p'ra desenrolar sobre a incabível sinuca de bico. Ao perpretarar a coerção indecente sem medir as consequências de sua fixação por Maria de Lourdes, o quadrilheiro Carne Negra estava convicto de que, se acaso não cedesse aos seus apelos chantagistas de pilantra da esquina, o seu amante estaria morto e enterrado por debaixo de sete palmos de aterro sanitário clandestino de cognome lixão.

A Polícia Militar não iria perdoar a desfeita da negativa do arrego pelo sequestro da segunda peça mais importante do jogo de xadrez do tráfico de drogas do Morro do Vidigal. No xeque-mate, o Professor seria reduzido a pó; e o Carne Negra, que, a princípio, era pura irracionalidade, caso a Maria de Lourdes concedesse permissão, não seria capaz de confessar o delito sexual, uma vez que o seu ato de redenção impulsionaria o Floriano Professor, p'ra muito além da gerência da boca de fumo, tornando-se interlocutor hábil apto a dialogar co'os vermes fardados, fornecedores de entorpecentes e co'a sociedade de um modo geral. Neste quesito, doravante até mesmo os marginais do bando, como o Dodó Mão de Cova, o Siri Gago, a Branca de Neve, recorreriam ao Professor, quando se sentissem ameaçados pela cólera do todo-poderoso, sobretudo quando se tratava da pena capital, também conhecida como sentença de morte.

Mais tarde, seria o Bacharel do Crime quem interdecederia a favor ou contra os despertassem a sanha do pode tudo do morro, amenizando a fúria sanguinária do Carne Negra do Vidigal, ponderando co'a lucidez imprescindível ao colóquio dialético.

— Será mermo que tu 'tá me dando a entender claramente que eu me prostitua contigo, p'ra só assim tu poder dar autorização de pagar o resgate do meu Professor aos vermes de farda, arrancando de uma vez o teu parceiro das mãos corruptas dos polícias, que sequestraram meu homem, rapá? Afinal, diz logo papo reto sem rodeio o que é que tu quer de mim, p'ra dar liberdade ao meu Professor, que eu não sou mulher de meia palavra, não, meu querido. Tu quer mermo que eu abra as penas p'ra tu como se eu fosse mulher da vida, p'ra satisfazer o teu desejo sinistro de me possuir a qualquer preço, Fabrício? — advertira-o a enfurnada Lourdinha, à vésperas do escarro sem anestesia da manipulação explícita, impactante e estarrecedora, que sublinhava a desfaçatez do aliciador, ao tirar proveito da conjuntura emblemática do aprisionamento.

No interlúdio, o Floriano Professor, que era refém da estupidez aviltante oriunda da cobiça pela fêmea coibida, o que se corrobora por intermédio da ganância desembestada pela desafeição por Maria de Lourdes, involuntariamente se posicionava entre a cruz e a caldeirinha. Mediante posse do fruto paradisíaco do Éden, como mandamento 'desamai a mulher do próximo', em barganha pela soltura do bandido fisgado pelas garras dos micróbios fardados, o maléfico Carne Negra executara o plano de conquista, que fora engendrado pela concupiscência do engodo em bem-querer distorcido por Lourdinha, de maneira a encabrestar a potranca ciosa e sedenta de sêmen do garanhão fértil. Nesta circunstância, a fidelíssima Maria de Lourdes se sentira encurralada a se rescindir perante o macho incontrolável, co'a libido infame que se dispõe a escorrer pelos úmidos poros da volúpia. Por sobre reticências execráveis, as indagações silentes da fêmea defraudada ressoavam sem réplica de comprobação verídica, persuadinda-a da absurda ambição de possuí-la sem resistência ou legitimidade, como se a posse da carne licenciosa do balcão de comércio não pudesse ser sobrepujada pela consciência do arrependimento, ao passo que se desnorteia pelo afã estapafúrdio e equivocado pela mulher do próximo.

— Tu podes crer que o teu Professor é como se fosse um irmão de sangue p'ra mim, sendo, aliás, muito além do que um mero comparsa do movimento do bagulho doido e tal, Lourdinha. Saiba tu também que, independente da tua decisão, eu já estava mermo disposto a mandar o contador da boca de fumo ir logo separando o valor do resgate exigido pelos homens da lei, mas co'a condição de que tu fosse assumida por mim, o Carne Negra do Vidigal. Eu quero tu p'ra ser minha mulher de valor, parceira, porque eu não te quero apenas como amante p'ra putaria nas horas vagas em passatempo de safadeza, não, mina. — acendera-se perante a exposição de afeto, contraditoriamente, como deve ser o sentimento antitético já tão bem decantado por Camões, subscrito por linhas tortas pelo bandido ogro e colidente.

Por sinal, há tempos, o coração bandido do Carne Negra batia mui forte e disritimado em relação ao objeto de desejo refreado pela negra Maria de Lourdes, que optara inargumentavelmente pelo envolvimento clandestino co'o cunhado Floriano Vidal Mendes de Souza, o Professor. O porvindouro Bacharel do Crime era comprometido, por intermédio de cerimônia co'o véu, grinalda e aliança de ouro co'a sua irmã primogênita, a Dora. Não obstante, em total desprezo pela adoração do dono da favela, a Lourdinha amasiara-se co'o Floriano Professor. De tal modo, restara ao chefe do tráfico de drogas da comunidade a convivência co'a repulsa da fêmea almejada, que o desvalia veementemente sem fingimento.

Neste instante, porém, a concretização do privilégio exclusivo de tê-la estava mais próxima do que nunca, a ponto de se consolidar o plano de ação ao encaixar a peça principal do jogo, no afã de possuí-la em seu leito de luxúria, obrigando-a a entregar-se ao canto mítico da sereia em encantória alcova da profanação.

— O que tu quer mermo é que eu abra as pernas p'ra tu feito puta de zona, rapá, p'ra que depois, através de outra chantagem, eu seja obrigada a deixar o Professor, que pode até ser casado co'a Dora, mas gosta mermo é de mim, p'ra ir viver contigo como primeira-dama da favela? A minha resposta é não, Seu Fabrício Carne Negra do Vidigal. — arrebentou-o ofendida em sua emoção mais genuína, ao acentuar que não era meretriz p'ra trocar a liberdade do amante por favores sexuais ao melhor amigo de infância.

Não se olvidando de que os comparsas Fabrício Carne Negra e Floriano Professor não se desgrudavam, desde quando se iniciaram na vida do crime, co'os inúmeros furtos praticados co'os cacos de vidro nos sinais de trânsito, até a estada forçada na antiga FUNABEM, quando de lá fugiram ao se forjar rebelião dos menores infratores, em que incendiavam colchões do pavilhão p'ra se ganhar a liberdade das ruas. Foragidos, os pivetes perambulavam pela Zona Sul da cidade, co'a intenção de se apropriarem dos cordões e relógios das vítimas, até serem capturados mais uma vez em flagrante delito nas investidas da Polícia Militar, que os encaminhava ao Conselho Tutelar do Juizado de Menores; e, posteriormente, pr'as instituições de ressocialização.

No debate, o afamado Carne Negra tentava convencê-la a ceder ao gesto chantagista, apelando p'ra consciência da vítima, a partir dos laços de afetividade familiar.

— Não é apenas pelo Professor, não, Lourdinha. É pela família dele, rapá: a tua irmã Dora, as crianças etc. Além de tudo, tu 'tá deixando o Professor nervoso p'ra caralho, fora de controle da situação, a ponto dele até perder a tranquilidade e o juízo, sem condição de poder ficar como meu braço-direito, sendo o frente da contenção do morro, mané. A começar pelo mole p'ra Kojak que ele deu hoje, ao se deixar grampear de bobeira na boca de fumo da favela, pernoitado de cocaína sem chance de escapatória, por causa de tu, mulher. E agora que o teu amante tresloucado foi capturado pelos vermes co'a boca na botija co'o armamento exclusivo das Forças Armadas e drogas, tu é que tem em mãos a decisão de habeas corpus da Justiça, através do Sargento Touguinhó e do Tenente De Lara, Maria de Lourdes. — sobreavisou-a o dilacerante bandoleiro, co'o intento de persuadir a concubina a cometer a ação fraudulenta.

Diante da perspectiva de conciliação doméstica, ao mesmo tempo em que a situação se resolvesse logo, porque, seguramente, o narcotraficante aprisionado não se importaria de perdê-la p'ro parceiro antigo de bandidagem, que, inclusive, estava disposto a assumir a responsabilidade de palavra, tornando-a sua digníssima mina de fé. Co' direito ao lado bom da marginalidade, a Lourdinha, com certeza, seria recompensada pela dignidade oferecida sob os auspícios do Fabrício Carne Negra do Vidigal, a partir do momento em que cedesse aos apelos da racionalidade expostos pelo carrasco de plantão.

— Até quando todo mundo vai ter de baixar a cabeça p'ra tu, fazendo as tuas vontades de Deus preto de carne e osso, patrão? Por um acaso, se eu recusar a me deitar contigo por intimidação covarde, negando o meu corpo a tu em traição, na moral me diz que tu 'tá blefando e que não vai tu deixar acontecer a tragédia do cárcere ou do cemitério co'o meu Professor, seu canalha charlatão. Sem demagogia barata, tu já compreendeu muito bem que, se eu abrir as minhas pernas p'ra tu em troca da liberdade do Floriano, não vai ser a porra nenhuma por causa de compromisso co'a Dora e as criança, não, rapá. Nem muito menos por causa da proposta sem cabimento de eu ser a primeira dama do morro. Mas, sim, porque tu 'tá me chantageando a dar a buceta p'ra tu em troca da libertação de quem 'tá agarrado co'os vermes de farda sem chance de defesa, por pura vaidade de me possuir e depois ostentar o troféu da conquista p'ra toda comunidade do Vidigal. Mas saiba tu que, por mim, Maria de Lourdes, a Lourdinha, de minha parte jamais há de brotar respeito por tu, porque 'tá tudo muito bem sacado diante da tua crocodilagem, Fabrício Carne Negra querido. Quer dizer, que fique bem clara a sem-vergonhice infame, que tu 'tá fazendo contra quem, sem vacilar um milésimo de instante, seria capaz de dar a própria vida por tu, rapá. Porém, o pior mermo é que, no meio disso tudo, tem um preço muito maior do que a tua fixação leviana por mim, já que, se eu ceder diante da imoralidade de me entregar a tu sem pudor, mermo que seja pela libertação do Professor das garras dos políças homicidas, bem no fundo d'alma, eu tenho discernimento de que a prostituição a que estou me submetendo será por amor ao meu homem, o Professor. — conscientizou-o Maria de Lourdes, amenizando o porvir da dor de consciência, que, decerto, iria aniquilá-la pelo resto de sua vida.

Conquanto a redenção de ordem libertária não houvesse de sobrepujar a infidelidade perpetrada mediante devoção ao companheiro sequestrado, no beco sem saída em que lhe entocara o bárbaro Carne Negra, a única escapatória era forjar resignação, diante da bravata do homem obcecado por ela, a linda e desejada Lourdinha do Carne Negra do Vidigal. De maneira a ganhar tempo p'ra que o Professor fosse liberado pela Polícia Militar, a mulher ultrajada não imaginava denunciar a traição do usurpador ao seu amante, posto em liberdade em troca da permissão sexual, a fim de que se impedisse duelo de vida ou morte, protagonizado pelos companheiros de longa data. Ainda que se evitasse que a revelação da crocodilagem lhe custasse a própria existência, quando fosse tirar satisfação co'o todo-poderoso Carne Negra, era bem capaz que o dono da favela fosse ordenar que o executassem sem pestanejar, invertendo a circunstância da deslealdade ao acusá-lo de quebra da hierarquia do narcotráfico.

Condenando-o ao extermínio, como era normal em circunstâncias em que o maioral do bando se sentisse ameaçado pelo substituto natural, no caso o Professor, que era gerente geral da quadrilha, o seu amante iria p'ra vala rasa da indigência, sem história, fotografia ou inscrição de epitáfio.

— Saiba que se tu aceitar a condição de eu te assumir como primeira dama da favela, Lourdinha, o teu querido Professor vai sair da caçapa do camburão do Tenente De Lara direto p'ros banco da faculdade de Direito, mina. Isto p'ro teu neguinho poder vir a ser adevogado de terno e gravata, anel de ouro em dedo de mão direita e o caralho a quatro, mané, porque eu mermo vou patrocinar de boa, co'o dinheiro do movimento da boca de fumo, a mensalidade da secretaria, livro de lei em latim e período de estágio em escritório e delegacia, nega. Todo esforço só p'ro teu Professor se tornar preto doutor à custa da criminalidade, Lourdinha; no entanto, se tu te recusar a fazer trato de casório comigo, na real, tu há de ter noção de que a bronca toda passa a ser responsabilidade do governo do Estado: moradia de xilindró, alimentação, visita íntima, banho de sol; ou então do coveiro corcunda do cemitério clandestino de Queimados, na Baixada Fluminense. Portanto, na melhor da hipótese, cana dura de colônia de férias sem parque de diversão; e, na pior conjectura, catacumba de menos de sete palmos de profundidade. Perdão pelo mau uso da palavra, mas tu tem que se decidir logo, mina, porque a canalha dos polícas de merda não vai esperar tua dor de consciência por muito tempo, não, Maria de Lourdes. Além de tudo, tu saca desde nascença como age os verme de farda, quando o cascalho do resgate de vagabundo demora a encher a carteira dos filha da puta, comadre. — eximiu-se de culpabilidade ao gesto sórdido, justificando-se perante vacilação da emparedada, entre o justiçamento do jazigo perpétuo, a cronologia do sistema carcerário ou a ascenção social propiciada pelo diploma de bacharel em Direito.

Por outro lado, visto como havia copiosos registros de mandados de prisão expedidos pela Justiça fluminense contra o Bacharel do Crime, procurado por homicídio qualificado, roubo, associação ao tráfico de drogas e formação de quadrilha, no mínimo, se os policiais militares cumprissem a lei, a apreensão do bandido lhe renderia o direito a uma cela coletiva no Conjunto Habitacional de Gericinó, sito na Zona Oeste do município. Todavia, o mais provável era que o extermissem sem comiseração, jaculando o cadáver numa sepultura rebaixada pela pouca quantidade de terra, que o cobrisse como manto sagrado, sem amém ou oração.

— Resumo da ópera, o Professor se faz doutor de lei co'o anel de ouro, terno e gravata e tal, enquanto eu me passo por prostituta, puta, piranha safada, que não honrou a palavra dada ao homem da vida, se vendendo de corpo e alma ao melhor amigo de infância d'um sujeito honrado, que jamais largou o parceiro em roubada nem roeu a corda quando o bicho pegou na favela, covarde. Mas antes quero apenas te dizer na tu cara deslavada de pilantra, rapá, p'ra que tu saiba mermo de uma vez por todas que eu vou p'ro inferno contigo forçada pela tua chantagem ordinária; 'tá me entendendo, meu patrão? E que, ao menos entre nós dois, seja dito que a covardia é puramente tua; e não minha, Fabrício. — enxovalhou-o a desesperada Maria de Lourdes.

Ao encará-lo, a constrangida Lourdinha se despia lentamente, enquanto lágrimas taciturnas escorriam de suas retinas admoestadas pelo biltre insensível, que lhe rasgava o útero co'o membro ereto a lhe destroçar o espírito corroído de remorso, por pura e simplemente não ter tido a coragem de dizer "não" ao incontestável porvir da prostituição estóica e martirizante.

No escritório do Centro da cidade, o deputado federal Armando Fontes da Silveira (União Brasil-RJ) era oficialmente apresentado ao advogado Floriano Vidal Mendes de Souza, romantizado pelos meios de comunicação como o Bacharel do Crime, e à antropóloga francófana Dra. Ana Lívia Viveiros de Castro, teoricamente principais responsáveis pelo reassentamento dos moradores exilados das comunidades da Zona Sul carioca. Neste momento, os habitantes favelizados estavam prestes a ser removidos pelo projeto de reabilitação imobiliária, idealizado pela Secretaria de Meio-Ambiente e Bem-Estar Social do Estado do Rio de Janeiro, que demoliria as precárias construções em área de risco natural, por alegação do Instituto Estadual do Ambiente (INEA).

Na reunião, estava em jogo a logística da metodologia de transposição das comunidades da Rocinha, Vidigal e Chácara do Céu, que encabeçariam o crononograma de reassentamento dos moradores da região, alocando-os em conjuntos residenciais às margens da Avenida Brasil, de Manguinhos à Pavuna, no subúrbio do município do Rio de Janeiro.

— Meu caro e nobilíssimo deputado Armando Fontes, eis o afamado Floriano Professor, o Bacharel do Crime, autor da assinatura da petição do habeas corpus do narcotraficante Fabrício da Silva, o Carne Negra do Vidigal; e a antropóloga Dra. Ana Lívia, PhD em Antropologia Urbana pela Université Paris I, que irá dar atenção ao processo de assistência social dos habitantes desfavelizados em todo período de transposição das comunidades da orla em ária de risco desta São Sebastião do Rio de Janeiro, a começar pela Favela da Rocinha, Morro do Vidigal e Chácara do Céu. — especificou-lhe Coronel De Lara.

Ao sacar da manga o naipe do coringa de baralho, impôs-se ao ritmo cadencioso do jogo político, que desatara desde a exitosa experiência oriunda do incêndio da Favela do Pinto, nas imediações da Lagoa Rodrigo de Freitas, que, em maio de 1969, originara a construção dos complexos habitacionais da Cruzada São Sebastião, da Cidade de Deus e da Cidade Alta.

Na contemporaneidade, a remoção das precárias habitações das comunidades da Zona Sul carioca tornou-se uma espécie de obsessão da classe política e da burguesia bronzeada de mar e sol, que jamais admitiu que os negros africanizados e os imigrantes nordestinos residissem de frente p'ras águas cristalinas atlânticas de São Conrado e Leblon. Na ocasião, encontrava-se em discussão a estratégia de mobilização das lideranças comunitárias, de sorte que a transposição fosse o menos traumática possível, a fim de que não houvesse manifestações refratárias ao deslocamento dos moradores favelizados p'ra Zona Norte da municipalidade.

— E a Doutora Ana Lívia, aceita um scoth 17 anos co'o gelo de água de coco, madamoiselle? — consultou-a o parlamentar.

Ao abrir a garrafa do destilado escocês, no exato instante, o deputado federal Armando Fontes explicitara que o carro-chefe da política de reenquadramento dos habitantes em estado de favelização da Zona Sul do Rio de Janeiro seria iniciado pela proscrição dos arrendatários favelizados, sob pretexto de terem sido alocados ilicitamente em área de preservação ambiental, pertencente ao Parque Natural Municipal Penhasco Dois Irmãos, nas cercanias do elitizado e aristocrático bairro do Leblon.

— No que me diz respeito quanto à proposta etílica, eu preferiria um baseado de maconha; entretanto, aceito, sim, de bom grado, o uísque da terra Walter Scoth, Dr. Armando Fontes. — causticou-o a marxista engajada, que fora cooptada p'ra expedição de banimento das comunidades praieiras, concebida pelo governador Lizandro Rocha, que se utilizara do slogan de campanha eleitoral, que alertava que favela de verdade agora só em samba antigo de Ismael Silva, Geraldo Pereira e Cartola.

No arquétipo de realocação da Favela da Rocinha, do Morro do Vidigal e da Chácara do Céu e outras comunidades da Zona Sul carioca, adviria a presunção do reflorestamento das mudas originárias da Mata Atlântica; não obstante, p'ra que o projeto de reassentamento habitacional surtisse resultado significativo, em primeiro lugar, houvera de ser imprescindível persuadir os traficantes de drogas da localidade de que o remanejamento imobiliário se daria vantajosamente. Nisto, cabe explicitar que competiria ao ex-presidiário Carne Negra o convencimento dos líderes da bandidagem, de modo que a malandragem fosse recompensada pelo exílio na região Norte do município, que, decerto, houvera de prejudicar o faturamento co'a comercialização da cocaína.

— E o Floriano Professor vai de whisky scoth ou baseado de maconha, doutor? — consultou-o De Lara, instigando-o a confessar o hábito social de sua predileção, quiçá aproveitando-se da tática de repressão praticada pela coorporação, nos áureos tempos da ditadura civil-militar, sem a sutileza da ocasião coeva.

— Muito obrigado, coronel. Mas ocorre que eu não bebo nem fumo em serviço; aliás, nem mesmo em dia em folga, pois sou abstêmio por natureza. — declinou-se da oferta etílico-alucinógina, chamando atenção p'ro fato de que a assembleia fora convocada p'ra se ajustar os pormenores da libertação do Carne Negra do Vidigal, que seria beneficiado judicialmente, ao cumprir a sua pena em regime semiaberto ou domiciliar co'a tornozeleira eletrônica, desde que se comprometesse a apaziguar a fúria da criminalidade, expulsando-a da jurisdição turística da Cidade Maravilhosa.

— Então, comecemos a assembleia dizendo que, por questão de saúde pública, o baseado de maconha solicitado pela Dra. Ana Lívia ficará p'ra uma próxima ocasião de encontro, de vez que a OMS e o Ministério da Saúde informam que fumar baseado é prejudicial à sobriedade do intelecto do livre pensador de origem francófana... — rebateu o jocoso legislador Armando Fontes, ao citar que a ideia de livrar o narcotraficante Carne Negra do calabouço se justificava pela urgentíssima necessidade de se eleger uma liderança política de raiz co'a autoridade incontestável, propícia à erradicação do crime organizado da orla carioca a se iniciar pelo Morro do Vidigal, antigo reduto do inimigo número 01 da sociedade fluminense.

— Muito obrigada pelo senhor se preocupar co'a minha saúde pública, deputado Fontes. — satirizou-o a trotskista diante do incorruptível Coronel De Lara, que optara pela antropóloga Ana Lívia p'ra agilizar a assistência social aos habitantes da região, assim como o Bacharel do Crime o fora contratado p'ra além da elaboração de petição do habeas corpus do marginal mais perigoso da história do crime organizado desde Cara de Cavalo.

A fim de que o Floriano Professor influenciasse na decisão do marginal Carne Negra, a questão deveria ser resolvida nos mínimos pormenores, em comum acordo co'a vagabundagem do narcotráfico local, haja vista que, de um modo geral, de nada adiantava que se satisfizesse meia dúzia de gatos pingados e se desagradasse a maior parte dos delinquentes da comunidade.

— Haja vista que qualquer rebeliãozinha extramuros de merda jogaria por terra todo o meticuloso projeto de reorganização urbanística, minuciosamente aparelhado por intermédio de apurada pesquisa sociogeológica, co'a documentação combrobatória da iminência de uma tragédia anunciada, meu Professor. — finalizou Armando Fontes.

O parlamentar era grande entusiasta da transferência dos habitantes marginalizados, p'ra conjuntos residenciais de médio padrão constituídos de dignidade humana, ao contrário do que se cogitava em relação às senzalas urbanas pós-modernas em ato de desapropriação imobiliária, que era reforçado por uma discursividade pujante e persuasória, em contraste co'a destruição psicológica das raças originárias da comunidade, que abarcaria a saída forçada dos moradores de origem sob pretexto de área de real risco geográfico. A comprovação de estudos geológicos manipulados pelos dirigentes do INEA, que constatavam as precariedades das construções favelizadas, era também forjicada por engenheiros da Defesa Civil, co'o o intuito de escorraçar os indesejáveis habitantes das palafitas dependuradas nos morros da Zona Sul carioca, como se fossem bandeirolas a se agitar no horizonte das montanhas sob o céu azul do falso altruísmo dos pequenos-burgueses elitizados, que torciam os mesmo narizes esnobes que se lambuzam da cocaína comerciada pelo narcotráfico local.

— Conforme eu estava dizendo, nós iremos direto ao ponto nevrálgico do litígio periférico entre a sociedade que arrota grosso e os narcotraficantes autóctones, que, de fato, podem fazer muito mais barulho do que os humilhados e ofendidos da comunidade, meu caro Professor. Ademais, como a preocupação maior do excelentíssimo governador Lizandro Rocha é justamente co'a não adesão do tráfico de drogas ao projeto de transposição imobiliária das comunidades da orla carioca, quiçá seja de bom alvitre especificar que se irá promover um organograma de cunho revolucionário, que abrangerá as demandas primordiais p'ra sobrevivência econômica do município: Segurança Pública, Educação, Saúde, Habitação e Transporte, entre outros benefícios p'ra população de baixa renda em situação de risco social. — discorrera o mentor intelectual do programa de governo, Dr. Armando Fontes, a respeito do que o impulsionaria ao Ministério da Justiça da República Federativa do Brasil.

Ao realçar a inquietação das autoridades fluminenses, que se pautava pela suspeição de que os narcotraficantes detentores do espaço físico da Favela da Rocinha, do Morro do Vidigal e da Chácara do Céu se contrapusessem ao desígnio oficial de transformação política, a iniciativa da Secretaria de Segurança Pública se engendrava pela urgentíssa expulsão das comunidades, co'a privilegiosa vista p'ro mar de São Conrado, Leblon e Ipanema. Logo, a azáfama de se perputuar a concordata sobre a remoção das problemáticos organismos residenciais em área de preservação ambiental houvera de ser abalizada pelo narcotraficante Carne Negra do Vidigal, líder inconteste da comunidade até então em situação de cárcere.

— O senhor bem conhece o dito popular, que diz que, quando a esmola é por demais, o santo fica desconfiado de pé atrás, deputado. — relembrara o advogado Floriano Mendes, referindo-se ao aforismo, metonimicamente, empregado.

O Professor expressara-se co'o desígnio de disseminar a compreensão de que a liberdade de um companheiro pode culminar co'o aprisionamento de outrem, mesmo porque o pseudossocialista Lizandro Rocha almejava se eleger tornando-se o maior presidente da história republicana deste Brasil, branco, preto, verde, amarelo e azul anil, afugentando a população de baixa renda p'ras longínquas paragens suburbanas co'a obviedade clássica, que o deputado federal Armando Fontes intentava exaltar as virtudes humanas do ilibado candidato ao maior cargo do Poder Executivo pátrio, ao envaidecer a sua formação política, intelectual e humana do demagogo político Lizandro Rocha, de maneira que não se exasperassem os ânimos dos pobres escorraçados da comunidade. Logo, o parlamentar direitista quando se referia ao artífice de um cronograma de abscisão predial, gabava-se de que as transposições das áreas favelizadas serviriam de modelo urbano ao hemisfério ocidental, a título de comprobação das políticas públicas de ordem humanista, idealizadas pelas autoridades fluminenses. Ao arrazoar sobre as perspectivas de sustentação da proposta de transferências dos imóveis em precárias condições p'ra Zona Norte, o constituinte Armando Fontes se propunha a sacudir nas fuças dos idealistas utópicos de esquerda as cifras e cédulas avultantes e significativas, no que tange aos salários proporcionais às reivindicações harmonizadas pelo projeto governamental de realocação imobiliária.

Apesar de tentado pela estabilidade financeira, propositada pela oportunidade de trabalho lícito, a princípio, o Floriano Professor reagira co'a indignação inerente à consciência de classe, que o acompanhara em toda a sua formação humana e intelectual.

— Bem, o que se propõe aos senhores vem a ser um acordo profissional remunerado, visando à sustentação básica das transformações socioeconômicas esboçadas por uma plataforma de ordem igualitária, de modo que os dividendos mensais de cada um de vocês serão de trinta e cinco mil reais, por um contrato de cinco anos de trabalho, co'a probabilidade de prorrogação de acordo co'o desenvolvimento do processo de ressocialização das comunidades favelizadas da cidade do Rio de Janeiro. — finalizara De Lara, garbosamente.

— Consciência não tem preço, não, chefia. Se o deputado Armando Fontes está convicto de que, ao corromper um líder do narcotráfico do porte do Carne Negra do Vidigal, que passou quase duas décadas atrás das grades, a bandidagem toda da Zona Sul carioca irá aderir ao tal projeto governamental de realocação imobiliária, pode logo ir tirando o cavalinho da chuva, porque vagabundo que é vagabundo sem lenço nem documento não vai crer em ladainha de emprego co'a carteira de trabalho assinada, décimo terceiro salário, aviso prévio, férias, FGTS etc., não, seu doutor. — rebateu-o o soberbo advogado criminal, a ressentir-se da prostituição a que seria acometido, caso assinasse o documento de contratação trabalhista, que, p'ra ele, seria uma espécie de carta de alforria às avessas, inversamente ao diploma acadêmico obtido co'o patrocínio da criminalidade. Por outro ângulo, na pior das hipóteses, a adesão ao cronograma logístico do projeto de ressocialização das comunidades favelizadas atenuaria a sua condição clandestina, p'ra muito além do diploma universitário, que, num primeiro momento, apenas o livraria da prisão comum até o julgamento que enfrentaria se fosse aprisionado pelas forças policiais comandadas pelo mesmo Coronel De Lara, que naquele momento lhe propiciava uma chance de emprego legal. Neste ideário, o bacharel Floriano Mendes e a socialista Ana Lívia compreenderam que assentar os habitantes marginalizados seria como se os remetessem aos guetos judaicos ideados pelo Nazismo.

A estratégia persuasória do político Armando Fontes consistia na contextualização histórica, desestabilizando por intermédio das reminiscências de uma tradição secular, desde o período das ocupações irregulares dos aguerridos combatentes da Guerra de Canudos, no Morro da Favela.

— A ideia será harmonizar a transformação política de caráter habitacional primária a partir do Projeto de Ressocialização das Comunidades Populares (PRCP), que, em princípio, abrangerá a transferência da população favelizada da Rocinha, do Vidigal e da Chácara do Céu; e, posteriormente, do Cantagalo, do Pavão-Pavãozinho, da Babilônia, do Chapéu Mangueira, do Dona Marta, do Cerro Corá etc., p'ros chamados CHUs - Conjuntos Habitacionais Urbanos, que, em verdade, se constituem condomínios estruturados p'ra muito além das moradias clássicas de alocação pública, como a Cidade Alta ou a Cidade de Deus, por exemplo. — aclarou-o o deputado federal Armando Fontes, por analogias palpáveis empreendidas em épocas distintas, discriminando cada localidade a ser contemplada pelo reassentamento urbano, que, consoante a lei da Física, toda ação conduz a uma reação, o Bacharel do Crime não absteve-se do trocadilho piadístico de ordem semântica.

— CHUs?!!!... Mais adequado se fosse CHÔs, meu nobre Doutor Armando Fontes. CHÔs, cães sarnentos de merda!... CHÔs, crioulada fedorenta da Zona Sul do Rio de Janeiro, mui habituada a lançar moda em todo país!... Salve Copacabana, Ipanema, Leblon e São Conrado, que se emanciparam dos pretos, pobres e favelados desta São Sebastião do Rio de Janeiro, protegida pelo Cristo Redentor das Quebradas!... Aliás, pelo andar da carruagem, só mermo Ele, o Nosso Senhor Jesus de Nazaré, há de granjear alvará de moradia p'ra residir no Morro do Corcovado, deputado. — descontrolara-se Professor, melindrado co'o cinismo do dignatário de prontidão, ressalvando a condição de favelizado do Deus Protetor da Cidade Maravilhosa.

— Talvez CHUs seja uma referência às lendárias chuvas de verão carioca, que desabrigam dezenas de famílias negras e mestiças em real condição de tragédia, Dr. Floriano Mendes. — ironizou Ana Lívia, bem-humorada diante do tragicômico rompante de cólera do parceiro de empreitada, sob mirada surpreendida do interlocutor.

— Pois é, amizade. Quando não é a chuva de verão, são os filhos da puta da Defesa Civil, enxotando favelado que nem rato podre do esgoto, só que p'ra longe de seu bueiro habitacional, porque onde já se viu negraiada de uma figa usufruir da belíssima e deslumbrante vista panorâmica do Morro do Vidigal, debruçadando-se por sobre as águas diáfanas do mar atlântico, Profa. Dra. Viveiros de Castro. — arregimentou-se o criminalista, deveras desconfortável co'a degradante disposição intermediária contra os habitantes da periferia litorônea.

Nesta adjacência contextual, os indesejáveis residentes das comunidades praianas seriam escorraçados pelas mãos co'a luva de pelica do poder público, que, de um instante p'ra outro, se predispusera a sacar da cartola o gato por lebre o Projeto de Ressocialização das Comunidades Populares (PRCP). Por detrás da preleção cínica do futuro ministro da Defesa da República Federativa do Brasil, contudo, emergiam os meandros da discursividade que ressaltavam todo um tropel de excelência aos fodidos miseráveis oriundos da coletividade em estado de favelização, mas que, de outra feita, em seu subtexto demonstravam uma gama de gentrificação e/ou guetização suburbana.

— Ao contrário dos ventos que sopram a fértil imaginação de vocês, Dra. Ana Lívia Viveiros de Castro e Dr. Floriano Mendes, os Conjuntos Habitacionais Urbanos (CHUs) serão construídos por protótipos de apartamentos confortáveis de alvenaria moderna, compostos por dois ou três dormitórios, co'o acesso ao transporte público; posto de saúde; centro educacional; ginásio poliesportivo; campo de futebol etc. Nesta ambiência, a ideologia do reassentamento urbano de cunho residencial, por pura convicção do êxito, se cataloga pela implantação das mais virtuosas e íntegras habitações populares, em substituição aos toscos casebres dependurados à beira do precipício em condição de senzala, hodiernamente. — antecipou-se Armando Fontes, pernóstico, retórico e suasório.

— Não duvido que, provavelmente, os tais CHUs, que, a princípio, seriam construídos de Manguinhos à Pavuna, por estratégia de realocação territorial, muito em brave hão de ser construídos lá pr'os confins da Zona Oeste ou Baixada Fluminense,

São Gonçalo e Itaboraí; né, não, deputado Armando Fontes? — devassou-o Professor.

Gato escaldado que era co'as políticas públicas governamentais da Cidade Maravilhosa que, há tempos, se avultavam por esquemas de habitação popular, vide o BNH ou Minha Casa, Minha Vida, ao acenarem co'o progresso das problemáticas condições de residência dos moradores das comunidades favelizadas, mas que não passavam de logros urbanos no pôquer de cartas marcadas, sobre as planilhas das autoridades governamentais pátrias. Isto porque, obtido o voto do eleitor em urna eletrônica, no instante subsequente à reeleição do segundo mandato, os cronogramas concernentes ao plano habitacional eram atirados na lata do lixo da História pútrida e oficiosa.

— Mas tu hás de convir que até pouco tempo, na Zona Oeste, se construía era presídio de segurança máxima, onde depositaram o seu cliente por década e meia, meu Professor. No entanto, quanto a este assunto, podes crer que empenho palavra de honra, que os Conjuntos Habitacionais Urbanos (CHUs) serão construídos ao longo da Avenida Brasil, de Manguinhos à região de Acari, Pavuna; e, não, na Baixada Fluminense, São Gonçalo ou Itaboraí. Portanto, eu lhe asseguro co'a toda veemência que, quando o governador Lizandro Rocha for presidente desta República arcaica e opressora, Vossa Excelência fique certo também de que próximo aos CHUs será instalado o Instituto de Formação Educacional das Forças Armadas do Exército, Marinha e Aeronáutica, que abarcará matrícula escolar dos educandos provindos destas unidades residenciais, o que aniquilará em menos de uma década o serviço militar obrigatório neste país tropical, abençoado por Deus e bonito por natureza, conforme Jorge Ben. — afiançara o político Armando Fontes, expondo as perspectivas de ascenção social a ser realizada pelo compromisso de cidadania do cronograma institucional aventado pelo ideólogo Lizandro Rocha, o Benfeitor dos Pobres.

— Inclusive, posso eu adiantar a Vossas Mercês que a maquete do Projeto de Ressocialização das Comunidades Populares (PRCP) já está em exposição na Secretaria de Segurança Pública do Estado do Rio de Janeiro. Eis a fotografoa do esboço arquitetônico em miniatura dos Conjuntos Habitacionais Urbanos, os CHUs, co'o Instituto de Formação Educacional das Forças Armadas (IFEFA). — avalizou-o Coronel De Lara, cão de guarda do ideário de ubarnismo esboçado pelo projeto de remoção dos ratos favelados da Zona Sul carioca, alocando-os em guetos étnicos de concreto armado distante do pélago atlântico.

— Quanto tempo eu tenho p'ra consultar o meu cliente Fabrício Carne Negra e, enfim, responder aos senhores pela proposta indecente de nomeação pública do cargo de capitão do mato urbano co'os direitos trabalhistas adquiridos em carteira profissional, Dr. Armando Fontes? — questionou-o o jurisconsulto, utilizando-se da balestra do sarcasmo como alusão ao ofício antigo ressuscitado em época da escravatura pós-colonial.

Nos tempos idos, o capitão do mato que era pago p'ra capturar os negros fugidios do capitalismo epocal, ao passo que, ao analisar a solicitação empregatícia do deputado federal Armando Fontes, o Professor sopesara que, inversamente, caso aceitasse, se transformaria numa espécie de serviçal do poder que, ao invés de aprisionar, se prontificaria a homiziar os irmãos de cor em quilombos pré-fabricados pelos senhores de engenho hodiernos. Simultaneamente, a Assembleia Legislativa do Rio de Janeiro (ALERJ) se aparelhava p'ra votar emenda estadual de urgência em defesa da vida humana, proclamando locais de elevação geográfica da Zona Sul do Rio de Janeiro, como áreas de risco permanente, convertendo-as em Jurisdição de Preservação Ambiental (JPA).

No caso, o prelado Armando Fontes encontrava-se mui eufórico e animoso, co'a inédita (e originalíssima!) probabilidade de desmobilização imobiliária, que varreria co'a negritude da orla da

Cidade Maravilhosa, exilando-a nos cus do Judas onde o vento faz a curva em 360 graus, numa espécie de senzala contemporânea.

— O governador Lizandro Rocha pretende enxotar os favelados da Zona Sul do Rio de Janeiro, p'ros culhões dos subúrbios da Central do Brasil; e, ainda por cima, deseja esfregar nos cornos dos desgraçados desvalidos a ordem de despejo empunhada por um oficial de (in)justiça, mal habituado a dar pontapé na bunda de preto fodido sem eira nem beira, como historicamente se fizera desde a Abolição da Escravatura, que nunca foi posta em prática, assim como a farsa da extinção da pena de morte (p'ra negro, sobretudo), quiçá, desassinada pelo Imperador d. Pedro I, doutor. — aborreceu-se o advogado Floriano Mendes, inventariado pelos dados estatísticos divulgados pelo anuário oficial de homicídios contra seres humanos possuidores de melanina escurecida pelo astro-rei tropical, que o habilitava ao 'passa-fora cachorro' tradicional aos membros da comunidade co'a recorrência explicitada pela excomunhão jurídico-racial, que despeja os quilombolas impunemente, co'a falsa premissa de melhoramento da urbanidade social.

O Bacharel do Crime se desmonorara diante da cartilha subscrita pelo legado do preconceito estrutural da sociedade pratriarcal e conseravdora desde os primóridios do Brasil-Colônia.

— Na verdade, começo eu agora a fazer a leitura de outra maquete macabra que, decerto, não haverá de estar em exposição na Secretaria de Segurança Pública, que se esboça por detrás da proposta de trabalho governamental do senhor deputado, Dr. Armando Fontes. Enfim, o governador Lizandro Rocha necessita da liderança e da mão de obra armada do Carne Negra do Vidigal, p'ra escorraçar morador de favela fodido e mal pago, mas ainda não vomitou quanto é que vocês pretendem oferecer ao meu cliente pela cumplicidade co'a Secretaria de Segurança Pública do Estado do Rio de Janeiro. — acresceu o Dr. Floriano Mendes, ao relembrar que, categoricamente, jamais reivindicara qualquer espécie de auxílio aos donatários fluminenses.

— Cinquenta mil reais de salário em cash sem conta corrente bancária, afora comissão por resultado e tarefa e bônus por comunidade desmobilizada e apartamento de luxo em Copacabana, p'ra acoitar vagabundo arrependido que mudou de lado e camisa, meu Professor. — bateu-lhe martelo Armando Fontes, acentuando a linguagem pecuniária como método da retórica persuasória, que, de maneira contumaz, se aplica ao interlocutor constrangido, sem perspectiva de réplica ou contestação.

— Muito agradecido, doutor. Porém, co'as bocas de fumo do Morro do Vidigal e da Chácara do Céu, o meu cliente Fabrício da Silva consegue muito mais dinheiro mensalmente, do que essa merenda simbólica que o senhor está ofertando como se fosse de mão-beijada p'ra traição co'os irmãos favelados da comunidade, senhor secretário. — esnobara-o o bacharel em Direito, co'o típico sorriso de canto de lábio e olhar de soslaio.

— Cinquenta mil reais mais luvas de dois milhões co' vinte por cento p'ro advogado do Carne Negra do Vidigal e o aluguel pago d'um imóvel de três quartos co' suíte, na Barata Ribeiro, em Copacabana, além da proteção da Polícia Militar, enquanto o tal bandido estiver ao lado da Lei e da Justiça, companheiro. — adicionou valor monetário e predial.

Ao incluir a morada de luxo, em nítida oposição ao desígnio residencial doado aos exilados das comunidades da Zona Sul carioca, que iriam encostar o espírito pagão às margens da Avenida Brasil, o político Armando Fontes arrotava a magnitude do gesto de desmobilização da miséria ragional.

— Eu posso até garantir que não é p'ra se afugentar co'o morador da comunidade popular, sobretudo, neste primeiro momento de implantação do projeto habitacional, simplesmente pelo fato de que nós precisamos conscientizar os habitantes do Morro do Vidigal, da Favela da Rocinha e da Chácara do Céu dos riscos iminentes dos desabamentos dos barracos condenados pela favelização desarvorada, que se impulsionou por intermédio das moradias precárias e ilícitas em encostas originárias de Mata Atlântica. — altercou o secretário Armando Fontes, partidário da probidade ambiental em benefício do ecossistema global.

— Nós carecemos, demasiadamente, da liderança incontesti do narcotraficante Carne Negra, não só p'ra guerrear o bom combate ao crime organizado; mas também p'ra sedimentar a conscientização dos ilegítimos arrendatários das comunidades da Zona Sul carioca, sobre a necessidade da remoção de duzentos e cinquenta mil habitantes aproximadamente, apenas em se tratando de Rocinha, Vidigal, Chácara do Céu, Cantagalo, Pavão-Pavãozinho, Chapéu Mangueira e Babilônia, em razão do risco de perdas de vidas humanas, por supostas catástrofres originadas não pela Mãe Natureza, mas, muito principalmente, pela inépcia de políticos da estirpe d'um Leonel Brizola, que autorizou a farra do boi nas comunidades do Rio de Janeiro. — arrematara De Lara, ao tentar convencer-lhe de que a transposição das irregulares residências, sem habite-se concedido pelos órgãos de controle imobiliário, seria uma dádiva ofertada pelo governo estadual sob os auspícios do generoso Dr. Lizandro Rocha.

— Enquanto isto o tal do "CHÔs, favelado" há de ir carimbando passaporte do morador de comunidade co' vista p'ro mar, pr'as bandas da Zona Oeste, Baixada Fluminense, São Gonçalo e Itaboraí, meu nobre Armando Fontes? — fustigou-o a socióloga comunista, questionando o itinerário dos residentes das comunidades removidas por ordem judicial.

— Primeiramente, eu hei de informar aos senhores a respeito do que fora planejado sobre a Favela da Rocinha, p'ra início de diálogo. Em São Conrado, na parte plana da ex-comunidade popular será construído o Campus de Medicina Avançada da Universidade Estadual do Rio de Janeiro. Diga-se de passagem, o maior núcleo de pesquisa acadêmica da América Latina, que há de atender aos cursos de Odontologia, Enfermagem, Psicologia, Fonoaudiologia, Fisioterapia e Nutrição, co' direito a

Hospital Universitário Abid Jatene, referência cirúrgica e clínico-laboratorial, garantindo serviços gratuitos destinados a toda população carente do município do Rio de Janeiro e adjacências. — discriminou o legislador federal, argutamente, ao exacerbar a homenagem ao emérito cirurgião de origem árabe.

De imediato, o deputado Armando Fontes incitou-os a alcançar a proeminência do desenvolvimento econômico, atinente aos rendimentos mitigados pelo assentamento dos pobres coitados desprovidos de assistência social.

— De antemão, como garantia de empregabilidade, quiçá, vem a ser de primordial importância majorar que os antigos moradores procedentes das favelas imobiliariamente deslocadas, terão prioridade na contratação da mão de obra sem qualificação específica, como auxiliar de pedreiro, cozinha, serviços gerais etc. — aventou-se Coronel De Lara, inabalável defensor da criação de um bloco de trabalho, que visasse a erradicar o crime organizado pelo viés da extinção da ociosidade inata e congênita.

— Na concepção da elite, negro favelado só há de servir mesmo p'ra esfregar chão de branco co'o diploma de doutor; né não, seu coronel? — incitou-o Ana Lívia, constrangida co'o afrontoso ponto de vista de erradicação da criminalidade, que se irmanava por banir os iguais, ao menos na Carta Magna, do convívio urbano e social.

— No mínimo, o governo estadual deveria priorizar cotas de matrícula universitária aos jovens provenientes das áreas habitacionais escorraçadas pelo Projeto de Ressocialização das Comunidades Populares (PRCP), Coronel De Lara. — rechaçara-o a catedrática e ativista, ao refutar a disponibilidade de subemprego dos negros, pardos, mulatos, nordestinos e afins.

— Em primeiro plano, não se olvide de que o mais importante é que um narcotraficante do porte do Carne Negra do Vidigal, condenado aos quase trezentos anos de reclusão, será posto imediatamente em liberdade co'o poder de ação e comando, assalariadamentre. — sobreavisou o político, arauto da argumentatividade que se subentende pela obliquidade do que se prediz sem questionamento, sobre a água que verte do nascedouro apodrecido.

— Em troca da liberdade d'um bandido do porte do Carne Negra do Vidigal, se aprisionará toda uma população originária dos morros e favelas da Zona Sul carioca, que será execrada, feito bicho leproso do seu habitat até os conjuntos habitacionais de subúrbio, p'ra reconstrução de um projeto de vida que perdeu o sentido de origem. — contra-argumentou Professor, atento à homília desumana da remoção residencial, através da propaganda institucionalizada como bem-estar social das precárias habitações favelizadas em constante risco de iminência de desmoronamento, a argumentatividade política do deputado federal Armando Fontes se alicerçava na perspectiva de que os flagelados da comunidade deveriam, acima de tudo, se sentirem abrigados pela benevolência pública.

— Professor, nós não vamos querer intelectualizar a questão p'ra psicanálise socializante da esquerda dialética e retrógrada, porque quem defendia, fervorosamente, a afamada favelização em prol do desmatamento da Mata Atlântica era marxista utópico e antiquado, que idealizava o Brasil como uma espécie de uma Atlântida tropical e cubística. — descontraíra-se o cerebral Armando Fontes, incisivo e abreviante apologista da marcha progressista d'uma modernidade pulsante, que não se aventava por estas paragens tupiniquins, desde a abertura dos portos decretada pelo Príncipe Regente d. João VI, nos primórdios do século XIX.

— A questão é que, apesar de toda dialética de origem inclusiva socialmente, não se expulsa morador de favela impunemente, não, doutor, porque, por dentro de cada barraco desmoronado ribanceira abaixo, há uma família desprotegida que se desestrutura a cada estardalhaço da pancada da marreta do governo estadual, que se quer universalizante, mas aniquila a célula mater de toda sociedade, doutor secretário. — avultara-se a cientista social, indignada co'o desapreço mais que centenário das políticas públicas, co'a problemática realidade habitacional da população provinda de comunidade popular.

— Aviso aos navegantes, que a maior parte da área de desfavelização será destinada ao reflorestamento co'as mudas nativas da Mata Atlântica, conforme, no século XIX, o fizera o Imperador d. Pedro II co'a Floresta da Tijuca. O mais relevante é que o governador Lizandro Rocha assegurou que não pode mais haver desordem urbana ou qualquer espécie de delito criminal de âmbito imobiliário: invasão de território pela grilagem da milícia, construção irregular de moradia p'ra exploração predial, além da verticalização do espaço sem prévia autorização do poder público. — evidenciou o entusiástico Armando Fontes, adversário implacável das arbitrariedades cometidas pelos marginalizados desassistidos pelas intempéries da vida em sociedade.

— Enfim, comprometo-me a cumprir o cronograma organizacional, referente ao fato de que a parte alta dos morros será reflorestada p'ra fins estritamente ecológicos, Dra. Ana Lívia. No entanto, há uma pesquisa sobre a viabilidade de construção do Complexo de Hostel's do Vidigal, co'a real capacidade p'ra quatrocentas e cinquenta unidades turísticas de hospedaria, co' noventa por cento das suítes destinadas aos visitantes estrangeiros, co'o investimento sustentável em torno de setecentos milhões de reais, incluindo-se as obras de remoção dos casebres insalubres, à beira do abismo. — alinhou Fontes o empreendedorismo da expedição, ao designar minudências da iniciativa privada.

— Até onde eu me recordo, se não me falha a memória, historicamente, da última vez em que aglomeraram os refugiados prisioneiros em guetos por primazia de uma raça superior, deu-se o singelo nome de Nazismo, seu doutor deputado. — azorragara-o Professor, em analogia aos confinamentos hebreus planeados por Hittler nos meandros do campo de concentração da Segunda Guerra Mundial.

— Seja razoável que o Complexo de Hostel's do Vidigal tem como propósito estabelecer uma expressiva transformação econômica igualitária, em prol da geração de renda e emprego, meu nobre Professor. — persistira o infatigável prelado Armando Fontes, pautando-se pelo automatismo da convicção ideológica, que o empolgava a ponto de crer que a remoção das comunidades da Zona Sul carioca seria um marco da urbanização a ser reproduzido Brasil afora.

— Quer dizer então que as populações originárias podem e devem dar lugar ao capital estrangeiro co'a vista magnífica p'ro mar de São Conrado e Leblon, já que não há a mínima hipótese de se residir diante daquela imensidão de Oceano Atlântico, deputado Fontes? Por obséquio, diga-me qual o símbolo será pregado nos uniformes dos pretos desfavelados do Projeto de Ressocialização das Comunidades Populares (PRCP). Por fim, o endereço das câmeras de gás lacrimogênico do campo de concentração. — acirrou-se a ofendida Ana Lívia, ao ensaiar retirar-se do escritório empós alusão histórica, em concordância co'a alusão do Floriano Professor, que se arremetera a circunstância dos habitantes desfavelizados em analogia aos negros hebreus expedidos aos campos de concentração neonazista coevo.

— Lembre-se de que a senhorita está sendo contratada, a peso de ouro, p'ra modificar a opinião pública, de maneira que, à menção dar o couro ao capital estrangeiro, nós preferimos nomear de empregabilidade de mão de obra sem qualificação técnica p'ra prestação de serviço, co'o nítido propósito da especialização turística, idiomas e gastronomia. — observou o astuto senhoril Armando Fontes, sem altercação.

— E o doutor imagina que o Carne Negra, depois de uma década e meia enjaulado em leprosário do sistema penal, possua bala na agulha política p'ra decretar trégua no antro da criminalidade, p'ra que, posteriormente, se proponha a enxotar o favelado de sua residência, co'a promessa de que seria contratado p'ra lavar chão de universidade, hotel e hospital, meu nobre Doutor Armando Fontes? — empertigou-se o causídico Professor, apontando-lhe o dedo na cara de canalha do político, conquanto mais propício fosse o revólver de cão p'ra trás nas fuças cínicas do opressor branco, que o enojava co'a desfaçatez financiada, ao acenar co'o suposto benefício social aos marginalizados sobre o solo do metro quadrado, monetariamente falando, mais valorizado do país.

Como diz o apotegma, nem tudo que reluz é ouro, ainda que, em se tratando do ouro branco colombiano, mais coerente seria institucionalizar a rentável comercialização da cocaína, ao desviar-se o Produto Interno Bruto das mãos dos narcotraficantes das comunidades populares carentes da Zona Sul do Rio de Janeiro, exilando-os do seu habitat natural. Nesta questão, o capcioso Coronel De Lara já arquitetara o enredo da distribuição das drogas, por debaixo do pano das negociatas entre os cartéis latino-americanos e as autoridades governamentais desta Cidade Maravilhosa. O caso era que, ao dourar a pílula da transposição dos habitantes marginalizados da orla carioca co'a as benesses sociais e financeiras, a finalidade do núcleo governamental capitaneado pelo deputado federal Armando Fontes era tomar as rédeas do lucrativo comércio de cocaína nas áreas mais abastadas do município carioca.

— Tudo isto sem mencionar que não há nenhuma caução palpável de que os rebentos expurgados do seu leito de nascença possam se matricular nos centros acadêmicos ou mesmo se curar das bicheiras nas instalações hospitalares construídas pelo governador Lizandro Rocha, futuro presidente da República desta nação de faz de conta, como falsa justificativa p'ra se afugentar a população negra e mestiça do seu espaço de procriação: a favela; correto, amigo? — arremessou em deslavada face o Professor, intelocutor atento ao processo de desestabilização geopolítica; entretanto, ainda sem se dar conta da magneficiência da arquitetura orgânica da metodologia de transferência de poder do narcotráfico.

— O Professor há de concordar que, c'os CHUs, nós lhes proporcionaremos aos miseráveis favelizados desde excelência habitacional à assistência médica e hospitalar aos desprovidos das condições mínimas de sobrevivência em área de risco urbano, companheiro. Neste andamento, eu posso até afirmar co' convicção que, a partir do projeto revolucionário de realocação das comunidades populares, realmente irá ficar demodê o refrão dos flagelados de que o único braço do Estado, que adentra o espaço da favela é a Polícia Militar, impetuosa e corrupta. — empoderou-se o proponente Armando Fontes, que se predispusera a se infiltrar pelos desvãos do mecanismo de defesa, por intermédio de uma argumentatividade progressista, a se pautar pela máxima de que o sistema há de considerar os cidadãos em estado de indigência em pleno século XXI.

— O problema é que o governador Lizandro Rocha quer se eleger presidente da República, escorraçando favelado co'a remoção despótica das comunidades bem situadas geograficamente, deputado. Além do mais, os senhores hão de admitir que eu precise consultar o meu cliente Fabrício da Silva, sobre a inusitada oferta de liberdade e trabalho, que ressuscita o antigo ofício de caçador de escravo exercido por negros e mestiços, porque favela é o quilombo da contemporaneidade, parceiro. — rebelou-se Floriano Professor, ao se reportar aos superiores hierárquicos embasbacados co'a desenvoltura intelectiva do bacharel em Direito, assaz perceptivo aos pormenores da transação delicada de mudança de cadeira.

— Eu peço-te apenas que o Professor nos traga o quanto antes a resposta do narcotraficante Carne Negra, porque, caso contrário, confesso, nós pensaremos em outra designação de vulto marginal, p'ro encargo da mais alta fidúcia da Secretaria de Segurança Pública do Estado do Rio de Janeiro. — findou Fontes, ao salientar a importância da remissão imobiliária, de vez que todos os arrendatários remanejados das comunidades da orla carioca seriam assentados co'o justo e leal compromisso urbano.

— Presta atenção que, antes de consultar o bandido Carne Negra do Vidigal, o Professor irá passar direto no endereço do cartão que o Coronel De Lara irá lhe entregar em mãos, de modo que o senhor solicite audiência privada co'o desembargador Aldair Nunes Trigueiro, p'ra desburocratizar a tramitação da carta de alforria do teu cliente afamado, co'a máxima urgência jurídica, companheiro. Ao senhor, coronel, eu peço que tu me faças a gentileza de conferir se não houve gravação de celular do diálogo, por obséquio. — orientou-os o secretário Armando Fontes, grilado co'o vazamento do conteúdo programático da reunião sigilosa, cuja pertinência socialista do progressista Lizandro Rocha, no momento adequado se notabilizaria pela mais apurada sensibilidade social estabelecida nos degraus depauperados da História pátria.

— O senhor pode ficar sossegado, que faz tempo que eu não pego em celular nem em arma de fogo, deputado. — tranquilizara-o Professor, que há tempos não lidava diretamente co'o tráfico de drogas, portando-se mais como uma espécie de conselheiro jurisconsulto do bando do Fabrício Carne Negra do Vidigal.

— Que bandido é tu, parceiro, que não bebe, não fuma, não cheira e não pega em arma de fogo, camarada? — intrometera-se a antropóloga Ana Lívia, utilizando-se da velha e surrada máxica de provocação, p'ra seduzir aquele que, assaz, já estava impressionado co'o porte físico e intectual da fêmea branca de descendência europeia.

— P'ra seu governo, eu não sou bandido, não, doutora. — piscou retina esquerda o enigmático Dom Juan negro, cumpliciando-se co'a antropóloga e cientista social Ana Lívia, que física e ideologicamente o interessara de verdade, como fêmea potencialmente intelectualizada.

No Amarelinho da Cinelândia, a sua amásia Lourdinha solicitava ao garçom Chico um bife à milanesa, co'o arroz branco e batata frita, enquanto o aguardava co'a boa-nova da alforria. Não obstante, pouco antes de sua penúltima garfada de carne de vaca, o Professor, esbaforido e faminto, dentrara o restaurante tradicional da zona boêmia da cidade, frequentado por inúmeras celebridades adeptas da patuscada carioca. Durante a trivial e rotineira refeição de almoço, ao beliscar um tasco da carne mal passada, a negra Maria de Lourdes mirava o Bacharel do Crime, que disparara, à queima-roupa, sem preâmbulo introdutório, que só dependeria do comparsa encarcerado a abertura da porta da frente do presídio Bangu I.

— Lourdinha querida, em breve o Fabrício irá sair da cadeia e tu vai ter de se decidir co' quem tu vai querer ficar: se comigo ou co'ele, preta. — depôs ultimato, arrancando o paletó azul-marinho, à proporção que o dependurava às costas da cadeira, ao sentar-se de frente p'ra amante, assombrada co'a boa-nova que lhe dera o causídico penalista.

— Quer dizer que o velho e bom Carne Negra do Vidigal vai mermo ser posto em liberdade, depois de quinze anos de xilindró, por ordem da Justiça, co'o habeas corpus assinado pelo sagaz Dr. Floriano Mendes, ao mesmo tempo em que me trancafia em beco sem saída de escapula, malandro? — inquietara-se Lourdinha.

Enquanto isto indagava se, acaso se resolvesse por ele, o Professor, estaria disposto a abandonar a Dora e família, p'ra, enfim, se dedicar a ela, a eternal Outra, a Maria de Lourdes; e, na iminência de ter de se decidir entre o bandido prestes a ganhar a liberdade e o seu Floriano Professor, a irresoluta Lourdinha ficava agoniada co'a reação do impulsivo e cruel Carne Negra, que a declarara como esposa oficial desde quando a fêmea se entregara em troca da liberação do grande amor de sua vida das garras dos vermes fardados da Polícia Militar do Rio de Janeiro (PMERJ). A verdade era que uma hora a resolução mais cedo ou mais tarde houvera de chegar p'ra Maria de Lourdes, que se aliara ao chantagista Carne Negra, mas sempre fez questão de manter o vínculo amoroso clandestino co'o Floriano Professor, arriscando o couro cru à beira da chibata do sanguento dono do Morro do Vidigal.

No período em que o narcotraficante Carne Negra estava em liberdade, a desavisada Lourdinha e o seu Bacharel do Crime se topavam, às escondidas, quando e onde era possível, já que a vigilância acirrada do patrão não lhes possibilitava vida fácil, p'ros rendez-vous de afago e saliência. Ainda assim, co'a tudo difilcudade de percurso, livravam-se da marcação virulenta do líbero Carne Negra, a fim de que se permitissem um instante efêmero e fugaz de felicidade.

— Foi decidido que o Fabrício sairá em liberdade condicional, desde que se renda aos apelos políticos do deputado federal Armando Fontes e do Coronel De Lara, p'ra cumprir a pena de duzentos e tantos anos longe do presídio; mas próximo de tu, Lourdinha. — professou o advogado, predisposto a ouvir a verdade dos lábios da amante, indecisa por pretextos que, neste caso especificamente, a própria razão não desconhece, porque a fêmea disputada se apercebia de que, caso optasse pelo Professor, o Carne Negra, sentindo-se traído, muito possivelmente, decretaria a sua sentença de morte pelo gatilho macabro do Dodó Mão de Cova, o Exterminador.

— E quando é que ele vai sair da prisão, Floriano? Eu preciso ao menos ter noção de quanto tempo eu disponho p'ra decidir entre tu e o Fabrício, porque há quinze anos ando co'o espírito apreensivo por botar um ponto final na bigamia crônica. — desabafou-lhe Lourdinha, co'a corda no pescoço.

— Em três dias no máximo, o Fabrício Carne Negra 'tá de boa na rua e vai sair correndo p'ra bater direto na porta do teu barraco, neguinha. E o pior é que eu também vou ter direito a um bom dinheiro, p'ra trabalhar co'o projeto de assessoria jurídica e social de reabilitação dos moradores das comunidades do Morro do Vidigal, da Vafela da Rocinha e da Chácara do Céu, Lourdinha. — antecipou-se o recém-contratado, explicitando que, co'a ascenção pecuniária, iria alugar um imóvel fora da favela p'ra Dora e as crianças residirem, até que ela se acostumasse co'a ideia de ter perdido o homem dela de uma vez por todas p'ra sua irmã caçula Maria de Lourdes.

— Quer dizer que a tua esposa Dora vai meter o pé da comunidade, até se acostumar co'o abandono do homem dela, querido? E tu agora vem me dizer a mim que já 'tá tudo decidido por tu, Floriano. E que eu vou morar contigo e tal, sem por um acaso me consultar se eu quero ou não, Professor? — incriminou-o a ressentida Lourdinha, ao pressentir que o eterno amante pretendia prosseguir co'o jogo de gato e rato de toda vida, sem abrir mão da patroa e da amante da rua, revivendo a imitação do gesto arbitrário do Carne Negra, quando a coagira a entregar-se em troca da libertação do seu homem amado.

— Tu é minha mina de fé ou não, Lourdinha? Pelo visto, tu 'tá mais inclinada ao Fabrício, seduzida pelo trono da favela que te coroou de primeira dama da realeza de pau-a-pique e zinco. — injuriarou-a Professor, pressurosamente.

— Tua mina de fé é a Dora, rapá, que sempre foi casada contigo, Floriano; e não eu, a Lourdinha, porque agora eu sou, de fato e direito, propriedade do Carne Negra do Vidigal, sim, Professor. De tu, eu sou amante, caso, rolo, puta, o que for de mais vil e abominável, seu doutor; mas garanto a tu, que sou tudo mermo p'ra tu, menos a tua mulher, nego. — incomodou-se co'a conversa fiada do malandro, que afastava a esposa da cena do crime, p'ra tê-la à mão quando lhe desse na telha em usofruto da alcova de barraco, ainda que, no papo reto, o Professor se esforçasse p'ra desenrolar o arranjo conjugal da bigamia.

— Escuta o que eu tenho p'ra te dizer a tu, Lourdinha: eu arranjei um emprego honesto fora da criminalidade, p'ra eu poder sustentar tu e ela, sem precisar me submeter ao tráfico de drogas, mulher. Por isto, podes crer que eu irei pagar uma boa pensão à tua irmã Dora, p'ra se garantir a sobrevivência da família. — arriscou-se o homem obcecado pela manutenção da tranquilidade conjugal, sem abrir mão da companhia da concubina.

— Tu quer mermo, na real, um sincero conselho de amiga, Floriano? Carrega a tua esposa e os teus filhos p'ra longe da favela, cara. E vê se me esquece de uma vez por todas, que eu quero mermo que tu saiba logo que eu vou ficar co'o Fabrício; e não co' tu, Professor. Eu vou ficar como mina de fé do Carne Negra do Vidigal, não por me sentir seduzida pelo trono da realeza de lata da favela, não, querido. 'Tá decidido por mim e não por tu; 'tá me compreendendo, querido? Mesmo porque, se tu quisesse me assumir, já teria feito há muito tempo, nessa década e meia que o Carne Negra esteve agarra no xadrez, meu bem. — deliberou-se sem ocasião hábil de revide p'ra bala trocada não doer, distanciando-se da relação adúltera.

— Maria de Lourdes... Lourdinha... Maria de Lourdes... Lourdinha... — esquivara-se mediante a insensatez feminina, que não lhe dera sequer azo de regeneração.

Empós se reunir co'o desembargador Aldair Nunes Trigueiro, o Floriano Professor se direcionara ao presídio Bangu I, p'ra liberalização do detento Fabrício da Silva, o Carne Negra do Vidigal, que já cheirava a mofo da temporada curtida, sob os auspícios do sistema carcerário estadual. Não obstante, o detento não aparentava ter sentido na pele empretecida bem conservada diante dos maus-tratos do período de carceragem, ao qual fora submetido p'ra cumprimento das óbvias sanções jurídico-penais.

— Arruma a porra dos teus panos de bunda, parceiro, que tu 'tá solto agora, que nem passarinho que pronto p'ra bater asa p'ra longe de gaiola, meu compadre Fabrício Carne Negra do Vidigal. Mas ó: liberdade condicional; sacou, vagabundo? Nada de extrapolar o bagulho, que nem tu estava habituado a zoar o plantão quinze anos atrás, chefia. — avisou-o o comparsa do crime, precavido diante da fidedigna condição do habeas corpus do cliente, que não aguardava tal boa-nova tão cedo em razão da dilatada sentença de condenação.

— O que é que tu 'tá me dizendo, Professor? Tu 'tá me zoando porque eu não preciso mais apodrecer em vida em cela de cárcere, meu chapa? E aonde é que nós vai comemorar a tal liberdade condicional, seu doutor de lei? — excitou-se Carne Negra, diante do documento libertário, que o expurgava porta afora da cana-dura, empós década e meia de forçada clausura e confinamento.

— Co'a toda sinceridade, amigo, eu prefiro levar esse papo reto contigo no apartamento mobiliado de três quartos da Barata Ribeiro, em Copacabana, que 'tá disponível p'ra tu co'a geladeira bonita de cerveja e aluguel de temporada quitado, patrão." — desconversou Professor, co'o ar de mistério, aludindo ao imóvel cedido ao bandido pelo capcioso Armando Fontes, que semeara verde p'ra colher maduro.

— Desde quando tu tem permissão p'ra alugar apartamento de luxo em Copacabana, compadre Floriano? 'Tu agora deu p'ra ficar me roubando a merenda da boca de fumo, seu rapá? — assuntou-se Carne Negra, intrigado co'a menção ao imóvel alocado, à medida que o abraçava e o beijava de alegria, a celebrar livre-alvedrio em comunhão co'a probabilidade de reassumir o controle da comunidade.

— O imóvel é alugado, não é meu, não, xará. Mas o que importa é que há um apê de luxo à tua disposição em Copa, nego. Como eu lhe disse, é mais conveniente nós conversarmos sobre o caso quando chegarmos até a residência do asfalto, porque parede de cadeia tem ouvido de tuberculoso, mano. — pontuou Professor, ao desvendar o enigma do endereço nobre destinado ao ex-presidiário, que não concatenava a menção reproduzida pelo advogado sem intróito, o Bacharel do Crime preparava o espírito do comparsa atordoado pela ladainha de progressão social.

— Confesso que não 'tô entendendo porra nenhuma; mas 'bora logo sair desse cubículo infectado, que senão o homem da toga pode mudar de ideia e resolver me trancafiar por mais quinze anos de xilindró, mané. Mas eu queria mermo era ir p'ro meu Vidigal p'ra ver a minha Lourdinha, porque Copacabana é o caralho, rapá. Eu vou fazer o quê em Copacabana, Professor? Eu quero mermo é dar uma festança de arromba p'ra toda comunidade, só p'ra dizer geral p'ra rapaziada que o Carne Negra do Vidigal 'tá de volta em liberdade, que nem pinto ciscando em lixo da favela. — anunciou o famígero marginal, ao rejeitar a moradia gratuita do apartamento da Barata Ribeiro, sob argumento de que não nascera p'ro convívio pequeno-burguês da classe média alta de Copacabana.

— No momento adequado, nós vamos, sim, preparar folguedo co'o churrasco, cerveja e salva de tiros p'ra toda comunidade, incluindo Rocinha e Chácara do Céu, que irá receber de braços abertos o Fabrício Carne Negra do Vidigal, patrão. Porém, antes eu preciso te colocar ciente da situação política, porque saiba tu que, p'ra negociar a tua liberdade da prisão, eu fui obrigado a fazer acordo co'a Secretaria de Segurança Pública do Estado do Rio de Janeiro, mais especificamente co'o deputado federal Armando Fontes e um velho conhecido teu das antigas, o hoje Coronel De Lara. — acautelara-o o bacharel em Direito, patenteando-o juridicamente.

— Quando é que esse canalha do Coronel De Lara vai desencarnar de mim, parceiro? Porra, já não bastou a perseguição implacável, que esse filha da puta aprontou p'ra cima de mim, depois do acidente co'o gringo gay, Professor? — receou-se o bandido quanto ao ardiloso oficial de polícia.

— Pelo visto tão cedo o homem não vai desgrudar de tua pele e sombra, mano. Mas, antes de tudo, é preciso te dizer também que o Coronel De Lara é um dos principais responsáveis por tu 'tá sendo posto em liberdade, parceiro. Que se não fosse o oficial de polícia, tu não largava esse osso duro de cadeia tão cedo, mano. — transpareceu o Bacharel do Crime, convicto de que a parceria co'o Coronel De Lara se estenderia por longa data de convivência criminosa.

— Então, tu quer me dizer que o verme safado deve de 'tá precisando muito da presença do Carne Negra do Vidigal, por que aonde é que já se viu políça soltar bandido impunemente, mermão? Deve ser p'ra mim fazer algum serviço sujo p'ro safado do verme de farda, que macaco velho não bota a mão em cumbuca de milho, não, compadre. — precaveu-se, suspeitado da benignidade do oficial militar, que jamais deu ponto sem nó em cordão de marinheiro de primeira viagem.

— Tu pode até ser teimoso p'ra caralho, mas burro tu nunca foi, não, parceiro. Só que tu não imagina o quanto o Coronel De Lara está precisando p'ra caralho de tu agora, Fabrício. Na real, eu só posso te adiantar que, depois de uma década e meia, tu vai ter de encarar o verme de farda pela primeira vez, face a face, sem desavença ou tiro trocado, malandragem. Contudo, o melhor a fazer mermo agora é tu dar o fora o mais rápido possível desse teu cubículo claustrofóbico de merda, p'ra tu poder respirar ar puro da brisa marítida da Avenida Atlântica, que, depois de uma eternidade engaiolado, tu já 'tá ficando até co'o cheiro de naftalina, nego. Copacabana me engana, Fabrício Carne Negra do Vidigal!... — excitara-o Professor, sôfrego por romper o portão do presídio Bangu I, disfarçando a perda mulher amada, a Lourdinha, que não suportara o jogo duplo familiar.

Empós década e meia de reclusão, o ex-detento Fabrício da Silva fora sequestrado pela triste recordação da madrugada do homicídio do homossexual norte-americano, que subira o Morro do Vidigal co'o namorado p'ra consumir a cocaína da boca de fumo, meter a venta dando o seu teco de lei no pó de Eros e ir-se embora tranquilamente, sem graves consequências p'ro livre e desconexo caminhar da humanidade. Todavia, p'ra sua má-sorte o gringo tropeçara na intolerância da cultura machista, vigorar no seio da comunidade, que exorta o preconceito ao legislar que homossexualidade é crime digno de infortúnio capital.

— Que porra de veadagem é essa agora na favela, Dodó Mão de Cova? Virou Disnelândia esse caralho, Siri Gago? — exaltou-se Carne Negra, absurdamente drogado, logo assim que avistara a cena do casal homoafetivo de mãos dadas a desfilar pela comunidade, como se o mundo fosse acabar em arco-íris.

— Qu-que só-só na-não po-po-de dan-dan-çar ho-ho-mem co-co' o ho-ho-mem; ne-nem mu-mu-lher co'-co' mu-mu-lher, me-meu pa-pa-trão. — brincou-o Sirizinho, amenizando o mal-estar da afronta moral dos gays enamorados.

— Que papo é esse de mãozinha dada de macho co' macho, rapá? 'Tá vendo, não, que eu 'tô levando puxão de orelha do patrão, por causa dessa porra de sem-vergonhice de vocês dois, sua boneca de trapo? — adordou-os Dodó Mão de Cova, rendendo-lhes co'o fuzil AR15 nos cornos, como se futucasse o discaremento cometido involuntariamente, co'o garfo demoníaco da penalidade anunciada.

— O Vidigal agora virou parque de diversão de Barbye, Shakira? Aê, Dodó Mão de Cova, tu vai acabar co'essa viadagem do caralho ou eu mermo vou ter de dar uma basta nessa passarela de gay, parceiro? — enfesou-se o dono do morro, por não admitir que dois homens iguais trafegassem por seu território, estampilhando a proibida união além-fronteira.

— Calma, parceiro, que tu pode deixar essa bronca comigo, meu camarada. Não se estressa, não, Fabrício, que, em dois tempo, eu resolvo essa parada, rapá. Fica tranquilo e calmo, jogador, que não precisa tu ficar esquentando a cabeça, não, que eu mermo seguro a onda do casal, sem agressidade ou violência, bom. — intercedeu Professor, atemorizado de que a corda estourasse contra ao dupla de homossexuais, à mercê da intempestividade do rancoroso Carne Negra, que, a qualquer momento, era capaz de incitar o matador Dodó Mão de Cova, ao homicídio doloso dos gays viciados.

— Tu agora é doutor advogado da boiolagem do Leblon, Professor? Advogado de cu é rola, vagabundo. Quer dizer então que neguinho sobe o morro p'ra bagunçar o coreto da favela e tu fica dando uma de embaixador de boneca de cu arrombado, mané. Siri Gago, amarra esses filha da puta, um de bunda agarrada no outro que nem cachorro vira-lata, quando pega cadela no cio. — exigiu Carne Negra, desautorizando-o sem diplomacia, uma vez que, se afrouxasse co'as regras da comunidade, não demora metiam a pica em seu rabo preto de patrão.

— O que é que tem de mal em nós dois de mãos dadas na favela, amigo? Por acaso, o sentimento entre duas pessoas do mesmo sexo é proibido em sua jurisdição, chefia? Paz e amor, Fabrício. Gay também é gente de carne, osso e tesão. — desnaturalizara o cenário homofóbico construído pelo traficante de drogas, tornando o clime insuportável mediante o caráter explosivo do bandido Carne Negra, que rejeitava ser contrariado em sua integridade absolutista.

— Juridisção é o caralho, rapá, que isso é boca de fumo, porra. Além do mais, eu não tenho amigo viado, não, meu chapa. Sirizinho, tu cumpre logo co'o que eu 'tô mandando tu fazer, rapá. Não dá bola p'ra lenga-lenga do Professor, não, que ele que ser bonzinho co' todo mundo, pedindo por um, intercedendo por outro; mas quem manda no bagulho doido mermo é o Carne Negra do Vidigal; 'tá ligado, doutor? — inclinou-se, assombrosamente, enquanto que Siri Gago o atendia prontamente, porque, afinal, manda quem pode e obedece quem tem juízo.

— Qu-qual fo-foi, sa-san-ta? Qu-qui-e-e-ti-ti-nh-nha, qu-que tu-tu na-não 'tá-'tá o-ou-vi-vin-do o-o me-meu pa-pa-trão de-de--cr-cre-tou, na-não, Su-su-zy? O-ou e-e-le 'tá-tá fa-fa-la-lan-do gre-gre-go o-ou la-la-tim co'-co' tu-tu, su-sua bi-bi-cha lo-lou--ca? — increspou-se o segurança da boca de fumo, nervosamente gaguejante e impaciente, à proporção que o Professor antevia que a situação se tornara incontonável, acima de tudo devido ao grauu de alucinação assimétrica ocasionada pela cocaína consumida pelo Carne Negra, que fungava feito boi-ladrão, ao esparzir espuma branca pelos cantos da boca preta de ódio.

— Pelo amor de Deus, segura a tua onda, mermão. Deixa comigo, cara, que eu vou contornar a parada dos gays do asfalto, Fabrício, sem violência co'os viciados que subiram o morro de boa, sem intenção de desrespeitar boca de fumo da favela, parceiro. Por favor, vai beber um negócio ali na barraca, p'ra tu esfriar a cabeça e contar até três antes de cometer uma besteira, em razão de um mal-entendido à-toa, meu camarada. Pode pedir e botar na minha conta, que eu pago, co' prazer e satisfação, o whisky paraguaio p'ra tu, Fabrício. — aconselhou-o Professor, no afã de acalmar a situação desagradável, prevendo que o Carne Negra estava a ponto de explodir diante do delito ético e moral.

— Leva a mal, não, meu querido, mas é que ele é estrangeiro, gringo, norte-americano; e insistiu muito comigo p'ra conhecer o Vidigal, sem intuito de ofensa a ninguém, nem muito menos a traficante de morro, irmão. O camarada está no Brasil faz pouco tempo e ainda não compreende direito código de favela, gente fina. Perdão, carinha. — agravou-se o desastrado visitante, ao tentar dar explicação sobre a diferença cultural; no entanto, fazendo co' que a emenda saísse pior do que o soneto, o homossexual freguês de pó irritara ainda mais o chefe do tráfico de drogas da localidade.

— Pode logo ir tirando a tua mão de cima da mão do gringo veado, rapá, que favela não é passarela de bicha louca, não; morou, boneca? — estranhou-o o invocado Carne Negra, ao injuriar-se co'a absurda indolência do gay viciado em cocaína, que demonstrava afeto inadmissível aos padrões arcaicos dos nartraficantes do Morro do Vidigal.

Ao término da imobilização, o estrangeiro, que até então se mantivera em silêncio, manifestara-se, identificando-o.

— Ela é minha namorado... Ele é meu namorada... Ela é minha namorado... Ele é meu namorada... — assujeitara-se o forasteiro afeminado, sem abranger que estava sendo incoveniente a ponto de entornar o caldo da tigela, visto que a revelação do laço sentimental fora tomada como ultraje pelo exaltado cocainômano.

— O que foi mermo que tu falou em língua de gringo, seu zé-ruela? Diz logo p'ra mim direito, se tu é namorada ou namorado do comédia queima-rosca, rapá. — arrenegou-se Carne Negra, indócil por fazer jus à sânie de índole malévola.

— Nós estamos juntos em nome do amor, sim, senhor; e não do ódio, amigo. Mas isso não importa agora, porque eu juro que nós só queremos comprar pó e meter o pé da favela na paz de Cristo, sem injuriar ou ofender ninguém, conforme eu disse, tampouco bandido dono de morro; sacou, mano? Pô, eu te digo de coração, que sempre subi favela do Pereirão, do Cerro-Corá, da Babilônia e Chapéu Mangueira, p'ra buscar droga sem problema nenhum co'o vapor de plantão ou morador de comunidade. — despistou o freguês de cocaína.

O viciado estendeu a mão co'o dinheiro da droga, como se manumitisse da convivência co'os marginais habilitados a ceifar-lhes a vida num átimo de segundos, em macabra cronologia do homicídio, que, no afã de justificar-se sem queda de braço, a vítima se esmerava a não tripudiar sobre a autoridade do chefe do tráfico de drogas, detentor do pensamento retrógrado sobre o diálogo da liberdade de opção sexual. Não obstante, a cada instante da alegação, o forasteiro homossexual se embaraçava ao esbarrar na posição preconceituosa do bandido Carne Negra, que se arbitrava a decidir sobre o destino do casal gay.

— Nós só viemos cheirar cocaína e ir embora da favela, sem ofender a mãe do bandidão de morro; né, não, Margarida? Quer saber tu na lata, boneca? Enfia logo o discursinho burguês nesse teu rabo de veado arrombado, que ninguém na favela vai se atrever a te vender porra de pó nenhum sem autorização do Carne

Negra do Vidigal; morou, Annita? — esculachou-o, abruptamente, enquanto atirava ao chão a nota de cem reais do desabitual cliente de ocasião.

— Eu me chamo Alfred, querido. — estendeu-lhe a mão o homossexual ultrajado pela ignorância do agressor, num aceno pacífico de redenção.

— Cala a tua boca, viado, que ninguém na favela quer saber o teu nome de guerra, não, Alfred. — imputara-o ao esbofeteá-lo Dodó Mão de Cova, desafeito aos bons gestos de cordialidade.

— Pelo amor de Deus, deixa nós irmos embora da favela agora mesmo sem atrito ou confusão, cara, porque eu tenho direito de cheirar cocaína sem melindrar vagabundo dono de morro, por causa da minha opção de homossexualidade. — complicou-se o freguês afeminado, ao tentar atenuar o ato, p'ra ele natural, de dar mãos ao namorado de origem estrangeira.

— Tu sobe o morro, vem de boa avacalhar a porra toda do palanque de nóis; e agora quer meter o pé da favela de mãozinha dada co'a bicha gringa; né, não, filha da puta? Sirizinho, vende a porra da droga p'ro cara logo, p'ra acabar co'esse quiproquó do caralho, rapá. Pode liberar o bagulho do freguês, que eu 'tô mandando tu passar o pó das bicha louca, sem vacilação. — consentira Carne Negra, em falsete, todavia.

— Tu-tu qu-qu'é pó-pó d-de qua-quan-to, Ci-cin-de-de-re-re-la? Te-tem d-de de-dez, vi-vin-te e-e ci-cin-qu-quen-ta me-mer-rel, ch-che-fia. — aprestou-se o vapor tartamelo, coçando o saco de droga em obediência ao patrão que, à espreita, aguardava o momento de fazer a onça beber água.

— Aliás, pensando bem, tu não vai vender porra de pó a veado nenhum, não, Siri Gago, que bicha louca tem de tomar no rabo e não cafungar cocaína de primeira linha da boca de fumo do morro; 'tá ligado, Dodó Mão de Cova? — contradisse, desdizendo-se no que tange à permissibilidade de comerciar cocaína p'ra dupla homossexual usuária de entorpecentes.

— Porra, cara, tu 'tá cheirado p'ra caralho, Fabrício. Sem necessidade, tu fica se estressando por uma parada à toa, parceiro. Por favor, mermão, deixa que eu resolvo a parada sem esculachar viciado gay, amigo, porque eu estou te garantindo que, se tu deixar a responsa comigo, eu dou solução de boa, sem violência gratuita, seu rapá. — espaçara-o Professor, p'ra que não se derramasse sangue em vão, mediante intransigência daquele que detém disposição equivocada de apertar o gatilho da arma de fogo.

— Ele é meu namorada... Ela é minha namorado... Ele é meu namorada... Ela é minha namorado... — estresiu o exótico forasteiro, co'os trajes de safari africano, fabricado no continente asiático por determinação capitalista made USA, co'o intuito de exploração trabalhista da mão de obra local.

— Afinal, tu é namorada ou namorado do gringo, Bianca? Manda esse veado tipo exportação calar a porra da matraca, p'ra mim não precisar fazer barulho ao estourar os miolo da bicha estrangeira co'uma rajada de fuzil, Professor. Diz logo, fala tu, seu afeminado de merda: o que é que tu é da bicha gringa - macho ou fêmea, Barbye? — ameaçou-o co'a arma de fogo engatilhado, impacientando-se co'a fala reiterada do homossexual estadunidense, a tagarelar sob efeito do estado de cocaína.

A eloquência descontrolada, que já estava o tirando do sério, pelo simples fato de que o gringo gay não desligava o botão do controle remoto, era margeada pela altercação do bandido Carne Negra, em diálogo co'a comicidade do hilário soldado do crime.

— Di-diz p'r-p'ra mi-mim: é-é na-na-mo-mo-ro o-ou a-a-mi--mi-za-za-de, ô-ô ga-gay-zão? — zombou Sirizinho, desmunhecando como gay afetado padrão de humorístico.

— Rogo a Deus pelo que lhe for mais sagrado, que eu implora mais uma vez p'ra deixar eu comprar o pó das mãos de vocês e ir-me embora desse circo de horrores, co'o meu meu amigo estrangeiro, sem esculacho ou desmoralização. — suplicou Alfred, apavorado co'a selvajaria do espetáculo da favela, cujo protagonismo coubera ao facínora de arma em punho, a atemorizá-lo perante o risco de ameaça à sua integridade física.

— Já não mandei tu calar a tua matraca de porra, veado? Calado, porque senão eu peço ao Dodó Mão de Cova p'ra castrar vocês dois; e boto p'ra descer o morro cada um co'o caralho do outro dentro da boca; morou, Pablo Vittar? — amendrontara-os Carne Negra, co'os tiros de aviso p'ro alto, co'o desígnio de acovardamento.

— Ele é meu namorada... Ela é minha namorado... Ele é meu namorada... Ela é minha namorado... — iterou-se, desavisadamente, o turista gay norte-americano, extrapolando qualquer limite de paciência ou tolerância.

— Caralho, que nóis vai fazer então até melhor, Sirizinho. Tu quer ver só, sua Gata Borralheira? Siri Gago, tu vai lá no teu barraco buscar duas muda de roupa no armário da tua irmã, a Jupira, que eu quero ver as duas cocota descendo a favela co'o decote de peito de silicone e bunda de crioula. — determinou o bam-bam-bam do pedaço, decidido a degradar a imagem da freguesia sem trégua de aliviação, o que obrigara o marginal tartamelo a despencar viela abaixo, co'o objetivo de cumprir a ordem do patrão sem pestenajar, à medida que o Anão Assim rasgava a vestimenta dos insulados consumidorres de droga.

— T-tem er-er-ro, nã-não, me-meu pa-pa-trão. — gaguejou Sirizinho, que, apressadamente, saíra disposto a travestir de mulher os aterrorizados reféns da boca de fumo, como nos blocos de piranha do Carnaval carioca.

— Por favor, seja razoável conosco, amigo, já que nós só viemos comprar cocaína, p'ra nos divertir um bocado durante a noite, cara. E juro que jamais imaginaria que fosse passar por tal constrangimento em boca de fumo do Vidigal, porque eu sou nascido e criado na Zona Sul do Rio de Janeiro e também porque sou freguês de pó da Malandrinha do Baixo Leblon, amigo. — perdeu-se o burguês viciado, em desespero de salvar a pele da picada de cobra peçonhenta.

— Não se fala nome dos outro em vão na favela, não, comédia. E, quer saber mermo tu, Isabelita dos Patins? Se tu quer mermo meter a venta p'ra cheirar pó, 'tá certo, sim; 'tá errado, não, parceiro. Mas só não 'tá direito tu subir o morro de mão dada co'o outro homem, p'ra afrontar a vagabundagem da comunidade; tá ligado, xará? — educou-o Professor, sob argumento de que há preceitos intransponíveis do código de ética da favela, que não devem ser corrompidos em hipótese alguma.

— Ele é meu namorada... Ela é minha namorado... Ele é meu namorada... Ela é minha namorado... — reiterou-se, exaustivamente, destilando a última gota d'água que faz transbordar o caldo da pacacidade.

— Manda esse gringo calar a matraca suja de piroca, Professor, que, senão, eu vou mandar o Dodó Mão de Cova arrancar a língua dessa bicha louca p'ra fora do bocal, compadre. — advertira o cruento Carne Negra, ao respirar fundo, circunspectamente.

— Não fala mais nada, não, por favor, parceiro. Fica um minuto em silêncio, que eu vou tentar desenrolar co'o patrão o salvo-conduto gay, amizade. Caso contrário, tu só tende a piorar a situação de vocês dois dentro da favela, chefia. Dá um tempo p'ra mim, doutor, p'ra eu acalmar o ânimo alterado do dono do morro, sem necessidade de tirar do sério o bandido mais temido e respeitado da Zona Sul do Rio de Janeiro, o Carne Negra do Vidigal, my darling. — aliciou-o Professor, ao demonstrar a fragilidade de exposição, perante o pavio curto do quadrilheiro.

— Ela é minha namorado... Ele é meu namorada... Ela é minha namorado... Ele é meu namorada... — redarguiu-se, não se apercebendo do risco da persistência frasal, à medida que se atirava ao abismo da sepultura, sem passaporte nem carimbo de alfândega ao além incógnito.

— Puta que me pariu, Professor. Paciência tem limite, xará. E tu sabe muito bem que eu não tenho sangue de barata, não, rapá.

— amealhara-o o frenético Carne Negra, a subjugar-se até perder o juízo embaralhado pelo efeito ácido e corrosivo da cocaína.

— Não faz isso, não, por favor, que o Frank não compreende muito bem o porquê tu 'tá se estressando co'ele, não, meu chefe. Ele está apenas tentando dizer em português que nós somos namorados; e que, além de tudo, não há nada de mal em nós andarmos de mãos dadas dentro da comunidade. — impetrou o cicerone da barca do Inferno, que se lastimava profundamente de ter tido a maldita ideia de ir buscar a droga pessoalmente, ao invés de perder vinte reais p'ra motoboy do pé de morro.

No exato momento de explosão, por sorte o prestativo Siri Gago retornava co'a vestimenta feminina furtada de sua irmã Jupira, ao assaltar o guarda-roupa da primogênita prostituída.

— A-a-ê, 'tá-tá n-na mã-mão a-a fa-fan-ta-ta-si-a d-de A-a--ni-ni-ta, m-meu pa-pa-trão. A-a-go-go-ra é-é só-só ma-man-dar ve-ves-tir o-o ma-ma-ne-ne-quim e-e bo-bo-tar p'r-p'ra de-des--fi-fi-lar n-na pa-pas-sa-sa-re-la d-do mo-mor-ro, ch-che-fia. — interrompeu-o providencialmente, em sua explicação estapafúrdia sobre discernimento norte-americano, por tradução livre do idioma anglófono.

— Veste logo esses dois veado de piranha da zona de meretrício, que, por um triz, eu já ia explodindo os miolo do Madame Satã abranquejado, Sirizinho. — conduziu-o o chefe do morro, amofinado pela injúria do gesto de amor, que o ultrajara em sua percepção de conduta moral.

— Depois que fantasiar os gays viciados, tu pode liberar as bichas loucas, que os caras são viciados da área, parceiro. De mais a mais, p'ra não se arranjar tumulto p'ra nós co'o morador do asfalto, não precisa se dá mais um só corretivo nesse gringo falastrão, que mais parece papagaio que engoliu vitrola co'o disco arranhado, Fabrício. — coronhada seca.

— Fock you... Fock you. Fock you... — lamentou-se o ianque ofendido, sangrando à vera.

— Tá ficando maluco, cara? Quer jogar embaixada dos Estados Unidos, Itamaraty e a imprensa internacional, contra os traficantes de drogas do Vidigal, seu covarde de merda? O Frank está jorrando sangue pela cara toda sem parar, o que pode causar hemorragia fatal, cretino. Por favor, me deixa procurar um hospital logo, porque, se acontecer alguma coisa de ruim co'o meu amigo, que é norte-americano de nascimento, vocês serão responsabilizados pelo Ministério das Relações Exteriores, pela Polícia Federal, Interpol e até pela ONU, seu bandido desalmado. — ponderou Alfred, confiante no efeito da força de expressão, ao mencionar os mecanismos internacionais de defesa dos Direitos Humanos, que intercederiam em prol d'um visitante expatriado voluntariamente em visita ao país do Carnaval.

— Fabrício, meu parceiro, ouça o que estou lhe dizendo: o carinha afeminado tem toda razão, rapá. Presta atenção, porque, se nós assassinarmos, a sange frio, um estrangeiro no Vidigal, a Embaixado dos Estados Unidos, o Ministério das Relações Exteriores, a Interpol, a Polícia Federal e a mídia internacional irão cair de pau em cima de nós tudo, que nem Judas em Sábado de Aleluia, compadre. — reforçara Professor, espertando-o a respeito da intransigência incabível e descomunal contra um turista internacional, à proporção que, indiferente e alucinado, o insano Carne Negra, ao arregalar retinas drogadas, persistira ignorando ajuizamento de responsabilidade.

— Mermão, agora é questão de honra, xará, porque, pelo andar da carruagem, vai acabar indo os dois gay afetado p'ra vala comum mermo, pela mão sangrosa do Dodó Mão de Cova, mané. Que mané conversa mole e fiada de que 'ela é minha namorado' e 'ele é meu namorada' é o caralho, rapá. Bota logo essas bicha louca sem-vergonha p'ra desfilar na passarela do morro co'a roupa de Barbye, que eu tô mandando irado-nervoso, Sirizinho. — mandou Carne Negra, indócil e irritado, comedindo-se diante da impassilidade do tátaro marginal, titubeante e vagaroso.

— 'Bo-bo-ra lo-lo-go de-des-fi-fi-lar pe-pe-la fa-fa-ve-ve-la d-de A-a-ni-nit-ta e Pa-pa-blo Vi-vi-vit-tar, bo-bo-ne-ne-ca d-de tr-tra-po. Bo-bo-ta a-a rou-rou-rou-pi-pi-nha d-da mi-mi-nha ir-ir-mã Ju-ju-ju-pi-pi-ra, pr-p'ra br-brin-car d-de pa-pa-pai e-e m-ma-mãe, pr-p'ra de-dei-xar d-de vi-vi-a-a-da-da-gem, po-por--ra. — inibiu-os Siri Gago, ao afugentar os dois homossexuais enamorados, co'as vestes decotadas e coloridas.

— Já 'tá de bom tamanho, parceiro. Libera os carinhas agora, pelo amor de Deus, que tu já deu lição de moral p'ra caralho, Fabrício. Autoriza tu a ida do gringo norte-americano ao hospital, porque a prudência diz ser melhor deixar quieto, que vai ser melhor p'ra nós, compadre. — suavizou Professor, mediante impacto da repercussão da tragédia anunciada em mídia nacional e internacional, internet, telejornais etc.

— Tu-tu 'tá-'tá co'-co'-o me-me-do d-de que-quem, Pr-pro-fe--fes-sor? Da-da Sw-sw-at?" — troçara-o Sirizinho, esperituosamente.

— Fock you... Ela é meu namorada... Fock you... Ele é minha namorado... Fock you... Ela é meu namorada... Fock you... — abismou-se o papagaio palrador, ao suplantar bom senso do Carne Negra, apesar da abstêmia ponderação do cúmplice de criminalidade.

— Vai tomar no teu cu arrombado p'ra longe da minha favela, seu gringo aveadado!... — disparou chumbo grosso em face, matando-o.

— Não acredito que você matou o Frank, seu negro desgraçado? Não... O Frank não... Diz que é mentira, seu covarde assassino... Não... O Frank não, pela graça de Deus... Você matou o Frank, seu preto excomungado? Deus do céu, não posso admitir que você matou o Frank, seu canalha miserável!... — desesperou-se o acompanhante do estrangeiro abatido, co'as mãos à cabeça em sinal de aflição.

— Dodó Mão de Cova, completa tu o serviço co'a viúva do gringo, dando tiro no meio do olho do rabo do veadinho; e depois bota p'ra correr do morro vestido de mulher; 'tá beleza, parceiro? — afastara-se Carne Negra, sem olhar p'ra trás não testemunhando o tiro de fuzil na nádega do gay desconsolado.

— Mete pé tu da favela co'o tiro na bunda, sua bicha escandalosa!... — enxovalhou-o Dodó Mão de Cova, ao escorraçá-lo co'o ferimento à bala, repelindo-o, preconceituosamente.

Em tempo real, o ex-bandoleiro Carne Negra do Vidigal cumprimentava pela primeira vez o deputado federal Armando Fontes (União Brasil-RJ), que se dispusera a recebê-los em seu escritório político do Centro da cidade, p'ra reunião de planejamento da implantação do projeto de ressocialização imobiliária, acompanhado do Coronel De Lara e da antropóloga Ana Lívia. Na assembleia, a maior preocupação do político neoliberal era contornar o clima de revanchismo entre o oficial militar De Lara e ex-detento Fabrício da Silva, de modo a não se remoer o passado co'a pá de cal da discórdia.

— Seja muito bem-vindo à liberdade, Dom Carne Negra do Vidigal, porque, a partir de hoje, Vossa Excelência fará parte da equipe top de linha do Coronel De Lara, vosso antigo adversário na lúdica brincadeira de infância de polícia e ladrão, quando, ainda tenententezinho de batalhão sem cargo de chefia, se embrenhava por becos e vielas atrás da bandidagem carioca, em busca de reconhecimento de caserna. — reverenciara-o o hábil Armando Fontes, intermediando o reencontro dos ferrenhos inimigos de outrora, até o aprisionamento do bandido Carne Negra, no bola ou búlica da vida bandida, em que caíra nas garras da Polícia Militar do Rio de Janeiro, a partir da obcecação do ultrajado Sargento Touguinhó, o Boca Torta.

— Quanto tempo faz que o senhor me prendeu de bobeira na caixa d'água do barraco do alto da favela; né, não, meu coronel? O fato é lendário Carne Negra do Vidigal não suportou a pressão da mídia internacional, que divulgava, a todo instante, façanha e fotografia do bandido mais procurado desta selva de pedra alcunhada Cidade Maravilhosa. — resiginara-se, sem repudiar o aperto de mãos proposto pelo cortês anfitrião, exímio mediador de conflito bélico de ideologias e oralidades, no Congresso Nacional.

— Eu me recordo de que, no estúpido homicídio do homossexual de origem norte-americana, os meios de comunicação pátrios e estrangeiros co'o todo clamor midiático a influenciar a opinião pública converteram o artífice Carne Negra do Vidigal em persona non grata, obrigando-me a constituir uma caçada voraz e ininterrupta, p'ra capturá-lo vivo ou morto, como em faroeste de John Ford e Yul Brynner, co'o direito a cartaz pregado em portal de ermida e saloon. — rememorara-se o oficial militar De Lara, que se empenhara integralmente p'ra botar atrás das grades o procurado homicida homofóbico, conforme o intitularam no período da perseguição.

— Quem diria que, empós nada menos de quinze anos contínuos, vocês dois estariam selando a paz em prol da cidade do Rio de Janeiro, coronel. Entretanto, tornou-se imprescindível explicitar aos senhores presentes, incluindo-se o bacharel Floriano Mendes e a Dra. Ana Lívia, que os mecanismos de sustentação da política de desmobilização das comunidades populares, concebidas pela cúpula de comando do primeiro escalão do governo Lizandro Rocha se catalogam co'a tua liberdade condicional, Sr. Fabrício da Silva. Assim como em outros tempos se edificou forte apelo midiático por sobre a sua captura irrevogável, de maneira a dar satisfação à sociedade, que exigia a cabeça do Carne Negra do Vidigal exposta em bandeja de prata, conforme os macacos fizeram co'o Virgulino Lampião e Maria Bonita, no Nordeste da década de 30, tornara-se imprescindível a transposição dos habitantes marginalizados; leia-se morador de comunidade e narcotraficante, que ocorreria na mais pura tranquilidade, sem conflito urbano que desaguasse em perdas de vidas humanas, haja vista que o que estava em jogo político a exitosa candidatura do governador Lizandro Rocha à presidência da República Federativa do Brasil. De acordo co'a sumária extinção do crime organizado e o extermínio das facções criminosas da Zona Sul desta Cidade Maravilhosa de São Sebastião do Rio de Janeiro. — pontuou o magníloquo e facundo Armando Fontes, co'a sua didática peculiar pautada em lições do poder, que houvera se instaurar por intermédio das relações perigosas entre instituições antagônicas, tais como Polícia versus Bandido.

— A verdade é que, quando o governador Lizandro Rocha extinguir a criminalidade juntamente co'as favelas da Zona Sul carioca, elegendo-se em primeiro turno p'ra assumir a presidência desta República das Bananas, nós vamos 'tá co'a liderança do tráfico de drogas frágil e desarmada, assim como o cangaço de Virgulino Lampião, Maria Bonita, Corisco e Dadá, apenas p'ra citar o cangaço nordestino mencionado pelo mentor intelectual da empreitada imobiliária, o deputado federal Armando Fontes, possível ocupante do Ministério da Justiça do Brasil. — esclarecera Professor bom conhecedor da inverídica História do Brasil, repaginada pelo esbranquiçamento dos heróis da pátria amada idolatrada, salve, salve.

— Atenção que são dois milhões de reais de luvas em conta bancária do cidadão Fabrício da Silva, menos os vinte por cento dos honorários do advogado, Dr. Floriano Mendes, sem contar o teu salário fixo em conta bancária, afora o apartamento de três quartos em Copacabana, companheiro. — enumerou o articulista Armando Fontes, principal responsável pelo destrancamento do bandido Carne Negra do Vidigal, posto em liberdade p'ra cumprir a missão cívica de apaziguar as lideranças do tráfico de drogas e população comunitária.

— E o senhor pode me dizer exatamente o que eu preciso fazer p'ra ser agraciado pela gratificação de dois milhões de luvas, além do salário compatível co'o cachê d'um ladão de colarinho branco e co'o apartamento de luxo em Copa, seu doutor deputado? — provocou-o Carne Negra, intimidativo diante da esmola demasiada, que causara pé-atrás dessantificado no bandido veterano, que se habituara a receber da Polícia Militar nada além de chumbo grosso e extorsão de arrego pré-acertado co'a viatura do plantão 12 X 72 horas.

— Em suma, o deputado Armando Fontes e o Coronel De Lara desejavam que tu se prostituísses socielmente co'o Projeto de Ressocialização das Comunidades Populares (PRCP), p'ra enxotar co'a propriedade corriqueira os moradores favelizados em estado de marginalização da Zona Sul do Rio de Janeiro, lá p'ros confins da Zona Oeste, Baixada Fluminense, São Gonçalo e Itaboraí. — distinguira o advogado negro, que havia evitado tocar no assunto detalhadamente co'o Carne Negra, por desconfiar de que a reação fosse impetuosa e explosível, no que concerne ao seu caráter rebelde de combatividade ao lidar co'os vermes de farda.

— O senhor está muito equivocado, companheiro, porque, absolutamente, não se trata de prostituição social, não, meu Professor. De fato, o governador Lizandro Rocha necessita co'a urgência urgentíssima da força de liderança do Carne Negra do Vidigal, sobretudo, p'ra acoimar co'a diplomacia inédita a criminalidade da Zona Sul carioca, por intermédio da assinatura do contrato co'as garantias jurídicas asseguradas pelo Ministério do Trabalho desta República Federativa do Brasil. — entrecortou o secretário Armando Fontes, aclarando as ideias do jurisconsulto tendencioso, que receava ser acusado de traição pelo cliente, ao ocultar o intuito de guetização neonazista, alicerçado pelas políticas públicas de cunho higienista das autoridades governamentais fluminenses.

— Enquanto isso, por detrás da cortina do espetáculo, o governo estadual há de expulsar na marra os habitantes marginalizados da orla carioca, p'ro raio que o parta de conjunto habitacional de nomeada CHÔs, localizado onde Judas perdeu as botas, co'o pé na bunda usual do braço-de-ferro do presidenciável governador Lizandro Rocha, sem indenização que o valha pela memória do esquecimento. — filosofou Ana Lívia, em presença da medida étnico-moral discriminatória, aplicada pelos ideólogos da gentrificação urbana, que segregavam os desvalidos favelizados pelo simples fato de terem vindo ao mundo co'o registro civil ilustrado por fotografia e sobrenome obscurecidos.

— Diz a mim se, na real, eu 'tô entendendo o recado do secretário Armando Fontes: o governo vai me dar de mão beijada cinquenta mil merrel de salário co'a carteira assinada e tal, luva de dois milhão de real e o apartamento de Copacabana, p'ra mim auxiliar no combate à criminalidade local e no escorraçamento da comunidade p'ra Zona Oeste, Baixada Fluminense, São Gonçalo e Itaboraí? Só me faltava era essa agora de eu, o Fabrício Carne Negra do Vidigal, sair pela favela vestido de uniforme da Poliça Militar, empós quinze anos atrás das grades do cárcere, p'ra botar banca de mocinho contra bandido do morro, co'a voz de prisão da algema de aço. Que porra de comédia é essa, Professor? Se tu assinou contrato milionário co'essa gentalha da política p'ra me livrar de Bangu I co'o rabo preso co'o Coronel De Lara, tu pode ir enfiando habeas corpus no rabo da sociedade, que eu jamais hei de me prestar ao papel de judas traidor da minha pátria chamada favela, parceiro. Logo eu, porra, o Fabrício Carne Negra do Vidigal, vou me assujeitar a mudar de lado do balcão p'ra meter na porta de barraco, expulsando bandido e morador da comunidade, co'a carteirada assassina da Polícia Militar do Estado do Rio de Janeiro, a PMERJ. — abespinhou-se Carne Negra, revoltado co'a contradição biográfica, que a maculava a sua imagem ao patamar de um Iscariotes ou Silvério dos Reis, nos anais da História fluminense.

Em subsequência, o sobressaltado bandido Carne Negra, que não vislumbrava qualquer hipótese de se amoldar ao arquétipo de conduta social estabelecido pela Secretaria de Segurança Pública, fora interrompido pelo Professor, pedagógica e didaticamente.

— Por mais paradoxal que nos possa parecer, Fabrício, em tese é mais ou menos o que a Dra. Ana Lívia interpretou sobtre o que está se propondo a tu, parceiro. No contexto, o Projeto de Ressocialização das Comunidades Populares (PRCP) tem por finalidade proporcionar liberdade condicional ao Carne Negra do Vidigal, em troca do marginal mais lendário da História do Rio de Janeiro, hipoteticamente, se travestir co'a farda da Polícia Militar p'ra apaziguar a reação da liderança da criminalidade da Zona Sul carioca: a Joana Pé de Briga, os Mermãos Metralha etc. — exemplificara o comparsa mais instruído, arrazoando que mais vale um pássaro solto que canta na mão da autoridade, do que uma ave rebelde dentro da gaiola de ferro.

— Presta atenção que, quando o Professor diz que será preciso, hipoteticamente, ser travestido co'a farda do policial militar, não está se referindo ao uniforme e patente, não, bicho. À paisana, mas p'ra ser mais exato, eu careço que tu sejas uma espécie de porta-voz contra a criminalidade em toda Zona Sul do Rio de Janeiro, enquanto o governo estadual irá providenciar a realocação dos habitantes marginalizados das áreas de risco social e ecológico, em conjuntos habitacionais que serão construídos sob padrão dos modelos humanitários internacionais de consolidação da cidadania, por intermédio da edificação dos CHUs, sigla dos Conjuntos Habitacionais Urbano. — ilustrara o político Armando Fontes, nomeando incontáveis prerrogativas benéficas ao intento de substituição imobiliária.

— Fala bonito p'ra caralho tu, parceiro. Só que tem que o seu deputado deve avisar p'ro teu patrão, governador Lizandro Rocha, que cinquenta mil merrel é muito pouca merreca, p'ra mim trocar o manto do Clube de Regatas Flamengo pelo pó de arroz do Fluminense, chefia. — alinhavou-o o meliante Carne Negra, um tanto quanto ofendido pela baixa oferta financeira do porta-voz do Palácio Laranjeiras, que o rebaixava ao nível de um pé de chinelo de meio de esquina.

— Sendo direto contigo, papo reto, qual o valor monetário p'ra Vossa Mercê mudar de lado da arquibancada do Maracanã, Carne Negra? — provocara-o o secretário de Segurança Pública, que prometara ao governador Lizandro Rocha abater dois coelhos co'uma cajada, ao concretizar a realocação das comunidades populares, em diálogo co'a eliminação do tráfico de entorpecentes, através d'um modelo sem precedência na biografia da Zona Sul carioca.

— Cento e cinquenta mil merrel, os dois milhão de luva e o apartamento de luxo de Copacabana em nome da negra Maria de Lourdes, a Lourdinha, mais permissão p'ra nós traficarmos cocaína drive-truta por toda região costeira do Leme ao Pontal da Cidade Maravilhosa, sem intervenção da cúpula da Polícia Militar do Coronel De Lara, que se associará a nós co'os trinta por cento do lucro bruto do negócio, sem imposto de renda nem contribuição sindical. — alvitrou Carne Negra, cônscio de que o comércio de cocaína não se estancaria de uma hora pr'a outra co'a remoção dos guetos comunitários, uma vez que o mercado consumidor de cocaína crescera assustadoramente na última década no circuito Ipanema-Leblon-São Conrado.

— Tu tens consciência de que, se tu não aceitares a indicação do deputado Armando Fontes, abalizada governador Lizandro Rocha, eu não tenho como devolver o bandido número 01 do Rio de Janeiro, o Carne Negra do Vidigal, ao sistema carcerário público. Não que se trate de coação ou ameaça de morte; todavia, se o desembargador Aldair Nunes Trigueiro, a peso de ouro, dera autorização p'ra soltura do apenado Fabrício da Silva em troca de colaboração política, tu não vais agora cuspir no prato feito que comeu esfomeado, amigo. Assim sendo, caso tu teime em desprezar a oferta de emprego público, eu não tenho alternativa que não seja buscar substituto p'ra missão de comandar, co'a rédea curta, a transposição das comunidades em comum-acordo co'a bandidagem do Morro do Vidigal, da Favela da Rocinha e da Chácara do Céu, a princípio. — advertiu-o Coronel De Lara, ao sublinhar a fragilidade da existência humana.

— A quem eu entrego a carteira de trabalho do meu cliente Fabrício da Silva, p'ra assinatura de contrato co'o vínculo empregatício co'a Segurança de Segurança Pública do Estado do Rio de Janeiro, coronel? — desdenhou Professor, inteligentemente.

— Agora vocês dois irão decidir pelos nomes de três homens de confiança no mundo do crime p'ra composição da ficha técnica; e, da parte do Coronel De Lara, serão escolhidos três ex-policiais p'ra formação do quadro de operação tática de desmobilização criminal; compreendido? Vocês devem de estar lembrados do que diziam de nós ao implantarmos UPPs por toda parte; e também depois quando nos avultamos a dar continência diante da tal intervenção federal das Forças Armadas, no Complexo da Maré... Pois saiba que, desta vez, não será UPP nem interferência da Marinha, Exército ou Aeronáutica, porque o modelo de UPP foi p'ros esgotos da História co'a detenção do ex-presidiário Sérgio Cabral Filho, Professor. Quanto a intercessão federal do Braga Netto no Complexo da Maré, as más línguas dizem que fora o argucioso Moreira Franco e seu acúmen da iniquidade, quem idealizara p'ra silenciar a classe média fumadora de maconha desafeita ao golpe de estado contra a injustiçada Dilma Rousseff, enfim. Contudo, voltando ao assunto da contratação do Carne Negra do Vidigal, eu estou lhe assegurando que a paz será selada entre o poder público e a criminalidade da Zona Sul desta São Sebastião do Rio de Janeiro. — celebrou Armando Fontes, articulador do plano de ação, que almejava ascenção política ao usufrutuar da experiência de reintegração da sociabilidade cordial congênita.

— Eu só acrescento que nós iremos colaborar de boa co'a Polícia Militar do Coronel De Lara, desde que o deputado Armando Fontes afiance a integridade física do meu cliente Fabrício da Silva, que se redimirá mediante a operação tática de desmobilização imobiliária. Entretanto, se o senhor coronel imagina que será só o Carne Negra estalar os dedos das mãos de ferro, que a malandragem vai parar co'o movimento do 12 na comunidade, está muito enganado, porque o narcotráfico não irá se submeter a ordem de comando, de uma hora p'ra outra, sem justa compensação de cala-boca p'ra cúpula da criminalidade se aposentar ou mesmo se instalar em outra região da cidade. — assoalhara-o Floriano Mendes, alertando sobre a condição de vulnerabilidade do recém-libertado.

Consciente da provável resistência dos criminosos das favelas da Zona Sul carioca, que, decerto, haveriam de reivindicar a contrapartida das autoridades pela renúncia de poder incontesti, o Coronel De Lara expusera as ferramentas bélicas do batente, cujo kit de guerra consistia em copioso paiol individual.

— Eis o material de trabalho: um fuzil co'a mira laser e lança-granada, colete à prova de bala de grosso calibre, duas pistolas 45, um revólver 38 cano longo, três carros blindados p'ra locomoção da tropa anticrime, além do constante e intermitente diálogo co'o Setor de Inteligência da Polícia Militar, co'o BOPE e co'o Batalhão de Choque. Isto p'ra ratificar estrategicamente que, do bairro da Glória ao Recreio dos Bandeirantes; leia-se Beira-Mar e Terreirão, hei de afirmá-los, sem sombra de dúvida, que nós iremos exterminar co'a criminalidade da Zona Sul carioca e da chamada Zona Oeste co'a praia de mar. — descreveu o civilizado Armando Fontes, profeticamente, ao acariciar o conjunto de armamentos em exposição.

— Levando-se em consideração a proposta do Carne Negra, estou eu aqui esquematizando o seguinte acordo: como as favelas da Zona Sul carioca irão desaparecer do mapa co'o programa de reassentamento do governo, nós iremos fornecer a pura sem mistura p'ra alta sociedade carioca, em embalagem de R$ 1.500,00, porque, doravante, só vai cheirar cocaína quem tiver muita bala na agulha p'ra obter a droga alucinógina, porque pobre de marré desci não vai mais ter como bancar consumo próprio em boca de fumo de favela, a não ser que migre p'ra Zona Norte do município. Coronel De Lara, na Zona Sul da cidade do Rio de Janeiro, de agora em diante, pobre fuma maconha; e rico cheira cocaína; copiou, chefia? — ataviou-se Armando Fontes, discriminando a droga elitizada por classe social.

— Branco co'o branco, preto co'o preto, porque cheira quem pode e fuma quem não tem juízo ou dinheiro; né, não, deputado? Racismo filha da puta, seu doutor." — troçou-o Carne Negra, ao esboçar crítica mordaz diante do processo de dissociação do público consumidor da substância inflacionada.

— Não é racismo, não, amigo. Mas negócio altamente organizado: pronta-entrega a domicílio por delivery da cocaína pura sem mistura ao hight soçaite, acoplada em caixa de uísque escocês dezessete anos, e bouquet de flores co'o cartão de dedicatória; sacou só a jogada de mestre, patrão? — defendeu-se o inveterado político constituinte, assinalando detalhadamente o esquema de distribuição da droga segregacionista.

— Se vão os anéis, mas ficam os dedos; né, não, deputado. Além do mais, como diz o Marcola, fumar maconha é coisa de mané, sendo que preto fodido sempre foi mané na porra da vida toda mermo, malandragem. Mas me tira uma dúvida, por obséquio: três vagabundos e mais três policiais sob o comando da operação chefiada por nós; digo, pelo imprescindível Carne Negra do Vidigal. — exorara-o o Bacharel do Crime, incluindo-se na alta abóbada da hierarquia fraudulenta.

— Alto lá, doutor. Que fique claro, que o comando é todo meu, Armando Fontes, comandante da Secretaria de Segurança Pública do Estado do Rio de Janeiro; copiado? — interceptou-o, vigilante ao bote da serpente venenífera, sorrateiramente.

— De minha parte, eu não faço objeção, porque, longe de mim, querer questionar o alto comando da Secretaria de Segurança Pública do Estado do Rio de |Janeiro e do Coronel De

Lara... — aquiesceu-se Carne Negra, ao evitar conflito desnecessário co'o cardeal da lei, que não era flor que se cheirasse nem boa bisca p'ra ser contrariado, no instante de distribuição de responsabilidade.

— Então vamos aos nomes dos bandidos, que os policiais já foram escolhidos por mim, Coronel De Lara, de acordo co'o processo seletivo da banda podre da PMERJ, chefia. — reatou diálogo o ficial militar, atento ao ritmo decisório da assembleia.

— O primeiro nome pode anotar aê, meu parceiro: Dodó Mão de Cova, gatilho nervoso, matador da quadrilha, justiceiro, homem de confiança, onde o cérebro funciona pelo gatilho do fuzil AR15. Aliás, sugiro a Joana Pé de Briga da Rocinha, além dos Irmãos Metralha da Chácara do Céu. — subescreveu Carne Negra a lista de convocação marginal.

— Quanto aos ex-policiais militares, com certeza, alguns serão conhecidos de longa data da bandidagem carioca, como o Tenente Touguinhó; Sargento Hélio Corvo; e Cabo Alcindo Pirraça. — findou Coronel De Lara a escalação da equipe de trabalho, definida de modo a combater a resistência da criminalidade.

— Só gente fina; hein, seu coronel? — troçou-o Professor, ao reconhecer os elementos delineados pela pena e direção militarizada.

— O importante agora é explicar como irá funcionar o esquema da distribuição de cocaína p'ra fina-flor da grã-finagem, a partir do projeto de desmobilização da criminalidade sulista. É simples, família: nós iremos inaugurar um estabelecimento comercial em Ipanema ou Leblon, co'o alvará e razão social. P'ra tal investimento, precisaremos d'uma pessoa de fino-trato e educação, p'ra organização da administração do recinto comercial e do atendimento à clientela na distribuição da cocaína. É preciso reforçar que a funcionária, que será a indicada p'ra tal função de responsabilidade, deverá ser pessoa de confiança, p'ra tocar a esfera operacional da loja, coordenando o dia a dia, horário de ponto, folha salarial etc. — reportara-se o deputado federal Armando Fontes, prognosticando os trâmites do negócio ilícito, elucidativamente.

— Por análise de Currículo Vitae, eu pensei na tal da Malandrinha do Baixo Leblon, que é moça de família de boa aparência, sem ficha na políça, caso a viciada ainda não tenha morrido de overdose de pó, pois era dependente química e cheirava à vera, chefia. — antecipou-se Coronel De Lara, ao recordar da ex-aliada de alcaguetação, de quem jamais obtivera notícias desde quando o Carne Negra fora em cana, no Aeroporto Internacional Galeão/Antônio Carlos Jobim.

— Perdão, mas se a moça é viciada, melhor não contratar, não, por causa do velho ditado que diz que não se deve colocar a raposa p'ra tomar conta de galinheiro, amigo. — atalhara-o Armando Fontes, pilhérico-chistoso.

O oficial militar Humberto De Lara não fora nem um pouco cauteloso ao demonstrar que indicara a Malandrinha do Baixo Leblon à função administrativa em razão de tê-la aliciado a trabalhar como informante da Polícia Militar, quando se reportara ao adágio que diz que 'rapadura é doce, mas não é mole, não', ao dirigir-se ao narcotraficante Carne Negra, que se empolgara co'a dupla função a ser exercida paramilitarmente.

— Presta atenção que tu podes crer que não demora os promotores co'a cara de fuinha do Ministério Público irão rastrear as tuas finanças disponíveis em conta bancária, além do acompanhamento dos teus passos pelo asfalto, malandro, de vez que tu sabes muito bem que, de uma hora p'ra outra, não se deixa a criminalidade p'ra se transformar em megaempresário de sucesso, sem ser arreliado pelos abutres co' ou sem farda, Carne Negra. — recomendou-o, o patenteado perito em achaque tradicional.

— Manda avisar aos homem da lei, que agora eu 'tô do outro lado do balcão, coronel. E diz p'ra eles também que eu 'tô a favor da Justiça e que mudou a regra do jogo, porque, de hoje em diante, o antigo Carne Negra do Vidigal faz parte do quadro da

Polîça Militar; sacou, autoridade? Se bem que foi o Lúcio Flávio quem disse que polîça é polîça, bandido é bandido, parceiro. — precavera-se o recém-libertado do cárcere-cativeiro, disposto a acatar as ordens ministradas pelo Coronel De Lara, desafeto de outrora que se tornara aliado de missão orquestrada pelo gabinete de administração do governador Lizandro Rocha, porvindouro presidente da República Federativa do Brasil.

— É bom mesmo tu inventar um batente de fé o mais rápido possível co'a carteira assinada, de preferência co'aquele tal sujeito do AfroReggae, que me fugiu o nome agora, porque, por pura inveja, tu arranjará muitos inimigos entre policiais e criminosos, querendo extorquir ou assassiná-lo por queima de arquivo ou pura vingança. Aliás, além do Dodó Mão de Cova, o senhor trata de contratar ao menos mais dois seguranças p'ra cada turno, sem dá mole a Kojak, nego-véio. Afinal, a indicação da Malandrinha do Baixo Leblon foi aceita p'ra trabalhar como gerente da empresa, companheiro? Aliás, eu devo confessar que a senhorita Felipa trabalhou comigo como informante por muitos anos, inclusive na época de sua captura, Carne Negra. — entregara-a, leviano e imprudente, por jogar a informante contra o vingativo Carne Negra, que não perdoaria a traição da cúmplice.

— X9 filha da puta, a Malandrinha do Baixo Leblon. — esbravejou-se inconformado co'a deslealdade da comparsa, que mudadra de lado empós aviltamento do estupro coletivo sofrido por ordem do traficante de drogas.

— Ficou decidido então que eu vou contratar mesmo a Malandrinha e mais alguns funcionários de responsabilidade: telefonistas, motoboys, atendentes de balcão, haja vista que o negócio vai funcionar por vinte e quatro horas, aos sábados, domingos e feriados? — redarguiu, reiterando-se da decisão em plenário sobre a admissão da senhorita Felipa, p'ra o exercício de gerência.

— Mãos à obra, que, se depender de nós, não vai faltar pó de mil e quinhentos merrel, na bandeja de prata da elite carioca, não, doutor. Professor, avisa lá a Joana Pé de Briga e os Irmãos Metralha da reunião na próxima quinta-feira, às dezenove horas, no Morro do Vidigal. — averberou-se Carne Negra, olvidando-se da alcaguetação ao vislumbrar a amplitude do projeto de revitalização urbana de aspecto imobiliário, objetivando-se expulsar a concorrência dos traficantes de drogas da periferia litorânea, ao ressaltar a importância da comunhão de valores entre a Polícia Militar e a criminalidade praiana, a fim de que não houvesse desavença de percurso, no decorrer do processo de remoção das favelas da orla carioca, o deputado Armando Costa recordara-se da última tacada do jogo de sinuca.

— Ah, antes que me esqueça, Dra. Ana Lívia, quanto a ti, te prepara que, em muito breve, nós iremos lançar a tua candidatura à vereança do município do Rio de Janeiro, porque tu serás a Marielle Franco branca co'o diploma da Sorbonne-Paris I. — instigou-a o político Armando Fontes, em alusão à vereadora assassinada pelos milicianos do Escritório do Crime, que a fuzilara ao lado do motorista Anderson Gomes, no bairro do Estácio de Sá, em 14 de março de 2018.

No Morro do Vidigal, por determinação da alta cúpula da Secretaria de Segurança do Estado do Rio de Janeiro, o narcotraficante Fabrício Carne Negra do Vidigal convocara reunião extraordinária, co'as principais lideranças da criminalidade da Zona Sul carioca; leia-se: Joana Pé de Briga da Rocinha e os Irmãos Metralha da Chácara do Céu, p'ra se deliberar sobre o Projeto de Ressocialização das Comunidades Populares (PRCP).

— Professor, por favor, sem perda de tempo comanda logo tu p'ra se amontoar a cúpula da bandidagem no Arvrão, que eu vou dar o recado do reassentamento do Morro do Vidigal, da Favela da Rocinha e da Chácara do Céu, avisando também que nóis vai acabar co'o movimento do 12 em toda favela da orla carioca, co'uma só cajadada p'ra escalpelar dois coelho do mato; sacou, parceiro? — dirigira-o Carne Negra, um tanto quanto cabreiro co'a reação da marginália, por já estar conchavado co'as autoridades estaduais fluminenses.

— Alô, rapaziada boa do crime, atenção, qu'é p'ra 'tá todo mundo junto e misturado no alto do morro, que o patrão Carne Negra vai dar um aviso importante p'ra todos nós do narcotráfico da região, que deve ser cumprido à risca sob pena e risco de se perder o comando do 12 do morro; e, sobretudo, a vida humana. — alertou-os o porta-voz Professor, respeitosamente, até que a vagabundagem se aglomerou ao redor do líder da comunidade, que suava em bicas de nervosismo.

— P'ra quem não há de se lembrar mais ou apenas de ouvido soube de mim, eu sou o Carne Negra do Vidigal em pele e osso, que, depois d'um período de década e meia em porão de sistema carcerário, retornou ao comando da comunidade co'uma ideia distinta de criminalidade, parceiro. Na moral, eu peço atenção da geral, que eu vou dizer o real motivo da reunião de liderança do narcotráfico, que agrupou a bandidagem da facção Comando Vermelho, porque não é um pedido de favor que eu quero fazer a todos vocês nesta data de hoje, não, amizade. É uma ordem de comando, que eu tô dando na real, sobretudo, p'ra toda bandidagem da Rocinha e da Chácara do Céu; 'tá ligado, vagabundo? Eu sei que tem malandro co'o pé atrás comigo, rapá, co'o catuque que vai ser dado empós quinze anos trancafiado, a ferro e fogo de cadeia, por determinação da Justiça, meu chapa. É que nóis vai propor a união de toda criminalidade, sem desavença de facção por controle de território ou lucratividade. Isto porque o tráfico de drogas será extinto em boca de fumo de todas as comunidades da Zona Sul carioca; morou, chefia? Sem choro nem vela, porque nóis vai nos unir pela sobrevivência da liderança de cada dono de morro, a começar pelo Vidigal, Rocinha e Chácara do Céu, pr'além do comércio de cocaína, maconha e crack, compadre. Também estão expressamente proibidos os assalto a banco, automóveis, residência ou transeuntes, homicídio sem prévia autorização ou sequestro de qualquer espécie. — abalizou-se, convicto da pregação sobre preceitos das novas diretrizes de direção política.

— Co'a licença, que eu sou a Joana Pé de Briga da Rocinha, chefia. Desculpa-me indagar a tu, Carne Negra; mas o que é que a gente vamos fazer da vida de agora em diante, se nem mais roubar p'ra ser preso nós vai poder, malandragem? A gente vamos pedir esmola em sinal de trânsito, vender picolé na praia, virar flanelinha do Baixo Gávea, pedir guarida no AfroReggae ou tentar a sorte como pastor de igreja evangélica, patrão? Porra, quem é tu p'ra me dizer o que eu posso ou não fazer de bom ou ruim, rapá? Logo eu, que eu sou bandida de nascença, xará. Eu não sou otária, não, p'ra trabalhar de carteira assinada, marcar ponto de entrada e saída, receber décimo terceiro de salário mínimo em fim de ano, férias, FGTS e PIS/PASEP. Qual'é, vagabundo? Eu sou camisa 12, compadre. Qual foi, seu Carne Negra do Vidigal? — intercedera marrenta e questionadora por natureza, mas pautada na mais pura logicidade do crime.

À medida que o discernido Floriano Professor exorara-a ao incrementar o debate público, ao fazer referência aos privilégios da suposta aposentadoria criminal, que a proposição governamental patrocinava co'a intenção de apoio político da criminalidade.

— Tranquila, comadre, que o patrão Carne Negra ainda não concluiu raciocínio, p'ra 'tá dizendo que vagabundo nenhum há de precisar se preocupar co'o sustento de sobrevivência, porque tu, Joana Pé de Briga, os Irmãos Metralha, o Dodó Mão de Cova, o Siri Gago e os outros parceiros vão fazer parte da regra do tabuleiro de xadrez. — deteve-a, curto e grosseiramente, enquanto a algazarra se esparzia inquebrantavelmente.

— Depois de malandra velha, eu vou virar prostituta ou guia de cego, seu Professor? Quer saber mermo, vagabundo? Eu não 'tô entendendo porra nenhuma do que o Carne Negra 'tá me falando em grego ou latim, seu rapá. Que papo enviesado é esse d'eu,

Joana Pé de Briga, não poder poder vender o meu bagulho honestamente na comunidade, se não for desrespeitando regra do tabuleiro de xadrez, jogador? Tu vai me arranjar Bolsa-Bandido, p'ra mim não se preocupar co'o sustento de sobrevivência, malandragem? — açulara-o, provocadora e atilada, futucando-o em seu calcanhar de Aquiles.

— Eu 'tô avisando que cada dono de favela que, de boa-fé, cooperar co'a missão de exterminar co'a criminalidade da Zona Sul do Rio de Janeiro, vai receber uma assistência financeira p'ra cobrir o prejuízo causado pela extinção do tráfico de drogas e otras cositas más, porque vai receber um ordenado mensal pago pela Secretaria de Segurança Pública do Estado do Rio de Janeiro. — ressalvou o advogado da quadrilha, enfatizando que não haveria dano pecuniário aos quadrilheiros, que cooperassem co'a proposição pós-UPP orquestrada pelo governo estadual.

— Quer dizer então que a gente vamos tudo agora virar funcionário público, co'estabilidade e contracheque, comédia? Só me faltava era isto, a essa altura da vida, de ter de aceitar receber auxílio-desemprego, que o governo do Estado inventou p'ra afastar nós da criminalidade, meu camarada. — reagira a pioneira do crime organizado, que era a primeira mulher eleita a comandar o movimento na mais grandiosa e lucrativa área de t´rafico de entorpecentes do município.

— Joana Pé de Briga, pensa tu que, a partir de agora, tu não vai mais precisar correr atodo tempo da Polícia, nem viver entocada que nem bicho brabo e danada, comendo o pão que o diabo amassou, sem liberdade de ação p'ra poder ir e vir dentro da própria jurisdição, patroa. Livre-arbítrio, madame. — complementou Professor, cognoscível ao repúdio da malfeitora, habitué da criminalidade desde que entreabrira retinas estarrecidas, diante da contemplação da vida às margens da indigência.

— O meu livre-arbítrio é a criminalidade, parceiro. Mas vamu lá: quanto é que nóis vai ganhar de ordenado mensal, p'ra se brincar de funcionário público, deixando p'ra trás anos e anos de fichal criminal corrida, fugindo que nem bicho acuado mermo de ordem de prisão de oficial de justiça de cão p'ra trás, de mando de busca e apreensão forjada por pé na porta de barraco sem autorização de juiz meretíssimo, Professor? — interessou-se a quadrilheira Joana Pé de Briga, falazmente desconsiderando a sina bandida de até então, que, na mesma medida que lhe dera fama e dinheiro, lhe roubara o sossego da meia-idade absorvida pela bandidagem exercida piamente ao longo de décadas de delinquência.

— Quanto ao pagamento do ordenado mensal, quando chegar a hora, nóis vai sentar p'ra conversar pessoalmente co' cada um dos parceiro, comadre. Mas eu posso adiantar a tu, que ninguém vai carecer de sair emprego procurando emprego de carteira assinadaou pedir dinheiro esmola, não, gente boa, Joana Pé de Briga. — aviou-o Carne Negra, comprometendo-se co'o ganha-pão e víveres compatíveis co'os ganhos de outrora obtidos pelo narcotráfico da comunidade.

— Dependendo do faz-me rir que nem cosquinha de barriga p'ra cima, tu pode contar mermo co'o nóis, os Irmão Metralha, que nóis é pau p'ra toda obra, patrão. — acedera Maurílio Metralha, reportando-se ao Carne Negra do Vidigal, em sinal de respeitabilidade.

— Mas nóis só aceita se for cascalho grosso do nível de salário de político, delegado ou coronel, parceiro. — completara Mauro Metralha, ambicioso.

— E tu, comadre Joana Pé de Briga, o que me diz tu da parada de se unir a nóis? — consultou-a Carne Negra, a fim de que logo se definisse quanto ao pacto co'o deputado Armando Fontes e o Coronel De Lara, que ansiavam pela resolução da liderança, p'ra enfim dar início ao Projeto de Ressocialização das Comunidades Populares.

Audaciosa, a fora da lei Joana Pé de Briga se aventara ao desafio, destemerosa diante da probabilidade de punição ou assassínio.

— A minha opinião é que eu sou bandida, desde quando me entendo por gente, amigo. Dou p'ra ser cachorrinho de políça depois de burra velha, não, irmão. E tem mais: eu 'tô te virando as costas, Carne Negra, p'ra tu co'os meus homem de fé armado até os dentes de fuzil e metralhadora, porque tu me garantiu que não ia ter crocodilagem co'o vagabundo de outra área; sacou, vagabundo? Tu empenhou palavra de bandido, que ninguém ia ser esculachado em tua jurisdição, mané. — despediu-se Joana Pé de Briga, confiante na promessa feita aos líderes de facção criminosa.

— E desde quando bandido tem penhor de palavra, madame Joana Pé de Briga? — advogara Dodó Mão de Cova, no mesmo instante em que o tartamelo Siri Gago adiantara-se co'a atitude de comando, ao render a bandoleira, que ensaiava retirada co'a parte presente do bando da Rocinha.

— Qu-qui-e-e-ti-ti-nha, va-va-va-ga-ga-bun-bun-da, qu-que a-a-go-go-ra t-tu va-vai ve-ver o-o qu-que a-a-co-con-te-te-ce co'-co' qu-quem di-dis-re-res-pe-pei-ta o-or-dem d-de co-co-ma-man-do d-do Ca-car-ne Ne-ne-gra d-do Vi-vi-di-di-gal, Do-do-na Jo-jo-a-a-na Pé-pé-d-de-bri-bri-ga; mo-mo-ro-ro-cô, ma-ma-la-lan-dra-dra-gem? Po-pos-so e-e-xe-xe-cu-cu-tar a-a ca-ca-br-bri-ta, me-meu pa-pa-trão? — imobilizou-a, co'o cano do fuzil AR15, recostado em costela de Eva.

— Calma, Sirizinho. Ninguém vai te fazer nada co' tu pelas costas, não, parceira. E tu pode mandar teus homem abaixar as peça sem reação de crocodilagem; 'tá ligada, madame? Tu vai sair saindo daqui pela porta da frente da frente, assim como tu entrou no bagulho da reunião. Mas só te digo uma coisa: toma cuidado que, de agora em diante, nóis é inimigo, Joana Pé de Briga. E tu sabe bem que guerra é guerra, rapá. — desempediu-a Carne Negra, p'ra rival seguir caminho da roça.

— 'Tá certo, tá errado, não, meu comparte. Saiba tu que guerra é guerra, mermão; porém, vento que venta lá, venta cá, Carne Negra. Então 'tamos tudo conversado, meu camarada?

— preparava-se p'ra retirada, quando o chefe do tráfico de drogas do Vidigal piscara ao matador Dodó Mão de Cova, consentindo a execução da bandida prestes a ser executada.

— Olha p'ra mim, Joana Pé de Briga, que eu nunca matei ninguém pelas costas à traição, não, comadre. — descarregou pistola calibre 45, ferindo-a de morte em sua face masculinizada de mulher macho, sim, senhor.

— Mais alguém aqui se opõe ao comando do Carne Negra do Vidigal, parceiro? — plebiscitou Dodó Mão de Cova, atento às reações adversárias, mediante homicídio efetuado contra a chefe da quadrilha.

— A minha rapaziada toda 'tá co' tu, sem vacilação, mano-véio. 'tá todo mundo co' nós tudo junto e misturado, sem nenhum zé do contra nem joão-teimoso, não, patrão, que ninguém em sã consciência vai querer perder a vida, sem garantia de ressuscitação; né, não, Dodó Mão de Cova? — reafirmou o gerente-geral Caralhão, ao examinar a gangue rival co'a artilharia engatilhada de sobreaviso, mediante qualquer ação de desagravo.

— Por precaução de fedor de defunto fresco, tu despacha o corpo da Joana Pé de Briga p'ra Rocinha pela mata do alto do morro, que é p'ra dar recado de que criminalidade não vai mais rolar em comunidade da Zona Sul carioca, não, parceiro. Sirizinho, libera logo p'ra velório o cadáver da bandida, p'ra urubu não voar baixo na cabeça de nóis, compadre. Professor, autoriza geral p'ra moçada: pagode, churrasco e cerveja gelada minha conta e graça, chefia. E depois cada qual de volta p'ra sua comunidade, aguardando ordem do Carne Negra do Vidigal; sacou, rapaziada? — exasperou-se Carne Negra diante da passividade do marginal Caralhão, p'ra logo a seguir meter o pé da favela em companhia do Professor, p'ra despachar co'o Doutor Armando Fontes, no escritório do Centro da cidade.

No consistório, o Coronel De Lara gracejara co'os dizeres de ermida lusitana do Convento de São Francisco, edificada no século XVII por intermédio d'uma arquitetura penitencial, co'a decoração composta por crânios e fêmuros pertencentes aos cemitérios monásticos, cujos restos funéreos ornamentavam os pilares da sinistra construção, co'os quais se deparara em sua excursão ao Alentejo, em Portugal.

— Nós que aqui estamos, por vós esperamos. Li essa frase na Capela dos Ossos, em Évora, que visitei co'a minha mulher Lola, no verão europeu. Bem, que sejam muito todos bem-vindos ao sínodo entre os membros do Comando Tático de Controle da Ordem Pública, o CTCOP. Por obséquio, peço palavra ao deputado federal Armando Fontes, Secretário de Segurança Pública do Estado do Rio de Janeiro, principal responsável pela coordenação estratégicade implantação do Projeto de Ressocialização das Comunidades Populares (PRCP), através Conjuntos Habitacionais Urbanos, o CHUs. Entretanto, antes da conferência do insigne político, solicito eu eu permissão p'ra apresentar os cidadãos cooptados ao projeto de extinção da criminalidade desta Cidade Maravilhosa de São Sebastião do Rio de Janeiro. Eis, portanto, da direita p'ra esquerda, o carismático Fabrício Carne Negra do Vidigal, ladeado de seu relações públicas e jurídicas, Floriano Professor, também conhecido como Bacharel do Crime; a antropóloga PhD da Universidade Sorbonne-Paris I, Dra. Ana Lívia Viveiros de Castro; e, da canhota gauche p'ra direção direita, o Tenente Belarmino Touguinhó, o sargento de milícias Seu Hélio Corvo e o cabo de praça Alcindo Pirraça, ex-policiais militares deportados da coorporação por pura tirania institucional. — discursou De Lara, ao semear chão de terra p'ra glosa de explanação do excelentíssimo Dr. Armando Fontes, legislador egrégio e conspícuo co'o tirocínio de abolroação.

— Prazer em conhecê-los, meus nobres guerreiros, que, doravante, deverão ser laureados pela cúpula do serviço secreto de combate à violência urbana, idealizado pelo douto governador Lizandro Rocha; e, humildemente por este orador que vos depõe alocução, Secretário de Segurança Pública Armando Fontes, instituição pela qual respondo momentânea e honrosamente, conforme conclamou o altivo e inigualável Coronel Humberto De Lara, que, a partir desta data, irá assumir o prodigioso posto da mais alta confiança, o de Chefe de Polícia do Estado do Rio de Janeiro. Posteriormente, salvo engano, o projeto social de reassentamento das comunidades marginalizadas da Zona Sul carioca; digamos, triunfe, eu, decerto, airosa e honorificamente, encabeçarei o Ministério da Justiça desta República Federativa do Brasil. Política à parte, permita-me explicitar que vem a ser, acima de qualquer circunstância, uma imensa glória poder trabalhar pela organização da sociedade civil contra a delinquência generalizada, de sorte que os grileiros narcotraficantes da urbanização favelizada sejam, muito em breve, declarados, em gênero, número e grau, espécies em extinção desta selva de pedra, denominada Rio de Janeiro. Todavia, a partir das contundentes investidas de socialização capitaneadas pelo governador Lizandro Rocha, futuro presidente do Brasil, eu posso assegurar aos senhores, sem receio de equivocar-me, que me empenharei, ao máximo, p'ra propiciar condições dignas de reabilitação social às famílias favelizadadas da Região Sul do município. Logo, eu assevero que todas as informações necessárias já foram encaminhadas a quem de direito, co'o termo de responsabilidade e compromisso, de modo que estejam aptos ao combate ao crime organizado, p'ra se instaurar o modelo de resistência à bandidagem, sob os auspícios da Secretaria Estadual de Segurança Pública. Destarte, peço, encarecidamente, a todos, que façamos um brinde ao ineditismo da aliança, que se concretizou nesta noite na cidade de São Sebastião do Rio de Janeiro. Enfim, estoura o champanhe francês, que a guerra está só começando; e nós ainda teremos muitas batalhas por vencer, se Deus quiser, meu nobre Coronel De Lara!... Salve o Comando Tático de Controle da Ordem Pública da Secretaria de Segurança do

Estado do Rio de Janeiro!... — agastara-se o prolixo Armando Fontes, enquanto o Professor se recordava do entrevero entre o traficante de drogas Carne Negra do Vidigal e o então Sargento Touguinhó, o Boca Torta.

O dono da favela Fabrício Carne Negra fora avisado de que o Sargento Touguinhó, o Boca Torta, se encontrava zoando o plantão do movimento, desvairado pela efêmera abstinência de consumo do diabo ralado, ao mesmo tempo em que o galanteador Carne Negra papeava co'as cabritas do morro, que se assanhavam diante do todo-poderoso do pedaço, ostentador da mais sofisticada moda contemporânea e do mais avançado equipamento bélico epocal.

— Patrão, o Sargento Boca Torta 'tá tocando horror na boca e chega a 'tá zarolho de tão pancadão de pó, chefia. O samango, fardado de fuzil M16, colete à prova de bala, granada e o caralho a quatro, 'tá zoando o plantão da rapaziada, mui fissurado p'ra meter a venta à vera, Carne Negra. — entregou-o o segurança Dodó Mão de Cova, em pânico co'o estado de insensatez do policial militar, que ameaçava fazer e acontecer co'os vapozada da boca de fumo, caso não cedessem uma carga completa de mil e duzentos papelotes de cocaína.

— Qu-que pa-pa-re-re-ce a-a-té qu-que 'tá-'tá co-co' o-o de-de-mô-mô-nio d-de pe-pe-dra n-no co-cor-po pos-pos-su-í-í-do, es-es-cu-cu-la-la-ch-chan-do a-a to-tor-to e-e a-a di-di-re-rei-to, ar-ar-ma-man-do ma-ma-ior fu-fu-zuê co-co' va-va-ga-ga-bu-bun-do e-e vi-vi-ci-ci-a-a-do, me-meu pa-pa-trão. Qu-quan-do a-a-ca-ca-bou a-a co-co-ca-ca-í-í-na, o-o ma-ma-lu-lu-co d-do Sa-sar-ge-gen-to To-tou-gu-gui-nhó pe-pe-diu pr-p'ra se-se a-ar-ran-ran-jar ma-mais pó-pó, co-co' o-o ge-ge-re-ren-te d-do bra-bran-co d-de pla-plan-tão, pó-por-que 'tá-'tá in-ins-ti-ti-ga-ga-dão d-de br-bri-so-so-la e-e o-o ma-mal-di-di-to do mi-mi-li-li-co Bo-bo-ca To-tor-ta a-ain-da qu-quer che-chei-rar ma-mais e-e ma-mais e-e ma-mais, jo-jo-ga-ga-dor. — excedeu-se o tatibitate

Siri Gago, encolerizado co'a atitude desembestada do Sargento Boca Torta, que o enquadrara de fuzil nos cornos, quando o soldado do tráfico labutava em sua função de camisa 12.

— O que 'tá se sucedendo no bagulho lá embaixo na boca de fumo é que o verme do políça tomou a carga de pó da mão do vapor, cheirou tudo que nem bicho-ruim, saiu plantando bananeira, arrancou as calças, deu coronhada e tapa na cara de viciado, parceiro. — arrematou o matador de de ofício Dodó Mão de Cova, ao mencionar o espetáculo medonho e alarmante, protagonizado pelo Sargento Touguinhó em estado de abstenção da droga.

— Fala tu, co'a calma e tranquilidade sem gaguejar, porra, o que é que 'tá pegando p'ros poliças esculhambar nós tudo assim desse jeito, Siri Gago? Ele 'tá reclamando do arrego de dinheiro p'ro Tenente De Lara ou 'tá só mermo pancadão de bobeira, alegando que o bagulho liberado por semana não dá nem p'ra sustentar o vício de cocaína dele, nego? — assuntou-se Professor, detalhista sobre a reivindicação do PM viciado.

— Di-dis-se qu-que da-da-qui a-a po-pou-co va-vai te-ter qu-que 'tá-'tá pe-pe-di-din-do es-es-mo-mo-la pr-p'ra bo-bo-tar fe-fei-jão de-den-tro d-de ca-ca-as de-de-le, o-o Sa-sar-ge-gen-to Bo-bo-ca; mo-mo-ro-ro-cô, ma-ma-la-lan-dr-dra-gem? — finalizara o crustáceo negro, gaguejante em sua fonética balba, que o obrigava a um esforço descomunal de dialética.

— Quanto foi que tu deu de arrego p'ro usurpador do Sargento Touguinhó levar p'ro Tenente De Lara, Professor? Ainda ontem mermo eu não deixei mil e duzentos real em espécie contigo, irmão, p'ro arrego dos verme de farda, fora trinta e cinco grama de cocaína pura p'ra consumo dos safado dos poliça, que mandei o Siri Gago entregar na mão do Sargento Boca Torta, rapá? E tu ainda vem me dizer que o salafrário do samango 'tá querendo mais pó p'ra meter a venta e cascalho p'ra botar comida dentro de casa, meu compadre? — questionara Carne Negra, emparedando o gerente do movimento sobre cálculo da prestação de serviço.

— Só-só s-se fo-for co-co-mi-mi-di-di-nha d-de mon-mons--tro, ch-che-fia. — chisteou Sirizinho, sem perder o tempo da anedota, pilheriando em alusão à nomenclatura da cocaína.

— Chama o cara de farinha do Sargento Touguinhó aqui agora mermo, Siri Gago. Vai logo lá tu co'o Dodó Mão de Cova, Sirizinho; mas não assusta o espantalho, não, parceiro, que o papo vai ser reto e o bagulho doido, co'o samango Boca Torta, mané. E o pilantra usurpador vai aprender de uma vez por todas que urubu não é passarinho de gaiola, não, doutor, porque nóis vai acabar co'a mordomia supérflua dos verme dos polícas de ficar extorquindo dinheiro e pó no mole, Professor? Se quiser arrumar o do leite das criança, vai ter que capinar o pasto co' nós, que eu não vou ficar dando capim bom, p'ra boi dormir co'a sombra e água fresca, não, malandragem. — aguçara-se Carne Negra, quando o policial militar completamente drogado irrompera beco a dentro, co'a arma engatilhada em sua frente, sem tempo de escapula ou diálogo.

— Cana-dura, vagabundo. Não corre ninguém, que é a lei, a Polícia, o Sargento Touguinhó, malandro. 'Tá sabendo, não, Seu Carne Negra? Mão na cabeça, mané, que hoje não tem acerto de arrego porra nenhuma, não, seu traficantezinho de pó de mico de merda. — ofendeu-o, cafangando o marginal co'o cão p'ra trás do revólver calibre 38.

— Qual foi, seu sargento de milícias? Tu 'tá nervoso sem razão, doutor. Não coça o cão, não, seu poliça. Não coça, que, senão, eu arrebento os teus cornos, porque o meu saco já explodiu de tão cheio contigo, filha da puta. — apontou-lhe o AR15 Dodó Mão de Cova, ao retaliá-lo co'a represália do binômio chumbo-pólvora.

— Abaixa a porra dessa arma, que tu já conhece nóis faz tempo, meu sargento. E o senhor sabe muito bem que nós não atiramos em polícia, por determinação do próprio Carne Negra do Vidigal, que proibiu troca de tiros co'o camburão azul e branco da coorporação, Sargento Touguinhó. — aquietou-o Professor, mirando-o de ponta-cabeça.

— Então, tu manda agora mermo trazer logo uma carga fechada de pó p'ra mim sem demora, patrão, que eu 'tô querendo cheirar à vera a flor da Vera, seu rapá. Caso contrário, eu vou explodir a cabeça de camarão do teu patrão Carne Negra de araque, zé-ruela de Professor. E olha que eu não 'tô de brincadeira de faz de conta contigo, não, que o bagulho é sério p'ra caralho, xará. — amedrontrou-o o guada-belo, excitado pela abstinência momentânea da droga maldita, que o aremeçava à categoria de mosntro.

— O que é que 'tá faltando p'ra tu saciar a tua vontade de meter a venta, seu sargento, sem necessidade de conflito ou arengação, parceiro? — escarafunchou-o Professor, co'o escopo de se ganhar tempo de decisão co'o o tresloucado beleguim.

O desarvorado policial militar Touguinhó, o Sargento Boca Torta, já em início da crise de abstinência proporcionada pela ausência do consumo da droga, ajoelhara-se a rogar pelo Pó de Pirlimpimpim, humilhando-se diante da bandidadgem toda do Vidigal.

— Cocaína, caralho!... — apressurou-se o milico alienado, canhoneando a arma de fogo ao chão, sofregamente.

— Libera a porra da carga do pó logo de uma vez p'ro Sargento Boca Torta, que eu 'tô assinando embaixo, meu parceiro. Que senão o bagulho há de encrespar p'ra geral, por causa da filha da puta maldita da cocaína, que esfola e mata por vacilação. — aquiescera o advogado do crime, responsabilizando-se pelo prestamento de conta co'a boca de fumo sob a sua administração.

— Nós precisamos também discutir a merreca do arrego, Carne Negra, que essa gorjeta não 'tá dando nem p'ra sustentar família direito, dividindo co' mais quatro cabeça da viatura de plantão, neguinho. — acrescera Sargento Touguinhó, sagaz e oportunista, aproveitando-se do lapso do braço-de-ferro Floriano Professor, que se acautelara diante da expectativa de desenlace trágico.

— Toma, sargento, p'ra tu meter a venta sem crise, parceiro. E se o teu problema é pó e dinheiro, 'tá na mão também a merenda reforçada e bem nutrida do arrego, chefia. — dera Dodó

Mão de Cova, p'ra que se atenuasse a discussão de cano apontado na cara d'um e outro, sem derramamento de vinho tinto sangue da desinteligência.

— Saiba tu, que eu, Sargento Touguinhó, não preciso de migalha do pão amassado por Lúcifer, não, não, comédia. Presta atenção, Carne Negra, que tu é malandro pr'essas tuas negas, rapá. E tu, Dodó Mão de Cova, tu que fique ligado, porque bandido metido a valente comigo, eu meto é chumbo de fuzil nos teus cornos de paraíba, seu pouca-merda. — rebelou-se o arqueiro da discórdia, ao se estranhar co'o o gerente do branco da boca de fumo.

— Senta aí co' nós, sargento, que eu vou mandar trazer um whisky escocês p'ra tu acalmar o nervo abalado pela amaldiçoada droga, doutor. Faz favor de trazer whisky e gelo p'ro polícia amigo, Sirizinho. Acalma o espírito, parceiro, que 'tá tranquilo e acertado, Sargento Touguinhó. — mediou Floriano Professor, tentando sopitá-lo empós ato de pacificação.

— Dá a garrafa na minha mão aqui, seu negro safado, que eu já 'tô ficando até careta de tanta conversa fiada co' tu, Carne Negra, enquanto o pilantra do Dodó Mão de Cova fica o tempo todo me ameaçando de fuzil, e tu me dizendo que é p'ra mim ficar tranquilo, Professor. E cala essa tua boca suja de tatibitate, que eu arrebento co'as tuas fuças de macaco, vagabundo. — espavoriu-se o PM co'a artimanha do movimento em falso do Siri Gago, no mesmo instante em que o sagaz Carne Negra o desarmara, obrigando-o a render-se mediante agilidade de intervenção.

— Mão na cabeça tu, xará, que eu vou urinar nos teus cornos de viciado de safado, filha da puta. Porra, agora no Vidigal poste 'tá mijando no cachorro, Professor? Já vou logo te avisando que eu 'tô botando pau p'ra fora e tu vai abrir essa boca toda cheia de dente podre, p'ra mim mijar na tua caveira de pilantra, Sargento Touguinhó. Sendo que é melhor tu me obedecer sem malcriação, que senão eu não me responsabilizo por tua vida desgraçada, não, verme. — esculachou-o o patrão, aliviando-se da tensão projetada pelo meganha Boca Torta, que desestabilizara a manhã do domingo de culto e oração.

— Eu sou sargento de Polícia co' muita honra, parceiro; e exijo reverência pela farda que eu visto sobre o corpo de herói, seu bandidinho de meia tigela. Mais respeito co' quem tu 'tá falando, cara, que, a qualquer momento, eu posso te mandar algemado p'ro xilindró de gericinó, p'ra tu ouvir ladainha de pastor a 50 graus centígrafos da masmorra de Bangu I, Carne Negra do Vidigal. — apelara o policial militar, se borrando de fezes por angústia e inquietação.

— Respeito porra nenhuma, sargento, que tu não respeita ninguém, rapá. Abre a porra da boca, caralho, que tu vai engolir o meu mijo, quente e salgado, garganta abaixo, p'ra tu não embarcar em vacilação de fissura de cocaína, mané. — desangatilhara a trava do fuzil AR15, ao induzir o PM a degustar a urina degradante, que o condicionara ao estado vexatório da humilhação.

— Te acalma, parceiro, que eu mermo já desenrolei o bagulho todo co'o Sargento Touguinhó, Fabrício. — apartara-o Professor, atormentado co'as consequências calamitosas procedentes da imperícia do psicopata Carne Negra, que ativara o mecanismo cerebral da penalidade, que o move em seu maniqueísmo maníaco da dualidade.

— 'Tá se vendo mermo que tu não passa de mais um verme d'um poliça acovardado, se humilhando p'ra extorquir bandido no morro, sargento. Escreve na tua caderneta o que eu 'tô te dizendo p'ra tu abrir a boca e fechar os olhos, que agora mermo tu vai abocanhar a minha piroca p'ra tu saborear do meu mijo como se exame de antidoping, p'ra cortar a tua onda de viciado em cocaína, fanfarrão. — arregaçou-o Carne Negra, constrangendo-o nervosamente diante da plateia excitada co'a contemplação do desagravo público.

— Eu sou viciado, cara. E é melhor tu mandar esse demente insano do Carne Negra abaixar o fuzil engatilhado, que eu já 'tô desarmado, Professor. Aviso a tu, que, se tu me humilhar mermo perante a vagabundagem toda da favela, mais cedo ou mais tarde, nós teremos de nos esbarrar em duelo de homem p'ra homem, patrão. — retrogradou-se Sargento Touguinhó, acovardado co'a prenúncio do aviltamento.

— Tem conversa fiada nem acerto de arrego, não, seu otário, que nem passando por cima do meu cadáver, tu não há de receber nem mais um tostão da boca de fumo do morro, p'ra tu aprender a não bagunçar o coreto do 12 da favela. Além de tudo, nóis deixou mil e duzentos real p'ra tu e trinta e cinco grama de pó puro ainda ontem p'ra tu e teus cupincha de viatura encher o rabo de cocaína, verme. Saiba tu também que ninguém 'tá cagando dinheiro e escarrando cocaína pelas fuça, não; 'tá ligado, zé-ruela? Se tu 'tá cheirando pelos cotovelos e bancando piranha de bordel, nóis não tem nada a ver co'esse teu vício maldito de cocaína e puteiro, xará? De todo modo, se tu cheirou o arrego do Tenente De Lara, tu 'tá fodido de verde e amarelo, azul e branco, que não posso fazer mai nada por tu, não, Sargento Boca Torta. — desabafou Carne Negra, grilado co'a reação do superior hieráquico do Sargento Boca Torta.

— Tu-tu qu-quer qu-que nó-nós co-cor-ta fo-fo-ra co'-co' se-ser-ro-te ce-ce-go a-a na-na-re-re-ba ne-ner-vo-sa d-do Sa--sar-ge-gen-to To-tou-gu-gui-nhó, me-meu pa-pa-trão?" — intrometeu-se o sentinela gaguejante, imbuído de improbidade.

— Eu 'tô na merda por causa do vício da cocaína, Carne Negra. E quando eu 'tô possuído de pó não me responsabilizo por meus atos de alucinação, parceiro. — arrependera-se o verme fardado, lacrimoso.

— Abre a porra da tua boca de tagarela, rapá, que agora eu vou urinar nos teus cornos de canalha e tu vai beber sem fazer cara feia, sargento. — assujeitou-o, buliçoso co'a resistência do samango.

Ao humilhado Sargento Toguinhó não restara outra possibilidade que não fosse a redenção diante da exigência do bandido, até então se relegando a condição cabisbaixa de diminuídono auditório a céu aberto da Favela do Vidigal.

— Tem castigo nenhum, não, Fabrício. Deixa logo o covarde ir embora d'uma vez da favela, parceiro, porque depois as consequências da represália serão duras e gravíssimas, contra nós tudo do movimento. — ponderou Professor, sensatamente, pouco antes do ato de mortificação.

— P'ra tu aprender a respeitar bandido de responsa, safado. Vaza, verme. Mete o pé logo do morro, Sargento Boca Torta. E não adianta se atrever a olhar p'ra trás, não, gonorreia, que senão eu passo fogo no teu rabo sujo de merda, seu verme filha da puta. — expulsou-o, ao descarregar a arma p'ro alto, gargalhando de nervosismo, no instante em que o Sargento Touguinhó, escoltado pelo Siri Gago esbarrara na moça Malandrinha, que subira o morro à procura do Carne Negra, co'o intuito de formalização do comércio de cocaína.

— Bate um teco aê, seu sargento. E cadê o teu pa-pa-pa-trão, Siri Gago? — averiguara-se a moça burguesa, ao ser ignorada pelo polcial desbaratado co'a ofensa do quadrilheiro.

— Qu-que tu-tu na-não dá-dá ne-nem ma-ma-is trê-três be--bei-ji-ji-nho e-em mi-mim, na-não, Ma-ma-lan-dr-dri-nha? — abusou-se, por intimidades levianas de convivência.

— Diz logo cadê o Carne Negra, Sirizinho? — intimou-o a viciada, sem perda de tempo.

— Qu-que tu-tu 'tá-'tá mu-mui-to pan-pan-ca-ca-da; he-he--in, ga-ga-ro-ro-ta? — discriminou-a Sirizinho, ao se aperceber do estado de espírito da drogada.

— Sem conversa mole, eu preciso falar agora mermo co'o teu patrão Carne Negra, mano. Mas, se eu te der um beijinho, tu me diz então onde é que ele 'tá amalocado, Sirizinho? Aliás, eu até posso te dar um beijo de língua, se tu bater uma rapa de responsa p'ra mim primeiro, Sirizinho. — intrigou-o Malandrinha, interesseira e objetiva.

— Be-be-bei-ji-ji-nho na bo-bo-bo-ca d-de li-lín-gua, ca-ca--ch-chor-ror-ro-na.” — propôs Sirizinho, ousadamente.

— Cadê a rapa solta, rapá? — reptara-o Malandrinha, instigada de pó.

— En-en-tão me-me be-be-bei-ja ma-mais pri-pri-pri-mei--ro, qu-que eu-eu ba-ba-to u-u-ma ra-ra-pa pu-pu-ra se-sem mi--mis-tu-tu-ra pr-p’ra tu-tu a-a-go-go-ra me-mer-mo, Ma-ma-la--lan-dr-dri-nha. E-e de-de-po-po-is te-te di-di-go a-a-on-on-de ‘tá-tá e-en-to-to-ca-ca-do o-o me-meu pa-pa-pa-trão Car-car-ne Ne-ne-gra; fa-fa-lou, ma-ma-ni-ni-nha? — oferecera-se o bandido, enquanto o patrão se insurgia ao flagrante delito.

— Não ‘tô levando fé que tu já ia me ‘caguetando barato por causa de um beijo de língua da Malandrinha, Siri Gago? Tu é barato mermo; hein, meu compadre. — enxovalhou-o Carne Negra, amistosamente.

— Qu-qu-que t-tu sa-sa-be qu-que a-a Ma-ma-lan-lan-dri--dri-nha é-é do-do no-nos-so co-con-tex-tex-to; mo-mo-ro-ro--cô, ma-ma-la-lan-dr-dra-gem? — desconversou o crustáceo embusteiro, em sua lábia mordaz de favela.

— Que é que tu quer comigo co’a tanta urgência, sua branquela? Fala tu logo, que eu não ‘tô co’ todo tempo do mundo, p’ra conversa jogada fora co’a viciada número 01 do Baixo Leblon, não, Malandrinha. — enxotou-a, ainda aguilhoado co’a cena da postergação do duelo co’o PM humilhado e ofendido.

— Eu quero te propor parada d’um negócio de pó em parceria co’ tu, Carne Negra. — atrevera-se a usuária contumaz de droga, aflingindo-se diante do narcotraficante.

— Quem disse a tu que eu quero negócio contigo, rapá? ‘Tá doida, mina? Vou nada liberar pó p’ra tu me engodar, dizendo que é p’ra tu passar no Baixo Leblon e tu cheirar a porra da cocaína toda, mané. Tu dá nó em pingo de orvalho, Malandrinha. — renegou-se Carne Negra, desconfiado co’a astúcia da cheiradora de pó, sobretudo, quando angustiada pela avidez do gesto impávido da cheiração.

— Tu-tu na-não va-vai ne-nem qu-que-rer o-ou-vir a-a pr--pro-pos-ta d-da pa-pa-ra-ra-da d-da Ma-ma-la-lan-dr-dri-nha, não, me-meu pa-pa-trão? — tenteara-o Sirizinho, engajado em tom de gracejo inútil e desnecessário.

— Segura a barra lá embaixo, compadre, que eu vou desenrolar o bagulho co'a Malandrinha, Siri Gago. — dispensou-o Carne Negra, arrastando-a.

— Pu-pu-ta qu-que m-me pa-pa-riu, ra-ra-pá. Lo-lo-go na--na ho-ho-ra qu-que e-eu i-ia ga-ga-nhar u-um be-bei-ji-nho d-de lí-lín-gua d-da Ma-ma-la-lan-dri-dri-nha, o-o pa-pa-trão m-me a-pa-pa-re-re-ce d-do na-na-da p'ra me-me da-dar um fra-fra-fru-fru; mo-mo-ro-cô, ma-ma-la-lan-dra-gem? — afastou-se Sirizinho, lamentoso e chorento.

— Fala tu que eu 'tô cansado, mina. Qual é a tua proposta de sociedade, Malandrinha do Baixo Leblon? — arremetera-se desembevecido co'o tempo apalavrado co'a burguesinha, que perdera moral por conta do vício de cocaína.

— Transação de delivery de cocaína no asfalto; sacou, chefia? Delivery: domicílio, boate, motel etc. Tu libera a droga p'ra mim de boa, que euzinha cuido da distribuição do bagulho na jurisdição do Leblon, Ipanema, Gávea e São Conrado. Pode confiar em mim que, palavra de honra, eu vou até dar um tempo na cheiração p'ra fazer dinheiro, assim não atrapalhando a transação do pó; sacou, mano? — juramentou co'as mãos sem figa de dedo, compromissando-se em se reabilitar, mesmo que a sua condição de dependente química estivesse muito além de seu esforço de regeneração.

Intrigado, o Carne Negra pedira-lhe informações mais detalhadas sobre a sociedade, a fim de que se certificasse que a combinação co'a Malandrinha fosse bom negócio de se perpetuar em matéria de lucratividade.

— Qual a quantidade de pó de que tu precisa p'ra começar a tua parada de delivery, no Leblon, Ipanema, Gávea e São Conrado, branca? — incitou-a o marginal, preparando-se pr'a negativa derradeira, que adviria da incapacidade de organização da viciada.

— P'ra início de trabalho, a firma precisa d'uma carga fechada d'uns mil e duzentos sacolés de pó, saindo a vinte e cinco merrel cada papelota, p'ra eu revender por cinquenta reais em delivery; morou, patrão? Lucro garantido de cem por cento p'ra empresa revendedora; e, p'ra que não haja risco d'eu ficar devendo à boca de fumo, tu me libera uma carga de cocaína por vez, porque eu vou ganhar muito dinheiro, talvez até mais do que tu, matando a fissura de pó da freguesia, sem folga de domingo ou feriado, mano. Simples: quem quiser gastar canela e tiver disposição p'ra adentrar morro de madrugada, há de comprar pó por menos da metade do preço de mercado; porém, quem preferir conforto de pronta-entrega que acione o disk-pó da Malandrinha do Baixo Leblon; sacou, Carne Negra? — desvendou-lhe plano de ação, à medida que aspirava a carreira de cocaína, apresentada pelo dono do morro gratuitamente.

— Mas cadê o cascalho do capital inicial pr'a abertura da firma, empresária? — insinuara-se o traficante de drogas, desinteressadamente, auscultando-a em seu delírio de profissional liberal.

— Eu trouxe como garantia um cheque pré-datado de três mil e quinhentas pratas, que o velho me emprestou, co' muito sacrifício, p'ra pagar mensalidade atrasada do colégio do meu filho, chefia. — atirou o amassado documento bancário, diligenciando-se a impressionar o Carne Negra, que o mirara co'o pouco-caso que a reputação da estica do asfalto imputaria, em se tratando de credibilidade.

— E eu não vou me arriscar a fazer negócio co'uma viciada que nem tu, tendo por garantia cheque pré-datado, que tu conseguiu, a duras penas, por empréstimo co'o teu velho p'ra pagar colégio, Malandrinha. Depois tu cheira a cocaína toda, me dá uma volta do caralho e eu vou ter de correr atrás do prejuízo c'um pedaço de papel assinado, por quem não tem nada a ver co'o problema da filha alucinada, maninha. — renegou-a a se adestrar a credor d'uma negociata fadada ao fracasso de empreendimento empresarial.

— Eu só preciso de duas noites p'ra correr atrás do prejuízo - sexta-feira e sábado, mano. E como hoje é quinta-feira, eu recebo o carregamento da boca de fumo do Vidigal e já começo a divulgação via rede social: Facebook, Instagram, Tindler, WhatsAap etc. No domingo, à noite, acerto a parada contigo sem vacilação, mano, p'ra renovação de carga de pó e assim fazer girar a roda fortuna, patrão. — comprometera-se, atirando-se na corda bamba sobre picadeiro circense, sem rede de proteção ou sombrinha.

— Tu sabe que o risco de perder bagulho no asfalto é enorme co' tanto urubu atrás de carniça, rapá. Além disso, já tem flanelinha trabalhando p'ra mim no Baixo Leblon. — desanimou-a o traficante de drogas, consciencioso do perigo do mercado de entorpecentes, na Zona Sul carioca.

— Eu só preciso que tu me estenda a mão, porque eu 'tô devendo dinheiro a Deus e o mundo: aluguel do apartamento, condomínio, conta de luz, telefone, açougue e botequim, Carne Negra. — abriu-se co' franqueza, agastada co'o consumo exarcebado da droga.

— Tu 'tá fodida mermo; né não, sua branca azeda? E quanto é que tu 'tá devendo de fiado ao Professor e ao Dodó Mão de Cova na boca da favela, Malandrinha? — certificou-se, heril.

— Juro que não devo nada ao Dodó Mão de Cova, não, amigo. — afirmara a cliente habitué do movimento.

— Siri Gago!?!... Ô, Sirizinho, quanto é que a Malandrinha 'tá devendo na boca de fumo, parceiro? — perquiriu-o, co'o intento de de nada consta em débito.

— Qu-que e-eu sai-sai-ba e-e-la na-não 'tá de-de-ve-vem-do na-na-da n-na bo-bo-ca d-da fa-fa-ve-ve-la, na-não, a-a Ma-a-lan-lan-dri-dri-nha, pó-por-que a Ca-ca-ch-chor-ra já-já a-a-ce-cer-tou co'-co'o Do-do-dó Mã-Mão de-de Co-co-va de pagar a dívida co'-co' a-a pe-pe-re-re-ca br-bran-ca de-de-la, me-meu pa-pa-trão. — acedera Siri Gago.

— A que ponto tu chegou p'ra tu se prostituir co'o Dodó Mão de Cova, por causa da merda da cocaína, Malandrinha. Até que degrau do inferno da degradação o caralho da droga fez tu descer de joelhos, mana. Prostituição, Malandrinha. — compadecera-se tocado co'a decadência moral da cliente em plena decadência moral.

— Co'o Dodó Mão de Cova é melhor uma puta co'a vida, do que uma santa morta, parceiro. Tu só não imagina que contigo é diferente por tu ser bandido negro e favelado, não, meu querido. Mesmo porque tu também desceu ao inferno de mãos dadas comigo, quando se tornou traficante de drogas e assassino. Logo, somos iguais em desgraça, como disse o poeta Cazuza. — ultrajara-o, sem dimensionar a ofensa proferida em vão.

— Siri Gago, tu manda o Dodó Mão de Cova separar mil e duzentos cem sacos de vinte e cinco merrel p'ra Malandrinha, que eu vou me recolher no barraco do alto do morro. 'Bora, madame. Aguarda o sinal; 'tá falado, Sirizinho? — franqueara-o, p'ra usufruir da moça burguesa que o injuriara o Carne Negra do Vidigal, sem precedência na biografia do periculoso bandido.

No gabinete de trabalho, o Tenente De Lara induzira a traficante de drogas Felipa Menezes de Souza Moraes, vulgo Malandrinha do Baixo Leblon, detida em flagrante delito em sua residência situada na Zona Sul da cidade, a tornar-se aliada como informante do Serviço de Inteligência da Polícia Militar, em cumplicidade co'a corporação co'o objetivo da captura do bandido Fabrício Carne Negra do Vidigal, que, empós assassinato do turista homossexual norte-americano, tornara-se o inimigo público número 01 desta Cidade Maravilhosa de São Sebastião do Rio de Janeiro.

— Felipa Menezes de Souza Moraes, vulgo Malandrinha do Baixo Leblon, vinte e um nove anos de idade, ex-universitária, mãe solteira, dependente química viciada em cocaína e crack, que, enfim, se transformara em traficante de drogas, especializada em entrega a domicílio de cocaína, por intermédio do Disk-Pó, delivery de pronta-entrega do entorpecente em residências, boates, motéis etc. Por um acaso, tu tens ideias de quem seja eu, este senhor grisalho de bigode, que fora designado p'ra registro de interrogatório informal. — escabichara o oficial Humberto De Lara, na sala quase sem mobília do imóvel, que continua apenas as duas cadeiras secas, sobre as quais se sentaram o inquisidor de uniforme da Polícia Militar e a inquirida nua dos pés à cabeça, co'as madeixas apresedas em rabo de cavalo.

— Confesso que não eu estou tampouco morrendo de curiosidade sobre a sua figura anônima de milico, que fora designada tortura de porão do pós-Golpe de 1964. — caçoara Malandrinha, debochando da imagem autoritária do interpelador bem apessoado, que fustigara a ficha corrida crimininal da prisioneira, como forma de se obter valiosos trunfos do carteado da criminalidade, de maneira a se agiliziar a coação da tortura psicológica.

— Apesar do estágio de degradação causada pelo consumo de drogas, tu tens plena consciência de que a casa caiu feio p'ra ti, moça bonita, quando tu te envolveste até o pescoço co'o narcotráfico carioca, senhorita Felipa? No serviço de investigação secreta, nós apelidamos de prontuário penal a folha corrida dos delinquentes de interesse particular da coorporação PMERJ. Desta documentação sigilosa, a banda podre da PM faz o levantamento de quem há de ser digno d'um sequestro-relâmpago mediante ação extorsiva; ou mesmo daquele infrator ocasional que possui o perfil de colaborador, potencialmente. O curioso é que, em sua ficha de antecedentes criminais, há uma particularidade que em muito nos chamou atenção de forma contundente, pois consta, senhorita Felipa, que, não faz muito tempo, narcotraficantes liderados por Fabrício da Silva, o Carne Negra do Vidigal, cometeram crime de estupro coletivo ao praticarem a violação de sua integridade física e intelectual, quando te encurralaram brutalmente no alto do morro; não foi, mocinha? Bem, como não houve registro de ocorrência, supomos que a senhorita Felipa seria da estirpe do 'bom cabrito que não berra', quiçá por tu estares aguardando, em silêncio de segredo de Estado, como o meu falecido velho dizia, 'o retorno do bonde dos que não foram a lugar nenhum', mademoiselle. — azorragou Tenente De Lara, ao atirar em face da marginal inquirida o balde de água fria da explanação pública.

Entrementes, a Malandrinha do Baixo Leblon se prevalecera do direito de silêncio, até que se resolvera revidar ao interrogatório do oficial militar, que a induzia à delação premiada em troca de mudar de lado do balcão.

— Por acaso pode-se ao menos se ter ciência da sua identificação pessoal, já que eu não estou visualizando o seu crachá de funcionário do Serviço de Inteligência da Polícia Militar? — provocara-o a infratora apresada, informando o caráter de clandestinidade da sindicância.

— Em relatório confidencial, consta ainda que, no mencionado episódio do estupro coletivo, os marginalizados que escalpelaram a senhorita Felipa, sequer, se precaveram da ocultação de identidade, confiantes que eram e são na conivência tácita dos códigos éticos de não delação da comunidade. Fato este que nos leva a crer que a depoente se encontra em reais condições de reconhecimento facial dos meliantes da quadrilha, pelo viés da visualização fotográfica. Veja, senhorita Felipa. Foto 01: Fabrício da Silva, o Carne Negra, líder do narcotráfico no Morro do Vidigal, Favela da Rocinha e Chácara do Céu. Foto 02: Floriano Vidal Mendes de Souza, o Professor, também conhecido como Bacharel do Crime. Foto 03: Moisés Deodato Lopes, o Dodó Mão de Cova, matador da gang. Foto 04: Antônio Rodrigues Nascimento, o Siri Gago. Bem, p'ra não cansar a beleza da declarante, não me darei ao trabalho da exposição de sua imagem em 3X4, já que a Polícia Militar possui em mãos uma relíquia cinematográfica personalizada em vídeo bombástico, que retarta a transgressão sexual contra Felipa Menezes de Souza Moraes, vulgo Malandrinha do Baixo Leblon. Porém, antes da exibição da sessão de cinema, respondendo a tua pergunta, eu sou o Tenente Humberto De Lara e a tu está presa n'um cubículo do Batalhão da Polícia Militar, para interrogatório por acusação de crime de associação ao tráfico de drogas, senhorita Felipa. — judicializou-a o torturador ao projetar no tapume da alcova as cenas voluptuosas da infração penal, averbadas no Art. 213 da Constituição, como ato de constranger mediante violência ou grave ameaça, ao ter conjunção carnal, ou a praticar ou permitir que com ele se pratique outro ato libidinoso.

— Seja razoável ao desligar o vídeo pornográfico, por favor. Além de tudo, se de fato eu estou detida p'ra investigação do inquérito; e não sequestrada, o senhor faz favor de me encaminhar até a delegacia mais próxima, p'ra eu responder pelo delito cometido, que, supostamente, me faz culpada até prova em contrário. De outro modo, a detenção forçada pelo serviço secreto tornaa ação em cárcere privado, Tenente De Lara. — rejuridiciou-o Malandrinha, abdicando-se da assistência de filmografia coibida.

— Senhorita Felipa, se tu quiseres cooperar co'as investigações policiais contra o celerado Carne Negra do Vidigal, eu prometo que posso amenizar a tua ocorrência jurídica, ao transmutar até o flagrante delito do Artigo 12 p'ro 28 do Código Penal vigente. — endossara o Sherlock Holmes fardado.

— Eu até aceitaria ajudar o senhor oficial, desde que mandasse retirar o bracelete de otário, meu tenente. — contestara a moça, sendo interrompida intempestivamente pela fúria do mandatário.

— Se todo o problema for a algema, eu mesmo posso resolver p'ra ti, senhorita Felipa. Pronto. Melhor desse jeito p'ra tu ficares mais à vontade p'ra confissão, mocinha. Agora diz p'ra mim, então, qual o nome do matuto que fornece a droga maldita, que, faz tempo, tu andavas repassando p'ra p'ra clientela abastada do Baixo Gávea e Leblon, Malandrinha. — bisbilhotou Tenente De Lara, que necessitava da confissão da depoente, como testemunho comprobatório p'ro aprisionamento do carcará negro.

— Se for p'ro interrogatório ser feito nesse tom de voz, eu juro só responderei ao senhor em juízo, diante de defensoria pública. — descontinuara-se, ao alertá-lo sobre o direito de silenciamento em audiência jurídica.

— Que juízo e defensor público é o cacete, garota!... A partir desta data, o teu melhor advogado de defesa sou eu, Tenente De Lara; ouviste-me bem, bandidinha? P'ra logo co'esse negócio de frase feita e deixa de ser burra, que eu vou te dar apenas outra oportunidade de tu ajudares a Polícia Militar, senhorita Felipa. Quem foi o matuto que te forneceu cocaína durante o período que tu traficavas droga por toda Zona Sul carioca, Malandrinha? — impacientara-se co'a prepotência da alegação extraoficial.

— Pablo Escobar. — ridicularizara-o, apta à bofetada.

— Tu estás de gozação co'a minha cara, sua putinha de negro? Pois daqui p'ra frente o bicho vai pegar p'ra valer p'r'o teu lado, até tu aprenderes a respeitar patente de Polícia Militar, Otarinha. — aprazou-a, coagindo-a co'o força de perseguição institucional.

— Se eu der ao senhor o nome do matuto que me fornece pó, qual a vantagem que seria oferecerida a mim, chefia? A liberdade incondicional da Malandrinha do Baixo Leblon, Tenente De Lara? — atribuira-se, ao vislumbrar salvo-conduto.

— Liberdade condicional e oferta de trabalho honesto, senhorita Felipa. Só preciso d'um testemunho contra o foragido Fabrício da Silva, o Carne Negra do Vidigal, p'ra que se digite o teu alvará de soltura, moça. — concedera-lhe alvedrio o oficial militar, ao institucionalizar a delação premiada.

— Se o senhor sabe muito bem que eu compro a cocaína do Carne Negra, p'ra revender no asfalto em delivery por mais do que dobro do preço de mercado, por que é que precisa de um testemunho formal, Tenente De Lara? Simples assim: eu pago vinte e cinco merrel por papelote ao traficante do morro e repasso por cinquenta reais em domicílio, casa de show, boate, puteiro e motel da Zona Sul do Rio de Janeiro. Trabalho duro e honesto, mano. Imagine que se lidar co' bandido e viciado de droga já é uma merda ao cubo, o que dirá ter de negociar co'o policial corrupto, chefia. Aliás, o senhor tenente habitualmente se dana a dar na cara dos teus cupinchas em combate à criminalidade, seu tenente? Eu gosto de apanhar entre quatro paredes, mas não em cubículo de quartel. — abonara-o à violência, intrépida e confiada.

— Talvez a tua predileção seja apanhar de preto sujo e deslavado nessa tua cara de safada em barraco de favela. — agravou o pracinha patenteado, ao tocar na ferida aberta do defloramento coletivo sofrido no barraco insalubre do alto do Morro do Vidigal.

— Eu gosto mesmo é de lidar co'as pessoas inteligentes como tu, senhorita Felipa? Dá menos trabalho p'ra explicar o cronograma de ação, sem necessidade de tortura ou cárcere privado, Malandrinha. Por isto, tu vais ter de saber avaliar a proposta decente, que eu irei te fazer, mocinha, porque, a partir da conversa que tu tiveres comigo, o tratamento será diferenciado. Doravante, extinguira-se a perseguição dos abutres atrás da tua carniça madrugada afora; compreendeste, garota? Se tu aceitares a proposição do Serviço de Inteligência da Polícia Militar, haverás de ser contratada p'ra monitorar cada passo do bandido Carne Negra, que te violentaste, a duras penas, quando autorizou que a bandidagem te estuprasses sem misericórdia, no episódio fatídico do alto da Favela do Vidigal. — enxovalhou-a De Lara, esfregando-lhe em face a rebaixamento vivenciado.

— Se o senhor tenente soubesse o quanto eu odeio o desgraçado do Carne Negra... No entanto, o código oral do morro diz que malandro que é malandro não alcagueta, meu tenente. — objetara adágio apta ao voo solo da vingança.

— Acontece que, apesar de ser a Malandrinha do Baixo Leblon, tu não é do morro, senhorita Felipa. O caso da violação coletiva é gravíssimo... Bem, deu p'ra tu perceberes que nós estamos cientes do desastre de percurso contra a tua probidade moral; porém, a questão do estupro grupal não vem ao caso, já que não fora registrado Boletim de Ocorrência em Delegacia da Mulher. Enfim, eu posso ou não contar co'a tua colaboração de informante, senhorita Felipa? — consultara-a, mirando-a frontalmente.

— O senhor só me diz o que é que eu tenho que fazer p'ra aniquilar co'o canalha do Carne Negra, que eu sigo à risca as ordens de comando do Serviço de Inteligência da Polícia Militar, chefia. — aceitara invidação, pressionada pelas circunstâncias adversas, que a impulsionavam à traição ao líder do morro, mediante acordo em que o Tenente De Lara traçara-lhe o mapa das ordenações institucionais, enumerando os afazeres e obrigações da contratada, de acordo co'as diretivas institucionais da coorporação militar.

— Em primeiro lugar, a senhorita Felipa vai ter de preparar a mudança de mala e cuia p'ro Morro do Vidigal, uma vez que irás alegar que não consegues mais conviver co'os teus pais por causa da droga, que já até perdeu a guarda do filho etc. Finalmente, arranja um pretexto p'ra alugar um barraco na comunidade, p'ra tu residires próximo ao Carne Negra do Vidigal. No mais, aguarda o contato do Sargento Touguinhó, por favor. Ah, pode ficar tranquila que o aluguel da residência e a alimentação serão por nossa conta também, obviamente. — despedira-se Tenente De Lara da Malandrinha que, longe da rendenção, ainda buscara fôlego de resistência, a fim de que se preservasse a sua dignidade mercante de comerciária, cuja função social seria municiar a alta sociedade do pó da alucinação, enquanto se prestasse a servir de elo entro o asfalto e a comunidade.

— Que fique claro que eu sou uma profissional liberal e autônoma, que produz p'ra provento próprio sem patrão e horário.

Aliás, o meu fuso-horário não há de bater mermo co'o relógio da Inteligência PMERJ. chefia. — precavera-o a X9, em papo reto.

— Então, p'ra facilitar a tua vidinha de merda, eu irei reformular a pergunta p'ra você me entender melhor, garota: quanto é que tu ganhavas mensalmente p'ra trabalhares como autônoma, ao repassar aos clientes endinheirados da alta sociedade o produto alucinógeno made in Carne Negra do Vidigal, senhorita Felipa? — definiu função de alcaguete ou X9 na gíria de morro.

— A cada carga de mil e duzentos papelotes de cocaína que saem por R$ 25,00, eu faturo o dobro do preço cobrado pela boca de fumo do Vidigal, sendo que, dos R$ 30.000,00 reais da lucratividade bruta, boa parte se perde co'a folha salarial de motoboy, arrego de polícia corrupto, calote de pó da playboyzada da Zona Sul e consumo próprio, chefia. — escriturara Malandrinha, co'a sinceridade que ocultava até mesmo de si própria, de modo que a contabilidade não embotasse a sua visão empresarial do negócio.

— Tu estás ganhando mais do que executivo de multinacional, oficial de Polícia ou até mesmo jogador de futebol em início de carreira, Malandrinha. — situou o oficial militar, financeiramente.

— E o pior de tudo é que, diante de tanta labuta árdua e intensa, ainda foram me dar esse apelido de Malandrinha do Baixo Leblon, parceiro. P'ro senhor ter ideia, quando eu chegava no Jobi ou Pizzaria Guanabara a freguesia de pó cantava em coro p'ra mim aquela música do poeta Tavinho Paes: 'Esperta como ninguém / Só vai na boa / Só se dá bem.... Faz avião / Faz sexo gay.' Mas o senhor tenente pode ter certeza de que não é só dividendo que se retira do comércio de cocaína, não, mano, sobretudo porque tem muita aporrinhação co'extorsão dos PMs da ronda e prejuízo co'o freguês inveterado que não paga o que cheirou fiado e etecéteras. E eu hei de fazer o quê, chefia? Vou mandar matar o sujeito que quase sempre amanhece ao meu lado depois de uma madrugada de orgia e cheiração, Tenente De Lara? — entregou-se a microempresária do pó, estigmatizada pela alcunha provinda de sua sagacidade, até que esbarrara co'o narcotraficante Carne Negra do Vidigal, que, ao se invocar co'a o discurso burguês de sua cliente mais assídua, desgraçou-a ao opróprio da profanidade.

— Confesso que pretendia pagar quinze mil reais de ordenado até o aprisionamento do bandido Carne Negra do Vidigal; entretanto, diante da significativa rentabilidade co'a comercialização da cocaína, prontamente eu irei encaminhar aos superiores hierárquicos da coorporação proposta de reajuste salarial, co'a condição de que, empós captura do narcotraficante foragido, o vínculo de trabalho como informante co'o Serviço de Inteligência da Polícia Militar se extinguirá, Malandrinha. E então, doravante, será cada um por si e Deus por ninguém, visto que o dinheiro que financiará a tua contratação sairá do Caixa 2 do arrego do tráfico de drogas; compreendido, senhorita Felipa? — adiantou Coronel De Lara, precavido co'as decorrências da tal cooptação sigilada da Malandrinha do Vidigal, primordial ao processo de encarceramento do marginal co'o cachê de delação mais avultado financeiramente do Disque Denúncia.

— Se assim for, p'ra se justificar o reajuste salarial solicitado pelo senhor tenente, eis a primeira informação valiosa p'ro Serviço de Inteligência da Polícia Militar: o foragido Fabrício Carne Negra do Vidigal se encontra em Fortaleza, Ceará, Brasil, chefia. De acordo co'o meu contato Siri Gago, empós o homicídio do gringo gay por motivo fútil na comunidade, o sacripanta do Carne Negra se mandou de mala e cuia p'ro Nordeste, p'ra dar um tempo por causa da repercussão negativa da mídia internacional, sobretudo. — deu-o de bandeja Malandrinha, vingativa, no que houvera de ser o seu primeiro ato de retaliação ao chefe do tráfico de drogas, homiziado a sete chaves por determinação da cúpula do Comando Vermelho.

— Observa-se que a senhorita Felipa está bem informada e já começou a colaborar co'a Inteligência da Polícia Militar, ao corroborar que o sacripanta está homiziado em Fortaleza, saboreando lagosta e camarão, acompanhados de whyski co'a água de coco, Malandrinha. Enfim, tu hás de convir que é direito do malandro Carne Negra se afastar da violência do Rio de Janeiro, refugiando-se na região literânea nordestina; mas ocorre que eu já estou muito velho p'ra ir buscá-lo no Ceará, senhorita Felipa. — resignara-se Coronel De Lara, diante da longínqua localização geográfica do marginal, refestelado sob a luz do astro-rei em terras iracêmicas.

— Eu soube também pelo Professor, gerente do 12 do Vidigal, que, muito em breve, o Carne Negra irá retornar do Nordeste, p'ra reassumir o comando do tráfico de drogas da favela, já que o que engorda o gado é a mirada do fazendeiro, tenente. — disse a X9.

— Atenção p'ra quando o vagabundo botar as quatro patas no Morro do Vidigal, eu peço que a senhorita Felipa já esteja instalada em barraco da favela, co'a GPS ligadíssimo diante de qualquer ruído; tu 'tás me entendendo, Malandrinha? Ô Meireles, libera a boa moça, que, a partir de hoje, ela é gente toda nossa da maior confiança do Serviço de Inteligência da Polícia Militar, meu sargento. Lembranças ao Pablo Escobar do Vidigal, senhorita Felipa. — despedira-se De Lara, ironicamente, como que se desculpasse da violência gratuita contra a informante recém-contratada pelo Serviço de Inteligência da Polícia Militar (SIPM).

Na calada da noite, o Coronel De Lara telefonou ao Floriano Professor, p'ra se obter informações sobre a situação da comunidade, no momento subsequente à assembleia de conciliação entre as lideranças do narcotráfico do Morro do Vidigal, da Favela da Rocinha e da Chácara do Céu, empós descerimonioso habeas corpus expedido em favor da libertação do ex-detento Fabrício da Silva. Do outro lado da linha, o Bacharel do Crime discorreu sobre o desentendimento trágico entre o Carne Negra e a Joana Pé de Briga, o que culminaria co'o falecimento da delinqüente indomável, que se recusara terminantemente a acatar ordem de comando ao menosprezar o Bolsa-Bandido da Secretaria de Segurança Pública do Estado do Rio de Janeiro.

— Mudando de assunto, como o Professor já deve estar ao par, o traficante Dom, antigo chefe do tráfico de drogas do Morro do Vidigal, será posto em liberdade. E a palavra de ordem é extermínio sem apelação, uma vez que não há mais lugar p'ra esse tipo de meliante na equipe de guarda do Carne Negra, tampouco a criminalidade fluminense se ressentirá da ausência de marginal enferrujado, fedendo a mofo de cadeia, companheiro. — formulou a autoridade policial, sem se importar co'o laço de camaradagem entre as principais lideranças da comunidade co'o Dom do Vidigal, que era fundador do Comando Vermelho na Zona Sul do Rio de Janeiro.

— Coronel De Lara, o Dom poderia até ser convidado sem problema p'ra fazer parte do projeto de desmobilização das comunidades populares da orla carioca co' nós, chefia, de maneira que, se o senhor autorizasse, obviamente, nós até daríamos uma guarida ao parceiro antigo de crime, que muito fortaleceu na formação da bandidagem, que hoje presta serviço ao bater continência diante de sua egrégia instituição policial, companheiro. Portanto, peço ao senhor, humildemente, que reconsidere a sentença de morte contra o parceiro antigo posto em liberdade, porque, inclusive, o Dom é compadre do Fabrício, por ter batizado o seu primogênito, o Pele Negra. — postulou-se o subordinado bacharel, ao tentar aliviar a barra do condenado à pena capital, ainda que esta tenha sido extinta em 1786, por d. Pedro II, às vésperas da proclamação da República.

— Até compreendo sentimentalismo de marginal; porém, ordens são ordens e elas devem ser cumpridas, sem questionamento ou debate, Professor. Imagina se, no quartel, o chefe militar decreta que a gororoba está suspensa por indisciplina; e um desavisado subalterno se banqueteia, desautorizando a ordem de comando. O que o senhor faria co'o glutão anarquista, doutor? — questionou-o o oficial militar, dando-lhe a entender que a cúpula governamental não admitiria desobediência ou insubordinação por parte dos comandados da coorporação.

— Então, eu mando assassinar o Dom, porque ordens são ordens e o senhor coronel não consegue imaginar um bandido da antiga em ação na atual criminalidade fluminense, Coronel De Lara? Caralho, o cara deu de comer a nós, quando não havia co'o que cobrir o estômago doendo de' fome, chefia. Fica ciente que esse mermo Dom do Vidigal condenado à forca botou a primeira arma na mão do Fabrício Carne Negra, quando nós estávamos engatinhando na criminalidade; e, anos depois quando o patrão rodou, mandou ordem da prisão p'ro Carne Negra comandar o 12 da favela, coronel. Enfim, o Dom nos fez bandido e o senhor agora acha mermo que nós iremos renegar o passado de crime, cuspindo no prato de comida que nós nos lanbuzamos a vida toda, autoridade? — obtemperara Floriano Professor, insurrecionado diante do absurdo da imposição do homicídio do comparsa, que cumprira infortúnio em regime fechado por três décadas de reclusão aproximadamente.

— Em contrapartida, o Dom do Vidigal não iria aceitar o decreto da cúpula da Secretaria de Segurança Pública sobre o término da criminalidade nas comunidades da Zona Sul do Rio de Janeiro, de modo que o mal se corta pelo cerne da raiz; e, neste caso específico, o malandro das antigas se rebelaria contra a liderança absoluta do Carne Negra, que nos custou uma fábula de dinheiro, em se tratando da magistratura, sobretudo. De acordo co'o preceito filosófico, as águas passadas não movem moinho de vento, meu Professor. Por um acaso, tu vais querer ceder o lugar de dirigência do teu cliente Carne Negra ao Dom do Vidigal, Doutor Floriano Mendes? — alfinetou-o De Lara, conhecedor da capoeira de pedra da criminalidade local, onde vigora a lei do mais forte, que é onde a corda arrebenta sobre os cornos do mais fraco sem choro nem vela de perdedor, co'o o corpo ensanguentado estendido sobre a vala negra n'uma viela da vida.

— Porventura o senhor 'tá nos ameaçando de morte, ao insinuar que, se não executarmos o Dom do Vidigal, nós seríamos a bola da vez da sinuca de bico, que a Secretaria de Segurança Pública nos encurralou em labirinto sem fio de Ariadne, coronel? — perquiririu-o Professor, ao se aperceber instintivamente de que não houvera perspectiva de acomodação do antigo líder da quadrilha na proposição governamental de transposição da delinquência a patamares até então inimagináveis p'ros padrões vigentes da História social da criminalidade pátria.

Na antropologia do crime, a inverossimilhança da transposição do poder de ação criminosa das mãos sangrentas dos narcotraficantes, pr'as castas do alto escalão do Palácio Laranjeiras, sob o manto azul da ressocialização imobiliária ao emancipá-los dos guetos favelizados, desestabilizaria qualquer perspectiva de análise histórica à luz do discernimento intelectual. No pano de fundo das transformações políticas originadas pelo Projeto de Ressocialização das Comunidades Populares (PRCP), emergiria o processo de hierarquização do poder público sobre os mecanismos de marginalização, como se a Secretaria de Segurança Pública do Estado Rio de Janeiro estatizasse o narcotráfico da Zona Sul carioca. Tal inversão de valores se propunha a introjetar, os elementos explícitos de ressignificação na ambiência de distribuição da cocaína importada dos países oriundos da América hispânica. Por este raciocínio, o bandido pé de chinelo de outrora se associará ao poder público, ao figurar indiretamentamente no quadro do funcionalismo estatal, invertendo as regras progressistas de geração de renda.

A sobrevivência do bandido Dom do Vidigal incidiria na possibilidade de incursão d'uma peça sob representação da incógnita, inadmissível no jogo político orquestrado pelo meticuloso presidenciável Lizandro Rocha, mui bem assistido pelo engenhoso Armando Fontes, já chamado de o 'Ministro' pelos bajuladores do Palácio da Alvorada.

— Folgo em saber do Professor ser versado em mitologias; porém, por obséquio, responda apenas a pergunta que eu fiz ao senhor: Tu estarias disposto a ceder o lugar de comando da operação, em detrimento da liderança do Carne Negra do Vidigal; ou seria mais prático se livrar de um mero inconveniente chamado Dom, abalroado pelo tempo de cárcere, à beira do ostracismo criminal? Professor, tu vais por mim e liga p'ro Dodó Mão de Cova agora mesmo, que tem serviço a dar co'o pau p'ra ele fazer, sem perda de tempo, companheiro. — incitara-o De Lara à execução do bandido Dom do Vidigal, que exercia influência catastrófica sobre os pupilos de antigamente.

— Quer dizer então que, se eu não mandar passar o carro no Dom, quem vai p'ra vala somos, eu e o Carne Negra, sem hipótese de conciliação, Coronel De Lara? É xaque mate, patrão? — decifrou o Bacharel do Crime, ao decodificar as implicações da desobediência institucional.

— É a afamada fábula da Raposa e o Leão, amigo. Tu conheces Esopo, Professor? — desligou o aparelho celular, empós indagação reticenciosa sobre a moral da história.

No impulso da indecisão, o Professor telefonou imediatamente ao Carne Negra, informando-o das coordenadas sumárias sobre o homicídio decretado do Dom do Vidigal, uma vez que não se conformava co'a resolução fatídica da direção da Secretaria de Segurança Pública. Entretanto, no afã do não descumprimento da designação homicida, ao apregoar a boa-nova do Coreonel De Lara ao seu cliente Fabrício da Silva, o advogado Floriano Mendes se utilizara das técnicas de retórica argumentativa versadas nas cátedras da Faculdade de Direito, a fim de que o persuadisse da necessidade de sacrifício do Dom do Vidigal, não sem antes fazer o dever de casa de leitura do apólogo esopiano, obviamente.

— Fabrício, eu vou te confessar uma parada que eu tenho guardado em segredo desde quando participei da primeira reunião co'o deputado Armando Fontes e o Coronel De Lara, parceiro. Deu-se que, quando tu ainda te encontrava encarcerado, o alto comando da Secretaria de Segurança Pública acenou co'a possibilidade de se chamar o Dom, p'ra formar co'o Projeto de Ressocialização das Comunidades Populares, caso tu não aceitasse a proposta de cooperação de extinção da criminalidade na Zona Sul do Rio de Janeiro. Pois é, parceiro. Se a ordem de extermínio, que foi determinada pela cúpula da Polícia Militar, não for concretizada o mais rápido possível pelo Dodó Mão de Cova, nós corremos sério risco de sermos substituído pelo antigo líder do narcotráfico do morro, o Dom do Vidigal. — nomeara-o Professor.

P'ra não se eximir da responsabilidade da missão a que fora submetido, sem sentimentalismo ou nostalgia, ao passo que, na loja que fora forjada p'ra se distribuir cocaína a domicílio aos clientes apatacados da Zona Sul carioca, o enfesado Carne Negra invadira o recinto à procura da informante do Coronel De Lara, a Malandrinha do Baixo Leblon, que, decerto, o denunciara quinze anos atrás, no episódio do assassínio do homossexual norte-americano, trucidado no alto da Favela do Vidigal. O narcotraficante adentrara o recinto comercial a bufar feito animal em arena de rodeio, predisposto a dar coiçadas em direção a quem obstruísse a sua cavalgada esdrúxula e irregular.

— Cadê a 'caguaeta da Malandrinha do Baixo Leblon, Professor? — perguntou o marginal drogado, sôfrego por vingança contra quem o atraiçoara no momento mais delicado de sua vida bandida, quando os organismos de comunicação social se uniram p'ra aniquilá-lo diante da opinião pública. "— Bom dia p'ra tu também, Fabrício. — abrandou-o Floriano, ao observar a fúria do comparsa, que espumava pelo canto da boca negra de odiosidade.

— Bom dia só se for p'ra tu, doutor, porque cadê a filha da puta da 'cagueta, rapá? — retribuíra cumprimento, deseducadamente, co'a pistola 45 empunhada.

— Qual foi, mermão? O que foi que houve co' tu, parceiro? Respira, camarada. Conta de um até dez, patrão. — sossegara-o Professor, co'o intuito de estancar a hemorragia antes mesmo do derramento do sangue alheio.

— Responde a mim o que eu te perguntei a tu primeiro, xará. Eu não quero saber de conversa fiada comigo, não, porra. Aonde foi que se meteu a traíra da Malandrinha, caralho? — replicou-o exaltado, a ponto de explodir diante da mínima resistência de informação.

— A Malandrinha... Eu estou te perguntando o que foi que houve p'ra tu chegar co'as sete pedras nas mãos contra mim, cara. Abaixa essa arma, por favor. Tu 'tá ficando maluco de tanto cheirar pó, parceiro? — receptara-o o advogado criminal, contendo-o co'a eloquência da sensatez, empregada p'ra arrefecer arroubos do bandido Carne Negra, irremediavelmente.

— Te mete, não, meu compadre. Te mete, não, que o bagulho doido não é contigo, não; morou, mermãozinho? Cadê a 'cagueta da Malandrinha, Siri Gago? — dirigiu-se ao bandido mais fraco, que, muito provavelmente, daria o paradeiro da moça perdida ou achada, que não se homiziara da fúria assassina do algoz.

— A-a-a Ma-ma-ma-ma-ma-lan-lan-lan-lan-dri-dri-dri-dri--nha... A-a Ma-ma-lan-lan-dri-dri-nha... — engasgou-se co'a informação, foneticamente.

— Para de gaguejar, rapá; e diz logo aonde foi que se escondeu aquela vagabunda da Malandrinha, mané. Fala logo, compadre. Vomita logo, parceiro, que eu 'tô mermo perdendo a paciência até co' tu, Sirizinho. — insistiu Carne Negra, aterrorando-o co'a arma de fogo, ao agarrá-lo pela gola da blusa.

— Qu-que co'-co' u-u-ma pis-pis-to-to-la en-en-ga-ga--ti-ti-lha-lha-da na-na ca-ca-be-be-ça é ru-ru-im de-de tu-tu nã-nã-não ga-ga-ga-gu-gue-jar tam-tam-bém; mo-mo-ro-ro-cô, ma-ma-la-lan-dr-dra-gem? — agagou-se, ao se urinar encharcando o chão do recinto.

— Não precisa estourar os miolos de ninguém, não, patrão, que estou à tua disposição, p'ro que der e vier, Carne Negra. — audaciara-se a senhorita Felipa, corajosa e perigosamente.

— Algema tu ela logo, Siri Gago, p'ra acabar de uma vez co'a empáfia da X9, Professor. Algema ela, rapá, que eu 'tô mandando tu enquadrar a safada da Malandrinha, que infringiu o Artigo Primeiro do Código de Ética da Favela: Não 'caguetarás. — ordenou, ao dissipá-lo da mira da pistola 45.

— Porra, diz o que é que 'tá acontecendo p'ra tu ficar nervoso p'ra caralho desse jeito co'a Malandrinha, Fabrício? O problema é que tu 'tá acreditando demais nessa brincadeira de polícia e ladrão do Coronel De Lara, parceiro. — assincerou-se o Bacharel do Crime, indignado co'o jogo sujo manejado pelo oficial militar, que a cooptara como informante do Serviço de Inteligência da Polícia Militar.

— Cala a boca, Professor, senão vai sobrar p'ra tu também, meu camarada. — arremessou-lhe intimidação, desconsiderando-o em ato de desforra do que se acometera há uma década e meia, quando a Malandrinha do Baixo Leblon se prestara a iniciar o plano de vingança, contra o abusador de fêmea indefensa, a agonizar em seu hárem de sadismo.

— Agora tu vai ficar me ameaçando a todo instante, meu chapa? Larga a moça, rapá, que agora que 'tá mandando aqui sou eu, Siri Gago. — apontou o fuzil AR15, revoltado co'a arrogância do comparsa Carne Negra, que o subjugara em público por destempero de ânimo, que o despejara no calabouço no episódio sinistro e infortunado do homicídio do ianque gay.

— A algema já 'tá em mãos de quem de direito, a X9 da Malandrinha, porque eu 'tô sabendo que foi tu quem me 'caguetou ao então Tenente De Lara, na ocasião em que eu fui agarrado no

Vidigal pelo Sargento Touguinhó, senhorita Felipa. — desmascarou-a pela alcaguetação de outrora.

— Eu nunca fui X9 na vida, mano, porque tenho asco de quem alcagueta até mesmo estuprador de mulher, querido. Eu juro que... Aliás, nós podemos conversar como gente civilizada; ou tu vai querer ganhar no grito, patrão? — acirrou-se a traficante de drogas, negando a acusação de delatora, intolerável no mundo crime.

— Não jura em vão, que eu sou capaz de fazer tu dizer a verdade por meio de tortura cruel, sua cadela tagarela. — agarrara-o, enforcando-a.

— Calma, Fabrício, senão eu vou ser obrigado a ligar agora mesmo p'ro Coronel De Lara, p'ra que ele venha urgentemente esclarecer o quiproquó co'a Malandrinha, chefia. — interferiu, que, apreensiva, assistia ao espetáculo funéreo.

— Diz logo se era tu ou não era que 'caguetava nós p'ro Coronel De Lara, Malandrinha. — enfrentou-a, ao esfregar em suas tetas e vagina o cano calibre grosso da pistola 45.

— Tu-tu co-co-nhe-nhe-ce o-o Do-do-dó Mã-mão d-de Co-co-va, se-se-nh-nho-ri-ri-ta Fe-fe-li-li-pa? Do-do-dó va-vai t-te fa-fa-zer do-do-dói, ma-ma-na. — trocadilhou-se Siri Gago.

— Tu vai ter coragem de mandar o Dodó Mão de Cova me matar, Carne Negra? Tu vai acabar co'a minha vida à-toa, só por que tu alega que o Coronel De Lara entregou o meu nome empós quinze anos, mano? Ah, tu vai mesmo me matar, a sangue frio, sem saber se eu era inocente ou culpada, patrão. Eu juro que não fui quem deu o teu esconderijo p'ros homem da lei, não, cara. Não fui eu, que 'caguetei tu, quando tu foi preso, não, Carne Negra. O Coronel De Lara inventou essa história só p'ra jogar tu contra mim, irmão, p'ra um comer o outro feito bicho feroz; sacou só, mano? Será que logo tu vai agora acreditar em verme de farda, meu compadre? Confesso que muito me admira tu não desconfiar de que, quando se remover o último barraco das comunidades da Zona Sul da Cidade Maravilhosa, o Carne Negra seja carta fora do baralho. E é lógico que, no fim das contas, um teria que devorar o outro mermo, que nem bicho que é o que tu é e sempre foi de fato e direito, mano. — alentou-se Malandrinha, ao blefar sobre a estratégia de precarização do oficial militar, ignorando a cólera do marginal.

— Veja bem o que é que tu 'tá me dizendo que o Coronel De Lara não passa de um mentiroso, por fazer intriga barata p'ra causar desavença entre nós, Malandrinha. Tu vai repetir o que tu 'tá me dizendo nos cornos dele; 'tá me ouvindo bem, senhorita Felipa? Liga p'ro homem agora, Professor. Aliás, não precisa ligar porra nehuma, não, parceiro, porque 'tá tudo entendido entre nós, Malandrinha, bandido bom não 'cagueta, não, xará. Adeus, sua 'cagueta filha da puta. — disparou a arma de fogo, expirando-a.

— Tu 'tá sempre botando os pés pelas mãos mermo; morou, parceiro? Porra, cara, tu não te emendas, não, rapá? Mais um homicídio desnecessário em tua ficha criminosa, Fabrício Carne Negra do Vidigal. — assoalhou-o Professor, ao retirar-se do local do crime, eximindo-se da companhia delituosa do comparsa.

Durante o tempo em que o deputado federal Armando Fontes se reunira co'o Coronel De Lara e a socióloga Ana Lívia, p'ra resolução das questões nevrálgicas ao cronograma de ressocialização das comunidades da Zona Sul carioca, o Professor ligou p'ra dar a notícia do suicídio da Malandrinha, que não resistira a uma crise de abstinência, vindo atentar contra a própria vida.

— Não há a mínima necessidade de ser o chefe da Central de Inteligência da Polícia Civil, p'ra se detectar que o Carne Negras seja o principal suspeito pelo suicídio da senhorita Felipa Menezes de Souza Moraes, vulgo Malandrinha do Baixo Leblon, depois da reunião em que tu a entregaste em bandeja de prata a X9 ao bandido sanguinário, que, até segunda ordem, está exonerado da liderança do serviço de distribuição de cocaína, haja vista que fato é que esse crioulo ordinário, quando não caga na entrada, defeca na saída, Coronel De Lara. — avultara-se Fontes, manisfetando contrariedade, ao adagiar-se.

— Pelo visto, o trapalhão do marginal, ao acender uma vela p'ra Deus e outra p'ra Lúcifer, acabou por avacalhar co'o projeto de desmobilização das comunidades carentes da orla carioca, meu caro deputado. Ao que parece, o primeiro escalão da Polícia Militar será obrigado a cortar na própria carne, literalmente, de modo que a ingerência há de ser tirar de circulação o famigerado Carne Negra do Vigigal, já que, se a cagada já foi feita e agora a merda 'tá agarrada no cu, só há duas alternativas cabíveis, meu velho e bom Fontes. Alternativa número 01: Contactar o Dodó Mão Cova p'ra encher o rabo do cagão de chumbo grosso. Alternativa número 02: prisão de ventre. — designara o comandante da operação, ao fazer uso da metáfora escatológica mais indicada ao contexto do ditado popular.

— E qual será a estratégia de ação do primeiro escalão da Polícia Militar p'ra se coordenar a saída de circulação d'um aliado de confiança do nível do Fabrício Carne Negra do Vidigal, Coronel De Lara? Imagino eu que não deva ser como n'um passe de mágica do circo, quando o ilusionista se predispõe a submergir a mulher de pernas bonitas de fora, no picadeiro da fantasia. — intrusou-se Ana Lívia, receosa de que a punição resvalasse em seu Professor, afastando-o da acessoria jurídica do projeto de reassentamento imobiliário.

— Na verdade, nós precisamos atingir o sujeito em seu ponto fraco - mulher, Dra. Ana Lívia. Neste éden psicodélico, o insaturável e irresistível Carne Negra há de morder a isca da maçã de Adão e Eva, de sorte que eu já estou pensando em consultá-lo a respeito representação da Lola, meu coronel. — propôs Fontes, ao cogitar a participação da esposa oficial do Chefe de Polícia do Estado do Rio de Janeiro, a belíssima senhora Lolita Cortes De Lara, por aliança de adultério co'o narcotraficante Fabrício Carne Negra do Vidigal.

— Como assim a minha estimada Lola, mulher honesta e mãe dos meus herdeiros legítimos, deputado? Quais são os teus planos co'a minha honrada senhora, cara pálida? Porra, logo a Lola, minha mulher de casado, companheiro? — reagiu contrariado o oficial militar, suspeitoso de que, da fértil e ardilosa caraminhola do político Armando Fontes, saltasse da cartola algum coelho mirabolante, que maculasse o moral de sua consorte Lola.

— São cinco milhões de reais em jogo, Coronel De Lara. — acenara-o Fontes, co'o valor da corrupção extraconjugal a que se submeteria Lola, co'o narcotraficante celerado.

— Cinco milhões de reais p'ra eu fazer da Lolita uma esposa adúltera; e, de mim, um corno consentido, secretário Fontes? — irritara-se de Lara, diante da perspectiva de meretrício deflagrado em família.

— É só um truque ficcionista ou armadilha ilusória, p'ra se jogar o biltre do Carne Negra no xilindró (ou sepultura de cemitério!) ad aeternum, coronel. Prostituição de faz de conta, De Lara, porque, além de tudo, por mais honesta que seja a Lola, toda mulher tem o seu preço, companheiro. — desabusou-se Armando Fontes, insinuando por entrelinhas maldosas que a socióloga também pagaria alto valor pelo relacionamento multirracial co'o Bacharel do Crime.

— Misógeno. — insultara-o Ana Lívia, apoquentada co'a barbaridade preconceituosa e machista proferida pelo secretário de Segurança Pública.

— Não sei se a Lola aceitaria se prostituir co'o negro asqueroso da estirpe deste facínora do Carne Negra, porque creio eu que nem se fosse por dez milhões de dólares, deputado. A Lolita De Lara é honesta e incorruptível!... — blefou o assecla de fardão, antecipando-se ao desgaste doméstico, que adviria do alvitre de prostituição.

— Eu não sei se o governador Lizandro Rocha estaria disposto a bancar a quantia de dez milhões de reais, p'ra se livrar do meliante Carne Negra; porém, podemos levar a proposta assim que tivermos oportunidade de se fazer Justiça pelo pusilânime homicídio da Malandrinha do Baixo Leblon. Ponto final, Coronel De Lara. — findara discussão Armando Fontes, almejante em folgar co'os sortilégios da fabulosa Lolita De Lara, no tocante ao plano de sedução.

No instante em que o ex-presidiário Dom aportara no Morro do Vidigal, o Professor o abordou quando o bandido bebericava uma cerveja gelada, na Barraca do Berreca, co'o intuito de prevenção sobre a ordem de comando de extermínio decretada pela Secretaria de Segurança Pública, que planejaja se ver livre de sua presença exprobrada de detento posto em liberdade, empós três décadas de reclusão.

— Parceiro, presta atenção que o Coronel De Lara mandou o Fabrício passar tu, Dom. Mas eu não posso admitir crocodilagem co' quem tanto me fortaleceu a vida toda; 'tá ligado, irmão? Mas fica tranqüilo, que eu já dei um catuque no Carne Negra e o patrão topou, que se providenciasse falso homicídio contra a tua ilustre pessoa, dando uma banana de satisfação ao comando do Serviço de Inteligência da Polícia Militar. Por esta razão, eu só peço que tu desapareça do mapa por tempo indeterminado, porque senão o Coronel de Lara vai querer cobrar de mim a tua cabeça, que 'tá a prêmio de diamante, o Dom do Vidigal. — encarrilhou-o o delituoso criminalista Floriano Mendes, ludibriando o alto escalão militar co'a farsa do assassínio forjicado.

— Como é que eu vou sumir do pedaço, se eu não tenho um tostão furado no bolso nem p'ra pegar a barca Rio X Niterói, xará? E tu vai querer me dizer p'ra mim sumir do mapa, porque tu não quer me matar co' medo da culpa, do remorso. Qualé, vagabundo? Comigo não tem esse papo, não, rapá. 'Bora botar p'ra foder feio p'ra cima dos políça, que nem nóis fazia antigamente, Professor. Ou então tu me diz logo qual é o plano p'ra mim e o que é que eu tenho de fazer, porque senão eu vou meter os corno num assalto p'ra arranjar dinheiro e reabrir a porra boca de fumo na marra, co'o Carne Negra querendo ou não, chefia. — amealhara-o Dom, apreensivo pelo desenlace de destino de cova rasa de menos de sete palmos do chão, desconvicto de que os comparsas se cotizariam p'ro enfrentamento contra o esquadrão da Polícia Militar do Coronel De Lara.

— Precisa assaltar nada, não, meu camarada, que eu mermo vou te dar um dinheiro bom, p'ra tu se amalocar por uns tempos fora do circuito Rocinha-Vidigal-Chácara do Céu; 'tá me ouvindo, Dom. Tu só vai poder sair da toca, se eu te der autorização p'ra tu botar a cabeça fora d'água, parceiro. Toma logo e guarda contigo essa dinherama aqui, p'ra tu alugar um barraco p'ra tu cair bem longe da Zona Sul do Rio de Janeiro, chefia. Então, desaparece logo de uma vez da minha frente o mais rápido possível, que senão eu serei obrigado a cumprir a palavra dada ao Coronel De Lara, compadre. — desanuviara ao dar-lhe três tapas de consideração nas costas, pouco antes de se encontrar co'o Fabrício Carne e a Lola, na boate Sir Phillips, em companhia de sua musa Ana Lívia, que trajava bela e insinuante vestidura verde-musgo, mui bem ajustado ao corpanzil de pantera branca.

— Perdão, por eu te trazer em tamanho inferninho, mas é que o Fabrício, desde que mudou p'ra Copacabana, parece que enterrou o umbigo nessa espelunca erótica chamada Sir Phillips, Sírfilis, p'ros íntimos, Ana Lívia. — aperdoara-se Professor, ao impugnar a predileção do comparsa que se tornara cliente habitué da boate localizada na Avenida Prado Júnior, antro de orgia e prostituição.

— Só de pensar que amanhã nós estaremos longe do Rio de Janeiro, Fabrício; sobretudo, do mal-asombrado Coronel Humberto De Lara... De manhã, partiremos p'ra Buenos Aires; e, depois, Lisboa, Madri, Paris e Roma. Adeus, minha querida São Sebastião do Rio de Janeiro. — aliviou-se, suspirosa co'a aleivosa sensação de afastamento de sua terra natal.

— Nós também estamos de partida p'ra Fortaleza, Ceará. E depois Recife, João Pessoa, Aracaju e Maceió, Lola. — revelara Ana Lívia o pacote turístico pelo Nordeste, também ansiosa por se afastar do Rio 40 graus, cidade purgatório da beleza e do caos, conforme traduzira o demiurgo Fausto Fawcett.

— A Ana Lívia conseguiu uma bolsa de pós-doutorado nos Estados Unidos; e, em muito breve, se Deus quiser, eu vou aproveitar p'ra fazer uma pós-graduação em Direito Penal, nos United States of America. Aliás, aceita dançar comigo em comemoração, Aninha? — convidou-a Professor, cortesmente.

— Eu acho que 'tô meio bêbada p'ra dançar contigo, meu bem. — declinou-se inicialmente da invitação do namorado.

— Eu não só sei mermo dançar funk de favela, madame. Eu só não danço samba, não só danço samba... Aliás, quer saber de uma coisa, amorzinho? Nós vamos se esbaldar como se não houvesse amanhã na pista da Sírfilis, Ana Lívia. — arrastou-a pelo braço até a pista de dança, requebrando-se em balé desconjuntado e inepto ao bailado.

— Garçon, traz mais uma garrafa de whisky escocês e uma rapa de 5g p'ra mim, por gentileza. Amanhã eu quero 'tá de ressaca de pó e goro, co' tu bem longe desse país de merda, Lola querida. — beijou-a, evocando a noite de despedida.

— Devagar co'o andor, querido, que amanhã nós vamos dar o fora da República do sobrenome e da falcatrua, sem direito sequer à saudade desta Cidade Maravilhosa de São Sebastião do Rio de Janeiro. — dissuadiu-o Lola, ao recear que o bandido se empolgasse co'a cocaína e álcool, jogando por terra o plano de ação elucubrado pelo secretário Armando Fontes, que a convencera a se aliar ao alto comissariado fluminense.

— Qual é dessa branca gostosa p'ra caralho toda vestida de esperança, negão? Qual o valor do programa sexual co'a potranca de aluguel, meu cumpádi? — insultara-o o classe média alta, esnobe como um digno representante da elite carioca.

— Qualé, playboy? Qual foi, rapá? Tu não 'tá percebendo que a moça 'tá acompanhada, não, parceiro? — aliviou Professor, ainda que melindrado co'o assédio desagardável e autoritário do janota garboso e autoritário.

— De qualquer maneira, não é co' tu que eu 'tô falando, não, crioulo, que eu jamais me dirijo a preto fodido que mete em lugar de branco, macaco. Qual é a tua, sua branca linda, gostosa e safada, que gosta de ver a coisa preta por dinheiro, prostituta? Tu deve se amarrar mesmo em dar o rabo p'ra negão bem dotado; né não, vadia? — injuriou o mauricinho racista.

— Tu não vai me desrespeitar co'a tua fala preconceituosa, não, fanfarrão? Mete o pé daqui, que tu 'tá sendo extremamente grosseiro e mal-educado, co'a dama acompanhada... — incitou-o, ao silêncio do discernimento.

— Desde quando eu respeito negro de favela ou senzala acompanhado da Dama das Camélias da Prado Júnior, meu amigo Charles Brown? Vou te dizer um negócio: essa branca não é p'ro teu bico, não, chimpanzé. Sai p'ra lá p'ro teu cativeiro, negro, que eu quero essa branca toda nua de quatro p'ra mim, seu Júnior Baiano do caralho. — desapartou-os o Playboy, extrapolando a área limítrofe entre a agressão verbal e física.

— Rapá, tu vai engolir a seco agora mermo a grave ofensa que tu 'tá me dizendo, filhinho de papai filha da puta. Saibas tu que, neste país democrático, injúria racial é crime imputado em Código Penal, seu merda abobalhado. Tu vai pedir perdão à Dra. Ana Lívia, nem que seja a última coisa que tu faça nessa porcaria de existência que tu leva, cheia de soberba e futilidade, Playboy. — exigira remissão do assediador moral o Bacharel do Crime, alçando-o pela gola do blazer cinza importado, que lhe cobria a empáfia de menino rico da Zona Sul carioca.

— Tu deve ser mesmo importante p'ra vir até a Sir Phillips, invadindo o espaço erótico de turismo sexual da burguesia co'a tua meretriz de fino trato; e ainda se sente no direito de ficar ofendido co'a verdade, que não pode ser dita na cara de um preto ordinário metido a Michel Jackson, que nem tu que não se enxerga como um crioulo fedido que és, negro. Agora veja só se, inversamente, vira moda a elite de Copacabana, Ipanema e Leblon se meter a frequentar baile funk e pagode p'ra botar banca em favela do Rio de Janeiro... Paciência, que eu já 'tô de saco cheio desse fingimento hipócrita de se ter que tolerar a convivência gentil e polida, co'os negros macumbeiros de tua estirpe e linhagem, já que o ódio racial recíproco não se acoberta co'a Constituição vigente, não, seu primata comedor de banana. — desafogou-se o almofadinha alinhado aos padrões pró-racismo em voga.

— Não vamos nos estressar co'a provocação barata de playboyzinho abonecado, não, Floriano, que não vale a pena bater boca co'o imbecil impregnado de juízo moral equivocado, Professor. — alertara-o Ana Lívia, mediante surpresa do interlocutor involuntário.

— Professor!?!... Tu é professor de quê, negão? De capoeira, rapá? Se tu é professor mermo, então tu vai me ensinar agora como é que eu faço p'ra comer o cu dessa loura gostosa p'ra caralho, que tu contratou p'ra te fazer companhia, Malcoln X. — reptara-o Playboy.

— Professor do crime, mané. — eclipsara-o Carne Negra, intrometendo-se mediante ultraje étnico incontornável, a ponto da socióloga suplicar p'ra que o sujeito folgado caísse fora, antes que o insulto se traduzisse em tragégia urbana.

— Porra, se c'um preto já era ruim, co'os dois então já é formação de quadrilha, irmão. E tu, por acaso, sabe co' quem é que tu 'tá falando, sua piranha de preto fedido? — desafrontou-se.

— Cara, tu cai fora logo daqui, que tu não sabe co' quem 'tá se metendo, rapaz." — obsecrara Ana Lívia, desesperadamente.

— A nós não nos interessa saber quem tu é ou quem não é, seu otário racista. — arredeara-se Floriano Professor, perceptivo ao fato de que co'a aproximação do abespinhado Carne Negra, a circunstância tornar-se-ia irremediável.

— Cala essa tua boca preta, crioulo, que a conversa ainda não desceu aos porões da senzala da casa-grande, não, Pelé. Responde tu: tu sabe co' quem tu 'tá falando, sua piranha de preto sujo? Aliás, quanto é o programa completo: barba, cabelo e bigode, co'o Lizandro Rocha Filho, sua branca encardida? — importunara-a o ariano politicamente incorreto.

— Pêsames. — caçoou Carne Negra, provocativo.

— Vai ofender o teu pai de santo, quizumbeiro. — enxotara-o o bon-vivant, enojado daquela gente anegrejada não bem-vinda ao círculo de entretenimento pequeno-burguês copacabanense.

— Deixa quieto, que o Playboy 'tá dizendo que é o primogênito do governador Lizandro Rocha, parceiro. — acautelara-o Professor, consciencioso da arapuca do acaso.

— Foda-se que se o moleque mimado é filho do cu da mãe dele, rapá. Por ser filho do governador Lizandro Rocha, tu acha que pode continuar co'essa ladainha racista até quando, seu herdeiro do trono? — azorragara-o Carne Negra, apistolando-se.

— Até quando for anulada a Lei Áurea, porque o certo mesmo seria tu dançar funk ou pagode na favela de nascença; e não tirar onda de branco em dancing de Copacabana impunemente. E tu acha mesmo que eu tenho medo da tua arma de brinquedo, crioulo? Se tu 'tá pensando que vai me intimidar co'a tua pistola 45 de mentirinha, p'ra eu não mostrar qual é o teu lugar de origem, seu porco preto imundo. — historizou-se Playboy.

— Pede perdão ao Professor, senão tu vai perder a tua vida por racismo otário, mané. Pela última vez, melhor tu pedir logo perdão ao meu irmão de cor, rapá." — aconselhou-o Carne Negra.

— Perdão é o cu preto da tua mãe escrava, aquela galinha d'angola de encruzilhada, carvão. — agravara-o pela última ocasião, transbordando o caldo de paciência.

— Então, eu vou te mostrar o local adequado aonde tu vai frequentar a partir de agora: o cemitério, arrombado. Toma respeito pelos cornos, playboy, que eu sou o Carne Negra do Vidigal, caralho. — disparou três vezes contra o crânio da vítima, causando algazarra na boate em polvorosa.

— Dá o fora daqui, cara, que tu acabou de assassinar o Lizandro Rocha Filho, Fabrício. — tocara-o Professor.

— 'Bora logo comigo, Lola. Vamos nos mandar, que, a partir de agora, o bicho vai pegar feio p'ra mim, madame. — arrasta-a até local distante do alvoroço público.

— Lolita, espera um pouco, meu amor, que me deu uma vontade de possuir tu agora, como se fosse uma curra, Lola. Cala a boca, que tu há de ser minha antes da fuga comigo, Lola. Goza, Lolita. Goza, goza, goza, Lola. — violou-a no Beco das Garrafas antes da escapula do automóvel em velocidade.

No aeroporto, empós despechar a pagagem na esteira da sala de embarque, Lola descobrira por mensagem de WhatsApp deixada pelo Coronel De Lara, que o Professor e Ana Lívia sofreram acidente fatal, na Presidente Dutra, no mesmo instante em que o marginal Carne Negra fora surpreendido pela equipe de policiais comandada pelo Tenente Touguinhó, no saguão do Aeroporto Galeão/Antônio Carlos Jobim.

— Mãos ao alto senão eu atiro, porque a casa caiu p'ra e tu 'tá preso, Carne Negra. Para quieto, que tu perdeu p'ra mim mais uma vez, malandro. Algeme o bandido Carne Negra do Vidigal, que lugar de bicho solto é atrás das grades de ferro da cadeia, onde o vagabundo vai apodrecer na prisão, sem habeas corpus da Secretaria de Segurança Pública depois do que o psicopata assassino fez co'o primogênito herdeiro do governador Lizandro Rocha. — algemou-o, sem mais justificativa.

— Traição, Lola. Bandida. — soletrara, monossilabicamente.

Então o prisioneiro Carne Negra emudecera-se, sem se dar conta de que três dias empós a sua prisão, o Dom do Vidigal fuzilaria o veículo blindado, que transportava o Coronel De Lara, Lola e família, enquanto diante da TV, o presidiário Fabrício Carne Negra do Vidigal, assistia ao ex-deputado federal e Secretário de Segurança Pública do Estado do Rio de Janeiro, dr. Armando Fontes, ser anunciado p'ra conduzir o Ministério da Justiça da República Federativa do Brasil, co'a trilha sonora composta pelo rapper Emicida, "Aonde filho choera e mãe não vê", entoada no rádio de pilha d'uma cela de fundo do presídio de segurança máxima do Complexo de Gericinó, Zona Oeste do município do Rio de Janeiro.

Empós o aprisionamento do narcotraficante Fabrício Carne Negra do Vidigal, por acusação de homicídio contra a Felipa Menezes de Souza Moraes, a Malandrinha do Baixo Leblon, em Bangu I; e o falecimento do seu braço direito Floriano Professor, o Bacharel do Crime, em suspeito acidente automobilístico em companhia da antropóloga e cientista política Ana Lívia Viveiro de Castro, o antigo matador da quadrilha Dodó Mão de Cova havia assumido, co'as mãos (e dedos) de ferro, o controle do movimento do narcotráfico do Morro do Vidigal, da Favela da Rocinha e da Chácara do Céu. A maior comunidade da América Latina localizada entre a Gávea e São Conrado, que fora tomada de assalto pela facção rival ao Comando Vermelho, o Terceiro Comando, no período da primeira detenção do Carne Negra do Vidigal, em ação conduzida pelo bando rival de Joana Pé Briga, primeira mulher a chefiar o 12 na História da criminalidade pátria. Em contrapeso, a negra Maria de Lourdes, a Lourdinha, continuava residindo na mesma comunidade vizinha ao Leblon, batizada em homenagem ao guarda real da Polícia da Corte do século XIX, Miguel Nunes Vidigal, de vez que o Projeto de Ressocialização das Comunidades Populares (PRCP) fora sumariamente abortado pelo demagogo e oportunista deputado federal licenciado, o Dr. Armando Fontes, ex-Secretário de Segurança Pública do Estado do Rio de Janeiro e atual responsável pelo Ministério da Justiça desta República Federativa do Brasil. Mediante esmagadora conquista na eleição presidencial, o chefe do Poder Executivo federal, Lizandro Rocha, sob alegação de acordo co'o Legislativo e co'o Judiciário, a respeito da sobriedade de políticas públicas pautadas em Direitos Humanos, decidira-se por cancelar o processo de reassentamento das comunidades marginalizadas, em Centros de Habitações Urbanas (CHUs).

Destarte, como diz o dito popular, tudo permanecera como dantes em quartel-general de Abrantes, de modo que a o dia a dia da comunidade prosseguia o seu curso natural, co'a convivência forçada co'a realidade do narcotráfico, chefiado pelo arbitrário e brutal Dodó Mão de Cova, que, dederto, não calculara o temperamento intempestivo do herdeiro primogênito do Fabrício Carne Negra, que em sua homenagem, à revelia, diga-se de passagem, fora alcunhado Pele; e, posteriormente, Pele Negra, fruto do efêmero relacionamento co'a negra Albertina, a Tina, sobrinha do ex-chefe do tráfico de drogas do Morro do Vidigal, o Dom do Vidigal.

— Pele Negra!... Pele Negra!... Pele Negra!... Pele Negra!... Pele Negra!... — zombavam os soldados da contenção que o repudiavam acintosamente, obrigando-o a atirar pedras em direção à vagabundagem da boca de fumo, que se abrigava atrás da Barraca do Berreca, p'ra ser atingida pela mira certeira do protótipo de marginal.

— Vai tomar no cu da piranha de zona da tua mãe prostituta, seu filha da puta arrombado!... Vai se fuder seu filho d'uma égua emprenhada pelo jumento do corno do teu padrasto brocha, seu merda de zé-ruela aveadado!... — desbocava-se o azougue de moleque, diante da provocação que o indignava a ponto de desferir pedradas, a torto e à direita, sem distinção de alvo ou vítima, o que atiçava ainda mais a bandidagem a troçar do herdeiro natural do trono da favela, que, de Bangu I, comandava o tráfico de drogas da região supracitada.

— Pele Negra!... Pele Negra!... Pele Negra!... Pele Negra!... Pele Negra!... — cutucavam-no em coro, reiterando-se até que se rebelasse diante do codinome hereditário.

— Pele Negra é a buceta da prostituta do Mangue da tua mãe, seu veado filha da puta arrombado!... Vai tomar no rabo da boqueteira da tua irmã, que Pele Negra é o cu da tua mãe, filha da puta!... — ofendia-se o menor malcriado, co'a analogia à abstrusa figura paterna, que jamais lhe dera carinho e atenção em sua infância perdida pelas bifurcações dos becos e vielas da comunidade.

Muito possivelmente, o Carne Negra, por ter tido tantos outros legatários p'ra dar de comer, beber e vestir co'os dividendos da criminalidade, que o seu primogênito Pele Negra fora menosprezado pelo patriarca, ocupado que era mais em fazer do que criar a prole numerosa e miscigenada. Diz que até houvera o nascituro d'um rebento sarará que fora residir co'a sua madre lá p'ras bandas de Espanhas, que sequer fora avistado, uma vez que a gringa retornara a sua terra de nascença co'o feto ainda no ventre embuchado pelo Carne Negra do Vidigal. Das crias de favela geradas pelo narcotraficante, reza a lenda que seriam mais de cinquenta rebentos procriados, sem distinção raça ou credo, visto que, certa feita, emprenhara a caçula do pastor branco e a menina mais velha da mãe de santo de origem afro-brasileira.

— Qu-qu-al fo-foi, d-de me-me-nor? Tu-tu va-vai fi-fi-car ba-ba-ru-ru-lha-lhan-do a-a mi-mi-nha o-o-re-re-lha c'o-c'o zu-zu-ni-ni-do d-de PE-dr-dra-da-da, se-seu ra-ra-pá? Ô-ô, mo-mo-le-le-que, ch-che-ga a-aê de-de-va-va-gar d-de-va-va-ga-ga-ri-ri-nho, se-seu ne-ne-gui-gui-nho in-in-vo-vo-ca-ca-do. O-o qu-que é-é qu-que te-tem d-de-mais ch-cha-mar tu-tu d-de Pe-pe-le Ne-ne-gra, ma-ma-is pe-pe-qu-que-no? O-o te-teu ve-ve-lho, o-o me-meu pa-pa-trão Ca-car-ne Ne-ne-gra d-do Vi-vi-di-di-gal, há-há d-de a-a-té fi-fi-car or-or-gu-gu-lh-lho-so d-de tu-tu se-ser a-a-pe-pe-li-li-da-da-do d-de Pe-pe-le Ne-ne-gra, ra-ra-pa-pa-zi-zi-nho en-en-fe-fe-za-za-do. — admoestara-o Siri Gago, conciliador ao enaltecer a memória do bandido encarcerado na Zona Oeste do município.

— Ficar orgulhoso é o caralho, meu compadre. Qual'é, Siri Gago? Qual foi, mané? Só porque tu é bandido, tu vai agora querer também ficar zoando co'a minha cara, xará? Eu não tenho medo de tu, não, rapá. — desafiara-o o arquétipo de marginal, que já se preparava p'ra dar o bote de cobra contra o poder instituído da bandidagem local.

Neste ínterim, o subchefe do tráfico de drogas da comunidade, o Dodó Mão de Cova, interveio co'a intenção de apaziguamento, a fim de que não reinasse a discórdia entre o primogênito do Carne Negra e a soldadesca da boca de fumo, se propusera a reger, co'a chibata materializada no fuzil AR15, a pacificação do ambiente. De imediato, Dodó Mão de Cova entrelaçara o braço sobre o ombro do menor de idade, afastando-o do aforçuramento, de maneira a amainar a desavença nascida pelo debique de caçoada.

— Quanto anos tu tem, neguinho? Qual a tua idade, Pele Negra? Tu já é sujeito homem p'ra afrontar o Siri Gago desse jeito, sem tomar cascudo ou pescoção, pouca-sombra? — intimou-o o psicopata assassino, arreliado co'a empáfia do pivete, que desprezava o código de hierarquia da criminalidade.

— Sou sujeito homem, sim, chefia; e já tenho tempo suficiente de vida, p'ra dar um tiro nos cornos de qualquer safado do morro; morou, meu parceiro? — espicaçou-o Pele Negra, co'a mão dentro da calça, como se portasse arma de fogo por debaixo da roupa de marca estrangeira.

— Tu 'tá armado que nem eu, o Dodó Mão de Cova, rapá? Diz p'ra mim se tu 'tá mermo marcando revólver ou é só sugestão de zé buceta, porque tu 'tá marrento p'ra caralho; hein, bagana? Tu já tirou cabaço de vida de bandido ou já trocou tiro co'os poliça, Pele Negra? — indiciou-o o homicida por convicção, enquadrando-o contra a parede co'o AR15 engatilhado.

— Abusado e marrento, porque me agaranto, mais velho. Se tu 'tá pensando que eu 'tô me agarantindo no meu pai Carne Negra, pode esquecer que eu 'tô mermo falando por mim, Dódó Mão de Cova. — encarou-o, desafiador, por paradigma hereditário de bandido em formação, que desabrolha de um gesto de dignidade.

— Qu-que só-só po-por-que tu-tu é-é fi-fi-lho d-do ho-ho--mem, d-do pa-pa-trão Ca-car-ne Ne-ne-gra d-do Vi-vi-di-di-gal, t-tu 'tá-'tá pe-pen-sa-san-do qu-que po-po-de es-es-cu-cu-la-la--char a-a au-au-to-to-ri-ri-da-da-de d-do Do-dó Mã-Mão d-de Co--co-va, ma-mais me-me-nor? — interpelou-o o tartamelo Sirizinho, mais gaguejante do que nunca, a propor desagravo co'o o frente do morro, Dodó Mão de Cova, feito pelo Pele Negra que, realmente, p'ra além da melanina, herdara a audácia do progenitor.

— Vai tomar no teu cu gago também, Sirizinho. — rebateu o rapazote sem titubear, desancando-o diante da assistência estarrecida e abismada, sem medir implicações de sua inconsequência insofismável.

— O-o-lha o-o re-res-pe-pei-to, qu-que e-eu te-te do-dou u-um ti-ti-ro no-no pe-pei-to d-do te-teu pé-pé d-de an-an-jo, es-se me-me-ni-ni-no. De-dei-xa de-des-sa pa-pa-ra-ra-da d-de de-des-re-res-pe-pei-tar os-os ma-mais ve-ve-lho, Pe-pe-le Ne--ne-gra. O-o te-teu pa-pai na-não te-te de-deu e-e-du-du-ca-ca--ção, na-não, mi-mi-ji-ji-fi-fi-lho? Es-es-sa ma-mar-ra to-do-da é-é só-só me-mer-mo po-por-qu-que tu-tu é-é He-her-de-dei-ro d-do Ca-car-ne Ne-ne-gra d-do Vi-vi-di-di-gal; mo-mo-ro-ro-cô, ma-ma-la-lan-dr-dra-gem? — desbancara-o Siri Gago, co'a pistola 9 em fuças do curumim desaforado.

Hipoteticamente, por ser sucessor consanguíneo do narcotraficante Fabrício Carne Negra do Vidigal, o negrinho insolente e petulante, que se julgava no direito de desbancar casca-grossa da quadrilha do Carne Negra do Vidigal.

— Vai se fuder mermo co'essa tua gagueira de merda p'ra lá, nego-veio, que não vou botar galho dentro p'ra tu, não, Siri Gago.

E p'ra teu governo nem também p'ro coisa ruim do Dodó Mão de Cova, vagabundo. — arrostou-o o atrevido Pele Negra, ao se esquivar da mira à laser da arma do gerente de plantão.

— Presta atenção, que não 'tô gostando nada de ver tu esculachando a mim e ao meu segurança da boca de fumo à toa, não; 'tá ligado, guri? Toma aqui tu a 9 do Branca de Neve, moleque. Presta atenção no que eu vou te dizer agora, de menor: se algum safado passar zoando tu, não xinga mais, não, nem taca pedra; morou, Pele Negra? Esse chilique todo, que 'tá ficando feio p'ra caralho p'ra tu, rapá. Saiba tu que sujeito homem não fica se esgoelando pela favela diante da zoação da rapaziada, não, mané. Então, estamos comnbinado: a partir de agora, se alguém zoar tu co'esse papo de Pele Negra p'ra cá; Pele Negra p'ra acolá, tu passa logo fogo sem pena nos cornos do otário arrombado, que ficar zombando da tua cara preta; sacou, Pele Negra? — comandou Dodó Mão de Cova, sem imaginar a reação do catiço, que, instintivamente, ao se apropriar da pistola do bandido transexual, o sobejaria co'a reação inusitada oriunda de onde menos se aguardava o golpe do coice da máquina automática 9 mm.

— Posso meter chumbo em qualquer sujeito que me chamar de Pele Negra então, chefia? Tu me agarante que eu posso passar fogo nos cornos de qualquer filha da puta que ficar me zoando de Pele Negra, Dodó Mão de Cova? — aconselhara-se, de bate-pronto, ao apossar-se, de bom grado, da pistola ofertada.

— Não 'tô mandando tu sair atirando nas fuças do gaiato, jogador? Não 'tô te dizendo eu mermo a tu, que é p'ra meter chumbo em quem te sacanear co'o apelido que tu herdou do Carne Negra do Vidigal, meu parceiro? — desoprimiu-o Dodó Mão de Cova, afiançando sem imaginar que o disparo lhe atingiria em cheio no crânio anordestinado.

— Então, vai p'rus quintos dos infernus, vagabundo, que foi tu mermo quem me chamou de Pele Negra por último, Dodó Mão de Cova!... — pronunciou-se Pele Negra, despachando, a sangue frio, co'a munição única e certeira, p'ros degraus das trevas quem se habituara a depor assinatura em certidão de óbito.

— Qu-que tu-tu ma-ma-tou o-o Do-dó Mã-Mão d-de Co-co--va, bi-bi-cho do-doi-do!?!... Tu-tu 'ta-'tá fi-fi-ca-can-do ma-ma--lu-lu-co, me-meu co-com-pa-pa-dre? Dá-dá e-es-sa po-por-ra d-de pi-pis-to-to-la a-a-qui, xa-xa-rá, qu-que, d-de a-a-go-go-ra e-em di-di-an-an-te, e-eu na-não me-me re-res-po-pon-sa-sa-bi--bi-li-li-zo po-por tu-tu, na-não, Pe-pe-le Ne-ne-gra. — desesperou-se o atônito Siri Gago, ao desarmá-lo, mesmo o Pele Negra que, desde o berço, era conhecedor das leis do Tribunal do Tráfico de Drogas (TTD), questionando-o, como se o desafiasse a não se decidir antes da palavra de ordem do dono do morro.

— Tu agora vai querer me castigar sem ordem do teu patrão Carne Negra do Vidigal, se foi ele mermo, o Dodó Mão de Cova, que pediu p'ra morrer em minha mão, quando me deu a pistola 9 do Branca de Neve, me mandando atirar no primeiro filha da puta do otário arrombado, que havia me chamado de Pele Negra, Siri Gago?" — zoou-o o rascunho de matador, zombeteiro diante da reação apavorado do soldado da boca de fumo.

— Qu-que me-mer-da d-do ca-ca-ra-ra-lho qu-que tu-tu fe-fez co'-co'o Do-dó Mã-mão d-de Co-co-va, Ne-ne-gu-gui--nho. A-a-ma-mar-ra o-o ca-ca-br-bri-to d-do Pe-pe-le Ne-ne--gra n-na fi-fi-gue-guei-ra ma-mal-as-as-so-som-br-bra-da d-do a-al-to d-do mo-mor-ro, Br-Bran-ca d-de Ne-ne-ve e-e A-a-não A-as-sim. A-a-di-a-an-ta lo-lo-go tu, qu-que e-eu vo-vou li-li-gar a-go-go-ra me-mer-mo p'r-p'ro me-meu pa-pa-trão Ca-car-ne Ne-ne-gra, e-em Ban-ban-gu I, pr-p'ra de-de-ci-ci-dir o-o qu--que nó-nós va-vai fa-fa-zer co'-co'o d-de me-me-nor fi-fi-lho de-le, o-o Pe-pe-le Ne-ne-gra, qu-que a-a-ca-ca-bou d-de ma--man-dar se-sem dó-dó ne-nem pi-pi-e-e-da-da-de o-o Do-do--dó Mã-mão d-de Co-co-va pr'-p'ra se-se-pu-pul-tu-tu-ra d-de se-se-te pa-pal-mo d-de ce-ce-mi-mi-té-té-rio; mo-mo-ro-ro-cô, ma-ma-la-lan-dr-dra-gem? — decidiu-se Siri Gago, ao assumir o comando do bando, empós assassínio do antigo matador da quadrilha do Morro do Vidigal.

— Como diz o ditado, todo malandro um dia morre na mão d'um otário, Siri Gago. É a lei do crime, nego: quanto mais se sobe, maior é o tombo, rapá. — praguejou Branca de Neve, ao imobilizar Pele Negra, que não reagira à ordem de rendição.

— Ah-ah, me-me e-em-pr-pres-ta o-o te-teu ce-ce-lu-lu-lar, qu-que e-eu ho-ho-je 'tô-'tô se-sem cr-cré-di-di-to; 'tá-'tá li-li-ga-ga-da, bi-bi-cha? — requereu Sirizinho, afoitamente.

— Eu, hein!... Nunca vi bandido não ter dinheiro p'ra botar crédito em celular, marisia do caralho. — protestou Branca de Neve amistosamente, cedendo à rogativa do marginal balbo.

— A-a-lô, me-meu pa-pa-tr-trão Ca-car-ne Ne-ne-gra. E-eu se-sei qu-que NE-nem pr-pre-ci-ci-sa-sa-va, ma-mas a-a-qui é-é o-o Si-si-ri Ga-ga-go, ch-che-fia. Tu-tu 'tá-tá me-me o-ou-vi-vin-do di-di-re-rei-to e-e se-sen-ta-ta-do p'r-p'ra tu-tu na-não Ca-ca-ir p'r-p'ra tr-trás, pa-par-ce-cei-ro. De-deu ru-ru-im a-a-qui n-na fa-fa-ve-ve-la, Jô-jo-ga-ga-dor. Fo-foi qu-que o-o te-teu mo-mo-le-le-que ma-mais ve-ve-lho, o-o Pe-le Ne-ne-gra, a-a-ca-ca-bou d-de a-as-si-si-nar o-o Do-do-dó Mã-mão d-de Co-co-va, co-co'u-um ti-ti-ro d-de no-no-ve no-nos co-cor-no d-do va-va-ga-ga-bu-bun-do, a-a-mi-mi-go. — acionou-o Sirizinho, noticiando a fatídica tragédia entre David e Golias, que culminou co'o passamento do temeroso e receado Dodo Mão de Cova, que, conforme o sobrenome alcunhado indica, encaminhou mais de centena de cadáveres pro sepulcrário da cidade dos pés juntos.

— Que cagada, Siri Gago!... Mas o que foi que houve p'ro Pele Negra tirar a vida do Dodó Mão de Cova, assim sem mais nem menos, meu camarada? Quem foi que mandou o moleque Pele Negra atirar na cabeça do meu homem de confiança, Sirizinho? Qual a razão da bronca, rapá? Fala tu p'ra mim, que eu quero saber tim-tim por tim-tim sobre a parada da desavença entre o Pele Negra e o Dodó Mão de Cova, parceiro, mas sem rodeio o que foi que houve de verdade e fato, p'ro meu moleque mais velho meter bala nos cornos do Dodó Mão de Cova, Siri Gago. O que foi que aconteceu exatamente p'ro Pele Negra atirar no meu gerente de plantão, compadre. — pleiteara Carne Negra do celular de cadeia, intrigado co'a ligação do tartamelo subalterno, que o pegara no contrapé da surpresa.

— De-deu-se-se qu-que ge-ge-ral 'ta-'ta-va zo-zo-an-an-do o-o Pe-pe-le Ne-ne-gra n-na bo-bo-ca d-de fu-fu-mo, e-en-qu--quan-to o-o ne-ne-gu-gui-nho i-ia xi-xin-gan-gan-do e-e se-se--guia ta-ta-ca-can-do pe-pe-dra na-na va-va-ga-ga-bun-bun-da--da-gem to-to-da, a-a-té qu-que o-o Do-do-dó Mã-mão d-de Co--co-va de-deu a-a pi-pis-to-to-la no-no-ve d-do Bran-bran-ca d-de Ne-ne-ve na-na mã-mão do-do Pe-pe-le Ne-ne-gra, au-au-to-to--ri-ri-za-zan-do qu-que o-o gu-gu-ri me-me-te-tes-se ch-chum-bo gro-gros-so no-nos co-cor-nos d-de qu-quem zo-a-as-se e-e-le co'-co'o a-a-pe-pe-li-li-do d-de Pe-pe-le Ne-ne-gra; 'tá-'tá li-li-ga--ga-do, me-meu pa-pa-trão? E-en-tão, o-o ne-ne-gu-gui-nho a-ce--cer-tou o-o Do-do-dó Mã-Mão de Co-co-va n-no cr-crâ-nio d-do va-va-ga-ga-bu-bun-do s-sem- va-va-ci-ci-la-la-ção, po-por-que fo-foi e-le me-mer-mo, o-o Do-do-dó Mã-Mão d-de Co-co-va qu--quem po-por ú-úl-ti-ti-mo ma-ma-la-lan-dro qu-que ha-ha-via ch-cha-ma-ma-do o-o d-de me-me-nor d-de Pe-pe-le Ne-ne-gra, ch-che-fia. Ma-mas o-o Pe-pe-le Ne-ne-gra 'tá-tá a-a-qui co'-co' nó-nóis i-i-mo-mo-bi-bi-li-li-za-za-do a-a-té se-se-gu-gun-da or--or-dem, p'ra-p'ra se-se sa-sa-ber o-o qu-que é-é qu-que nó-nós fa-faz co'-co' e-e-le a-a-go-go-ra, já-j-a qu-que o-o Pe-pe-le Ne-ne--gra ma-man-dou o-o Do-do-dó Mã-mão d-de Co-co-va p'r-p'ra se-se-pu-pul-tu-tu-ra, me-meu pa-pa-trão. — narrou Siri Gago o epílogo sobre o trucidamento do cruel exterminador do bando do Vidigal, angustiado co'o desacordo repentino, que sucumbiu co'a vida d'um homem da mais inteira fidúcia e legitimidade.

— Siri Gago, tu providencia tudo direito como manda o figurino co'o enterro do Dodó Mão de Cova, porque vida de bandido é assim mermo: matar ou morrer, gente boa. A partir de agora, já que ele mandou p'ras cucuias o bandido mais sanguinário da criminalidade carioca, co'a disposição necessária de liderança, o Pele Negra vai assumir o comando do tráfico de drogas da favela; 'tá ligado, parceiro? E pode falar tu também que a morte do Dodó Mão de Cova foi ordem do Carne Negra do Vidigal; morou, compadre Sirizinho? — rematou o todo-poderoso, ressalvando que o comparsa Siri Gago ficasse de olho aberto co'o moleque Pele Negra, porque realmente o sucessor do trono legara a carta-bomba da hereditariedade.

— Po-po-de de-dei-xar co-co-mi-mi-go, qu-que o-o me-me--nor Pe-pe-le Ne-ne-gra va-vai fi-fi-car so-sob o-o me-meu co--con-tr-tro-le, co'-co'a ré-ré-dea cu-cur-ta no-no sa-sa-pa-pa-ti--ti-nho, me-meu pa-pa-trão. — desligou o aparelho telefônico.

— A-aê, ra-ra-pa-pa-zi-zi-a-a-da, o-o pa-pa-trão Ca-car-ne Ne-ne-gra ma-man-dou a-a-vi-vi-sar qu-que, a-a pa-par-tir d-de a-a-go-go-ra, o-o co-co-ma-man-do d-do mo-mor-ro é-é d-do Pe-pe-le Ne-ne-gra d-do Vi-vi-di-di-gal!... A-a-nã-nã-o A-as-sim, ma-man-da lo-lo-go se-se ca-car-re-rre-gar o-o pr-pre-su-sun-to d-do Do-do-dó Mã-mão d-de Co-co-va p'ro-p'ro ce-ce-mi-mi--té-té-rio clan-clan-de-des-ti-ti-no d-do al-al-to d-da fa-fa-ve-ve--la, qu-que e-eu na-não qu-que-ro ma-mais fi-fi-car o-o-lh-lhan--do p'ra-p'ra ca-ca-ra ma-mal-va-va-da d-de ba-ban-di-di-do mo--mor-to, na-não; mo-mo-ro-ro-cô, ma-ma-la-lan-dr-dra-gem? Bra-bran-ca d-de Ne-ne-ve, tu-tu a-a-ju-ju-da a-a de-des-pa-pa--char o-o ca-ca-dá-ver d-do co-com-pa-pa-dre Do-do-dó Mã-mão d-de Co-co-va, qu-que e-eu vo-vou lá-lá no-no In-in-fe-fer-ni-ni--nho d-de Do-do-na E-ed-na Pu-pu-ta Ve-ve-lha cu-cui-dar d-do ba-ba-ti-tis-mo d-de fo-fo-go d-do pa-pa-trã-trão-zi-zi-nho Pe--pe-le Ne-ne-gra d-do Vi-vi-di-di-gal, va-va-ga-ga-bu-bun-do. — preceituara Sirizinho, ao retirar-se em companhia do Pele Negra, não sem antes ouvir a reclamação cordial, em tom chistoso.

— Pe-pe-le Ne-ne-gra é-é cu-cu d-da pro-pros-ti-ti-tu--tu-ta d-da tu-tu-a fi-fi-na-na-da mã-mã-e, se-seu ga-ga-go va-va-ci-ci-lão. — protestou por arremedo de prosa, durante a salva de tiros p'ro alto da bandidagem.

No gabinete militar do Coronel Leopoldo Consilva, o Major Zanata, o Capitão Boa Morte e o Sargento Ribeiro deliberavam sobre o fado do narcotraficante Carne Negra, no tocante à pena de morte decretada, uma vez que o bandido encarcerado não figurava co' protagonismo na nova ordem do dia da cúpula miliciana, que almejava expandir-se territorialmente até a Zona Sul do Rio de Janeiro.

— A palavra de ordem é o extermínio do Fabrício Carne Negra do Vidigal, Coronel Consilva? — consultara-o o Major Zanata, de maneira que se certificasse do que se decidira como elemento crucial, p'ra ampliação paramilitar da Zona Oeste até as águas do Oceano Atlântico.

— Palavra de ordem é ação, major. — assentira Coronel Consilva, responsável pelo mais alto grau de comando da organização criminosa.

— Sargento Ribeiro, vinte e cinco estocadas no depósito de verme do malandro, na calada da noite do xilindró sem câmera de segurança na cela de Bangu I; copiado, 03? — orientara-o o Capitão Boa Morte, co'a exatidão sádica e matemática.

— É co'nós mermo, chefia, porque o Carne Negra do Vidigal já é presunto passado em sete palmos de jazigo, comandante. — respostara o subordinado Felício Boa Morte, por justaposição de nomenclatura.

— Co'o bandido Carne Negra executado pelo Terceiro Comando por suposta vingança a partir da traição co'a Joana Pé de Briga, o bode expiatório da vez e ocasião será o seu herdeiro natural, o Pele Negra, que assumiu o posto de liderança ao destronar o gerente geral da boca de fumo, o Dodó Mão de Cova. Portanto, empós repaginarmos a saga do Fabrício Carne Negra, o foco será o Pele Negro, porque o objetivo primordial é nós enfranquecermos o narcotráfico, p'ra, enfim, tomarmos de assalto o cartão-postal da Zona Sul carioca, o Morro do Vidigal. — sentenciara Coronel Consilva.

Obcecado pela ampliação do poder da Esquadra Azul, pr'além da Zona Oeste da Cidade Maravilhosa, no momento subsequente, o narcotraficante Fabrício Carne Negra do Vidigal era assassinado sem hipótese de defesa, co'as vinte e cinco estocadas de consignação, por recomendação da Azurra, a milícia da Zona Oeste que almejava se embrenhar na região litorânea, co'o intuito de diversificação da lucratividade. Enquanto isto, no Inferninho da Edna Puta Velha, o cicerone Siri Gago co'o patrãozinho Pele Negra, escoltados pelo transexual Branca de Neve, o Anão Assim e os outros traficantes de drogas, se esbaldavam em companhia das prostitutas Yohanna Peito de Abób'ra, Dani Pomba Rolô e Rita Cegonha, que se refestelavam diante da oferta gratuita de álcool e cocaína, por conta da posse oficial do aspirante ao reino de soberania da comunidade.

— Sejam bem-vindos, meus nobres convidados, Pele Negra e Siri Gago, ainda que estejamos de luto pelo falecimento do malandro que, de fat, era, como diria Zé Ketti, "valente, mas muito considerado", o Dodó Mão de Cova. Por esta única e simples fúnebre razão, peço aos senhores putaria às pamparra sem sangue, bofetada e arruaça; tu 'tá me compreendendo, patrãozinho? — recepcionara-os a anfitriã Edna Puta Velha, cautelosa co'o comportamento impróprio e inadmissível do herdeiro do Fábricio Carne Negra do Vidigal, que, a esta altura, repousava em frigorífico de Instituto Médico Legal (IML).

—Fa-fa-la tu-tu, Do-do-na E-ed-na Pu-pu-ta Ve-ve-lha, qu--que co'-co'o to-to-do re-res-pe-pei-to, ma-ma-dr-dri-nha, ho-ho--je se-se-rá o-o ba-ba-ti-tis-mo d-de fo-fo-go d-do pa-pa-trã-trão--zi-zi-nho Pe-pe-le Ne-ne-gra, do-do-ni-ni-nho d-do mo-mor-ro a-a-go-go-ra, po-por or-or-dem d-do Ca-car-ne Ne-ne-gra d-do Vi-vi-di-di-gal. — cumprimentou-a Sirizinho, saudando a proprietária do bordel co'o ósculo de praxe, sem cerimônia.

— A partir de hoje tu vai formar total co' nóis do movimento, porque eu quero tu fechada co'o 12 da comunidade; 'tá ligada, cafetina? — notificou-a Pele Negra, averiguando-se do plantel de meretrizes ao redor da empresária de ramificação erótica.

— Foi tu mermo que matou co'as próprias mãos o sanguinário Dodó Mão de Cova, esse menino? E c'umé que tu te chama, rapazinho de coragem? — incitara-o a meretriz do rendez-vous Rita Cegonha, indiscreta mediante a audácia macabra do molecote de calça curta, que, não havia muito tempo, ainda andava co'os olhos cheios de remelas e co'o nariz cheio de meleca pelos becos e vielas do Morro do Vidigal.

— Pode me chamar de Pele Negra, mina, porque, a partir de hoje, eu sou o Pele Negra do Vidigal; sacou, dona Edna Puta Velha? — resignou-se o legatário do bandido mais folclórico da cidade do Rio de Janeiro, ao delimitar comarca e juridição.

— Pois saiba tu, Pele Negra, que tu deixou aquela moça ali, a Yohanna Peito de Abób'ra, viúva desconsolada do Dodó Mão de Cova, chefia. — abordou-o a cortesã Dani Pomba Rolô, apresentanto-se, languidamente, ao mais púbere marginal a assumir a direção do movimento.

— Viúva de puteiro, Dani Pomba Rolô? — caçoou Branca de Neve, invejosamente sarcástica, ao desdenhar do nojo da prostituta.

— Muito respeito comigo; hein, seu traveco de merda. Aliás, a culpa não é minha se tu não nasceu sem buceta de fêmea, querida. — desafiou-a a marafona, à proporção que esfregava as nádegas no pênis ereto do Pele Negra, excitando-o propositalmente, enquanto afrontava o transexual Branca de Neve, que, co'a cara de poucos amigos, coçava o fuzil AR15, em sinal de ameaça.

— Sou nascida sem buceta de fêmea, mas co'o cu virado pr'a lua, minha filha. — replicara o bandido transexual, deinteressado no aspecto físico da cortesã.

— Yohanna Peito de Abób'ra, patrãozinho. — pronunciou-se a ex-amante do Dodó Mão de Cova, alisando as estupendas saliências mamárias, como se fosse um documento de identidade.

— A Yohanna Peito de Abób'ra era piranha de zona predileta do falecido Dodó Mão de Cova, patrãozinho. — desqualificou-a Branca de Neve, inconformado co'a predileção do falecido por uma mulher da vida, em detrimento d'um ser transgênero.

— Qu-que o-o do-do-ni-ni-nho d-do mo-mor-ro a-a-go-go-ra é-é o-o Pe-pe-le Ne-ne-gra d-do Vi-vi-di-di-gal, xa-xa-rá. — retificou-a Sirizinho, no ínterim em que Dom adentrava prostíbulo de Edna Puta Velha, co'a boa-nova a arranhar-lhe a goela seca.

— Assassinaram o Carne Negra em Bangu I, meu afilhado!... Foram vinte e cinco estocadas no bandulho do malandro; e a mídia 'tá divulgando, a todo instante, que o homicídio foi por ordem do Terceiro Comando, como desforra pela Joana Pé de Briga, Pele Negra. Na real, não creio nessa ladainha, não, mané, porque a facção inimiga não ia se infiltrar em ala do Comando Vermelho, sem consentimento da direção do presídio, como ocorreu no caso do traidor do Uê do Complexo do Alemão, empós crocodilagem co'o Orlando Jogador, parceiro. — desacreditou-se o comparsa da antiga, inconformado co'a covardia cometida contra o mais ilustrado discípulo da bandidagem.

— Tr-tra-i-i-ra-ra-gem do-dos po-po-lí-lí-ça, ra-ra-pá. Qu--que o-o Ca-car-ne Ne-ne-gra i-in-co-co-mo-mo-da-da a-a al-al--ta cú-cú-pu-pu-la d-da Se-se-cr-cre-ta-ta-ria d-de Se-se-gu-gu--ran-ran-ça Pú-pú-bli-bli-ca; mo-mo-ro-ro-cô ma-ma-la-lan-dr--dra-gem? — desabafou Sirizinho, revoltado co'a pusilanimidade.

— Agora que é co' tu mermo, neguinho. Agora que é co' tu, o Pele Negra do Vidigal. — açodara-o Dom, atirando-lhe responsabilidade consanguínea de substituição criminal, ao assumir o bastão do bandido chacinado.

— Depois nós vai conversar que tu há de ser o gerente geral das bocas de fumo do Morro do Vidigal, da Favela da Rocinha e da Chácara do Céu, meu padrinho. Quanto a tu, Yohanna Peito de Abób'ra, assim que terminar bo luto do Dodó Mão de Cova e do Carne Negra do Vidigal, nós se esbarra gostoso, nega.

— afastou-se o órfão Pele Negra, nada abalado pela ausência paterna.

— Co'-co' li-li-ce-cen-ça qu-que e-eu vo-vou é-é fa-fa-zer si--si-ri-ri-zi-zi-nho ga-ga-go, co'-co'a-a Ri-ri-ta Ce-ce-go-go-nha, ma-ma-né. — assanhou-se o tartamelo, retirando-se co'a prostituta parideira, que fazia jus ao hipocorístico em viusrtu de sua progênie avultosa composta por 17 rebentos de diversificada procedência progenitora.

— Dona Edna Puta Velha... — reticenciou-se Dom, diante da voluptuosa cafetina, de modo a habilitar-se a se saciar em sua libidinosa companhia de alcova.

— Diz se tu veio matar a saudade de mim ou só brotou aqui mermo p'ra se trazer má notícia de morte do Carne Negra, nego chameguento? — sugestionou a Jacutinga do Mangue, sem modéstia ou constrangimento.

No pós-coito, ainda estirado sobre o catre de prostíbulo, o narcotraficante Pele Negra, quando fumava um baseado de maconha, fora rendido e feito refém dos milicianos da Azurra, Major Zanata, Capitão Boa Morte e pelo Sargento Ribeiro.

— Ó o cabrito em flagrante delito, major. O Pele Negra do Vidigal em lua de mel co'a Yohanna Peito de Abób'ra, chefia. — ostentou-o o oficial militar Boa Morte, puxando-o pela gola da blusa, como se o herdeiro do Carne Negra fosse um troféu da Taça das Favelas.

— Coronel Consilva, o vagabundo Pele Negra do Vidigal foi enquadrado no Inferninho da cafetina Edna Puta Velha, co'o pau p'ra fora e o cu na mão, autoridade. Qual a ordem de comando: executa o cabrito ou leva p'ra averiguação em cana-dura, meu coronel? — aquilatou-se Major Zanata, ao aparelho celular, no mesmo instante em que o Sargento Ribeiro o algemava, conduzindo-o porta afora do cubículo de bordel, sem agredindo-o, no entanto.

— Traz o malandrinho sem um arranhão de gato, p'ro meu gabinete particular, Major Zanata. Não queima cartucho co'a execução, não, meu querido, que a pólvora do cartel 'tá um absurdo de caro, p'ra nós despediçarmos sem mais nem menos em couro ruim de bandido, Capitão Boa Morte. — guiara-o Coronel Consilva, ao ressaltar que o Pele Negra valeria mais vivo do que mortinho da silva, p'ro comando da milícia da Zona Oeste, visto que, se filho de peixe, peixinho é, o meliante seria diamante bruto a se lapidar co'a maestria d'um ourives de joalheria.

— Positivo e operante, coronel. Embrulha o elemento em papel de bala, p'ra se chupar mais tarde de sobremesa, sargento. — prescreveu Zanata, preservando a integridade física do capturado.

— Major, já que nós prendemos também mais uma meia dúzia de bandido, a equipe 'ta perguntando o que é que a gente faz co'a vagabundagem toda algemada lá no alto do Morro do Vidigal? — tenteara-o Capitão Boa Morte, empós ser consultado por rádio.

— Manda dar um couro baiano e soltar a pilantragem do alçapão, capita, que pode ser que essa bandidagem nos seja útil mais p'ra diante, de acordo do que se decidir empós o diálogo entre o marginal Pele Negra do Vidigal e o Coronel Consilva; copiou; co-piloto? — examinou o braço-direito do mandatário da milícia, antevendo a utilidade da malandragem.

— Nós vamos liberar vagabundo enquadrado, depois dessa brincadeira toda de gato e rato, Major Zanata? E o faz-me-rir do resgate, parceiro? Veja o senhor se agora eu vou ter de trabalhar de graça p'ro Estado, mesmo porque se porrada resolvesse a parada, a casa de detenção estaria às moscas, oficial. — teimou Sargento Ribeiro, considerando desperdício dar liberdade a traficante de drogas ou ladrão, sem sequer receber propina pela soltura de marginal aprisionado.

— Manda soltar a vagabundagem geral, que o peixe bom já 'tá na rede de pesca, Sargento Ribeiro. E vamos logo meter o pé da porra da favela, que o Coronel Consilva nos aguarda p'ra reunião co'o Pele Negra do Vidigal, Capitão Boa Morte. Tropa, pode logo abrir a ratoeira, que a ordem de comando do Coronel Consilva é retornar co'o chefe da quadrilha, à base do quartel p'ra rataria descansar a sesta do almoço, cabo. — reproduziu por aparelho Boa Morte, à proporção que se retirava do Morro do Vidigal.

— Qu-que me-me la-lar-ga, qu-que e-eu nã-não so-sou bo-bo-ne-ne-co d-de fa-fan-to-to-che, não-não, ma-ma-né, pr-p'ra fi-fi-car e-em mã-mão su-su-ja d-de vê-ver-me do-dos po-po-li-li-ça, na-não, me-meu co-com-pa-pa-dre. — chiou Siri Gago, empós atravessar o corredor polonês miliciano.

Houve um tempo não tão longínquo em que bandido era bandido, polícia era polícia, consonte prescrevera o assaltante de bancos e joalherias Lúcio Flávio Vilar Lyrio, o Lúcio Flávio. Entretanto, de acordo co'as circuntâncias da criminalidade, os laços malfazejos se estreitaram a tal ponto que a promiscuidade imperou sobre a luta de classe. Hoje, polícia se traveste de bandido na real fantasia da sobrevivência nesta selva urbana, onde o meganha se apropria do espaço do narcotraficante p'ra usufruir da mais valia da criminalidade.

— Pele Negra, Coronel Consilva. Coronel Consilva, Pele Negra. E seja o que Deus quiser!... — antecipara-se Major Zanata, ao retirar a algema do bandido fisgado co'a boca na botija dos lendários seios da Yohanna Peito de Abób'ra, primeira dama do bordel de propriedade da Edna Puta Velha.

— Tu que és o primogênito herdeiro legítimo da realeza de Vossa Majestade Fabrício Carne Negra do Vidigal? — agregara-o o paramilitar Consilva diante do altivo prisioneiro, a fim de que supostamente estivessem em igualdade de condição de diálogo.

— Primeiro o senhor me responda quem foi que fez a crocodilagem de assassinar, covardemente, o Carne Negra do Vidigal, n'uma cela de cadeia sob custódia do Estado, coronel? — indagara Pele Negra, afrontando-o.

— Não queira meter colher, aonde o diabo já enfiou o garfo, manino, porque a morte de seu progenitor é briga de cachorro grande em rinha de facção, Pele Negra. — despistara-o Coronel Consilva, ao aludir que peixe pequeno não morde anzol de tubarão.

— Eu 'tô sabendo que foi coisa-feita da cachorrada de verme da poliçada safado dos tempos da remoção da comunidade, depois que o prazo de validade do bandido Carne Negra expirou, porque o projeto de reassentamento dos favelados da Zona Sul carioca não saiu da gaveta do ex-secretário e atual ministro da Justiça, o deputado Armando Fontes, Coronel Consilva. — reagiu Pele Negra, situando-se politicamente.

— O Carne Negra morreu de boa, porque chegou a hora dele, meu filho. Além de tudo, vida de bandido é breve mesmo, meu querido. Num piscar de olhos, a Velha da Foice passa o rodo sem sobreaviso de véspera. — abrandara Consilva o episódio do homicídio de Bangu I, como se fosse mera fatalidade um presidiário ter a vida ceifada por dezenas de estocadas no corpo negro adormecido.

— Afinal das contas, o que é que o senhor quer de mim, p'ra não autoriza o Major Zanata me matar nem me prender, seu coronel? — articulou-se Pele Negra, metidiço e curioso, sem deduzir a razção do colóquio do Gabinete Central da Azurra, localizado na comunidade do Rio das Pedras, em Jacarepaguá.

— Posso te assegurar que, dependendo da conversa cordial, nós ainda haveremos de ser muito próximos, diria até íntimos, eu, Coronel Bartolomeu Consilva, e tu, Pele Negra do Vidigal. — arrendou-se o miliciano-mor, habilidosamente.

— Antes de qualquer parada, o senhor coronel tem de me responder sobre quem foi que mandou matar o Carne Negra do Vidigal, porque, senão, não há de ser ter acerto co'o verme de judas-traidor de políça, não, chefia? — persistira, à procura da verdade sobre o misterioso assassínio do pregenitor.

— Que Deus o tenha, porque está morto e enterrado, o Carne Negra do Vidigal, meu filho. Até posso garantir que não foi a Polícia Militar quem o eliminou, não, negrinho, porque o

Serviço de Inteligência rastreou celular e câmeras de segurança, constatando-se que houve uma ordem de execução do Terceiro Comando, assinada por Rubinho da Vila Vintém. Entretanto, o importante mesmo agora é tratar do presente e esquecer os mortos até que ressuscitem no Juízo Final, posto que, no que depender de nós, o alto comando de toda Zona Sul da Cidade Maravilhosa, cairá em teu colo de herdeiro, Pele Negra do Vidigal. — descontraíra-se o dirigente narcomiliciano, atentando p'ra reação do bandido desconfiado e astuto.

O diálogo entrecortado pausadamente se perfizera pela desconfiança por parte do marginal Pele Negra, diante do precipício insofismável do mistério.

— Ainda assim, o Coronel Consilva ainda não me disse co' clareza o que o senhor quer, de fato, de mim, seu doutor. — persistira Pele Negra, que houvera de ser empossado como líder do narcotráfico de toda região litorânea, desde que se agrupasse ao comando da milícia Azurra em processo de expansão geopolítica.

— Quando tu decidires parar de revolver o passado nebuloso do Carne Negra, eu lhe proponho o que nós temos p'ra oferecer ao Pele Negra do Vidigal, co'a expansão da Azurra por toda Zona Sul do Rio de Janeiro: a liderança de comando. Pois bem, comecemos do início: tu estás preso. Certamente, será condenado pelo homicídio do bandido conhecido como Dodó Mão de Cova, gerente geral do narcotráfico da Favela do Vidigal. Contudo, mesmo diante da iminência de condenação, informo-te que tu tens três alternativas de vida ou morte, seu zé pretinho. A primeira delas é: tu fechas acordo conosco do Batalhão de Polícia, de modo que lideres a bandidagem do Leme ao Pontal. A segunda opção é que tu vais p'ra presídio chifrim, porque, se não tens merda no cu p'ra cagar, não terás advogado criminalista de excelência, que te possa acudir satisfatoriamente, neguinho. Sendo que, na pior das hipóteses, tu serás assassinado conforme o fora o Carne Negra do Vidigal. Porém, a terceira e última opção quem decide sou eu, Coronel Leopoldo Consilva, consoante a tua decisão, que é a pena capital aqui e agora, Pele Negra do Vidigal. Presta atenção que, caso opte pela alternaviva primeira, o projeto abrange a terceirização do território do tráfico de drogas da Zona Sul do Rio de Janeiro pelo Batalhão de Polícia da Zona Oeste, denominado Azurra, comandado por nós: eu, Coronel Consilva, o Major Zanata, o Capitão Boa Morte e o Sargento Ribeiro; copiado, soldado? — inteirou-o o líder de milícias, precingindo-o.

— O senhor 'tá me subornando p'ra mim botar jamegão de assinatura, em terceirização do território do tráfico de drogas da Zona Sul carioca, assumido pela milícia Azurra do Coronel Consilva e do Major Zanata, patrão? — supôs Pele Negra, ao compreender a alusão ao regime de mecenato.

— Muita calma nessa hora, negrinho, que, conforme diz o aforismo, quando um burro fala, o outro abaixa a orelha, meu rapaz. A ideia da parceria público-privada da narcomilícia bem sucedida em toda Zona Oeste, de Jacarepaguá a Sepetiba, vem a ser começar a experiência pelo Morro do Vidigal, até se alargar domínio por toda Zona Sul do Rio de Janeiro, sem regra de exceção. — sintetizou Consilva, didática e maneirosamente.

— Que mané começar a experiência público-privada de milícia/tráfico de drogas pelo Morro do Vidigal, até expandir por toda Zona Sul do Rio de Janeiro, coronel. Pode me levar preso ou me matar, então, seu coronel. — decidira-se o delinquente juvenil, entregando-se deliberadamente.

— Eu disse que a decisão de te levar ao presídio ou ao cemitério era de minha única e exclusiva responsabilidade; entretanto, caso tu te alinhes conosco na expansão da milícia da Zona Oeste p'ra Zona Sul carioca, o salvo-conduto do Carne Pele do Vidigal obterá assinatura e carimbo da Azurra, porque, p'ra teu governo, o último reduto de resistência do tráfico de drogas na Zona Oeste, a Cidade de Deus, nós derrubamos na semana passada, co'o tiro de fuzil, bazuca e granada, negrinho. Portanto, nós iremos ampliar o poder de ação da narco milícia co'o teu consentimento ou não, seu pé de chinelo. Desta feita, lamento informar que só te restará a primeira opção de escolha: fechar acordo co'o Batalhão de Polícia da Zona Oeste. Mas não te preocupes que tu vais continuar a comercializar a tua droga a varejo normalmente, co'a condição de que será fornecida por nós da narcomilícia, co'a vantagem de que a segurança externa será feita por homens de fé e confiança, encabeçados pelo Major Zanata. Sob responsabilidade da Azurra, ficará transporte coletivo, material de construção, gatonet, carvão, que favelado adora queimar uma carne de segunda, cigarro paraguaio, botijão de gás e água mineral; percebeste, Pele Negra? — emparedou-o Coronel Consilva.

Ao alinhavar o mapa da mina da exploração dos itens básicos de sobrevivência da comunidade, o Pele Negra do Vidigal instou discriminação dos pormenores de direcionamento da negociação.

— Deixa eu só entender direito o que o senhor está me propondo, coronel. Quer dizer que eu vou distribuir a cocaína, a maconha e o crack fornecido por narcomiliciano; e, em contrapeso, nós ganha segurança privada da banda podre do Batalhão de Polícia Militar da Zona Oeste; correto, Coronel Consilva? — decodificara Pele Negra, atento ao escambo geopolítico entre a milícia e o tráfico de drogas.

— Saiba tu que, sob os teus auspícios, ficarão Rocinha, Cantagalo, Pavão-Pavãozinho, Chapéu-Mangueira, Babilônia, Dona Marta, Cerro-Corá etc; ou seja, a comercialização de cocaína, maconha e crack de toda Zona Sul do Rio de Janeiro nas mãos do Pele Negra do Vidigal; compreendeu, escurinho? Capitão Boa Morte, faça-me a gentileza de entregar o Pele Negra do Vidigal em domicílio, por obséquio. — instou o cabuloso estrategista Consilva, co'o escopo de alargamento da associação criminosa Azurra, quiçá em tributo ao excrete italiano.

— Major Zanata, é preciso reunir, co'a máxima urgência, os homens da lei p'ra dar uma batida no Inferninho da Edna Puta Velha, haja vista que nós precisamos trazer também a cafetina veterana p'ro nosso lado o mais rápido possível, porque, salvo engano, um passarinho azul me confidenciou que tu já foste assíduo frequentador de alcova em companhia da Jacutinga do Vidigal. — entregara-o Coronel Consilva, visando ao acesso aos segredos de catre da dona do puteiro mais celebrado da orla carioca.

— Deixa quieto, que, muito em breve, eu irei reunir a tropa p'ra se fazer uma visita íntima ao castelo da Edna Puta Velha, coronel. — derreteu-se Zanata, em cumplicidade co'a bordeleira, que aliciava as crias da favela p'ra vida de prostituição.

— Dizem que o bom filho a casa torna, biblicamente, Major Zanata. — anfitriou-se a alcoviteira Edna Puta Velha, ao se dar conta da presença do oficial militar em seu estabelecimento mercantil.

— Que horas que essa espelunca começa a funcionar, porque eu estou precisando ter uma conversa séria co'a senhora, sem mais protelação ou delonga. — disparou Zanata, ao romper porta de recinto de meretrício.

— Ih, polícia, quando adentra bordel p'ra chamar cafetina de puteiro de senhora, já me traz mau agouro de extorsão ou violência, major. Aliás, da última vez que nós tivemos uma conversa séria, tu eras um reles tenente de merda e eu um bibelô de cristal; tu te lembras, meu querido Zanata? — recordara-se a proxeneta, de modo a rememorar os tempos idos do affair co'o seu homem de farda, que lhe visitava às segundas-feiras, quando a púbere cortesã Edna folgava do plantão do lupanar da Lapa, zona central do município.

— O negócio é o seguinte, Edna Puta Velha: o Coronel Consilva mandou eu te dar um recado de urgência, porque, a partir desta data de hoje, nós estamos assumindo o comando geral do Morro do Vidigal; diga-se de passagem, momentaneamente, em parceria co'o Pele Negra, como ponto de partida p'ra implantarmos a narcomilícia em toda Zona Sul do Rio de Janeiro. — esboçara Major Zanata a estratégia de ocupação territorial.

— Tu virou menino de recado de Coronel Consilva agora, meu bem? Aliás, saiba tu que, desde que eu me entendo por gente, na Zona Sul, treta e truta de traficante de drogas co'o miliciano não dá liga, não, seu major. — obstruíra-o a marafona aposentada, desencorajando-o.

— E desde quando tu já foi gente, Puta Velha? Mas, de qualquer forma, piranha co'o meganha, sim, sempre deu ponto, liga e rima, madame. Tu não te recordas do dito popular: filho de puta co' polícia? — introjectou-se Capitão Boa Morte, que se aproximara das cortesãs do prostíbulo, atento ao diálogo de negociação entre o Major Zanata e a putéfia Edna Puta Velha.

— Diz logo o que é que tu quer de mim, que eu preciso trabalhar p'ra ganhar o pão nosso de cada dia, porque ainda não não botei meu burro na sombra, que nem os homens de farda deste país, não, capitão. — obstruíra-o Edna Puta Velha, sob argumento de que carecia de tocar o negócio de vida dificultosa, por ter de se abrir pernas p'ra qualquer desclassificado de ocasião, que lhe cobrisse a oferta do aluguel de sexo.

— O Coronel Consilva quer que tu seja informante X9, p'ra que tu possa ficar co'um olho no peixe e outro no gato, co'as ações da quadrilha do Pele Negra, mesmo o herdeiro de bandidagem do Carne Negra do Vidigal estando agora, supostamente do lado de cá do balcão da milícia, madame. — desenbuchou o subcomandante do cartel.

De acordo co'a proposição miliciana, a cafetina Edna Puta Velha se incubiria das relações públicas da parceria público-privada da narcomilícia Azurra Empreendimentos Ltda.

— Quanto é que eu ganho de dinheiro, cash, em conta bancária, p'ra se 'caguetar bandido de estimação p'ra milícia da Zona Oeste, meu querido? Porque eu sei que o senhor oficial não iria me deixar a ver navios em cais de miséria; não é mesmo, Major Zanata? — prognosticara a Jacutinga, abraçando-o.

— O alvará de funcionamento do Inferninho da Edna Puta Velha já estaria de bom tamanho, mas nós iremos providenciar merenda mais gorda p'ra dieta financeira da Edna Puta Velha, porque mulher da vida gosta mesmo é de dinheiro e bordoada de cafetão, patroa. — avocou Zanata, em terreno movediço da desmistificação.

— Faz tempo que a boate está em pleno funcionamento, a todo vapor, sem precisão de alvará de traficante de drogas e agora de miliciano forasteiro, Major Zanata. — entrevera-se a alcoviteira dona do pedaço, que sempre se vangloriava de sua independência trabalhista, desde o período do Dom do Vidigal.

— O problema maior é que o Coronel Consilva ordenou que nós fechássemos esse teu pardieiro de orgia e devassidão, caso tu não se aliasse a nós em sociedade, sua velha cafetina. — propalara o oficial de milícias, espavorindo-a co'o sermão da coadura em púlpito de profanação.

— Eu quero quinze mil reais de ordenado mensal, co'o décimo terceiro salário, sem férias nem carteira assinada, major. — deprecou a alcoviteira inveterada, em afinidades da estalagem do erotismo.

— Desde quando piranha de má-vida de zona tem direito às leis trabalhistas neste país tropical, sua bruaca interesseira? E tem mais: se tu não fechar co' nós, madame, eu juro que toco fogo neste cortiço de libertinagem ainda hoje, o Inferninho da Edna Puta Velha." — arrotou-lhe Zanata, ao bater em balcão de prostíbulo.

— Alto lá, seu poliça. Feminicídio aqui, não, porra. — apartara Branca de Neve, que surgira encabeçando o bonde alta e sofisticadamente armado do Pele Negra do Vidigal.

— Vai tomar no teu cu de viado p'ra lá, seu traveco de meia pataca. — agrediu-o Sargento Ribeiro, grosseiramente.

— Violência contra mulher da terceira idade e transgêneros na minha favela é crime hediondo, sargento. Encosta a mão no meu viado de estimação, não, chefia. Que é que 'tá pegando, seu major? O Coronel Consilva 'tá dando ordem de desacatar nós, parceiro? — intercedeu Pele Negra, ao entrepor-se entre o meganha exaltado e o homossexual ofendido, intecedendo pelos mais fracos e oprimidos da comunidade.

— Isto é assunto nosso, meu e dela, Edna Puta Velha, Pele Negra. Pancada de amor não dói, não, vagabundo. — conteve-o Major Zanata, diante da mira do AK47.

— Não dói, quando a porrada não estoura cornos da gente, chefia. — imputou-se Branca de Neve, desdenhosa.

— Vamos lá p'ra dentro que eu vou te dar palmadinhas na tua bunda preta, neguinha. — averbou-se o Sargento Ribeiro, forçando intimidade inaudita.

— Comigo, não, seu verme. — desvencilhou-se o transexual, enquadrando-o co'o fuzil AR15 em riste.

— Até mais ver, Edna Puta Velha. — retirou-se o oficial militar Zanata, empós beijar a mão da proxeneta de ofício.

Empós retirada miliciana, Pele Negra e Yohanna Peito de Abób'ra discorriam sobre o episódio do reencontro entre o Major Zanata e a cafetina Edna Puta Velha, que fora sua amante desde o tempo do tenentismo. A meretriz, que já se olvidara completamente do antigo cliente de alcova, o Dodó Mão de Cova, se incorporara ao líder do narcotráfico co'a espontaneidade de quem se habilita ao por vir, como se alvorecesse co'o orvalho do renascença.

— Coisa antiga deles do passado, porque a Edna Puta Velha disse a nós, que o Major Zanata lhe engavidou e que o cretino obrigou que a patroa abortasse a safanões e pontapés. Por isto te digo p'ra tu não confiar nesse tal Capitão Boa Morte ou no Sargento Ribeiro, nem muito menos no Coronel Consilva, nego. Tu não viu que o canalha do Major Zanata ameaçou até incendiar o Inferninho da Edna Puta Velha, Pele Negra? — aconselhara-o a meretriz de ofício, prevenindo-o contra a trairagem dos narcomilicianos do Batalhão de Polícia da Zona Oeste.

— O Majos Zanata não incendeia Inferninho da Edna Puta Velha, porra nenhuma, não, que eu não autorizo nem dou ordem, mané. — assegurou Pele Negra, beijando-lhe as tetas rígidas da prostituta.

— Nós até ouvimos o Major Zanata mandar a patroa ficar de botuca em pé contigo, monitorando tu, o Pele Negra do Vidigal, que nem câmera de vigilância 24h, rapá. — delatou a cortesã, antes de se predispor ao sexo oral.

— Filha da puta do major... Mas vamos deixar de falar nesse canalha ordinário, porque eu quero que tu me agasalhe todo co'o teu corpo mulato até sol raiar nos cornos da gente, Yohanna Peito de Abób'ra. — permitiu-se ao sexo co' violência.

Quando, no dia seguinte, ao celular, o narcotraficante Pele Negra resolveu tirar a pratos limpos a parada da alcaguetação.

— Que merda é essa do Major Zanata mandar que a cafetina Edna Puta Velha me vigiasse na porra da minha favela, seu coronel? Se o senhor 'tá desconfiando de mim nóis rompe acordo agora mermo, sem vacilação por parte da malícia da Zona Oeste, patrão. E então nóis começa o cabo de guerra, p'ra se ver quem pode mais ou menos no bagulho doido da comunidade, doutor. Desconfiança do caralho, parceiro. Faz o teu trabalho e deixa o restante da parada comigo, que não sou dado à traição, não, meu coronel. — desacatou-o sem papas na língua, encorajando-se diante do onipotente Coronel Consilva, que não se intimidara co'a bazófia arrogante do legatário do Carne Negra do Vidigal.

— Baixa a tua bola, negrinho, que, ainda ontem tu eras um reles preso meu; e, hoje, tu ficas querendo cantar de galo comiga, porque estás no comando da comunidade co'a melhor vista panorâmica da orla do Rio de Janeiro, chefia. Escuta, rapaz, porque não demora tu vais assumir todas as bocas de fumo da Zona Sul desta Cidade Maravilhosa. Fama, mulher e dinheiro a rodo, patrãozinho!... Portanto, vejas se tu não reclamas de barriga cheia do banquete que eu estou te oferecendo em bandeja de ouro, o

Pele Negra do Vidigal. Palavra de honra, amigo, que eu irei ainda hoje conversar pessoalmente, co'o Major Zanata sobre a combinação co'a alcoviteira, a Edna Puta Velha. Mas ó, presta atenção, que amanhã há de chegar carregamento de quatrocentos fuzis e de trezentos e cinquenta kg de cocaína pura p'ra se armazenar em tua jurisdição; 'tá me ouvindo, esse menino? E eu te aviso também que, na semana próxima, nós iremos varrer a Favela da Rocinha das mãos da vagabundagem inimiga, p'ra vocês assumirem a comunidade vizinha, co' toda força e potência, Pele Negra. Posteriormente, nós seguiremos em direção à Ipanema, Copacabana e Leme: Cantagalo, Pavão-Pavãozinho, Babilônia e Chapéu Mangueira; bem copiado, Don Corleone do Vidigal? — esfregou em face morde e assopra do contrato entre o narcotráfico litorâneo e a Azurra da Zona Oeste o miliciano-mor Coronel Consilva, dando-lhe instruções sobre chegada de armamentos e entorpecentes, além do itinerário de apropriação territorial.

Empós treinamento tático de prepaparação de conduta guerrilheira ministrado por paramilitares da Azurra, o narcotraficante Pele Negra do Vidigal fora autorizado a anunciar a Cartilha de Atividades Milicianas (CAM), aos membros de sua quadrilha pouco afeitos ao reordenamento da ação de combate e postura marginal.

— Aê rapaziada, se liga que a parada é a seguinte: a partir desta data de hoje, apenas um fuzil e duas pistolas na boca de fumo; 'tá ligado, parceiro? Nós não vamos terceirizar a segurança interna da favela, não, porque a Azurra do Coronel Consilva, do Major Zanata, do Capitão Boa Morte e do Sargento Ribeiro vai cuidar apenas do entorno do Vidigal. Em troca, nóis vai receber a droga deles, milicianos, a cocaína, a maconha e o crack, branco, preto e pedra. Co'a milícia da Zona Oeste fica também transporte coletivo, material de construção, gatonet, carvão, cigarro paraguaio, botijão de gás e água mineral. — mapeou concordata, co'o pleno domínio da didática da criminalidade.

— Nó-nós va-va-mos tr-tra-ba-ba-lhar pr-p'ra mi-mi-li-li-ci--ci-a d-do Ma-ma-jor Za-za-na-na-ta, d-do Ca-ca-pi-pi-tão Bo-boa Mo-mor-te e-e d-do As-sar-ge-gen-to Ri-ri-be-bei-ro a-a-go-go-ra, me-meu pa-pa-tr-trão-zi-zi-nho Pe-pe-le Ne-ne-gra? Qu-que e-eu so-sou ba-ban-di-di-do ra-ra-iz, co-com-pa-pa-dre. Nã-não so-sou mi-mi-li-li-ci-ci-a-a-no, na-não; mo-mo-ro-ro-cô ma-ma-la-lan-dr--dra-gem? — incrementou Sirizinho, revoltando-se co'a suposição de alinhamento co'a milícia da Zona Oeste a caminho da Zona Sul.

— Na próxima semana, co'a ajuda dos milicianos nóis vai tomar de assalto a comunidade adjacente, como diz o Coronel Consilva; e tu, padrinho, vai assumir o comando da Favela a Rocinha, porque eu quero tu de frente lá me representando, Dom. — deslindou Pele Negra, escalando-o.

— Ó-ó o-o play-play-boy, pa-pa-tr-trão-zi-zi-nho. — propagara o gaguejante fora da lei, a se aperceber da presença do adventício.

— Pele Negra? — informou-se o visitante educado, ao achegar-se do preto retinto que gesticulava, perante plateia atenta e vigilante.

— E tu é quem é tu, seu rapá? — devassou-o, o resvaloso Branca de Neve, que, curiosamente, ganhava prestígio e consideração no bando do Pele Negra, apesar do ponto fraco da transexualidade.

— Charlinho, às ordens, cumpádi. Não se assusta comigo, não, que sou portador de carta de apresentação co'a assinatura do Major Zanata e endereçada a tu, Pele Negra, sobre exposição do plano tático do assalto co'explosivo à Rua dos Bancos, em Cabo Frio, Região dos Lagos. — apressou-se o forasteiro desarmado, advertindo que a milícia patrocinaria logística, armamento, munição e dinamite, na expropriação de ordem monetária contemporânea, conhecida como Novo Cangaço.

Por intermédio da liderança do granadeiro Charlinho Homem--bomba, ex-sargento do Exército e atual assaltante de bancos especializado em desapropriação ao sistema capitalista, em conluio co'a Azurra da Zona Oeste a quadrilha do Morro do Vidigal se adestraria ao método de expansão financeira p'ra além do narcotráfico, fornecendo lenha humana p'ra fornalha da criminalidade.

— Nós iremos precisar de vinte homens p'ra se manejar arma pesada de grosso calibre, tipo fuzil, escopeta e bazuca, cumpádi. Sendo que, quanto à divisão do dinheiro extraído do roubo da Rua dos Bancos de Cabo Frio, do total bruto cinquenta por cento se destinarão aos cofres milicianos da Azurra do Coronel Consilva e Cia, porque assalto a banco co'explosivo requer planejamento e capital inicial, p'ra se patrocinar plano de fuga, hospedagem, armamento pesado, munição etc. — detalhara o Lampião urbano.

— Diz p'ro Coronel Consilva que eu 'tô dentro do assalto à Rua dos Bancos de Cabo Frio, parceiro. Mas só tem um porém: quem é que vai cuidar da parte de explosão em caixa eletrônico, cumpádi Charlinho? — desacreditou-o Pele Negra, menoscabando o estrategista segregado do Exército, por acusação de desvio de material bélico de uso exclusivo das Forças Armadas pátrias.

— Eu, meu xará. Eu sou branco, mas não sou playboy, não, patrão. Por acaso, tu ouviu falar do assalto às agências bancárias de Criciúma, Santa Catarina? Pois então, cumpádi. — aventara-se o homem-bomba.

— De-de-pois di-di-zem qu-que pr-pre-to qu-que é-é la-la-drão; ma-mas me-me di-diz se-se tu-tu sa-sa-be me-mer-mo pe-pe-gar na-na di-di-na-na-mi-mi-te di-di-re-rei-ti-ti-nho, pla-play-boy? — avacalhou-o Siri Gago.

Na Região dos Lagos, os assaltantes de banco liderador pelo granadista Charlinho explodiram simultaneamente as agências da Rua dos Bancos de Cabo Frio; e, no instante posterior, os jagunços pós-modernos saíram atirando e saqueando as cédulas dos caixas eletrônicos, sendo uma pequena parte atirada ao chão p'ros habitantes da região, a fim de que se abrisse caminho p'ro retorno à base da capital.

— Pele Negra, eis a parte que te cabe no rachuncho, p'ra se dividir co'os assaltantes da quadrilha que participaram da ação da Rua dos Bancos de Cabo Frio, Região dos Lagos. No porta-malas do automóvel, 'tá o armamento necessário p'ra retomada da Favela da Rocinha: fuzil AR15 e AK47, submetralhadoras Beretta M12, Borz, Calico M960 e Agram 2000, escopetas Kinalosi e P2302, pistolas 9mm e 45ACP, enfim. — entregara-o o Major Zanata, porta-voz do Coronel Consilva, extasiado co'a exitosa e afortunada empreitada pecuniária.

— Deixa co' nóis, seu major. Dom, amaloca tu o cascalho do roubo da Região dos Lagos e o armamento da milícia no paiol da quadrilha, juntamente co'o Siri Gago, a Branca de Neve e o Anão Assim, parceiro, que amanhã mermo nóis vai botar p'ra correr, co'o rabo entre as pernas, a vagabundagem da Rocinha, padrinho. — norteara-o Pele Negra, antes de se dirigir ao Inferninho de Edna Puta Velha.

— Boa noite e seja bem-vindo ao convívio cordial, patrãozinho. — recebera-o a cafetina, em falsete de apreço e importância.

— Preciso ter um particular co'a senhora urgente; pode ser, madame?" — inquisitoriara-a.

— Desde que o mundo é mundo, manda quem fode, obedece quem tem buceta, mijifilho. — desancara-o Edna Puta Velha, ao retirar-se arrastando Pele Negra, p'ra logo a seguir o traficante Siri Gago abordar a meretriz.

— Qu-que-ro fa-fa-zer a-a-mo-mor-zi-zi-nho pe-pe-la-la-do co'-co' tu-tu, Ri-ri-ta Ce-ce-go-go-nha. — cercou-a Sirizinho, excitado.

— Amor ou sexo, meu bem? Cem real meia-hora; quinhentão programa completo: barba, cabelo, bigode, costeleta e cavanhaque. — acardapiou-se a marafona parideira, apalpando-lhe a genitalha por debaixo da bermuda.

— O-o-ra-ral, a-a-nal e-e va-va-gi-gi-nal, mi-mi-nha qu-que-ri-ri-da? — reivindicou o tartamelo Sirizinho, estimulado co'a *sale* da negra meretriz.

— Por que tu não faz um programinha sexual a três, comigo e o Anão Assim, Siri Gago? — provocara-o Branca de Neve, ao ínvida-lo ao ménage à trois.

— Ve-ve-já be-bem se-se e-eu ch-che-io d-de di-di-nhe--nhei-ro no-no bo-bol-so d-do as-sa-al-to a-a ba-ban-co d-de Ca-ca-bo Fr-frio, vo-vou qu-que-rer a-a-go-go-ra co-co-mer cu--cu d-de ve-ve-a-a-do e-e a-a-não; mo-mo-ro-ro-cô, ma-ma-la--lan-dr-dra-gem? — desfeiteara-a, arrogantemente.

— A Branca de Neve é um fodão, Sirizinho. — advogara o pigmeu bem-dotado.

— Va-vai qu-que é-é tu-tua, Ta-ta-fa-fa-rel, que e-eu vo-vou é-é fa-fa-zer fi-fi-lho-lho-ti-ti-nho d-de cru-crus-tá-tá-ceo e-em ve-ven-tre d-da Ri-ri-ta Ce-ce-go-go-nha, me-meu pa-par-ce--cei-ro. — decidira, esbarrando-se em Charlinho em companhia da Yohanna Peito de Abób'ra, que acordou em dois mil reais o programa completo co'o paramilitar intrometido.

— Qu-que va-vai da-dar me-mer-da co'-co'a Yo-yo-ha-ha-na Pe-pei-to d-de A-a-bó-bó-b'ra; qu-quer ve-ver só-só, ma-ma-né? — preocupara-se o tartamudo, contrariado.

— Então fica combinado assim co' nós, Edna Puta Velha: a senhora só passa informação ao Coronel Consilva, sobre o que for conveniente ao comando tráfico de drogas da comunidade. Cadê a Yohanna Peito de Abób'ra, Anão Assim? — perscrustou Pele Negra, ao despedir-se da cafetina.

Empós silêncio de cumplicidade, o transexual quebrou o sigilo de alcova.

— Foi dar cuzinho p'ro bonitão dos'ôio verde-claro cheio do milhão, ora. Ai, 'tô morrendo de tesão e inveja, patrãozinho!... É o Charlinho nome do bofe; né, não, nanico de jardim? — derreteu--se Branca de Neve, ao revirar olhinhos de ternura, piscando-os.

— Aqui é o Pele Negra, herdeiro de crime do Carne Negra do Vidigal, caralho!... Eu vou lá agora mermo capar aquele filha da puta do Charlinho, p'ro playboy saber de uma vez quem é que manda nessa porra de favela, veado. — exaltara-se o patrãozinho, mediante inadimplência do código de ética, que rege não se cobiçar fêmea de propriedade do dono do pedaço.

— Afilhado, não te esqueça tu que o Charlinho é sujeito da confiança do Coronel Consilva e do Major Zanata, por ser responsável pelo explosivo do assalto a banco... — chamara-o a razão Dom do Vidigal, ao ressaltar a importância da política de boa vizinhança entre milícia e tráfico de drogas.

— Eu vou explodir é a cabeça daquele playboy de merda, Dom. — premeditou o marginal, enciumado co'a prostituta em ofício.

— 'Tá co' ciúme de puta, parceiro? Tu 'tá perdendo a cabeça por causa de uma piranha da zona, meu camarada? Tu vai matar o cara à toa, arrumando problema co'o Coronel Consilva, afilhado? — iterara, de modo a acalmá-lo, ao passo que o desnorteado Pele Negra arrombava co'o pé na porta a intimidade alheia, flagrando Charlinho possuindo-a de quatro, em pleno ápice de êxtase.

— Que violência gratuita, cumpádi!... — assombrou-se o dinamiteiro co'a truculência do estrondo em tímpanos.

— Filha da puta, tu não sabia de porra nenhuma de que essa piranha safada da Yohanna Peito de Abób'ra tinha dono, não, playboy? — espiolhou o maníaco Pele Negra, enquanto a fêmea lasciva se cobria co'o lençol encardido de suor e gozo.

— Eu sou puta da vida, meu bem. Eu não sou propriedade de ninguém, não, amigo. — desobrigou-o Yohanna Peito de Abób'ra, desintimidando-se.

— Cala essa porra da tua boca fedendo a piroca de branco, porque, senão, eu vou dar um tiro nos teus cornos à queima-roupa, antes de capar esse playboy filha da puta do Charlinho, vagabunda. — cafangara-a o bandoleiro, desajuizado.

— Pele Negra, ouça que o teu padrinho 'tá te pedindo pelo amor de Deus p'ra tu esfriar a cabeça, antes de fazer uma besteira do caralho co'o merda do miliciano, meu afilhado. — espichou-o Dom.

— Já não basta que tu me ameaçou lá dentro co'a arma na cabeça, antes de ouvir o que eu tinha p'ra alegar sobre a conversa co'o Major Zanata, Pele Negra? — escarafunchara Edna Puta Velha.

— Tu agora vai querer fazer relatório de delação sobre fato de eu trucidei o playboy do Charlinho e a safada da Yohanna Peito de Abób'ra, Edna Puta Velha? Tu sabe qual é a sentença de X9 na favela, madame? É vala, cafetina. — improbou Pele Negra, ao sacar da pistola automática.

— Tu quer que eu te peça perdão de joelhos, cara? Perdão, cumpádi. — prosternou-se Charlinho, diante da imediação do homicídio.

— Consciência que o camarada já te pediu até perdão, afilhado. — ajuizara-o Dom.

— Engraçado que o sujeito é pego em flagrante delito enrabando a fêmea de fé da gente, pede perdão de joelhos e fica por isso mermo, padrinho? — exasperou-se Pele Negra, destravando a 45.

— Que tua mulher porra nenhuma, nego. A Yohanna Peito de Abób'ra é piranha braba de puteiro barato, que dá a buceta p'ro primeiro freguês que balançar nota de real co'o melhor preço do programa, compadre. Já tu é o dono do morro, o Pele Negra do Vidigal, afilghado. Tudo que é patricinha do Leblon e Ipanema quer ficar contigo, rapá. Te dar de quatro p'ra tu sem pagamento, como a vagabunda fez co'o Charlinho, parceiro. Tu vai querer agora arranjar confusão co'o Coronel Consilva e o Major Zanata, por causa da desclassificada da Yohanna Peito de Abób'ra, afilhado? — concitara-o, conciencioso.

— Charlinho, escuta aqui, seu rapá, que eu só não vou matar tu, porque o meu padrinho Dom 'tá me pedindo p'ra aliviar a tua barra, cumpádi. Mas, presta atenção que, no Vidigal, tu não bota mais a tua sombra de safado; 'tá ligado, playboy? Mete o pé da favela agora mermo, que, senão, eu não me responsabilizo por tua vida, não, seu arrombado de merda. — precavera-o Pele Negra.

— Como é que eu ia saber que puta de zona é propriedade de bandido do moro, patrãozinho? — desculpou-se, ao vestir-se e sair saindo da alcova prostituída.

— Não, não, Charlinho. Tu não vai vestir roupa porra nehuma, não, mané, porque tu vai descer o morro peladinho da silva, p'ra aprender que quem manda aqui é o Pele Negra do Vidigal; sacou, homem-bomba? 'Bora logo co'isso, comédia, que de repente eu posso mudar de ideia e estourar os teus miolo co' tiro de fuzil AR15, que nem tu faz co' caixa eletrônico, fanfarrão. Branca de Neve, amarra bem apertado essa piranha safada no poste do alto do morro de castigo, sem pão e água, até ela se arrepender da traição que fez comigo, a traidora da Yohanna Peito de Abrób'ra. — veredictou-se Pele Negra, vingativo.

— Que humilhação, cumpádi!... — lastimara-se Charlinho, inconformado co'a judiaria absurdamente inaceitável.

Três meses empós o episódio da traição da meretriz Yohanna Peito de Abrób'ra no Inferninho de Edna Puta Velha, os jagunços do Novo Cangaço da narcomilícia Azurra explodiram duas agências bancárias do Centro do Rio de Janeiro simultaneamente. Na troca de tiros, o bandido Pele Negra ordenara que o narcotraficante Siri Gago disparasse contra a cabeça do homem-bomba Charlinho, forjando a sua morte em conflito urbano; não obstante, no gabinete do Batalhãos de Polícia da Zona Oeste, a questão do acidente de trabalho co'o o articulista do assaltos a bancos viera à tona, quando o Major Zanata questionou a perda do soldado, mentor intelectual da fonte de renda mais significativa da narcomilícia comandada pelo Major Consilva.

— O nosso homem-bomba Charles Marinho da Cruz, conhecido por Charlinho, faleceu c'um tiro de escopeta no crânio, supostamente em conflito co'a Polícia Militar, na expropriação bancária do Centro do Rio de Janeiro. Curiosamente, o homem-bomba Charlinho fora abatido logo na primeira ação empós entrevero da casa de prostituição da Edna Puta Velha, envolvendo a prostituta Yohanna Peito de Abóbora, ex-amante do assassino Dodó Mão de Cova, que encontrava-se enrabichada co'o Pele Negra do Vidigal, até ser sacrificada no alto do morro homônimo. — conjeturou o subcomandante miliciano, pondo em dúvida as circunstâncias da extenuação.

— Não é nenhuma novidade p'ra nós que foi o Pele Negra quem encomendou o extermínio do Charlinho, major. — adjudicara-o Capitão Boa Morte, exímio conhecedor dos trâmites dogmáticos da marginalidade.

— Aliás, major, liga agora p'ra cafetina Edna Puta Velha e bota no viva-voz do celular, que a alcoviteira está demorando pacas a dar um retorno sobre o relatório sobre o narcotraficante Pele Negra do Vidigal. Ah, diz que nós não temos todo tempo do mundo, não, companheiro. — abocou Coronel Consilva ao subalterno, co'autoridade de quem manda e obedece quem tem juízo.

— Alô? Por gentileza, gostaria de falar co'a Edna Puta Velha? Ah, sim. Edna, o que foi que houve naquela fatídica noite, em que o Charlinho foi escorraçado do Morro do Vidigal, sem uma única peça de roupa, empós desentendimento co'o Pele Negra, em seu estabelecimento comercial de carne humana? — averiguou Major Zanata, co'o escopo de descobrir o real motivo do assassínio do dinamitista.

— Na ocasião, o Pele Negra chegou ao Inferninho por volta das 24:00, acompanhado do Dom, do Siri Gago, da Branca de Neve, do Anão Assim e outros traficantes de drogas, exigindo explicações sobre o tal relatório que me foi solicitado enviar aos cuidados do Coronel Consilva, chefia. Logo que adentrou o salão do recinto, o Pele Negra se dirigiu até a minha pessoa agressivamente; e me arrastou até o escritório, dizendo que precisava de ter um particular comigo urgente. Lá chegando, a sós, ele encostou a pistola destravada em minha cabeça, ameaçando me apagar por traição, caso se confirmasse cumplicidade co'a milícia da Zona Oeste. Quando nós retornamos, o Pele Negra deu falta da Yohanna Peito de Abrób'ra, interpelando a transexual Branca de Neve e o Anão Assim sobre o paradeiro da amante prostituída. Então, salvo, a Branca de Neve 'caguetou ao Pele Negra que a finada Yohanna Peito de Abóbora se encontrava fazendo programa em companhia do Charlinho, na alcova. Foi então que o Pele Negra arrombou a porta da cabine e flagrou a falecida, que Deus a tenha, dando de quatro, a dinheiros, p'ro Alan Delon dos olhos verdes. O camarada ficou possesso, virou bicho. Crise de ciúme de puta é pior do que de esposa, major. O senhor sabe como é que funciona; não é, não, meu tenente de antigamente? — aborrecera-o Edna Puta Vela, intencionalmente.

— Ciúme de mulher da vida, Edna Puta Velha? — intermeteu-se o oficial superior de milícia, ao ironizar a esdrúxula e incabível dor-de-cotovelo por fêmea de meretrício.

— Por incrível que pareça, acontece co' mais frequência do que se imagina; e o pior é que a recíproca é verdadeira, Major Zanata. Bem, em retorno ao episódio, o Dom, que era muito amigo Carne Negra e batizou o Pele Negra em pia de pedra e sal, ponderou co'o afilhado que o Charlinho era homem de confiança da milícia, de maneira que assassinar o playboy por causa de puta de bordel de favela seria pouco inteligente, burrice mermo, porque iria se criar um problema desnecessário co'o Coronel Consilva, enfim. — completara a alcoviteira, reportando-se ao passado particular.

— E tu achas que o Pele Negra esperou o melhor momento p'ra se livrar do Charlinho, sem levantar animosidade co'a milícia da Zona Oeste, Edna Puta Velha? — acautelou-se Zanata, estatelado co'a ousadia do bandido.

— Acho engraçado tu ficar me chamando de madame, quando, na verdade, foi tu que, à época, mandou grampear o Dom do Vidigal, p'ro caminho ficar livre sem concorrência p'ra tu comigo, major. Quanto ao Pele Negra, eis o relatório oral: sádico; autoritário; cruel; sanguinário. P'ro senhor ter uma ideia, Major

Zanata, o bandido deixou que a Yohanna Peito de Abóbora morresse de sede e de fome, dependurada no poste do alto do morro, ameaçando de morte morador que ligasse p'ro 190. Enfim, talvez sim, o Pele Negra tenha mandado passar o carro no Charlinho, por vingança pela Yohanna Peito de Abrób'ra, major. — reticenciara-se Edna Puta Velha, antes de desligar o aparelho celular, sem sem despedir do policial militar.

— Major Zanata, quem é esse tal de Dom, compadre do Carne Negra? Só estou perguntando porque, quem sabe, o tal bandido não seja o substituto ideal p'ro Pele Negra do Vidigal... Pensando bem, o Dom não era o bambambam antes do Carne Negra, até que nós o prendemos numa operação estratégica comandada pela Inteligência da Polícia Militar? 'Tá na cara, que o Pele Negra eliminou o Charlinho na primeira oportunidade, sem deixar rastro palpável de homicídio. Isso acontece muito entre bandidos co' rixa um co'outro, quando a própria viatura polilicial ou o bando rival sobe o morro p'ra trocar tiro co'eles; não é, Capitão Boa Morte? — examinou-o Coronel Consilva, ao enciclopedista do crime.

— Na Polícia, também não é muito diferente de como funciona co'a bandidagem, não, meu coronel." — compactuara-se Boa Morte, rasgando na carne.

— Co'a exceção do entrevero co'o Charlinho e Yohanna Peito de Abóbora, como é que o marginal Pele Negra tem se comportado co'os moradores do Morro do Vidigal, da Favela da Rocinha e da Chácara do Céu? É verdade que o Dom era amante da cafetina Edna Puta Velha, antes de um tal Tenete Zanata aparecer em sua vida de meretrício, capitão? — averiguara o maquiavélico dirigente de milícia, ao revolver passado longínquo da alcoviteira.

— Águas passadas não movem o moinho, mas a Edna Puta Velha também já foi piranha nova, mais precisamente na ocasião em que o Tenente Zanata jorrou um filho em seu ventre e fez a marafona abortar à força de espancamento, coronel. — despatenteou-o Boa Morte.

— Então tu aprovas a indicação do Dom do Vidigal p'ra substituir o Pele Negra no comando do tráfico de drogas da comunidade, major? — analisara Consilva.

— O Pele Negra já indicou o Dom p'ra assumir o movimento do 12 da Rocinha, em consideração ao falecido Carne Negra do Vidigal, Coronel Consilva. — corroborou Major Zanata, atualizando ficha de comando.

— Está batido o martelo: o tal Dom do Vidigal assumirá as bocas de fumo da Favela da Rocinha, como também de toda Zona Sul carioca, em substituição estratégica ao Pele Negra, que traiu a confiança do alto comando da Azurra da Zona Oeste. — definira o chefe-executivo da corporação miliciana, em concomitância co'o ingresso dos narcotraficantes encabeçados pelo Pele Negra, no Inferninho da Edna Puta Velha, assassinando-a co'os vários tiros de AR15, AK47 e 9mm.

Ao se cientificar da imprudência fatal, o bandido Dom o repreendera pela leviandade de ação acometida contra a vida da cafetina veterana, que não fedia nem cheirava.

— Porra, cara, na minha ausência tu foi fuzilar a Edna Puta Velha, sem sequer me dar uma ideia sobre a decisão do assassinato da alcoviteira, meu afilhado? — cobrara-o Dom, indignado co'a falta de diálogo na decisão do homicídio.

— Não te devo satisfação porra nehuma, não, padrinho. Mermão, a banda não toca assim no comando do morro: eu mando e tu obedece, sem necessidade de explicação ou conselho; sacou, Dom da Rocinha? Se tu não tiver satisfeito comigo, paciência, padrinho, porque a 'caguete da Edna Puta Velha ligou p'ro Coronel Consilva e o Major Zanata p'ra me de vdar de bandeja p'ra milícia da Zona Oeste, por conta morte forjada do Charlinho e da Yohanna Peito de Abób'ra, rapá. — injustificou Pele Negra, anarquizando a liderança da contenção.

— Tu puxou mermo a inconsequência do Carne Negra, neguinho. — achacou-o Dom, ao lavar as mãos negras diante da insensatez do afilhado.

— Vai se foder, meu padrinho. Tu vai querer agora ficar falando mal do Carne Negra na minha cara, parceiro, demonstrando ingratidão p'ra caralho, quando todo mundo sabe no morro que o sujeito salvou a tua vida nas mãos do Coronel De Lara, Dom? — atirou o passado em sua face Pele Negra, recordando-se do salvo-conduto verídico.

— P'ra teu governo, quem fuzilou a família do Coronel De Lara, em retaliação à crocodilagem co'o Carne Negra, fui eu, rapá, o Dom do Vidigal. Como se não bastasse a judiaria co'o pai de santo e co'a Yohanna Peito de Abób'ra, era preciso também tirar a vida da cafetina Edna Puta Velha, parceiro? Saiba tu que nessa porra dessa favela, eu não ponho mais os meus pés, não; sacou, neguinho? — virou-se o calejado bandido, sem imaginar a reação do afilhado.

— Nem aqui, nem em lugar nenhum, padrinho. — impugnara-o Pele Negra, matando-o, no mesmo instante em que o Major Zanata, ladeado pelo Capitão Boa Morte, Sargento Ribeiro e paramilitares da Azurra da Zona Oeste, se justapunha ao bando de marginais, ofegante e apreensivo.

— Rapá, eu escutei tiro de fuzil quando subia o morro ou foi impressão minha... — iniciou-se Zanata.

— Fo-fo-gos, Ma-ma-jor Za-za-na-na-ta. — desconversou o balbo Sirizinho.

— Tu não vai querer dizer p'ra mim, a essa altura do campeonato, que eu não conheço estampido seco de tiro de AR15, Siri Gago. — desmentira-o o oficial militar, ao identificar o rugido do metal de fogo.

— Foi o Dom que eu acabei de matar co'o tiro do fuzil AR15, porque saiu pagando lição de moral, manchando a memória do Carne Negra e dizendo que ia abandonar nós p'ra fechar co'a facção inimiga, seu major. Aliás, pode dizer p'ro Coronel Consilva que eu não confio, não, em quem atravessa o Pele Negra do Vidigal; morou, chefia? E avisa também eu vou mandar passar o carro em quem se intrometer comigo, seja bandido, políça ou miliciano; 'tá sabendo, Major Zanata? — estatuira Pele Negra.

— Que é que tu 'tá querendo dizer a nós, patrãozinho? — interrogou-o Capitão Boa Morte.

— O recado 'tá dado, capitão. — avigorou-se Branca de Neve, coçando gatilho da carabina.

— Ontem, nós enterramos o companheiro Charlinho e o problema é que nós ficamos sem um especialista em explosivo, por fatalidade de ação em conflito; mas são os ossos do ofício, como meu velho dizia. Além do mais, no Exército, deve de ter uma penca de milico morto de fome, p'ra nós trazermos p'ro nosso lado, Pele Negra. Mas, antes de tudo, quem é que vai assumir comando do 12 da Rocinha, empós a morte do Dom, amigo? — demandou Zanata.

— Pode avisar p'ro Coronel Consilva que, de agora em diante, a Favela da Rocinha é do Branca de Neve, parceiro. E que, no sábado próximo, nós iremos tomar o Cantagalo e o Pavão-Pavãozinho, major. Quando nós tomarmos o Cantagalo e o Pavão-Pavãozinho, o Anão Assim assume o comando do tráfico de drogas em Ipanema e Copacabana; sacou, major? — apregoou Pele Negra.

— Um transsexual e um anão de circo, chefia? Nós estamos mesmo fodidos e mal pagos contigo, patrãozinho. — curvou-se o oficial militar Major Zanata.

Em reunião extraordinária, o miliciano Coronel Consilva explicara ao Major Zanata as novas diretrizes da instituição, a partir da declaração de guerra do legatário do saudoso Carne Negra, contra o alto comando miliciano da Zona Oeste, que desaprovara veementemente os assassínios do homem-bomba Charlinho, da cafetina Edna Puta velha e do bandido Dom, sucumbidos pela ira insana do inimigo número 01 a ser combatido e eliminado, o Pele Negra do Vidigal.

— Co'a pusilanimidade da sentença de morte decratada sem autorização da cúpula do Batalhão de Polícia Militar, o marginal Pele Negra será desintegrado do quadro de funcionários da Azurra Empreendimentos Ltda. Em seu lugar será eleito e nomeado o transexual Branca de Neve, que assumirá as funções paramilitares em todas as comunidades carentes da Zona Sul do Rio de Janeiro, uma vez que, a partir do início de agosto, será cobrada taxa extra de segurança de meio salário mínimo mensal aos comerciantes da região, além de setenta e cinco reais de cada domicílio contemplado pela vigilância geral e irrestrita da Rocinha, Chácara do Céu, Pavão-Pavãozinho, Cantagalo, Chapéu Mangueira, Babilônia, Cerro-Corá, Dona Marta etc. Por esta razão, eu preciso que tu faças, co'a máxima urgência, o levantamento do número de domicílios comercial e residencial, Major Zanata. — concionara o narcomiliciano Consilva, explicitando que todo esforço de concentração se daria pelo aniquilamento do rebelde sem causa Pele Negra do Vidigal.

— Os comerciantes e moradores favelizados da região literânea, decerto, irão argumentar que não precisam de proteção e vigilância da narcomilícia da Zona Oeste, nem que se faça levantamento do número de domicílio comercial e residencial feito IBGE, coronel. — desacorçoara-o Major Zanata.

— Assim sendo, Capitão Boa Morte e Sargento Ribeiro, peço aos senhores que se direcionem ao Morro do Vidigal pela última ocasião, co'o nítido objetivo de se propor ao Pele Negra um acordo reconciliatório co'o Batalhão de Polícia da Zona Oeste, de modo a ser evitar um confronto bélico entre a milícia e o narcotráfico — reconsiderou Coronel Consilva, reedificando a tese de ruptura.

— Siri Gago, passa tu o rádio mandando passar fogo nesses filha da puta de miliciano, que não tem acerto porra nenhuma co'o bonde da milícia; tá ligado, gaguinho? — promulgou Pele Negra.

Decidido a caminhar co'as próprias pernas no mundo do crime, ao determinar o fuzilamento do Capitão Boa Morte e do Sargento

Ribeiro, na Avenida Niemeyer; e, ao ser avisado dos homicídios dos dois comparsas, a mando do marginal Pele Negra do Vidigal, o Major Zanata comandou pessoalmente a intervenção policial, uma vez que o Serviço de Inteligência da Polícia Militar rastreara ligação telefônica, que indicava o paradeiro do bandido foragido.

— Presta atenção, Tenente Orelha, que, nesta Operação, eu quero esse traveco de meia tigela, sem nenhum arranhão sequer, porque preciso ter uma conversa de homem p'ra homem co'essa boneca de trapo; compreendido, oficial? — instou-o.

Entretanto, empós desligar o rádio, obteve pelo aparelho celular a boa-nova da captura do líder do tráfico de drogas da Favela da Rocinha, o Branca de Neve. Na delegacia, o Major Zanata, enfim, obteve autorização p'ra interrogatório tête-à-tête, co'o marginal agarrado pela equipe do Batalhão do Leblon, homiziado dentro da cisterna.

— Eis a senhorita Branca de Neve, ainda que estejas mais p'ra Gata Borralheira em carruagem de abóbora... Veja bem, se tu jurares que irá colaborar co'as autoridades policiais, eu retiro as algemas e ainda te sirvo um café e um cigarro de cortesia, querida. Ou será tu preferes um chá de camomila, capim-limão ou hortelã, co' torradinhas amanteigadas, Branca de Neve? Presta atenção, madame, que tu assististe ao teu comparsa Pele Negra ordenar que se assassinasse, covardemente, dois dos policiais de minha inteira confiança: o Capitão Boa Morte e o Sargento Ribeiro, além do especialista em explosivos, o Charlinho Homem-bomba. Porém, o meu consolo é que, muito em breve, o Chifrudo do garfo vai receber a visita do herdeiro do Carne Negra do Vidigal, porque ele traiu a confiança de toda a cúpula da narcomilícia do Rio de Janeiro. — esboçou raciocínio, contrariado co'a a petulância do marginal, que não cumprira co'as regras básicas de submissão e confiabilidade.

— Infelizmente, eu não posso fazer nada pelo hospedeiro do inferno, Major Zanata. — esquivara-se Branca de Neve, tangencialmente.

— Tu vais fazer o que eu te mandar, por duas simples razões: a primeira, é que vais ocupar a liderança do tráfico de drogas da Zona Sul do Rio de Janeiro; e a segunda razão é que se tu não fizeres o que te determinar tu vais p'ra vala, boneca, junto co'o teu macho Djair da Silva Souza, vulgo Caralhão. Então assista ao vídeo, por obséquio, antes de se recusar a entregar de bandeja a cabeça do Pele Negra do Vidigal, querida. — exibiu-lhe o vídeo em que o Caralhão é submetido a sessão de tortura.

— Deus do Céu, desliga logo esse celular dos inferno, major!... — apavorara-se o transexual Branca de Neve, horrorizado co'a crueldade do carnífice.

— Por isto, creio que seja melhor tu formares co'a Azurra, meu doce de coco. Em caso de negativa de tua parte, tu sabes o que a milícia da Zona Oeste pretende fazer co'ele, o Caralhão, senhorita Branca de Neve? Bem, eu creio que tu estás entre a cruz e a espada; contudo, na minha época de garoto, os mais antigos diziam entre a cruz e a caldeirinha. — atravancara circunstancialmente o inquérito distrital.

No Morro do Vidigal, dez dias empós a sua libertação, a narcotraficante Branca de Neve, que fora cooptada pela compainha Azurra Empreendimentos Ltda por solicitação do Coronel Consilva, p'ra imediata desestabilização do reinado de pó do Pele Negra do Vidigal, celebrava a liberdade co'a vagabundagem do movimento, co'a churrascada, cerveja e pagode-funk, em comemoração aos 26 anos de vida.

— Felicidades e muito juízo p'ra tu, que nóis vai mermo precisar p'ra se combater o bom combate co'a corja de milicianos da Zona Oeste, parceira. — parabenizara-a Pele Negra, ao abraçá-la em meio ao alvoroço da festividade.

— Qu-que quan-quan-tos a-a-nos tu-tu 'tá-tá fa-fa-ze-zen-do d-de i-i-da-da-de, Bra-bran-qu-qui-nha d-de Ne-ne-ve? — usurpou-se Siri Gago, mirando o decote da blusa florida, que expunha os rijos seios de silicone da aniversariante.

— Jamais se deve perguntar a idade a uma mulher livre, leve e solta, como eu, a Branca de Neve dos setes anões, Sirizinho querido. Gratidão, patrãozinho. Mas antes eu queria mostrar p'ra tu o presente que eu ganhei de aniversário hoje, chefia. Ah, se tu pudesse vim comigo até o meu barraco, eu te mostrava o mimo em primeira mão, co' pleno direito de exclusividade. — aliciou-o o transexual, misteriosa e lânguida.

— Vê lá se tu 'tá querendo me mostrar a periquita; hein, sua bicha louca? — caçoou Pele Negra, sem recear da surpresa oferecida pela comparsa recém-libertada.

— Pode ficar tranquilo que eu não vou te dar Boa noite, Cinderela, p'ra te enrabar, não, rapá. Mesmo porque eu sou fiel à toda prova ao meu Caralhão de brinquedo — desanuviou-se, reconditamente.

— Qu-que a-a-fi-fi-nal tu-tu é-é Ci-cin-de-de-re-re-la o-ou Bra-bran-ca d-de Ne-ne-ve, ra-ra-pá? — rechistara Siri Gago.

— Sirizinho, segura a onda aê, que eu vou ali rapidão dar um tapa na macaca e um peteleco no tico e teço, co'a Branca de Neve; morou, meu camarada? — comunicou-o, ao ausentar-se sem escolta.

— Na-na fé-fé, pa-pa-trão, qu-que e-eu u-u-sei dr-dro-ga e já-já 'tô-'tô do-doi-dão d-de ba-ba-gu-gu-lho, pó-pó, cr-cra-ck e ca-ca-cha-cha-ça. — prontificou-se o tatibitate Siri Gago, abeirando-se da Rita Cegonha.

— Que mané pode entrar que a casa é tua, meu bem? Eu ainda 'tô achando que tu 'tá querendo é me dar esse rabo preto de Branca de Neve, rapá." — certificara-se Pele Negra, ao entreabrir-se a porta do barraco.

— Quanto tempo; não é, Pele Negra? — surpreendeu-o Major Zanata, sentado ao canto da alcova.

— Que porra de traição filha da puta é essa, parceira? O que é que o Major Zanata 'tá fazendo de convidado em tua festa de aniversário, Branca de Neve? — melindrara-se o bandido, ao se deparar co'o subchefe da milícia da Zona Oeste.

— Saudade imensa de ti, negrinho. É verdade que eu 'tô um pouco decepcionado contigo, visto que nós eu te demos liberdade de ação, poder e dinheiro. Em troca, eu ganhei foi ingratidão de filho, que só não é pior do que praga de madrinha, Pele Negra. — queixou-se Zanata, ressabiado co'a ingratidão do subordinado.

— Tu me vendeu ao Major Zanata, seu veado filha da puta? — assombrara-se, mediante ameaço de fim de linha.

— Entre a cruz e a caldeirinha, como diziam os antigos. — analogou-se o oficial de milícias, acercado de seguranças armados até os dentes, aptos à reverenciá-lo a todo custo.

— Particularmente, eu estou depositando todas as fichas no teu ex-comparsa, o Branca de Neve da Rocinha, haja vista que tu não deste a mim sequer outra alternativa, patrãozinho. Mas tem erro, não, Pele Negra, que tu há de ganhar um tiro nos cornos por cada amigo meu, que tu atraiçoaste, covardemente, nesta vidinha de bandido de bosta que tu és, seu canalha traidor. — condenou-o Major Zanata, mordaz.

— Major, os vermes de farda do Capitão Boa Morte e do Sargento Ribeiro perderam a vida, porque quiseram acharcar demasiadamente comerciante e morador já tudo co'a corda no pescoço, pagando preço absurdo por transporte, botijão de gás, água, cigarro, internet, gatonet etc. E o Coronel Consilva ainda mandou recado de que haveria taxa de segurança, parceiro. — execrou Pele Negra, justificando-se mal e porcamente.

— Conta comigo o número dos balaços na tua cara de traíra safado, vagabundo. Um, pela Edna Puta Velha. Dois, pelo Capitão Boa Morte. Três, pelo Sargento Ribeiro. Quatro, pelo Charlinho. Cinco, pelo Dodó Mão de Cova. Seis, pelo Dom do Vidigal. — assassinara-o, confirmando a profecia do pai de santo carbonizado por deliberação do Pele Negra, abespinhado pelas práticas religiosas do candomblista de terreiro, em juridisção do narcotráfico.

— Acende a fogueira co'esse filho de satanás, que eu 'tô mandando, Branca de Neve. Arrasta logo pelos cabelos esse macumbeiro amaldiçoado, que ele foi avisado de que eu não queria mais batucada e despacho p'ros orixás no bagulho doido, não, Siri Gago e Anão Assim. — endiabrara-se Pele Negra, aplicando um rabo-de-arraia no pai de santo, que desequilbrou-se até se estabacar no chão feito saco de batata.

— Qu-que da-dar u-um a-a-zar d-do ca-ca-ra-ra-lho ma-ma--tar pa-pai d-de sa-san-to d-de u-um-ba-ban-da, me-meu pa-pa--trã-trão-zi-zi-nho. — acautelou-o Sirizinho, supersticiosamente.

— Credo em Cruz!... — benzeu-se Branca de Neve, religiosa adepta do espiritismo.

— 'Bora logo co'isso, rapaziada, que a alma penada desse coisa ruim vai direto queimar nas chamas do inferno, xará. Me dá essa merda aqui, porra, que eu mermo ateio fogo no espírito de porco do pai de santo de favela, mané. Que o Diabo o carregue, mandingueiro!... — querosene e fósforo.

— Tu vai virar pó antes de completar o ciclo cármico das vinte primaveras, Satanás. — amaldiçou-o o místico das artes africanas, ao expirar agonizante.

Em concílio, o Coronel Consilva cientificara os narcomilicianos cooperados da Azurra Empreendimentos Ltda de que transformações drásticas seriam necessárias p'ra reformulação da estratégia de abordagem social, uma vez que os prejuízos causados aos cofres da instituição seriam gerados pela negligência dos responsáveis pelos mecanismos de arrecadação financeira.

— Branca de Neve, eu preciso informar que a inadimplência dos moradores do morro da Zona Sul do Rio de Janeiro está acima do limite da tolerância: 45 %, ao passo que, ao que se refere aos comerciantes da região litorânea, a dívida gira em torno de 35 % da mensalidade. Pelo andar da carruagem, nós vamos ter que autorizar ordem de despejo e cancelar alvará de funcionamento local. Portanto, sugiro que tu convoques reunião extraordinária co'os presidentes de associação dos moradores, explicando a importância do pagamento da taxa de segurança, p'ra pacificação da ordem e do progresso das comunidades da Zona Sul do Rio de Janeiro. Então, eu estive analisando a planilha de inadimplência e pude observar que o maior índice de calote está na Rocinha, reduto comandado pela senhorita Branca de Neve e por seu companheiro Caralhão, respectivamente. Sinceramente, eu espero não ter de tomar medidas enérgicas co'a população favelizada, já que calote em miliciano, dependendo do grau, pode resultar desde expulsão até extermínio familiar. — conscientizara-a Consilva, pedagogicamente.

— Em contrapartida, a Favela da Rocinha é disparada a líder de vendas de botijão de gás, água, cigarro, internet e gatonet. Ainda assim, eu vou apertar a liderança da comunidade, mas desconfio de que seja preciso mais investimento por parte da Azurra Empreendimentos Ltda, p'ra demonstração de que o dinheiro do favelado 'tá sendo mais bem aproveitado do que o imposto pago ao Estado, Coronel Consilva. Mas enfim, peço ao senhor um tempo p'ra se resolver a questão da inadimplência, sem necessidade de expulsar morador de favela ou fechar comércio da região, porque o Coronel Consilva não se esqueça de que nós estamos lidando co' miseráveis mortos de fome, que não tem nem o de comer dentro do barraco p'ra se alimentar a família dignamente, coronel. — impetrou Branca de Neve, enfatizando que a população marginalizada não iria dar a roupa do corpo p'ra miliciano ir a baile de gala.

— Até que, p'ra um narcotraficante homossexual, tu és bem inteligente e articulada, Branca de Neve. E esse teu anãozinho adestrado que não para de cutucar o celular dele, patroa? — intrigou-se Major Zanata, ao elogiá-la.

— WhatsApp, chefia. — replicara o nanico pagão, desligando o aparelho telefônico.

— Bem, tu tens quinze dias p'ra regularizar a situação de inadimplemento, Branca de Neve. — contemporizara Consilva, despachando-a da reunião de comando, em companhia do Anão Assim que, assim que se livraram do indigesto oficial militar, a abordou emocionada.

— Patroinha, eu tenho um negócio p'ra te mostrar, por que tu sabe aquela hora que estava futucando o celular, Branca de Neve? Pois é, eu estava gravando a conversa de nós co'o miliciano do Coronel Consilva da Azurra Empreendimentos Ltda. — expôs o nanico de jardim o áudio da assembleia, co'a nítida gravação de coordenadoria.

— Que maravilha, Anão Assim, porque agora nós vamos liberar geral o áudio pela internet até chegar nas mãos da Secretaria de Segurança Pública, Polícia Federal e Ministério Público, p'ra botar p'ra foder co'a milícia da Zona Oeste, já que ele só quer encher o cu de dinheiro de favelado, em conluio co'o safardana do Tenente Orelha. Pois é, Caralhão: escola da vida: aqui se faz, aqui se paga, porque se esse áudio chegar nas mãos do Ministério Público, a quadrilha de farda estará em maus lençóis, my love. — dilucidou Branca de Neve.

— Por outro lado, a narcomilícia vai arrancar o coro da quadrilha do inimigo público número 01 da sociedade carioca, Branca de Neve e os Sete Anões, chefia. Mas se tu não tem mais nada a perder mermo, libera o áudio, que nós segura a onda contra essa corja de merda dando pé na bunda dessa filha da putada toda, patroinha. — elocupletara Anão Assim.

No gabinete narcomiliciano, o estarrecido Coronel Consilva esculhambava o oficial subalterno pela displicência em possibiltar a gravação de sua homília comprometedora, que arruinaria três décadas e meia de serviços prestados ao Estado, sem qualquer espécie de advertência ou punição.

— Que cagada homérica, Zanata!... — lamuriava-se o notário de milícias, ao constatar que o áudio da reunião viralizara na internet, comprometendo a sua idoneidade perante a Polícia Militar do Estado do Rio de Janeiro (PMERJ).

— Só pode ter sido aquele filho da puta do Anão Assim da Branca de Neve, que ficava o tempo todo bolindo no aparelho celular, enquanto o senhor discorria sobre a discrepância da inadimplência dos comerciantes e moradores das comunidades litorâneas cariocas, Coronel Consilva. — deduziu Major Zanata.

— Porra, meu telefone não para de tocar, major; m o desgraçado da Branca de Neve e o o Anão Assim não perdem por esperar, porque nós vamos arrancar os encéfalos do cérebro do traveco desaforado e do dunga pelo olho do cu, camarada. Major Zanata, imediatamente o senhor irá comandar operação policial na favela da Rocinha, Morro do Vidigal e Chácara do Céu, que pode até parecer represália, mas é retaliação mesmo, companheiro. De braços cruzados é que nós não podemos ficar, porque o tempo urge (e ruge) contra nós nos devorando feito leão feroz e faminto, meu major. E o pior foi que a corregedoria já mandou o áudio proibido aos cuidados da perícia, p'ra confirmação de autenticidade; porém, hoje, depois do almoço, eu vou convocar uma entrevista coletiva de imprensa, a fim de que se esclareçam as falsas acusações e os fatos plantados pelo crime organizado contra a minha ilibada carreira militar. — pontificara a autoridade policialesca, ao diligenciá-lo.

— E o senhor ainda tem estômago p'ra almoçar, me coronel? O circo 'tá pegando fogo, comandante; mas pode registrar que antes nós vamos enrabar o Branca de Neve e os sete anões de verde e amarelo, Coronel Consilva. Enfim, bom apetite, marechal. — destituía-se Major Zanata, quando o dirigente em chefe se apercebera da mensagem anônima do celular, que o alertava sobre a visitação da corregedoria estadual.

— Prossiga co'a operação policial, que irei prestar depoimento ao responsável pela Corregedoria Geral de Estado da Polícia Militar. Boa sorte, companheiro. — encorajou-o Coronel Consilva, estourando os miolos co'um tiro na cabeça, empós a saída do subordinado.

Cumprindo ordem do finado Coronel Consilva, o Major Zanata comandou a invasão policial ao Morro do Vidigal, Favela da Rocinha e Chácara do Céu, simultaneamente, de modo a encurralar a quadrilha do Branca de Neve, que obtivera tempo hábil p'ra se homiziar na comunidade.

— O-os ho-ho-mem d-da le-lei 'tá-'tá n-no mor-mor-ro, ch-che-fa. — explanou Sirizinho, dando uma de oheiro do movimento.

— Manda passar fogo no rabo de miliciano, que eu estou me entocando no alto da favela, Siri Gago. A palavra de ordem é sentar o dedo nervoso em cima deles, malandragem. Mira na testa e aperta o gatilho, vagabundo. Sirizinho, tu desce co'a vagabundagem p'ra contenção da milícia da Zona Oeste, que se ficar o bicho pega e se correr o bicho come, parceiro. E vamos que vamos sair saindo, Caralhão, que, do alto do morro, nós estaremos bem mais seguro e acobertado, malandragem. Anão Assim, tu forma co'a rapaziada a segunda linha de defesa; morou, xará? 'Bora logo, que essa merda não é parque de diversão, não, mané. — coordenou-os Branca de Neve, safando-se momentaneamente da mira certeira da Azurra da Zona oeste.

— Po-po-lí-lí-cia n-na fa-fa-ve-ve-la!... Mi-mi-li-lí-cia n-na fa-fa-ve-ve-la!... Po-po-lí-lí-cia n-no mo-mor-ro!... Su-su-jou, va-va-ga-ga-bu-bun-do!... Ca-ca-da qu-qual e-em su-su-a po-po-si-si-ção, qu-que o-o Vi-vi-di-di-gal nã-não é-é ba-ba-gu-gun-ça, na-não, ma-ma-né. Fo-fo-go n-no ra-ra-bo de-de-les, ma-ma-ca-ca-ca-ca-da!... Ti-ti-ro d-de fu-fu-zil n-no o-o-lho d-do cu-cu d-dos sa-sa-fa-fa-do mi-mi-li-li-ci-ci-a-a-no!... Tu-tu 'tá-'tá co-co'o-o pé-pé n-na co-co-va, Ma-ma-jor Za-za-na-na-ta sa-sa-fa-fa-dão!... Mã-mão n-na fe-fer-ra-ra-me-men-ta e-e de-de-do n-no ga-ga-ti-ti-lho!... — alvoroçara-se Siri Gago, até ser alvejado por um disparo no lado esquerdo do coração.

— O filha da puta do miliciano do Major Zanata não vai sossegar, enquanto não me comer o fígado co'o jiló, parceiro. Mas fica sabendo tu que eu sou o Branca de Neve da Rocinha, porra. Não sou comédia, não, caralho. Manda vir que nós vamos sentar dedo nervoso nos cornos de miliciano, Caralhão. Comanda geral, que, a partir de agora, tu há de ser o meu braço direito na hierarquia do poder do tráfico de drogas, mané. Mete chumbo grosso no rabo de miliciano, rapá, que a jiripoca vai piar, neguinho!... Mete bala sem dó nos cornos de miliciano ordinário filha da puta, neguinho!... — exasperara-se Branca de Neve, nervosa co'a intensidade do conflito bélico.

— Segura a onda aqui co'os homem, meu compadre, porque eu vou p'ra Rocinha pela mata do alto do morro, escoltando a patroa de fuzil e granada, xará. 'Bora, chefa, que lá em cima da favela nós 'tá muito mais protegido do ataque da milícia do canalha do Major Zanata; sacou, madame? — conduzira-a o guarda-costa Caralhão, p'ra entregá-la aos milicianos em cilada de prata.

— Mãos ao alto, Branca de Neve. Melhor tu te entregar logo, porque tu 'tá que nem ilha cercada de miliciano por todos os lados, madame. — rendeu-a Tenente Orelha, p'ra logo em seguida atirar na cabeça do bandido Caralhão, ceifando a vida do judas-traidor.

— Arranca a roupa dela, a Branca de Neve; e depois corta os dois seios de silicone da vagabunda, Sargento Peçanha. E tu, Cabo Cinésio, arranca fora a piroca de enfeite da Branca de Neve, que eu vou dependurar esse veado do cu preto no Cruzeiro do Vidigal. — retirou-se o ficial de milícias p'ra não presenciar os paramilitares mutilarem-na, antes de arrastá-la até a cruz de madeiro; e, pregando pés e mãos, crucificam-na, sob salva de tiros de arma de fogo.

Como se fosse a trilha sonora, o samba-rap "A minha pátria é a favela" era entoado pelo Cego Mano Brown, recostado no tronco da figueira centenária, alumiado em sua fábula de poesia e luta.

Tu tira essa marra de safado da cara, seu verme de farda
Que eu não já posso mais tolerar tanta infâmia e covardia
Arrombar barraco co'ordem de prisão em afrontamento
Do pé na porta o impropério a desordem pátria forjada
Escarrar sangue na bandeira branca azul verde amarela
Ao invés do progresso e estrelas imagens da tela banguela

A minha pátria é a favela!... A minha pátria é a favela!...
A minha pátria é a favela!... A minha pátria é a favela!....

Tira essa injustiça da conta de quem não lhe deve bença
Desgraça enrustida no ato da autoridade atroz e bandida
Herdeira maldita da senzala do capitão do mato do feitor
Maldade cotidiana que não se diz ou publica na imprensa
Violência forjada por quem não há de passar dum zé ruela
Na encruzilhada da viva PaiExu rogai por nossas mazelas

A minha pátria é a favela!... A minha pátria é a favela!...
A minha pátria é a favela!... A minha pátria é a favela!...

Tira essa merda de mandado de juiz delegado coronel
Que eu não reconheço letra de merda do doutor de lei
Ameaçar a honra de homem humilhado preso indefeso
Assina juízo do inferno de quem não lhe prometeu céu
A Injúria sangrenta da autoridade que se quer fazer rei
Esculachar preto fodido mal pago co'a corrente que se afivela
No pescoço atingido pelo punhal homicida que opressão martela

A minha pátria é a favela!... A minha pátria é a favela!...
A minha pátria é a favela!... A minha pátria é a favela!...

Não reservei a carceragem imposta por sua justiça falida
Que inverte a regra de sobrevivência do próximo o rancor
Tu que avacalha a humana constituição em ilegítima ofensa
Desembaralha o trunfo da opressão, jogo de carta fingida
Esbravejar em teus cornos de tirano vilão de global novela
Que nos enquadra como preto cativo doméstica ladrão requenguela

A minha pátria é a favela!... A minha pátria é a favela!...
A minha pátria é a favela!... A minha pátria é a favela!...

Ódio que aniquila a vida sofrida pela sanha do vilão-mor
Pátria infame que aborta liberdade como cartilha e crença
Não admito invasão da soberania dando-me vil sobrevida
Mutilação do livre-arbítrio que se avulta em seu fel esplendor
Ao desmoronar por sobre o couro negro made in Benguela
Ao invés do ofício decente subembrego escravização esparrela.

A minha pátria é a favela!... A minha pátria é a favela!...
A minha pátria é a favela!... A minha pátria é a favela!...

Vomitar ofensa como a palavra de ordem: "Teje preso!"
Não me tira tu como uma vítima em meio ao escarcéu
Mão na cara dedo em riste em crime que não confessei
Tortura cárcere humilhação que não tem como sair ileso
Da audácia do asco que se legitima da armadura do fel
Enquanto tu come lagosta caviar nóis mastiga pão co' mortadela
P'ra arrotar ódio e vingança pelo assassínio do irmão Marighela.

A minha pátria é a favela!... A minha pátria é a favela!...
A minha pátria é a favela!... A minha pátria é a favela!...